ERFINDUNGEN DER MENSCHHEIT

DRUCK • GRAFIK • MUSIK • FOTO • FILM

Roland Gööck

ERFINDUNGEN DER MENSCHHEIT

DRUCK • GRAFIK • MUSIK • FOTO • FILM

SIGLOCH EDITION

Titelbild auf Seite 2:
Auf einer solchen Presse hat Johannes Gutenberg Mitte des 15. Jahrhunderts mit seinen in Metall gegossenen, beweglichen Lettern Bücher wie die bis heute an Schönheit unübertroffene 42zeilige Bibel gedruckt. Damit hat er das Zeitalter der Massenkommunikation und auch der Massenproduktion eingeleitet.

 Printed in Latvia
Einbandbilder: © Sigloch Edition, Am Buchberg 8, D-74572 Blaufelden
Papier: 115 g/m^2 nopaCoat matt chlorfrei, Nordland Papier AG, Dörpen
Buchbinderei: Sigloch Buchbinderei, Blaufelden
ISBN: 3-89393-203-8

Inhaltsverzeichnis

Drucktechnik und Grafik

Von der Keilschrift zum Druck

Schnelle Maschinen für den Buchdruck

Neue Techniken dringen vor

Vom Handsatz zum Computersatz

Die Entwicklung der Buchbinderei

Landkarte und Globus

Schreiben und Vervielfältigen

Schreiben mit der Hand

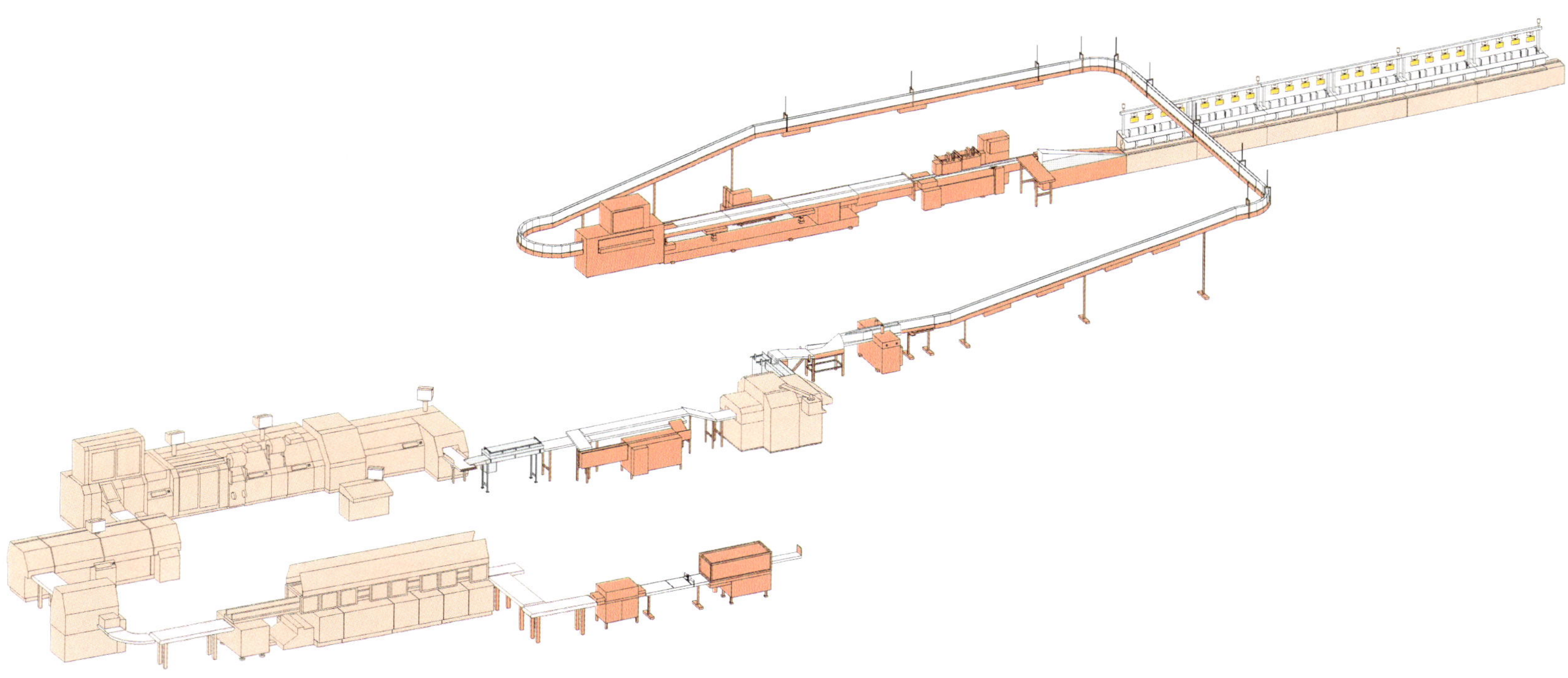

Die moderne Buchfertigungsstraße

Drucktechnik und Grafik

„Durch die Schrift und den Bücherdruck hat eigentlich der menschliche Geist erst die Welt erobert“, befand Adalbert Stifter, und Mark Twain nannte die Erfindung des Buchdrucks mit beweglichen Lettern durch Gutenberg „das unvergleichlich größte Ereignis, das die Weltgeschichte kennt“.
Ohne Gutenberg und seine Vorläufer und Nachfolger hätte auch dieses Buch nicht erscheinen können. Es ist daher nicht mehr als recht und billig, es mit einem Bericht über die Drucktechnik zu beginnen. Dabei ist es unumgänglich, etwas weiter auszuholen. Die Kunst, Tatsachen und Gedanken für den eigenen Gebrauch und die Nachwelt festzuhalten, gab es schon mehrere Jahrtausende vor Gutenberg. Nur die Art und Weise des Festhaltens änderte sich. Gerade in unseren Tagen erleben wir eine technische Revolution auf dem Gebiet der Drucktechnik und der Vervielfältigungstechniken mit.
Was wäre die Welt ohne Bücher? In seinem Buch „Objektive Erkenntnis – ein evolutionärer Entwurf“ nennt Karl Popper die Welt der Bücher, Zeitschriften und Bibliotheken eine dritte Welt der objektiven Gedankeninhalte, die sozusagen eine unabhängige Existenz führt. Er beschreibt zwei interessante Gedankenexperimente:
Experiment 1: „Alle unsere Maschinen und Werkzeuge werden zerstört, ebenso unser ganzes subjektives Wissen einschließlich unserer subjektiven Kenntnisse und des Gebrauchs von Werkzeugen und Maschinen. Doch die Bibliotheken bleiben erhalten sowie unsere Fähigkeit, aus ihnen zu lernen.“
Fazit: „Es ist klar, daß unsere Welt nach vielen Widrigkeiten wieder in Gang kommen kann.“
Experiment 2: „Wie vorhin werden Maschinen und Werkzeuge zerstört sowie unser subjektives Wissen einschließlich unserer subjektiven Kenntnisse der Maschinen und Werkzeuge. Aber diesmal werden alle Bibliotheken zerstört, so daß unsere Fähigkeit, aus Büchern zu lernen, nutzlos wird.“
Fazit: „Unsere Zivilisation wird Jahrtausende lang nicht wiedererstehen können.“
„In der Tat können die Auswirkungen auf das Leben und die Existenz der Menschheit, die das Buch mit seinen Möglichkeiten der schriftlichen Mitteilung in ihrer vollkommensten Form geschaffen hat, gar nicht hoch genug veranschlagt werden“, resümierte der Medienpolitiker Christian Schwarz-Schilling.
Und weiter: „Sicherlich, es gab in der Frühzeit der Menschheit die Tradition der mündlichen Überlieferung von einer Generation zur anderen. Jedoch erst die schriftliche Mitteilung brachte jenen Grad der Abstraktion, der Präzision und der Genauigkeit, der das Nachvollziehen von Gedankengängen für die anderen Menschen, aber auch für spätere Generationen ermöglichte.
Dadurch, daß das Denken eines Menschen von einem anderen exakt nachvollzogen werden kann, eröffnet sich für den Menschen eine völlig neue Dimension der geistigen Kommunikation.
Diese Dimension war die Voraussetzung einer Kulturentwicklung, die beginnend von den Tontafeln der Babylonier und Assyrer, des Gilgamesch-Epos, der homerischen Dichtungen bis hin zur modernen Wissenschaft und deren Abstraktionsmöglichkeiten führte.“

Bibliotheken – seit dem Altertum Schatzkammern der Poesie und des Wissens. In ihren Büchern werden Gedanken und Erfahrungen der Menschen über die Generationen weitergegeben. Die ehemalige Weimarer Hofbibliothek im Grünen Schloß vereint die führenden Geister der deutschen Klassik im Wort und im Bildnis.

Von der Keilschrift zum Druck

Die schriftliche Mitteilung

Die Fähigkeit, sich zu verständigen, eine Information weiterzugeben, ist keine spezifisch menschliche Eigenschaft. Auch Tiere sind dazu in der Lage, Signale abzugeben, mit Sachverhalten zu verknüpfen, zu beantworten. Aber der Mensch entwickelte als einziges Säugetier das Kommunikationsmittel der Sprache. Er lernte es, sich anderen Menschen mitzuteilen – zunächst wohl mit Ausdruck und Gebärden, wie sie noch heute in der Taubstummensprache verwendet werden, dann in gesprochenen Wörtern, die auch eine Verständigung über abstrakte Gedanken möglich machten, schließlich mit den Mitteln der Schrift. Ohne Sprache, ohne Schrift kann es keine Kultur geben.

Wann begann der Mensch zu sprechen?

Diese Frage läßt sich nicht eindeutig beantworten. Paläanthropologen sind der Auffassung, daß selbst der Neandertaler, also ein verhältnismäßig „junger" Altmensch, über grunzende Laute nicht hinauskam. Die einzigen Anhaltspunkte für Schlußfolgerungen dieser Art bietet die Anatomie. Deshalb kann man nicht mit Sicherheit sagen, wann der Mensch zu sprechen begonnen hat. Möglicherweise hat es einmal eine Art „Ursprache" gegeben, aus der sich die zahllosen Sprachen der Welt von heute – es dürften rund 16000 sein – entwickelten.
Die Wissenschaft hat sich viele Jahrhunderte hindurch bemüht, das Wesen der Sprache zu ergründen und zu beschreiben. Aristoteles (384–322 v. Chr.) bezeichnete sie als Lauterzeugung, hervorgerufen durch die Sprechwerkzeuge. Wenn jedoch ein Säugling die ersten Laute von sich gibt, ist das noch lange keine Sprache. Dante Alighieri (1265–1321) sah in ihr Laut und Bezeichnung, Besinnlichkeit und Vernunft. Und erst wenn alle diese Komponenten zusammenwirken, könne man sie als Sprache bezeichnen. Johann Gottfried Herder (1744–1803) gab der Überzeugung Ausdruck, daß der Mensch in dem Augenblick, in dem er sich selbst erkenne, auch Schöpfer seiner Sprache sei, und drückte das mit den Worten aus: „Dies erste Merkmal der Besinnung war Wort der Seele! Mit ihm ist die menschliche Sprache erfunden!" Wilhelm von Humboldt (1767–1835) war der Überzeugung, daß „die eigentliche Sprache in dem Akte ihres Hervorbringens liege, der eine Arbeit des Geistes sei". Leichter macht es sich ein großes Lexikon von heute. Es schreibt, die menschliche Sprache sei eine so zentrale, komplexe und vielseitige Erscheinung, daß sie sich einer einfachen Definition entziehe.
Die Sprache besteht aus Lauten, die auf verschiedene Weise durch die Sprechwerkzeuge gebildet werden. Laute setzen sich zu Lautgruppen zusammen. Aber erst wenn sich diese mit Sinn erfüllen, können sie zu Wörtern werden. Sprache verbindet und vereint. Es gibt keinen Menschen auf unserer Welt, der nicht irgendeiner Sprachgemeinschaft angehörte.

Die Entwicklung der Schrift

Die Vorläufer der Schrift waren noch nicht an den sprachlichen Ausdruck gebunden – jeder konnte sie „lesen". Und vermutlich dienten sie auch nicht der Information anderer Menschen, sondern der Anrufung von Gottheiten. Höhlenmalereien in Frankreich und Spanien, gegen Ende der letzten Eiszeit (etwa ab 15000 v. Chr.) entstanden, lassen sich als Botschaften, als Gebete deuten: Schicke uns mehr Tiere (wie den abgebildeten Büffel)! Schenke uns Jagdglück (wie auf der Höhlenwand sehr realistisch dargestellt)! Schütze uns vor Angriffen!
Auch die frühen Bilderschriften erlaubten Mitteilungen ohne Sprachbindung. Sie zeigten Gegenstände, Tiere, Pflanzen, Behausungen, Tätigkeiten in stilisierter, aber ohne weiteres erkennbarer Gestalt. Die

1

2

Durch Zeichnung und Zeichen versuchte der Mensch schon früh seine Umwelt zu be-greifen, sein Verhältnis zu Mitmenschen und Gottheiten zu regeln – ob in Jagdszenen wie den Felsmalereien der Tsodillo Hills im südafrikanischen Botswana (1), auf einem babylonischen Grenzstein, einem Kuduru (2), der unter den Symbolen der beschützenden Gottheiten den in Keilschrift niedergelegten Grenzvertrag bewahrt, auf dem ägyptischen Inschriftenstein mit Hieroglyphen aus der Zeit um 1500 v. Chr. (3) oder in diesem Zauberbuch aus Sumatra (4), dessen Beschwörungen in Batakschrift auf Birkenrinde geschrieben wurden.

3

4

Zeichen hatten keine andere als die auf den ersten Blick ablesbare Bedeutung.
Bilderschriften dieser Art waren die ältesten Schriften überhaupt: die archaische Bilderschrift der Sumerer (ab 3500 v. Chr.) und die Vorläufer der ägyptischen Hieroglyphen (ab 3200 v. Chr.). Reine Bilderschriften haben den Nachteil, daß man auf Tausende von Bildzeichen angewiesen ist. Im Laufe der Jahrhunderte kam es deshalb zu einer Vereinfachung. Aus den immer mehr stilisierten Zeichen für Wörter wurden Silbenzeichen, die sich vielseitiger verwenden ließen, und endlich Lautzeichen, die Vorläufer der heutigen Buchstaben.
In Mesopotamien führte die Entwicklung von der Bilderschrift zur Keilschrift, deren Zeichen mit dem Griffel in weichen Ton eingedrückt wurden. In Ägypten kamen abgekürzte Formen der Hieroglyphenschrift auf, die sich mit der Rohrfeder auf Papyrus schreiben ließen: die hieratische Schrift der Priester-Gelehrten und die demotische Schrift der schreibkundigen, gebildeten Oberschicht.
Fachleute zweifeln heute nicht mehr daran, daß aus den ägyptischen Schriften über mehrere Zwischenstufen (so vor allem über die Schriftzeichen der kanaanäischen Semiten auf der Halbinsel Sinai und die der Phönizier) die griechische Schrift entstand, aus der sich die lateinische, die gotische und die kyrillische Schrift entwickelten. Hieroglyphen waren letztlich auch die Vorbilder für die aramäische Schrift, die Mutter der hebräischen, arabischen, persischen und indischen Schriften. Möglicherweise gibt es sogar Verbindungslinien zur chinesischen Wortbildschrift, die im Lauf der Jahrhunderte zwar mehrmals vereinfacht und vereinheitlicht wurde, aber erst vor wenigen Jahren dem lateinischen Alphabet zu weichen begann.
Von allen Schriften ist die lateinische heute am weitesten verbreitet. Sie entstand nach griechischen Vorbildern im alten Rom. Das lateinische Alphabet hatte 21 Zeichen. Auf sie geht die um 780 n. Chr. zuerst auftretende karolingische Minuskel zurück, eine Kleinbuchstabenschrift aus miteinander verschmolzenen antiken Stilelementen. Diese erste abendländische Schrift ist seit Karl dem Großen die Basis unserer Schreibschriften, der „deutschen" unserer Großväter wie der lateinischen, die an den Schulen von heute gelehrt wird.
Auf antike und mittelalterliche Vorbilder sind auch die Druckschriften von heute zurückzuführen. Zwei Hauptgruppen sind dabei zu unterscheiden: die nur noch in geringem Umfang verwendete Fraktur („gebrochene Schrift") und die weitverbreitete Antiqua mit den wichtigsten Untergruppen Mediäval (Renaissance-Antiqua), klassizistische Antiqua, Egyptienne und Grotesk. Alle Antiquaschriften gibt es auch mit nach rechts geneigten Kursivbuchstaben.

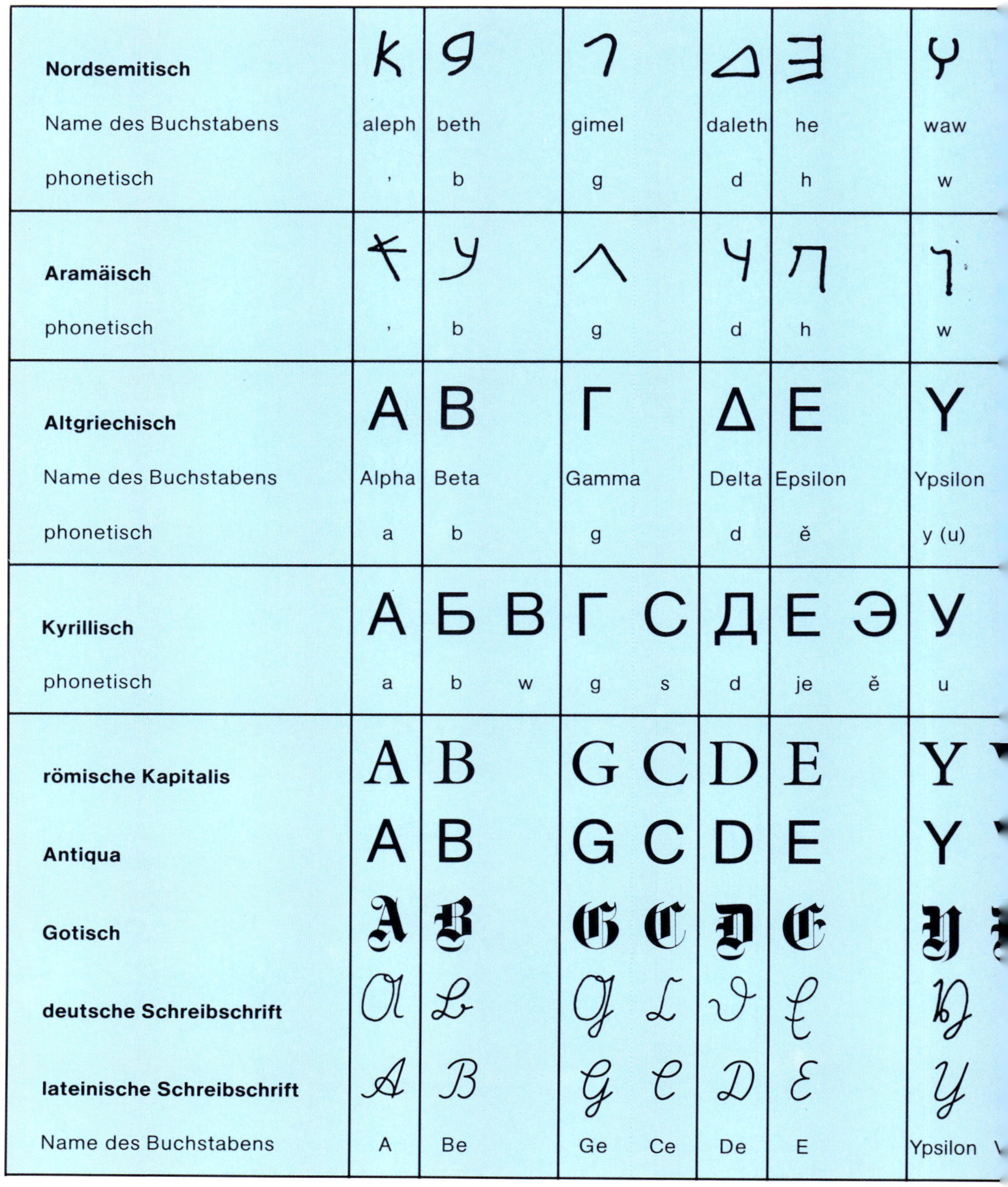

Die Bibliothek Assurbanipals

Die ältesten Bücher der Welt bestanden aus Tontafeln und wurden in Babylonien gefunden. Im Gegensatz zu späteren, aus vergänglicherem Beschreibstoff gefertigten Büchern überstanden sie zu einem großen Teil die Jahrtausende. Nach dem Eindrükken der Keilschriftzeichen mit einer Art Griffel pflegte man die Tafeln an der heißen Sonne zu trocknen oder auch im Feuer zu brennen. Dadurch wurden sie mehr oder weniger unvergänglich und blieben erhalten. Sie konnten auch einen Palast- oder Bibliotheksbrand ohne Schaden überstehen.
Hunderttausende von mehr oder weniger gut erhaltenen Keilschrifttafeln wurden im Lauf der Jahrzehnte geborgen. Als eine der berühmtesten Tontafelsammlungen gilt die Bibliothek des assyrischen Königs Assurbanipal (Regierungszeit: 669–633 v. Chr.), die Sir Austen Henry Layard (1817–1894) in Ninive ausgrub. Sie verteilte sich auf zwei Räume eines einst von Sanherib (705 bis 681) gebauten Palastes. Als die Arbeiter – Layard beschäftigte mehr als hundert – das Innere von Schutt und Erde gesäubert hatten, stellte sich heraus, daß „der Fußboden einen Fuß hoch oder mehr ganz mit Keilschrifttafeln aus gebranntem Ton bedeckt war, von denen etliche unversehrt, die meisten aber in viele Stücke zerbrochen waren" (so Layard in seinem Ausgrabungsbericht). Zwölf der schulheftgroßen Tafeln, die heute im Britischen Museum in London aufbewahrt werden, enthalten Bruchstücke

	zain	ḥeth	ṭeth	yod		kaph	lamed	mem	nun	samek		á in		pe	sade	qoph	reš	šin	taw	
	z	ḥ	ṭ	y, i		k	l	m	n	s		ʿ		p, ph	ṣ	q	r	sh-s	t	
	z	ḥ	ṭ	y, i		k	l	m	n	s		ʿ		p, ph	ṣ	q	r	sh-s	t	
	Z	H	Θ	I		K	Λ	M	N	Ξ	X	O	Ω	Π	Ψ		P	Σ	T	Φ
	Zeta	Eta	Theta	Iota		Kappa	Lambda	My	Ny	Xi	Chi	Omikron	Omega	Pi	Psi		Rho	Sigma	Tau	Phi
	z	ē	th	i		k	l	m	n	x	ch	ŏ	ō	p	ps		rh	s	t	ph (f)
	З			И	Й	К	Л	М	Н	Ж	Х	О		П	Ч		Р	Ш	Т	Ф
	s			i	j	k	l	m	n	sch	ch	o		p	tsch		r	sch	t	f
		H		I	I		L	M	N	X		O		P		Q	R	S	T	F
W	Z	H		I	J	K	L	M	N	X		O		P		Q	R	S	T	F
𝔚	ℨ	ℌ		ℑ	𝔍	𝔎	𝔏	𝔐	𝔑	𝔛		𝔒		𝔓		𝔔	ℜ	𝔖	𝔗	𝔉
We	Zet	Ha		I	Jot	Ka	El	Em	En	Ix		O		Pe		Qu	Er	Es	Te	Ef

des berühmten Gilgamesch-Epos. Andere Tafeln geben Auskunft über fast alle Zweige des assyrischen Lebens. Grammatische und lexikalische Tafeln schließlich lieferten den Schlüssel für die Rekonstruktion der sumerischen Sprache.
Den entscheidenden Anstoß für die Entzifferung der Keilschrift gab der in Göttingen wirkende Münchner Gymnasiallehrer Friedrich Grotefend (1775–1853), dem es 1802 gelang, auf Keilschrifttafeln vermerkte Königsnamen zu deuten. Es dauerte dann allerdings noch einmal fünfzig Jahre, bis sich die letzten Schleier von der babylonischen Keilschrift hoben.

Papyrus, der Papiervorläufer

Noch während in Mesopotamien die Tontafeln im Schwange waren (sie blieben über 3000 Jahre lang aktuell), wurde in Ägypten der erste aus einer Pflanze gewonnene Beschreibstoff hergestellt: Papyrus aus der Papyrusstaude. Die Fabrikation dieses Materials war ein königliches Privileg. Wahrscheinlich steckt in dem Wort „Papyrus" der Wortstamm „Pharao".
Die Papyrusstaude wird bis zu drei Meter hoch. Rohmaterial waren die Stengel, die in etwa 40 Zentimeter lange Stücke zerschnitten wurden. Von ihnen trennte man die Rinde ab. Das Pflanzenmark wurde in 10 bis 12 dünne Lamellen zerteilt, die nebeneinander gelegt und mit einer zweiten Schicht überdeckt wurden. Nun wurde die Doppelschicht geklopft, bis sich die Lamellen verbunden hatten. Der Pflanzensaft wirkte dabei als Klebstoff.
Nach dem Trocknen mußten die Blätter mit einem Elfenbein- oder Ebenholzwerkzeug geglättet werden. Dann konnte man sie zu

Die Übersicht zeigt Entwicklungsstufen von der nordsemitischen Schrift zu verschiedenen Formen der abendländischen „lateinischen" und „deutschen" Schrift am Beispiel der Großbuchstaben. Bei der Verwandlung einzelner Buchstaben wurde das Schriftbild manchmal um 90° bis 180° gedreht, wie das nordsemitische aleph und das altgriechische Alpha zeigen. Diese und eine Reihe anderer Buchstaben bekunden auch in ihren Namen ihre Verwandtschaft. Die lateinisch-deutschen Schriftformen gaben zwar das Bild des griechischen X-Lautes Xi auf und ließen das Chi als X weiterleben; im Spanischen wird es allerdings wie ch ausgesprochen.

HOC UOLANS AQUILAE UERBO PETIT ASTRA IOH.

INCIPIT EUANGELIUM SECUNDUM IOHANNE

IN PRINCIPIO ERAT UERBUM · ET UERBUM ERAT APUD DM̄ ET DS̄ ERAT UERBŪ ·

I i III mt̄ i L xiii Hoc erat in principio apud dm̄ · Omnia per ipsum facta sunt · & sine ipso factum e
nihil ; quod factum est · in ipso uita erat ; Et uita erat lux hominum · & lux in tene
I ii III mt̄ vii L vi bris lucet · & tenebrae eam non conprehenderunt ; Fuit homo missus a dō · cui
nomen erat iohannes ; Hic uenit in testimonium · ut testimonium perhiberet
de lumine · ut omnes crederent per illum ; Non erat ille lux · sed ut testimonium
I iii III mt̄ i L xiii perhiberet de lumine ; Erat lux uera · quae illuminat omnem hominem
uenientem in mundum ; In mundo erat · & mundus per ipsum factus e · et mun
Io iiii sol X dus eum non cognouit ; In propria uenit · & sui eum non receperunt ; Quotquot
autem receperunt eum · dedit eis potestatem filios dī fieri · his qui credunt in
nomine eius ; Qui non ex sanguinibus · neque ex uoluntate carnis · neque ex uo
Io v III mt̄ i L xiii luntate uiri · sed ex dō nati sunt ; Et uerbum caro factum est · & habitauit in
nobis ; Et uidimus gloriam eius · gloriam quasi unigeniti a patre ; plenum gratiae

drei bis sechs Meter langen Rollen zusammenkleben, was schlicht mit einer Art Mehlkleister geschah. Es gab aber auch Papyrusrollen von 30 bis 40 Meter Länge. Beschrieben wurden diese Rollen mit der Rohrfeder oder dem Pinsel und mit roter oder schwarzer Tinte. Wenn der Schreiber einen Fehler machte, wischte er ihn mit einem Schwämmchen wieder ab oder bediente sich einfach der Zunge, um die falsch geschriebene Hieroglyphe abzulecken.
Schreiber galten im alten Ägypten als freie, hochangesehene Menschen. Viele alte Inschriften legen davon Zeugnis ab. „Siehe, kein Beruf ist ohne Vorsteher", heißt es in einem altägyptischen Ratgeber zur Berufswahl, „nur der Schreiber, der ist selbst der Vorsteher." Überliefert sind auch die Ratschläge, die der Ägypter Cheti seinem Sohn Pepi erteilte, bevor er ihn in die Bücherschule schickte:

„Du sollst dein Herz an die Schreibkunst setzen!
Siehe, da ist nichts, das über die Schreibkunst geht.
Die Schreibkunst, du sollst sie mehr lieben als deine Mutter.
Schönheit wird vor deinem Angesicht sein.
Größer ist sie als jedes andere Amt,
sie hat im Land nicht ihresgleichen."

Im Vergleich zu den Tontafeln hielt sich die Schrift auf den Papyrusrollen nicht lange, und auch das Beschreibmaterial selbst überdauerte nur zu einem geringen Teil die Jahrtausende. Deshalb ist die Zahl der erhalten gebliebenen Papyri klein im Vergleich zu den babylonischen Tontafelbibliotheken. Eine der ältesten Papyrusrollen, ein sogenanntes Totenbuch, wurde auf das Jahr 1860 v. Chr. datiert.

Um 780 n. Chr. entstand in Frankreich aus der Verschmelzung antiker Schriftelemente die karolingische Minuskel oder Kleinbuchstabenschrift. Das Bildbeispiel zeigt den Anfang des zweiten Johannes-Evangeliums aus einem Evangeliar, das ein Mönch – wahrscheinlich in Fulda oder einem der von dieser Abtei abhängigen Klöster – im letzten Drittel des 10. Jahrhunderts auf Pergament geschrieben hat. Die im roten Feld stehenden Zeilen sind teils noch in der römischen Kapitalis oder Majuskel (Großbuchstabenschrift), teils in der Unziale geschrieben. Das Initial (lateinisch *initium* = der Anfang), die ersten Wörter und die Miniatur wurden mit Blattgold angelegt. Die Handschrift wird heute in der Staatsbibliothek Preußischer Kulturbesitz in Berlin aufbewahrt (Ms.theol.lat.fol.359, Bl. 87 v).

Von den Ägyptern übernahmen andere Völker das Schreiben auf Papyrus, vor allem Griechen, Römer, Phönizier, Byzantiner, Kopten und Araber. Noch zur Zeit der Merowinger, im sechsten und siebenten Jahrhundert n. Chr., wurden ganze Schiffsladungen Papyrus nach Europa gebracht, wo die Schreiber in Handelskontoren und Klöstern diesen Beschreibstoff verwendeten. Die jüngste bekannte Papyrusurkunde stammt aus dem Jahre 1022 n. Chr.

Die Papyrusbibliothek von Alexandria

Wahrscheinlich nur eine einzige Rolle blieb von ihr erhalten, und trotzdem gilt die Bibliothek von Alexandria in Ägypten als eine der berühmtesten aller Zeiten. Sie entstand unter den Diadochen, den Nachfolgern des Stadtgründers Alexander des Großen (356–323 v. Chr.), als notwendige Ergänzung zu den Schulen und Hochschulen der Stadt, die als griechische Hauptstadt Ägyptens einen entscheidenden Beitrag zur Ausbreitung des griechischen Geistes und der antiken Wissenschaft leistete.
Als Gründer der alexandrinischen Bibliothek gilt Ptolemaios II. Philadelphos (283–246 v. Chr.). Zu seiner Zeit umfaßte sie, wie die Überlieferung berichtet, schon 200000 Rollen. Namhafte Gelehrte wirkten als Bibliothekare, so Zenodot, der Homers Gedichte herausgab, Kallimachos, der den ersten Bibliothekskatalog verfaßte und so die griechische Literaturgeschichte begründete, oder Eratosthenes, der als erster den Erdumfang berechnete und sich dabei trotz bescheidener Hilfsmittel nur geringfügig irrte.
Auf dem Höhepunkt von Alexandria sollen in den Bücherhallen der Bibliothek mehr als 700000 Rollen gelagert haben. Ein Teil davon ging in Flammen auf, als Gajus Julius Cäsar im Jahre 47 v. Chr. Alexandria besetzte. Antike Autoren haben versucht, Cäsar selbst diese Untat in die Schuhe zu schieben. Aber dafür gibt es keinen Beweis. Cäsar verstand nicht nur etwas von Büchern, er schrieb selbst auch welche – sein „Bellum Gallicum" ist noch heute die am weitesten verbreitete lateinische Schullektüre. Überdies stammen die ersten Berichte über den Brand zur Zeit Cäsars und Kleopatras von Seneca, der hundert Jahre nach dem Ereignis lebte.
Die Schicksalsstunde der alexandrinischen Bibliothek schlug 642 n. Chr., als die Araber Alexandrien eroberten. Der muslimische Feldherr Amru weigerte sich, die Bücherbestände freizugeben – er müsse erst eine Entscheidung des Kalifen Omar einholen. Omar lehnte ab: „Wenn diese Bücher der Griechen mit dem Buch Gottes, dem Koran, übereinstimmen", schrieb er zurück, „sind sie nutzlos und brauchen nicht erhalten zu werden. Wenn sie aber mit dem Buch Gottes nicht übereinstimmen, sind sie schädlich und müssen vernichtet werden." Also befahl Amru, so die Überlieferung, die Vernichtung der Bibliothek. In Alexandria gab es um diese Zeit 4000 öffentliche Bäder. Auf sie wurden die Rollen verteilt. Sechs Monate dauerte es, bis die letzte verheizt war.
Der Belgier Chauvin wies 1911 nach, daß diese Zahlenangaben unmöglich stimmen konnten. Da die Muslims ihre Bäder, wie bekannt, auf etwa 60 Grad Celsius zu erhitzen pflegten, hätte man bei 4000 Bädern und sechs Monaten Heizbetrieb mindestens 14 Millionen Rollen gebraucht. Der Franzose Casanova kam 1923 sogar auf einen Bedarf von 72 Millionen Rollen.
Davon kann natürlich nicht die Rede gewesen sein. Aber die Tatsache der Verbrennung – wie auch immer – wird von den Fachleuten heute nicht mehr bestritten. Die Bibliothek von Alexandria ist zwar die erste, von deren Vernichtung wir wissen, aber keineswegs die letzte. Und auch die muslimische Unduldsamkeit hat Parallelen in unserer Zeit.
Bevor die Reste der alexandrinischen Bibliothek 642 der arabischen Eroberung der Stadt Alexandria zum Opfer fielen, hatte Kaiser Justinian I. (482–565) einen Teil der Bestände sicherstellen und nach Konstantinopel abtransportieren lassen. Die Hoffnung, von diesem kostbaren Material würde das eine oder andere Stück auftauchen, hat sich allerdings nicht erfüllt. Die berühmteste Bibliothek des Altertums blieb verschollen.
Da stieß 1980 der Wiener Papyrologe Hermann Harrauer bei der Sichtung einer der Österreichischen Nationalbibliothek zugegangenen größeren Papyrussammlung auf eine Rolle mit dem Titel „Die Gesuchten der Epigramme im ersten Buch". Auf der 17 cm hohen und 70 cm langen Rolle waren insgesamt 240 Zeilen erkennbar. Rund 130 davon erwiesen sich als so weit komplett, daß ihre Lesbarkeit nicht beeinträchtigt war. In diesen Zustand war der Papyrus allerdings erst nach mühevoller Restaurationsarbeit gebracht worden. Er bestand ursprünglich aus mehr als 20 kleinen und kleinsten Fetzen, was darauf zurückzuführen war, daß der Papyrus die Zeiten als Teil einer Mumienkartonage überstanden hatte. Es handelte sich, wie Harrauer nach längerer Untersuchung herausfand, bei dem Papyrus um eine Art Verzeichnis griechischer Epigramm-Anfänge mit Angaben über die Länge der Epigramme, also um eine Art Bibliothekskatalog. Seine Systematik entsprach genau derjeni-

1

gen Einteilung, die der griechische Schriftsteller Kallimachos (etwa 305–240 v. Chr.) für den Katalog, die „Pinakes", der alexandrinischen Bibliothek erdacht hatte. Der Papyrus mußte also aus den Beständen der Bibliothek von Alexandria erhalten geblieben sein.

Pergament, Beschreibstoff aus Tierhaut

Noch während Papyrus als Beschreibstoff die Hauptrolle spielte, begann sich das Pergament durchzusetzen. Griechische Autoren überlieferten, wie es dazu kam. Die Bibliothek von Alexandria war zwar die größte der damals bekannten Welt, aber keineswegs die einzige. Unter anderem hatte König Eumenes II. von Pergamon eine ansehnliche Sammlung von 200000 Rollen zusammengebracht. Auf sie war König Ptolemaios V. Epiphanes (203–180 v. Chr.), Herr über die alexandrinische Bibliothek, eifersüchtig. Kurzerhand verbot er die Ausfuhr von Papyrus nach Kleinasien. Daraufhin ließ Eumenes II. nach einem Ersatzmaterial fahnden und kam auf das Pergament, das folgerichtig auch nach dem Namen seiner Hauptstadt Pergamon benannt wurde. Wahrscheinlich ist das nur eine nachträglich erfundene Legende, an der nur das eine stimmt, daß das Pergament nach Pergamon benannt wurde. Sie mag darauf zurückzuführen sein, daß es am Hof von Pergamon eine ansehnliche Sammlung von Pergamentrollen gab.
Die Herstellung von Pergament dürfte schon lange vor Eumenes II. erfunden worden sein. Noch älter sind Lederrollen als Beschreibmaterial. In Ägypten gab es sie schon vor über 3000 Jahren. Ein Teil der Schriftrollen vom Toten Meer wurde auf

1 – Die im Altertum einzigartige Papyrusbibliothek im Museion von Alexandria, Schatzkammer der antiken griechischen Wissenschaft und Poesie, wurde ein Raub der Flammen – bis zur letzten von rund 700000 Papyrusrollen, glaubte man noch vor wenigen Jahren. 1980 entdeckte der österreichische Wissenschaftler Hermann Harrauer in einer wenige Monate zuvor der Österreichischen Nationalbibliothek zugegangenen Papyrussammlung eine Rolle mit dem Titel „Die Gesuchten der Epigramme im ersten Buch". Beim Entziffern dieses über 2000 Jahre alten Papyrus, von dem die Abbildung links einen Ausschnitt des Anfangs wiedergibt, stellte Harrauer fest, daß jede der insgesamt 240 Zeilen den Beginn eines bis dahin unbekannten griechischen Epigramms und eine Angabe über seinen Umfang enthält. Auch eine systematische Ordnung in eine Reihe thematischer Bereiche war zu erkennen. Verblüffend war die Übereinstimmung dieser Systematik mit der Einteilung, die nach der Überlieferung der griechische Schriftsteller Kallimachos (etwa 305–240 v. Chr.) für den Katalog der von ihm geleiteten großen Bibliothek von Alexandria ersonnen hatte. Die Schreiber der Rolle, die sich nun mit der Kennzeichnung P. Vindob G 40611 in der Papyrussammlung der Österreichischen Nationalbibliothek befindet, mußten auch die Epigramme, die sie hier mit ihren Anfängen aufführten, selbst vor Augen gehabt haben. Nur eine einzige derart reichhaltig mit Papyri ausgestattete Bibliothek gab es damals: die in Alexandria. Wenn man von den Handschriftenrollen des Museions von Alexandria spricht, wird man in Zukunft sagen müssen: Die schätzungsweise 700000 Papyri gingen alle verloren, bis auf wahrscheinlich einen, der sich heute in der Österreichischen Nationalbibliothek befindet.
2 – Der wichtigste Beschreibstoff wurde im Mittelalter das Pergament. Wegen seines Wertes wurden oft für entbehrlich gehaltene Handschriften abgeschabt und neue Texte darübergeschrieben oder wie in unserem Beispiel darübergedruckt. Der ursprüngliche Text, ein sogenanntes Palimpsest, kann durch Fluoreszenzfotografie in ultraviolettem Licht wieder zum Vorschein gebracht werden. Im allgemeinen macht man Schwarzweißfotos. Die Abbildung rechts – versuchsweise auf Farbumkehrfilm aufgenommen mit UV 254 nm und Gelbfilter – stammt aus der Inkunabel 15 2° der Erzabtei Beuron, einem „Missale Bursfeldense", gedruckt 1498 von Petrus Drach in Speyer. Die Noten sind von Hand eingefügt. Der ursprüngliche Text stammt gleichfalls aus einem Missale.

Kyrie leyson Gloria in excelsi
In summis ma
in excelsis deo ioribz 2 minoribz
Kyrie leyson Gloria in excelsis
In festis
deo medys
leyson Gloria in excelsis deo
In festis
Kyrie leys duplicibz
In festis du
Gloria in excelsis deo
Kyrie leyson Gloria
in excelsis deo Et in terra pax hoibz

2

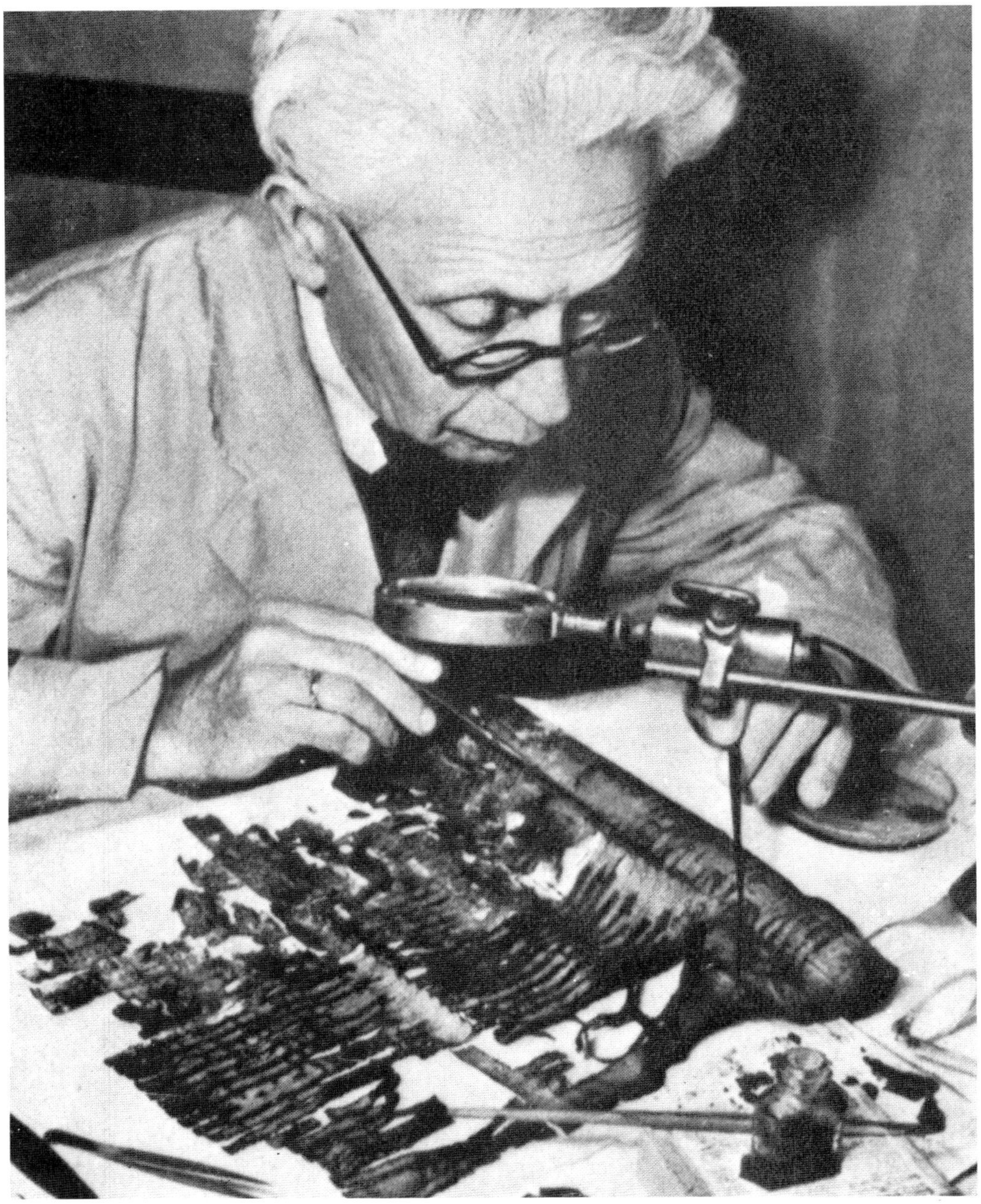

1

1 – Als 1947 im Wadi Kumran nahe dem Toten Meer sieben Lederrollen mit religiösen Texten gefunden wurden, hielt die wissenschaftliche Welt sie zunächst für Fälschungen. Erst genauere Forschungen ergaben, daß diese Rollen und später gefundene, in jordanischen Besitz gelangte Handschriften in der Zeit um 100 v. Chr. von Angehörigen einer religiösen Sekte, den Essenern, niedergeschrieben wurden. Es kamen auch Spekulationen auf, Christus selbst habe dieser Sekte angehört oder ihr nahegestanden. Im Foto Prof. James Bieberkraut, einer der Übersetzer, beim Aufrollen einer der sieben in israelischem Besitz befindlichen Handschriften.

2 – Ähnliches Aufsehen wie in unserem Jahrhundert das Auftauchen der Schriftrollen vom Toten Meer erregte es Mitte des vorigen Jahrhunderts, als der deutsche Theologieprofessor Konstantin von Tischendorf unter abenteuerlichen Umständen im Katharinenkloster auf der Halbinsel Sinai Handschriften aus dem 4. Jahrhundert n. Chr. mit dem vollständigen Text des Neuen Testaments und wesentlichen Teilen des Alten Testaments in griechischer Sprache aufspürte. Dieser Codex Sinaiticus befindet sich seit Anfang der dreißiger Jahre im Britischen Museum.

Leder geschrieben, und noch heute bestehen die Thorarollen in den Synagogen, einer uralten Talmudvorschrift folgend, aus Leder. Für die Lederbereitung muß das gereinigte Fell gegerbt werden. Anders die Pergamentherstellung: Die Tierhäute wurden gewaschen, enthaart und entfettet, dann in Kalkmilch gebeizt und straff auf einen Rahmen gespannt. Nun war es Aufgabe des Pergamenters, die Haut von beiden Seiten mit einer scharfen Klinge abzuschaben und möglichst auf gleichmäßige Dicke zu bringen. Eine Nachbehandlung mit Kreidepulver und Bimsstein schloß sich an. Besonders feines Pergament ließ sich aus der Haut von Kälbern, Lämmern und Zicklein herstellen. Aber auch Schweine-, Rinder-, Schafs- und Eselshäute wurden verwendet. Im Gegensatz zu Papyrus ließ sich Pergament beidseitig beschriften. Die Fläche war glatter und besser zu verarbeiten. Und überdies war Pergament viel haltbarer als Papyrus. Notfalls konnte man bereits beschriebene Flächen auch wieder abschaben und erneut beschriften. Solche Doppelverwendungen sind für die Urkundensachverständigen besonders interessant, weil es in der Regel gelingt, die ursprüngliche, ältere Beschriftung wieder sichtbar zu machen. Schriftstücke dieser Art werden Palimpsest (vom griechischen psestos = abgekratzt) genannt. Bei der Sichtbarmachung der älteren Texte hilft heute die Fluoreszenzfotografie. Auf diese Weise wurde z.B. eine verloren geglaubte Schrift von Cicero wieder ans Tageslicht geholt. Auch einige Bibelhandschriften konnten nach dieser Technik gerettet werden.

Nach der Erfindung des Papiers verlor das Pergament seine Bedeutung. Für Einbände und Urkunden wird es noch heute verwendet.

Die Schriftrollen vom Toten Meer

Die Story vom Beduinenjungen Mohammed ad-Dib ging um die ganze Welt. Im Sommer 1947 habe Mohammed, so heißt es, bei der Suche nach einer entlaufenen Ziege im Wadi Kumran der Wüste Judäa, nicht weit vom Toten Meer, eine Höhle entdeckt, in der sich uralte Tonkrüge fanden. Der Inhalt der Krüge: sieben Lederrollen, über und über mit Schriftzeichen bedeckt. Mohammed teilte den Fund brüderlich mit zwei anderen Ziegenhirten. Alle drei wollten sich Sandalenriemen aus dem Leder schneiden, aber dazu war es schon zu morsch. Auf abenteuerlichen Umwegen landeten vier Rollen im Besitz des syrisch-orthodoxen Bischofs von Jerusalem, Athanasius. Die drei anderen konnte Professor Sukenik, der Archäologe der Hebräischen Universität, erwerben.

2

Erst viel später, als diese Legende schon nicht mehr auszurotten war, stellte sich heraus, daß die ersten Rollen schon 1945 entdeckt worden waren. Über ihren Verbleib ist nichts bekannt. Woher die 1947 von Athanasius und Sukenik angekauften Rollen wirklich stammten, blieb ungeklärt. Aber sie waren nun einmal da und wurden von Fachleuten untersucht, die sie allesamt für jung, also für Fälschungen hielten. Als einziger glaubte Sukenik an ihre Echtheit. Vergebens bemühte er sich darum, auch die Athanasius-Rollen zu erwerben. 1953 starb Sukenik in der Überzeugung, die größte Chance seines Lebens verpaßt zu haben.
Unterdessen versuchte Athanasius, seine vier Rollen in Amerika an den Mann zu bringen. Vergebens – niemand wollte sie haben. In seiner Verzweiflung inserierte der Bischof im Wallstreet Journal. Zufällig weilte gerade um diese Zeit Yigael Yadin, der Sohn Professor Sukeniks, in den USA. Er las die Anzeige – und griff zu. Die vier Rollen wechselten für mehr als eine Million Mark den Besitzer. Athanasius hatte seinerzeit etwa 275 Mark dafür bezahlt.
Nun waren die sieben Rollen wieder in einer Hand – in der Hand des Volkes, dessen Vorfahren sie vor rund 2000 Jahren beschrieben hatten. Israel baute ein eigenes Museum für sie, den „Shrine of the Book" in Jerusalem. Er ist einem der Tonkrüge nachgebildet, in denen die Rollen aufbewahrt waren. Die schönsten Rollen sind ausgestellt – freilich nur als Fotos.
Erst nach dem aufsehenerregenden Fund begann die systematische Erforschung und Ausgrabung des Kumran-Gebietes. Dabei wurden weitere Rollen und unzählige Fragmente entdeckt, teils aus brüchigem Leder, teils aus Papyrus. Sie sind im Gegensatz zu den ursprünglichen sieben Rollen jordanischer Besitz. Unter anderem wurden die nahezu kompletten Texte des hebräischen Alten Testaments gefunden, dazu Apokryphen, Rollen mit Gesetzestexten, Gebeten, Segens- und Weisheitssprüchen, kalendarischen Übersichten – und Sektenschriften, die darauf hindeuten, daß eine nicht genauer bekannte Sekte aus der Zeit um Christi Geburt, die Essener, einst die kostbaren Schriftrollen vor dem anrükkenden Feind in Sicherheit brachte.
Vor allem für die Bibelwissenschaften sind die Funde von Kumran von nicht zu überschätzender Bedeutung. Eine der ersten sieben Rollen, über sieben Meter lang, enthält beispielsweise den Text des Buches Jesaja. Ihr Alter wird auf das Jahr 100 v. Chr. angesetzt. Damit ist sie rund tausend Jahre älter als die älteste bis dahin bekannte hebräische Bibelhandschrift. Ein Textvergleich zeigte nur unbedeutende Abweichungen.

Die ersten „richtigen" Bücher

Zwar hatte es schon in Mesopotamien Versuche gegeben, beschriftete Tafeln mit Hilfe von Scharnieren zu Büchern zu verbinden. Aber über ein Dutzend „Seiten" kam man dabei nicht hinaus. Nicht anders war es bei den Griechen, die Holz- und Wachstäfelchen zu mehrseitigen „Notizbüchern" verbanden. Im übrigen blieb es bei der Rollenform. Aber es ist anzunehmen, daß die steifen Tafelbücher das Vorbild für die ersten aus Pergament hergestellten „richtigen" Bücher darstellten. Niemand weiß, wer zuerst auf die Idee kam, das Pergament zu falten, zusammenzuheften, die einzelnen Blätter aufzuschneiden und das Ganze mit einer Art Einband zu versehen. Die ersten Bücher dieser Art, Codices genannt (Einzahl: Codex), dürften im ersten Jahrhundert n. Chr. entstanden sein. Damals äußerte sich der Dichter Martial (um 40 – um 100 n. Chr.) begeistert über die neue Methode, die sich besonders für umfangreichere Werke eignete – für solche also, die auf Rollen nur schwer unterzubringen waren. Gegen Ende der römischen Kaiserzeit, um das Jahr 500 n. Chr., hatte der Codex schließlich die Rolle verdrängt, die nur noch für besondere Gelegenheiten, etwa für Urkunden und Diplome, verwendet wurde.
Für die Verbreitung der Codex-Buchform sorgten vor allem die Christen, denen es stärker als den Angehörigen anderer Religionen auf die Verbreitung heiliger Bücher ankam. Im übrigen waren Codices zunächst ausgesprochene Gebrauchsbücher. Wer auf sich hielt, bevorzugte noch lange die „vornehmere" Rolle.
Der Codex rief bald die Kunst der prunkvollen Buchausstattung und Buchmalerei hervor. Besonders die großformatigen liturgischen Bücher wurden kostbar ausgestattet. Damit sie nicht in falsche Hände geraten konnten, pflegte man sie in den mittelalterlichen Bibliotheken anzuketten. Beispiele für solche Kettenbücher (Libri catenati) gibt es heute noch in vielen Ländern. Sie gehören zu den großen Kostbarkeiten.
Übrigens behielten auch die ersten Buchdrucker das Großformat der Bücher bei. Erst viel später, als es gelang, kleinere Schriften zu produzieren, kam das handliche Buch in Mode.

Der Codex Sinaiticus und seine Story

Es gibt viele berühmte Codices, die streng bewacht in den Schatzkammern großer Bibliotheken liegen – etwa den Codex Vaticanus, der um 350 n. Chr. geschrieben wurde, fast das ganze Alte Testament enthält und heute im Vatikan aufbewahrt wird, oder den Codex Alexandrinus, in der ersten Hälfte des 5. Jahrhunderts in Ägypten geschrieben, der bis auf zehn Blätter die ganze Bibel wiedergibt und heute in London zu Hause ist. Die aufregendste Entdeckungsgeschichte hatte zweifellos der 1844 und 1859 auf dem Sinai entdeckte und nach ihm benannte Codex Sinaiticus aus dem 4. Jahrhundert n. Chr., enthaltend das ganze Neue Testament und wesentliche Teile des Alten Testaments.
Der Entdecker dieser berühmten Handschrift war der 1815 zu Lengenfeld im Vogtland geborene evangelische Theologieprofessor und Forscher Lobegott Friedrich Konstantin Tischendorf, den der Zar von Rußland später ob seiner Verdienste mit dem Adelstitel auszeichnete. Tischendorf sah es als seine Lebensaufgabe an, eine

verläßliche, textkritisch zuverlässige Ausgabe des griechischen Neuen Testaments zu schaffen. Jahrelang reiste er von Bibliothek zu Bibliothek, um alle erreichbaren Quellen zu studieren. In Paris gelang ihm die Entzifferung eines Palimpsests, mit dem sich alle anderen Fachleute bis dahin vergeblich abgemüht hatten. In Rom wollte er den Codex Vaticanus studieren, hatte aber nur einige Stunden lang Gelegenheit dazu, weil der päpstliche Bibliothekar selbst eine Ausgabe der Handschrift herauszubringen gedachte. In anderen Städten des Mittelmeerraums war der junge Professor erfolgreicher.
Bei diesen Studien mag ihm der Gedanke gekommen sein, sich im Orient, von wo das Christentum seinen Ausgang genommen hatte, nach den ältesten Textzeugen umzusehen. Mühsam kratzte er die nötigen Mittel für eine erste Reise zusammen. Nach vielen Umwegen traf er schließlich in dem der heiligen Katharina von Alexandrien geweihten Kloster auf dem Sinai ein, einem Ort, der seit den frühesten Zeiten der frommen Verehrung gedient hatte, der für eine reiche Bibliothek und einen großen Schatz wertvoller Ikonen bekannt war.
Tischendorf fand keine erfreulichen Zustände vor. „Seit acht Tagen bin ich nun im Katharinenkloster", schrieb er an seine Braut. „Aber diese Bande von Mönchen! Hätte ich militärische Gewalt und Kraft, ich würde ein heiliges Werk tun, ich würfe dieses Gesindel über die Mauern!"
Die Mönche kümmerten sich, wie Tischendorf feststellte, kaum um ihre Bücherschätze, und der streitbare Deutsche fand auch nach längerer Suche nicht die Kostbarkeiten, die er hier vermutet hatte. Immer zeigte man ihm nur Handschriften jüngeren Datums. Da entdeckte Tischendorf durch

Außer nach ihrem Herkunfts- oder Aufbewahrungsort werden die mittelalterlichen Codices auch nach ihrer besonders wertvollen Ausstattung benannt, so wegen seines goldenen Einbands der Codex aureus aus dem Kloster St. Emmeram in Regensburg, ein im Jahr 870 für Karl den Kahlen in Goldbuchstaben geschriebenes Evangeliar, heute mit der Signatur Clm 14000 VD in der Bayerischen Staatsbibliothek zu München.

Zufall einen großen Papierkorb, gefüllt mit Pergamentblättern, zum Verbrennen bestimmt. Bruder Kyrillos, der Bibliothekar, erlaubte ihm, einige der Blätter mit zur Prüfung in seine Zelle zu nehmen. Sie erwiesen sich als Teile einer Bibelhandschrift aus dem 4. Jahrhundert mit Texten des Alten Testaments. 43 von 129 Blättern erhielt der Theologe als Geschenk. Die übrigen wurden ihm vorenthalten – inzwischen ahnten die Mönche wohl, was für einen Schatz sie besaßen.
Die Zeit der Rückkehr nach Deutschland stand bevor. Bald entschloß sich Tischendorf zu einem zweiten Vorstoß. Aber die zurückgelassenen 86 Pergamentblätter waren nicht mehr aufzufinden. Niemand wußte etwas über ihren Verbleib. Nicht viel später machte sich Tischendorf auf seine dritte Reise, diesmal unter der Schutzherrschaft des russischen Zaren Alexander II. Aber es half alles nichts. Die Handschrift blieb verschollen.
Zum Abschied unternahm der Theologe eine Sinai-Wanderung, begleitet von einem jungen Mönch aus Athen. In dessen Zelle nahm er vor der Abreise noch einen Imbiß ein – und erlebte eine Überraschung. Sein Gastgeber holte ein großes Paket vom Regal und schlug die Umhüllung auf. Das Paket enthielt die vermißten 86 Seiten, dazu noch viele andere, darunter alle Bücher des Neuen Testaments, insgesamt 346 Blätter. Tischendorf war jahrelang damit beschäftigt, diese größte und vollständigste aller Bibelhandschriften zunächst zu kopieren, dann als Faksimile-Ausgabe herauszubringen und zu kommentieren. Der Original-Codex ging in den Besitz des Zaren über. Sein Entdecker starb 1874, er hinterließ ein Lebenswerk von 72 großen wissenschaftlichen Werken. Bis heute gehört Tischendorfs „Editio octava critica maior", die achte große kritische Ausgabe des Neuen Testaments, zu den unentbehrlichen Quellenwerken der Bibelforschung.
Der Codex Sinaiticus befindet sich heute im Britischen Museum in London. Zu Beginn der dreißiger Jahre boten ihn die Bolschewisten zum Kauf an. Die Briten gaben 100 000 Pfund dafür aus – Ergebnis einer Sammlung unter der Bevölkerung.

Bücher werden vervielfältigt

Seit es Bücher gibt – sei es in Rollen-, sei es in Codexform –, gibt es auch die Möglichkeit, sie durch Abschreiben zu vervielfältigen. Die Bibliothek von Alexandria beispielsweise bestand zweifellos nur zu einem Teil aus Originalhandschriften. Der größere Teil der Papyrusrollen rekrutierte sich wohl aus Abschriften, für die die griechischen Könige Ägyptens viel Geld ausgaben. Ein erheblicher Teil der angeblich 700 000 Rollen dürfte aus Duplikaten bestanden haben.
Der Abschreibekunst verdanken wir es, daß so mancher wertvolle Text, dessen Original verlorenging, bis auf unsere Tage erhalten blieb. Auch als die ersten drucktechnischen Verfahren aufkamen, wurden Büchertexte vorwiegend noch mit der Hand vervielfältigt. Das änderte sich erst lange nach Gutenberg.

Die klösterlichen Schreibstuben

Bis zum späten Mittelalter waren die Klöster Mittelpunkte des geistigen Lebens. Mönche dienten der wissenschaftlichen Forschung und Lehre, erschlossen das Land ringsumher und bauten Bibliotheken auf. In den Schreibstuben der Klöster entstanden nicht nur Abschriften religiöser und wissenschaftlicher Werke für den Eigenbedarf, sondern auch für die Ausstattung neugegründeter Klöster und Kirchen.
Die Mönche beschränkten sich dabei nicht auf das bloße Abschreiben. Sie begannen, die Texte mit kunstvollen Überschriften und Anfangsbuchstaben zu verzieren – zum höheren Lobe Gottes. In vielen Klöstern gab es Spezialisten für bestimmte Aufgaben, so den Rubrikator, der die Großbuchstaben mit roter Farbe (lateinisch ruber = rot) kennzeichnete – seitdem spricht man von einer Rubrik, einer Spalte oder einem Abschnitt, in die man etwas einordnet. Ein anderer Fachmann war der Miniator, der die Handschriften malerisch verzierte (illuminierte). Dazu wurde ursprünglich ebenfalls rote Farbe (lateinisch minium = zinnoberrot) verwendet. Unser Begriff „Miniatur" stammt daher.
Schreiber und Buchmaler in den Klosterschreibstuben verwendeten in erster Linie dauerhaftes Pergament für ihre Abschriften. Später kam dann Papier dazu. Vor dem Schreiben wurden die Seiten mit einem Falzbein liniert. Die Linien drückten sich auf die Gegenseite durch, so daß die Schriftzeilen auf beiden Seiten genau „Stand hielten".
Man hat früher angenommen, daß in vielen Schreibstuben nach Diktat gearbeitet wurde. Dafür gibt es aber keine Beweise. Wahrscheinlicher ist, daß jeder Schreiber direkt von einer Vorlage abschrieb. Fehler waren dabei natürlich nicht ganz zu vermeiden.
Es gibt Berichte über ganz erstaunliche Schreibleistungen. So ist im Anhang zu einer 300 Seiten starken Handschrift aus dem 15. Jahrhundert vermerkt, der Schreiber habe für die Fertigstellung nur 18 Tage gebraucht. Bei besonders eiligen Arbeiten teilten sich mehrere Schreibermönche in eine Handschrift. Die fertigen Seiten übernahmen Rubrikator und Miniator zur Ausschmückung. Schließlich wurde die Handschrift gebunden, in der Frühzeit meist in Holz mit einem Überzug aus Pergament.

Die weltlichen Schreibstuben

Pergamenthandschriften waren für normale Sterbliche viel zu teuer. Nur Kirchen, Klöster und Universitäten konnten sie sich leisten, außerdem natürlich die Fürstenhäuser, von denen viele sich große Bibliotheken anlegen ließen. Mit dem Aufkommen des Papiers – die erste Papiermühle Europas scheint seit 1286 in Italien gearbeitet zu haben, die erste deutsche gründete der Nürnberger Kaufmann Ulman Stromer um 1389/1390 – war der Weg frei zur Herstellung etwas preiswerterer Handschriften. Sie entstanden in weltlichen Schreibstuben, behandelten nun nicht mehr vorwiegend religiöse Texte und waren für das lesekundige, gebildete Bürgertum bestimmt.
Einer der bekanntesten Schreibstubeninhaber war Diebold Lauber. Er betrieb sein Handwerk in der Burg zu Hagenau im Unterelsaß. Man könnte ihn den Urvater der heutigen Verleger nennen, denn er ließ Abschriften nicht nur auf Bestellung fertigen, sondern unterhielt ein Lager solcher Handschriften, die nach seiner Meinung mit gutem Absatz rechnen konnten. Dabei verließ er sich nicht auf den Zufall, sondern betrieb kräftig Werbung für sein Unternehmen. Aus der Mitte des 15. Jahrhunderts ist eine handschriftliche Ankündigung Laubers über seinen Bücherbestand, die erste bekannte Anzeige überhaupt, erhalten geblieben:
„Item welcher hande buecher man gerne hat, groß oder klein, geistlich oder weltlich, hübsch gemolt, die findet man alle bey diebolt louber, schriber in der burge zu hagenow."
Nun folgt die Aufzählung der sofort lieferbaren Titel Laubers – ein faszinierendes kulturgeschichtliches Dokument:

„Item daß groß buch genant gesta Romanorum und saget, was zu Rome gescheen ist, und saget von den stetten, do got gewandelt het, und saget ouch von den keisern zu Rome und von den Bebesten, was wunders sie getriben hant, und ist mit den figuren gemolt.
Item vite christy.
Item die XXIIII alten, gemolt.
Item ein gereymte Bibel.
Item der Ritter her Wigoleis, gemolt.
Item wolff dietherich, gemolt.

1

1 – Auch weniger berühmte Handschriften, wie diese lateinische Bibel auf Pergament aus der ersten Hälfte des 15. Jahrhunderts, wurden meist liebevoll mit Initialen ausgeschmückt, die mit Blattgold angelegt oder farbig ausgemalt waren.

2 – Neben den klösterlichen Schreibstuben deckten im Mittelalter zunehmend auch weltliche Schreiber den Bedarf nach Lesestoff. Dieser Holzschnitt vom Anfang des 16. Jahrhunderts zeigt einen solchen Schreiber beim Kopieren mit der Vorlage über seinem Pult.

3 – Durch die Ausbreitung der Papiermacherkunst in Europa wurden die Handschriften erschwinglicher. Um 1390 errichtete Ulman Stromer aus Nürnberg die erste deutsche Papiermühle, die Gleismühle an der Pegnitz (Holzschnitt aus der „Weltchronik" des Hartmann Schedel, Nürnberg 1493).

2

3

C xxxij.

nam die gotheit zu ir und bant
die tüfel und nam die armen
selen die in so grossen nöten
und pinen warent und schikte
sü do noch in daz himelrich
do lebent sü ewiklichen
mit gotte in fröiden zů

Also unser herre erstunt von dem grabe od' tode un sin mut' erschein

An dem dirten
tage noch dem als
unser herre erst=
arp an dem heil=
gen crüze do kam die sele wid'
zů dem grabe und nam wider an
sich und wart lebende also vor
also er nu erstunt do wart
das grap nit uff getan und
bleip gancz. Uff die stunt
wart ein ertbidem in alle
lande das alle lüte do von
erschrockent Do noch gieng er

Item das gantze Passional, der heiligen leben Wintherteil und summerteil, zwey grosse buecher.
Item Episteln und Ewangelien durch das Jar, alle tag mit glosen. Und von den heiligen und Jungfrawen.
Item Wilhelm von Orliens, gemolt.
Item herywon und her galb und künig artus, gemolt.
Item der heiligen drie kunige buch, gemolt.
Item parcifal, gemolt.
Item sieben meister buecher, gemolt.
Item Bellial, gemolt.
Item die witfaren ritter.
Item die große Troye, gemolt.
Item der herzoge von österich, gemolt.
Item die himmelstrasse genant der welsche Gast.
Item die zehen gebot mit glosen.
Item von einem getruwen Ritter der sin eigen hertze gab umb einer schönen frowen willen.
Item ysopus gemolt.
Item gute bewerte Artzenie bücher.
Item frigedang.
Item Lucidarius.
Item pfaffe Emyß.
Und sunst cleine betbücher.
Item der Rosenkrantz.
Item der Ritter under dem Zuber.
Item gemolte loßbücher.
Item der selen trost.
Item von dem Ritter sant allexius.
Item sant anßelmus fraw.
Item der kunig von Franckenreich.
Item ein keiserlich Recht-buch.
Item tristram.
Item schochzabel gemolt.
Item von sant gregorius dem sünder.
Item morolff gemolt.
Item ein psalter latin und tutsch.
Und sunst andere."

2

3

1 – Diese kolorierte Federzeichnung der Auferstehung Christi ist in einer Historienbibel enthalten, die der „Verleger" Diebold Lauber um 1440 in seiner Schreibstube mit anderen Büchern auf Vorrat anfertigen ließ und durch die ältesten erhaltenen Anzeigen zum Kauf anbot.
2 – Eine frühe Form der Vervielfältigung war die Benutzung von Siegelsteinen (Größe der abgebildeten etwa 4×4 cm und 4×2 cm) und von Rollsiegeln (babylonisch, etwa 3 cm und 2 cm lang).
3 – Als Erfinder des Schriftdrucks von geschnitzten Holztafeln gelten die Chinesen. Abgebildet ist eine koreanische Holzschnittplatte mit Abdruck. Im Haein-sa-Tempel werden 80000 Holztafeln vom Anfang des 13. Jahrhunderts zum Druck der Tripikata Koreana aufbewahrt, eines Kanons buddhistischer heiliger Schriften.

In erster Linie handelte Lauber also mit religiösen Unterweisungs- und Erbauungsbüchern, in zweiter Linie mit Geschichten von Rittern, Königen und Heiligen. Dazu kamen praktische Ratgeber: ein Arzneibuch, einige Losbücher (um das Schicksal zu erkunden), ein Rechtsbuch. Viele seiner Bücher waren „gemolt", also künstlerisch ausgestattet – mit Federzeichnungen, die später koloriert wurden. Als Buchschrift diente eine gotische Schreibschrift, die schnell zu Papier gebracht werden konnte.
Die weltlichen Schreibstuben arbeiteten rein kommerziell – was nicht abzusetzen war, wurde nicht abgeschrieben. Aus ihnen entwickelten sich später die Werkstätten der Schreibmeister, bei denen jedermann Unterricht in der Schreibkunst nehmen konnte. Von ihnen wird weiter unten noch die Rede sein.

Die ersten Reproduktionsverfahren

Metall- oder auch Steinstempel mit figürlichen Darstellungen, Buchstaben oder ganzen Wörtern (meist Namen) waren sowohl in Ägypten als auch in Mesopotamien oder später im antiken Rom weit verbreitet. Sie dienten vor allem dazu, keramische Erzeugnisse wie Töpfe, Schüsseln und Ziegelsteine zu kennzeichnen. Möglicherweise gab es für vielbeschäftigte „Manager" auch schon eine Art „Unterschriftsstempel", der die eigenhändige Unterschrift ersetzte. In Ägypten wurden mit eingefärbten Stempeln Textilien bedruckt. In China fertigten buddhistische Priester „Abbilder aus Holz, auf denen sie Sternbilder, die Sonne und den Mond gravierten. Während sie den Atem anhalten, halten sie sie in der Hand und drucken sie ab". Das berichtet die gegen Ende des 5. Jahrhunderts n. Chr. entstandene „Geschichte der Sui" über die frühen chinesischen Stempelkünste.
Alle diese Frühformen können bestenfalls als Vorläufer der heutigen Gummistempel gelten. Der Schritt von der Stempel- zur systematischen Vervielfältigungstechnik wurde nicht getan. Die ersten „richtigen" Drucke dürften in China entstanden sein. Dort verstand man schon vor rund 2000 Jahren Papier herzustellen, und die Technik des Tafel- oder Blockdrucks wurde vor 1200 Jahren zu erstaunlicher Vollkommenheit entwickelt – von wem, ist allerdings unbekannt. Die Chinesen schnitzten den Text in Holz- oder schlugen ihn in Metallplatten. Die mit Tusche eingefärbten erhabenen Stellen lieferten, auf Papier abgezogen, gut lesbare Schriftzeichen-Blöcke.
Im 9. Jahrhundert n. Chr. schnitten chinesische Graveure die Texte bestimmter klassischer Werke in Stein, um die allgemein verbindliche Textfassung für alle Zeiten festzuhalten. Chinesische Chroniken nennen einen hohen kaiserlichen Würdenträger namens Feng Tao als jenen Mann, der diese Druckwerke veranlaßte. Er gilt in China als Erfinder der Druckkunst.

Vom Zeugdruck zum Holzschnitt

Es gibt Gründe für die Annahme, daß es die Araber waren, die die chinesische Tafeldrucktechnik nach Westeuropa mitbrachten. Hier verlief die Entwicklung jedoch anders als in China. Zuerst wurden nicht Buchstaben oder Wortzeichen in Holz geschnitten, sondern Ornamente für das Bedrucken von Textilien, den „Zeugdruck". Dieses Verfahren blieb vom 14. bis zum 19. Jahrhundert aktuell. Bevorzugt wurde der Blaudruck. Dabei bestrich man den ungefärbten Stoff mit einer Kleistermasse, in die in regelmäßigen Musterabständen die Druckform, ein holzgeschnitzter „Model", hineingepreßt wurde. Die hervorstehenden Teile der Form verdrängten an diesen Stellen den Kleister. Beim anschließenden Färben des Stoffes, in der Regel mit dem Farbstoff der indigoähnlichen Waidpflanze, blieben die bedruckten Stellen weiß, alle anderen nahmen die blaue Farbe an. Auf ähnliche Weise wurden später, ebenfalls im Handbetrieb, auch Tapeten bedruckt.
Gegen Ende des 14. Jahrhunderts wurde nach dem Zeugdruck-Vorbild der Bilddruck in Holzschnittechnik entwickelt, das erste Hochdruckverfahren. Als Rohmaterial dienten flächenparallel geschnittene, etwa daumendicke Platten, vor allem aus Birnbaum-, Erlen- und Kirschbaumholz, die mit dem Schneidemesser bearbeitet wurden. Dabei mußten alle Teile weggeschnitten werden, die nicht mitdrucken sollten. Die erhaben stehengebliebenen Linien und Flächen wurden mit Druckerschwärze eingefärbt und auf einem saugfähigen, leicht angefeuchteten Papierblatt durch Druck und Reiben abgedruckt.
Zunächst hielten sich die Holzschneider streng an gezeichnete Vorlagen, deren Linien sie wiedergaben. Sie hoben sich scharf vom weißen Grund ab. Erst im weiteren Verlauf der Entwicklung lernten die Holzschnittkünstler, sich auch mit Binnenstrukturen und Hell-Dunkel-Effekten auseinanderzusetzen. Raffiniertere Techniken, so der Helldunkelschnitt oder Clairobscur-Schnitt, der Weißlinienschnitt und der Farbenholzschnitt von mehreren Druckplatten setzten sich erst um 1500 durch, als Entwerfer und Schneider nicht mehr eine Person waren, sondern bekannte Künstler den Entwurf lieferten und Holzschneider ihn in einen Druckstock verwandelten.

Bedeutung der Einblattdrucke

Weil die Druckstöcke von Hand abgezogen wurden, konnte man das Papier nur einseitig bedrucken. Der Versuch, nach der (zuerst bedruckten) „Schöndruckseite" auch die „Widerdruckseite" mit einer Holzschnitt-Abbildung zu versehen, war zum Scheitern verurteilt. Erstens verschmierte beim Drücken und Reiben des Papiers die Farbe der nun oben liegenden Vorderseite. Und zweitens lag das Papier nicht mehr glatt – durch Anfeuchten und Drucken bildeten sich Prägungen. Die frühesten Zeugen der Holzschnitt-Reproduktionstechnik waren daher stets „Einblattdrucke".
Im 15. Jahrhundert wurden solche Drucke in riesiger Zahl auf den Markt gebracht. Eine ab 1906 in Straßburg herausgegebene Faksimilesammlung von Einblattdrucken umfaßt 100 Bände. Von den meisten Drukken blieb jedoch nur ein Exemplar erhalten – oft genug durch Zufall. Viele Einblattdrucke „überlebten", weil sie in Bucheinbände, Schranktüren oder Truhendeckel geklebt worden waren.
Als älteste erhaltene Einblattdrucke gelten eine Darstellung der Madonna aus dem Jahre 1418 und ein heiliger Christophorus aus dem Jahre 1423. Religiöse Themen überwogen: Blätter zur Erinnerung an Wallfahrten, zur Popularisierung wundertätiger Heiliger, als glückbringender Wandschmuck.
Zunächst beschränkten sich die Holzschneider darauf, nur Bilder wiederzugeben. Ein etwaiger Text wurde handschriftlich daruntergesetzt. Dann lernten sie, zum Drucken auch einige Textzeilen in Holz zu schneiden.
Ein anderer wichtiger Verwendungszweck für die neue Technik war der Druck von Spielkarten. Manche Forscher meinen, die Notwendigkeit, Spielkarten zu vervielfältigen, habe im 15. Jahrhundert die Erfindung des Holzschnitts geradezu erzwungen. In den Museen findet sich mancher wertvolle Druckstock aus Holz, von dem einst Spielkarten in Serienfabrikation abgezogen wurden. Im allgemeinen wurden die Karten mit Hilfe von Schablonen koloriert.

Vom Einblattdruck zum Blockbuch

Von der Verbindung vieler Einblattdrucke zum gebundenen Buch war es nur ein Schritt. Er wurde um 1430 getan. Dabei machte man aus der Not eine Tugend und klebte jeweils zwei Einblattdrucke mit den Rückseiten zusammen. So ergab sich ein Buch ohne Leerseiten. Bücher dieser Art wurden Blockbücher genannt. Nur wenige von ihnen blieben erhalten: etwa 30, die in

1 – Wahrscheinlich wurde der Holzschnitt in Europa zunächst nur zum Bedrucken von Textilien benutzt, vor allem zum Blaudruck. Der abgebildete Blaudruckmodel aus dem Städtischen Museum Bad Hersfeld entstand um 1800.
2 – Vom Ende des 14. Jahrhunderts an benutzte man den Holzschnitt auch zur Bildwiedergabe. Einer der ältesten Einblattdrucke ist diese Darstellung des heiligen Christophorus um 1423.

1

insgesamt 100 Abzügen vorliegen. Die meisten sind defekt.
Alle Blockbücher sind in erster Linie Bilderbücher, die nur sparsam betextet wurden. Sie sprachen deshalb auch Menschen an, die in der Kunst des Lesens nur wenig geübt waren. Dementsprechend wurden die Themen gewählt. Zu den berühmtesten Blockbüchern gehört die Biblia pauperum, die Armenbibel, mit einer Auswahl biblischer Geschichten für den Hausgebrauch. Die Bezeichnung wurde nachträglich erfunden, wohl von Leuten, denen diese „Volksausgabe" der Bibel mißfiel.
Weit verbreitet waren auch Blockbücher wie die Apokalypse und die Ars moriendi – beide sollten der Vorbereitung auf einen guten Tod dienen und erfüllten sicherlich in einem Zeitalter der Pest- und Choleraseuchen und Raubkriege einen guten Zweck. Daneben gab es Bücher wie das Canticum canticorum mit Liedern zum Preise der Jungfrau Maria, das moralisierend-lehrhafte Speculum humanae salvationis, ein Spiegel des menschlichen Heils, oder ein Buch über die Chiromantia oder Handlesekunst. Gutenbergs Druck mit beweglichen Lettern setzte schließlich den Blockbüchern ein Ende.
Die Blockbücher waren übrigens nicht die ersten gedruckten Bücher – dieses Prädikat steht ihnen nur für Europa zu. Schon im Jahre 868 n.Chr. entstand im turkestanischen Tun-huang eine fünf Meter lange Pergamentrolle mit sechs Textblättern und einem illustrierten Blatt, gedruckt von in Holz geschnittenen Formen. Es handelt sich dabei um die chinesische Übersetzung eines ursprünglich indischen Textes, eines Dialoges zwischen Buddha und seinem Schüler Subhuti. Schriften dieser Art werden in Indien „Sutra" genannt (auch das

2

berühmte Kamasutra gehört zu ihnen). Die Rolle wurde im Jahre 1900 von einem taoistischen Mönch in einer Höhle bei Tun-huang gefunden, zusammen mit mehr als tausend Schriftbündeln. Die drucktechnische Kostbarkeit, bekannt als „Diamant-Sutra", gehört heute zu den Beständen des Britischen Museums in London.

Erste Drucke mit beweglichen Lettern

Blockbücher konnten nicht in hohen Auflagen hergestellt werden. Die Holzplatten nutzten sich stark ab, außerdem war es mühsam, die einzelnen Blätter zusammenzukleben und zu binden. Es mußte ein anderer Weg gefunden werden, Handschriften mechanisch zu vervielfältigen. Den entscheidenden Gedanken hatte Johannes Gutenberg: Druck von beweglichen Lettern und mit Hilfe einer Presse, die das Handabreiben überflüssig machte.
Zweifellos war Gutenberg in Europa der erste, der diese bahnbrechende Idee hatte. Von seinen Vorläufern in China und Korea konnte er nichts ahnen. Aber es gab sie.
Ein chinesischer Schmied namens Pi-sheng kam, so die Überlieferung in China, zwischen 1040 und 1048 als erster auf den Gedanken, Schrifttypen aus Ton zu formen, im Brennofen zu härten und zu einer Druckseite zusammenzustellen. Weil sich diese Tontypen rasch abnutzten und oft auch während des Drucks zerbrachen, wurden sie bald durch Metalltypen ersetzt.
Dieses Verfahren läßt sich erstmalig in Korea nachweisen. Dort förderte die Yi-Dynastie Künste und Wissenschaften während einer langen Friedensperiode. Koreaner erfanden damals den Himmelsglobus und die Himmelskarte, eine Buchstabenschrift – und eben den Druck mit beweglichen Lettern aus Metall, der zuerst für das Jahr 1403 nachzuweisen ist. Aus diesem Jahr stammt ein Dekret eines der Yi-Könige, in dem es heißt: „Die Holzplatten nützen sich beim Druck ab, und es ist eine nicht zu bewältigende Arbeit, für alle Bücher der Welt Holzplatten zu schneiden. Nach unserem Willen und Gesetz soll man deshalb aus Kupfer Schriftzeichen herstellen und damit alle Bücher drucken, damit so die Schriftkunde sich ausbreite und für jedermann zu Nutzen werde."
In Korea wurde demzufolge auch das erste Buch mit beweglichen Lettern gedruckt. Es erschien 1409, also ein halbes Jahrhundert vor Gutenberg, und trug den Titel „Suntzu-shi-chia-chu". Vielleicht wurden aber auch schon die „Familienreden des Konfuzius" in den Jahren 1317 und 1324 mit beweglichen Lettern gedruckt. Das ist heute nicht mehr eindeutig nachzuweisen.

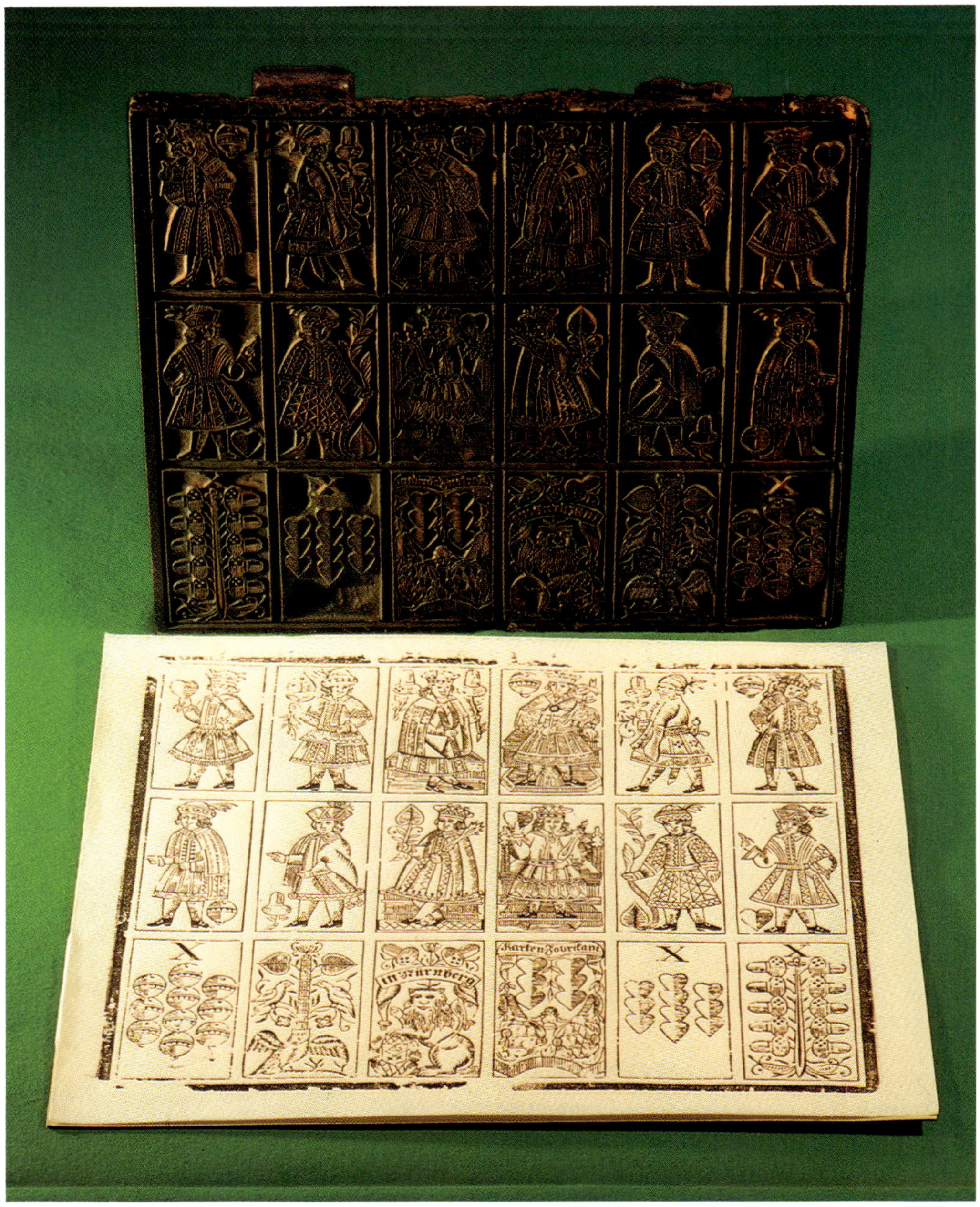
1

1 – Noch sehr lange wurde der Holzschnitt zum Drucken von Spielkarten benutzt. Der abgebildete Druckstock und sein Abdruck aus dem Deutschen Spielkartenmuseum, Leinfelden-Echterdingen, zeigt eine deutsche Karte von J. C. Jegel aus Nürnberg Mitte 19. Jahrhundert.

2 – Wie das Papier wurde auch der Druck mit beweglichen Lettern im Fernen Osten erfunden. Die Doppelseite stammt aus dem „Chach'i t'omggam kanomok", 1422 in Korea mit Metalltypen, der Kyong-Type von 1420, gedruckt.

3 – Alte koreanische Schrifttypen, links aus Metall, rechts aus Holz

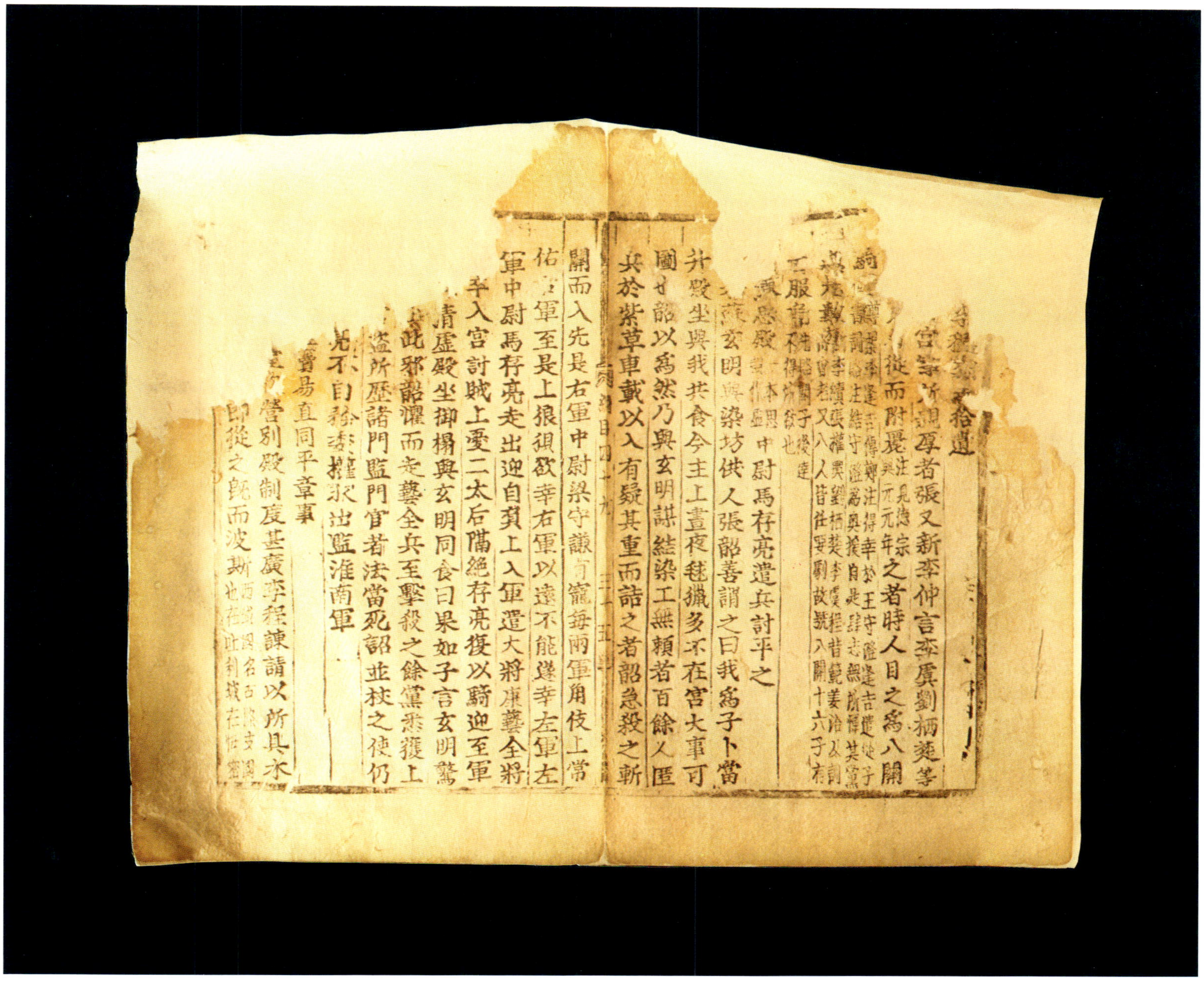

2

3

Gutenberg und das Werk der Bücher

„Werk der Bücher" – unter dieser Bezeichnung taucht das, was Gutenberg beabsichtigte und bewirkte, zu seinen Lebzeiten in den Dokumenten auf. Es sind nicht viele Urkunden, die über Leben und Wirken Gutenbergs berichten: Stammrollen, Steuerregister, vor allem immer wieder Prozeßakten. Viele Einzelheiten sind unbekannt, trotz eifrigen Forschens. Man weiß nicht einmal, wie er ausgesehen hat. Alle Bildnisse und Denkmäler sind frei nachgestaltete spätere Schöpfungen. Meist stellen sie einen melancholisch-streng dreinblickenden reifen Mann mit zweigeteiltem Bart dar. Der Bart, so haben Gutenbergforscher scharfsinnig geschlossen, ist mit Sicherheit falsch. So etwas trugen Patrizier damals nicht.

Mit der Spärlichkeit der belegbaren Informationen über Gutenberg mag zu begründen sein, daß der Erfinder selbst in seiner Vaterstadt Mainz schon bald nach seinem Tod in Vergessenheit geriet. Keine Straße war nach ihm benannt, kein Denkmal hielt sein Andenken wach. Napoleon I., der 1804 in Mainz weilte, ärgerte das so, daß er kurzerhand dekretierte, es sei ein nach Gutenberg benannter Platz anzulegen. Und so geschah es.

Der Lebenslauf des Johannes Gutenberg

Den genauen Geburtstag kennt man nicht – im allgemeinen wird das Jahr 1397 angegeben. Gutenberg kam als Sohn des Mainzer Patriziers Friele Gensfleisch zur Laden zum Gutenberg und dessen zweiter Frau Else Wirich zum steinern Krame zur Welt. Er nannte sich Johannes Gensfleisch zum Gutenberg oder einfach Johannes Gutenberg, nach dem väterlichen Anwesen. Über seine Jugend ist nichts bekannt, auch nicht über seine Erziehung und Ausbildung.

Als etwa 30jähriger taucht er erstmals in den Annalen auf: In den Mainzer Auseinandersetzungen zwischen Zünften und Patriziern stellte er sich auf die Seite der Patrizier. Die Patrizier unterlagen, also ging Johannes Gutenberg ins Exil – vermutlich nach Straßburg. Dort ist sein Aufenthalt für die Jahre 1434 bis 1444 nachzuweisen. Bei der dortigen Stadtbank hatte seine Familie für ihn und seinen Bruder Friele je eine Jahresrente von jährlich 26 Gulden gekauft. Außerdem hatte er Anspruch auf gewisse Zinszahlungen aus Mainz. Als diese ausblieben, mußte er sich einschränken. Da kam 1434 der Mainzer Stadtkämmerer Nicolaus, Anführer der Zünftepartei, nach Straßburg. Gutenberg ließ ihn verhaften und in den Schuldturm werfen, bis Nicolaus den Schwur ablegte, für die Bezahlung des Rückstands Sorge zu tragen.

Auch in Straßburg blieb Gutenberg Mainzer Bürger. Er hätte Straßburger Bürgerrechte erwerben können, wenn er die Straßburger Patrizierin Ennelin zur Isernen Türe geheiratet hätte. Das tat er aber nicht, woraufhin die Dame ihn wegen Verlöbnisbruchs verklagte. Es ist nicht bekannt, wie die Sache ausging – Gutenberg blieb jedenfalls Junggeselle und scheint auch später den Ehestand verschmäht zu haben.

Gutenberg gehörte zum Stand der Straßburger Patrizier, wurde aber auch in den Zunftbüchern der Goldschmiede erwähnt, muß also als Goldschmiedemeister anerkannt gewesen sein. Um 1437 unterrichtete er den Straßburger Andreas Dritzehn in der Kunst des Edelsteinschleifens, brachte ihm und Andreas Heilmann aber auch (gegen ein Lehrgeld von je 80 Gulden, einen sehr hohen Betrag) das Spiegelschleifen bei. Beide „Lehrlinge", dazu Hans Riffe, gründeten eine Art Spiegelfabrikation, die aber zunächst nicht zum Tragen kam. Dafür drängten die Teilhaber Johannes Gutenberg, sie auch in der „anderen geheimen Kunst" zu unterweisen, die Gutenberg bisher allein betrieben hatte. Es kam zu einer neuen Vereinbarung.

Um welche Kunst handelte es sich? Prozeßakten geben darüber Auskunft, daß die Gesellschafter in größeren Mengen Blei einkauften, Formen herstellten, daß sie über eine Presse verfügten. Einer der Gehilfen der Gesellschafter sagte überdies aus, er sei 1436 für Druckereiarbeiten mit 100 Gulden entlohnt worden. Daraus kann man schließen, daß Gutenberg schon in Straßburg an der Entwicklung der Buchdruckerkunst gearbeitet hat. Einen Beweis dafür gibt es allerdings nicht. Es blieb auch nicht die kleinste Drucksache aus der Straßburger Zeit erhalten. Das älteste auf Gutenberg zurückzuführende gedruckte Dokument, das Gedicht „Weltgericht" in deutscher Sprache, muß zwischen 1445 und 1446 in Mainz entstanden sein. 1444 hatte Gutenberg sein Exil Straßburg verlassen.

In Mainz druckte Gutenberg außerdem mehrere Auflagen einer lateinischen Schulgrammatik des Donatus, vier Kalender, die deutsche Übersetzung einer päpstlichen Urkunde, eine Liste aller Bistümer der Welt und ein Gebetblatt. Dann ging er an die Verwirklichung größerer Aufgaben.

Seine neuen Pläne erforderten hohe Investitionen. Gutenberg brauchte eine große Formgießerei für die Schrifttypen, mehrere große Pressen und zahlreiche Mitarbeiter. Am 17. Oktober 1448 nahm er das erste größere Darlehen auf. Weitere folgten. 1449 liehen ihm mehrere Mainzer Bürger unter Führung des Geschäftsmannes und Anwalts Johannes Fust den Betrag von 800 Gulden – damals eine riesige Summe. Die Werkstatt sollte als Pfand dienen.

Als 1452 mit größeren Druckwerken begonnen werden konnte, war das Darlehen erschöpft. Johannes Fust trieb weitere 800 Gulden auf, verlangte aber dafür, als Teilhaber in das Geschäft aufgenommen zu werden. Gutenberg mußte zustimmen, er war vollauf damit beschäftigt, sein Hauptwerk, die (heute so genannte) 42zeilige Bibel, herzustellen (über sie wird weiter unten noch zu berichten sein).

Auch der Kreditnachschuß reichte nicht. Noch bevor Gutenberg mit dem Verkauf der Bibel beginnen konnte, verlangte Fust die Rückzahlung der Darlehen. Verzweifelt versuchte der Erfinder, kleinere Aufträge hereinzuholen, um Bargeld in die Kasse zu bekommen. Es war schon zu spät. 1457 wurde Gutenberg zahlungsunfähig. Die Darlehen Fusts waren inzwischen einschließlich Zins und Zinseszins auf einen Betrag von 2026 Gulden angewachsen. Der Erfinder verlor seine Werkstatt an Fust, der sie mit Gutenbergs Gehilfen Peter Schöffer weiterbetrieb. Fust & Schöffer druckten nun mit den von Gutenberg entworfenen Schriften.

Johannes Gutenberg war ruiniert. In den Dokumenten der folgenden Jahre (die letzten Gutenberg-Drucke werden auf das Jahr 1456 datiert) ist davon die Rede, wie Gutenberg 1462 zusammen mit anderen Bürgern aus der Stadt vertrieben wurde, wie er 1464 aber wieder in Gnaden aufgenommen wurde und vom Kurfürsten und Erzbischof sogar eine lebenslängliche Naturalrente benebst dem Titel eines Hofdieners zugesprochen bekam. In seiner Heimatstadt Mainz starb er arm und vergessen (möglicherweise auch erblindet, wie manche Chronisten annehmen) am 3. Februar 1468 und wurde in der Franziskanerkirche beigesetzt. Sein Grab hat man nie gefunden.

Ein Bekannter Gutenbergs, der Mainzer Patrizier Adam Gelthus, widmete 1499 dem toten Erfinder einen gedruckten Nachruf, in dem es heißt: „Auf den glücklichen Erfinder der Buchdruckerkunst. Gott, dem Besten und Größten, geweiht. Johannes Gensfleisch, dem Erfinder der Buchdrukkerkunst, der sich um jede Nation und jede Sprache das höchste Verdienst erwarb, setzte (dieses Denkmal) zur unsterblichen Erinnerung an seinen Namen Adam Gelthus. Seine Gebeine ruhen in seligem Frieden in der Kirche des heiligen Franziskus zu Mainz."

Der französische Dichter Victor Hugo prägte das stolze Wort: „Die Erfindung der Buchdruckerkunst war das größte Ereignis der Weltgeschichte."

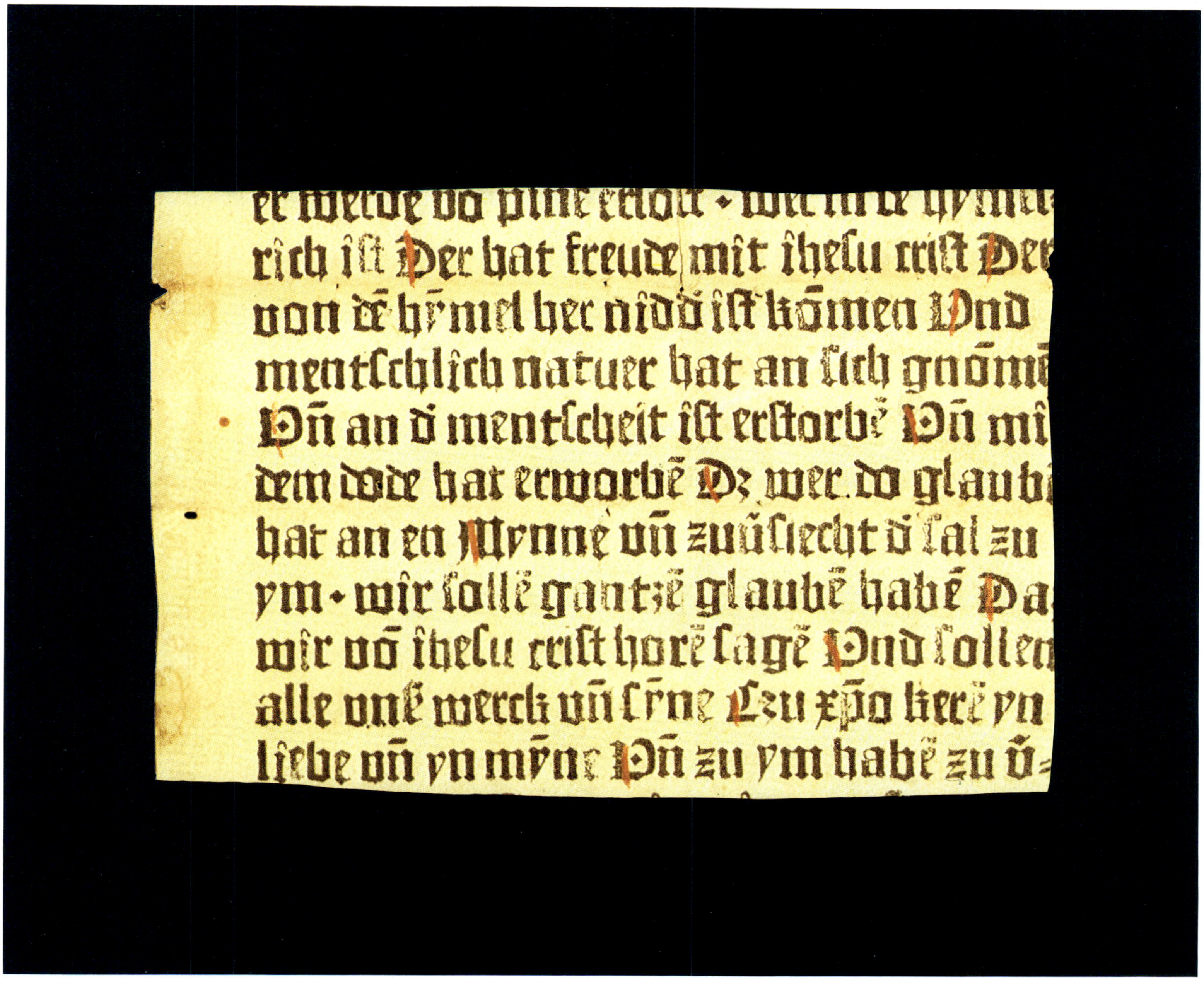

rich ist Der hat freude mit ihesu crist Der
von dē hymel her nidd ist kōmen Vnd
mentschlich natuer hat an sich gnōm
Vñ an dī mentscheit ist erstorbē Vñ mi
dem dode hat erworbē Dz wer do glaub
hat an en Mynne vñ zuūsiecht dī sal zu
ym· wir sollē gantzē glaubē habē Da
wir vō ihesu crist horē sagē Vnd sollen
alle vnsē werck vñ synn Czu xpo kerē vn
liebe vñ yn mynn Vñ zu ym habē zu d

Was hat Gutenberg eigentlich erfunden?

Gutenberg war nicht eigentlich der Erfinder der Druckerkunst. Die gab es schon lange. Sein Werk ist die Erfindung des Buchdrucks mit beweglichen Lettern. Mit der Realisierung dieser Idee war es aber nicht getan. Denn diese Lettern mußten ja zuerst einmal hergestellt werden.

Als gelernter Goldschmied dürfte Gutenberg die spiegelbildlichen Urformen seiner Lettern zunächst aus Stahl oder einem anderen harten Metall hergestellt haben. Diese Stempel wurden dann zweifellos in ein etwas weicheres Metall, z.B. Kupfer, eingeschlagen. Das Ergebnis war eine Gußform mit dem seitenrichtig eingeprägten Schriftbild. Um von ihr Lettern in beliebiger Zahl abgießen zu können, brauchte man ein Gießinstrument, das ein Meisterwerk der Präzisionstechnik sein mußte, damit die einzelnen Lettern stets und auf Hundertstelmillimeter genau die richtige Höhe, Breite und Dicke bekamen. Das von Gutenberg erfundene Gießinstrument war in Wirklichkeit die wichtigste Vorrichtung der ganzen Werkstatt. Man hat es deshalb auch den „Schlüssel zur Erfindung der Buchdruckerkunst" genannt.

Auch das Letternmaterial, eine Bleilegierung, gab es noch nicht. Gutenberg mußte sicherlich eine ganze Reihe von Mischungen ausprobieren, bis er eine hinreichend zähe, harte und doch leicht schmelzbare Legierung in Händen hielt. Schließlich war eine Presse zu konstruieren, mit deren Hilfe man Abdrucke herstellen konnte, ohne daß sich das Papier während des Druckvorgangs auch nur im geringsten seitlich verschob, was die Klarheit und Schärfe des Drucks beeinträchtigt hättc. Gutenberg orientierte

Etwa vierzig Jahre nach dem ersten koreanischen Druck mit Metallettern, nämlich 1445 oder 1446, muß Gutenberg in Mainz das Gedicht „Weltgericht" gedruckt haben. Von diesem ersten bekannten Gutenbergdruck ist nur ein kleines Fragment erhalten, heute im Gutenberg-Museum, Mainz, wie ein Goldschatz im Tresorraum zu besichtigen.

1

2

3

sich dabei an den in der Weinkelterei üblichen Pressen, erfand aber ein eigenes Modell, das er von Fachleuten bauen ließ.
Auch die Druckfarbe mußte erst entwickelt werden – gleichmäßig deckend, möglichst schnell trocknend, gut aufzutragen, dauerhaft. Für das Auftragen der Farbe verwendete Gutenberg Druckerballen in Pilzform, die noch heute als Symbol der Buchdrucker gelten.
Für alle diese Erfindungen hatte Gutenberg, wenn die Dokumente nicht trügen, knapp zwei Jahrzehnte Zeit. In diesem verhältnismäßig kurzen Zeitraum lieferte er Entwicklungen, die so gut durchdacht waren, daß sie im Prinzip jahrhundertelang unverändert blieben.
Gutenberg erfand also nicht eine einzelne Vorrichtung, sondern ein ganzes System, das nur funktionierte, wenn jeder Bestandteil seinen Zweck richtig erfüllte. Als erster setzte er die Präzisionstechnik (Letternguß) für die Massenherstellung gleichförmiger Produkte (Drucke in höherer Auflage) ein. Als erster verwendete er eine Maschine für seine Produktion – die Druckerpresse. Als erster erkannte er aber auch die Vorzüge der Normung industrieller Produkte.
Mit allen diesen Ideen war er seiner Zeit weit voraus. Denn bei genauerer Betrachtung zeigt sich, daß Gutenberg nicht etwa ein Handwerk erfand, sondern eine Industrie (mit arbeitsteiliger Fertigung). Man kann ihn also den Urheber der industriellen Arbeitsweise des Abendlandes nennen.
Dazu kommt, was er mit seinem Drucksystem auf geistigem Gebiet bewirkte. Denn mit Gutenbergs Erfindungen geriet in Bewegung, was wir heute als „Informationslawine“ bezeichnen. Erst nach der Entwicklung der „Schwarzen Kunst“ waren die Voraussetzungen für Reformation und Aufklärung, Befreiung aus geistiger Unmündigkeit und moderne Wissenschaft gegeben. Gutenbergs Beitrag zur Veränderung der Welt kann daher gar nicht hoch genug eingeschätzt werden.

Die B 42, Gutenbergs Meisterwerk

Johannes Gutenbergs Streben zielte in erster Linie auf den Druck eines ganz bestimmten Werkes ab, auf den der Bibel. An der Vollendung dieses Werkes zerbrach er schließlich auch, weil ihm die Mittel ausgingen. In den Annalen der Druckhistoriker und Inkunabelforscher ist diese Bibel als 42zeilige Bibel, abgekürzt B 42, verzeichnet. Sie gilt noch heute als das größte drucktechnische und schriftkünstlerische Meisterwerk aller Zeiten – und als teuerstes Buch.

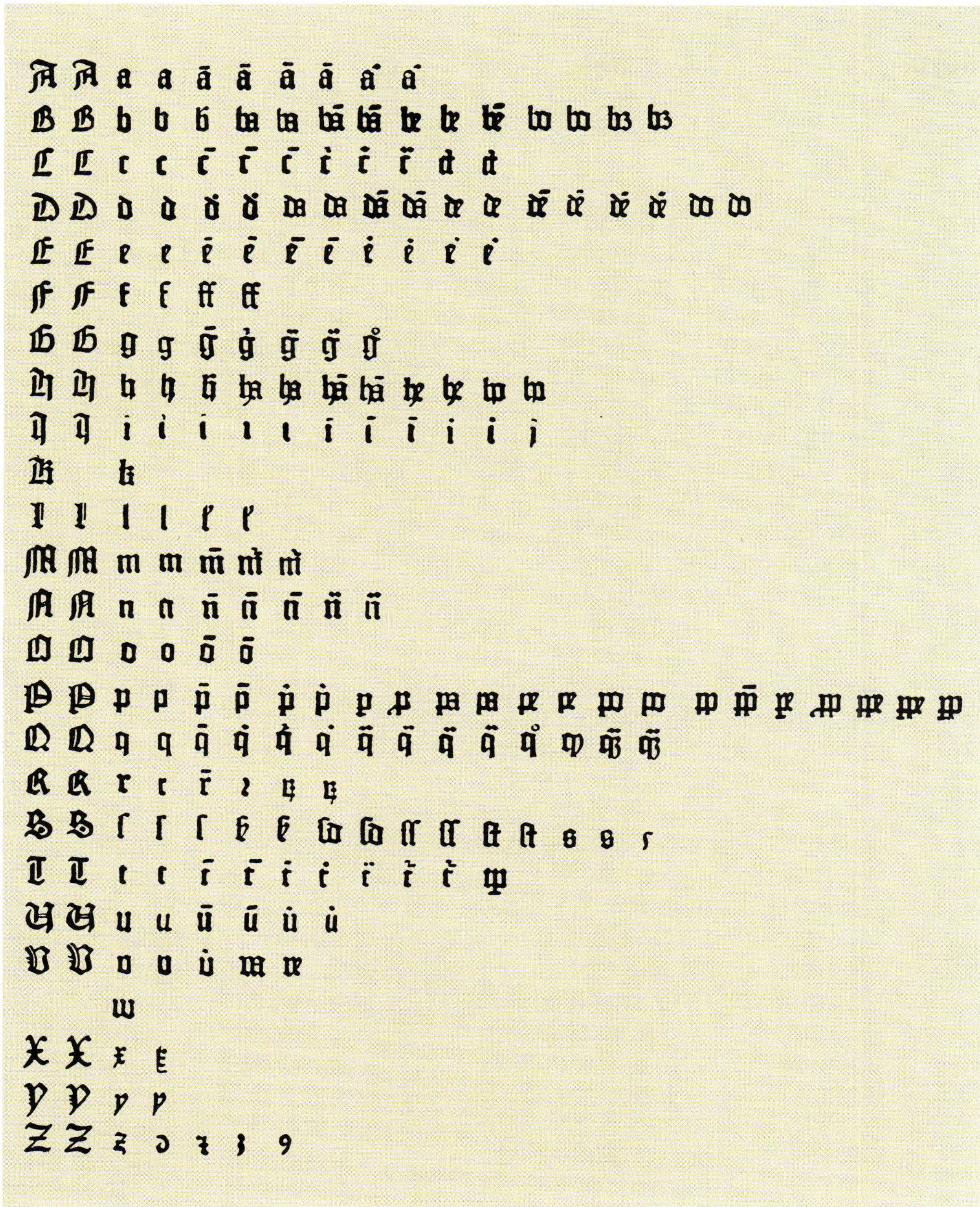

4

1–3 – Nicht eine einzelne Erfindung war Grundlage der Buchdruckerkunst, ein ganzes technologisches System mußte Gutenberg entwickeln. Herzstück des gesamten Verfahrens war jedoch das von ihm genial erdachte Gießinstrument. Damit hatte er die Möglichkeit, Drucklettern in beliebiger Anzahl mit demselben Schriftbild und genau identischen Maßen herzustellen. Gutenberg war also wohl der erste, der zur Serienproduktion eines Gebrauchsguts auch die Werkzeuge in Serie herstellte.
4 – Gutenberg ging es nicht darum, billige Massenware zu produzieren. Zeichnet man heute eine besonders schöne Handschrift mit dem Prädikat „wie gedruckt" aus, so wollte Gutenberg mit seinen Drucken den besten Handschriften seiner Zeit in nichts nachstehen. Um das zu erreichen, entwarf er für die großen und kleinen Buchstaben des Alphabets nicht nur je eine Type, sondern durchweg mehrere verschiedene sowie Buchstabenverbindungen und Abkürzungen, wie sie in den Handschriften üblich waren.

Nächste Doppelseite: Wie gut ihm sein Hauptwerk gelungen ist, für das er diese Typenvielfalt geschaffen hat, zeigt das Seitenbeispiel aus dem sogenannten Shuckbourgh-Exemplar der 42zeiligen Bibel – wie das Fragment des „Weltgerichts", ein weiteres Exemplar der B 42 und andere Kostbarkeiten im Tresorraum des Gutenberg-Museums ausgestellt. Die roten und blauen Buchstaben und Wörter sind nicht gedruckt, sondern vom Rubrikator geschrieben.

Bis zu Gutenberg waren Werke dieser Art nur durch Abschreiben vervielfältigt worden. Vor allem die klösterlichen Schreibstuben hatten dabei einen hohen künstlerischen Standard erreicht. Ihm strebte Gutenberg nach – er wollte die Kunst der Schreiber mechanisieren, ohne dabei einen Qualitätsverlust in Kauf zu nehmen.
Folgerichtig schnitt und goß Gutenberg nicht nur die 24 Buchstaben des Alphabets für den Bibeldruck, sondern insgesamt 290 verschiedene Zeichen; 47 große und 243 kleine. Denn die Schreibkünstler verwendeten, um zu gleichmäßigen Zeilenlängen zu kommen, neben den Hauptbuchstaben ebenfalls zahlreiche Buchstabenverbindungen, Abkürzungen, Sonderzeichen usw. Sie versuchte Gutenberg lückenlos nachzuahmen.
Als Vorlage verwendete Gutenberg eine nahezu fehlerfreie Abschrift der vulgärlateinischen Übersetzung des Bibeltextes durch den Kirchenvater Hieronymus. Die Seiten wurden in zwei Spalten aufgeteilt. Jede Spalte umfaßt 42 Zeilen – daher die Bezeichnung „42zeilige Bibel". Das Gesamtwerk nimmt 1282 Seiten oder 2564 Spalten ein. Da Gutenberg pro Spalte im Durchschnitt 1310 Buchstaben brauchte, besteht die B 42 aus insgesamt rund 3,5 Millionen Buchstaben.
Gedruckt wurde nur die schwarze Schrift. Die gewählte Druckfarbe wirkt noch heute glänzend, frisch und tiefschwarz. Die freien Räume füllte der Rubrikator in mehreren Farben mit Rankenwerk, Initialen und kleinen figürlichen Darstellungen aus. Er sparte dabei nicht mit Blattgold. Ursprünglich hatte Gutenberg auch die Großbuchstaben in roter Farbe mitdrucken wollen. Der Versuch mißlang jedoch.
Nach heutigen Berechnungen wurden etwa 35 Exemplare der B 42 auf Pergament und 150 auf Papier gedruckt. Die Pergamentexemplare verlangten die präparierten Häute von 6000 Kälbern, die Papierdrucke verbrauchten 51 000 Bogen.
An den Satzarbeiten waren zuerst vier, dann sechs Setzer beteiligt. Ihre „Handschrift" läßt sich genau nachweisen. Gedruckt wurde auf sechs Pressen von sechs Druckern, wobei die Stundenleistung einer Maschine nicht mehr als zehn Seiten betragen haben dürfte. Insgesamt erstreckte sich der Druck der B 42 auf einen Zeitraum von rund drei Jahren zu je 280 Arbeitstagen. Die Zeit für das Rubrizieren ist dabei noch nicht berücksichtigt.
Die erhalten gebliebenen Exemplare (12 Pergament- und 36 Papierausgaben) gehören heute zu den ganz großen Kostbarkeiten. Je nach Material (Pergament oder Papier), Erhaltungszustand und Einband

Fervescere faciet quasi ollā profundum
mare: ponet quasi cū unguenta bulli-
unt. Post eum lucebit semita: estima-
bit abissum quasi senescentem. Non
est super terram potestas que compa-
retur ei: qui factus est ut nullum ti-
meret. Omne sublime videt: ipse est rex
sup universos filios supbie. xlii.

Respondens autem iob dño dixit.
Scio q̄a omnia potes: et nulla te
latet cogitacio. Quis est iste qui celat
cōsiliū absq; sciencia? Ideo insipienter
locutꝰ sum: et que ultra modū excede-
rent scientiā meā. Audi et ego loquar:
interrogabo te et respōde michi. Au-
ditu auris audivi te: nūc aūt oculus
meus videt te. Idcirco ipse me reprehen-
do: et ago penitentiā in favilla et cine-
re. Postq̄ aūt locutꝰ est dñs verba hec
ad iob: dixit ad eliphaz themanitem.
Iratus est furor meus in te et in duos
amicos tuos: quoniā nō estis locuti
corā me rectū sicut servꝰ meꝰ iob. Su-
mite ergo vobis septem thauros et se-
ptem arietes: et ite ad servū meū iob:
et offerte olocaustum pro vobis. Job
aūt servꝰ meꝰ orabit pro vobis. Faci-
em eiꝰ suscipiā: ut nō vobis imputet̄
stulticia. Neq; enī locuti estis ad me
recta: sicut servꝰ meꝰ iob. Abierūt ergo
eliphaz themanites et baldach suites
et sophar naamatites et fecerūt sicut
locutus fuerat dñs ad eos: et suscepit
deus faciem iob. Dñs q̄ conversus
est ad penitenciā iob: cū oraret pro a-
micis suis. Et addidit dominꝰ omnia
quecūq; fuerāt iob duplicia. Venerūt
aūt ad eū omnes fratres sui et universe
sorores sue et cūcti qui noverāt eū pri-
us: et comederūt cū eo panē in domo
eius. Et moverūt sup eū caput: et cōso-
lati sūt eū sup omni malo qd intulerat
dñs sup eum: et dederūt ei unusquisq;
ovem unam et inaurem auream unā.
Dñs aūt benedixit novissimis iob
magis quā principio eiꝰ. Et facta sūt
ei quatuordecim milia oviū et sex mi-
lia camelorū: et mille iuga boū et mil-
le asine: et fuerūt ei septē filij et tres filie.
Et vocavit nomē unꝰ diē: et nomen
secūde cassiam: et nomē tercie cornusti-
bij. Nō sunt aūt invente mulieres spe-
ciose sicut filie iob: in universa terra. De-
ditq; eis pater suus hereditatē inter fra-
tres eaꝝ. Vixit aūt iob post hec centū
q̄dragita ānis: et vidit filios suos et fi-
lios filioꝝ suoꝝ usq; ad quartā gene-
racionē: et mortuꝰ ē senex et plenꝰ dierū.

Explicit liber iob. Incipit prologus
beati ieronimi presbiteri in psalteriū.

Psalteriū rome dudū posi-
tus emēdarā: et iuxta septu-
aginta interpretes licet cur-
sim magna tamē ex parte
correxerā. Quod quia rursum videtis
o paula et eustochiū scriptoꝝ vicio de-
pravatū: plusq; antiquum errorem q̄
novā emendacionē valere: me cogitis
ut veluti quodam novali scissū iam
arvū exerceam et obliquis sulcis rena-
scentes spinas eradicem: equū esse dicē-
tes ut qđ crebro pullulat crebrius suc-
cidatur. Unde consueta p̄facione cō-
moneo tam vos quibꝫ forte labor iste
desudat: quā eos qui exemplaria isti-
usmodi habere voluerit: ut q̄ diligen-
ter emendavi: cū cura et diligētia trās-
scribantur. Notet sibi unusquisq; vel
iacētem lineā vel radiāncia signa: id
est obelos vel asteriscos: et ubicūq;
viderit virgulā p̄cedentem ab ea usq;
ad duo pūcta que impressimꝰ sciat in
septuaginta translatoribus plus ha-
beri: ubi aūt perspexerit stelle similitudinē

de hebreis voluminibus additū noue
rit: eque usq; ad duo pūcta-iuxta theo-
dotionis dumtaxat editionē: qui sim-
plicitate sermonis a septuaginta inter-
pretibus nō discordat. Hec ergo et vo-
bis et studioso cuiq; fecisse me sciens-
nō ambigo multos fore-qui vel invi-
dia vel supercilio malent contemnere
et videre preclara quam discere: et de
turbulento magis rivo quam de pu-
rissimo fonte potare. Explicit plogus.
Incipit liber ymnor vl' soliloquior.

Beatus vir qui nō
abijt in cōsilio im-
piorū: et in via pec-
catorum nō stetit:
et in cathedra pesti-
lencie nō sedit. Sed
in lege domini volūtas eius: et in lege
eius meditabit die ac nocte. Et erit
tamq̄ lignū quod plātatum est secus
decursus aquarū: qd fructū suū dabit
in tpe suo. Et foliū eius nō defluet: et
omnia quecūq; faciet prosperabūtur.
Non sic impij nō sic: sed tamq̄ pul-
vis quē proicit ventus a facie terre. Id-
eo nō resurgūt impij i iudicio: neq;
peccatores in cōsilio iustorū. Quoni-
am novit dominus viā iustorū: et iter
impiorum peribit. Psalmus david.
Quare fremuerūt gētes: et pp̄li me-
ditati sunt inania? Astiterūt
reges terre et principes cōvenerunt in
unū: adūsus dnm et adūsus xpm ei'.
Dirumpam' vincla eorū: et piciam'
a nobis iugū ipsorū. Qui habitat i ce-
lis irridebit eos: et dn̄s subsānabit eos.
Tunc loquet ad eos in ira sua: et in
furore suo cōturbabit eos. Ego au-
tem cōstitut' sum rex ab eo super syon
montem sanctū ei': pdicās preceptū
eius. Dominus dixit ad me filius
meus es tu: ego hodie genui te. Po-
stula a me et dabo tibi gentes heredi-
tatem tuā: et possessionē tuā terminos
terre. Reges eos i virga ferrea: et tan-
q̄ vas figuli cōfringes eos. Et nūc
reges intelligite: erudimini q̄ iudica-
tis terrā. Servite dn̄o i timore: et ex-
ultate ei cū tremore. Apprehendite di-
sciplinam: ne quādo irascatur domi-
nus et pereatis de via iusta. Cum ex-
arserit in brevi ira eius: beati omnes
qui confidunt in eo. Psalmus david cū
fugeret a facie absolon filij sui.
Domine qd multiplicati sunt qui
tribulāt me? multi insurgūt ad-
versum me. Multi dicūt anime mee:
nō est salus ipsi in deo eius. Tu autē
dn̄e susceptor me' es: gloria mea et ex-
altās caput meū. Voce mea ad do-
minū clamavi: et exaudivit me de mō-
te sācto suo. Ego dormivi et soporat'
sum: et exsurrexi quia dn̄s suscepit me.
Non timebo milia populi circūdan-
tis me: exurge dn̄e salvū me fac deus
meus. Quoniam tu pcussisti omnes
adūsantes michi sine causa: dentes
peccatorū cōtrivisti. Domini est sal':
et super populū tuum benedictio tua.
In finē in carminibus psalmus david.
Cum invocarē exaudivit me deus
iusticie mee: i tribulatione dila-
tasti michi. Miserere mei: et exaudi o-
rationē meā. Filij hominū usq; quo
gravi corde: ut quid diligitis vanita-
tem et queritis mendacium? Et scitote
quoniā mirificavit dn̄s sāctum suū:
dn̄s exaudiet me cū clamavero ad eū.
Irascimini et nolite peccare: qui di-
citis in cordibus vestris in cubilibus
vestris compungimini. Sacrificate
sacrificiū iusticie et sperate in domino:
multi dicunt qs ostendit nobis bona.

werden für eine (zweibändige) B 42 mehrere Millionen Mark bezahlt. 1978 beispielsweise erwarb das Land Baden-Württemberg auf einer New Yorker Auktion ein Exemplar der B 42 für die Bibelsammlung der Württembergischen Landesbibliothek in Stuttgart, eine der größten Bibelsammlungen der Welt, für umgerechnet rund vier Millionen Mark.
Zu Gutenbergs Zeiten dürfte ein Papierexemplar der B 42 etwa 40 Gulden, ein Pergamentexemplar 60 Gulden gekostet haben. Der Käufer mußte selbst für Einband, Überschriften und Verzierungen sorgen. Ein Nachdruck (Reprint) der B 42 im Lichtdruckverfahren wurde 1977 in Deutschland für rund 10000 Mark angeboten. Vorlage war dabei das Pergamentexemplar im Besitz der Staatsbibliothek Preußischer Kulturbesitz in Berlin.

Die Entwicklung nach Gutenberg

Mit der „unsterblichen Erinnerung", die Adam Gelthus dem Erfinder der Druckerkunst zudachte, war es zunächst nicht weit her. Gutenberg geriet bald in Vergessenheit – auch in Mainz, wie schon dargelegt. Und es begann ein Streit um die Priorität. Plötzlich tauchten überall Buchdrucker auf, die sich selbst als Erfinder bezeichneten (oder die von ihren Nachkommen zum höheren Ruhme der Familie als Gutenberg-Vorgänger proklamiert wurden).
Unter anderem wurden Johannes Fust und Peter Schöffer, Johannes Mentelin aus Straßburg und Laurens Janszoon Coster aus Haarlem, Pamfilo Castaldi aus Feltre und Prokop Waldvogel aus Prag als die Erfinder des Buchdrucks genannt – zu Unrecht, wie inzwischen längst erwiesen ist.

Zwei Jahre nach Fertigstellung von Gutenbergs Bibel, 1457, konnte sein früherer Geldgeber Johannes Fust mit Peter Schöffer das Mainzer Psalterium herausbringen, wahrscheinlich von Typen aus Gutenbergs Werkstatt gedruckt. An dem Satzstück der ersten Seite dieses Werkes ist zu sehen, wie hier erstmals in drei Farben gedruckt wurde. Dazu wurden die roten und blauen Lettern vor jedem Druckgang herausgezogen, eingefärbt und wieder hineingesteckt. Die Musiknoten mit Text (hier als Galvano eingefügt) mußten von Hand in den fertigen Druck eingetragen werden.

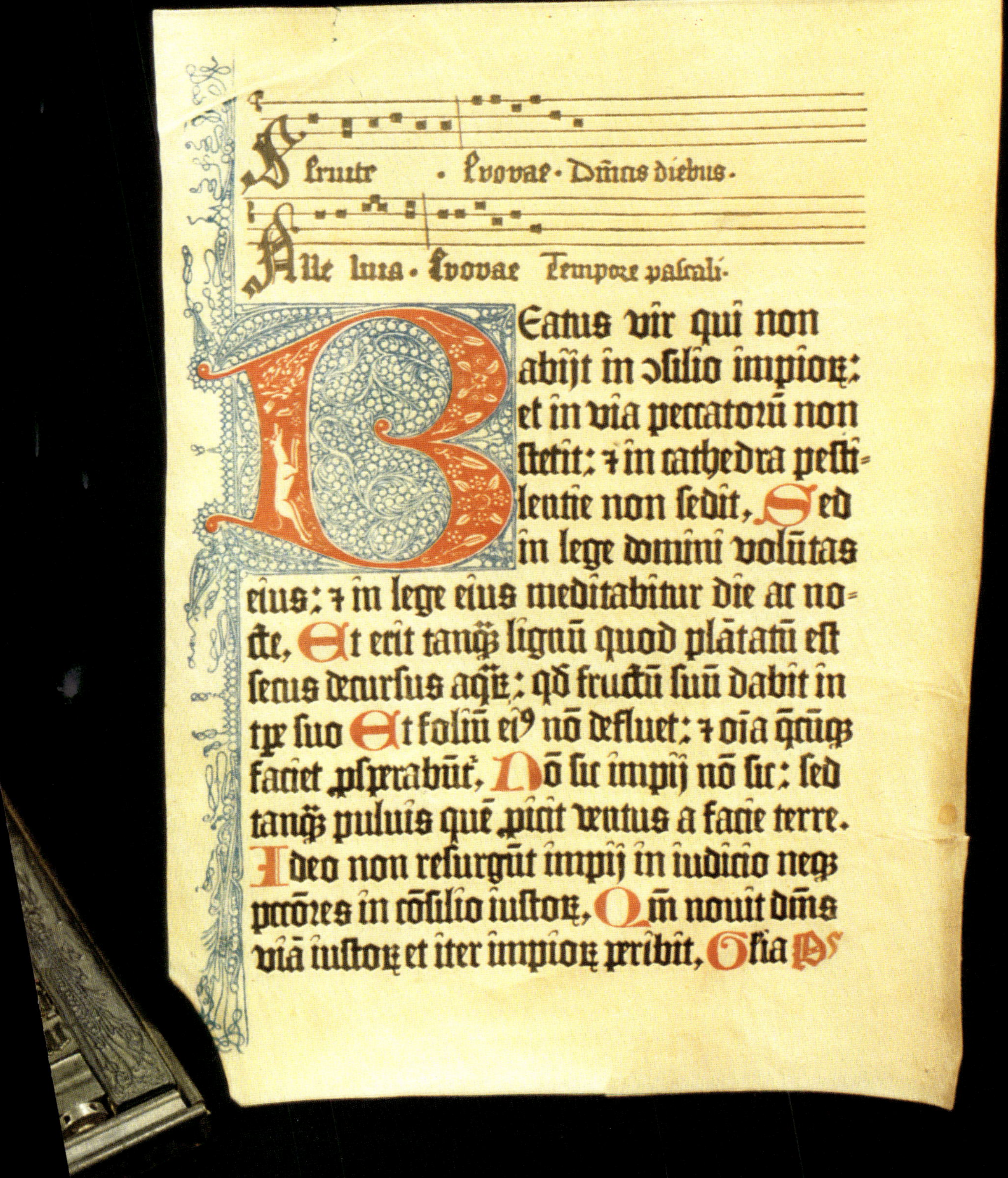

Seruite · euouae · Dñicis diebus·

Alle luia · euouae Tempore paschali·

Beatus vir qui non
abijt in cõsilio impiorum:
et in via peccatorũ non
stetit: ⁊ in cathedra pesti-
lentie non sedit. Sed
in lege domini volũtas
eius: ⁊ in lege eius meditabitur die ac no-
cte. Et erit tanq̃ lignũ quod plãtatũ est
secus decursus aquarum: qd fructũ suũ dabit in
tpe suo. Et foliũ ei' nõ defluet: ⁊ oĩa q̃cũq;
faciet ꝓsperabũt. Nõ sic impij nõ sic: sed
tanq̃ puluis quẽ ꝓicit ventus a facie terre.
Ideo non resurgũt impij in iudicio neq;
pctõres in cõsilio iustorum. Qm̃ nouit dñs
viã iustorum et iter impiorum peribit. Gl'ia Ps

1

Der Buchdruck breitet sich aus

Die neue Technik verbreitete sich schnell über ganz Europa. Schon 1500 arbeiteten in sechzig deutschen Städten insgesamt 200 Druckereien. Bald gab es, Rußland ausgenommen, kein größeres europäisches Land mehr ohne Druckwerkstätten. Die Buchpreise purzelten. Soziologische und kulturelle Auswirkungen blieben nicht aus. Alte, angesehene Berufe verschwanden (so der des Schreibmeisters in klösterlichen oder weltlichen Schreibstuben), neue entstanden. Künftig gab es Drucker und Verleger, Buchstabenzeichner und Stempelschneider, Schriftgießer und -setzer, außerdem wurden in größerem Umfang als bisher Holz- und Metallschneider und Illuminatoren gebraucht. Um 1570 war die Umstellung von der Handschrift auf den Buchdruck vollzogen.

Den ersten „grafischen Großbetrieb" in Deutschland baute Anton Koberger (um 1445–1513) in Nürnberg auf. In der Kobergerschen Offizin waren, so die Überlieferung, um 1485 hundert Setzer und Drukker beschäftigt. Die Zahl der Druckerpressen betrug 24. Mit dieser Ausrüstung war der hohe Auftragseingang aber nicht zu bewältigen. So ließ Koberger auch andere Druckereien für sich arbeiten. Überdies richtete er in vielen Städten Filialen ein und organisierte den Reisebuchhandel.
Von 1473 bis 1513 gingen aus Kobergers Druckerei 220 Werke hervor. Die meisten davon erlauben einen Einblick in die Welt der Wissenschaft am Ausgang des Mittelalters. Besonders bekannt wurde neben einem Bibeldruck von 1483 vor allem die von dem Arzt Hartmann Schedel verfaßte „Weltchronik" von 1493. Die über 1800 Holzschnitte zur Illustration des Werkes

1 – Daß die frühen Drucker versuchten, auch mit kleineren Drucksachen rasch zu Geld zu kommen, zeigt dieses Fragment eines Türkenablaßbriefs, gedruckt 1455 in Mainz, wahrscheinlich auch von Johannes Gutenberg.
2 – Die älteste Darstellung einer Buchdruckerei und einer Buchhandlung ist uns als Holzschnitt in einer Totentanz-Folge erhalten, gedruckt von Matthias Huß 1500 in Lyon.
3–5 – Nach der Zeit Gutenbergs spezialisierten sich die einzelnen Tätigkeiten um den Druckvorgang zu besonderen Berufen. Bevor der Setzer und der Drucker arbeiten konnten, mußte der Reißer (3) die Zeichnung entwerfen, die der Formschneider (4) dann in Holz schnitt, und der Schriftgießer (5) goß die Lettern. Die Darstellungen sind dem Ständebuch des Jost Amman entnommen, Frankfurt 1568.

2

3

4

5

1

Blat CCLXXXV

Portugalia

IN Portugalia iſt Petrus mit dem zunamen der vnſprechend (dañ alſo werden die ſüne der könig ee ſie regiren genent) ein fürſt groſs namens. der ſchier alles Europam die lere ſeiner tugennt zaigende durchwandert hat Als er in pflegnus weiſe des königreichs ettwielang mit groſſem lobe gepflegen vnd nicht mit mynderm glawbē Alphonſo ſeinem vetter vnd tochterman widerſtand gethan het vnd zu letſt nach entſtandnen zwittrechtigkeyttē in wachſendem haſs die ſach zu einem ſtreyt komen was mit geſchoſs verletzt geſtorben. ein man groſſer thate. der etwen vnder kaiſer Sigmunden mit fechten wider die Türcken groſſen rům vnd lobe erlannget. Darnach hat Alphonſus ein aller ſenftmüetigſter fürſt. hohs hertzens vnnd mit ſundrer klůgheit begabt das königreich gerüe' ſamlich inngehalten. Als ime ſein allerliebſte gemahel ſtarb do mocht ine nymant vberreden ein andere zenemen. ſunder er wendet alle ſein ſorg dahin das er ettwas handelte das ime lob vnd dem criſtenlichē ſtand frucht brecht. Darumb nach berůffung vnd auffoderung des königs adels vnd mechtigkeit name er das creütz an ſich. vnd verhieſſe wider die Türcken einen heerzug. Als aber in nachfolgenden iarñ Heinrich ſahe das die gegent des Por' tugaliſchen königreichs in kleiner tiffer beſchloſſen wardt alſo auſs begirde das königreich zeerweittern do zohe er mit groſſem gewalt in das hiſpaniſch meer vnnd funde auſs rat vnd lere der ihenen die die gelegenhait der orden vnnd des meers kennen vil vnnd mancherlay innſeln von den menſchen nye bewonet. Vnder anndern ſchiffet er in ein innſeln des meers von den menſchen vnbewonet. aber doch an prunnen befeüchtet. fayſts erdpodems. wal dig. zu inwonung vnnd beſitzung der menſchen fügſam. In dieſelben innſeln ſchicket er manncherlay geſchlecht

2

fertigten Michael Wolgemut und Wilhelm Pleydenwurff an. Möglicherweise steuerte auch der junge Albrecht Dürer, Schüler Wolgemuts und Werkstattgefährte Pleydenwurffs, einige der Holzschnitte bei. Die Weltchronik-Abbildungen sind allerdings nicht als Sachabbildungen zu verstehen. Sie wiederholen sich oft. Zur Darstellung der Porträts von 596 Kaisern, Päpsten und anderen historischen Persönlichkeiten genügten 72 Holzschnitte. Die Abbildungen von 69 Städten wurden mit 22 Holzschnitten bestritten, wobei jeweils nur die Überschrift und manchmal das Wappen geändert wurde.

Das Geld für den Druck der Chronik bekam Koberger von den Nürnberger Bürgern Sebald Schreyer und Sebastian Kammermaister vorgestreckt, die am Gewinn beteiligt waren. Ob überhaupt ein solcher erwirtschaftet wurde, ist fraglich. Bald nach dem Druck des am reichsten bebilderten spätmittelalterlichen Buches (in einer Auflage um 1000 Exemplare für die deutsche wie für die lateinische Ausgabe) gab Koberger seine Druckerei auf und betätigte sich nur noch verlegerisch. Nach seinem Tode ging das Verlagshaus ein.

Wiegendrucke – die frühesten Zeugen

In etwas willkürlicher Abgrenzung nennt man die bis zum Jahre 1500 hergestellten Erzeugnisse der Buchdruckerkunst Wiegendrucke (weil die Kunst des Druckens damals sozusagen noch in der Wiege lag) oder, latinisiert, Inkunabeln. Für die Kultur- und Literaturgeschichte des 15. Jahrhunderts sind sie von ebenso großer Bedeutung wie für die Geschichte der Buchdruckerei.

1 – Auch wenn in der Frühzeit besonders wertvolle Bücher auf Pergament gedruckt wurden, wäre die Druckkunst ohne die vorherige Erfindung des Papiermachens nie zu ihrer Bedeutung gekommen. Vom Drucker nicht datierte Druckwerke können oft aufgrund des Wasserzeichens, durch das der Papiermacher sein Erzeugnis kennzeichnete, auf eine ziemlich genau umgrenzte Entstehungszeit bestimmt werden.

2–3 – Eines der bekanntesten Werke aus der Zeit der Wiegendrucke ist „Das buch der Cronicken und geschichten mit figurē und pildnussen von angebiñ der welt bis auf dise unsere Zeit", kurz genannt die „Weltchronik" von Hartmann Schedel, gedruckt 1493 in Nürnberg bei Anton Koberger. Die Holzschnitte sind meist keine eigentlichen „Ab-Bildungen", da sie sich oftmals wiederholen.

Wiewol sich nw nach ordnunng durch Eneam pium in seiner beschreibung Europe gehalten gepüret von dem Türckischen volck vnd iren geschihten. vnnd auch von bestreittung vnd verlust der statt Constantinopel durch die Türckē in zeittē desselbē Enee geübt meldūg vñ erzelung zu thun. yedoch nach dē vō d selbē bestreitung hievor in dē büch am. cc. xliv. blat bey einer sunderñ figur vñ auch sunst an vil endē diss büchs vō den vberziehungen. gewaltsamkeit vnd bedrangknussen so die Türcken in solcher zeit vnßerer gedechtnus vnd auch davor nicht allain in dem Hungrischen sunder auch in andern landen den cristen menschen manigfeltigclich gethan habē zu mermaln anzaigung vñ erzelūg beschehē ist so ist im besten vermyden dieselbē ding yetzūd abermals an disem ende zeerwidern vnd widerumb zeerzelen. nach dem solche erwiderung nit allain nit nützlich sunder auch vnnottürftig vnd darzu den lesern verdrießlich sein würdt.

Von macedonia

Macedonia das lannd ettwen ein herrscherin der erden zu nehst an das land Tracia zwischen dem nydergāg vnd mittag stossende erstreckt sich zwischen dem Egeischen vnd Adriatischen meer vnd hat hindē zu rügk gein der mittagigen seyten Tessaliam vnd Magnesiam. von mitternacht Peoniam vnd Paflagoniam. Dieselben gegentē sind nachfogend dem Macedonischen land zugelegt wordē. Epyrus vñ das Illiricisch land raicht auch an Macedoniam. eins gein mittag. das ander gein mitternacht. An dem adriaticischen gestadt ligt die alt statt Dirachiū von Cheroneso da sie gelegen ist den namen behabende. davor Epidana genant vnd ettwen von dē Corcireischen volck gepawt. vnd nicht weyt vnderhalb disem land was die statt Appollonia mit gar gūtē gesetzen auffgericht vñ vō wegē des kaisers Augusti d daselbst die kriechischē schrift gelernet hat gedechtnußwirdig. An dē andern gestadt ist thessalonica ettwen ein mechtige statt. die dañ sant Paulßē epistel vnnd sendbrieff vnnd des

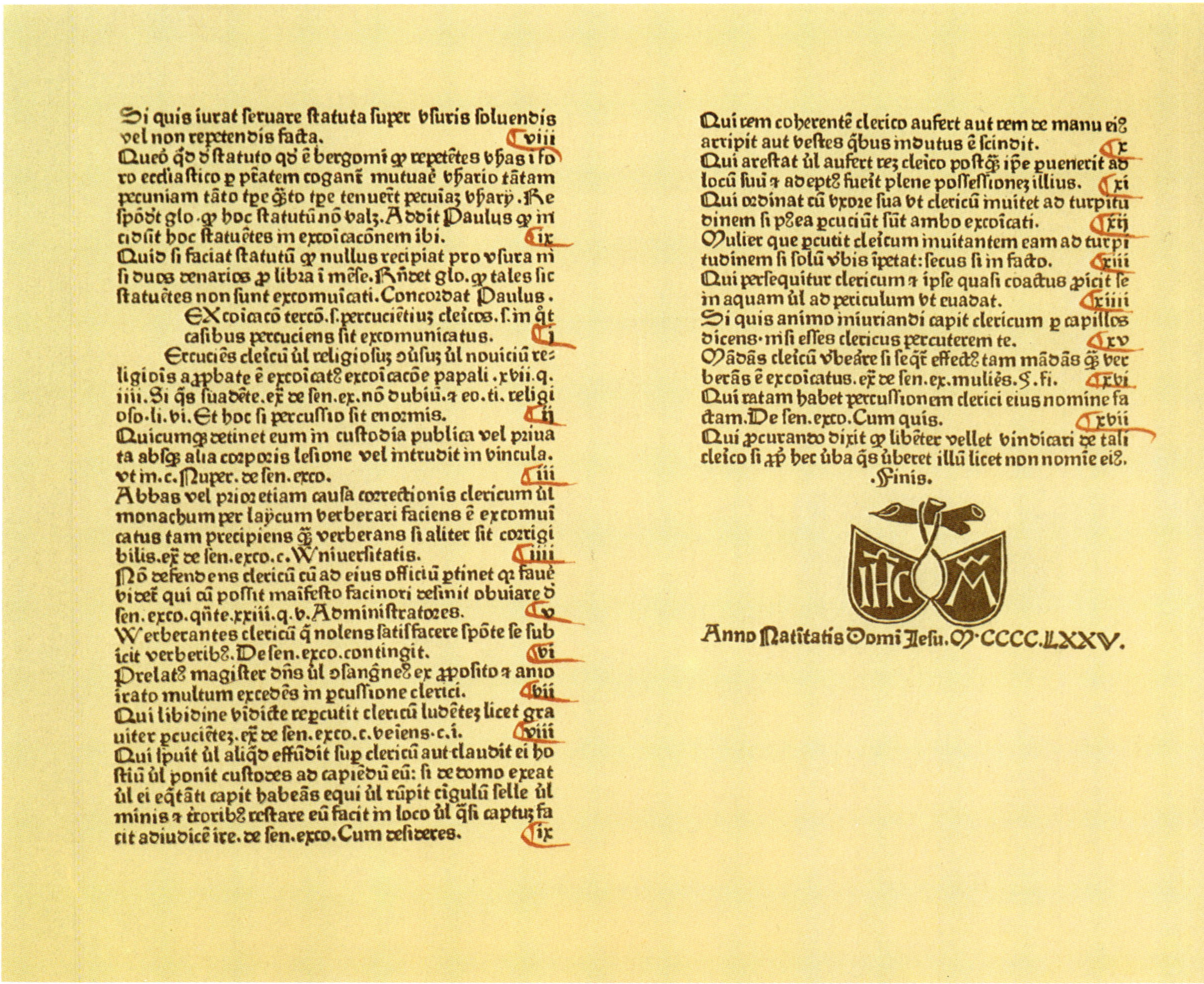

1

Die Zahl der Wiegendrucke in Buchform wird auf 30000 Werke geschätzt, dazu kommen 10000 Klein- und Einblattdrucke. Insgesamt dürften diese 40000 Veröffentlichungen eine Auflage von einer Million Exemplare erreicht haben. Ein paar Daten zur weiteren Entwicklung: Im 16. Jahrhundert etwa 520000 Titel, im 17. Jahrhundert rund 1,2 Millionen, im 18. Jahrhundert 2 Millionen und im 19. Jahrhundert 8 Millionen. Die heutige Buchproduktion umfaßt weltweit etwa 570000 Titel jährlich mit einer geschätzten Gesamtauflage von 8 Milliarden Exemplaren.
Die hohe Qualität der Gutenbergzeit wurde allerdings von seinen Nachfolgern nicht mehr erreicht. Der riesige Bedarf an Gedrucktem führte zur Verflachung. Es kam vielen Druckern nun vor allem auf schnell erarbeitete hohe Auflagen an. Bei alledem blieb die Technik des Stempelschnitts, des Schriftgusses, der Satzherstellung und des eigentlichen Drucks unverändert. Gutenbergs Erfindung war offenbar nicht verbesserungsbedürftig. Die großen Reformen bahnten sich erst im 19. Jahrhundert an.
Inkunabeln gehören heute zu den großen Schätzen der Bibliotheken. Bei den Bestandsangaben werden sie, wie die Handschriften der Vor-Gutenberg-Zeit, stets gesondert gezählt. Mit ganz wenigen Ausnahmen haben die Inkunabeln kein Titelblatt. Meist steht hinten im Buch das Kolophon, die Schlußschrift, und gibt im allgemeinen Auskunft über Drucker, Druckort, Verfasser und Buchinhalt. Mehr als ein Drittel aller Inkunabeln erschien ohne Kolophon. Sie konnten größtenteils datiert werden durch einen Vergleich der Schriften. Jeder Drucker der Frühzeit hatte seine eigenen. Die Inkunabelforscher arbeiten dabei mit einer Tabelle, die alle feststellbaren großen M der Wiegendruckzeit enthält. Der M-Vergleich engt den Kreis der in Frage kommenden Drucker ein. Weitere Unterscheidungsmerkmale führen dann im allgemeinen auf die richtige Spur und erlauben die Festlegung von Drucker, Druckort und Herstellungsjahr.

Der Metallstich als Illustrationstechnik

Die frühen Bücher waren in Holzschnitttechnik bebildert. Das brachte technische Probleme mit sich. Bild und Text konnten zunächst nicht in einem Arbeitsgang gedruckt werden. Außerdem sank die Qualität der Holzdruckstöcke von Jahrzehnt zu Jahrzehnt – im gleichen Tempo, in dem der Bedarf stieg. Von einer künstlerisch wertvollen Bebilderung konnte man schon bald nicht mehr sprechen.

2

1 – Statt in einer Titelei am Anfang des Buches wurde in der Frühzeit mit wenigen Ausnahmen alles Wichtige über Inhalt und Herkunft des Werkes auf den Schlußseiten im sogenannten Kolophon ausgesagt. Die abgebildete Schlußschrift stammt aus einer Ausgabe kirchenrechtlicher Traktate von Franciscus von Platea, gedruckt 1475 in Krakau von Kaspar Straube, der zwar als erster in dieser Stadt druckte, aber nicht zu den großen Meistern der Buchdruckerkunst zu zählen ist.

Höhere Auflagen als von einem Holzschnitt kann man von einem Kupferstich drucken. Außerdem erlaubt er feinere Strukturen. Die auf der Kupferdruckpresse (2) von der Kupferplatte mit ihrer eingravierten Zeichnung (3) abgezogenen Blätter müssen als einzelne Tafeln in das Buch eingearbeitet werden.

3

Schon um 1440, also noch zu Gutenbergs Zeiten, war in Deutschland der Kupferstich, eine Metallstichtechnik, erfunden worden. Im Gegensatz zum Holzschnitt handelt es sich dabei nicht um ein Hochdruckverfahren, bei dem die hervorstehenden Teile eingefärbt wurden und druckten, sondern um eine Tiefdruckmethode: Linien, Schraffuren usw. wurden in Kupferblech geritzt („gestochen"). Diese vertieften Stellen nahmen die Farbe auf, die übrige Fläche mußte sauber abgewischt werden. Beim Druckvorgang nahm das Papier die Farbe aus den eingetieften Stellen ab, wozu ein bedeutend höherer Preßdruck notwendig war als beim Holzschnitt.
In der Anfangszeit wurden Kupferstiche fast ausschließlich als Einblattdrucke hergestellt. Israhel van Meckenem, Martin Schongauer und Albrecht Dürer waren die Kupferstichkünstler der Frühzeit. Gegen Ende des 16. Jahrhunderts setzte sich der Kupferstich als Buchillustration durch und verdrängte einige Jahrzehnte später den Holzschnitt völlig, obwohl auch beim Kupferstich ein gemeinschaftlicher Druck von Abbildungen und Text nicht möglich war. Die Kupferstiche mußten gesondert hergestellt und den Textbogen des Werkes vor-, ein- oder angeklebt werden.
Eng verwandt mit dem Kupferstich ist der Stahlstich. Auch bei ihm handelt es sich um eine Art Ritztechnik (Gravur). Er erreichte seine Blütezeit erst im 19. Jahrhundert.
Eine Kupferplatte ist auch Basis der Radierung. Dabei wird die Platte mit einem harz- oder wachsartigen Ätzgrund überzogen, in den die Linien der Zeichnung eingeritzt werden. Mit Hilfe von Säuren ätzt man die Linien dann mehr oder weniger tief in das Metall ein. Die ersten Radierungen werden dem Schweizer Maler, Kupferstecher,

1

2

1 – Eine Radierung des Schweizer Künstlers Urs Graf (um 1485–1529), dem die Erfindung dieser grafischen Technik zugeschrieben wird. Dabei wird die Zeichnung in eine harz- oder wachsartige Schicht auf der Kupferplatte geritzt und dann in das Metall geätzt, von dem gedruckt wird.
2 – Der Stahlstich, ein dem Kupferstich ähnliches Verfahren, war in der ersten Hälfte des 19. Jahrhunderts die bevorzugte Technik für Buchillustrationen.
3 – „Verleger und Dichter", ein koloriertes Aquatintablatt des englischen Karikaturisten Thomas Rowlandson (1756–1827). Da damals ein Mehrfarbendruck außer beim Farbenholzschnitt noch nicht möglich war, wurden Grafiken hin und wieder nach dem Drucken von Hand koloriert.

Rowlandson delin   London, Pub. by Willm. Holland No. 50 Oxford Str. July 14. 1797.

AN AUTHOR & BOOKSELLER

1

1 – Die Aquatintatechnik, ein künstlerisches Tiefdruckverfahren, wurde bevorzugt von dem spanischen Maler Francisco José de Goya angewandt (links abgebildet das Blatt „El Vergonzoso“ – etwa „Der Schändliche“ – aus dem Zyklus „Caprichos“), in jüngerer Zeit u.a. auch von Pablo Picasso. Bei dieser Technik wird die gestochene oder radierte Metalldruckplatte partienweise mehr oder weniger dicht mit Kolophoniumpulver bestäubt und dann erwärmt. Dabei backen die Staubkörner fest und schützen bei dem anschließenden Ätzvorgang die Metallplatte darunter vor der Säure. Da beim Tiefdruck, wie der Name sagt, nur die vertieften Stellen der Platte Farbe aufnehmen und drucken, bleibt das Papier dort am hellsten, wo das Kolophoniumpulver am dichtesten auf der Druckplatte lag.

2 – Vorläufer unserer heutigen Zeitungen, aber ohne eines ihrer wichtigsten Kennzeichen: das regelmäßige Erscheinen, waren im 16. Jahrhundert die Flugblätter. Diese „neuen“ oder „wahrhaftigen Zeitungen“, meist als Einblattdrucke von fliegenden Händlern an das lesekundige und neuheitenhungrige Publikum verkauft, berichten von seltsamen Himmelserscheinungen, Kriegsereignissen, Mißgeburten bei Mensch und Tier, Hungersnöten und anderen Sensationen. Der Text wurde meist mit mehr oder weniger zuverlässigen Holzschnitten illustriert.

Holzschneider, Goldschmied und Landsknecht („er führte ein wildes, abentheuerliches Leben“, meinte ein altes Lexikon) Urs Graf (um 1485–1529) zugeschrieben. Der aus Solothurn stammende Radierer bevorzugte Motive aus dem Soldatenmilieu, handfeste Genrebilder und Sittenschilderungen.

Meister wie Dürer, Altdorfer und Beham kannten die Radierung. Ihren Höhepunkt erreichte sie aber erst im 17. Jahrhundert. Während Kupferstich und Radierung sowohl für Buchillustrationen als auch für freie künstlerische Arbeiten in Frage kamen, blieben die Weiterentwicklungen dieser Techniken im wesentlichen auf den künstlerischen Bereich beschränkt. Das gilt beispielsweise für die Schabkunst- oder Mezzotintotechnik, die der hessische Oberstleutnant Ludwig von Siegen um 1642 einführte. Bei dieser Technik wird die Platte zunächst aufgerauht, dann graviert. Anschließend glättet man alle Stellen, die nicht mitdrucken, d.h. weiß bleiben sollen. Das ergibt malerisch-tonige Abzüge.

Ähnliche Wirkungen kann man mit der Kreide- oder Crayonmanier erzielen, bei der die wachsüberzogene Platte mit einem raspelartigen Eisen bearbeitet wird. An den angerissenen Stellen dringt die Säure ein und erzielt einen körnig-kreidigen Hintergrundeffekt.

Im Gegensatz dazu ahmt das Aquatintaverfahren, an dessen Entwicklung vor allem der französische Maler und Radierer Jean-Baptiste Le Prince (1734–1781) beteiligt war, die Wirkung einer Tuschzeichnung nach. Die Metallplatte wird dabei mit Kolophoniumpulver bestreut, das angeschmolzen wird, und stufenweise geätzt. Dabei bildet sich eine körnige Oberfläche. Einer der berühmtesten Aquatinta-Anhänger war der spanische Maler Francisco José de Goya (1746–1828), der in dieser Manier beispielsweise den Zyklus „Caprichos“ schuf. Zahlreiche Aquatintablätter gibt es auch von Pablo Picasso.

Die Tiefdrucktechniken des Metallstichs nebst allen Verwandten waren und sind technisch ziemlich anspruchsvoll. Vor allem ließen sie sich nicht mit dem Buchdruck kombinieren. Deshalb führte die Entwicklung der „mitgedruckten“ Buchillustration zunächst vom Holzschnitt zum Holzstich, von dem weiter unten zu berichten sein wird. Erst später gelang es, beliebige Vorlagen auf fotografischem Weg in Druckvorlagen umzusetzen. Unterdessen führte die Entwicklungslinie des Tiefdrucks auf vielen Umwegen zu den Tiefdruck-Rotationsmaschinen von heute, auf denen viele der großen, hochauflagigen Illustrierten gedruckt werden.

Warhaffte Zeitungen/ Die Etlich hundert Menschen Am Himel/ zu Ingelstat/ Zu Regenspurg. Vnd Zu Nürnberg gesehen/ Nemlich Wie In der Obern vnd Vndern Figur Angezeygt Ist/ Wie Dañ vnden Im Text Weytleiffiger Bemelth Würdt. 1554.

¶ Am Ersten sein zu Ingelstat drey Sonnen am himel auff den 6 tag Marcij. Jüngst zwischen acht Vnd Neün vhen vor Mittag gesehen worden/ In solicher gestaldt wie durch die oberst Figur mit einem Regenbogen Von beden neben Sonnen angezaigt ist/ On allain das der Innerst Regenbogen Mit sampt dem Neben sichtigen Regenbogen Gegen dem Nidergang nit darbey/ Auch sein die zwo neben Sonnen Mit der farb Einnes Regenbogens nit beklaidet gewisen/ wie es In der obern figur anzezaigt vnd albie zu Nürnberg gesehen ist Worden.

Dan geleicher weiß wie sie zu Ingelstat sein gesehen/ also auch haben sie sich alhie zu Nürnberg/ Den 23 Marcij am heiligen Karfreitag In der Ersten stunde/ nach Mittag auch eraigt/ On allein das es Innerhalb gegen der Rechten Sonnen noch Einne Regenbogen gehabt hat/ Auch die zwo neben Sonnen mit Einner farb des Regenbogens halb bekleidet gewest/ vñ weit von der Sonnen gegen dem nidergang hat es noch ein Schönen Regenbogen gehabt/ zu solchem ist auch ein Weisser Ring/ aus den zweien neben Sonnen/ Sehr weyt gegen mitternacht gegangen vñ beschlossen gewest/ Vnd wie dan solcher weisser Raiff/ von wegen deß bappiers/ Nit hat können gemacht werden sondern nur von den beden Sonnen ein wenig angezaigt ist/ auch hat Es ein weissen strich mitten durch die recht Sonnen gehabt/ Bis weilen haben sich Solche Sonne verloren/ vñ baldt darauff wider hel sehen lassen/ Das hat gewerdt/ Biß in die drit stund Vngeferlich ꝛc.

Aber vor solichem/ Ee sie alhie zu Nürnberg gesehen/ hat man Syden 9. Ob berürts Monats zu Regenspurg auch gesehe/ In solicher gestalt Wie sie in Der Vntern Figur angezeigt sein/ Vñ die Etwas weyt von Einander/ Vnd doch in einer Paralel gestanden/ Ir anfang ist gewest Vmb 1 nach mittag/ vñ ir Wirckung ist zwischen. 2. vnd. 3. am grösten Vnd hat bey nahendt/ biß zu der. 4 stundt gewerdt/ auch haben soliche. 3. Sonnen streim von sich Gegeben/ gleich wie Cometen Schwentz/ die recht Mittel Soñ hat Ire streym Stracks gegen Mitternacht/ vñ die andern gegen auff vnd nidergang gehabt/ auch sein die neben soñen halb mit der Farb einnes Regenbogens beklaidet gewessen/ Vnd vber solche Sonnen einnen langen weissen strich/ Oder balcken gehabt/ wie dan auff der vntern Figur zusehen. ꝛc

Was nun solch zeichen bedeüten/ ist aus des Herrn Christi worten von den lesten zeiten/ vnd seiner herlichen zukunfft/ was für grosse versürung/ trübseligkait/ angst vnd not/ Vorheer ghen sollen/ Dannocht die welt daneben so frech böß Vnd sicher sein. ꝛc/ Leichtlich zuuersten/ Gott wöl das wirs erkenen vnser leben darnach bessern/ vnd sonst gnaden Erwerben/ Das wir In einer Seligẽ stundt bedreten/ Abschaiden Vnd das Ewig leben/ durch Jhesum Christum Vnsern lieben Herren Erlangen mögen Amen.

¶ GEDRVCKT BEY HANNS ADAM.

2

Aus der Frühzeit der Zeitung

Als früheste Vorläufer der Zeitung von heute gelten die Informationsblätter, die Gajus Julius Cäsar ab 59 v. Chr. in Rom öffentlich anschlagen ließ. Diese „Acta diurna“ (lateinisch: tägliche Geschehnisse) enthielten Senatsbeschlüsse, Staatsangelegenheiten, Hofberichte und Nachrichten über bedeutende Familien. Sie erfüllten schon die wichtigsten Kennzeichen einer Zeitung: öffentliche Zugänglichkeit, Aktualität, regelmäßiges Erscheinen und inhaltliche Vielfalt.

Es lag nahe, die neuentwickelte „Schwarze Kunst“ auch zur Veröffentlichung aktueller Nachrichten zu verwenden. Im 16. Jahrhundert erschienen unzählige „Neue Zeitungen“, meist Einblattdrucke, mit Berichten über Sternschnuppenschwärme und verlorene Schlachten, Überschwemmungen und Stadteroberungen, Königskrönungen und Kälber mit drei Köpfen. Der Begriff „Zeitung“ bedeutete dabei soviel wie „Nachricht“. Da diese Flugblätter unregelmäßig, je nach Bedarf, erschienen, waren sie trotz ihres Namens keine Zeitungen im heutigen Sinn – ihnen fehlte das regelmäßige Erscheinen.

Die beiden ersten „echten“ Zeitungen kamen in Deutschland im Jahre 1609 heraus. In Straßburg ließ der Verleger Johann Carolus wöchentlich die „Relation: Aller Fürnemmen und gedenckwürdigen Historien ...“ drucken, und in Wolfenbüttel erschien, ebenfalls wöchentlich, ein Nachrichtenblatt mit dem Titel „Avisa, Relation oder Zeitung“. Wahrscheinlich die erste täglich erscheinende Zeitung gab ab 1660 der Leipziger Verleger Timotheus Ritzsch heraus. Ihr Titel: „Täglich neu einlauffende Kriegs- und Welt-Händel“.

Wenige Jahre später folgten die ersten wissenschaftlichen Zeitschriften, so 1665 in Paris das „Journal des Savants“ und 1682 in Leipzig, herausgegeben von Otto Mencke, die lateinisch gedruckten „Acta eruditorum“ (Berichte der Gelehrten) mit Auszügen aus naturwissenschaftlichen Neuerscheinungen, Aufsätzen und Buchbesprechungen. Prominentester Mitarbeiter des Leipziger Blattes, das bis 1782 erschien, war der Philosoph Gottfried Wilhelm Leibniz (1646–1716), der die Gestaltung der Zeitschrift maßgebend beeinflußte.

Die frühen Zeitungen mußten sich ihre Nachrichten selbst besorgen – Nachrichtenagenturen gab es noch lange nicht. So kam es, daß es einstweilen noch mit der Glaubwürdigkeit der Blätter haperte, weil sie oft aus dubiosen Quellen schöpfen mußten. Um 1717 verglich Christian Gerber, was sich seit Erscheinen der ersten Zeitungen getan hatte:

„Ehe wir aber zu dem Nutz der Avisen (= Zeitungen) schreiten, so muß ich zuforderst sagen, daß es itzo mit denselben so wohl in Sachsen, als auch an andern Orten, viel besser stehet, als vor 40 und 50 Jahren, da es so wohl an ordinairen Posten (= Postverbindungen) als auch an wohl eingerichteter Correspondenz (= Nachrichtenlieferung) mangelte. Dahero fand man damahls in den Avisen nichts anders, als was etwann die Kauff-Leute durch ihre Correspondenz erfuhren, welches gemeiniglich ungegründete Dinge waren, daher auch zu solcher Zeit die Avisen wenig Credit hatten und in schlechten Ehren gehalten wurden. Sie sind zwar heutiges Tages auch nicht so gar vollkommen und ohne alle Mängel, wie denn sonderlich über die Hamburgischen stets geklaget wird, daß so viel falsche Relationen darinnen enthalten. Jedoch sind doch die meisten gut und besser eingerichtet als in vorigen Zeiten: Die Leipziger, Hällischen, Gothaischen, Nürnberger, Breßlauer und vielleicht andere mehr, die mir nicht bekannt seyn, verdienen alle ihr Lob, finden auch ihre Liebhaber. Wenn aber die andern nicht böß werden wollten, müste ich wohl sagen, daß die Leipziger Avisen vor allen andern den Vorzug behalten.“

Kirche und Obrigkeit wollen mitbestimmen

Es waren nicht nur lammfromme Schriften, die in der Frühzeit der Druckerkunst unters Volk gebracht wurden. Manch aufrührerisches, ketzerisches, aufmüpfiges Werk verließ die Druckerpressen – zum höchsten Unwillen von Kirche und Obrigkeit. So war es kein Wunder, daß Päpste und Kaiser nach Wegen suchten, die durch Bücher und

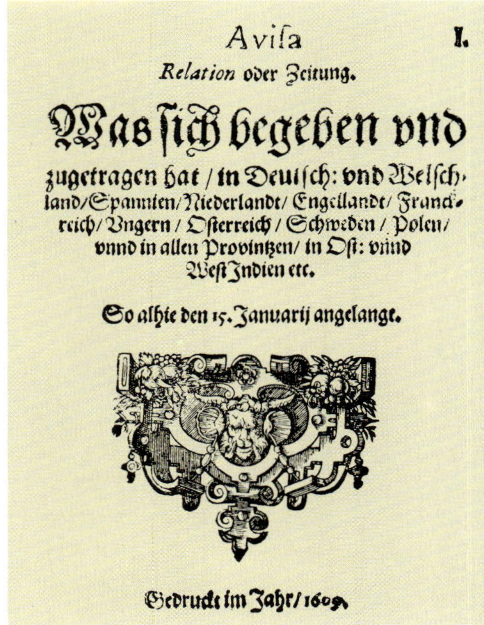
Avisa I.
Relation oder Zeitung.
Was sich begeben vnd zugetragen hat / in Deutsch: vnd Welschland/ Spannien/ Niederlandt/ Engellandt/ Franckreich/ Vngern / Osterreich / Schweden / Polen/ vnnd in allen Provintzen/ in Ost: vnnd West Indien etc.
So alhie den 15. Januarij angelangt.
Gedruckt im Jahr/ 1609.

1

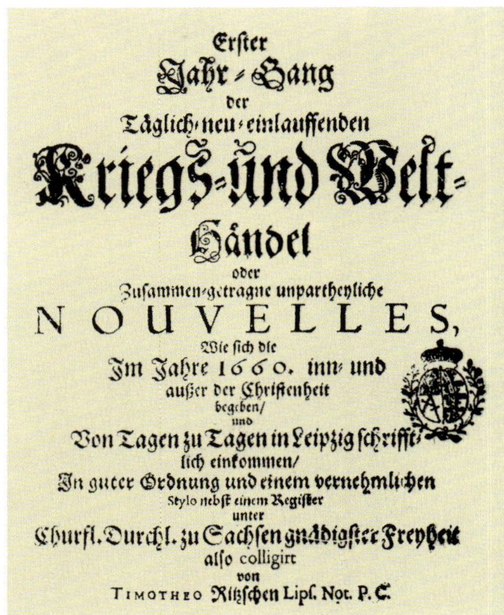
Erster Jahr-Gang der Täglich-neu-einlauffenden Kriegs- und Welt-Händel oder Zusammen-getragne unpartheyliche NOUVELLES, Wie sich die Im Jahre 1660. inn- und außer der Christenheit begeben/ und Von Tagen zu Tagen in Leipzig schrifftlich einkommen/ In guter Ordnung und einem vernehmlichen Stylo nebst einem Register unter Churfl. Durchl. zu Sachsen gnädigster Freyheit also colligirt von Timotheo Ritzschen Lips. Not. P. C.

2

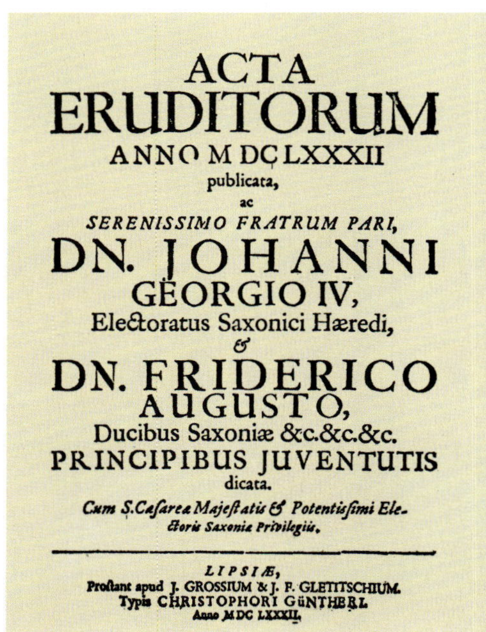
ACTA ERUDITORUM ANNO M DC LXXXII publicata, ac SERENISSIMO FRATRUM PARI, DN. JOHANNI GEORGIO IV, Electoratus Saxonici Hæredi, & DN. FRIDERICO AUGUSTO, Ducibus Saxoniæ &c.&c.&c. PRINCIPIBUS JUVENTUTIS dicata.
Cum S. Cæsareæ Majestatis & Potentissimi Electoris Saxoniæ Privilegiis.
LIPSIÆ, Prostant apud J. GROSSIUM & J. F. GLETITSCHIUM. Typis CHRISTOPHORI GÜNTHERI. Anno MDC LXXXII.

3

1 – Eine der beiden ersten in Deutschland regelmäßig erscheinenden Zeitungen kam ab 1609 wöchentlich in Wolfenbüttel als „Avisa, Relation oder Zeitung“ heraus.
2 – Die erste Zeitung, die ihr tägliches Erscheinen ausdrücklich betonte, waren ab 1660 die „Täglich neu einlauffenden Kriegs- und Welt-Händel“ aus Leipzig (im Bild der Jahrestitel).
3 – Als erste wissenschaftliche Zeitschrift Deutschlands erschienen von 1682 bis 1782 in Leipzig die „Acta eruditorum“ (gleichfalls mit dem Jahrestitel abgebildet).
4 – Die Flutwelle des Wissens versuchte die katholische Kirche durch Listen verbotener Schriften einzudämmen, ab 1559 im „Index Librorum prohibitorum“ zusammengefaßt (wiedergegeben eine spanische Ausgabe von 1612).

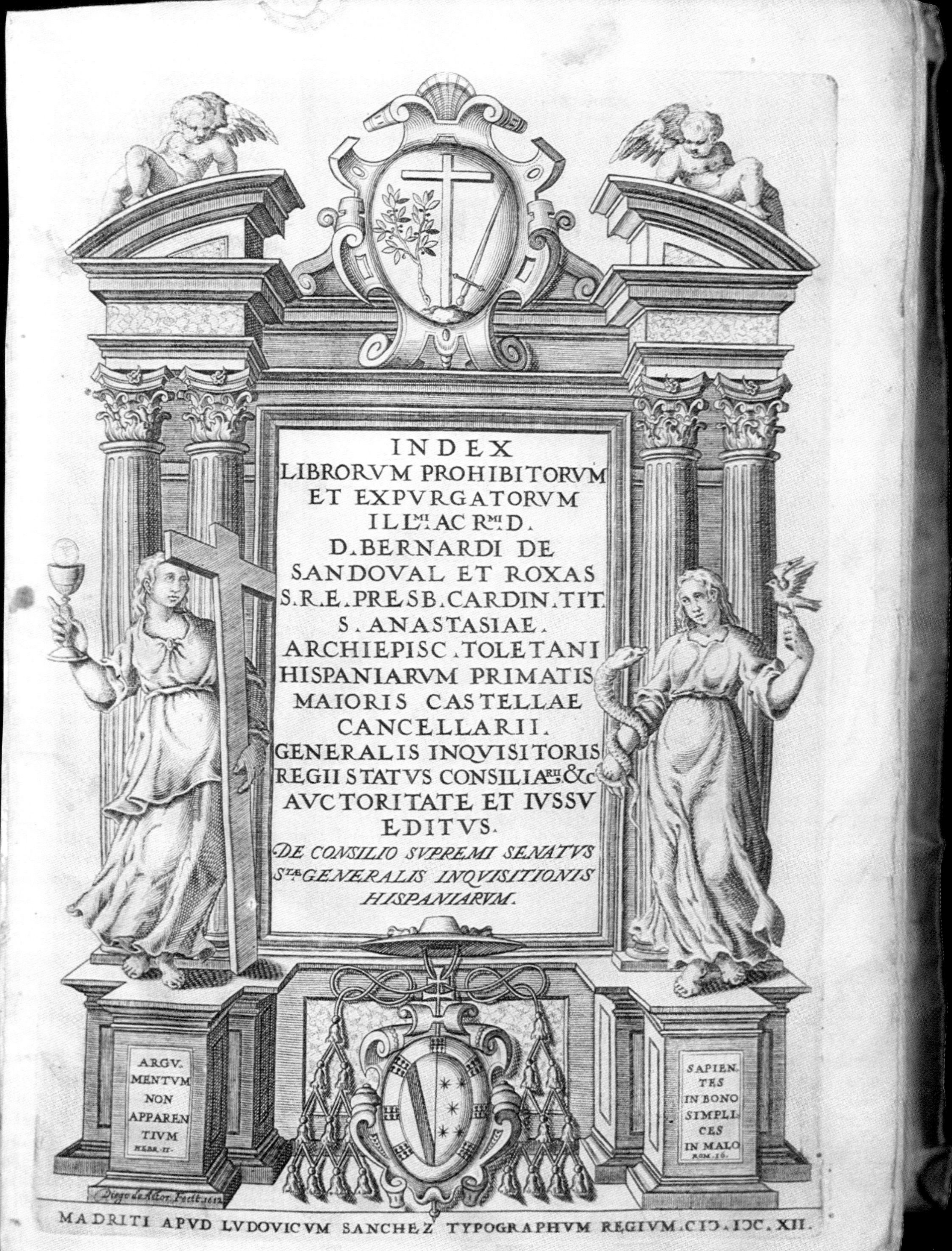
INDEX
LIBRORVM PROHIBITORVM
ET EXPVRGATORVM
ILL.MI AC R.MI D.
D. BERNARDI DE
SANDOVAL ET ROXAS
S.R.E. PRESB. CARDIN. TIT.
S. ANASTASIAE.
ARCHIEPISC. TOLETANI
HISPANIARVM PRIMATIS
MAIORIS CASTELLAE
CANCELLARII.
GENERALIS INQVISITORIS
REGII STATVS CONSILIA.RII &c
AVCTORITATE ET IVSSV
EDITVS.
DE CONSILIO SVPREMI SENATVS
S.TAE GENERALIS INQVISITIONIS
HISPANIARVM.
ARGV. MENTVM NON APPAREN TIVM HEBR. II.
SAPIEN. TES IN BONO SIMPLI. CES IN MALO ROM. 16.
Diego de Astor Fecit 1612
MADRITI APVD LVDOVICVM SANCHEZ TYPOGRAPHVM REGIVM. CIↃ. IↃC. XII.
4

Im 19. Jahrhundert gelang es dann doch, eine Notenschreibmaschine zu konstruieren, wenn auch nicht mit automatischer Prozeßsteuerung durch das Klavier. Zwangsläufig war ihre Betätigung ziemlich kompliziert – es gab einfach zu viele Zeichen, die auch noch in unterschiedlichen Höhen abgedruckt werden mußten. So war beim Schreiben die rechte Hand mit dem Tippen beschäftigt, während die linke für den richtigen Stand von Noten, Kopfstrichen, Pausen und anderen musikalischen Zeichen sorgen mußte. Die Notenstecher rügten außerdem das miserable Schriftbild, bei dem es nicht einmal möglich war, für einen vernünftigen, glatten Zeilenabschluß zu sorgen. Und bei komplizierten Musikstücken war die Notenschreibmaschine von vornherein zum Scheitern verurteilt.
Ein Verfahren, „welches vermittelst in weichem Eisen geschnittener und auf einem magnetischen Tableau automatisch anzuwendender Lettern die Zusammensetzung eines (Noten-)Bildes erlaubt", wurde 1902 für einen gewissen Liorel in Paris patentiert. Anschließend bemühte sich der Erfinder, seine Kunst für 150000 Francs an den Mann zu bringen. Wie es scheint, hatte er keinen Erfolg damit. So ging auch sein System der „magnetischen Graphotomie" den Weg vieler gutgemeinter, aber nicht realisierbarer Erfindungen.
Erst 1912 erschien eine verwendbare Notenschreibmaschine, die Noco-Blick von Groyen aus Köln. Sie basierte auf einer Typenradschreibmaschine, der Blickensderfer, und wurde bald von der Maschine überrundet, die der Frankfurter Ingenieur und Musikfreund Rundstatler herausbrachte. Diese Notenschreibmaschine arbeitete mit 90 Zeichen, von denen 22 Noten und alle übrigen Musik- und Hilfszeichen waren. Bei doppelter Umschaltung kam sie mit 30 Typenhebeln aus. Bei Rundstatlers Maschine mußten erst die Notenbilder geschrieben werden. Erst daran anschließend wurden sie mit dem Liniensystem übertippt.
Die Zukunft wird möglicherweise der Notenübertragung per Computer gehören. In Dänemark arbeitet bereits eine Vorrichtung, bei der die einzelnen Stimmen eines Musikstücks nacheinander auf einer speziellen Klaviatur eingespielt werden können. Durch Tastendruck werden die jeweiligen Funktionen (Notenwerte, Pausen, Takteinteilung, Sonderzeichen) eingegeben. Ein Zeichenautomat schreibt die vom Rechner des Computers bearbeiteten Musikdaten reproduktionsreif auf Papier.

Schnelle Maschinen für den Buchdruck

Von der Handpresse zum Tiegel

Rund 350 Jahre lang änderte sich nicht viel an der Druckerpresse, wie sie Gutenberg hatte konstruieren lassen. Die Arbeit des Druckers war und blieb Handarbeit. Druckgeschwindigkeit und damit Auflagenhöhe pro Tag waren begrenzt. Erst zu Beginn des 19. Jahrhunderts zeichnete sich eine neue Entwicklung ab. Aus den hölzernen Handpressen wurden eiserne Tiegelpressen. Parallel dazu erfand Friedrich Koenig die ersten Buchdruckmaschinen mit „fremdem" Antrieb. Und schließlich begann sich eine ganz neue Drucktechnik zu entwickeln, der Steindruck, der eigene Druckmaschinen verlangte und dem traditionellen Buchdruck ernsthafte Konkurrenz zu machen begann. Eine eigene Entwicklungslinie führt von der Schnellpresse zur Buchdruckrotationsmaschine.

Beschreibung einer Buchdruckpresse

Bei der Konstruktion seiner Druckpresse orientierte sich Johannes Gutenberg an den Prinzipien der Weinkelter. Möglicherweise zog er auch andere, zu seiner Zeit bekannte Pressentypen heran, etwa die Öl-, Tuch- und Papiermacherpressen. In allen diesen Fällen wurde mit Hilfe einer Schraubenspindel Druck auf eine Unterlage ausgeübt. Darauf kam es auch bei der Buchdrucktechnik an.
Die ersten Pressen bestanden fast ganz aus Holz. Zwei schwere, senkrecht stehende Seitenwände (Wangen), oben durch einen Querbalken, die Krone, zusammengehalten, bildeten das Gestell. Verbindungsbalken in Tischhöhe nahmen die Schienen auf, auf denen der die Druckform tragende Teil der Presse, der Karren, mit Hilfe einer Kurbel ein- und ausgefahren werden konnte. Bei ausgefahrenem Karren wurde die Form eingefärbt. Dann drehte man sie in die Druckstellung zurück und betätigte den Tiegel, eine kräftige Holzplatte, auf die mit Hilfe einer Preßspindel Druck ausgeübt werden konnte. Den Betätigungshebel für die Spindel nannten die Drucker Preßbengel oder Bengel. In der Anfangszeit wurde der Druckbogen einfach auf die Form gelegt; Stahlspitzen markierten den genauen Stand, damit die Schrift beim Bedrucken der Papierrückseite, im zweiten Arbeitsgang, genau Register hielt, d.h. Zeile auf Zeile zu stehen kam. Später wurde eine deckelähnliche Vorrichtung eingeführt, die das Papiereinlegen wesentlich erleichterte.
Der Arbeitsgang: Karren ausfahren, bedruckten Bogen herausnehmen und zum Trocknen weglegen (dafür gab es früher besondere Gestelle, man konnte die Bogen aber auch an Leinen aufhängen wie die Wäsche). Druckform mit dem Ballen einfärben. Neuen Bogen auflegen. Karren wieder zurückdrehen, dabei auf Einhaltung der richtigen Stellung achten. Preßbengel betätigen, d.h. mit Hilfe des Tiegels auf die Druckform Druck ausüben. Karren wieder ausfahren, von vorne beginnen – und so ging das fort, bis die Auflage gedruckt war und die nächste Druckform drankam.

Die Weiterentwicklung der Handpresse

Über die nach Gutenberg vorgenommenen Verbesserungen an der Buchdruckpresse gibt es nur wenig schriftliche Überlieferungen, dafür aber zahlreiche Abbildungen, die gewisse Rückschlüsse zulassen. Ganz allgemein wurden die Pressen im Lauf der Jahrhunderte handlicher und kleiner, was in erster Linie durch die Verwendung von immer mehr Metallbauteilen zu erreichen war.
Das Gestell blieb einstweilen hölzern. Die Preßglieder, das Herz der Presse, wurden

1–2 – Seit den Tagen Gutenbergs änderte sich jahrhundertelang an seinem Druckverfahren nur wenig. Wie der Holzschnitt von Abraham von Werdt aus dem „Orbis sensualium pictus" des Johann Amos Comenius, Nürnberg 1666, zeigt, wurde das Papier erst in Wasser geschmeidig und farbaufnahmefähig gemacht, dann standgerecht auf einen klappbaren Halterahmen gelegt. Der mit zwei Druckerballen oder Tampons eingefärbte Satz wurde zusammen mit dem Papierhalter unter die Presse geschoben und mit Hilfe des Preßbengels gedruckt.
3 – Der Holländer Willem Janszoon Blaeu kam 1620 auf die Idee, zwischen Preßspindel und Tiegel eine konvexe federnde Stahlplatte einzufügen. Damit erreichte er vor allem einen gleichmäßigeren Druck.

1

2

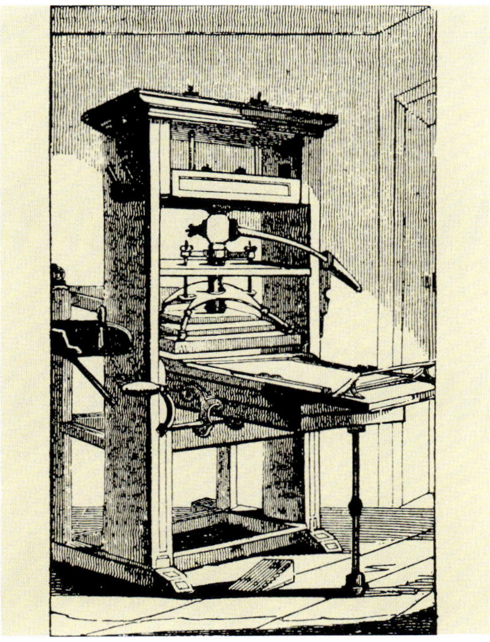

3

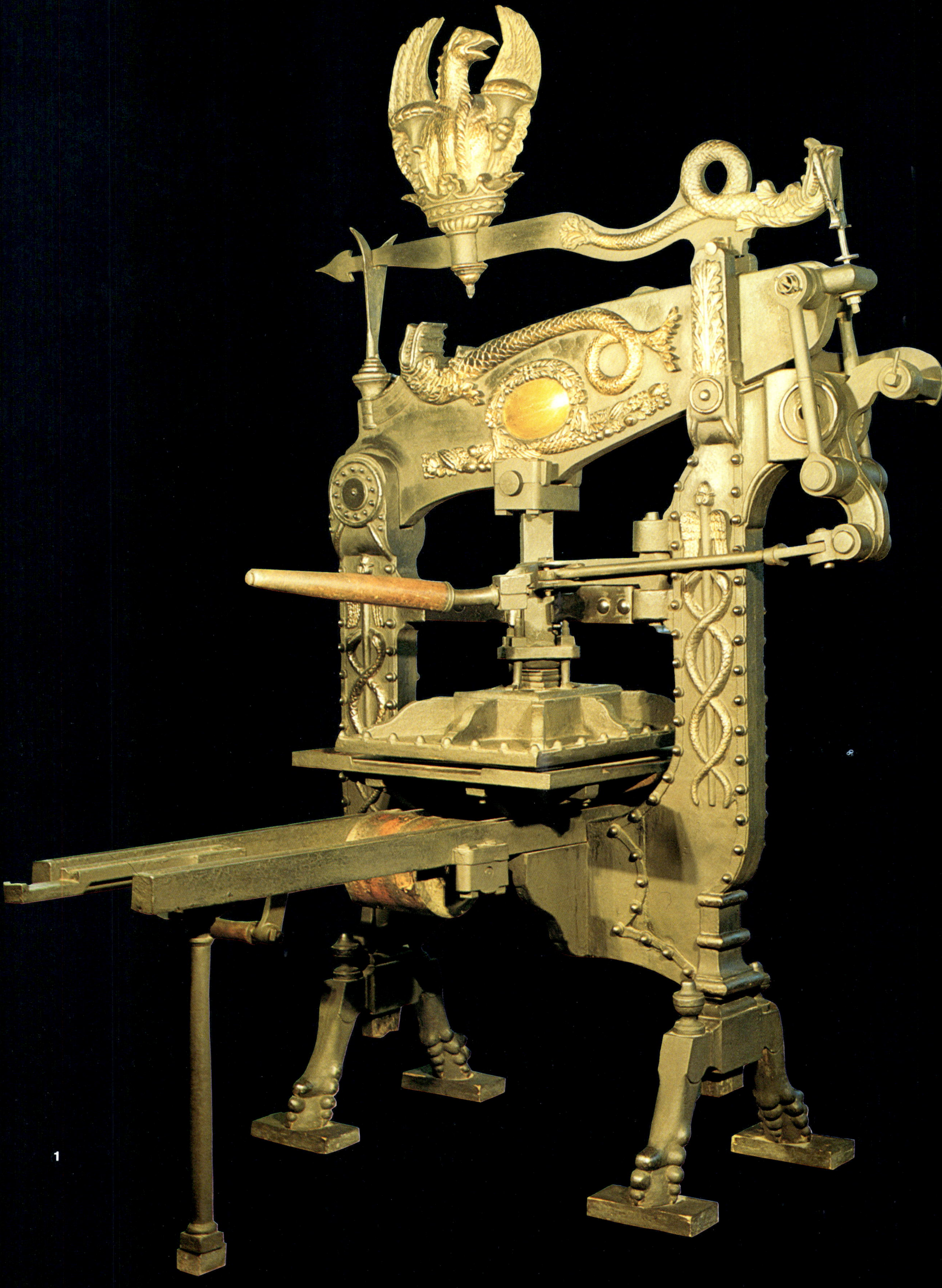

1

2

3

4

zuerst aus Eisen hergestellt. Der niederländische Buchdrucker und Kartograf Willem Janszoon Blaeu (1571–1638) kam als erster auf den Gedanken, zwischen Preßspindel und Tiegel ein federndes Bindeglied in Form einer konvexen Metallplatte einzufügen. Die Platte erfüllte zwei Aufgaben. Einerseits glich sie den Preßdruck auf den Tiegel aus, so daß die Drucke gleichmäßiger ausfielen. Zum andern sorgte die Federwirkung dafür, daß der Tiegel sich nach Loslassen des Bengels selbsttätig wieder hob. Dadurch wurde ein Arbeitsgang, das Zurückführen des Bengels zum Tiegelanheben, gespart – bei einer Tagesleistung von etwa 3500 Drucken je Drucker und 15stündigem Arbeitstag eine nicht uninteressante Krafteinsparung.
Weitere metallische Einzelteile fügten u.a. der Baseler Stempelschneider und Schriftgießer Wilhelm Haas-Münch (1741–1800) und der Leipziger Buchdrucker Christian Gottlob Täubel, der seine neue Presse um 1805 fertigstellte, hinzu. Täubel war überdies einer der ersten Fachautoren auf drucktechnisch-typografischem Gebiet. Er schrieb u.a. ein „Allgemeines theoretisch-praktisches Wörterbuch der Buchdruckerkunst und Schriftgießerey".
Als Erfinder der ganz aus Metall bestehenden Druckpresse ging der dritte Earl of Stanhope, Charles Stanhope (1753–1816), in die Geschichte des Buchdrucks ein. Stanhope, der sich auch als Autor mathematischer und mechanischer Abhandlungen und als Erfinder eines neuen Systems der Stereotypie einen Namen machte, stattete seine Ganzmetallmaschine mit einem doppelten Hebel (an Stelle des alten Bengels) aus, setzte den Karren auf Federn, damit sich die Preßkraft beliebig einstellen ließ, und stellte den Karren aus Gußeisen her. Man konnte ihn nun, trotz vergrößerter Druckfläche, mit einem einzigen Zug unter den Tiegel fahren – eine wichtige Verbesserung.

1 – Nach den ersten Ganzmetallpressen von Stanhope errang George Clyme aus Philadelphia mit seiner 1817 erfundenen Columbiapresse große Erfolge. Die Hebelkombination anstelle des Preßspindelprinzips ermöglichte höhere Druckkraft und damit größere Druckformate als bei den Holzpressen. Der Adler auf der oberen Stange diente als Gegengewicht.
2 – Die Bostonpresse, erstmals von J. Golding gebaut, war im 19. Jahrhundert die erfolgreichste Klapptiegelpresse.
3 – Als 1919 die Heidelberger Tiegeldruck-Schnellpresse mit dem selbsttätigen Bogenanleger von Gilke ausgerüstet wurde, begann der Siegeszug dieses Maschinentyps.
4 – Die modernen Heidelberger Tiegeldruck-Automaten sind mit 3000 Drucken in der Stunde auf kleinere Formate im Hochdruck spezialisiert.

Um 1820 waren in Europa und den USA mindestens zwanzig verschiedene metallische Tiegelpressen auf dem Markt, die zum Teil abenteuerliche Verbesserungsvorschläge verwirklichten. So gab es Pressen, bei denen Tiegel und Druckform wie zwei Muschelschalen zusammenklappten, und andere, bei denen der Tiegel feststand und nur die Form angedrückt wurde.
Schon frühzeitig gab es Versuche, die menschliche Arbeitskraft zu schonen. Der Amerikaner Daniel Treadwell ersetzte den Hand- durch einen Fußhebel. Später wurde der Fußhebel mit Pferde-, dann mit Wasser- und schließlich mit Dampfkraft betätigt. Treadwell war es auch, der 1827 eine unerhört komplizierte und schwerfällige Druckerpresse mit Kraftantrieb vorstellte. Wellen, Getriebe und Kurbeln in großer Zahl wurden durch unzählige Treibriemen bewegt. „Die Maschine konnte 500 Drucke in der Stunde schaffen", vermerkte ein amerikanischer Technikhistoriker, „wenn sie nicht gerade eine Betriebsstörung hatte."

Die Klapptiegelpressen

Bisher hatte sich das Grundschema nie verändert: Druckform unten, Tiegel oben. In den USA entstanden ab 1850 erstmals neue Modelle, bei denen die Druckform nicht horizontal, sondern vertikal angebracht war. Folgerichtig wurde der Tiegel ebenfalls vertikal angebaut, und zwar so, daß er bei Ausführung des Druckvorgangs gegen die Druckform klappte. Man sprach deshalb von Klapptiegelpressen. Sie hatten den zusätzlichen Vorteil, daß man die Druckform nicht mehr mit der Hand einzufärben brauchte. Ein einfacher Mechanismus, den inzwischen entwickelten Schnellpressen abgesehen (siehe unten), übernahm diese Arbeit: Walzen nahmen die auf einem Metallteller verriebene Farbe ab und übertrugen sie auf die Druckform. Das Papier wurde mit der Hand eingelegt.
Die frühen Klapptiegelpressen wurden im allgemeinen durch Fußhebeldruck betätigt. Es kamen in den USA und später in Europa zahllose Modelle auf den Markt, so 1850 die Gordonpresse von G. Phineas, bei der Fundament und Tiegel, durch getrennte Wellen angetrieben, aufeinander zu klappten, oder die Libertypresse von Otto Degener aus demselben Jahr mit Tiegel und Fundament auf einer Achse. Am erfolgreichsten zeigte sich die Bostonpresse, deren Urform J. Golding 1858 in Bo-

ston/USA entwickelte. Sie hatte ein senkrecht feststehendes Fundament. Ihr Tiegel bewegte sich um eine unterhalb des Fundaments angebrachte bewegliche Welle. Kleinere Boston-Modelle hatten Handbetätigung.

Die Klapptiegelpresse machte sich daran, die früheren Druckpressenformen zu verdrängen, zumindest bei den kleineren Druckformaten mit mittelhohen Auflagen. Ihr eigentlicher Siegeszug begann jedoch erst, als das Problem der mechanischen Papieranlage gelöst worden war. 1913 erhielt der Kölner Buchdrucker Gilke ein Patent auf einen selbsttätigen Anleger für die Bostonpresse. Ab 1919 wurden die ersten Pressen damit ausgerüstet. Ein Greifer nahm das Papier vom Stapel, führte es dem Tiegel zu, wo es bedruckt wurde, und nahm es automatisch wieder mit. Das mehrfach verbesserte System dieses „Propellergreifers" verhalf neben anderen technischen Raffinessen dem „Heidelberger" zum Siegeszug, einer Tiegeldruckpresse nach Bostoner Vorbild, aus der sich schließlich die bis heute aktuellen Tiegeldruck-Schnellpressen und -Automaten mit einer Stundenleistung bis zu 3000 Drucken entwickelten. Der „Heidelberger" hat seinen Namen vom Hersteller, der Heidelberger Druckmaschinen AG, die mit weit über 250000 Druckautomaten einen Weltrekord im Druckmaschinenbau aufstellte, der bisher nicht überboten wurde.

Die Erfindung der Schnellpresse

Die herkömmlichen Druckpressen waren für hohe, schnell herzustellende Auflagen kaum geeignet. Das betraf vor allem die Tageszeitungen, die schon aus Konkurrenzgründen darauf angewiesen waren, den Redaktionsschluß für die Aufnahme der letzten Nachrichten möglichst weit hinauszuschieben, trotzdem aber die gesamte Auflage pünktlich auszudrucken. Von den großen Zeitungen ging deshalb der Ruf nach schnellerem, maschinellem Buchdruck aus.

Im Jahre 1790 schon hatte sich der britische Schriftsteller und Schulleiter William Nicholson ein Patent auf eine Zylinderschnellpresse erteilen lassen. Diese Maschine, recht kompliziert konstruiert, scheint aber niemals verwirklicht worden zu sein. Fachleute bezweifeln bis heute, ob sie überhaupt funktioniert hätte. Nicholson wollte konisch geformte Lettern auf einen Zylinder spannen und davon drucken.

Um die Wende zum 19. Jahrhundert beauftragte John Walter (1739–1812), Gründer und Verleger der britischen Tageszeitung „The Times", den renommierten Ingenieur Isambard Brunel mit der Erfindung einer Buchdruckmaschine. Brunel gab nach längeren Versuchen den Auftrag zurück – nach seiner Auffassung war es nicht möglich, eine mechanisch voll wirksame Buchdruckmaschine zu bauen.

Der Lebenslauf Friedrich Koenigs

Was Nicholson und Brunel nicht geschafft hatten, gelang dem 1774 in Eisleben bei Halle an der Saale geborenen Friedrich Koenig. Mit seinen Zylinderschnellpressen revolutionierte der erfolgreiche Erfinder den Zeitungs- und später auch den Buchdruck. Sein Verfahren war die wichtigste Verbesserung der Hochdrucktechnik seit Gutenberg.

Koenig besuchte in Eisleben das Gymnasium und schloß bei Johann Gottlieb Immanuel Breitkopf in Leipzig seine Buchdruckerlehre vorzeitig ab. Nebenbei studierte er Mechanik und Mathematik an der Leipziger Universität. 1802, als 28jähriger, beschäftigte er sich nach eigener Aussage erstmals mit dem Problem, eine schnellere, die Arbeit erleichternde Druckpresse zu konstruieren. Zwei Jahre später arbeitete er in Suhl in Thüringen an der Erfindung einer verbesserten Handpresse mit selbsttätigem Farbauftrag. Aber die Mittel gingen ihm aus. Er siedelte nach Meiningen über, arbeitete dann in Würzburg. Von seiner Idee besessen, suchte er nach Bundesgenossen. In einem Brief an den Drucker und Verleger Georg Joachim Göschen in Leipzig bot er seine Dienste an.

„Leider wird die Buchdruckerkunst in Deutschland fast durchgängig ohne alle Ehre und Emulation betrieben", heißt es in diesem Brief. „Sie sind der einzige Buchdrucker, der mit Ambition arbeitet, darum wende ich mich mit Vertrauen an Sie und mache Sie mit der Sache bekannt."

Es folgt die Beschreibung der geplanten Konstruktion: „Die erste der erwähnten Erfindungen ist eine Maschine zum Bücherdruck, die sich zur bisherigen Buchdruckerpresse einigermaßen so verhält, wie die Spinnmaschine zum Spinnrad, das heißt, alles was bisher die Menschenhand verrichtet hat, das Nehmen, Reiben und Auftragen der Farbe, der Druck, kurz alles, nur das Aus- und Einlegen der Bogen ausgenommen, wird durch die Maschine verrichtet. Der ganze Mechanismus ist auf eine einzige kreisförmige Bewegung zurückgebracht, die soviel Kraft erfordert, als ein Pferd hat."

Göschen hatte kein Zutrauen zu der Sache. Vor allem schien ihm die geplante Maschine keinen Qualitätsdruck zu garantieren. Er lehnte ab. Auch alle anderen Bemühungen, Interessenten für die Finanzierung seiner Erfindungen zu finden, schlugen fehl – bis hin zum Zar von Rußland, der ihm zwar aus St. Petersburg freundliche Briefe schreiben ließ, aber ausweichend antwortete, als es ernst werden sollte.

Friedrich Koenig, von seinen schwerfälligen Landsleuten enttäuscht, setzte sich nach London ab. Auch dort hatte man keineswegs auf ihn gewartet. Koenig schlug sich als Buchhändler und Buchdrucker durch – vermutlich im Geschäft seines Freundes Richard Taylor in der Fleet Street. Taylor war es, der Koenig kurze Zeit später mit Thomas Bensley, einem renommierten Londoner Drucker und Verleger, zusammenbrachte. Bensley erklärte sich gegen eine entsprechende Beteiligung bereit, Koenigs Arbeit zu finanzieren. Später traten auch Richard Taylor und der Buchdrucker George Woodfall in das Geschäft ein. Koenig verblieb nur eine Minderheitsbeteiligung, Bensley mauserte sich zum Hauptgesellschafter. Das sollte sich für Koenig schließlich ebenso nachteilig auswirken wie Gutenbergs Pakt mit Fust.

Koenig konstruierte zunächst eine verbesserte Tiegeldruckpresse. Im Gegensatz zum ersten, noch in Suhl entstandenen Modell dieser Maschine verwendete er nun kein Holz mehr für das Gestell, sondern baute sie ganz aus Eisen. Die Schwierigkeiten, Käufer für die Presse zu finden, erwiesen sich zunächst als fast unüberwindlich. Vor allem die Ablehnung John Walters, des „Times"-Verlegers, machte Friedrich Koenig sehr betroffen.

Andreas Friedrich Bauer

In einem neuen Gesellschaftsvertrag aus dem Jahre 1809 wird als Koenigs Mitarbeiter erstmals der aus Stuttgart stammende Mechaniker Andreas Friedrich Bauer (1783–1860) erwähnt. Bauer übernahm in London die Werkstattleitung des Unternehmens, trat später als Teilhaber ein und leitete nach Koenigs frühzeitigem Tod die Schnellpressenfabrik Koenig & Bauer, an deren Aufstieg ebenso wie an Koenigs Konstruktionen er große Verdienste erwarb.

Nach der verbesserten Handpresse, die 1810 patentiert wurde, machte sich Friedrich Koenig umgehend an die Erfindung einer Presse, die im Gegensatz zu allen früheren Druckpressen keinen Tiegel mehr besaß, sondern einen Zylinder, der den nötigen Druck auf die Druckform ausübte. Sie wurde 1812 vollendet. Eine Doppelmaschine gleichen Typs schloß sich an. 1814 wurde Koenig schließlich ein Patent auf eine Komplettmaschine erteilt, die unmittelbar nacheinander die Vorder- und Rück-

seite eines Bogens bedrucken konnte. Näheres über die Konstruktionsmerkmale und den Einsatz der wichtigsten Maschinentypen ist weiter unten nachzulesen.
Das Patent von 1814 war das letzte, um das Koenig sich bemühte. Die Erfindungsarbeit an der Schnellpresse war damit für ihn abgeschlossen. Was ihn weiter in Atem hielt, waren die Auseinandersetzungen mit seinem Hauptteilhaber Bensley und die Tatsache, daß trotz erfreulicher Absatzergebnisse unter dem Strich nicht viel für den Erfinder blieb. Neben dem mageren Londoner Geschäftsergebnis bedrückten ihn auch noch höhere Schulden aus seiner deutschen Frühzeit.
1817 konnte sich Koenig aus der Londoner Firma lösen. Ihn zog es zurück nach Deutschland. In der Nähe von Würzburg erwarb er das ehemalige Prämonstratenserkloster Oberzell und baute hier seine neue Produktionsstätte auf – unter größten Schwierigkeiten, weil es lange dauerte, bevor er sich einen Stamm von Facharbeitern herangezogen hatte.
Koenig hatte für den Anfang auf Aufträge aus England gehofft. Sie blieben aus. Aber auch die möglichen deutschen Auftraggeber zögerten. Cotta in Stuttgart und Brockhaus in Leipzig sagten ab. Wie auch andere Drucker und Verleger fürchteten sie nicht nur die Kompliziertheit der neuen Maschinen, sondern auch die Reaktion der Drukker. „Ich werde zeitlebens an das Jahr 1818 denken", schrieb Koenig rückblickend. „Ich habe keine ruhige, viel weniger glückliche Stunde gehabt."
Erst 1822 wurde in Deutschland die erste Maschine aus dem Koenigschen Unternehmen in Betrieb genommen. Das Ergebnis war zufriedenstellend. Nun interessierten sich auch andere Drucker für Schnell-

1

2

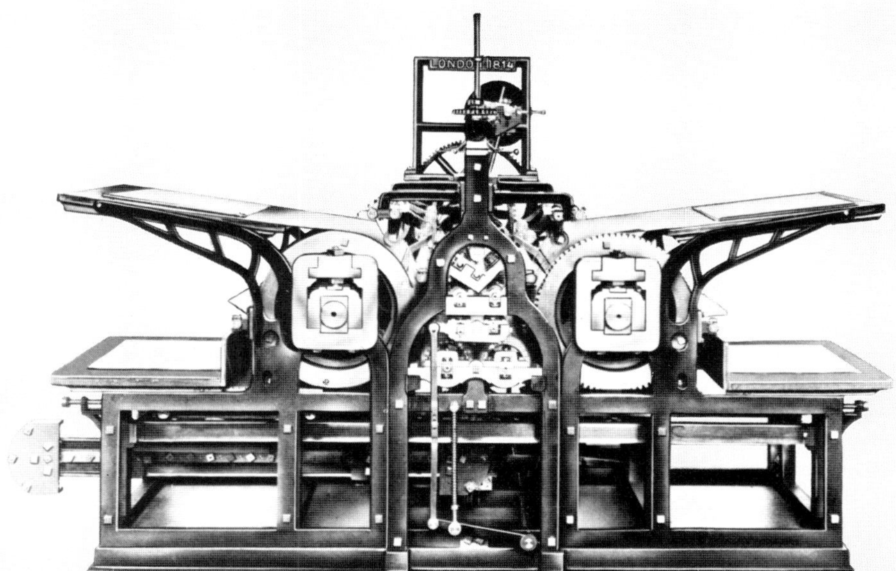

3

1 – Die „Suhl-Presse" von Friedrich Koenig, 1810 patentiert und 1811 fertiggestellt, war die erste Druckmaschine mit einem Farbwerk.
2 – Bei der „Einfachmaschine" von 1812 ließ Koenig erstmals das Papier durch einen Zylinder gegen die Druckform pressen.
3 – Die zwei „Doppelmaschinen", mit denen am Abend des 28. November 1814 als erste Zeitung der Welt binnen weniger Stunden die „Times" gedruckt wurde, erregten unter den von Entlassung bedrohten Druckern keinen Maschinensturm, da ihnen der Druckereibesitzer Lohnfortzahlung bis zum Antritt einer neuen Arbeitsstelle zugesagt hatte.

pressen aus Oberzell. Und weitere drei Jahre dauerte es, bis die erste Presse ins Ausland geliefert werden durfte. 1826 kamen schon elf Maschinen aus Oberzell – es ging langsam aufwärts.
Den großen Aufschwung zu einem Weltunternehmen durfte Friedrich Koenig dann doch nicht mehr erleben. 1829 erkrankte er schwer und erholte sich auch in den folgenden Jahren nicht mehr davon. Nach einem Schlaganfall starb er 1833 als 58jähriger. In Oberzell wurde er beigesetzt. Daß einige Jahre später nicht weit vom inzwischen aufgegebenen Klosterbereich, jenseits des Mains, eine neue, riesige Druckmaschinenfabrik entstehen würde, hätte er nicht für möglich gehalten.

Friedrich Koenigs Tiegeldruckpresse

Die erste Druckpresse aus Koenigs Werkstatt, in Suhl noch unter Verwendung von Holz und in London aus Eisen gebaut, war eine Abwandlung der bis dahin bekannten Handpressen. Sie besaß ein kompliziertes Antriebswerk, d.h. es wurden die bisher in einzelnen Handgriffen vorgenommenen Tätigkeiten mechanisch zusammengefaßt. Vor allem aber verfügte diese Maschine als erste über ein Farbwerk, das mit Hilfe von Walzen die Druckfarbe verteilte und auf die Druckform auftrug.
Koenig verwendete zunächst mit Schafleder überzogene Walzen, die nach einem Spezialverfahren geschmeidig gemacht wurden. Unter der Lederschicht lag eine Filzhülle.
Die Papierbogen mußten von Hand eingelegt und nach dem Druck aus der Maschine genommen werden. Als erstes Werk wurde 1811 in London „der Bogen H des neuen Annual Register für 1810, ‚Principal Occurrences‘, 3000 Auflage“ mit der neuen Maschine gedruckt, die Koenig selbst noch „kompliziert und unvollkommen“ nannte. Aber „sie war doch ein im einzelnen ausgearbeitetes Ganzes, welches leistete, was ich davon erwartete; ich hatte mir mein erstes Ziel nicht zu hoch gesteckt“.

Die erste Zylinderdruckpresse

Das völlig Neue an der Tiegeldruckpresse war die Verwendung von Walzen für den Farbauftrag. Sie bewährte sich in der Praxis. Koenig dachte über Verbesserungen nach. Vor allem aber beschäftigte ihn ein Verfahren, „Abdrücke vermittels Walzen oder Zylinder“ zu erhalten. Das hatten andere schon vor ihm versucht. Er erprobte eine neue Methode, bei der der Zylinder nicht die Druckform, sondern das Papier tragen sollte. Damit gab er das Tiegelprinzip auf.
Mehrere Walzen bildeten das Farbwerk. Sie sorgten für eine gleichmäßige Verteilung und einen ebensolchen Auftrag der Druckfarbe auf die Form. Ein in Felder unterteilter Zylinder hielt das von Hand eingelegte Papier fest. Bei der Weiterbewegung der Maschine rollte der Zylinder mit dem nötigen Druck das Papier über die Druckform. Koenig meldete neben dieser „Einfachmaschine“ auch gleich eine doppelte Zylinderpresse zum Patent an.
Die Einfachmaschine wurde 1812 aufgestellt und druckte als erstes Werk einige Bogen aus Clarksons „Life of Penn“. Sie schaffte 800 Drucke in der Stunde. Koenig hielt die Zeit für gekommen, eine Reihe ausgewählter Interessenten zu einer Privatvorführung der Maschine einzuladen – unter ihnen John Walter von der „Times“, der kurz zuvor Koenigs Angebot noch abgelehnt hatte. Walter erkannte die Möglichkeiten der Zylinderpresse für den Zeitungsdruck und bestellte nach Besichtigung der Einfachmaschine sofort zwei doppelte Zylinderpressen mit Stundenleistungen von je 1100 Drucken. Für den Antrieb war eine Dampfmaschine vorgesehen.
Da Walter Schwierigkeiten mit seinem Druckereipersonal befürchtete, wurden die neuen, in kürzester Zeit fertiggestellten Maschinen in einem Nebengebäude der „Times“ montiert und erprobt. Am Abend des 28. November 1814 sollte der erste Auflagendruck erfolgen. Die Drucker im Pressensaal der Zeitung bekamen den Auftrag, mit dem Einheben der Formen zu warten, weil noch wichtige Nachrichten vom Kontinent ausstünden. Unterdessen liefen im Nebengebäude Koenigs Doppelmaschinen an. Sie druckten die „Times“ vom 29. November innerhalb weniger Stunden aus – schneller und präziser denn je. Bevor die Drucker im Pressensaal wußten, wie ihnen geschah, war die Zeitung fertig. Der befürchtete Maschinensturm, die Palastrevolution, blieb indessen aus. Da Walter auch den Druckern, die nun nicht mehr gebraucht wurden, eine Weiterzahlung ihrer Bezüge bis zum Antritt eines neuen Arbeitsplatzes zusagte, legte sich die Aufregung schnell. Da die Auflage der „Times“ durch das neue Druckverfahren anstieg, brauchten schließlich nur acht Drucker einen anderen Arbeitsplatz zu suchen.
In einem Leitartikel in der ersten Nummer aus Koenigs Schnellpresse feierte die „Times“ das Ereignis: „Unsere heutige Zeitung führt dem Publikum das praktische Resultat der größten Verbesserung vor, welche die Buchdruckerkunst seit ihrer Erfindung erfahren hat. Der Leser dieses Satzes hält jetzt einen der vielen tausend Abdrucke der ‚Times‘ in der Hand, die in der verflossenen Nacht vermittels eines mechanischen Apparates hergestellt worden sind. Ein Maschinensystem, von dem man fast glauben könnte, es besitze eigene innere Lebenskraft, ist erfunden und ausgeführt worden, das nicht nur den Menschen von aller schweren Arbeit beim Drucken befreit, sondern auch alle menschlichen Fähigkeiten hinsichtlich einer raschen und zuverlässigen Arbeitsweise weit übertrifft.“

Die Komplettmaschine als Krönung

Die bei der „Times“ verwendeten Doppelmaschinen hatten noch keine Vorrichtung für das automatische Papieranlegen und -auslegen. Überdies mußten die Bogen zuerst von einer Seite, dann, nach einer gewissen Trockenzeit, von der anderen Seite bedruckt werden.
Während die Fachleute Koenig als Schöpfer des neuen Systems feierten, traten schon die Nachahmer auf den Plan. Nicht zuletzt das Tun dieser Nach-Erfinder, die sich „einschlichen und eindrängten und uns von Stufe zu Stufe nachfolgten“ (Koenig), dürfte den Erfinder dazu getrieben haben, nicht erst eine Ruhepause einzulegen, sondern sofort an die Konstruktion einer noch perfekteren Schnellpresse zu gehen: an die der sogenannten Komplettmaschine, auch Schön- und Widerdruckpresse genannt.
Kennzeichen dieser Schnellpresse waren, wie das Patent von 1814 aussagt, „das Anlegen und Fortführen des Papiers, eine mechanische Vorrichtung, mittels derer der Bogen, nachdem er auf einer Seite bedruckt worden, gewendet und zur anderen Form geleitet werde, um daselbst den zweiten Druck zu empfangen, sowie endlich vervollkommnete Färbung und Druck“.
Im Gegensatz zu den bisherigen Zylinderpressen brauchte der Zylinder nun nicht mehr anzuhalten, um das Papieranlegen zu ermöglichen, sondern er rotierte ununterbrochen. Bänder führten ihm die Druckbogen in der genau berechneten, richtigen Geschwindigkeit zu und nahmen sie nach dem Bedrucken beider Seiten auch gleich mit zum Auslegetisch.
Die Farbwalzen waren nun nicht mehr mit Leder bezogen, sondern bestanden aus einer von Koenig erfundenen Gießmasse, die mit Abwandlungen bis auf unsere Tage gültig blieb.
Die Komplettmaschine schaffte in der Stunde bis zu 1000 beidseitig bedruckte Bogen. Die erste Maschine dieser Art wurde in der Druckerei von Koenigs Mitgesellschafter Bensley aufgestellt und druckte dort als erstes Werk Blumenbachs „Institutions of Physiology“. Ab 1818 stellte Bens-

ley auf ihr auch seine Zeitschrift „Literary Gazette" her.
Koenigs Maschinen hießen zunächst „Buchdruckmaschinen". Den Namen „Schnellpresse" legte ihnen einige Jahre später erst der Stuttgarter Drucker und Verleger Cotta zu. Koenigs Pressen, in den Folgejahren vielfach verbessert und abgewandelt, wurden zu Prototypen aller modernen Schnellpressen und setzten sich in der ganzen Welt durch.
Die „Times" blieb dank Koenigs Technik lange Zeit Englands größte Zeitung. Noch vor der Mitte des 19. Jahrhunderts überschritt ihre Auflage die 50000. Die zweitgrößte englische Zeitung hatte das achte Tausend um diese Zeit noch nicht erreicht.

Vom Holzstich zum Klischee

1

Trotz bahnbrechender Erfindungen auf dem Gebiet der Drucktechnik gab es im 19. Jahrhundert immer noch kein vernünftiges Verfahren für die Wiedergabe von Abbildungen in Büchern und anderen Druckwerken. Der traditionelle Holzschnitt war nicht mehr gefragt. Kupferstiche ließen sich nicht zusammen mit der Schrift drucken, sie mußten nachträglich eingeklebt oder -gebunden werden. Nicht viel anders verhielt es sich mit der Lithografie, die allmählich an Bedeutung gewann. Was fehlte, war ein Verfahren, bei dem man Abbildung und Text in einem Arbeitsgang drucken konnte. Diese Forderung erfüllte der Holzstich, den es seit Anfang des 19. Jahrhunderts gab. Ihn lösten im Ätzverfahren hergestellte „Klischees" ab, zunächst nur für Volltonabbildungen, später auch für Halbtonvorlagen einschließlich der mittlerweile aufgekommenen Fotos.

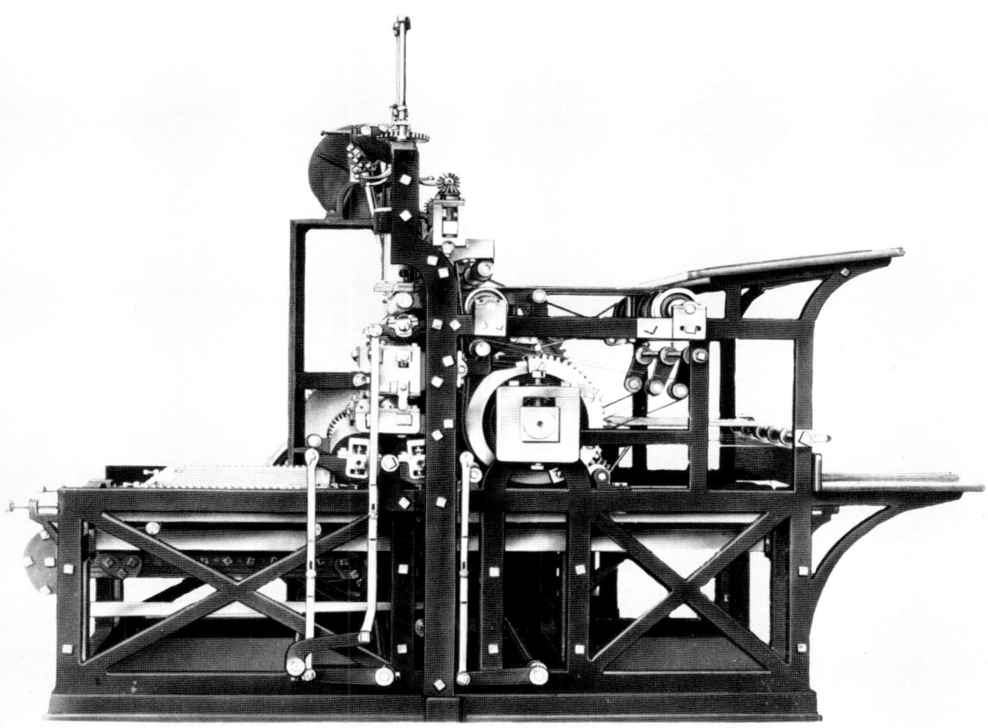

1 – Koenigs „Komplettmaschine" von 1816 ermöglichte erstmals den Druck auf beide Papierseiten in einem Arbeitsgang. Sie war also die erste Schön- und Widerdruckmaschine. Auch die automatische Bogenzuführung war neu.
2 – Mit der ersten Zweitourenmaschine von 1818 begründete Friedrich Koenig zusammen mit Andreas Friedrich Bauer praktisch die Druckmaschinenfabrik Koenig & Bauer in Oberzell bei Würzburg. Allerdings fiel den beiden Unternehmern der Erfolg nicht gleich in den Schoß. Erst nach einigen Jahren gab der Verleger Johann Friedrich Cotta ihrer Druckmaschine den Ehrennamen „Schnellpresse" 2

212 BRITISH BIRDS.

THE LESSER FAUVETTE.

PASSERINE WARBLER.

(*Motacilla paſſerina*, Lin.—*Le Paſſerinette*, Buff.)

LENGTH nearly the ſame as the laſt: Bill pale brown; upper parts of the body brown, ſlightly tinged with olive green; under parts duſky white, a little inclining to brown acroſs the breaſt; quills duſky, with pale edges; tail duſky; over each eye there is an indiſtinct whitiſh line; legs pale brown. The male and female are much alike: The eggs are of a dull white, irregularly marked with duſky and black ſpots.—This bird is alſo a mocker, but its ſong is not ſo powerful as that of the laſt.

BRITISH BIRDS. 213

THE WINTER FAUVETTE.

HEDGE WARBLER, HEDGE SPARROW, OR DUNNOCK.

(*Motacilla Modularis*, Lin.—*La Fauvette d'hiver*, Buff.)

THE length of this well-known bird is ſomewhat more than five inches: Its bill is dark; eyes hazel; its general appearance is that of a duſky brown, moſt of the feathers on the back and wings are edged with reddiſh brown; the cheeks, throat, and fore part of its neck are of a dull blueiſh aſh colour; the belly is of a dirty white; quills and tail duſky; rump greeniſh brown; ſides and thighs pale tawny brown; the legs are brown.

This bird is frequently ſeen in hedges, from whence it derives one of its names; but it has no

P 3

1

Thomas Bewick und der Holzstich

Beim normalen Holzschnitt verwendet man in der Faserrichtung geschnittenes Holz. Zarte Linien sind dabei nicht zu erreichen, die Technik ist zu grobklotzig. Bei bestimmten Holzarten erwies es sich jedoch als möglich, Flächen zu bearbeiten, die sich bei quer zur Faser geschnittenem Holz ergaben. Bei solchen Hirnholzflächen konnte man Vorlagen viel genauer wiedergeben – mit allen feinen Linien, Schraffuren und Abstufungen.
Diese Methode entwickelte der englische Holzschneider und Zeichner Thomas Bewick (1753–1828). Der herkömmliche Holzschnitt hatte zu seinen Lebzeiten einen technischen und künstlerischen Tiefpunkt erreicht. Deshalb veranstaltete die Londoner Gesellschaft der Künste einen Wettbewerb für den besten Holzschnitt. Bewick gewann den ersten Preis mit einem nach der Natur gezeichneten und in Holz geschnittenen Jagdhund.
Beim Experimentieren mit verschiedenen Holzarten stieß er auch auf das besonders dichte Buchsbaumholz. Es war das geeignete Material für den Holzstich, die Xylografie, bei dem die Holzoberfläche, ähnlich wie beim Kupferstich, mit dem Stichel bearbeitet wird und nicht mit Messern, Spitz- und Hohleisen wie beim traditionellen Holzschnitt. Wegen der beim Holzstich möglichen feinen Hell-Dunkel-Nuancierung nennt man ihn auch Tonschnitt oder -stich.
Bewick selbst gab eine Reihe von Werken heraus, die für die Vielseitigkeit des neuen Verfahrens sprachen, so eine umfassende Geschichte der Vierfüßer und ein Buch über die englische Vogelwelt, beide reichhaltig illustriert. Ganz nebenbei war Bewick auch der erste, der Fingerabdrücke als Identifizierungsverfahren verwendete. Quittungen über Bücherlieferungen seiner Druckerei „stempelte" er erstmals 1818 mit seinem Daumenabdruck.
Als künstlerische Technik wurde der Holzstich sehr schnell aktuell. Künstler wie Caspar David Friedrich, Alfred Rethel, Ludwig Richter, Adolph von Menzel und Gustave Doré erkannten die Möglichkeiten der Technik, aber auch die frühen Bildergeschichten von Wilhelm Busch wurden noch in Holz gestochen. Der (vom entwerfenden Künstler losgelöste) Beruf des Xylografen entstand. Bald gab es nichts mehr, was nicht in Holzstichform wiedergegeben wurde, von der Karikatur bis zur Gemäldereproduktion.
Der Holzstich hatte den Vorteil, daß er sich in bleigesetzte Hochdruckformen einbauen ließ. Künftig brauchte man die Seiten mit

1 – Mit der von Thomas Bewick entwickelten Holzstichtechnik war es nicht nur möglich, durch feinere Schraffuren eine bessere Hell-Dunkel-Abstufung zu erzielen als beim Holzschnitt, man konnte den Druckstock jetzt auch zusammen mit den Schriftlettern in eine Form spannen und drucken. Die „History of British Birds" von 1797 war eines der beiden ersten Werke, die Bewick in dieser neuen Technik illustrierte.
2 – Der Holzstich fand sehr rasch bei Verlegern und Publikum so großen Anklang, daß Zeitschriften wie die ab 1853 erscheinende „Gartenlaube" nicht auf ihn verzichten konnten, wollten sie Erfolg haben. „Ihr sollt's finden in unserm Blättchen, das zu alle den Dingen, die wir Euch bieten, auch noch verzierende und erklärende Abbildungen bringt von anerkannten Künstlern."
3 – Der Bedarf an Holzstichen oder Xylografien war im 19. Jahrhundert so groß, daß sich viele Verlagsdruckereien eigene „xylografische Ateliers" einrichteten (im Bild der Xylografensaal der Verlagsbuchhandlung Otto Spamer in Leipzig). Andere Druckereien ließen die Illustrationen von unabhängigen „grafischen Kunstanstalten" in Holz stechen. Die Bezeichnungen „Atelier" und „Kunstanstalt" zeigen, daß die Xylografen sich selbst soziologisch der Kunstszene zurechneten.

No. 1. 1853.

Die Gartenlaube.

Familien-Blatt. — Verantwortlicher Redakteur **Ferdinand Stolle.**

Wöchentlich ein ganzer Bogen mit Illustrationen.
Durch alle Buchhandlungen und Postämter für 10 Ngr. vierteljährlich zu beziehen.

An unsere Freunde und Leser!

Grüß Euch Gott, lieben Leute im deutschen Lande!

Zu den vielen Geschenken, die Euch der heilige Christ bescheert hat, kommen auch wir mit einer Gabe — mit einem **neuen Blättchen!** Seht's Euch an in ruhiger Stunde. Was wir wollen und bringen — das Alles können wir Euch freilich nicht im Voraus sagen und aus der ersten Nummer werdet Ihr's auch nicht ganz ersehen können; wir hoffen indeß, es soll Euch gefallen.

Wenn Ihr im Kreise Eurer Lieben die langen Winterabende am traulichen Ofen sitzt oder im Frühlinge, wenn vom Apfelbaume die weiß und rothen Blüthen fallen, mit einigen Freunden in der schattigen Laube — dann leset unsere Schrift. Ein Blatt soll's werden für's Haus und für die Familie, ein Buch für Groß und Klein, für Jeden, dem ein warmes Herz an den Rippen pocht, der noch Lust hat am Guten und Edlen! Fern von aller raisonnirenden Politik und allem Meinungsstreit in Religions- und andern Sachen, wollen wir Euch in wahrhaft guten Erzählungen einführen in die Geschichte des Menschenherzens und der Völker, in die Kämpfe menschlicher Leidenschaften und vergangener Zeiten.

Dann wollen wir hinauswandern an der Hand eines kundigen Führers in die Werkstätten des menschlichen Wissens, in die freie Natur, zu den Sternen des Himmels, zu den Blumen des Gartens, in die Wälder und in die Eingeweide der Erde, und dann sollt Ihr hören von den schönen Geheimnissen der Natur, von dem künstlichen Bau des Menschen und seiner Organe, von Allem, was da lebt und schwebt und kreucht und schleicht, was Ihr täglich seht und doch nicht kennt. Und was außerdem noch von Interesse ist im Thun und Treiben der Menschen — Ihr sollt's finden in unserm Blättchen, das zu alle den Dingen, die wir Euch bieten, auch noch verzierende und erklärende **Abbildungen** bringt von anerkannten Künstlern.

So wollen wir Euch unterhalten und unterhaltend belehren. Ueber das Ganze aber soll der Hauch der Poesie schweben wie der Duft auf der blühenden Blume und es soll Euch anheimeln in unsrer Gartenlaube, in der Ihr gut-deutsche Gemüthlichkeit findet, die zu Herzen spricht.

So probirt's denn mit uns und damit Gott befohlen!

Ferdin. Stolle, Redakteur. **Ernst Keil,** Verleger.

Die **Gartenlaube** erscheint wöchentlich mit vielen **Illustrationen** und kostet vierteljährlich nur 10 Ngr. Alle Buchhandlungen und Postämter nehmen Bestellungen an.

Leipzig, Ende December 1852.

Die Verlagshandlung.

2

den Abbildungen nicht mehr einzukleben. Es wurde in einem Arbeitsgang gedruckt. Zeitschriften wie die vielgerühmte und vielbelästerte „Gartenlaube" verdankten der Holzstichillustration einen großen Teil ihrer Beliebtheit. Das ab 1853 erscheinende Blatt erreichte schon 1875 eine Auflage von 382000 Exemplaren und ließ damit alle anderen Druckerzeugnisse weit hinter sich.
Auch die Vorläufer der Illustrierten von heute bebilderten ihre Seiten mit Holzstichen, so die ab 1843 von J. J. Weber in Leipzig unter dem Titel „Illustrirte Zeitung" herausgegebene erste aktuelle illustrierte Zeitschrift, die bis 1944 erschien. Auf ihren Spuren wandelte die später noch viel berühmtere und erfolgreichere „Berliner Illustrirte Zeitung", die 1890 gegründet wurde und 1894 an Ullstein in Berlin überging. Da sie in ihrer Anfangszeit nur eine

3

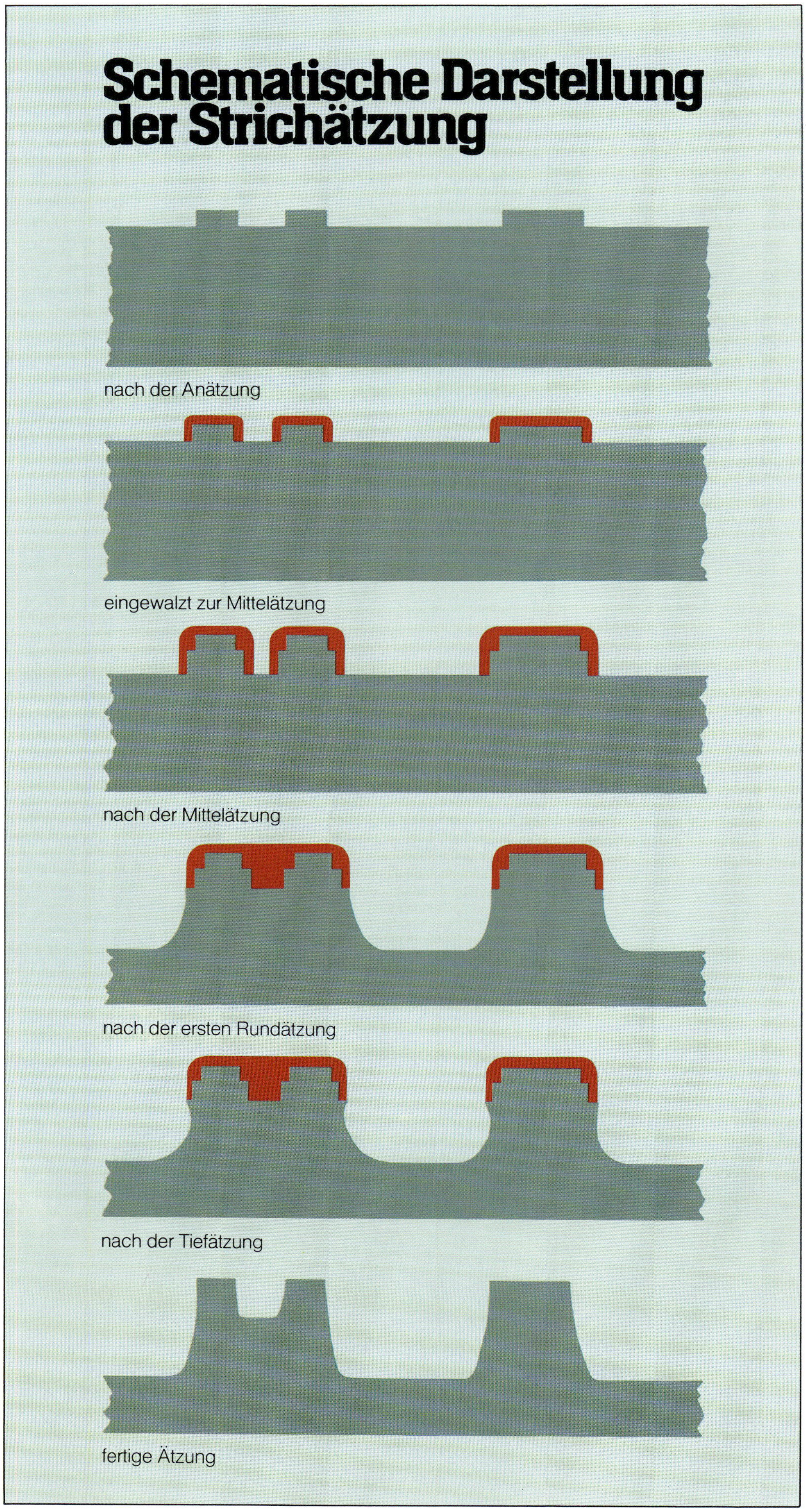

1

geringe Auflage und deshalb wenig Geld in der Kasse hatte, Holzstiche jedoch einen hohen Kostenaufwand verlangten, besorgte sich die Redaktion die meisten Stiche von anderen in- und ausländischen Verlagen, bis sie es sich endlich leisten konnte, eigene Holzstecher zu finanzieren. Immerhin kostete der Quadratzentimeter Holzstich etwa fünfzig Pfennig und verlangte außerdem noch ein umständliches und zeitraubendes Herstellungsverfahren. Die ersten brauchbaren Autotypien dagegen waren schon für zwölf Pfennig je Quadratzentimeter zu haben.

Die Erfindung der Strichätzung

Der Schrei der Buch- und Zeitschriftenmacher nach einem neuen Bilderdruckverfahren rief nicht nur die Holzstecher auf den Plan, sondern bald auch die mit chemischen Verfahren arbeitenden Erfinder. Ätztechniken waren schon bekannt – warum sollte man sie nicht für die Herstellung von Metalldruckformen verwenden? Entscheidende Impulse gingen vor allem von der Radierung aus, die ja ebenfalls geätzt wurde. Allerdings kam sie als Tiefdruckverfahren nicht für den klassischen Buchdruck in Frage.
Erfunden werden mußte also eine Methode des „Hochätzens", bei der alles stehenblieb, was drucken sollte, und alles weggeätzt wurde, was nicht zur Abbildung gehörte. Die stehenbleibenden Bildteile mußten dabei allerdings mindestens so hoch über die Unterlage emporragen wie die Drucktypenoberflächen über die Typenklötze. In *einem* Ätzvorgang war das nicht zu erreichen, denn beim Tieferätzen drang die Säure auch in die Flanken der druckenden Teile ein und fraß den Unterbau weg.
Das Problem wurde gelöst mit einem auf mehrere Arbeitsgänge verteilten Ätzvorgang. Zwischendurch wurde immer wieder Asphaltmasse aufgewalzt, die die Flanken ebenso wie die Oberflächen schützte. Die Zeichnung wurde zunächst unmittelbar auf die beschichtete Platte aufgebracht. Später gab es Umdruckverfahren nach dem Abklatschsystem, noch später setzten sich fotomechanische Verfahren durch.
Als Material wurde zuerst Kupfer verwendet, dann ging man zu Zinkplatten über, weswegen dieses Verfahren auch Zinkografie genannt wurde. Heute spricht man von einer Strichätzung, weil nur schwarz drukkende Bildteile wiedergegeben werden können, also nicht etwa auch Halbtöne.
Flachdruck-Zinkplatten ätzte u.a. Eberhard im Jahre 1815 für die Steindruckpresse. Die ersten Hochätzungen stammten von Blasius Hoefel und wurden 1840 in Wien

entwickelt. 1850 verbesserte Gillot in Paris das Verfahren, nach ihm auch Gillotage genannt. Etwa um die gleiche Zeit arbeitete der Däne Piil an einer verwandten, aber bedeutend komplizierteren Technik, der Chemitypie. Dabei wurde die Zeichnung erst nach dem Radierverfahren eingeätzt, dann mit Lötmetall aufgefüllt und abgeschliffen. Nun konnte Piil rings um die aufgefüllten Stellen wegätzen. Er machte also aus einer Tief- eine Hochdruckform. Das Hoefel-Gillot-Verfahren lief der Chemitypie aber bald den Rang ab.

Die Rasterätzung oder Autotypie

Mit der Strichätzung konnte man um die Mitte des 19. Jahrhunderts alle Vorlagen im Hochdruckverfahren wiedergeben, die aus schwarzen Linien oder Flächen bestanden. Graue Töne aller Schattierungen waren jedoch nicht möglich. Deshalb blieben die Drucker auch beim Holzstich und nahmen es in Kauf, daß man jedes Original erst auf Holz „umstechen" mußte, wobei es an Originalität verlor. Und echte Halbtöne waren natürlich auch nicht möglich, man mußte sich mit unterschiedlich dichten oder weiten Schraffuren behelfen. Alles andere hing von der Qualität des Xylografen ab.
Mit geätzten Metallplatten konnte man nur drucken, wenn die Halbtöne der Vorlage in einzelne Punkte aufgelöst wurden – größere für dunkle Stellen, dünnere für mittelgraue, noch dünnere für hellgraue, gar keine Punkte für weiße Bildstellen. Das war nur nach einem fotografischen Verfahren möglich, und zwar brauchte man für die Zerlegung einen Raster. Er war zu erzeugen, indem man zwischen Objektiv und Aufnahmeplatte eine Glasplatte mit eingravier-

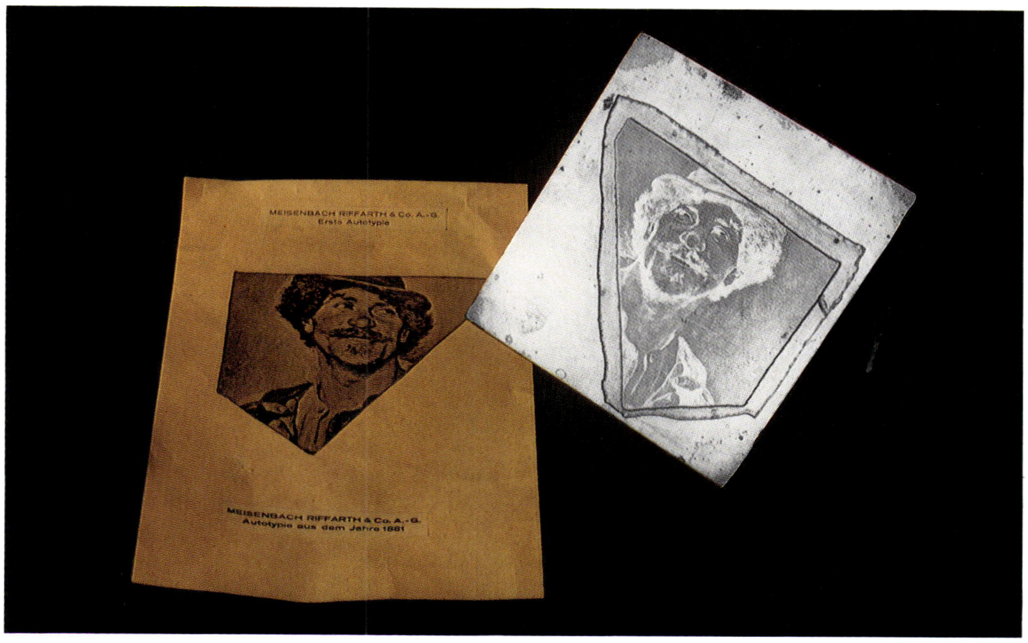

2

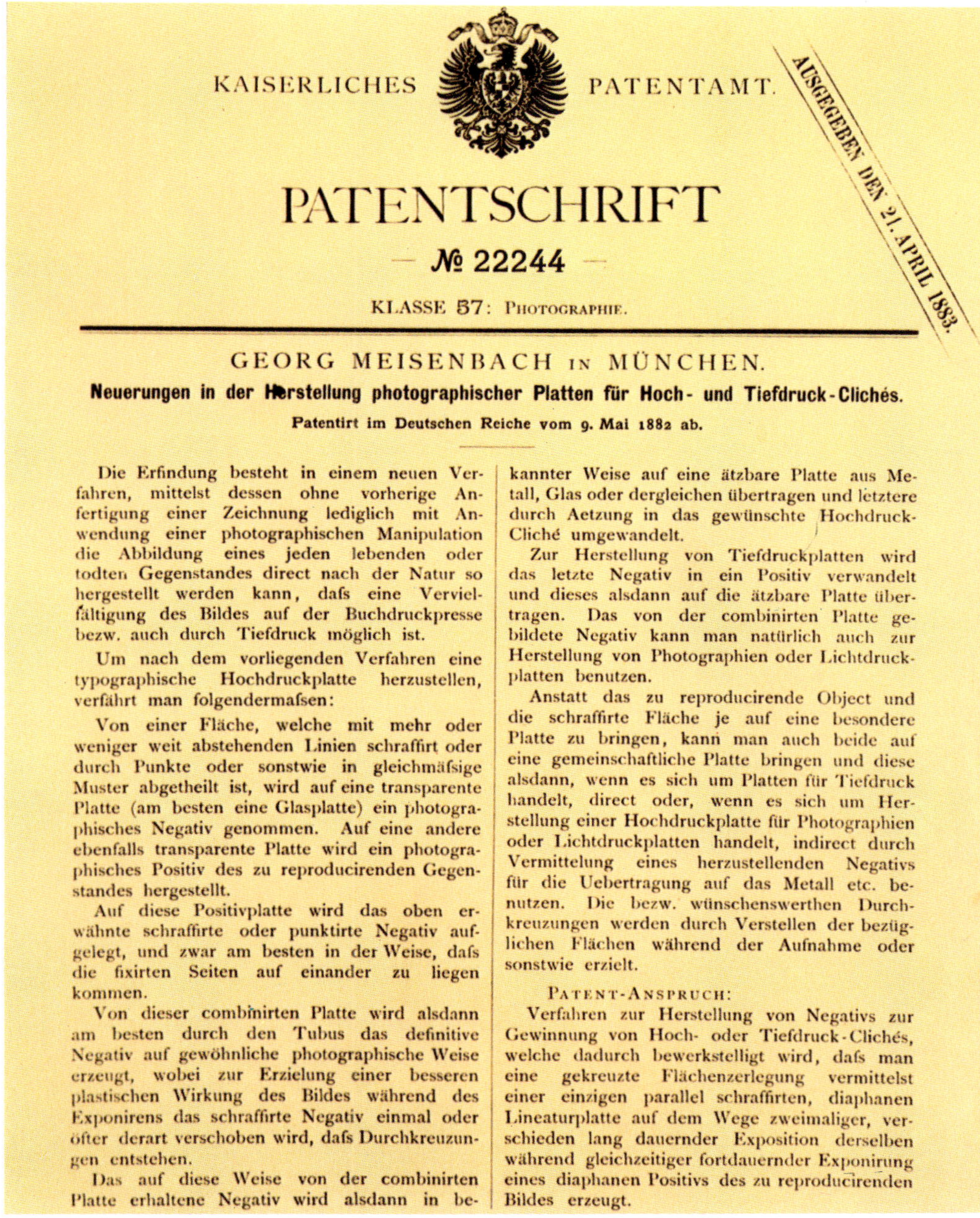

KAISERLICHES PATENTAMT.

AUSGEGEBEN DEN 21. APRIL 1883.

PATENTSCHRIFT

— № 22244 —

KLASSE 57: PHOTOGRAPHIE.

GEORG MEISENBACH IN MÜNCHEN.

Neuerungen in der Herstellung photographischer Platten für Hoch- und Tiefdruck-Clichés.

Patentirt im Deutschen Reiche vom 9. Mai 1882 ab.

Die Erfindung besteht in einem neuen Verfahren, mittelst dessen ohne vorherige Anfertigung einer Zeichnung lediglich mit Anwendung einer photographischen Manipulation die Abbildung eines jeden lebenden oder todten Gegenstandes direct nach der Natur so hergestellt werden kann, dafs eine Vervielfältigung des Bildes auf der Buchdruckpresse bezw. auch durch Tiefdruck möglich ist.

Um nach dem vorliegenden Verfahren eine typographische Hochdruckplatte herzustellen, verfährt man folgendermafsen:

Von einer Fläche, welche mit mehr oder weniger weit abstehenden Linien schraffirt oder durch Punkte oder sonstwie in gleichmäfsige Muster abgetheilt ist, wird auf eine transparente Platte (am besten eine Glasplatte) ein photographisches Negativ genommen. Auf eine andere ebenfalls transparente Platte wird ein photographisches Positiv des zu reproducirenden Gegenstandes hergestellt.

Auf diese Positivplatte wird das oben erwähnte schraffirte oder punktirte Negativ aufgelegt, und zwar am besten in der Weise, dafs die fixirten Seiten auf einander zu liegen kommen.

Von dieser combinirten Platte wird alsdann am besten durch den Tubus das definitive Negativ auf gewöhnliche photographische Weise erzeugt, wobei zur Erzielung einer besseren plastischen Wirkung des Bildes während des Exponirens das schraffirte Negativ einmal oder öfter derart verschoben wird, dafs Durchkreuzungen entstehen.

Das auf diese Weise von der combinirten Platte erhaltene Negativ wird alsdann in bekannter Weise auf eine ätzbare Platte aus Metall, Glas oder dergleichen übertragen und letztere durch Aetzung in das gewünschte Hochdruck-Cliché umgewandelt.

Zur Herstellung von Tiefdruckplatten wird das letzte Negativ in ein Positiv verwandelt und dieses alsdann auf die ätzbare Platte übertragen. Das von der combinirten Platte gebildete Negativ kann man natürlich auch zur Herstellung von Photographien oder Lichtdruckplatten benutzen.

Anstatt das zu reproducirende Object und die schraffirte Fläche je auf eine besondere Platte zu bringen, kann man auch beide auf eine gemeinschaftliche Platte bringen und diese alsdann, wenn es sich um Platten für Tiefdruck handelt, direct oder, wenn es sich um Herstellung einer Hochdruckplatte für Photographien oder Lichtdruckplatten handelt, indirect durch Vermittelung eines herzustellenden Negativs für die Uebertragung auf das Metall etc. benutzen. Die bezw. wünschenswerthen Durchkreuzungen werden durch Verstellen der bezüglichen Flächen während der Aufnahme oder sonstwie erzielt.

PATENT-ANSPRUCH:

Verfahren zur Herstellung von Negativs zur Gewinnung von Hoch- oder Tiefdruck-Clichés, welche dadurch bewerkstelligt wird, dafs man eine gekreuzte Flächenzerlegung vermittelst einer einzigen parallel schraffirten, diaphanen Lineaturplatte auf dem Wege zweimaliger, verschieden lang dauernder Exposition derselben während gleichzeitiger fortdauernder Exponirung eines diaphanen Positivs des zu reproducirenden Bildes erzeugt.

3

1 – Seit Mitte des 19. Jahrhunderts war es möglich, Metallplatten stufenweise so tief zu ätzen, daß die stehengebliebenen Teile eine Zeichnung aus Flächen und Strichen im Buch- oder Hochdruck wiedergeben.
2–3 – Um nicht nur wie bei der Strichätzung reine Schwarzweißstrukturen drucken zu können, sondern auch übergangslos alle Tonwerte zwischen Schwarz und Weiß, zerlegte Georg Meisenbach vor rund hundert Jahren die Halbtonvorlage durch einen Kreuzlinienraster in viele Punkte unterschiedlicher Größe bei gleichem Abstand ihrer Mittelpunkte und übertrug sie fotochemisch auf eine Zinkplatte. Durch diesen optischen Trick überlistete er das menschliche Auge, das so viele kleinste Punkte als Fläche wahrnimmt. Seine erste Rasterätzung, ein Männerporträt, ist erhalten.

ten gekreuzten Linien schob. Nach diesem Netzraster wird die Autotypie auch als Netzätzung bezeichnet. Da inzwischen auch andere Rasterformen eingeführt wurden (z.B. Kornraster), bezeichnet man diesen Arbeitsbereich der Reprotechnik als Rasterätzung.
Die dank Rasterung in unzählige Einzelpunkte (bis zu 10000 je Quadratzentimeter) zerlegte Abbildung wird vom Auge wieder „zusammengesetzt"; es sieht ein Bild in unterschiedlichen Grauwerten. Nach dem Autotypieverfahren werden auch farbige Abbildungen gedruckt. Für jede Grundfarbe wird dabei ein eigener Farbauszug geätzt.
Der Erfinder des gläsernen Netzrasters war der aus Nürnberg stammende Kupferstecher Georg Meisenbach (1841–1912). Zusammen mit seinem Geschäftspartner Joseph Ritter von Schmaedel, einem 1810 in Regensburg geborenen Architekten und Schriftsteller, entwickelte er die Autotypie zur Anwendungsreife. Meisenbach und Schmaedel waren Gründer einer „Zinkographischen Ätzanstalt" in München, die später mit der Kunstanstalt Riffarth & Co. in Berlin zu einem Spezialbetrieb für die Herstellung von Autotypien und anderen Druckvorlagen zusammengelegt wurde. Das Unternehmen, so der Brockhaus von 1898, „hat elektrische Beleuchtung, Dampfbetrieb und stellt jährlich etwa 20000 Buchdruckclichés her".
Meisenbach meldete sein Verfahren 1881 zum Patent an. Etwa um dieselbe Zeit arbeitete der Amerikaner Frederick E. Ives ebenfalls an einem chemigrafischen Verfahren zur Wiedergabe von Halbtönen. Schon 1880 erschien in einer amerikanischen Zeitung, „New York Daily Graphic", das erste von einer Fotografie hergestellte Halbtonbild, die Darstellung eines schäbigen New Yorker Vorstadtviertels. Das dazugehörige Klischee war allerdings noch nicht nach dem Kreuzrasterverfahren hergestellt, sondern nach einer verhältnismäßig groben Linienauflösungstechnik mit, je nach Grauwert, dünneren oder stärkeren senkrechten Linien.
Raster- oder auch Strichätzungen kann man längst auch auf Kunststoffplatten ausführen. In die Druckvorlage für ein Buch oder eine Zeitung eingebaute Ätzungen können ohne weiteres stereotypiert werden (siehe unten). Heute muß bei der Herstellung von Autotypien nicht mehr unbedingt Säure im Spiel sein. Seit 1950 gibt es den von Rudolf Hell (geboren 1901) entwickelten und von dem nachrichtentechnischen Unternehmen Dr.-Ing. Rudolf Hell in Kiel verwirklichten Klischographen, ein elektronisch gesteuertes Graviergerät, das Halbtonvorlagen unmittelbar (und sehr schnell) in Metallfolien graviert. Sie werden vor allem im Zeitungsdruck verwendet. Mit Rasterverfahren anderer Art arbeiten im übrigen auch die beiden anderen wichtigsten Drucktechniken, der Offsetdruck und der Rakel-Kupfertiefdruck, von denen weiter unten die Rede ist.

Der Druck von Druckplatten

Gutenbergs bewegliche Lettern hatten den Vorteil, daß der Satz nach Vollendung des Drucks auseinandergenommen und die Einzelbuchstaben für neue Druckarbeiten verwendet werden konnten – beliebig oft. Solange an einem Werk, etwa einem größeren Buch, gearbeitet wurde, war das Schriftmaterial allerdings blockiert für andere Zwecke. Das wirkte sich vor allem bei Werken, die immer wieder nachgedruckt werden mußten, nachteilig aus. Deren Satz war möglicherweise jahrelang aufzubewahren, was viel Platz kostete. Außerdem konnte es durch Unachtsamkeit vorkommen, daß Teile davon auseinanderfielen und neu gesetzt werden mußten. Und schließlich nutzten sich die Lettern bei hohen Auflagen ziemlich schnell ab.
Es gab deshalb schon im 18. Jahrhundert Versuche, vom Originalsatz druckfähige Duplikate herzustellen, zunächst in der Form von Bleiabgüssen. Waren sie hergestellt, konnte der Originalsatz zerlegt, konnten die Lettern anderweitig verwendet werden. Den Bleiabgüssen (Stereotypplatten) folgten im 19. Jahrhundert die auf galvanischem Weg hergestellten Duplikate. „Stereos" und „Galvanos" schufen die Voraussetzungen für den Bau noch schnellerer Druckmaschinen, der Rotationsmaschinen.

Die Erfindung der Stereotypie

Wann genau die ersten Stereotypplatten angefertigt wurden, läßt sich nicht mehr feststellen. Das Verfahren war einfach und einleuchtend. Von den zum Druck hergerichteten Satzformen wurde ein Abdruck oder Abguß gemacht, Mater genannt. Diese Mater brauchte nur mit Blei ausgegossen zu werden – fertig war das Stereo.
1739 erfand der Edinburgher Goldschmid William Ged ein Verfahren, bei dem die Mater aus Gips bestand. Der Pariser Schriftgießer Firmin Didot (1764–1836) setzte diese Versuche fort. Sein Mitarbeiter Louis Etienne Héran probierte es mit Kupfermatern, von denen er Bleiabgüsse anfertigte. Charles Stanhope, Schöpfer der ersten Ganzmetall-Druckpresse, kehrte zum Gipsverfahren zurück.
Bei diesem Verfahren spannt man die Satzform in einen eisernen Rahmen ein. Nach dem Ölen der Oberfläche wird Gipsbrei aufgegossen und mit der Bürste oder dem Pinsel in alle Vertiefungen gedrückt. Die erstarrte, abgehobene und getrocknete Gipsmater kommt in eine verschließbare Pfanne mit eisernem Boden, Bildfläche nach unten. Zwischen Eisenboden und Druckbild ist Platz für das Blei, und zwar genau in der für den Druck nötigen Plattenstärke. Die Pfanne hat an allen vier Ecken Einlauföffnungen für das Blei. Die durch Bügel fest verschlossene Pfanne wird nun in einen Kessel mit flüssigem Blei getaucht. Dabei läuft die Gießform voll.
Es gab noch einige andere Möglichkeiten, den Guß auszuführen. Ziemlich umständlich waren sie alle. Nicht immer entsprach das Ergebnis dem Aufwand. Besonders bei zarten Schriften kam es zu Gußlöchern und Ausbrüchen. Friedrich Unger (1753 bis 1804), Berliner Buchdrucker und Schriftgießer, zudem Professor der Holzschneidekunst, faßte die Meinung seiner Fachkollegen zusammen:
„Als die Stereotypie zuerst entstanden und mir solches von Firmin Didot in Paris mitgeteilt wurde, fand ich diese Erfindung zwar sehr sinnreich, aber wegen der mannigfaltigen Vorrichtungen äußerst kostbar – die Folge zeigte, daß ich recht hatte. Der so wohlhabende Didot gab die ganze Sache auf, weil er dabei nicht bestehen konnte. Wie ich nachher erfuhr, hat sich Didots Gehilfe mit dem in Paris lebenden Grafen von Schlabrendorf verbunden, der das Institut allein aus seinem Vermögen erhält, ohne das Mindeste zu gewinnen." Es wurden mit Hilfe der Gipsstereotypie zwar einige Bücher gedruckt, dann verschwand das Verfahren aber wieder in der Versenkung.

Die ersten Reproduktionskameras unterschieden sich äußerlich kaum von fotografischen Atelierkameras (1 ein Modell von etwa 1910). Reprokameras für größere Vorlagen erreichten bald raumfüllende Ausmaße (2 eine Horizontalkamera Baujahr 1926). Bei den modernsten Farbreprokameras mit integrierter Beleuchtungseinrichtung können Farbauszugfilterung und Belichtung elektronisch gesteuert werden (3 Autovertikal T-Super M4 mit Steuersystem Progacolor, wie die beiden historischen Geräte von der Firma Klimsch & Co).

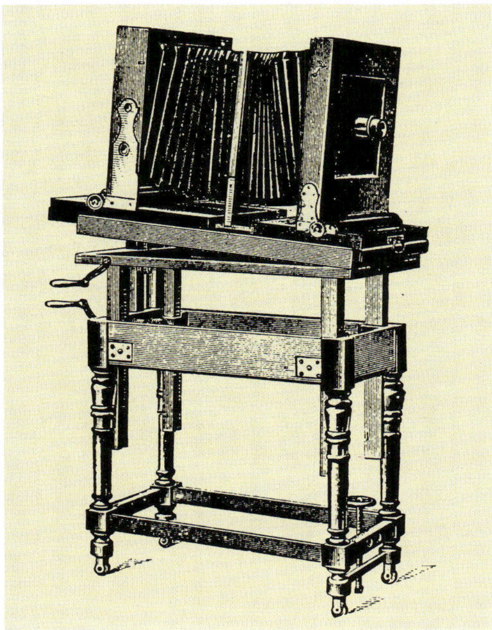

1

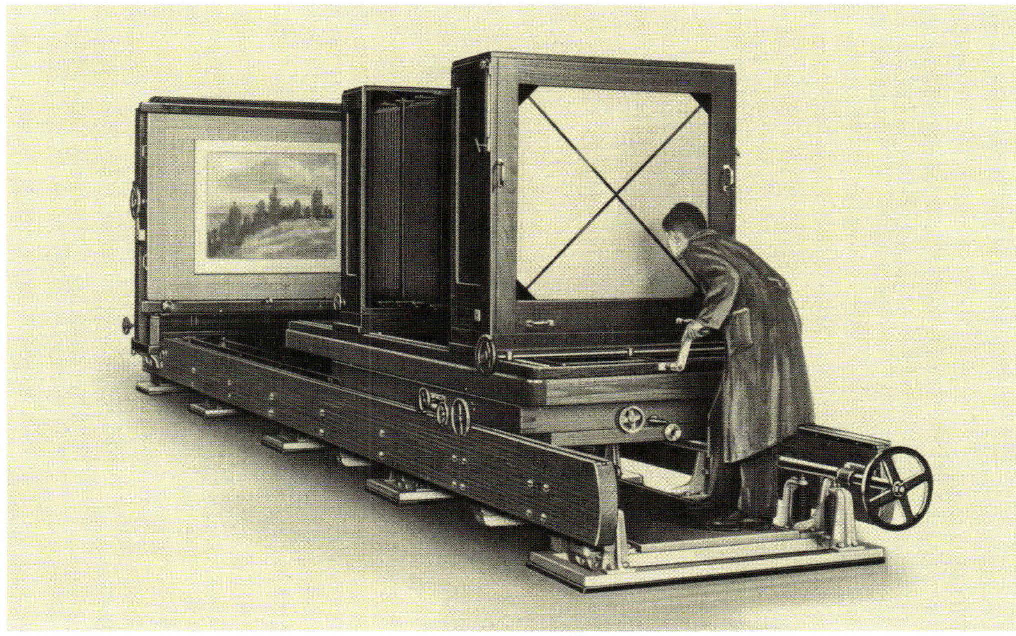

2

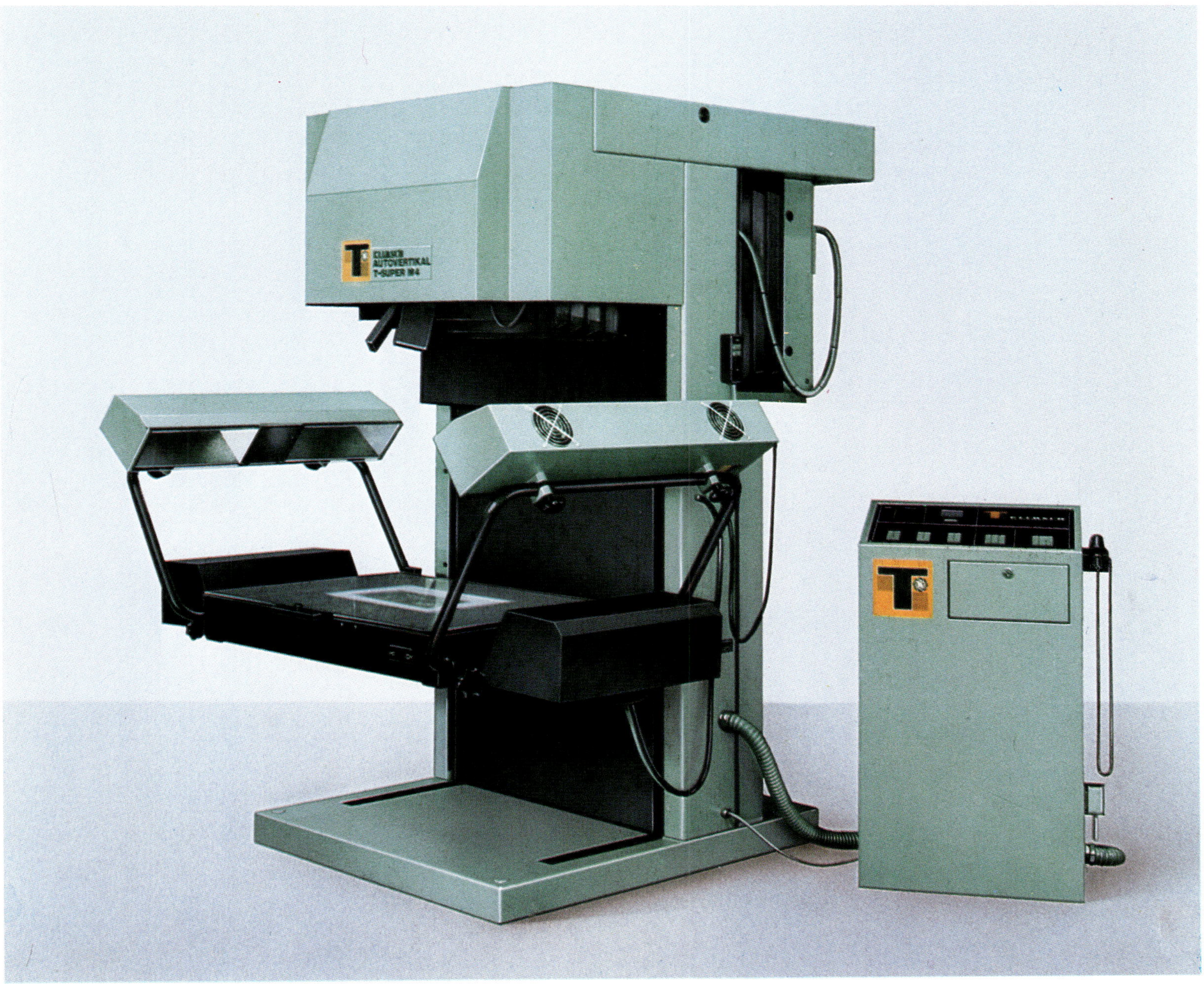

3

1

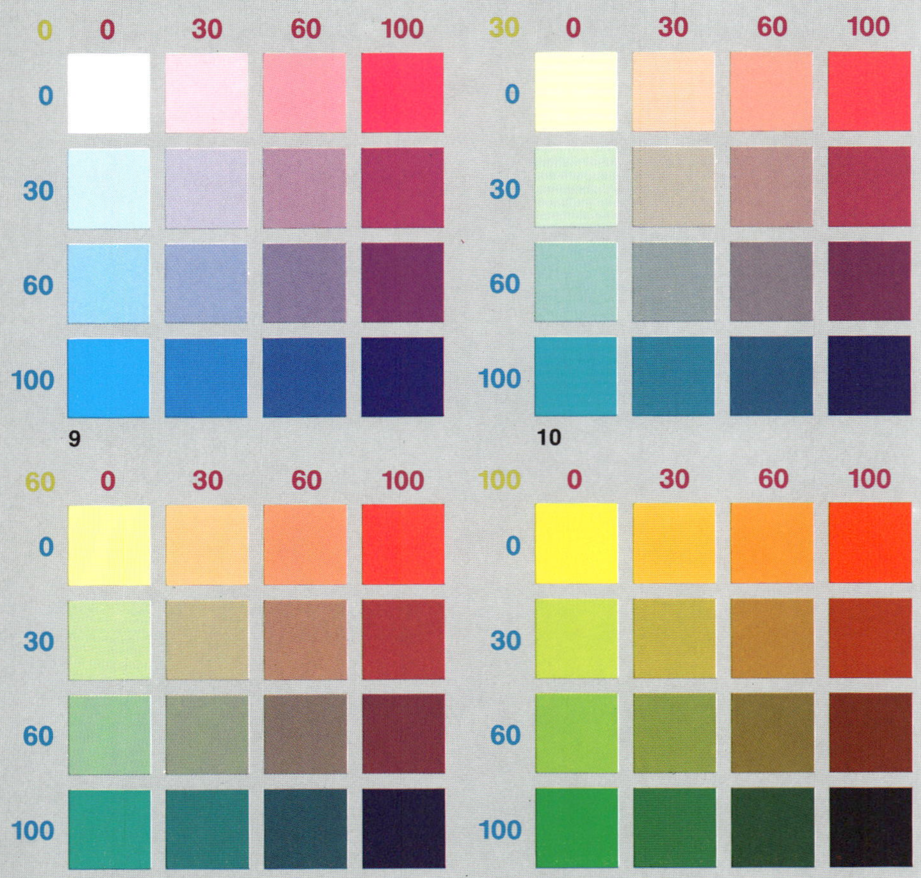

9 10 11 12

Für die farbige Reproduktion wird die Vorlage (1) – entweder ein Farbdiapositiv oder ein Aufsichtsbild – nicht nur in viele einzelne Punkte aufgelöst, sondern ihre Farbanteile werden auch durch Zwischenschalten von Filtern in den Komplementärfarben „sortiert" in die Grundfarben Cyan (2, ein genau definierter Blauton), Magenta (3, ein Purpurton) und Gelb (5). Die Farbskala 2–6 zeigt, wie durch Zusammendrucken der Farben Cyan und Magenta (4) und Hinzufügen von Gelb (6) die natürliche Farbgebung erreicht wird. Um der Reproduktion die nötige Plastik und Tiefe zu geben, wird sie durch eine – für sich allein flau aussehende – Schwarzrasteraufnahme vervollkommnet. Wie durch mehr oder weniger starke Anteile der drei Grundfarben weitgehend alle in der Natur vorkommenden Farbnuancen nachgedruckt werden können, deuten die 64 Felder der vereinfachten Farbmischtafel an. Die Felder des Blocks 9 enthalten kein Gelb, Block 10 hat 30% Gelb, Block 11 60% und Block 12 100%, also vollflächiges Gelb. Innerhalb der Blocks sind die vier Felder der linken Reihe ohne Magenta, die der zweiten Reihe mit 30%, die der dritten mit 60% und die der rechten Reihe mit 100% Magenta gedruckt. Ebenso nimmt der Anteil des Cyan in jedem Block von oben 0% über 30% und 60% bis unten 100% zu. Bei der Reproduktion werden durch Rasterung und Filterung jedoch alle Zwischennuancen übergangslos erzielt. Im Druck der fertigen Reproduktion (13) zeigt die zehnfache Vergrößerung des Ausschnitts, wie die verschieden großen farbigen und schwarzen Rasterpunkte nebeneinanderliegen.

2 3 4 5 6 7 8

Der Übergang zur Papiermatrize

1829 erfand der französische Schriftsetzer Claude Genoux in Lyon die Papierstereotypie. Sie brachte den Durchbruch. Genoux entwickelte eine Spezialpappe aus Seidenpapier, Karton, Kleister und Gipspulver. Diese Pappe wurde auf die Satzform gelegt und unter hohen Druck gesetzt. Dabei prägten sich die Buchstaben in die Pappe ein. Die in einen Gießapparat eingespannte Pappe konnte ohne große Schwierigkeiten mit Blei ausgegossen werden, und zwar in jeder beliebigen Stärke.
Die Stereos mußten also nicht unbedingt Schrifthöhe haben, es genügte, sie etwa fünf Millimeter dick zu gießen. Bei der Verwendung zum Druck konnte man diese Stereos schrifthoch hintergießen oder auf „Schuhe" aus Bleiklötzen montieren. Weil sich die Pappmatern leicht biegen ließen, konnte man mit ihrer Hilfe auch Rundplatten gießen, wie sie später für die Rotationsmaschinen gebraucht wurden.
Genoux verkaufte sein Patent von 1829 an seinen Prinzipal Rusaud, von dem es an Pelagaud überging. 1834 erwarb der Münchner Buchdrucker Georg Jacquet, Besitzer der Hofdruckerei, das Verfahren. Obwohl er sich sehr darum bemühte, anderen Druckern sein Materngeheimnis zu verkaufen, hatte er lange keinen Erfolg damit. Den entscheidenden Anstoß gab, wie bei der Schnellpresse, auch in diesem Fall die „Times" in London. Sie verwendete während des Krimkrieges (1853–1856) erstmals Papiermatern zum Druck der Zeitung. Der erste deutsche Verlag, der in großem Umfang von Stereos nach Papiermatern druckte, war Tauchnitz in Leipzig bei seiner berühmten Tauchnitz-Edition, die es sich zum Ziel gesetzt hatte, englische und amerikanische Autoren in der Originalsprache in Deutschland bekanntzumachen.
Im 20. Jahrhundert schob sich neben der Papierstereotypie die Kunststoffstereotypie in den Vordergrund, die mit kunststoffgetränktem Zellstoffkarton arbeitet. Das Stereo besteht ebenfalls aus Kunststoff. Auf das schwere und aufwendige Blei kann dabei also verzichtet werden. Ebenso ist es bei der drucktechnisch weniger anspruchsvollen Gummistereotypie.

Galvanoplastik – für höhere Ansprüche

Stereos waren vor allem für den Druck in höheren Auflagen gedacht. Diese Forderung erfüllten sie jedoch nur zum Teil – das Gießblei nutzte sich genauso schnell ab, wie es vordem die kostbaren Originalschriften getan hatten.
Da es kein härteres Gießmetall als Blei gab, bestand nur die Möglichkeit, die fertigen Bleistereos mit einem härteren Metallüberzug zu versehen. Die technologischen Voraussetzungen dafür hatte die Entdeckung des galvanoplastischen Effekts durch J. F. Daniell und A. de la Rive (1836) geschaffen. Die beiden Entdecker hatten beobachtet, daß sich das im Daniell-Element an einer Elektrode ausgeschiedene Kupfer als Ganzes ablösen ließ und ein genaues negatives Abbild der Elektrodenform lieferte.
Ein Jahr später machte der in Dorpat arbeitende Potsdamer Physiker Moritz Hermann von Jakobi Vorschläge zur praktischen Anwendung des Verfahrens in der Drucktechnik. Auf elektrochemischem Weg überzog er Stereos mit hauchdünnen Schichten von härterem Metall, zunächst vor allem Kupfer. Von den neuen Platten ließen sich sehr hohe Auflagen drucken. Die Druckqualität reichte allerdings nur für weniger anspruchsvolle Arbeiten aus.
Aber die Entwicklung ging weiter. Schärfere Abdrucke waren zu erzielen, wenn man die Satzform in eine dünne Wachs-, Zelluloid- oder Bleischicht abformte. Auf der leitend gemachten Matrize wurde ein Kupferniederschlag von 1/5 Millimeter Stärke erzeugt, der sich ablösen ließ. Man konnte ihn nach Verzinnung der Rückseite mit Blei hintergießen. Heute hinterfüttert man die Kupferschicht im allgemeinen mit Kunststoff.
Die auf diese Weise hergestellten Galvanos sind dem Originalschriftsatz gleichwertig. Sie bewährten sich vor allem im Buchdruck mit der Schnellpresse bis hin zur Buchdruck-Rotationsmaschine. Die nicht galvanisierten, unkomplizierter herzustellenden Stereos behaupteten dagegen vor allem im Zeitungsdruck ihren Platz, bis sie von aktuelleren Verfahren abgelöst wurden.

1 – Zur Anfertigung von Stereotypieplatten, also Abgüssen von Schriftsatz und einfachen Druckstöcken, gab es um 1900 Kombinationen wie diesen „Widder" mit Maternpresse, Schmelzkessel und Gußflasche.
2 – Da man Metallettern nur schlecht in zylindrischer Form zum Druck anordnen kann, ging Robert Hoe Mitte des 19. Jahrhunderts dazu über, Papiermatern des Satzes in einer halbrunden Form so auszugießen, daß man die Stereotypieplatten auf einen Rotationsdruckzylinder spannen konnte.
3 – An dem Galvano links erkennt man die etwa 0,2 mm dicke Kupferschicht, die mit Blei hintergossen ist. Das Galvano ist auf einen Bleischuh montiert, so daß es dieselbe Höhe wie eine Schriftletter hat. Rechts eine Letter des großen gotischen W in großem Schriftgrad.

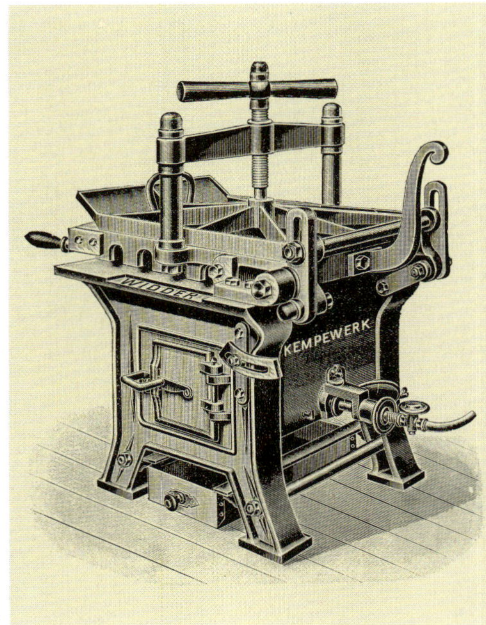

1

Das Rotationsdruckverfahren

Drei Hauptverfahren des Druckens kristallisierten sich im Lauf der Jahrhunderte heraus. Gutenberg hatte von einer flachliegenden Form mit Hilfe eines flachen Tiegels gedruckt. Das Flach/flach-Verfahren blieb auch bei den Klapptiegelpressen erhalten. Koenigs Schnellpressen verwirklichten erstmals das Flach/rund-Prinzip: Von einer flach liegenden Form nahm der runde Druckzylinder die Drucke ab. Damit konnte eine wesentlich höhere Druckgeschwindigkeit erreicht werden, die moderne Zeitungen, aktuell und schnell gedruckt, überhaupt erst möglich machte. Noch schnellere Auflagendrucke versprach das Rund/rund-Verfahren mit einer zylinderförmigen Druckform und einem ebenfalls walzenförmigen Andruckzylinder. Es wurde verwirklicht in der Rotationsdruckmaschine, die ihre volle Leistung erst erbrachte, nachdem es möglich wurde, auf endlose Papierbahnen zu drucken.

Die Vorläufer: Nicholson, Hill, Applegath

Der Gedanke, eine Rotationsmaschine zu bauen, lag um die Wende zum 19. Jahrhundert in der Luft. Es war klar, was erreicht werden mußte: eine Maschine mit je einem Zylinder für die Druckform und für das Andrücken des Papiers an diese Form. Aber die technischen Schwierigkeiten schienen einstweilen unüberwindlich zu sein.
Schon 1790 hatte sich William Nicholson in England mit der Frage befaßt, wie man Drucktypen auf einem Zylinder anbringen könne – im Kapitel über die Schnellpresse war davon die Rede. Nicholson blieb in der

2

3

Theorie stecken. Rechtwinklig gegossene Lettern konnte man nun einmal nicht auf einer gerundeten Fläche befestigen. Man hätte konisch geformte Lettern gießen müssen. Das war Nicholson klar. Aber offenbar wußte er nicht, wie man das Problem in der Praxis bewältigen sollte. Seine Überlegungen wurden von der Erfindung der Schnellpresse überrundet.

Der nächste Erfinder, der sich mit der Frage der Letternanbringung auf einem Zylinder auseinandersetzte, war der Engländer Rowland Hill (1795–1879). Der gelernte Lehrer ging durch seine Erfindung des Einheitsportos für Briefe, Voraussetzung für die Einführung der Briefmarke, in die Geschichte der Weltpost ein. 20 Jahre lang arbeitete er im Dienst der englischen Postverwaltung, zuletzt als technischer Leiter des Postwesens. Für seine Verdienste wurde er geadelt und mit einer „Nationalbelohnung" von 20000 Pfund Sterling ausgezeichnet.

Rowland Hill griff 1835 die Überlegungen Nicholsons – ob in Kenntnis von dessen Vorschlag oder nicht, ist unbekannt – wieder auf und bemühte sich, eine Druckmaschine zu konstruieren, bei der konische Lettern auf einem Zylinder befestigt werden sollten. Das Verfahren funktionierte aber nicht – wohl deshalb, weil Hill den Zylinderdurchmesser zu gering ansetzte, so daß die Drucktypen keinen Halt fanden.

Aus Hills Fehler scheint August Applegath, ebenfalls ein Brite, gelernt zu haben. Er meldete am 21. August 1846 eine neuartige Schnellpresse zum Patent an, in deren Mittelpunkt ein Zylinder mit einem Umfang von über fünf Metern stand. Auf dem Zylinder war der Schriftsatz mit Hilfe konischer Spaltenlinien und Schrauben befestigt. Zwischen den Druckformen ließ Applegath Platz für glatte Zylinderflächen für das Verreiben der Farbe.

Rings um den gigantischen Typenzylinder waren acht Druckzylinder angeordnet, dazwischen die Farb- und Reibwalzen sowie die Vorrichtungen zum Einführen des Papiers. Bei jeder Umdrehung des Typenzylinders wurden acht Bogen einseitig bedruckt. Die Stundenleistung wird mit 12000 Drucken angegeben. In London diente Applegaths Maschine bis 1862 für den Druck der fortschrittlichen „Times". Dann wurde sie durch eine Lightning Rotary Press („Blitzpresse") des Amerikaners Robert Hoe ersetzt. Zur allgemeinen Einführung der Applegath-Maschine kam es nicht.

Robert Hoe und seine Druckmaschinen

Robert Hoe, Zeitgenosse Friedrich Koenigs, war gelernter Zimmermann, hatte sich aber auf die Reparatur von Druckpressen spezialisiert. 1828 brachte er in den USA die erste Zylinderpresse Amerikas auf den Markt. Sie war der englischen Napier-Presse nachgebaut, die ihrerseits eine Verbesserung der Koenigschen Zylinderpresse darstellte – mit Patenten und fremden Rechten ging man damals sorglos um.

Unterstützt von seinem Sohn Richard (1812–1886) nahm Hoe einige Verbesserungen an der Maschine vor. So ersetzte er den einzigen Druckzylinder durch zwei. 1844 brachten die Hoes schließlich eine kombinierte Zylinderpresse heraus, die mit jeder beliebigen Zahl von Zylindern arbeiten konnte. Das war zwar ein erheblicher Fortschritt, reichte aber für Zeitungen mit hohen Auflagen auf die Dauer nicht aus. 1830 hatte die größte New Yorker Zeitung noch eine Auflage von 2000 Exemplaren täglich als sensationell betrachtet. Acht Jahre später rühmte sich die „Sun" in New York bereits einer Auflage von 38000 Stück und nannte sich die größte Zeitung der Welt. An das Durchhaltevermögen der Arbeiter an den Kurbeln, mit denen die Hoe-Zylinderpresse betätigt wurde, stellte eine so hohe Auflage erhebliche Anforderungen.

1847 kamen die Hoes dann mit ihrer ersten Rotationspresse heraus. Sie lehnte sich stark an das Applegath-Patent an, war aber besser durchkonstruiert und setzte sich deshalb auch auf dem nordamerikanischen Kontinent schnell durch. Bei der Lightning Rotary Press waren die Drucklettern in spaltenbreiten, flachen Streifen auf einem Zylinder mit fast fünf Meter Durchmesser befestigt. Die Lettern hatten Prismenform und wurden von keilförmigen Spaltenregletten festgehalten. Als erste Zeitung stellte der „Ledger" in Philadelphia eine solche Blitzpresse auf.

Später ging Hoe zur Verwendung halbrund gegossener Stereotypplatten über, was das Verfahren wesentlich vereinfachte. Aber das Papier mußte einstweilen noch von Hand eingelegt werden. Zehn Arbeiter waren in mehreren Maschinenstockwerken übereinander damit beschäftigt. Den Antrieb der Maschine besorgte nun aber schon eine Dampfmaschine von 25 Pferdestärken. „Unglaubliche Verschwendung an menschlicher und motorischer Kraft!" ereiferte sich der Verfasser eines um 1900 erschienenen Buches über neue technische Entwicklungen. „Und doch steht noch heute jeder Fachmann bewundernd vor diesem Werke, und der Denker wird dem Erfinder zubilligen, daß er eine großartige Tat vollbracht hat."

1

Die Hoe-Rotation verfügte über vier Druckwalzen, sie schaffte damit stündlich 8000 einseitig bedruckte Zeitungen. Eine Erhöhung dieser Leistung war nur durch die Vermehrung der Zylinderzahl möglich. Also bauten die Hoes eine Zehnzylindermaschine, die 30 Tonnen wog und so groß war wie ein zweistöckiges Haus. Mit dieser Mammutmaschine waren sie jedoch, wie sich bald zeigte, an die Grenze des Machbaren gestoßen. Zwar schaffte der „Superblitz" 20000 Drucke in der Stunde, aber in gleicher Relation vergrößerten sich auch die technologischen Probleme.

Hippolyte Marinonis Rotationsmaschine

Mit der Zuschreibung bestimmter Erfindungen an einen Erfinder, der Festlegung des „Erstrechts", ist es so eine Sache. Viele Länder legen Wert darauf, Heimat des Ur-Urhebers einer Idee zu sein. Wenn man in französischen Fachwerken nachliest, wird man Hippolyte Marinoni als Erfinder der Rotationsmaschine gefeiert finden.
Nichts gegen Marinoni! Er war zweifellos ein einfallsreicher Konstrukteur und Erfinder. Hippolyte Marinoni (1823–1904) wurde in einem Dorf in der Nähe von Melun geboren. Mit 12 Jahren schickte man die Halbwaise in die Lehre. Er wurde Arbeiter in einer Fabrik für Handdruckpressen. Als Selfmademan eignete er sich umfassende technische und handwerkliche Kenntnisse an. Von ihm stammt, wenn die Annalen nicht trügen, die erste Vorrichtung zum Enthülsen der Baumwolle. 1848 trat er in die Druckerei von Emile de Girardin ein. Sein Prinzipal förderte die Talente des nun 25jährigen mit allen Kräften. Marinoni arbeitete bei ihm als Konstrukteur und entwickelte eine 1866 fertiggestellte Rotationsmaschine.
Diese „Presse à réaction" (Reaktionspresse) zeichnete sich im Gegensatz zu anderen bisher bekannten Konstruktionen dadurch aus, daß der Druckzylinder ununterbrochen arbeitete. Gedruckt wurde von Stereos. Vier Arbeiter bedienten die Maschine, weitere sechs wurden für die Einlegearbeit gebraucht. Die Maschine war kompakter als die Hoe-Rotation, erbrachte aber auch keine höhere Leistung.
Marinoni avancierte in späteren Jahren zum Leiter der Zeitung „Petit Journal" und organisierte als einer der ersten die Zustellung frei Haus (bis dahin hatte es nur Straßenverkauf gegeben). 1899 brachte er noch eine Rotationsmaschine für den Mehrfarbendruck heraus. Seine Druckpressen verbreiteten sich nach mehreren Verbesserungen über die ganze Welt.

1 – Bei der Mammutrotationspresse, die der Amerikaner Robert Hoe mit seinem Sohn Richard baute, waren zehn kleinere Zylinder mit den Druckformen sternförmig um den riesigen Druckzylinder angeordnet. Mit einer Stundenleistung von 20000 einseitig bedruckten Bogen war damals technologisch die absolute Grenze erreicht. Die Bogen wurden von Hand angelegt, an jedem einzelnen Druckwerk 2000 in der Stunde.

2 – Der Franzose Hippolyte Marinoni brauchte für seine 1866 fertiggestellte Rotationspresse, die von Rundgalvanos druckte, sechs Arbeiter zum Anlegen der Bogen. Seine Maschine, kompakter als die von Hoe, brachte etwa die gleiche Stundenleistung.

Höherer Ausstoß war nur möglich mit einer Maschine, der das Papier nicht bogenweise angelegt, sondern von der „endlosen" Rolle zugeführt wird. Nach der von William Bullock konstruierten ersten Rollenrotationsmaschine für den „Ledger" in Philadelphia 1865 folgte ein Jahr später die für die Londoner „Times" gebaute, nach deren Verleger „Walter-Presse" genannte Maschine (3).

4 – Die erste Rollenrotationsmaschine in Deutschland baute die Augsburger Maschinenfabrik, heute M.A.N., und stellte sie 1873 auf der Weltausstellung in Wien vor. Die beidseitig bedruckte Papierbahn wurde innerhalb der Maschine quergeschnitten und bogenweise über Transportbänder ausgelegt. Gefalzt wurde zunächst noch außerhalb der Maschine.

2

3

William Bullock und das endlose Papier

Eingeweihten war es klar, daß die Rotationsmaschinen nur schneller und zuverlässiger werden konnten, wenn es gelang, das Einlegen der Druckbogen von Hand durch die Zuführung eines endlosen Papierbandes zu ersetzen. Mit diesem Problem hatten sich Koenig & Bauer in Würzburg schon 1832 befaßt. Nach ihrer Auffassung war der Druck von der Rolle grundsätzlich möglich. Einstweilen fehlte es aber noch an dem dafür brauchbaren Papier.

Den Anstoß dafür gab Aloys Auer (1813–1869), mit vollem Namen Aloys Ritter Auer von Welsbach, seit 1841 Direktor der Hof- und Staatsdruckerei zu Wien, die er zu einem führenden Druckereiunternehmen ausbaute. 1858 wurde Auer ein österreichisches Privileg auf die Erfindung eines endlosen, auf Rollen aufgewickelten

4

Papierbandes erteilt. Auer wollte mit diesem Papierband den Schnellpressendruck revolutionieren. Querschneider sollten unmittelbar vor dem Druck Papierbogen in gewünschter Länge vom Endlosband schneiden und mit Hilfe von Bändern den Greifern des Druckzylinders zuführen.
Der Grundgedanke war gut. Aber es lag wohl an den technischen Unzulänglichkeiten der Zeit, daß es Auer nicht gelang, seine Erfindung anwendungsreif zu machen. Die kostspieligen Experimente wurden seinen Arbeitgebern bald zu teuer. Auer verlor 1866 seinen Direktorenposten und starb drei Jahre später als 56jähriger, verbittert über das Scheitern seiner Pläne.
In den USA war mittlerweile ein anderer Erfinder dabei, die Idee der kontinuierlichen Papierzuführung bei der Rotationsmaschine zu lösen. William Bullock (1813–1867) konstruierte seine erste Rotation im Jahre 1860. Drei Jahre später wurde ihm ein Patent auf die Erfindung einer Maschine zum Verdrucken von endlosem Papier zuerkannt. 1865 lief die erste „echte" Rotationsmaschine Bullocks beim „Ledger" in Philadelphia an. Amerikanische Zeitungen feierten sie als die „einfachste und solideste Maschine, die jemals Papier bedruckt hat", und nannten sie „durch und durch amerikanisch und höchst originell".
An Bullocks Prinzip – der Erfinder selbst kam bei der Erprobung einer seiner Maschinen ums Leben – hat sich bis heute nichts geändert. Das von der Rolle laufende Papier wurde zuerst auf der Vorder-, dann auf einem zweiten Zylinder auf der Rückseite bedruckt, abgetrennt und dem Ausleger zugeführt. Die Stundenleistung lag bei 12 000 beiderseits bedruckten Bogen einer achtseitigen Zeitung.
1866 gab es auch bei der „Times" in London eine Rotationsmaschine nach neuesten Konstruktionsprinzipien, im Auftrag des „Times"-Verlegers Walter von J. C. MacDonald und J. Calverley gebaut. Nach dem Auftraggeber wurde sie „Walter-Presse" genannt. Die erste „neue" Rotation auf dem europäischen Kontinent baute Gustav Bissinger als Konstrukteur der Augsburger Maschinenfabrik, der späteren M.A.N., für die Wiener „Presse". Sie lief 1873 an. 1876 kamen auch die ersten Rotationsmaschinen von Koenig & Bauer auf den Markt. Die weitere Entwicklung führte zur Angliederung von Falzapparaten, die fix und fertig gefalzte Zeitungen ausstießen. Große Rotationsmaschinen wurden nun nach dem Baukastenprinzip gebaut, bei dem Einzeldruckwerke für je 16 Zeitungsseiten in praktisch beliebiger Zahl hintereinandergeschaltet werden konnten. Sie alle drucken gleichzeitig.

Der Druck von Zeitungen und Zeitschriften in hohen Auflagen ist ohne das Rotationsprinzip nicht mehr denkbar, ob dies noch im Hochdruck geschieht (im Bild die 1980 von M.A.N. für die Tageszeitung „L'Alsace" in Mulhouse aufgestellte Maschine) oder zunehmend für Tageszeitungen und Zeitschriften mittelhoher Auflage im Rollenoffsetdruck oder für illustrierte Massenzeitschriften im Tiefdruck. Eine moderne Hochdruckrotationsmaschine läuft 35000 bis 40000 Umdrehungen in der Stunde und wirft je nach Ausstattung bis zu 700000 gefalzte Zeitungen aus.

Neue Techniken dringen vor

Aloys Senefelder und der Steindruck

Den klassischen Druckverfahren vom Holzschnitt über Gutenbergs bewegliche Lettern bis zur Stereotypplatte der Rotationsmaschine lag stets das gleiche Grundprinzip zugrunde. Es handelte sich in allen Fällen um Hochdruckverfahren, um den eigentlichen „Buchdruck" (auch wenn mit seiner Hilfe keineswegs nur Bücher gedruckt wurden). Die einzige Ausnahme bildeten der Kupferstich und die mit ihm verwandten Techniken. Sie werden dem Tiefdruck zugerechnet, der allerdings nur für Abbildungen in Frage kam – einstweilen jedenfalls.
Die erste brandneue Drucktechnik, den Steindruck, auch Lithografie genannt, entwickelte Aloys Senefelder zu Beginn des 19. Jahrhunderts. Beim Steindruck, aus dem später der Offsetdruck hervorging, handelt es sich um ein Flachdruckverfahren – um das erste, älteste und wichtigste. Sein Geheimnis sind nicht mechanische, sondern chemische Vorgänge.

Vom Schauspieler zum Drucker

Dem Aloys Senefelder (1771–1834) war das Erfinderschicksal nicht an der Wiege gesungen worden. Sein Vater wirkte als Schauspieler. Auf einer Gastspielreise kam Aloys in Prag zur Welt. Auch er entschied sich für den Schauspielerberuf. Vor allem aber wollte er Stücke schreiben, als sich herausstellte, daß nach dem frühen Tod des Vaters kein Geld mehr für ein Studium vorhanden war. Mit dem ersten Drama, das die Nationalschaubühne in München 1792 aufführte, hatte er auch einen leidlichen Erfolg. Es hieß „Die Mädchenkenner" und basierte offenbar auf den Lebenserfahrungen des 21jährigen. Weitere Stücke folgten – mit weitaus geringerer Durchschlagskraft.
Was den jungen Aloys Senefelder aber vor allem störte, waren die hohen Kosten für die Drucklegung der Textbücher. Er dachte darüber nach, wie sich das ändern ließe. Für Drucklettern und eine Presse hatte er kein Geld – sonst wäre, wie er später bekannte, der Steindruck sicherlich nicht von ihm erfunden worden.
Die Idee, von Steinplatten zu drucken, kam nicht wie ein Blitz aus heiterem Himmel. Ganz im Gegenteil. Senefelder experimentierte lange Zeit einigermaßen planlos, bis er mehr oder weniger durch Zufall auf den richtigen Weg geriet. Seine Mutter unterstützte ihn mit Geld. Dann erbot er sich, gegen eine Zahlung von 200 Gulden als Ersatzmann für einen zum Wehrdienst herangezogenen Freund einzuspringen, um seine Finanzen aufzubessern. Daraus wurde aber nichts, weil er als gebürtiger Prager einen österreichischen Paß hatte, in Bayern also nicht Soldat werden konnte.
Aloys Senefelder experimentierte mit Kupferplatten. Er quälte sich mit einem Verfahren ab, Lettern vertieft in Stahl zu stechen und sie als Matrizen für Birnbaumholzdrucktypen zu verwenden. Er erprobte Mischungen aus Gips, Wachs und Siegellack als Rohmaterial für Drucktypen. Durch einen Zufall fiel ihm eine glatte Kalksteinplatte aus Kelheimer Plattenkalk in die Hände, die er eigentlich nur zum Farbeanreiben hatte verwenden wollen.
Plattenkalk war billiger und einfacher zu verarbeiten als Kupferblech. Also experimentierte er damit weiter und fertigte mit Hilfe von abdeckenden Tinten und scharfen Säuren Hoch- oder auch Tiefdruckformen an, die mit dem Holzschnitt verwandt waren. Wenn das Verfahren nicht funktionierte, ließ sich die Kalkplatte ohne große Umstände wieder abschleifen und ein weiteres Mal für Versuche verwenden.
Auf ähnliche Weise hatte schon einer seiner Vorgänger mit Kalkplatten zu drucken versucht, der in Miesbach amtierende Pfarrer und Professor Simon Schmid (1760–1840). Schmid waren in München Grabsteine aus Kalk aufgefallen, deren Inschriften eingeätzt worden waren. Zehn Jahre vor Senefelders entscheidender Erfindung druckte der Pfarrer für den Schulgebrauch nach dem Kalkplattenverfahren mehrere Hefte mit Abbildungen von Pflanzen, Tieren, Menschen, geometrischen Zeichnungen und Landkarten. Man hat Senefelder später vorgeworfen, er habe das Steindruckverfahren von Simon Schmid abgeguckt. Aber Schmid arbeitete mit „hochgeätzten", also dem Holzschnitt nachgebildeten Steindruckstöcken. Mit Senefelders Flachdruckverfahren hatte das nichts zu tun.

Die Erfindung der Lithografie

Nachdem Senefelder schon unzählige Versuche mit Kalkplatten hinter sich gebracht und auch die notwendigen Druckpressen zur Herstellung der Drucke selbst konstruiert hatte, sah er sich selbst in einer Sackgasse seiner Bemühungen. Ein mechanisches Druckverfahren mit Plattenkalk war schon deshalb problematisch, weil der Kalk die beim Hochdruck notwendigen Druck-

belastungen gar nicht aushielt. Die Platten bekamen Sprünge und zerbrachen.
Aber welche Möglichkeiten gab es sonst noch? Senefelder erzählte die weitere Entwicklung in seinem 1827 erschienenen „Vollständigen Lehrbuch der Steindruckerey":
„Ich hatte eben eine Steinplatte sauber abgeschliffen, um sie nachher wieder mit Ätzgrund zu überziehen und darauf meine Übungen im Verkehrtschreiben fortzusetzen, als meine Mutter von mir einen Waschzettel geschrieben haben wollte. Die Wäscherin wartete schon auf die Wäsche, es fand sich aber nicht gleich ein Stückchen Papier bei der Hand; mein eigener Vorrat war durch Probedrucke zufällig eben zu Ende gegangen, auch die gewöhnliche Schreibtinte war eingetrocknet, und da niemand, um frische Schreibmaterialien herbeizuschaffen, zu Hause war, so besann ich mich nicht lange und schrieb den Waschzettel einstweilen mit meiner vorrätigen, aus Wachs, Seife und Kienruß bestehenden Steintinte auf die abgeschliffene Steinplatte hin, um ihn, wenn frisches Papier geholt sein würde, wieder abzuschreiben.
Als ich nachher diese Schrift vom Stein wieder abwischen wollte, kam mir auf einmal der Gedanke, was denn aus so einer mit dieser Wachstinte auf Stein geschriebenen Schrift werden würde, wenn ich die Platte mit Scheidewasser ätzte, und ob sie sich nicht nach Art der Buchdrucklettern oder Holzschnitte einschwärzen und abdrucken ließe. Meine bisherige Erfahrung im Ätzen, nach welcher ich wußte, daß das Scheidewasser ebensogut nach der Breite als in die Tiefe wirkte, ließ mich zwar gleich vermuten, daß ich die Buchstaben durch das Ätzen nicht sehr beträchtlich würde erhöhen können; weil aber die Schrift ziemlich grob geschrieben war, also vom Scheidewasser nicht so geschwind unterfressen werden konnte, so machte ich mich frisch an einen Versuch."
Senefelder ätzte und wusch die Platte ab. Die Buchstaben erhoben sich nun in Kartenblattdicke über den eingeätzten Stellen. Er schwärzte die Platte ein. Nicht nur die Buchstaben, sondern auch die Zwischenräume nahmen Farbe an. Senefelder reinigte die Platte mit Seifenwasser und machte einen neuen Färbeversuch. Nun nahmen die Zwischenräume keine Farbe mehr an – nur die Buchstaben glänzten schwarz. Die Druckversuche fielen vielversprechend aus.
Es gehörte viel schöpferische Phantasie dazu, aus diesen Ansätzen ein brauchbares Druckverfahren zu entwickeln. Nach langem Experimentieren wußte Senefelder endlich, worauf es ankam. Nur die Tuschezeichnung nahm Farbe an, wenn man die Platte mit einer Lösung von angesäuertem Gummi arabicum bestrich und anschließend abwusch. Die Zwischenräume blieben dank der sauren Lösung und des Anfeuchtens farbfrei. Eine echte Tiefenätzung war dabei gar nicht notwendig.
In unseren Tagen erläutert, hören sich die Grundlagen der Lithografie folgendermaßen an (beschrieben von Rudolf Mayer): „Die in Lithografiekreide oder Tusche enthaltenen Fettsäuren bestehen aus langen Molekülketten, die von Atomgruppen mit entgegengesetzten Eigenschaften flankiert sind. Das eine Ende wird durch eine COOH-Gruppe gebildet. Es ist wasseranziehend und haftet energisch auf der Steinfläche, da diese auch in trockenem Zustand eine dünne Wasserschicht besitzt. Das andere Ende der Molekülkette mit einer CH_3-Gruppe stößt Wasser lebhaft ab und ist daher der Steinfläche abgewandt. Aufgrund einer solchen ‚Molekülbürste' sind die fettbedeckten Partien auf der Steinfläche wasserabstoßende Farbträger."
Senefelder hatte die Hintergründe seiner „chemischen Druckerey" einfacher erläutert. Er verstand nichts von Chemie. Nach seiner Überzeugung widersetzte sich „besonders eine schleimige Nässe, wie zum Beispiel die Gummiauflösung, dem Anheften der fetten Tinte".

Die Lithografie setzt sich durch

Wann genau Senefelder das Erfolgserlebnis mit der Wäscheliste hatte, ist nicht verbürgt. Er selbst gibt das Jahr 1799 an. Druckhistoriker verbesserten ihn auf Grund der Quellenlage. Wahrscheinlich fand das entscheidende Ereignis um die Jahreswende 1798/1799 statt. Wie dem auch sei, Senefelder ging mit Elan an die Arbeit, etwas aus seiner noch ein wenig spärlichen Erstbeobachtung zu machen.
In den folgenden Jahren entwickelte er praktisch alle Verfahren, die im Zusammenhang mit dem Steindruck interessant waren. Er druckte Schriften und Musiknoten, übertrug Feder- und Kreidezeichnungen auf den Stein, erfand den lithografischen Mehrfarbendruck und den Druck von Ölgemälde-Reproduktionen. Mehr noch, er baute die erste Steindruckpresse, deren Modell heute im Deutschen Museum in München steht (es war eine sogenannte Stangenpresse), experimentierte mit künstlichen Steindruckplatten und ging schließlich, seiner Zeit weit voraus, zu Zinkplatten über, die leichter zu handhaben waren als die schweren Plattenkalke aus den Steinbrüchen von Solnhofen im Altmühltal oder Painten in der Nähe von Kelheim.
Es zeigte sich, daß der Steindruck vorzüglich zum Druck von Illustrationen, Landkarten und Noten geeignet war. Im Vergleich mit dem Tiefdruck von Kupferplatten konnte man dreimal so schnell drucken. Steinplatten waren leichter zu korrigieren als Kupferplatten, außerdem kosteten sie weniger, waren mit geringeren Druckkenntnissen zu bearbeiten und verlangten beim Druckvorgang keine hohen Drücke, was sich vorteilhaft auf den Pressenbau auswirkte.
Vom Steindruck abgeleitet war das Kattundruckverfahren, das Senefelder nebenbei entwickelte. Der Erfinder versprach sich viel von seiner Methode des Stoffbedrukkens. Sein Biograf Carl Wagner schildert das Verfahren: „Nach vielen Versuchen nahm er ein Stück Kalbsleder, das er fest um eine Walze leimte. In das Leder schnitt er nach Art der Holzschneider seine Kattunmuster. Diese Walze nun befestigte er an eine zweite von gleicher Größe so, daß sich beide Walzen gerade berührten. An die zweite Walze brachte er ein Kästchen an, dem die Wand fehlte, mit der es auf der Walze auflag. Das Kästchen wurde mit Farbe gefüllt. Auf diese Weise wurde die erste Walze beständig mit Farbe versorgt, die sie auf die zweite, eigentliche Druckwalze übertrug, wodurch mehrere Streifen Kattun ohne Unterbrechung durch erneutes Auftragen von Farbe bedruckt werden konnten. Später wiederholte er diese Manipulation mit einer Steinwalze mit eingeätzten Mustern."
Noch später arbeitete die Kattundruckpresse mit einer Metallwalze. Da es Mühe machte, die endlosen Musterwiederholungen präzise auf die Walze zu übertragen, erfand Senefelder ein vereinfachtes Verfahren nach dem Schema des Pantografen oder Storchschnabels.
Leider fiel bald Reif auf die Blütenträume des Kattundrucks. Kattun kam in erster Linie aus England. Dessen Exporte wurden aber durch Napoleons Kontinentalsperre jäh gebremst, und die inländische Produktion lohnte den Aufbau einer eigenen Kattundruckerei einstweilen noch nicht.

Konkurrenz für die Buchdrucker

Aloys Senefelder war kein besonders geschickter Taktierer. Seine Ankündigungen, was er alles auf dem Wege des Steindrucks herzustellen gedenke, brachte die Buch- und Kupferdrucker auf die Barrikaden. Als beispielsweise der Augsburger Drucker Schwabel zusammen mit Senefelders Bruder Friedrich in Augsburg die Konzession für eine Steindruckerei beantragte (1813), schlossen sich alle Buchdrucker der Stadt zusammen und verlangten ihrerseits die Erteilung von Lithografiekonzessionen für jeden einzelnen von ihnen. Begründung: Das Geschäft der Buchdruckerei gerate wegen der lithografischen Konkurrenz ins Stocken und reiche bald nicht mehr hin, einen ehrlichen Mann und seine Familie zu erhalten. „Würde demnach einem auswärtigen Künstler erlaubt, sich hier niederlassen zu dürfen, so würden die wenigen Arbeiten noch mehr vertheilt und unser Elend und Armuth nur noch mehr vergrößert werden."

Daraufhin lehnte die Augsburger Polizeidirektion das Gesuch des Druckers Schwabel ab. Allgemeine Gewerbefreiheit gab es in Bayern erst einige Jahre später.

Senefelder trug es mit Fassung. Seine wichtigsten Druckereien arbeiteten in München, Offenbach am Main und Wien. Er selbst setzte bis in seine letzten Lebensjahre – er starb 1834 als 63jähriger – seine Experimente unermüdlich fort, zum großen Leidwesen seiner Frau, die an einen Bekannten schrieb: „Mit meinem Manne habe ich das Ihnen längst bewußte Kreuz, er sitzt von Früh Morgens bis Abends in der Drukkerey, und Schmiert, Druckt über, will neue Erfindungen machen, und so vergeht ein Tag um den anderen."

Der Steindruck entwickelte sich auch nach dem Tod des Erfinders schnell weiter – einerseits als künstlerische Technik, andererseits als drucktechnisches Verfahren für die praktische Anwendung. Aus den ersten Handpressen für den Steindruck gingen Schnellpressen mit zylindrischem Abdruck hervor.

Bald nach Senefelders Tod, im Jahre 1837, hatte der aus Mülhausen im Elsaß stammende Godefroy (Gottfried) Engelmann (1788–1839) ein Patent auf ein neues litho-

1

2

Aloys Senefelder wollte eigentlich ein neues, billigeres Verfahren zur Herstellung von Drucktypen entwickeln, erfand aber mit Hilfe des Zufalls und durch langes Herumprobieren das erste Flachdruckverfahren, die Lithografie oder den Steindruck. Seine Stangenpresse (1) erinnert eher an einen Galgen als an eine Druckmaschine.

2 – Schon in den ersten Jahrzehnten entwickelt sich die Lithografie zur Konkurrenz des Kupferstichs und des Stahlstichs, die auch stilistisch nachgeahmt wurden. Abgebildet ein Lithografiestein und die handkolorierte Lithografie von St. Gangolph in Mainz nach Graf Kesselstatt, Mainz um 1820.

1

2

1 – Die primitive Stangenpresse im Hintergrund wurde bald durch die lithografische Sternpresse verdrängt. In einer alten Beschreibung heißt es: „Das Drucken von Steinplatten geschieht auf einer Presse, in welcher der Stein auf einer Karre liegt, die wie bei den Buchdruckerhandpressen hin und her gekurbelt wird. Ist der Stein an der einen Stelle geschwärzt und das Papier aufgelegt, so wird ein mit Leder überspannter Rahmen darüber geschlagen, dann wird der Reiber aufgesetzt und festgelegt. Er kommt an das eine Ende des Steines zu stehen, und dieser wird so weit unter ihm fortbewegt, bis das andere Ende erreicht ist."
2 – Im Jahr 1871, dem Gründungsjahr ihrer Firma, bauen Louis Faber und Adolf Schleicher in Frankfurt a.M. ihre erste Steindruckschnellpresse, die „Albatros" mit einer Stundenleistung von 600 bis 700 Bogen im Format 54×72 bis 82×110 cm.
3 – Zu den großen Künstlern, die sich im 19. Jahrhundert der von Senefelder erfundenen Farblithografie bedienten, gehörte der Maler und Grafiker Henri de Toulouse-Lautrec (1864–1901), der um 1892 dazu überging, seine Impressionen aus der Welt des Pariser Montmartre in Lithografien darzustellen.

grafisches Farbdruckverfahren, die Chromolithografie, genommen. Seine Steindruckkenntnisse hatte Engelmann bei Senefelder in München erworben. Der Farbdruck nach diesem Verfahren setzte sich schnell durch – endlich war es möglich, in allen Farben zu drucken und Bücher prachtvoll zu illustrieren.
Zur Handlithografie nach Senefelders Vorschlägen – dabei wurde unmittelbar auf den Stein oder die Platte gezeichnet, oder die Papiervorlage wurde auf den Stein „umgedruckt" und bildete den Druckstock – kam um die Mitte des 19. Jahrhunderts die Fotolithografie, bei der die Vorlage fotografisch auf den Stein übertragen wurde.
Litho- und Fotografie bekämpften sich in der Frühzeit heftig als konkurrierende Vervielfältigungsverfahren. Es war nicht länger aktuell, sich von einem Lithografen zeichnen zu lassen – „Daguerreotypie" war moderner. Die beiden Haupterfinder der fotografischen Technik, Joseph Nicéphore Niepce (1765–1833) und Louis J. M. Daguerre (1787–1851), waren im übrigen erfahrene Lithografen.
Im weiteren Verlauf gewann die Lithografie an Bedeutung vor allem für den Druck illustrierter Zeitungen. „Sie ermöglichte", so der Kulturhistoriker Egon Friedell, „eine Schnelligkeit der Aufzeichnung, die fast der des Wortes gleichkam, und hatte daher von Anfang an etwas Improvisiertes, Hingeschriebenes, Dialogisches, Literarisches und zugleich vermöge ihrer Aktualität und Billigkeit etwas Demokratisches, sie war Journalistik der Zeichenfeder und drückte den raschen, pointierten, materialistischen Geist ihrer Zeit ebenso vollkommen aus wie der Holzschnitt den Geist der Reformation und der Kupferstich den Geist des Rokokos."

Der Offsetdruck setzt sich durch

Die Lithografie blühte nur etwa hundert Jahre. Dann trat die beliebteste Illustrationsdrucktechnik des 19. Jahrhunderts ab und machte ihrem Nachfolger, dem Offsetdruck, Platz. Nur als künstlerisch-technisches Verfahren blieb der Steindruck interessant, für Originalgrafiken in kleineren Auflagen. Auch auf diesem Gebiet ist der Lithografiestein nur noch selten das Ausgangsmaterial, weil er zu schwierig zu handhaben ist. Moderne Lithos entstehen meist auf der Basis von Metallplatten.
Der um 1900 in den USA entwickelte Offsetdruck wandelte Senefelders Idee nur geringfügig ab. Diese Abwandlungen reichten aber aus, um das Verfahren ausbaufähig zu machen – für hohe und höchste Auflagen und schnellen Druck mit Zylinderschnellpressen und Rotationsmaschinen.

Was Rubel und Hermann erfanden

Die Nachrichten aus der Frühzeit des Offsetverfahrens (aus dem englischen *to set off*, deutsch: *absetzen, ablegen* oder *etwas durch Berührung übertragen)* sind erstaunlich spärlich. Überliefert ist, daß der US-Amerikaner Ira W. Rubel im Jahre 1904 das Senefeldersche Druckverfahren insoweit abwandelte, als er nicht unmittelbar von der Lithografieplatte auf Papier druckte, sondern eine Art Gummituch dazwischenschaltete.

Die aufgetragene, an den fetthaltigen Stellen der präparierten Metalldruckplatte haftende Farbe wurde also zuerst auf ein Gummituch „abgedruckt" und von dort erst auf das Papier aufgebracht. Wie es heißt und wie es schon so oft in der Geschichte der Erfindungen vorkam, verdankte Rubel seine Entdeckung einem Zufall. Ihm geriet ein Stück Stoff auf eine eingefärbte Lithografieplatte und nahm die Druckfarbe an. Von dem Stoffstück ließ sich ein – zunächst noch grober und unvollkommener – Abdruck auf Papier machen. Das brachte Rubel auf die Idee, es mit anderen Übertragungsmaterialien zu versuchen. Der „indirekte Flachdruck" war erfunden. 1905 wurde die erste Offsetmaschine in den USA nach Rubels Angaben von der Potter Printing Press Company, einer Druckmaschinenfabrik in New Jersey, konstruiert und gebaut.

Die erste in Deutschland gebaute Offsetmaschine geht auf den Deutschamerikaner Caspar Hermann (1871–1934) zurück. Sie entstand im pfälzischen Zweibrücken und wurde 1907 bei der Druckerei C. G. Röder in Leipzig in Dienst gestellt. Etwa um die gleiche Zeit arbeitete Ernst Hermann (1867–1949) in Leipzig an der Konstruktion einer „Universal-Offset-Schön- und Widerdruck-Maschine für Rollenpapier" zur Verbesserung des Zeitungsbilderdrucks. Sie wurde erstmals im Jahre 1912 vorgestellt.

Rubel und die Hermanns verwendeten Metallplatten für den Druck, wie es schon Aloys Senefelder vorgeschlagen und zum Patent angemeldet hatte. Diese Platten kamen sowohl für den Offset-Flachdruck als auch für den Rotationsdruck in Frage. Der Anwendung des Offsetprinzips auf die bekannten Druckmaschinentypen stand damit nichts im Wege. Ergänzt werden mußte vor allem die Zylinderanordnung. Neben einem Zylinder für das Gummituch wurde ein weiterer gebraucht, der aus einem Wasserkasten Feuchtigkeit zuführte. Denn wie zu Senefelders Zeiten war es unerläßlich, die Platte ständig auf einem ausgewogenen Feuchtigkeitsniveau zu halten, wenn das Verfahren funktionieren sollte.

1 – Bei der Entwicklung vom Steindruck, bei dem wie in allen anderen seitherigen Druckverfahren die Farbe von der Druckplatte direkt auf das Papier übertragen wird, zum indirekt arbeitenden Offsetdruck kam wie so oft der Zufall zu Hilfe. Ira Washington Rubel, Besitzer einer kleinen Papierfabrik in Nutley, New Jersey, verdruckte sein Papier zum Teil auch selbst auf einer kleinen Lithografiepresse zu Bankformularen. Als ihm einmal ein Stück Stoff auf einen eingefärbten Lithografiestein geriet, fiel ihm auf, daß man auch davon Abdrucke auf Papier machen konnte. Seine Proben mit anderen Materialien führten schließlich dazu, daß 1905 nach seinen Angaben die erste indirekt arbeitende Druckmaschine der Welt von der Potter Printing Press Company in New Jersey gebaut wurde. Der Offsetdruck war geboren. Das Bild zeigt Rubel neben seiner „3-cylinder indirect rotary".

2 – Caspar Hermann an der von ihm konstruierten ersten deutschen Offsetmaschine „Triumph". Sie wurde 1907 bei C. G. Röder in Leipzig aufgestellt. Im Jahr darauf erhielt Hermann ein Patent auf eine Rollenoffsetmaschine.

3 – Nach den Plänen von Ernst Hermann wurde 1912 eine von der Voigtländischen Maschinenfabrik A.-G. in Plauen gebaute „Universal-Offset-Schön- und Widerdruck-Maschine für Rollenpapier" in Leipzig bei der Druckerei Felix Böttcher in Dienst gestellt. Sie war für den kompletten Druck von Tageszeitungen mit bis zu acht Seiten Umfang gedacht und konnte bei umfangreicheren Blättern das Eindrucken der Abbildungen übernehmen. Bei ihrer Vorstellung in den „Neuesten Nachrichten für das Druckgewerbe" hieß es schon: „Zweifellos gehört dem Offset-Druck die Zukunft."

1

2

Neueste Nachrichten

für das Druckgewerbe

Die Universal-Offset-Schön- und Widerdruck-Maschine für Rollenpapier

Patentiert in vielen Staaten

Die bereits in den früheren Nummern in den Illustrierten Neuesten Nachrichten für das Druckgewerbe sowie auch in den Fachzeitschriften gemeldete neue Rotations-Universal-Offset-Schön- und Widerdruck-Maschine ist nunmehr **fertiggestellt** und präsentiert sich dem Beschauer als eine **äußerst einfache**, durchaus übersichtliche Maschine, die in ihrer **Einfachheit und Leistung** bewundert wird. **Aus nachstehender Abbildung kann man die neue Gruppierungsweise von Farbwerken, Zylindern,** Falz- und Auslegeapparat ersehen. Die nebenstehend abgebildete Offset-Rotations-Maschine ist das Werk einer Reihe von Versuchsjahren, die nunmehr definitiv abgeschlossen sind, und deren Resultat geradezu überraschende Erfolge gezeitigt hat. Die Maschine ist den höchsten Leistungen gewachsen. Das Anstellen und Andrucken sowie Abstellen ist auf eine höchst einfache Weise konstruiert, und stellt die Maschine überhaupt einen ganz neuen Typ einer Druckmaschine dar, so daß dieselbe unbedingt als die modernste Druckmaschine bezeichnet werden kann. Man hat sich nicht leiten lassen

von den bisherigen Gepflogenheiten der Bauart, sondern man ist zu ganz neuen Anordnungen in der Konstruktion übergegangen. Zweifellos gehört dem Offset-Druck die Zukunft, und es ist frappant, wie vielseitig diese Maschine verwendet werden kann. Nicht nur daß man dieselbe als Bilderdruck-Maschine zu Tageszeitungen verwenden kann, die Maschine ist auch als **Rotations-Maschine** für Tageszeitungen ganz für sich gedacht, so daß Zeitungsdruckereien bis zu einer Auflage von 30000 Exemplaren, soweit sie nicht über acht Druckseiten hinausgehen, in ihr die allereinfachste Manipulation eines gediegenen, sauberen Rotationsdruckes finden, ohne daß man zu stereotypieren braucht. Man macht sich einfach von der Satzform einen Abzug, und von diesem Abzug wieder einen Abzug auf dem Umdruckwege, wie man dieses Verfahren in jeder Steindruckerei bereits kennt. Alsdann nimmt man den Umdruck auf die Zinkplatte und ätzt denselben. **Vermittels des neuen Universal-Zinkdruckverfahrens und der Universal-Zinkätze wird eine Wirkung erzielt, die einen sauberen Druck und eine Dauerhaftigkeit für große Auflagen gewährleistet.** Ist man mit dem Aetzen fertig, so **bringt man die kartonstarke Zinkplatte** einfach auf den Zylinder und druckt. Das Umdrucken selbst benötigt nicht mehr Zeit als wie die Anfertigung einer Stereotypieplatte, und ist bei weitem einfacher und billiger. **Die Zinkplatten können eine große Anzahl mal abgeschliffen werden und** sind immer wieder zu verwenden. **Bei diesem Verfahren hat man den Vorzug, daß nicht wie bei der Hochdruck-Gummi-Maschine es drei** verschiedene Abzüge in der Einfärbung gibt, nämlich kräftig, mittel und schwach, sondern **jede Umdrehung** erfährt eine immerwährende Einfärbung, so daß die Exemplare durchweg gleichmäßig in der Deckung der Farben ausfallen. Es ist erwiesen, daß diese Art Druck sauberer und schöner ist als Hochdruck. Die vorliegende Maschine wird deshalb in kleineren und mittleren Zeitungsdruckereien zum speziellen Druck der Zeitung bald Eingang finden und wird sich darin sicher den Markt erobern.

Für die großen Tageszeitschriften, die mehr als acht Seiten drucken, wird die Maschine zum Eindrucken der Bilder dienen. Da die Universal-Offset-Schön- und Widerdruck-Maschine vor jede beliebige Rotations-Maschine **gestellt werden kann**, soweit das Format, der Zylinderumfang und die Zylinderbreite übereinstimmen, so ist durch Anmontierung dieser Maschine jede Zeitungsdruckerei in der Lage, saubere schwarze und bunte Bilder zu drucken. **Während der Zeit der Pause steht aber** diese Maschine bei Anbau einer besonderen Falzvorrichtung oder einer Planoauslage zu jedwedem feinen, sauberen Druck bereit, insbesondere bei großen Auflagen von besseren Merkantilarbeiten, Etiketten, Prospekten usw.

Da die Maschine unabhängig ist von jedwedem Papier, so ist auch Einschlag- oder Einwickelpapier, Pergaminpapier in schönster Ausführung **ohne jeden Durchschuß**, auch bei Glanzfarbe, ohne Zuhilfenahme von Abschmutzrollen zu bedrucken, und wird diese Maschine wieder einer besonderen Druckspezies gute Dienste leisten. Auch Werkdruck könnte man herstellen, indem man von der Zinkplatte druckt. Besonders für solche Werke, wo es sich um große Auflagen handelt, bei welchem der Satz stehen bleibt. Der Satz braucht nur gesetzt, abgezogen und dann sofort abgelegt zu werden. Sobald die Schrift auf die Zinkplatte gebracht wird, kann dieselbe auch der ferneren Zeit erhalten bleiben. Die Aufbewahrung der Zinkplatte ist viel einfacher und steht in gar keinem Verhältnis zum Werte bei Aufbewahrung des stehenden Satzes. Bei jeder Manipulation der vorgenannten Druckarten ist man in der Lage, mit dieser Maschine in einem Gange bis vier verschiedene Farben verwenden zu können, so daß man also jede Seite in einer anderen Farbe bringen kann, ohne daß die Farben ineinanderlaufen.

Die Offset-Maschine hat, was Druckqualität und Geschwindigkeit anbetrifft, in der Tat große Vorzüge. Je schneller die Maschine läuft, desto schöner werden die Abzüge, und man kann solche deshalb, von 4000 Exemplaren in einer Stunde ab, bis zu einer Zylinderumdrehung von 12000 Exemplaren, also genau wie bei jeder Zeitungs-Rotations-Maschine, mit Vorteil benutzen.

Es ist selbstverständlich, daß die Schön- und Widerdruck-Maschine auch einseitig bedruckte Exemplare liefert, sobald solche benötigt werden. **Die Maschine besteht aus zwei Druckwerken mit je einem Farb- und je einem Feuchtwerk. Jedes Druckwerk besteht aus einem Plattenzylinder und aus je einem Zylinder, auf welchem die Gummiaufzüge angebracht werden. Die beiden Druckwerke arbeiten ineinander. Durch einfaches Anstellen durch einen Handhebel, auch während des Ganges der Maschine, kann die Maschine an- und abgestellt werden und geht der Druck vor sich.**

Die Farbwerke geben eine vorzügliche Verreibung und wird dadurch eine gute Deckung erzielt. Daß die Farb- und Feuchtwerke in der einfachsten Weise regulierbar sind, ist selbstverständlich. Ebenso einfach und übersichtlich sind die Walzen angeordnet und können leicht ein- und ausgehoben werden.

Der Bau dieser Maschine wird von der bekannten Voigtländischen Maschinenfabrik vorm. J. C. & H. Dietrich, A.-G., Plauen i. V., für die Firma Felix Böttcher eigens ausgeführt, und gewährleistet der Ruf dieser Fabrik eine solid und präzis gebaute Maschine, die äußerst stabil ist, von allerbestem Material gebaut. Der Arbeitsgang ist äußerst ruhig.

Die Maschine wird gegenwärtig zu bestimmten Stunden von der Firma Felix Böttcher, Leipzig-R., Schönbachstraße 91, in deren Fabrikräumen im Betriebe vorgeführt werden.

Druckformen für den Offsetdruck

In der Anfangszeit wurden die Druckvorlagen entweder direkt auf die Platte gezeichnet oder durch einfachen Abklatsch übertragen, wie zu Senefelders Zeiten. Mit dem Aufkommen fotografischer Kopierverfahren änderte sich das. Nun brauchte man eine Filmvorlage, die seitenrichtig auf die Platte kopiert werden konnte. Das Gummituch nahm davon ein seitenverkehrtes Bild ab, das sich beim Druck wieder in ein seitenrichtiges verwandelte.
Bei der Herstellung der originalgroßen Filmvorlage sind zwei Arbeitsgänge zu unterscheiden. Die Schrift wird im Bleisatzverfahren gesetzt, auf Spezialpapier (Barytpapier) abgezogen und auf Film umkopiert (Arbeitsgang 1). Die Abbildungen lassen sich ebenfalls schlicht umkopieren, soweit es sich um Volltonvorlagen (Strichzeichnungen) handelt. Halbtonvorlagen, beispielsweise Fotos, müssen jedoch in Rasterpunkte zerlegt und können dann erst auf den Film kopiert werden (Arbeitsgang 2). Das gilt auch für farbige Vorlagen, bei denen für jede einzelne Farbe eine eigene Rastervorlage erforderlich ist. Normalerweise wird im Offsetverfahren, wie beim Hochdruck, mit den drei „Buntfarben" plus „Tiefe" (= schwarz) gedruckt.
Schrift- und Zeichnungs- oder Rasterfilme werden dann in der Offsetmontage auf transparente Montagefilme geklebt, im allgemeinen gleich in der Zusammenstellung des späteren Druckbogens. Die fertigen Montagefilme werden auf die mit einer lichtempfindlichen Schicht überzogene Druckplatte kopiert. Nach Belichtungs- und Entwicklungsvorgang stellt sich der „Senefelder-Effekt" ein: Die „Bildstellen" der Platte nehmen auch beim Druck Farbe an und geben sie an das Papier (auf dem Umweg über den Gummituchzylinder) ab, die bildfreien Stellen nehmen dagegen keine Farbe an.
Die etwa einen halben Millimeter dicken Druckplatten werden auf die Plattenzylinder der Offsetmaschine gespannt. Da es sich um Flachdruckformen handelt, ist eine zeitraubende „Zurichtung" der Druckform bzw. der Andruckwalze, wie sie vom Buchdruck her bekannt ist, überflüssig. Gedruckt werden kann auch auf weniger glattes Papier, weil die Gummiwalze kleine Unebenheiten ausgleicht.

Ein Druckverfahren mausert sich

Noch in den dreißiger Jahren unseres Jahrhunderts wurde der Offsetdruck von den Buch- und Kupferdruckern über die Schulter angesehen. Die Druckqualität ließ zu wünschen übrig, es mangelte dem Verfahren aber auch an Vielseitigkeit. So heißt es im „Großen Brockhaus" von 1932: „Das Hauptgebiet des Offsetdrucks sind mehrfarbige Werbeschriften, Bilderbücher, Buchumschläge, Packungen und dergleichen." „Richtige" Bücher kamen nur in Frage, soweit es sich um den Nachdruck längst vergriffener Werke handelte, die man nicht neu setzen wollte, sondern bei denen es einfacher war, auf fotografischem Weg Offsetplatten herzustellen.
Schon zwanzig Jahre später berichtet die Neuausgabe des „Großen Brockhaus" von leistungsfähigen, schnellaufenden Flachdruck- und Vierfarben-Offset-Rollenrotationsmaschinen, erwähnt die inzwischen weit verbreiteten Klein-Offsetmaschinen („Rotaprint") und stellt fest: „Der deutsche Offsetmaschinenbau hat Weltgeltung."
Es war nun nicht mehr die Rede davon, daß beim Offsetdruck „die Erzielung gleichmäßig gefärbter Drucke einige Schwierigkeiten" bereite, daß „die Schärfe des Druckbildes nicht so gut sei wie beim Buchdruck" und der Offsetdruck „mit dem Autotypie- und Vierfarbenbuchdruck einstweilen noch keinen Vergleich" aushalte.
Dabei war, unter heutigen Aspekten betrachtet, der Offsetdruck auch in den fünfziger Jahren durchaus noch in den Anfängen. Erst in den Jahren danach gelang es, das Verfahren dem Buchdruck gleichwertig oder sogar überlegen einzusetzen. Es wurde nun möglich, Bücher jeder Art, auch mit anspruchsvollen mehrfarbigen Illustrationen, auf Offsetmaschinen herzustellen. Offsetmaschinen druckten mehrfarbige Zeitschriften und Kataloge in hohen Auflagen. Sie begannen sich aber auch beim Zeitungsdruck durchzusetzen. So machten sie

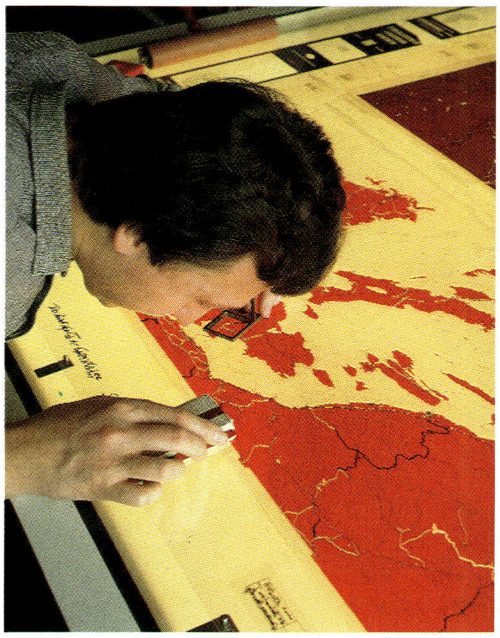
1

2

3

1 – Vor dem Kopieren auf die Offsetplatte wird die punktgenaue Montage des Reprofilms (hier von einer Landkarte) mit der Lupe kontrolliert.
2 – Die Platte wird in einer Schleudereinrichtung lichtempfindlich beschichtet.
3 – Die kopierte Platte wird mit Abdecklack ausgefleckt.
4 – Schema eines kombinierten Zweifarben-Offsetdruckwerks. Zum Vier- und Sechsfarbendruck werden zwei oder drei solcher Druckwerke in einer Maschine hintereinandergebaut. Natürlich drucken die Maschinen nicht nur Flächen, wie in der Zeichnung vereinfacht dargestellt, sondern auch Halbtonabbildungen.
5 – Drucksaal mit zwei Zweifarben- und einer Vierfarben-Bogenoffsetmaschine Rapida SR O von Koenig & Bauer (max. 50×70 cm) mit hoher Leistung (max. 15000 Bogen in der Stunde).

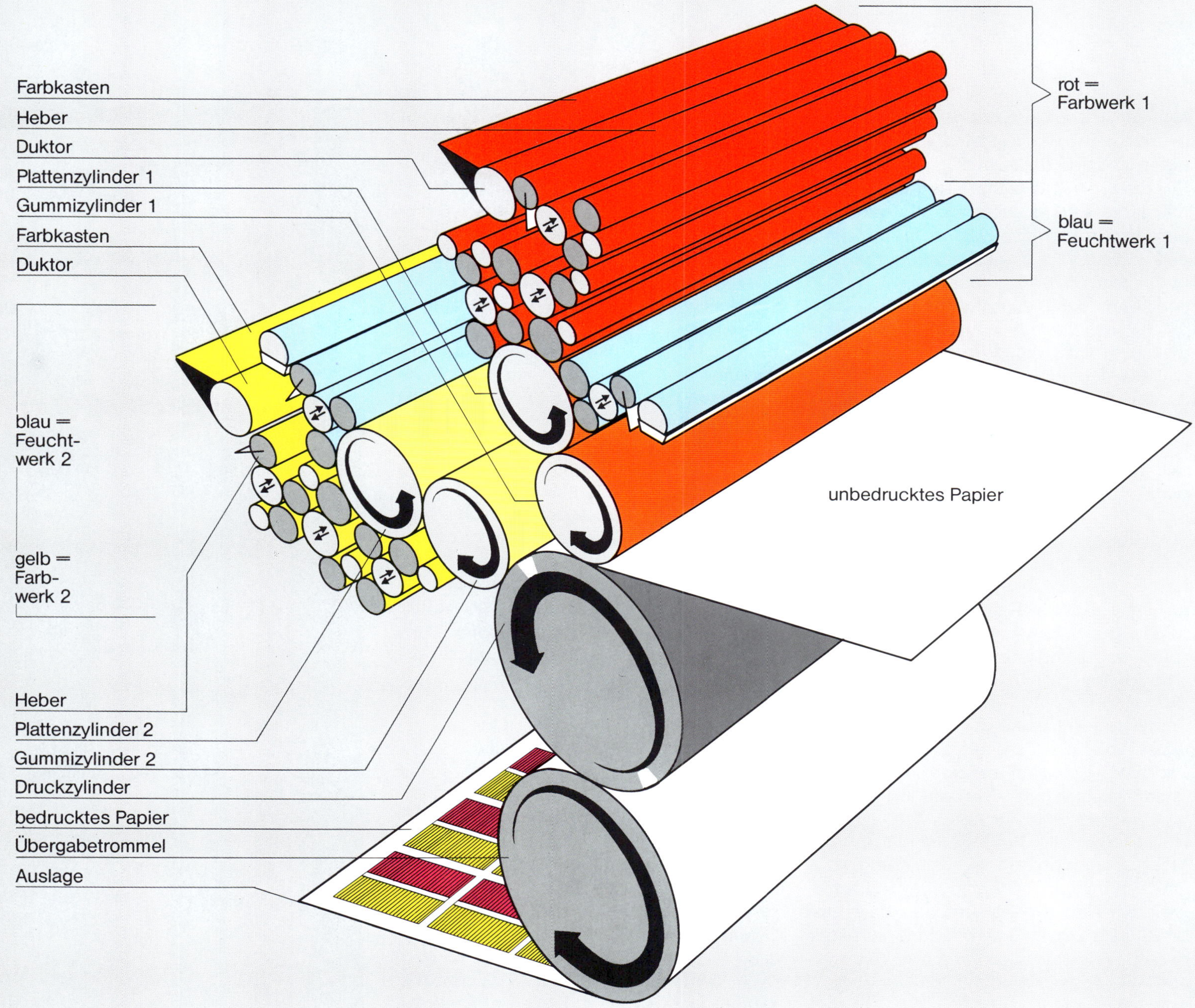
Farbkasten
Heber
Duktor
Plattenzylinder 1
Gummizylinder 1
Farbkasten
Duktor
blau = Feucht-werk 2
gelb = Farb-werk 2
Heber
Plattenzylinder 2
Gummizylinder 2
Druckzylinder
bedrucktes Papier
Übergabetrommel
Auslage
rot = Farbwerk 1
blau = Feuchtwerk 1
unbedrucktes Papier

RAPIDA
SR O

einerseits dem klassischen Buchdruck, andererseits dem hochspezialisierten Kupfertiefdruck Konkurrenz.
Für diesen Aufschwung waren unter anderem neue Verfahren der Satzformherstellung verantwortlich. Der „Umweg“ über den Bleisatz nach Modell Gutenberg wurde durch den Lichtsatz überflüssig. Drucktypen konnten nun unmittelbar auf Filme kopiert werden, und das mit einer Geschwindigkeit, von der die Hochdruck-Buchdrukker nur träumen konnten.
Automatisch arbeitende Reproduktionsverfahren für die Herstellung von Halbton-Druckvorlagen, auch farbigen, setzten sich durch. Die schwerfällige Reproduktionskamera begann dem Scanner-Verfahren zu weichen, das die Vorlagen elektronisch abtastet und in Farbauszugsfilme umsetzt. Die jüngste Entwicklung ist der mit Laserstrahlen arbeitende Laser-Scanner, der auch großformatige Druckvorlagen in relativ kurzer Zeitspanne nicht nur in Auszugsfilme für die einzelnen Farben („Farbauszüge“) zerlegt, sondern zugleich auch die Rasterung vornimmt.
Ähnlich rasant verlief die Entwicklung auf dem Gebiet der Druckplatten. Offsetdrukker arbeiten heute mit vorbeschichteten Aluminiumplatten, bei denen also der Arbeitsgang des Auftragens der lichtempfindlichen Schicht entfällt. Sie verwenden Mehrmetallplatten für höchste Auflagen in guter Qualität oder Platten, die mit fotopolymerem Kunststoff beschichtet sind. Und sie kennen längst Offsetplatten, bei denen die seit Senefelders Zeiten praktisch unveränderte „Wasserführung“ an der Druckmaschine entfällt.
Damit ist die Entwicklung noch längst nicht abgeschlossen. Es ist heute möglich, ganze Zeitungsseiten mit aufgerasterten Abbildungen (den „Klebeumbruch“) mit Laserstrahlen abzutasten, die elektrischen Impulse über Draht oder Funk, auch über Satellitenfunk, Tausende von Kilometern weit zu übertragen und an Ort und Stelle ohne den Umweg über den Film sofort elektrofotografische Druckplatten mit den Impulsen zu „füttern“.
Wie es weitergehen könnte, schildert der Druckfachmann Karl Eingärtner (1977 im Buchhändler-Börsenblatt): „Die erste Stufe ist das integrierte Redaktionssystem, bei dem der Redakteur seinen Beitrag an einem Bildschirmgerät verfaßt, wobei er ihn gleichzeitig korrigieren kann. Dieser und viele andere Beiträge werden einem zentralen Computer eingegeben, dessen Informationsinhalt man über ein Bildschirmterminal in Zeitungsseitengröße abrufen und sichtbar machen kann. Hier geschieht nun der Umbruch der gesamten Tagesausgabe. Die zweite Stufe ist dann lediglich das Kommando an einen Laser, der dann gesteuert von dem Zentral-Computer eine Druckplatte direkt beschreibt... Die geradezu euphorische Innovationsaktivität in der Elektronik mit ihrem Trend zur Miniaturisierung (Mikroprozessoren)... läßt die Prognose zu, daß der vorstehend beschriebene Weg der Zeitungsproduktion in den achtziger Jahren weltweit Gestalt annehmen wird.“
Eine der ersten großen Zeitungen, die eine Ausgabe mit vollelektronisch umbrochenen Seiten herausbrachte, war im Juni 1984 die Frankfurter Allgemeine Zeitung. Das gerade installierte „Newslayout-System“ war zu diesem Zeitpunkt noch unerprobt, die Umstellung erst für das Jahr 1985 vorgesehen. Des Druckerstreiks wegen wurde schon ein Jahr früher am Bildschirm umbrochen, obwohl diese Technik „für die Redakteure ebenso neu war wie für ein Neugeborenes Vaters Bart“. So konnte die FAZ wenigstens als Notausgabe herausgebracht werden, von Hubschraubern abtransportiert.

Der Lichtdruck, die Tochter der Lithografie

Die eine Entwicklungslinie der Lithografie spaltete sich um die Wende zum 20. Jahrhundert von Senefelders Vorschlägen ab und führte zum Offsetdruck, einer ausgesprochenen Massendrucktechnik. Der zweite Steindruck-Ableger ist der Lichtdruck – er war schon immer und ist auch noch heute eine Spezialtechnik für den Druck höchstwertiger Reproduktionen in geringen Auflagen (nicht über 2000 je Druckplatte).
Der aus München stammende Fotograf Joseph Albert (1825–1886) gab die entscheidenden Anstöße. Er hatte herausgefunden, daß mit Chromsalzen durchsetzte Gelatine ihre Quellkraft verliert und sich deshalb als Druckform eignet. Zu dieser Beobachtung kam er beim Experimentieren mit fotografisch wirksamen Beschichtungen von Glasplatten. Glas dient auch heute noch meist als Träger der druckenden Schichten.
Das Verfahren: Ein gehärtetes Gelatinequellrelief wird so präpariert, daß entsprechend dem Lithografieverfahren die drukkenden Stellen Farben annehmen, die nichtdruckenden nicht. Soweit handelt es sich um ein Flachdruckverfahren. Da die druckenden Stellen aber außerdem vertieft in der Gelatineschicht liegen, besitzt der Lichtdruck auch Merkmale des Tiefdrucks. Seine Qualitätsüberlegenheit in der Reproduktion verdankt der Lichtdruck aber vor allem der Bildzerlegung, die nicht auf eine Rastermethode zurückgreift, sondern mit dem sogenannten Runzelkorn arbeitet. Lichtdrucke sind deshalb besonders originalgetreu und brillant, es findet kein Qualitätsverlust durch Rasterung statt. Die komplizierte Technik der Plattenherstellung und des Drucks macht den Lichtdruck allerdings zu einem aufwendigen Verfahren. Es kommen deshalb nur hochwertige Arbeiten in Frage – neben Gemäldewiedergaben vor allem kostbare Faksimiledrucke. So wurde beispielsweise die in den siebziger Jahren hergestellte Faksimileausgabe der 42zeiligen Gutenbergbibel (B 42) in einer Art Lichtdrucktechnik produziert.
An so schwierige Aufgaben dachte Joseph Albert im 19. Jahrhundert noch nicht. Für ihn war der Lichtdruck zunächst nur eine unter vielen fotografischen Reproduktionsmöglichkeiten.
Zu seiner Zeit und in den Jahren danach brach eine wahre Flut von Erfindungen

über die Auftraggeber von Reproduktionen herein. Neben der schon erwähnten Fotolithografie wurden die Fotozinkografie und die Heliografie, die Heliogravüre und der Leimdruck entwickelt, lauter Techniken, die es gar nicht mehr oder in der ursprünglichen Form nicht mehr gibt. Und was man noch zu Beginn des 20. Jahrhunderts mit dem Lichtdruck anstellte, liest sich noch heute wie ein Report aus den Alchimistenküchen des Mittelalters. So empfahl ein Lichtdrucker, der Gelatinemasse sowohl Wasserglas als auch Pilsener Bier beizufügen, damit die Schicht besser auf der Glasplatte hafte, und ein anderer hielt eine Mixtur aus Kaliwasserglas und Urin für besser, die vor der Anwendung allerdings tunlichst durch Baumwolle gefiltert werden solle.
Höchstes Lob für den Lichtdruck um die Jahrhundertwende: fast so schön wie Fotografie!

Der Tiefdruck hat viele Väter

Der Rakeltiefdruck von heute, Druckverfahren vor allem für Kataloge, Illustrierte und Programmzeitschriften in sehr hohen Auflagen mit zahlreichen Abbildungen, stammt in gerader Linie vom Kupferstich und den mit ihm verwandten Techniken ab, von denen weiter oben schon die Rede war. Zu einer Technik für Massenauflagen – besonders wirtschaftlich ab 250000 Exemplaren und bei diesen Größenordnungen auch dem Offset-Rotationsdruck kostenmäßig überlegen – konnte er erst nach der Erfindung fotomechanischer und später elektronischer Kopierverfahren werden.
Der künstlerische Kupfertiefdruck ging unterdessen eigene Wege. Kupferstich und Radierung, Stahlstich und Aquatinta haben zwar mit dem Rotationskupfertiefdruck noch das Prinzip gemeinsam, dienen aber,

Eine Sechsfarben-Bogenoffsetmaschine Roland 806 in der Formatklasse VII (max. 110×160 cm) mit einer Stundenleistung bis zu 8000 Bogen. Zum Einrichten einer solchen Maschine braucht man für die sechs Platten einer Druckform je nach Schwierigkeitsgrad etwa 4½ bis 5 Stunden. Das Papier wird durch Saugnäpfe und Greifer bogenweise von dem Stapel links im Bild abgehoben, durch die sechs Druckwerke in den drei „Türmen" geführt und auf eine Palette rechts im Bild abgelegt. Auf einer Anlage desselben Typs, jedoch mit vier Druckwerken, wurde dieses Buch gedruckt.

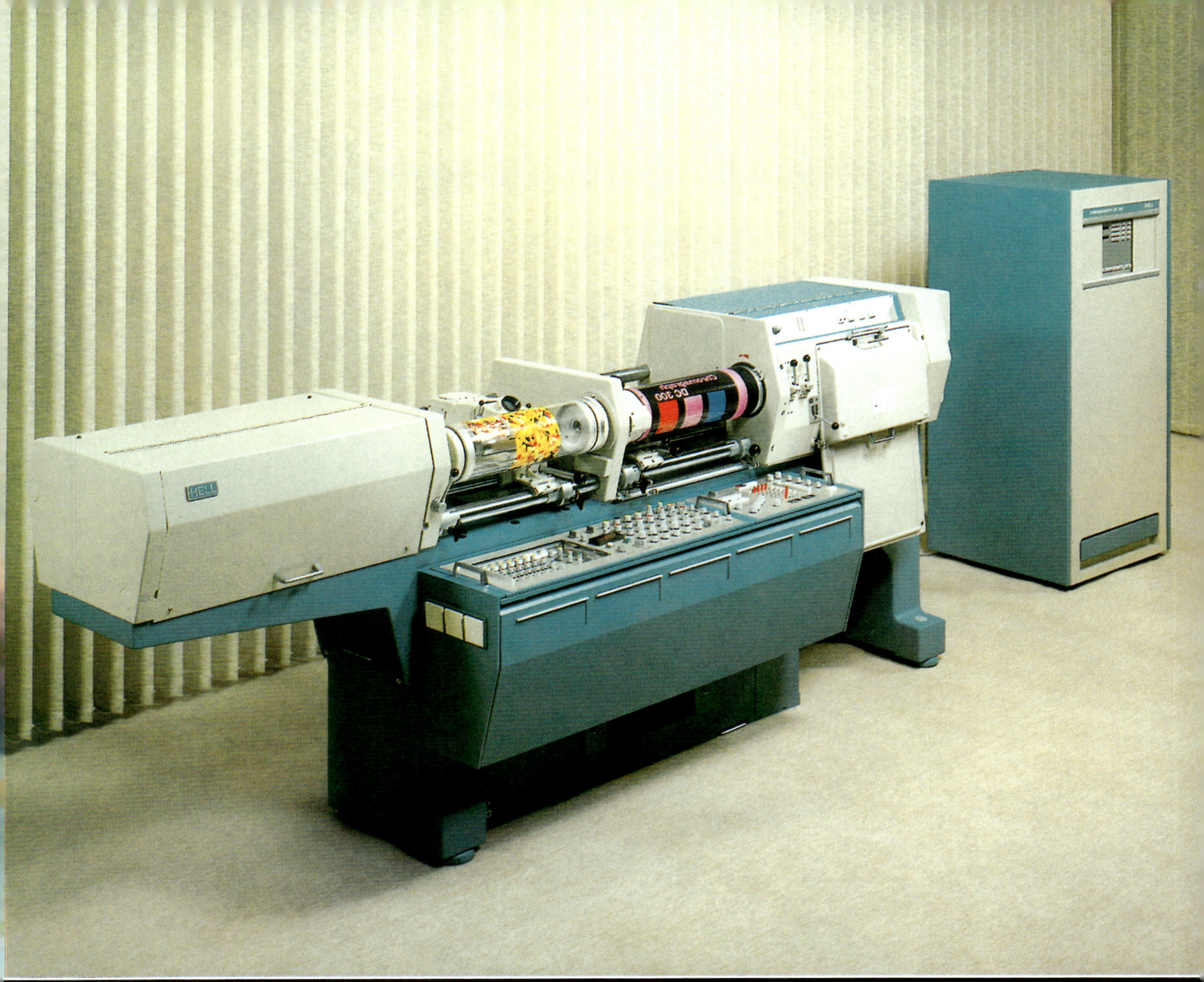

Anfang der fünfziger Jahre hielt die Elektronik Einzug in die Reproduktionstechnik, zunächst mit Graviermaschinen wie dem Klischograph von Dr.-Ing. Rudolf Hell. Dieser Klischograph konnte nur einfarbige Strich- oder Halbtonvorlagen in sechs wählbaren Größenmaßstäben zwischen 50% und 180% durch Gravur auf Metall- oder farbbeschichtete Kunststoffolien übertragen. An die Stelle dieser ersten, heute schon primitiv anmutenden Geräte sind im Verlauf von zwei Jahrzehnten große elektronische Reproduktionsanlagen getreten, sogenannte Scanner (engl. *to scan* = scharf ansehen, abtasten), die nicht nur wesentlich schneller arbeiten als nach der konventionellen fotochemischen Methode, sondern in den meisten Fällen auch erheblich bessere Ergebnisse möglich machen. Ein solcher Scanner wie der Chromagraph DC 300 **(1)** fertigt von einer farbigen Aufsichts- oder Durchsichtsvorlage auf folgende Weise Raster- oder auch Halbton-Farbauszüge für alle Druckverfahren (vgl. Schemazeichnung **2)**:

Die auf die Abtastwalze 6 aufgespannte und durch eine lichtstarke Halogenlampe be- oder durchleuchtete Vorlage wird vom Abtastkopf 2 zeilenweise aufgenommen. Das vom Bildinhalt modulierte Licht setzen vier Multiplier entsprechend dem Rot-, Grün- und Blauanteil sowie dem Kontrast jedes Bilddetails in elektrische Signale um. Diese vier Spannungen werden im Farbrechner 8 verarbeitet. Dabei kann das Endergebnis durch Eingabe in den Steuersatz 9 mit Farb- und Gradationskorrekturen beeinflußt werden. Die vom Farbrechner verarbeiteten Signale werden im Elektronikschrank 10 entsprechend der Eingabe und dem Durchmesser der verwendeten Abtastwalze auf einen Abbildungsmaßstab zwischen 10% und 3000% umgerechnet und von Raster- und Halbtonrechnern an den Laser 11 weitergegeben. Das von diesem gebildete scharf gebündelte Licht wird durch das Glasfaserkabel 12 in den Schreibkopf 4 geleitet, der den Film auf der Hauptwalze 7 zeilenweise belichtet. Durch eine auf den linken Teil der Hauptwalze aufgespannte Steuermaske können Schriftzeichen, Farbfelder oder auch weitere kleinere Abbildungen „nahtlos“ in die Hauptabbildung einbelichtet werden. Für eine elektronisch gerasterte Vierfarbreproduktion in der Größe DIN A 4 und mit einer Rasterweite von 60 Linien pro Zentimeter benötigt ein Scanner wie der Chromagraph DC 300 knapp 8½ Minuten, zu denen noch die Rüst- und Einstellzeit hinzuzurechnen ist. Wie die auf konventionelle Art erstellte Farbreproduktion muß auch der „gescante“ Farbauszug in vielen Fällen noch lithografisch nachkorrigiert werden. Diese zeit- und materialaufwendige Arbeit kann heute auf ein Minimum beschränkt werden, indem die vom Abtastkopf erfaßten und vom Farbrechner verarbeiteten Werte der Vorlage zunächst über einen elektronischen Arbeitsspeicher auf einem Bildschirm sichtbar gemacht werden. Das zu erwartende Druckbild wird dabei tonwertgenau vorweggenommen. Erst wenn das Schirmbild durch Steuerbefehle korrigiert ist – beim Chromacom-System von Dr.-Ing. Hell sind auch partielle Eingriffe möglich –, wird die Belichtung der Reproduktion auf Film freigegeben. Druckseiten mit vielen Bild- und Schriftkomponenten müssen nach der alten Methode sehr zeitraubend aus den einzeln erstellten Farbreproduktionen auf eine Trägerfolie montiert werden. Die fertige Montage wird mit den Fondflächen auf einen neuen Filmsatz fotografisch zusammenkopiert. Die Schrift muß negativ ausbelichtet werden. Diese und andere Arbeitsschritte wie das „Freistellen“ oder Herauslösen einzelner Bildteile aus der Umgebung können durch ein elektronisches Komponentensystem (als Beispiel rechts die Aggregate des Crosfield-Systems Magnascan 570) bis zum fertigen Ganzseitenfilm ausgeführt werden. Durch ein Interface sind die Komponenten mit dem Scanner verbunden. Die aus der Plattenspeichereinheit abgerufenen Einzelbilder werden entsprechend dem auf einem digitalen Montagetisch **(3)** aufgebrachten standgerecht gezeichneten Seitenlayout auf dem Farbmonitor **(4)** sichtbar gemacht und positioniert. Dabei bedient man sich auf dem Montagetisch eines elektronischen Fadenkreuzes oder Stiftes *(tracer pen)*, dessen Bewegungen auf dem Monitor als Lichtpunkt *(cursor)* sichtbar sind. Auf diese Weise können die in der Mitte des Schemas **(5)** aufgezählten Arbeitspunkte ausgeführt werden. Statt für eine schwierige Katalogseite auf konventionelle Art 25 und mehr Filme zu verbrauchen, die zu einer kompletten Seite zusammenbelichtet werden müßten, werden mit einem solchen System nur vier Ganzseitenfilme hergestellt – neben dem Kostenfaktor auch eine Zeitersparnis.

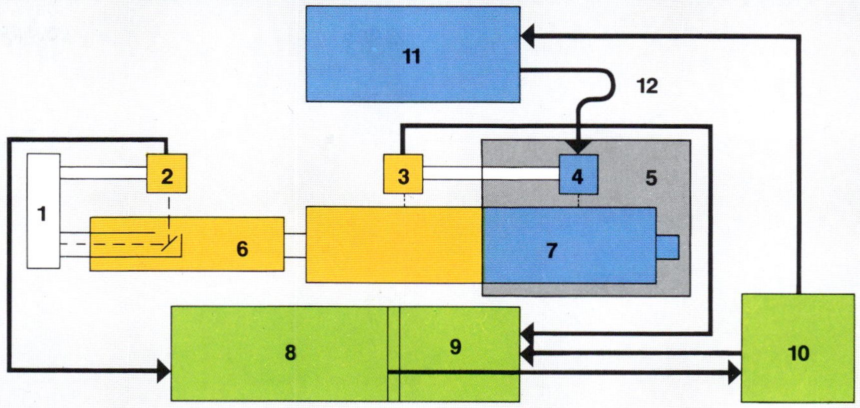

1 Abtast-Halogenlampe für Durchsichtsvorlagen
2 Abtastkopf für Vorlagen
3 Abtastkopf für Steuermaske
4 Schreibkopf für Filmbelichtung
5 Schreibraum mit Schreibwalze
6 Abtastwalze (drei Größen)
7 Hauptwalze (Steuermasken- und Schreibwalze)
8 Farbrechner
9 Steuersatz (Eingabe von Gerätefunktionen)
10 Elektronikschrank für Maßstabsrechner, Rasterrechner
11 Laser mit Modulationseinheit
12 Lichtleitkabel

2

3

4

5

1

2

3

4

5

wenn überhaupt noch gefragt und nicht durch aktuellere Techniken verdrängt, nur noch der Vervielfältigung von Einzelblättern in geringen Auflagen. Die einstige Bedeutung des Kupferstichs als Buchillustration (eingeklebte „Kupfer") ist längst vergessen.

Fox Talbot und seine Miterfinder

Die ersten Versuche, auf fotografischem Weg Druckvorlagen auf Kupferplatten zu übertragen, gehen zurück auf die Frühzeit der Fotografie. Sie ergaben sich mehr oder weniger aus den Experimenten mit lichtempfindlichen Schichten, wie sie auch dem Lichtdruck zum Erfolg verhalfen.
Da mindestens zwanzig Erfinder mit der Erarbeitung der fotografischen Grundlagen beschäftigt waren, ist ein eindeutiger Erfinder des Kopierverfahrens für den Kupferdruck nicht festlegbar. Im übrigen gab es nicht nur ein einziges Verfahren für das Umkopieren, sondern mindestens ein halbes Dutzend.
Hier die Beschreibung der Methode der Heliogravüre, die sich schließlich als praktikabelste durchsetzte und bis in unsere Zeit Verwendung fand. Zitat nach dem Brockhaus Konservations-Lexikon von 1898: „Ein Papier, das mit einer mit Farbstoff gefärbten Gelatineschicht überzogen ist, wird in einem Chromsalzbade lichtempfindlich gemacht und unter einem Diapositiv belichtet. Das belichtete Papier wird einige Minuten in kaltes Wasser gelegt und, sobald es anfängt weich und schmiegsam zu werden, mit der Gelatineseite nach unten auf eine gut polierte, vorher mit einem feinen Asphaltkorn versehene Kupferplatte aufgequetscht.
Die Platte kommt dann in warmes Wasser, wo sich das Papier ablöst und nach und nach auch alle unbelichtete Gelatine sich auflöst und durch sanftes Schaukeln wegspülen läßt, so daß schließlich ein zartes Reliefbild auf der Platte zurückbleibt. Ist dieses Bild vollkommen trocken, so wird es in das Kupfer eingeätzt, indem man es in Eisenchloridlösungen von verschiedener Konzentration legt.
Die Lösung dringt zuerst durch die dünnen Schichten des Reliefs, dort das Kupfer tief ätzend, hierauf durchdringt die Lösung, je nachdem das Relief es gestattet, immer weitere Partien und ätzt so allmählich auch in verschiedenen Tonabstufungen das Kupfer mehr oder weniger tief.
Ist der Ätzungsprozeß vollendet, so wird die Platte abgewaschen, ein Probedruck gemacht und dann die nötige Retouche vorgenommen. Wenn die Platte fehlerfrei ist und die gewünschte Kraft und Tiefe be-

6

sitzt, so muß sie vor dem Druck verstählt werden, da die feine Körnung eine größere Anzahl von Drucken (oft einige Tausend Abzüge) nicht aushalten würde." Soweit das Brockhaus-Zitat.
Fotografie-Erfinder Joseph Nicéphore Niepce (1765–1833) entwickelte ein Verfahren, Vorlagen auf Lithografiesteine, aber auch auf Kupferplatten zu kopieren. „Heliographische Versuche" machte einige Jahre später auch der englische Wissenschaftler William Henry Fox Talbot (1800–1877), dem die Lichtbildkunst das Negativ-Positiv-Verfahren zu verdanken hat.
Niepces Neffe Claude Abel Niepce de Saint-Victor griff 1853 die von seinem Onkel vorgeschlagene Methode wieder auf und brachte sie der Anwendungsreife ein Stück näher. Andere Erfinder, die sich mit der Heliogravüre und verwandten Verfahren auseinandersetzten, waren u.a. Poitevin in Frankreich und Leipold in Lissabon, Scamoni in Petersburg und Pretsch in Deutschland.
Vor allem aber machte sich der aus Arnau in Böhmen stammende, in Wien arbeitende Maler Karel Klič (Karl Klitsch, 1841 bis 1926) um die Entwicklung der Heliogravüre und des Tiefdruckverfahrens verdient. Klič erfand das sogenannte „Staubkornverfahren" (1878), eine Art Aufrasterungstechnik, die den Pressendruck von Kupferplatten ermöglichte, wenn auch zunächst nur in kleinen Auflagen.
In Verbindung damit verbesserte er das Rakelverfahren, d.h. jene Technik, bei der ein Rakelmesser die überschüssige Farbe von der Kupferplatte abnimmt, weil ja nur die in den eingravierten oder -geätzten Vertiefungen stehenbleibende Farbe drucken darf.

Die österreichische Postverwaltung hat 1957 bis 1960 den 1-Schilling-Wert ihrer Standardbriefmarkenserie in vier verschiedenen Druckverfahren herausgebracht. Zur Demonstration sind hier aus den Originalmarken Ausschnitte 15fach vergrößert wiedergegeben: 1 – Stichtiefdruck, 2 – Offsetdruck, 3 – Hochdruck, 4 – Ätz- oder Rakeltiefdruck.
5 – Beim Lichtdruck werden die Tonwerte des Originals nicht in Rasterpunkte aufgelöst, sondern durch eine Runzelkornstruktur auf einer Glasplatte. Abgebildet ist ein 70fach vergrößerter Ausschnitt (schwarzweiß) aus einer Lichtdruckplatte.
6 – Ein Rakelmesser (im Bild die diagonal verlaufende Stahlkante) streift beim Tiefdruck die überschüssige Farbe von der glatten Oberfläche des Kupferzylinders, so daß nur die in den Näpfchen verbleibende Farbe auf das Papier gelangt.

Sonder-Ausgabe. 1. Blatt. 127. Jahrgang. Ostern 1910.

Freiburger Zeitung

Die Freiburger Zeitung kostet vierteljährlich für die Stadt Freiburg bei den Agenturen abgeholt 1.65 Mk., durch die Trägerin zugestellt 2.15 Mk. Auswärts bei Abholung am Postschalter 1.80 Mk., bei Zustellung durch den Briefträger 2.22 Mk.

Unabhängige Tageszeitung
mit den Beilagen
Amtliches Verkündigungsblatt und Das Badener Land.

Die Anzeigenpreise für Privat- und lokale Geschäftsanzeigen sind in besonderem Tarif festgelegt. Auswärtige und amtliche Anzeigen 25 Pfg. die 6gespaltene kleine Zeile. Reklamen 60 Pfg. die 4gespaltene kleine Zeile. Redaktion: Grünwälderstraße 4. Geschäftsstelle: Kaiserstraße 119. Fernsprecher Nr. 187

Neues Illustrationsdruck-Verfahren für Zeitungen.

Die vorliegende Sonderausgabe der Freiburger Zeitung ist einer Erfindung unseres Mitbürgers, des Dr. Eduard Mertens, gewidmet, die einen neuen Bilderdruck für Zeitungen, Zeitschriften und Werke auf Rotationsdruck-Maschinen zum Gegenstande hat und geeignet ist, einen Siegeslauf durch die ganze Welt zu nehmen.

Wir bringen nachstehend eine Beschreibung und eine Betrachtung der Vorteile des Verfahrens, die wir durch den Abdruck von Bildern der verschiedensten Art veranschaulichen, als das praktische Ergebnis dieser Erfindung und als bestes Zeugnis für diesen neuen Bilderdruck.

Vor weniger als hundert Jahren stand der Drucker noch an einer aus Holz gebauten Handpresse; er schwärzte mittels eines Lederballens die auf einem flachen Fundament ruhende Schriftform mit Druckerfarbe ein, legte einen Bogen Papier darauf, zog mit beiden Händen den Bengel der Presse an, und ein Bogen war auf einer Seite bedruckt. Eine alte hölzerne Weintrotte unterscheidet sich wenig von einer solchen alten Druckanstalt. Einige Hundert Druckbogen stellten zwei fleißige Drucker während eines Tages auf diese Weise her und vollbrachten damit im Vergleich zu der Schreibarbeit der Mönche im Mittelalter schon ein rechtes Wunderwerk. Heute rast in modernen Zeitungsdruckereien mit einer durch das Auge kaum zu verfolgenden Geschwindigkeit das Betriebe einer Sechs- und Mehrrollen-Rotationsmaschine, durch elektrische Motore fast unsichtbar angetrieben, und liefert in einer einzigen Stunde mehr als 50 000 vielseitige, fix und fertig gedruckte, ineinandergelegte, sauber gefalzte und in Stößen sorgfältig abgezählte Zeitungen, ohne daß eine menschliche Hand ihr dabei zu Hilfe käme.

Aehnliche, wenn auch nicht ganz so gewaltige Fortschritte sind zu verzeichnen bei der Herstellung des Satzes durch die einen Triumph des menschlichen Geistes bedeutende Setzmaschinen. Wie mit Geist beseelt und an einen hochentwickelten Organismus erinnernd, stellt diese Maschine durch einen auf einer Art Schreibmaschine gelochten Papier-Manuskriptstreifen vollständig selbständig druckfertigen Satz her, oder sie setzt und gießt durch das Tasten auf einer Klaviatur mit großer Geschwindigkeit druckfertige Satzzeilen.

Auch die Bilderdruckkunst hat mit dem Fortschreiten der Technik, besonders der Photographie, eine große Umgestaltung erfahren. Das älteste Bilderdruck-Verfahren ist der Holzschnitt. Seine Herstellung wird noch heute wie einst dadurch bewirkt, daß mittels eines Stichels auf einer glatten Holztafel die im Spiegelbild hergestellte Zeichnung von dem das Bild umgebenden Holz freigelegt wird; es bleibt die Zeichnung erhaben stehen und ist zum Abdruck auf einer Buchdruckpresse tauglich. In Deutschland kam die Holzschneidekunst durch Dürer, Cranach und Holbein zu hoher Blüte und noch heute wird ein guter Holzschnitt wegen seiner künstlerischen kraftvollen Wirkung besonders als Buchillustration hoch geschätzt. Zu der Holzschneidekunst gesellte sich um die Mitte des 15. Jahrhunderts als ein weiteres Bilderdruckverfahren die Kunst des Kupferstechens. Italien und Deutschland machen Anspruch auf diese Erfindung, neuerdings aber ist die Frage zu Gunsten Deutschlands entschieden worden, da ein deutscher technisch hochentwickelter Stich mit der Jahreszahl 1446 vorhanden ist und die italienischen Stiche kein so hohes Alter aufweisen können, aber auch im Gegensatz zu den deutschen ein mangelhafteres Druckverfahren zeigen. Zur Herstellung des Kupferdrucks wird in eine polierte Kupferplatte die Zeichnung eingraviert, das so entstandene Bild mit einer strengen besonders präparierten Kupferdruckfarbe eingerieben und die Oberfläche der Platte mit großer Sorgfalt wieder gesäubert, damit die Farbe nur in den die Zeichnung bildenden Vertiefungen haften bleibe. Beim Druck wird das Papier in die mit der Farbe ausgefüllten vertieften Stellen eingedrückt, und auf diese Weise werden auf der Kupferdruckpresse Abdrücke hergestellt. Eine besondere Art des Kupferdrucks ist die Radierung. Bei dieser wird das Bild mit einer Nadel von Künstlerhand direkt auf eine Kupferplatte geritzt, durch Aetzung vertieft und abdruckfähig gemacht. Durand, Rembrandt, Guido Reni und andere befleißigten sich schon in älterer Zeit der Radierkunst, und heute hat sie als Original- oder Maler-Radierung ihrer künstlerischen Wirkung wegen von neuem große Bedeutung gewonnen; sie steht in schönster Blüte durch ihre großen modernen Vertreter wie Menzel, Max Klinger, Stauffer-Bern, Max Liebermann, Hans Thoma und viele andere.

Der Druck der Radierung geschieht in derselben Weise wie beim Kupferstich und das Verfahren heißt ebenfalls Kupferdruck. Die Technik des Kupferdrucks ist der des Holzschnittes gerade entgegengesetzt; während bei jener die in der Platte vertieft liegenden Stellen drucken, druckt sich beim Holzschnitt die erhaben herausgearbeitete Zeichnung ab; man nennt deshalb das Drucken von vertieft gravierten oder geätzten Platten den Tiefdruck und das Drucken von erhabenen Bildflächen den Hochdruck.

Zu diesen beiden Arten des Drucks gesellte sich anfangs des 19. Jahrhunderts durch die Erfindung der Lithographie oder Steinzeichenkunst durch Aloys Senefelder in München als drittes Druckverfahren der Flachdruck. Diese Art der Vervielfältigung von Schrift und Bildern beruht auf der einfachen Tatsache, daß Fett und Wasser sich gegenseitig abstoßen. Auf einem fein polierten Kalkstein oder auch einer Zink- oder Aluminiumplatte wird mittels einer fettreichen Farbe die Zeichnung oder Schrift ausgeführt, mit Druckfarbe eingeschwärzt und abgedruckt. Diese Platten mit Säure, Gummilösung nnd Druckfarbe behandelt zeigen die Eigentümlichkeit, daß die Druckfarbe an allen den mit der Fettfarbe versehenen Stellen haften bleibt und von allen andern Stellen abgestoßen wird, und der Grund, wenn er während des Einfärbens der Zeichnung feucht gehalten wird, rein und weiß bleibt. Durch den Umstand, daß bei diesem Druckverfahren der Druck von einem flach auf der Platte liegenden Bilde erfolgt, bezeichnet man diese Druckart mit Flachdruck.

Wie früher schon bei der Radierung begann man in den zwanziger Jahren des vorigen Jahrhunderts mittels Aetzung auch Hochdruckplatten herzustellen, wozu statt des Kupfers Zink benutzt wurde. Die so entstandene Druckform bezeichnet man mit dem Namen Zinkographie, Zinkotypie oder Metallotypie. Die Bilder dieser Druckstöcke sind in Strichmanier, dem Holzschnitt ähnlich, hergestellt, da der Buchdruck aus erhabenen freistehenden Buchstaben, Linien oder Punkten bestehende Druckplatten erfordert.

Illustrationsprobe des neuen Rotationstiefdrucks.

Eine gewaltige Förderin fand die Herstellung von Platten zum Bilderdruck in der Photographie. Mit ihrer Hilfe entfaltete sich das heutige hochentwickelte, vielfach mit den alten ehrwürdigen Drucktechniken aus dem Mittelalter eng verschlungene moderne photomechanische Reproduktionsverfahren.

Für alle Arten des Druckes bahnte die Photographie neue Wege zur Herstellung von Druckplatten, und wir sind heute imstande, jede photographische Aufnahme in eine Druckform für irgend eine der drei Arten oder Verfahren des Druckes, sowohl für den Hochdruck, als auch für den Tiefdruck oder den Flachdruck zn verwandeln.

Die Anfertigung einer Druckplatte auf photomechanischem Wege nach einer Strichzeichnung ist verhältnismäßig einfach, da die aus Strichen bestehende photographische Uebertragung, gegen Säure widerstandsfähig gemacht, ohne weiteres geätzt und gedruckt werden kann. Größere Schwierigkeiten macht es, nach Bildern mit Halbtönen, wie Photographien, Tuschzeichnungen, Oelgemälden oder Naturaufnahmen durch photographische Uebertragung und Aetzung, also durch ein photomechanisches Verfahren Druckplatten zu gewinnen. Hierzu ist es für den Hochdruck sowohl, als auch beim Tief- und Flachdruck nötig, das Bild vor der Aetzung in ein Korn oder in zarte freistehende Striche und Punkte zu zerlegen. Man bewerkstelligt das dadurch, daß bei der photographischen Aufnahme des Bildes ein auf eine Glasplatte eingraviertes Netz- oder Linien-System, der Raster, auf das photographische Negativ einwirkt. Auf diese Weise entstehen durch Aetzung Druckplatten, bei denen das Bild einer Kreidezeichnung ähnlich weiße Zwischenräume zeigt und in kleine Pünktchen oder Striche zerlegt ist. Je dichter das Netz dieser Aetzungen ist, um so weniger zerrissen erscheint das Bild, und um so schöner und malerischer ist seine Wirkung. Es kann auf diese Weise ein Bilderdruck mit äußerst weicher Abstufung der Tonwerte hervorgebracht werden. Die lichtesten Stellen sind durch freistehende zarte Punkte gezeichnet, die in den Halbtönen immer größer werden und sich endlich wieder in den Schatten zu Strichen und Flächen vereinigen. Wird auf diese Weise die Platte für den Kupferdruck oder Tiefdruck geeignet, vertieft geätzt, so heißt sie Heliogravüre, wird sie für den Buchdruck oder Hochdruck geeignet, hoch geätzt, so ist es eine Autotypie.

Die Herstellung autotypischer Druckplatten ist wohlfeil und als Vorlagen hierzu eignen sich bildliche Darstellungen aller Art. Die Autotypie ist eine der wichtigsten Erfindungen der Graphik und brachte eine völlige Umwälzung des Bilderschmucks von Büchern und Zeitschriften hervor. Wegen ihres zarten Kornes und der dadurch bedingten flachen Aetzung aber erfordert der Druck einer guten Autotypie mit zartem Netz eine sorgfältige Behandlung in der Buchdruckpresse, die Verwendung guter Farbe und die Benutzung möglichst hochsatinierten oder besser noch gestrichenen Papiers. Für den Druck von Massenauflagen auf Zeitungsrotationsmaschinen unter Anwendung gewöhnlichen Druckpapiers ist eine gute wirkungsvolle Autotypie mit feinem Raster oder Netz jedoch nicht verwendbar. Ihr zartes hochgeätztes Korn setzt sich beim Zeitungsdruck sehr schnell zu und verursacht ein bis zur Unkenntlichkeit entstelltes, verschwommenes und verschmiertes Bild. Wir sehen ab von der Veranschaulichung des Abdrucks eines autotypischen Klischees mit feinem Raster in dieser auf der Zeitungsrotationsmaschine gedruckten Sonderausgabe der Freiburger Zeitung, da sich an dieser Stelle nichts weiter zeigen würde, als ein schwarzer Flecken. Diesem Uebelstande vorzubeugen, ist man seit Jahren eifrig bemüht. Man suchte durch Verwendung eines weiteren Netzes und tieferes Aetzen druckfähigere, für den Druck auf der Rotationsmaschine geeignete autotypische

Klischees zu erhalten und erzielte auch annehmbare Ergebnisse. Immerhin kann dieses Verfahren nur als ein Notbehelf betrachtet werden, denn solche Abdrücke können keinen Anspruch machen auf einen einwandfreien Bilderdruck.

Ein künstlerisch noch weit höher stehendes Bilderdruckverfahren, als die Autotypie mit feinem Raster, ist der Tief- oder Kupferdruck. Er gestattet eine äußerst kraftvolle Wiedergabe der Tiefen, eine sehr weiche Abstufung der Mitteltöne und eine unübertroffene Feinheit der zartesten Linien ohne jede Zerrissenheit. Die Eigenart dieses Drucks erforderte bisher eine zeitraubende, schwierige und daher kostspielige Herstellung. Die Abdrücke mußten entweder auf der Handpresse oder auf langsam arbeitenden Kupferdruckpressen gemacht werden. Für den Druck von Massenauflagen im schnellen Betriebe einer illustrierten Zeitung oder Wochenschrift oder gar einer mit fliegender Hast arbeitenden Tageszeitung war dieses Verfahren bisher unanwendbar.

Hier setzen nun die Erfindungen des Dr. Mertens in Freiburg im Breisgau ein, die den Gegenstand unserer heutigen Sonderausgabe bilden.

Dr. Mertens hat als langjähriger Direktor eines bedeutenden graphischen Unternehmens Gelegenheit gehabt, alle graphischen Verfahren eingehend zu studieren und hat sich zur Aufgabe gemacht, die schönste aller Bilderdruckarten, den Kupferdruck, für die Allgemeinheit brauchbar zu machen, insbesondere auch für Zeitungsdruck. Ein langes, mehr als zehnjähriges Studium auf diesem Gebiete, verbunden mit kostspieligen Versuchen, führte im Jahre 1903 zuerst zur Ausbildung der Textilwalzen-Photogravur. Um diese zu fördern, verlegte er seine Versuchsanstalt von Berlin nach dem Elsaß, der Wiege der deutschen Textil-Industrie, und seinen Wohnsitz nach Freiburg in Baden, wohin er auch die erstere verlegte und wo er seine in Berlin begonnenen, im Elsaß lange unterbrochenen Arbeiten für den Zeitungs-Kupferdruck fortsetzte und nunmehr beendet hat. Das Ziel vieler graphischer Techniker, die in der gleichen Richtung arbeiteten, ist nunmehr durch die Dr. Mertensschen Arbeiten erreicht, dem es gelang, die Herstellung dauerhafter Walzengravuren und neue phototechnische Druckmethoden, sowie die Konstruktion geeigneter Maschinen zu finden. Dr. Mertens verwendet außer seinen zahlreichen Patenten ein Patent von Ernst Rolffs in Siegburg zum Lackieren der Walzen, das gute Dienste leistet.

Die vorliegende Ausgabe der Freiburger Zeitung bringt als erste Zeitung den Photogravurdruck (Tiefdruck) **in Verbindung mit dem üblichen Zeitungsdruck** (Hochdruck), **welche beiden ganz verschiedenen Druckmethoden in einem einzigen Arbeitsgange zur Ausführung gelangen.**

Bisher schon wurde der Tief- oder Kupferdruck für den photomechanischen Zeugdruck auf der Rakelmaschine nach Dr. Mertens- und Rolffsschem System verwendet. Die Druckwalzen hierzu sind mit und ohne Raster bereits hergestellt worden, und zwar wurde zu diesem Zweck ein positiver Bildfilm auf die zu diesem Zweck lichtempfindlich gemachte Walze kopiert, worauf dann das Bild entwickelt und tief geätzt wurde. Das so erzeugte Druckbild besteht aus vertieften Linien und Punkten, die durch hochstehende Zwischenwände (Stege) voneinander getrennt sind. Das Farbmesser findet an den Rasterstegen überall feste Führung, die jede Durchbiegung auch bei größeren dunklen Teilen des Bildes verhindert.

Es wird zur Kopie auf der mit lichtempfindlicher Schicht, z. B. Chromleim, versehenen Walze ein Diapositivfilm, der mit durchsichtigen gekreuzten Linien rastriert ist, verwendet. Die belichteten Linien und Punkte bilden auf der lichtempfindlichen Leimschicht der Walze ein unlösliches Netz, sodaß beim Entwickeln der Walze die Metallfläche in einzelnen von einander isolierten Punkten freigelegt wird.

Wird nun die Walze in geeigneter Weise geätzt, so ergibt sich auf der Walze ein wie oben gekennzeichnetes, aus vereinzelten vertieften Linien und Bildpunkten bestehendes Bild.

Die Herstellung der Walzengravur sowohl, als auch insbesondere diejenige brauchbarer Tiefdruckmaschinen für schnellen Rotationsdruck und die Kombination der Zeitungs- und Tiefdruckmaschinen verursachte langwierige Arbeiten, die von Dr. Mertens glücklich gelöst wurden und in deren Durchführung er durch die Elsässische Maschinenbau-Gesellschaft in Mülhausen und die Voigtländische Maschinenfabrik in Plauen unterstützt wurde. Die Dr Mertensschen Erfindungen sind in allen Kulturstaaten durch zahlreiche Patente geschützt.

Zur praktischen Verwendung dieser Erfindung für das große umfassende Gebiet der Buch- und Zeitungsdrucktechnik vereinigte sich der Erfinder und Patentinhaber Dr. Eduard Mertens mit dem Verfasser dieser Zeilen, einem Druck- und Zeitungsfachmann, und stellt der Welt, insonderheit der Fachwelt, durch diese nach dem neuen Bilderdruckverfahren illustrierte Sonderausgabe der Freiburger Zeitung als praktisches Ergebnis vor

Zur Herstellung dieses Bilderdrucks in unmittelbarer Verbindung mit dem Buchdruck wird die äußerst einfache, nur aus zwei Walzen oder bei doppelseitigem Bilderdruck aus 4 Walzen und einer eigenartigen Rakelvorrichtung bestehende Tiefdruckmaschine an eine gewöhnliche Rotationsdruckmaschine ganz beliebiger Konstruktion angeschoben und mit dem Antriebe dieser Maschine verbunden. Das endlose Rotationsdruckpapier läuft, nachdem es die Bilderdruckmaschine mit der Schnelligkeit der Rotationsdruckmaschine durchlaufen, auf dieser Maschine weiter, die den Druck des Textes sowohl, als auch das Schneiden und Falzen genau in der bisherigen Weise besorgt.

Der heute noch unabsehbare Wert dieser Erfindung beruht darauf, daß das edelste und wirkungsvollste Bilderdruckverfahren, der Tiefdruck, also der Kupferstich, die Radierung, die Photogravüre — mit großer Geschwindigkeit auf der Rotationsmaschine hergestellt werden kann in Verbindung mit jedem beliebigen Buchdrucktext, sei er für Zeitungen, Zeitschriften oder Bücher bestimmt. Außer diesem grundlegenden Wert, der auf der Schönheit dieses Bilderdrucks beruht und gegen den jeder bisherige Rotationsdruck keinen Vergleich aushält, birgt dieser Bilderdruck noch weitere schätzbare Vorteile in sich.

Während für den Druck guter Autotypien meistens sehr teures hochglänzendes Papier verwendet wird, das durch seinen Glanz das Beschauen des Bildes beeinträchtigt und das Auge, besonders bei Lampenlicht, empfindlich blendet und ermüdet, eignet sich für den kombinierten Mertensdruck das geringste holzhaltige und rauhe Papier. Auch die Farbe dieses Bilderdrucks ist stumpf und daher wirkungsvoller, außerdem ist sie sehr wohlfeil, und in jedem beliebigen Farbenton herzustellen. Die Eigenart des Druckvorgangs gestattet deshalb außerdem ohne Beeinflussung der Schnelligkeit oder Schwierigkeit des Drucks die Bilder in einer dem Gegenstand angepaßten Farbenstimmung wiederzugeben, unbeschadet dessen die Textschrift in gewöhnlichem Schwarz zu drucken. Für den Buchdrucktechniker ist es auch wichtig, daß dieser Bilderdruck durchaus **keiner Zurichtung** in der Maschine bedarf; nach Einheben der Bilderdruckwalze kann sofort angedruckt werden.

Den großen Weltfirmen, die jährlich viele Hunderttausend für Zeitungsreklamen ausgeben, bietet dieser Bilderdruck eine hervorragende Aussicht, ihre Reklame-Darstellungen für die die besten Künstler ihre Dienste leihen in wirkungsvoller und künstlerischer Weise zu Geltung zu bringen.

Die Art der Bekanntgabe dieser neuen Erfindung durch die Sonderausgabe einer Tageszeitung wurde mit ganz besonderer Absicht gewählt und von der Freiburger Zeitung in bereitwilligster und verständnisvoller Weise durchgeführt, um mit einem Beispiel aus der Praxis heraus die Leistungen und die Brauchbarkeit des neuen Bilderdrucks vor Augen zu führen.

Damit das neue Druckverfahren, der Mertensdruck, schnell seinen Siegeslauf durch die ganze Welt nehme, steht die Druckmaschine nebst allen technischen Erfordernissen für dieses Verfahren jedermann zur Besichtigung und zum Studium frei zur Verfügung. Anmeldungen zum Besuche, die nach der Reihenfolge des Eingangs berücksichtigt werden, sowie Anfragen über die Vergebung von Lizenzen für den Mertensdruck können gerichtet werden an die: Deutsche Mertensgesellschaft in Freiburg im Breisgau. Auch ist der Verfasser dieses Aufsatzes gern bereit, seinen Kollegen weitere Auskünfte zu erteilen.

Max Ortmann,
Verleger der Freiburger Zeitung,
Mitinhaber der Universitätsdruckerei und
Verlagsanstalt H. M. Poppen & Sohn
Freiburg in Baden.

Die geheimen Druckmaschinen

Wie sich der Übergang von der vor allem für kleinere Auflagen und Abzüge von künstlerischen Kupferstichen geeigneten Handpresse zu den großen Druckmaschinen vollzogen hat, ist bisher nicht bis in alle Einzelheiten aufgeklärt.

Die erste Walzendruckmaschine (mit graviertem Formzylinder) soll es schon um 1780 in Amiens gegeben haben. 1783 und 1784 erhielt der Schotte Thomas Bell Patente für Stoffdruckmaschinen nach dem Tiefdruckverfahren. Bell verwendete tiefgravierte Kupferwalzen und eine Rakel. Seine Patentschriften zählen alle Gewebe auf, die bedruckt werden sollten, und zwar in bis zu fünf Farben, „alle gleichzeitig" und „mittels einer sehr viel billigeren Methode als bisher möglich".

Das erste Patent auf eine Tiefdruckmaschine für den Schön- und Widerdruck wurde dem französischen Verleger Auguste Godchaux 1860 erteilt. Auch er arbeitete noch mit gravierten Walzen. Danach erst kamen fotomechanische Formherstellungsverfahren auf, wie sie oben geschildert wurden.

Karel Klič transferierte sein Verfahren nach England, wo es ab 1891 unter strengster Geheimhaltung angewendet wurde. In Deutschland war es ebenfalls ein aus Wien kommender Maler, Theodor Reich, der bei Bruckmann in München und bei Meisenbach-Riffarth in Berlin an der Verwirklichung von Tiefdrucktechniken arbeitete. In Siegburg gab Ernst Rolffs entscheidende Anstöße für die Weiterentwicklung des Verfahrens. Sein wichtigster Mitarbeiter und späterer Teilhaber war der aus Berlin stammende Chemiker und Reproduktionstechniker Eduard Mertens (1860–1919).

Zu Ostern 1910 erschien als erstes deutsches Blatt die „Freiburger Zeitung" mit Illustrationen, die im Tiefdruck wiedergegeben waren, während der Textdruck in Rotationshochdruck erfolgte. Damit war es gelungen, die Vorteile des Tiefdrucks, nämlich „eine äußerst kraftvolle Wiedergabe der Tiefen, eine sehr weiche Abstufung der Mitteltöne und eine unübertroffene Feinheit der zartesten Linien ohne jede Zerrissenheit", auch für Massenauflagen auszunützen. An der Entwicklung bis zu dieser Anwendungsreife war maßgebend Dr. Eduard Mertens beteiligt. Der gleichzeitige Druck von Bild und Schrift, wie er heute selbstverständlich ist, gelang erst später.

1

Beide gründeten in Siegburg eine Photogravur-Gesellschaft. Mertens' Verdienst war es, daß er seine Erfindungen nicht nur in der eigenen Firma auswertete, sondern mit der Geheimhaltung brach und das Rakeltiefdruckverfahren allen interessierten Druckern zugänglich machte. Unter seiner Leitung erschien die Osternummer des Jahres 1910 der „Freiburger Zeitung“ als erstes deutsches Blatt mit Abbildungen in Tiefdruck, während die Schrift auf einer mit der Tiefdruckmaschine gekoppelten Buchdruckrotation gedruckt wurde.
Die erste Tiefdruck-Rotationsmaschine wurde schon 1904 im Auftrag von Mertens von der Elsässischen Maschinengesellschaft in Mülhausen konstruiert und 1906 von der Photogravur-Gesellschaft in Betrieb genommen. Sie hatte schon alle Merkmale moderner Rakel-Tiefdruckmaschinen.

Tiefdrucktechnik von heute

Bestimmte Elemente der fotomechanischen Druckformenherstellung vom Anfang des 20. Jahrhunderts spielen bei den klassischen Tiefdruckverfahren von heute immer noch eine Rolle. Für modernen Rakeltiefdruck werden im allgemeinen verkupferte Stahlzylinder verwendet. Auf den Kupfermantel kommt zunächst eine Trennschicht, die im galvanischen Bad erneut verkupfert wird. Ausschließlich diese nur 0,10 bis 0,15 Millimeter dünne Haut nimmt das Druckbild auf. Nach Abschluß des Druckvorgangs kann die Haut („Ballardhaut“) abgezogen, der Zylinder erneut überzogen und verkupfert werden.
Die vorbereiteten Druckvorlagen (Halbtondiapositive) werden entweder direkt auf den lichtempfindlich beschichteten Formzylinder kopiert oder indirekt mit Hilfe von Pigmentpapier oder Stripfilm übertragen. Halbtonvorlagen verlangen grundsätzlich einen Raster. Ein Netzraster wird auf das Pigmentpapier aufkopiert. Nach dem Aufquetschen des Pigmentpapiers auf den Formzylinder folgt die Entwicklung der Gelatineschicht. Schließlich wird nach dem Abziehen der Trägerfolie des Pigmentpapiers der Zylinder geätzt.
Beim Ätzvorgang entstehen winzige, unterschiedlich tiefe „Näpfchen“ auf dem Formzylinder. Sie nehmen die dünnflüssige Farbe auf. Überschüssige Farbe streift eine Rakel (daher auch: Rakeltiefdruck) ab. Beim Druck geben die Näpfchen die in ihnen enthaltene Farbe an das Papier ab.
Da die Näpfchen je nach Tiefe oder auch Flächenausbreitung unterschiedlich viel Farbe enthalten, ist der von ihnen erzeugte Abdruck auf dem Papier auch unterschiedlich kräftig. Ebenso spielt bei der Erzeu-

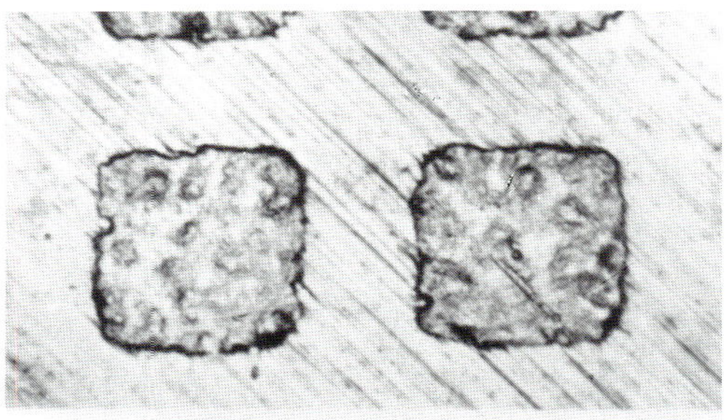

2

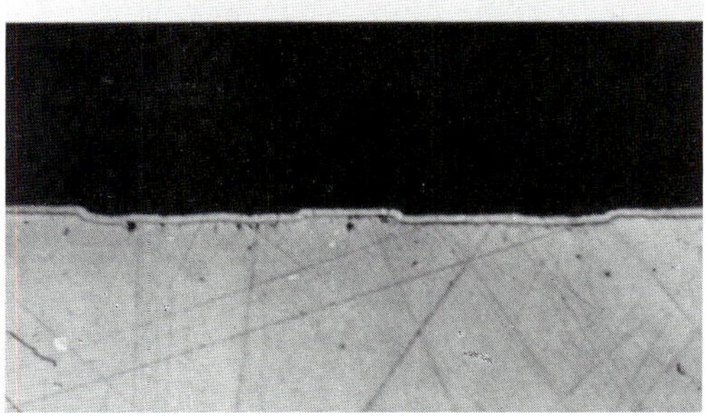

3

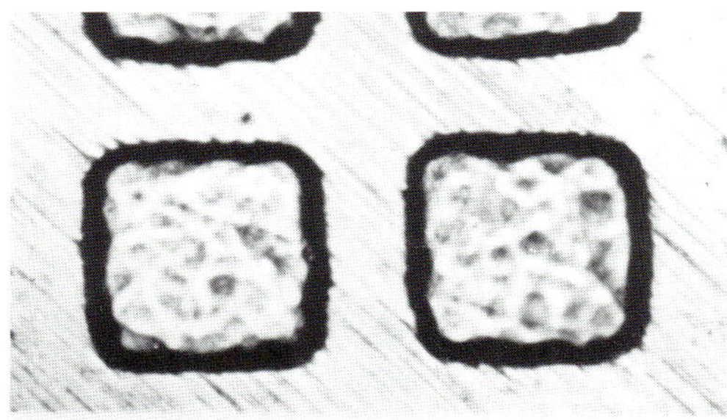

4

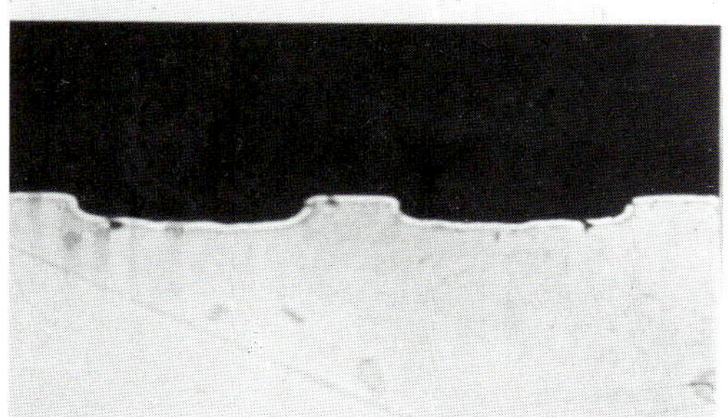

5

6

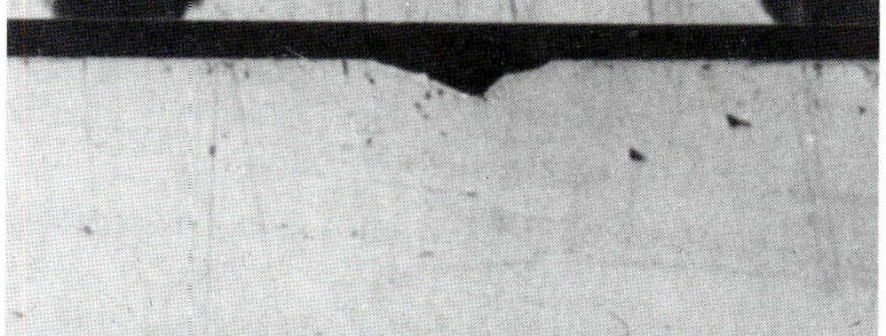

7

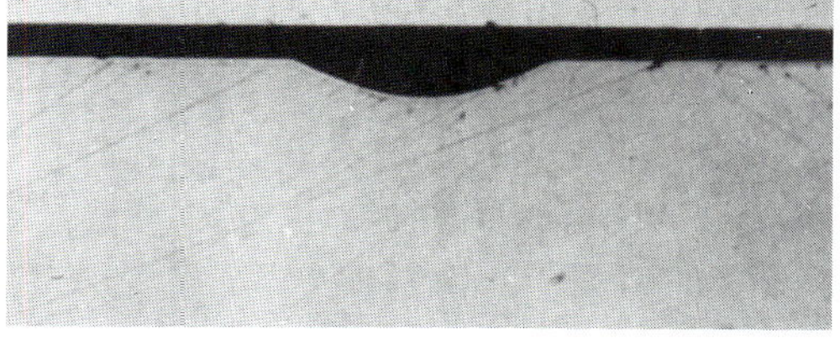

8

9

10

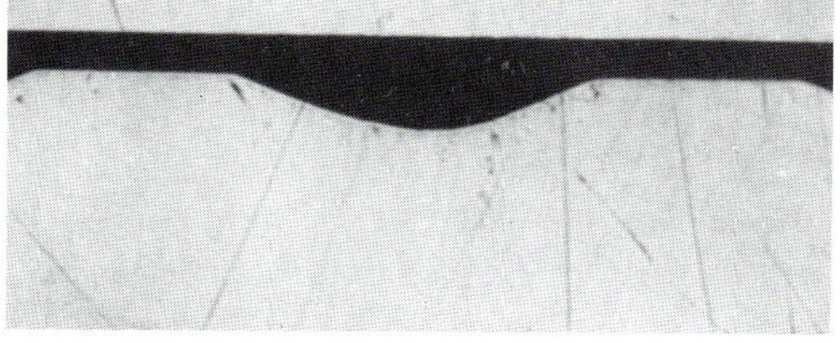

11

12

gung des Druckbildes die Näpfchenanzahl und -dichte eine Rolle.
Inzwischen wurde diese Methode zum Teil durch elektronische Verfahren ergänzt oder ersetzt. Fotomechanisch braucht nur noch die Druckvorlage hergestellt zu werden. Von ihr wird ein sogenannter Abtastfilm kopiert, der die elektronische, prozeßgesteuerte Walzengravur durch den Helio-Klischographen lenkt. Auch auf diesem Gebiet der Drucktechnik stehen neue Entwicklungen bevor. So werden heute schon zum Teil die Formzylinder durch computergesteuerte Helio-Klischographen bearbeitet, wobei der Computerspeicher sämtliche Bild- und Textinformationen der Zeitschriftenseiten enthält. Eines Tages wird sicherlich auch die Zylindergravur mit Hilfe des Elektronen- oder Laserstrahls anwendungsreif sein. Einstweilen wird an Verfahren dieser Art noch experimentiert.

Die für den Rakeltiefdruck entwickelten Rotationsmaschinen gehen auf Grundmodelle dieser Druckmaschinenform zurück. Sie gehören zu den größten und leistungsfähigsten Maschinen ihrer Art, die Auflagen von mehreren Millionen innerhalb weniger Stunden oder Tage (je nach Umfang der Drucksache) bewältigen.

Siebdruck, die „vierte Technik"

Im Gegensatz zu den klassischen Verfahren des Hoch-, Flach- und Tiefdrucks ist der Siebdruck, die „vierte Technik" der Drukker, noch ziemlich jung. Beim Siebdruck wird ein Textil- oder Metallgewebe über einen Druckrahmen gespannt. Alle Stellen, die nicht mitdrucken sollen („bildfreie Stellen"), werden mit Schablonen abgedeckt. Mit Hilfe eines Spachtels, einer Rakel, zieht

Die Tiefdruckzylinder werden heute entweder geätzt (1) oder elektronisch graviert. Mikroaufnahmen der „Näpfchen" in der Tiefdruckform:
2–5 geätzt, in Aufsicht (2, 4) und im Querschliff (3, 5). Die Fotos der Querschliffe lassen die dünne Verchromungsschicht über dem Kupfer erkennen, die die Form widerstandfähiger macht.
6–11 graviert, in Aufsicht (6, 9) und im Querschliff quer zur Stichelrichtung (7, 10) und längs der Stichelrichtung (8, 11). Die Näpfchen der linken Reihe (2...8) geben einen leichten Ton wieder, die der rechten Reihe (4...11) einen Mittelton.
12 – Dieses ältere Foto gibt einen Eindruck von der komplexen Struktur einer Tiefdruckanlage. Inzwischen ist noch weit mehr Elektronik in die modernen Maschinen eingezogen, die sich dem Betrachter unter glatten Blechen verbirgt.

man die Druckfarbe über das Sieb und drückt sie durch die offenen Stellen der Schablone auf den Bedruckstoff. Dabei muß es sich nicht unbedingt um Papier handeln. Im Siebdruckverfahren kann man auch Textilien, Gummi, Glas, Holz, Blech oder Kunststoff bedrucken.

Frühe Schablonentechniken

Die ersten Siebdruckversuche mit Geweben als Schablonenträgern wurden um 1870 sowohl in Frankreich als auch in Deutschland unternommen. Trotz aller Bemühungen um Geheimhaltung des neuen Verfahrens gelangten Nachrichten darüber auch nach England. Dort ließ sich der aus Manchester stammende Samuel Simon 1907 ein Patent auf die Siebdrucktechnik erteilen. Simon arbeitete mit Seidengewebe als Schablonenträger; die Farbe drückte er mit einer Bürste statt mit einer Rakel durch.
Als echten Erfinder wird man Simon schon deshalb nicht bezeichnen können, weil Schablonentechniken in der einen oder anderen Form absolut nichts Neues waren. Schon die steinzeitlichen Höhlenkünstler verwendeten bei der Ausschmückung der Höhlenwände unterschiedliche Schablonen. Durch Schablonen aus Bananenblättern rieben die frühen Bewohner der Fidschi-Inseln Pflanzensäfte auf ihre Bastbekleidungsstoffe, um sie in traditionellen Mustern einzufärben.
Im Mittelalter, vor Gutenbergs Erfindung, wurde es Mode, einfarbig schwarz bedruckte Blätter mit Hilfe von Schablonen zu kolorieren. Unter anderem wurden in dieser Technik Heiligen- und Andachtsbilder, aber auch Spielkarten bemalt. Die Produzenten dieser Artikel hießen Briefmaler oder auch einfach Briefer, weil damals jedes kürzere Schriftstück oder Druckwerk „Brief" genannt wurde. Ihre Erzeugnisse waren für den Alltagsgebrauch bestimmt. So kommt es, daß nur wenige davon in den Museen erhalten blieben.
Im 17. Jahrhundert wurden, vor allem in England und Frankreich, Tapeten nach dem Schablonenverfahren bunt bedruckt oder mit Velours beschichtet. Im 18. Jahrhundert gehörte das Bedrucken von Samt, Möbeln, Tabletts und Wänden in Schabloniertechnik zu den Fertigkeiten, denen sich vor allem höhere Töchter widmeten.

Das Problem der Verbindungsstege

Die Schablonen bestanden im allgemeinen aus Pergament oder Ölpapier, manchmal auch aus dünnen Metallfolien – solche verwendeten noch unsere Urgroßmütter, um die Stickvorlagen für Monogramme und andere Verzierungen auf Tischtücher, Servietten und Bettzeug zu übertragen. Alle diese Schablonen wurden frei aufgelegt. Die ausgeschnittenen Formen mußten deshalb so beschaffen sein, daß die „inneren Teile" sich nicht selbständig machen konnten. Stege und Brücken hinderten diese Teile am Verrutschen oder Herausfallen. Im Muster ergaben sich daraus viele ausgesparte Stellen. Man braucht nur an schablonierte Kistenaufschriften von heute zu denken, die keine „kompletten" Buchstaben zeigen, sondern in einzelne Bögen und Striche zerlegte.
Schriften und Ornamente dieser Art, mit sichtbar bleibenden Verbindungsstegen, können ganz reizvoll sein – die Verwendung des Verfahrens engen sie aber doch stark ein. Den Japanern wird die Erfindung der „unsichtbaren" Stege zugeschrieben. Japanische Schablonenschneider kamen als erste auf die Idee, ihre Vorlagen mit Hilfe von Seidenfäden oder Menschenhaar zu fixieren. Die Fäden wurden wie ein Spinnennetz über die Öffnungen der Schablone gelegt und festgeklebt. Beim Druck blieben sie unsichtbar, hielten aber doch alle losen Teile der Schablone in ihren Positionen.

Siebdruck als Handwerk

Wann und wo der Schritt von der japanischen Fadentechnik zur Verwendung eines Siebgewebes als Schablonenträger getan wurde, läßt sich nicht nachweisen. Fest steht, daß sich im zweiten Jahrzehnt unseres Jahrhunderts zwei Richtungen im Siebdruck auszubilden begannen: auf der einen Seite der Siebdruck als künstlerisches Ausdrucksmittel, auf der anderen Seite der kommerziell-handwerklich betriebene Siebdruck.
Den Anstoß für die kommerzielle Anwendung gab die Werbung. In den USA bildeten sich während des Ersten Weltkrieges die ersten Ladenketten. Es erwies sich als praktisch, die Werbung für diese Geschäfte zu vereinheitlichen. Gleichgültig, ob es sich um 10 oder 50 Kettenläden handelte, alle sollten die gleichen Markenzeichen, Plakate, Preisschilder, Fahnen, Aufsteller usw. zeigen. Für konventionelle Druckverfahren kamen solche Mini-Aufträge nicht in Frage, die Handmalerei erwies sich bald als zu unpraktisch. Da verfielen einfallsreiche Grafiker auf den Siebdruck, die ideale Technik auch für kleine Auflagen und Stückzahlen. Siebdruck war schon deshalb hervorragend geeignet, weil er auch mit Do-it-yourself-Mitteln zu bewerkstelligen war. Ein einfacher Holzrahmen, bespannt mit Seiden- oder Metallgaze, dazu eine Rakel oder eine Gummiwalze, Druckfarben und Papier – mehr war nicht erforderlich, um zehn oder 100 ein- oder mehrfarbige Drucke mit strahlenden Farben herzustellen. Ein anderes Argument für den Siebdruck war die Möglichkeit, praktisch jedes beliebige Material zu bedrucken – vom Luftballon bis zum rostfreien Stahl.
Inzwischen gibt es Siebdruckmaschinen, die auch höhere Auflagen bewältigen können. Da es vor allem auf den gleichmäßigen Farbauftrag ankommt, wurden Maschinen konstruiert, die bei feststehender Druckform eine Magnetrolle mit Magnetkraft über das Sieb bewegen, und andere, bei denen die Druckform bei feststehender Rakel über den von einem Vakuumzylinder festgehaltenen Bedruckstoff gezogen wird.
Längst ist es auch möglich, andere als ebene Flächen im Siebdruckverfahren zu bedrukken – beispielsweise Gläser und Flaschen, Lampenschirme und Plastikspielzeug. In Siebdrucktechnik entstehen Abziehbilder und bedruckte T-Shirts, Fell-Imitationen und Teppichoberflächen, Velours-Produkte und farbige Folien. Und zu einer besonderen Spezialität für Siebdrucker wurde die Herstellung von gedruckten elektronischen Schaltungen für Rundfunk- und Fernsehgeräte, Computer und Hörgeräte, Taschenrechner und Küchenmaschinen.

Siebdruck als künstlerische Technik

Der künstlerische Siebdruck entwickelte sich ebenfalls zuerst in den USA, angeregt von kommerziellen Verwendungsmöglichkeiten. Für ihn schlug der Direktor des Philadelphia Museum of Art, der Kunsthistoriker Carl Zigrosser, die Bezeichnung „Se-

Vorläufer des Siebdrucks, der „vierten Technik", waren verschiedene Schablonenverfahren. Besonders Spielkarten wurden und werden in Ostasien noch immer mit Schablonen koloriert. Die Beispiele aus dem Deutschen Spielkartenmuseum, Leinfelden-Echterdingen, zeigen ein Spiel mit deutschen Farben von dem Nürnberger Kartenmacher J. C. Jegel, erste Hälfte des 19. Jahrhunderts (1) und einen Druckbogen mit 5 Schablonen aus der laufenden Produktion (1979) eines japanischen Spielkartenmachers.

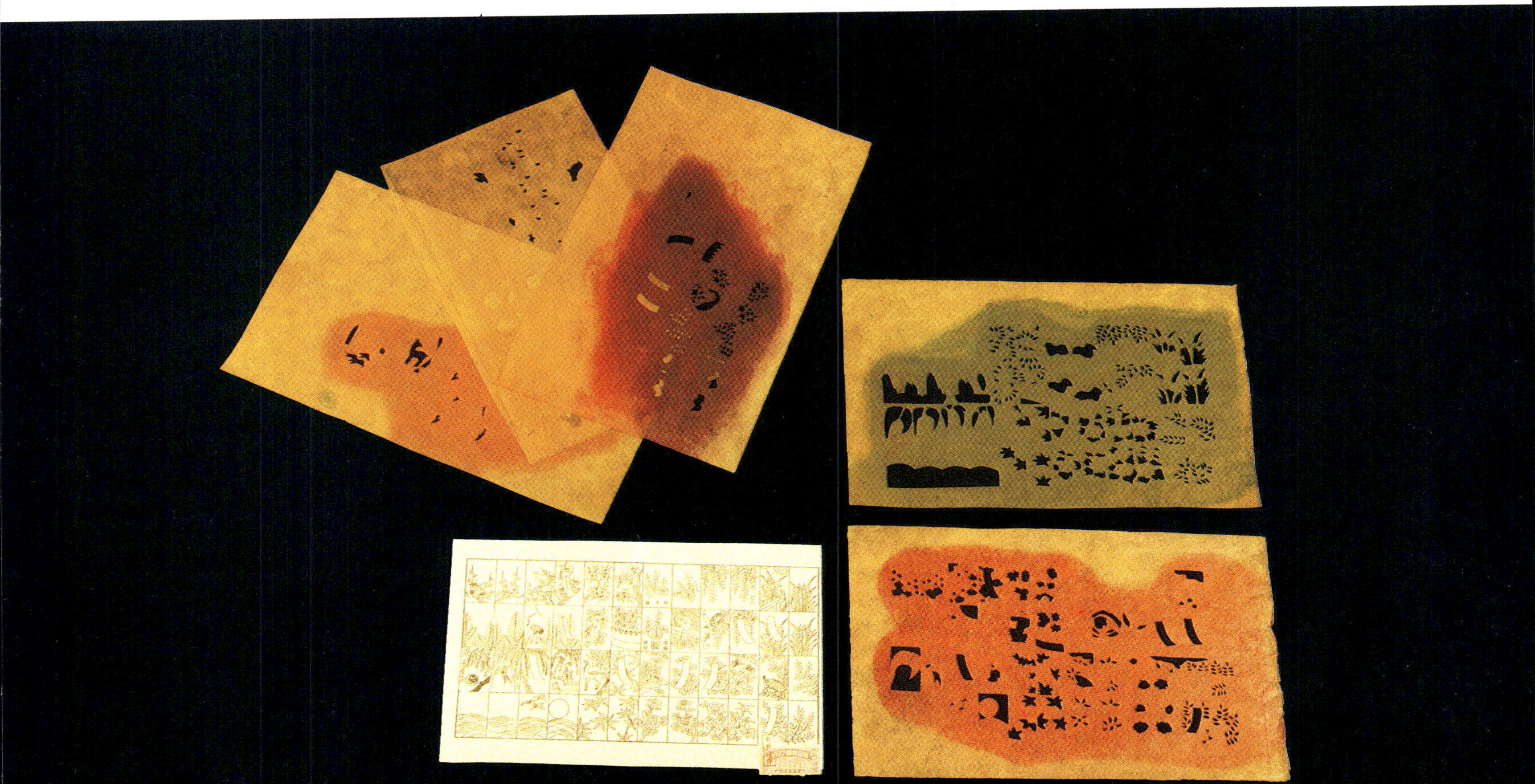

1

2

rigrafie“ vor (vom griechischen *serikos* = Seide und *graphein* = schreiben, also eigentlich „Seidendruck“), die sich mittlerweile zur Unterscheidung vom handwerklichen Siebdruck durchsetzte.
Es dauerte Jahrzehnte, bis sich die Serigrafie als künstlerische Ausdrucksform neben Holzschnitt und Lithografie, Kupferstich und Radierung durchsetzte. In der Frühzeit lehnten die Veranstalter von Grafikausstellungen den Siebdruck ab, weil nicht von konventionellen Druckstöcken gedruckt wurde, und die Gemäldeaussteller waren von vornherein dagegen, weil es sich um Drucke und nicht um „originale“ Kunstwerke handelte.
Davon ist längst keine Rede mehr. Serigrafien sind in vielen prominenten Museen und Galerien zu finden – etwa von Künstlern wie Andy Warhol und Roy Lichtenstein, Robert Indiana und Richard Hamilton. Vor allem Pop-art und Op-art verhalfen dem Siebdruck zum Durchbruch.

Schablonentechniken heute

Jedes beliebige Material, das für die Druckfarbe undurchlässig ist und sich nach Beendigung der Arbeiten wieder von der Seidengaze ablösen läßt, ist als Druckschablone geeignet. Es gibt zahllose Schablonentechniken, die ganz unterschiedliche Wirkungen erzeugen und die oft auch in Kombination miteinander angewendet zu werden pflegen.
Mit dem Pinsel werden Abdeckmittel wie Leim, Lack oder Schellack aufgetragen. Zur Abdeckung eignet sich auch Spezialtusche, mit der das Muster aufgemalt wird. Nach dem Leimen der gesamten Siebfläche wäscht man die Tusche wieder heraus und

1 – Der gewerblich angewendete Siebdruck und seine künstlerische Schwester Serigrafie verdanken ihre Namen dem „Sieb“ aus „Seide“, also einem Gewebe, das aber heute oft aus Nylon oder Perlon besteht, auf das die Schablonen manuell oder fotografisch aufgebracht werden.
2 – Der Siebdruck wird besonders wegen der Leuchtkraft seiner in relativ dicker Schicht aufgetragenen Farben geschätzt. Da sie durchweg ungerastert gedruckt werden, braucht man für die Vielfarbigkeit wirklich viele verschiedene Farben.
3 – Wenn die Farben nebeneinander auf dem Druckbogen erscheinen sollen, kann man sie in einem Gang drucken. Eine der vier Farbwannen wird gerade nachgefüllt.
4 – In der Mitte der Maschine – diesmal von der Bogenauslage aus gesehen – erkennt man das Sieb, darüber die Rakel, die die Farbe über das Sieb streichen.

erreicht so, daß die Tuschefläche zur Bildfläche wird.
Einfacher ist die Verwendung von Papierschablonen. Sie eignen sich aber nur für großflächige Drucke in kleinen Auflagen. Für höhere Ansprüche sind Schablonenfilme besser, die mit haarscharfen Schablonenschneidern geschnitten und auf das Sieb geklebt werden. In dieser Technik werden vor allem Vorlagen für Schriften, Plakate, Poster, Illustrationen usw. mit scharfkantigen Linien umgesetzt, die in höheren Auflagen gedruckt werden sollen.
Siebdruck-Profis bevorzugen für künstlerische Arbeiten im allgemeinen die Fotoschablonen-Methode. Dabei wird das Siebgewebe mit einer lichtempfindlichen Emulsion beschichtet. Durch Belichten mit einer Speziallampe kopiert man die vorbereitete Vorlage auf die getrocknete Emulsion. Die unbelichtet gebliebenen Stellen lassen sich auswaschen, die belichteten bleiben stehen und bilden die Druckform.
Alle Verfahren eignen sich für die Herstellung von mehrfarbigen Siebdrucken. Dabei muß jede Farbe in einem eigenen Arbeitsgang und von einer speziellen Form gedruckt werden. Es gibt Siebdrucke mit 20 Farben und mehr.

3

Drucktechnik heute und übermorgen

Die Entwicklung auf dem Gebiet des Druckens ist im Fluß. Zwar beherrschen die auf den neuesten Stand gebrachten Verfahren des Hoch-, Flach- und Tiefdrucks den Markt, soweit Bücher und Zeitungen, Zeitschriften und Werbedrucksachen betroffen sind. Aber gedruckt wird seit jeher auch auf andere Druckträger – beispielsweise auf Blech oder Textilien. Dazu kommt, daß neue technische Verfahren auch neue Techniken des Druckens hervorbringen können. Man braucht dabei nur an die Datenverarbeitung mit ihren Schnelldruckern zu denken. Die folgenden Abschnitte bringen deshalb einen kurzen Überblick über neue oder „aufgewärmte" Verfahren.

Druck von Kunststoffplatten

Der Anteil des Hochdrucks an den klassischen Druckverfahren wird heute vor allem von den Zeitungen gehalten. Zwar haben sich viele von ihnen schon auf Offsetdruck umgestellt (die erste auf einer Offset-Rotation gedruckte Zeitung erschien 1923), aber viele Zeitungsdruckbetriebe scheuen aus verständlichen Gründen einstweilen diese Umstellung – ihre Hochdruck-Rotationsmaschinen erfüllen noch lange ihren Dienst. Da andererseits auch in den Zei-

4

1

2

3

1 – Für den Entwurf einer neuen Briefmarke ist der Künstler an eng umrissene Motiv- und Beschriftungsvorschriften der Postverwaltung gebunden. Der ausgewählte Entwurf wird in sechsfacher Markengröße als Reinzeichnung angelegt.

2 – Eines der auch heute noch für den Briefmarkendruck am häufigsten angewandten Verfahren ist der Stichtiefdruck. Die Reinzeichnung des Künstlers wird mit größter Genauigkeit seitenverkehrt in eine Stahlplatte gestochen. Diese Urplatte wird gehärtet und ihr Markenbild auf einen Stahlring, die Molette, abgeprägt.

3 – Auf der Molettiermaschine wird das seitenrichtige und erhabene Bild unter einem Druck von 5 Tonnen etwa 60- bis 70tausendstel Millimeter tief in einen Kupferzylinder, die Druckform, eingeprägt.

4 – Von dem verchromten Zylinder können auf der Tiefdruckrotationsmaschine 30–40 Millionen Marken gedruckt werden.

5 – Im Perforierwerk der Maschine werden alle Marken eines Bogens mit einem Schlag perforiert. Die je nach Bogengröße und Zähnung 3000–4000 Stahlstifte werden von Zeit zu Zeit nachgeschliffen.

6 – Vom Querschneider bogenweise geschnitten, verlassen die Briefmarken die Druckmaschine.

7 – Für den mehrfarbigen Offsetdruck und Ätztiefdruck müssen Farbauszüge erstellt werden, die hier vom Retuscheur kontrolliert und soweit nötig überarbeitet werden. – Die einzelnen Arbeitsgänge wurden in der Wertzeichendruckerei PTT, Bern, aufgenommen.

7

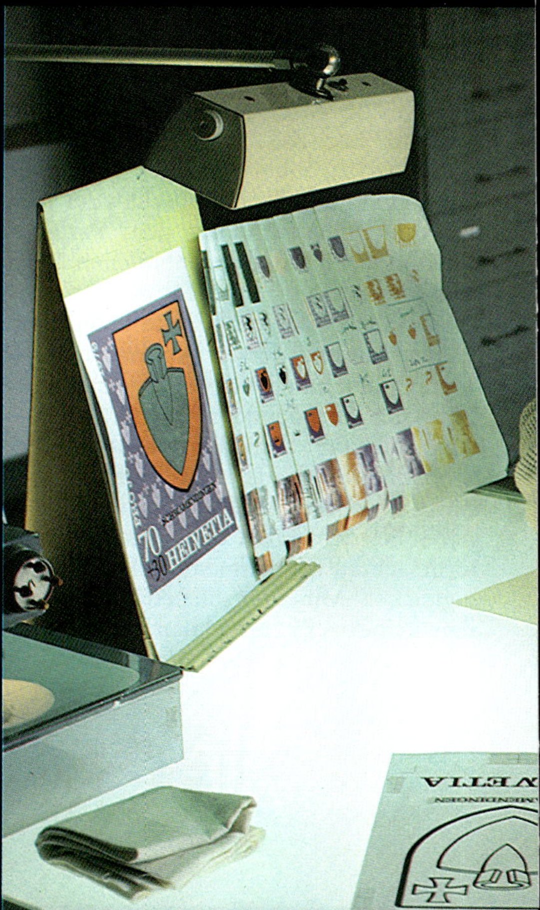

4

5

6

Vom Handsatz zum Computersatz

Das klassische Handsetzverfahren

Im 19. Jahrhundert bahnte sich auf allen Gebieten der grafischen Techniken Revolutionierendes an. Es gab neue Reproduktionsverfahren wie den Steindruck und neue Maschinen wie die Zylinderschnellpresse, neue Bilddruckmethoden wie die Strichätzung und neue Druckplatten wie das Stereo. Nur die Satztechnik hatte sich seit Gutenberg, also seit rund 400 Jahren, kaum verändert. Wie in den frühesten Zeiten der Schwarzen Kunst standen die Setzer vor ihren Setzkästen und stellten ihre Satzformen zusammen, den Winkelhaken in der Hand, Pinzette und Ahle in der Brusttasche. Ihr Arbeitstempo veränderte sich nicht. 1000 bis 1500 Buchstaben in der Stunde – mehr waren nicht zu schaffen. Und zu rationalisieren gab es dabei überhaupt nichts.
Vor allem die Zeitungen mit anwachsender Auflage wurden mit diesem Problem nicht fertig. Zu Beginn des 19. Jahrhunderts hatte der „Hamburgische unpartheyische Correspondent" beispielsweise eine Auflage von 25000. Der Text mußte bis zu zehnmal gesetzt werden – eine ungeheure Verschwendung an Arbeitskraft und Material, dazu immens teuer. Das Geschäft der Schriftgießereien blühte...

Von der Kunst des Schriftgießens

Die Drucker der Anfangszeit waren ihre eigenen Schriftgießer. Sie arbeiteten mit dem verbesserten Gießinstrument Gutenbergs und bezogen nicht einmal immer ihre Prägestempel, die Patrizen, von fremden Herstellern. Erst im Lauf der Jahrzehnte wurde aus der Schriftgießerei ein eigenes Handwerk.
Das ursprüngliche Herstellungsverfahren war kompliziert. Zuerst mußte der Buchstabenentwurf auf die Stirnseite eines vierkantigen Gußstahlstäbchens gezeichnet oder geritzt werden. Mit Grabstichel, Gegenpunze und Feile war dann der Buchstabe auszuarbeiten, wobei es nicht einfach war, den Vertiefungen die richtige Tiefe und ihren Rändern die richtige Steilheit zu verleihen. Die fertiggestellte Patrize wurde gehärtet und in ein rechteckiges Kupferstückchen eingeschlagen, und zwar mit höchster Genauigkeit. Diese Matrize setzte man in die Gießform ein. Das für den Guß verwendete Schriftmetall bestand (und besteht) im allgemeinen aus 75 Prozent Blei, 23 Frozent Antimon und zwei Prozent Zinn, manchmal mit geringen Anteilen Kupfer legiert. Die gegossene Letter mußte nun noch gründlich nachgearbeitet werden.

Das typografische Punktsystem

Einst hatte fast jede Druckerei ihre eigenen Schriftabmessungen und -normen. Um 1860 gab es in Deutschland noch mindestens 80 verschiedene Schrifthöhen. Der Austausch von Schriften zwischen den Druckereien war damit unmöglich oder schwierig. Die Vermutung liegt nahe, daß diese Vielfalt auch Konkurrenzgründe hatte – eine fremde Druckerei konnte mit den eigenen Schriften nichts anfangen.
Die ersten Bestrebungen zur Vereinheitlichung der Schrifthöhen gingen von Frankreich aus. In seinem 1764 veröffentlichten „Manuel typographique" schlug der Schriftgießer Fournier le jeune erstmals eine Einteilung nach „typografischen Punkten" vor. Der Schriftgießer und Drukker François Ambroise Didot (1730 bis 1804), Angehöriger einer der berühmtesten Druckerfamilien der Welt, verbesserte das System um 1785. Es wurde später von dem deutschen Schriftgießer Berthold deutschen Verhältnissen angepaßt. Ein Punkt des Didot-Systems entspricht metrisch 0,376 Millimeter; auf einen Millimeter entfallen 2,66 Punkte. Alle Schriftgrade und das gesamte Setzmaterial wurden seither nach diesem System hergestellt und gemessen. Die Schrifthöhe, der Abstand vom Kopf bis zum Fuß einer Drucktype, betrug nun einheitlich $62^2/_3$ Punkte = 23,566 Millimeter („Pariser Höhe"). Nach typografischen Punkten wurden seither aber vor allem die Schriftgrade gemessen und angegeben.
Die Schriftsetzer haben für die wichtigsten Schriftgrade außerdem ihre eigenen Namen. Eine 6-Punkt-Schrift heißt danach Nonpareille, eine 8-Punkt-Schrift Petit, eine 10-Punkt-Schrift Korpus, eine 12-Punkt-Schrift Cicero – und so fort bis zu den größeren, als „Brotschrift" nicht mehr in Frage kommenden Graden.
Das Verfahren bewährte sich, solange in der Setzerei mit standardisierten Schriftgraden gearbeitet wurde, an deren Normmaßen nichts zu ändern war. Mit der Einführung des Foto- oder Lichtsatzes fiel das Korsett weg. Jeder beliebige Zwischengrad war nun, unabhängig von früheren Normen, möglich. Deshalb und aus Vereinheitlichungsgründen verlor das typografische Punktsystem am 31. Dezember 1977 offiziell seine Gültigkeit. Es wurde durch metrische Maße ersetzt. Seitdem sollen alle Maße in Millimetern angegeben werden. Eine Schrifthöhe, die zu vereinheitlichen wäre, gibt es ohnedies nicht mehr, weil beim Lichtsatz mit Filmmaterial gearbeitet wird. So manchem Setzer der alten Schule fällt es allerdings schwer, sich von Nonpareille, Petit und Cicero auf technisch-kühle Millimeter und deren Bruchteile umzustellen.

Die Letterngießmaschinen

Mit dem Gutenbergschen Gießinstrument konnte man immer nur eine Letter auf einmal gießen. Das 1819 von Henri Didot in Paris erfundene Mehrfach-Gießinstrument war da schon ein bedeutender Fortschritt; mit ihm konnten mehrere Buchstaben auf einmal gegossen werden.
Aber inzwischen waren andere Erfinder schon dabei, eine Letterngießmaschine zu konstruieren. 1805 nahmen William Wing und Elihu White das erste Patent auf eine solche Vorrichtung. Sie konnte sich noch nicht durchsetzen. Praktischer war schon die Gießmaschine von David Bruce, 1838 in Brooklyn vorgestellt. Sie lieferte allerdings keine fertigen Drucklettern, sondern nahm dem Schriftgießer nur einen Teil seiner Arbeit ab. Den Durchbruch erzielte erst die von Robert Johnson 1852 in London erfundene und gemeinsam mit Stain Atkinson erbaute Komplettgießmaschine.
Diese Maschine konnte Typen gießen, den Anguß abbrechen, die Lettern formatgenau schleifen, ihren Fuß ausschneiden, die rich-

Bei der Herstellung der Drucklettern, dem Schriftgießen, änderte sich von den Tagen Gutenbergs bis ins 19. Jahrhundert hinein kaum etwas, und bis sich im Satz große Neuerungen durchsetzten, ging das Jahrhundert zu Ende. Die Abbildungen aus der „Enzyklopädie" von Denis Diderot und Jean d'Alembert aus der zweiten Hälfte des 18. Jahrhunderts zeigen, wie es jahrhundertelang in Schriftgießerei und Setzerei zuging.
1, 2 – Herstellung der Matrize für den Letternguß
3, 4 – Schriftgießen mit dem Gießinstrument und Säubern der Lettern
5, 6 – In der Setzerei

1

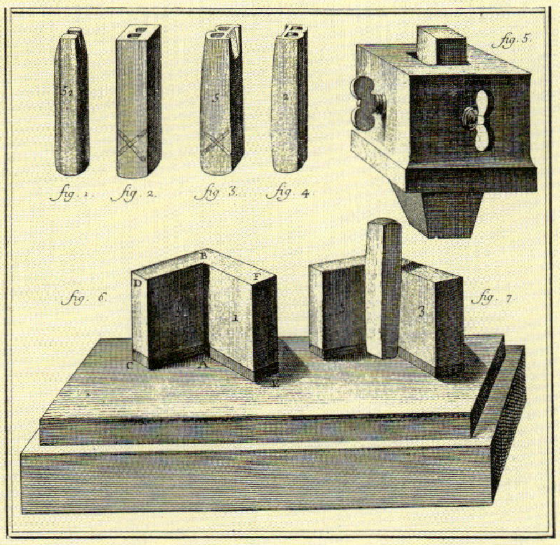

3

4

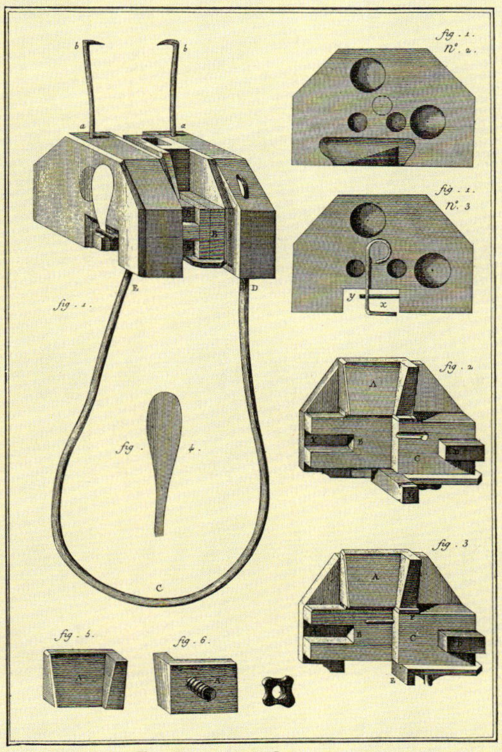

Fonderie en Caracteres

5

6

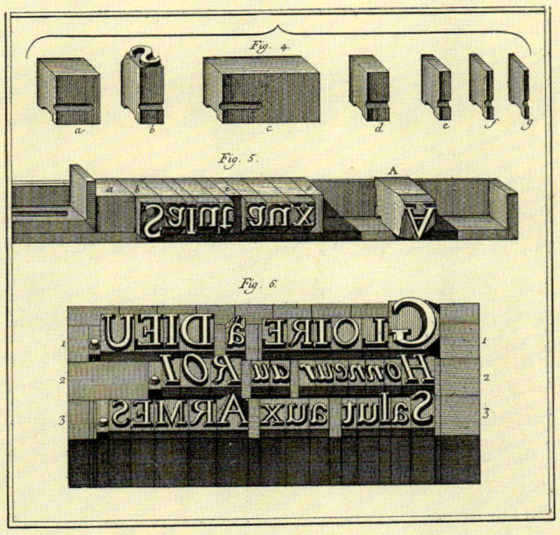

Imprimerie en Lettres, L'Opération de la Casse.

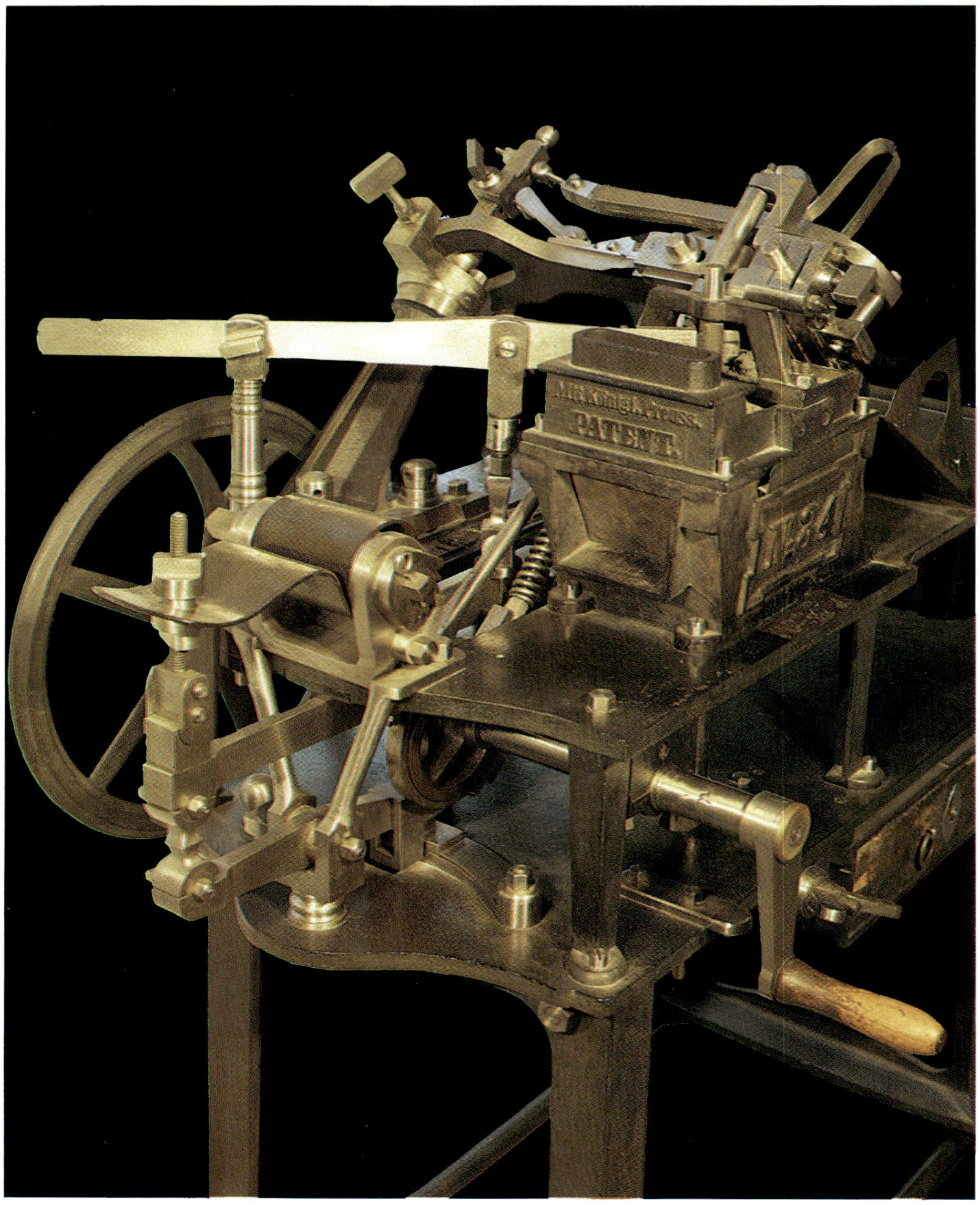

1

1 – Die von dem Amerikaner David Bruce 1838 vorgestellte Letterngießmaschine erleichterte die Arbeit des Schriftgießers. 1844 wurde sie in Preußen für Haenel patentiert.

2 – Die verschiedenartigen Druckschriften werden vielfach nach den Schriftschneidern, die sie entworfen haben, benannt. Als „Vater der Schriftschneider“ wird oft Claude Garamond (um 1480 oder 1499 bis 1561) bezeichnet. Hier die Garamond-Antiqua in einer Schriftprobe des Frankfurter Schriftgießers Konrad Berner von 1592, der die Typen als die „fürnehmsten und allerschönsten Schriften, so jemals an den Tag gekommen“, rühmte. Die meisten der noch heute vielverwendeten Garamond-Nachschnitte gehen auf Schriftstempel zurück, die sich in der Imprimerie Nationale in Paris befinden und lange als das Werk Claude Garamonds galten. Tatsächlich wurden diese Stempel jedoch von dem Schweizer Schriftschneider und Drucker Jean Jannon (1580–1658) um 1615 in Sedan geschnitten und als Schrift 1621 in einer Schriftprobe angeboten.

tige Höhe herstellen und die Buchstaben schließlich auch noch reihenweise aufsetzen. Je Arbeitstag lieferte die Komplettgießmaschine bis zu 30000 fertige Typen. Einige Jahre später erreichte die Doppel-Komplettmaschine sogar 100000 Typen innerhalb von zehn Stunden. Ein Arbeiter genügte, um die Letternherstellung zu überwachen.
Inzwischen hatte man auch gelernt, die Galvanotechnik zur Herstellung von Schriften zu verwenden. Nicht alle Schriftgießer freuten sich darüber, denn fortan konnte jeder des Galvanisierens Kundige fremde Schriften nachgalvanisieren – ein Mißbrauch, der sich erst nach der Einführung eines stärkeren Rechtsschutzes für Originalschriften änderte. Weitere Fortschritte waren die Konstruktion der Stempelschneidemaschine, die den mühsamen Handschnitt überflüssig machte, und der Matrizenbohrmaschine, mit deren Hilfe die gezeichnete Vorlage unmittelbar in eine Gießvorlage umgesetzt werden konnte. Um die Wende zum 20. Jahrhundert gab es in Deutschland 70 Schriftgießereien mit insgesamt 280 Komplett- und 640 Einfachgießmaschinen. Die tägliche Produktion überschritt zehn Millionen Lettern.
Heute haben die Schriftgießereien ihre Bedeutung weitgehend verloren – Bleisatz ist kaum noch gefragt. Die meisten von ihnen stellten sich rechtzeitig auf die Herstellung der für den Filmsatz gebrauchten Schriftscheiben und -rahmen um.

Die Arbeit des Handsetzers

Die Beschreibung der Handsatztätigkeit hat nur noch historisches Interesse. Da ohne ihre Kenntnis jedoch die Arbeit an der Erfindung von Setzmaschinen schwer verständlich ist, sei hier eine klassische Beschreibung auszugsweise zitiert. Sie stammt aus Dr. Heinrich Samters 1898 in Berlin erschienenem Werk „Das Reich der Erfindungen“:
„Der Setzer hat vor sich den Schriftkasten (etwa 1 m lang, 65 cm breit und 5 cm hoch) zu stehen, in dem die verschiedenen Zeichen möglichst so in einzelnen Fächern angeordnet sind, daß die, welche er am häufigsten braucht, ihm am nächsten liegen. In der linken Hand hält der Setzer den Winkelhaken, in dem die Breite des offenen Zwischenraums durch eine Stellschraube so reguliert wird, daß sie gerade der Breite einer Zeile entspricht. Mit der rechten Hand ergreift er nun die Type, setzt sie so in den Winkelhaken, daß die Schrift nach vorn, die Signatur (eine Einkerbung an der Schmalseite der Letter) nach oben steht.

Ipſe autem vulneratus & propter preuaricationes noſtras Attritus eſt [☞ προσῆλθεν αὐτῷ ὁ ἑκατοντάρχος, παρακαλῶν αυ propter iniquitates noſtras, caſtigatio pacis noſtræ ſuper eum Et liuor eius ſanitas fuit nobis. Omnes nos ſicut oues errauimus, vnuſquiſque ad viam ſuam Declinauit, & Iehouah con iecit in illum iniquitates omnium noſtrum. Oppreſſus fuit, & ipſe afflictus, & non Aperuit os ſuum. Sicut agnus ad MACTATIONEM ductus eſt, et velut ouis coram tondente ſe obm.

Romain Gros Text de Garamond

Videbit ſem en prolongabit dies, & voluntas Iehouæ in Manu eius proſperabitur. Propter laborem animæ ſuæ videbit fructum quo ſa turabitur, ſcientia ſui iuſtificabit iuſtus ſeruus meus multos, & iniqui tates ipſorum ipſe portabit. Ideo partem dabo ei cum multis & cum fortibus diuidet ſpolia, Et quod effudit in MORTEM ANIMAM ſuam.

Romain S. Auguſtin de Garamond · Græc. S. Auguſtir

Ad dexteram enim & ſiniſtram dilataberis, ſemen quoq; tuum Gentes hæredi tate accip & ciuitates [☞ Δια. προσῆλθεν αὐτῷ ὁ ἑκατοντάρχος, παρακαλῶν αυτον, καὶ λ deſolat bitabit. Ne timeas, quia non afficieris pudore, nec erubeſces, Quia non afficieris ignominia: pudoris enim adoleſcentiæ tuæ obliuiſceris. NAM MARITVS tuus, eſt factor tuus, Jehouah exercitum nomen eius: Et redemptor tuus, Sanctus Iſraelis, Deus vniuerſæ terræ vocatur.

Romain Cicero de Garamond Græc. Cicero d

Nam vt aquæ Noha hoc michi, cui iuraui quod non tranſirent aquæ Noha vltra ſuper ter ram, ſic iuraui quod non iraſcar contra te, [ἀπὸ δὲ τοῦ διώκειν καὶ ἐξελθεῖν φυγάδων αὐτῶν ἔξελθεῖν]τ nec in crepabo te Montes enim moucbunt ſeſe, & colles metabunt miſericordia autem mea à te non recedet, & fœdus pacis meæ non nutabit dixit miſerator tuus IEHOVAH Pauper cula in turbine verſans Non accepit conſolationem, en ego iacere faciam in Carbunculis la pides tuos, & fundabo te in ſapphiris,

☞ *Eſt & hæc melioris notæ Litera Currens Ciceroniana, artifice Roberto GranIone Gallo prodita, vulgo Scol*

Romain Garamond de Garamond Græc. Garamon

Ecce ego creaui fabrum ferrarium ſufflantem in igne pri , & proferentem inſtrumentum in opus ſuum, & ego inquam creaui vaſtatorem ad perdendum. Omne inſtru [Δια ἔστω λελυμένα ἐν τοῖς οὐρανοῖς. παρακαλεῖ] πλωξ mentum quod formabitur contra te, in proſperabitur, & OMNEM linguam quæ ſurget contra te in iudicium. condemnabis, hæc eſt hæreditas ſeruorum Iehouah, & in ſtitia vorum a me eſt, dixit Iehouah.

1

3

4

2

Die Arbeit des Handsetzers mit Bleilettern kann man heute nur noch in Druckereien sehen, die kleine Drucksachen wie Besuchskarten oder Familienanzeigen im Hochdruck herstellen oder den Bleisatz für Spezialaufträge wie den Fahrplandruck beibehalten haben.
1 – Der Arbeitsplatz des Setzers. Auf dem „Schiff“, einer Metallplatte mit einer Einfaßkante, steht eine Seite Satz zur Korrektur bereit. Links und unten zwei Setzkästen mit Handsatzlettern, rechts oben Blindmaterial oder „Regletten“ aus Blei zum Ausfüllen der nichtdruckenden Teile.
2 – Eine Fahrplanseite Satz mit Korrekturabzug. Die Zeilen einer Spalte sind auf einer Zeilensetzmaschine Linotype gesetzt. Sie können nach der Korrekturvorlage mit der Setzerahle (links) leicht aus dem Satzstück herausgezogen und umgesteckt werden. Die Linien sind mit Messingstreifen gesetzt.
3 – Beim Handsatz greift der Setzer Buchstaben für Buchstaben aus den Fächern des Setzerkastens und reiht sie im „Winkelhaken“ aneinander. Wenn die eingestellte Zeilenbreite fast erreicht ist, tauscht er die „Spatien“ in den Wortzwischenräumen gegen etwas größere aus, bis die Zeile voll ist, oder er wechselt sie gegen schmalere aus, damit das letzte Wort noch vollständig hineinpaßt oder getrennt werden kann. Dieses „Ausschließen“ bedarf großer Übung.
4 – Falsch gesetzte Buchstaben werden mit der Pinzette aus dem Satzstück gezogen und ausgetauscht. Die Letter darf dabei nicht beschädigt werden. Ist der neue Buchstabe schmaler oder breiter, muß die Zeile aufs neue ausgeschlossen werden.

Die Signatur hat erstens den Zweck, daß der Setzer, indem er sie beim Setzen mit dem Finger an der vorderen Seite fühlt, dadurch die Gewißheit erhält, daß die Type richtig steht. Außerdem werden durch Breite und Form der Signaturen Verschiedenheiten zweier Schriftsorten bezeichnet, die man sonst nicht sehen könnte.
Je nach der Weite des Drucks nimmt der Setzer nun eine Ausschließung (Typenkegel ohne Buchstaben für das Setzen der Wort- oder auch Buchstabenzwischenräume) von entsprechender Breite, dann wieder einen Buchstaben, nach einem Wort eine größere Ausschließung, und so fort. Das Ausschließen ist diejenige Arbeit des Setzers, von der die Schönheit, die Regelmäßigkeit des Drucks in erster Linie abhängt. Bleibt z.B. am Ende der Zeile noch ein kleiner Raum übrig, so muß er diesen geschickt durch Anwendung sehr dünner Ausschließungen (Spatien) über die ganze Zeile verteilen.
Nach Vollendung einer Zeile wird die ‚Setzlinie‘, ein glatter Blechstreifen von der Länge der Zeile und Breite der Typenhöhe, auf die Zeile gelegt und auf dieser Setzlinie als Unterlage die nächste Zeile begonnen. Satz, bei dem in dieser Weise die Zeilen dicht beieinanderstehen, heißt kompresser Satz. Meistenteils läßt man aber Raum zwischen den Zeilen, man „durchschießt“ sie, wie man sagt, indem man mehr oder weniger dünne Durchschußstücke (Regletten) zwischen sie legt.
Wenn der Winkelhaken gefüllt ist, wird die Klemmschraube gelockert, eine Setzlinie auf die oberste Zeile gelegt und dann der Satz mit beiden Händen fest gefaßt und auf das sogenannte Schiff übertragen. Dieses ist eine glatte Zinkplatte, die auf drei Seiten mit Leisten umgeben ist. Die Satzstücke werden nun aus dem Winkelhaken so oft auf das Schiff übertragen und aneinandergereiht, bis eine Seite oder Spalte (Kolumne) fertig ist. Dann wird der Satz mit starkem Bindfaden fest umwickelt, so daß er nicht auseinanderfallen kann, wenn man ihn heraushebt und auf das Setzbrett schiebt. Man überträgt so viele Seiten auf das Setzbrett, wie bei dem betreffenden Format zu einem Bogen gehören, muß dabei aber in der Anordnung vorsichtig sein, damit nachher im Druck die Seiten die richtige Reihenfolge haben.
Ist die Druckform soweit fertig, so wird ein eiserner Rahmen, der sogenannte Schließrahmen, herumgelegt, die Bindfäden werden abgenommen und die Zwischenräume werden mit größeren Ausschließungen, den Formatstegen, ausgefüllt. Mit Schrauben oder Keilen wird das ganze recht fest zusammengefügt, ‚geschlossen‘. Jetzt wird ein

1

2

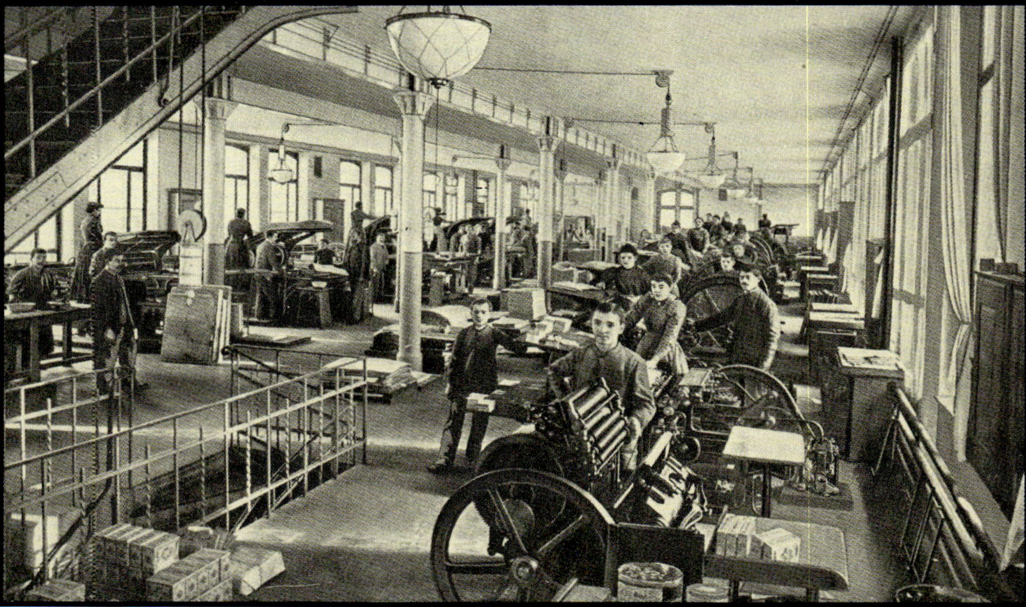

5

6

Die Bilder dieser Doppelseite zeigen Ausschnitte aus dem Alltagsleben einer großen Würzburger Druckerei in der Zeit um 1910. Neben dem Hinweis auf modernste Schriften, Maschinen und Hilfsmaschinen wird in dem damaligen Prospekt der Firma besonderer Wert auf die Tatsache gelegt, daß sämtliche Arbeits- und Lagerräume (5500 m², 550 Angestellte) elektrisch beleuchtet und alle Maschinen mit elektrischem Einzelantrieb versehen sind.

1 – Maschinensetzerei für Einzelbuchstabensatz (Monotype), Abteilung für die Taster
2 – Abteilung für die Monotype-Gießmaschinen
3 – Maschinensetzerei für Zeilensatz (Typograph)
4 – Handsetzersaal; hier werden auch Korrekturen ausgeführt, der in Spalten gelieferte Maschinensatz von den Metteuren auf Seitenhöhe umbrochen und Klischees eingebaut.
5 – Druckmaschinensaal für Hochdruck; hinter den Tiegeldruckmaschinen für kleine Drucksachen schließen sich reihenweise Schnellpressen für den Druck von Büchern an.
6 – Die Platten aus Solnhofer Kalk werden zur Verwendung im Steindruck geschliffen.
7 – Zeichner- und Lithografensaal; die hier erstellten Reinzeichnungen werden in Handpressen auf Druckplatten umgedruckt und wiederum hier lithografisch bearbeitet.
8 – Steindruckpressen-Abteilung für Probedrucke und Umdrucke
9 – Steindruckmaschinen für den Auflagendruck
10 – Ein Blick in die Buchbinderei; die Frauen heften die gefalzten Bogen maschinell zum Buchblock.
11 – Das „Haupt-Komptoir", schon mit Schreibmaschine und Telefon ausgestattet!

9

3

4

7

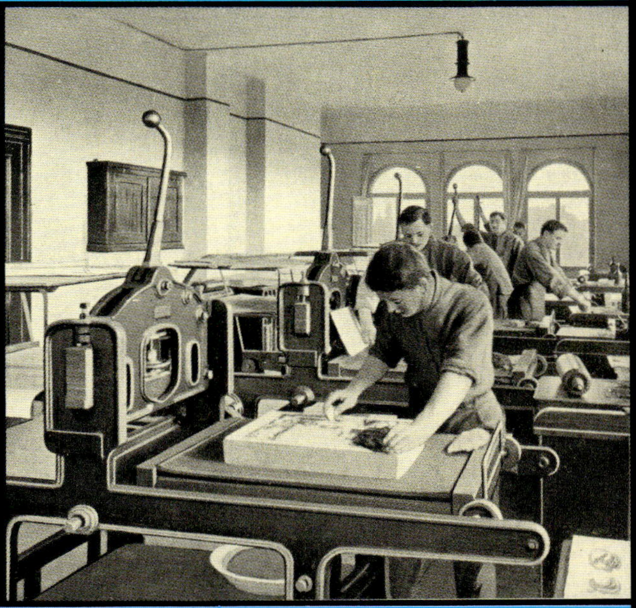

8

0

11

sogenannter Bürstenabzug gemacht, d.h., die Form wird mittels einer Walze mit Druckerfarbe eingeschwärzt, schlechtes Papier herübergelegt, darauf Filz oder Pappe, sodann wird ein erster Abzug hergestellt, indem man entweder mit einer Bürste stark darüberstreicht oder eine einfache Handpresse anwendet."

Der erste Abzug dient der Korrektur. Etwaige Änderungswünsche führt der Setzer mit Pinzette und Ahle aus. Nach einem bis zwei weiteren Korrekturabzügen ist der Satz druckfertig und kann in die Druckmaschine eingehoben werden. Nach dem Druck ist es wiederum Arbeit des Setzers, die Formen auseinanderzunehmen und die Buchstaben Stück für Stück in die Fächer des Setzkastens einzuordnen – eine Tätigkeit, die einst mit Vorliebe den Lehrlingen übertragen wurde.

Die Arbeit des Setzers läßt sich also arbeitstechnisch in drei Gruppen untergliedern. Die erste umfaßt das Greifen der Lettern und deren Beförderung in den Winkelhaken, die zweite das Ausschließen des Satzes, die dritte alle Hilfstätigkeiten: Lesen des Manuskriptes, Korrigieren von Satzfehlern, Ausheben und Ausbinden des Satzes, Ablegen der Schrift nach dem Druck. Der Zeitaufwand für jede dieser drei Gruppen ist in etwa gleich. Damit waren aber auch die Ansatzpunkte für die Konstrukteure von mechanischen Setzmaschinen von vornherein klar.

Der lange Weg zur Setzmaschine

Kaum eine andere Erfindung hielt die Tüftler und Bastler, die Glücksritter und die „echten" Erfinder so lange in Atem wie die der Setzmaschine. Eigentlich, so sollte man meinen, konnte es doch gar nicht so schwer sein, die paar Handgriffe, die der Setzer nun schon seit Gutenbergs Zeiten auszuführen hatte, zu mechanisieren. Aber der Teufel saß im Detail. Es dauerte länger als ein Jahrhundert, bevor die erste wirklich brauchbare Setzmaschine, die Linotype, auf den Markt kam, und mehr als 200 Erfinder mit Tausenden von Patenten setzten Ideen, Geld und Wagemut vergeblich ein, ehe es dazu kommen konnte.

Die Setzer sollen schneller setzen

Am Anfang stand der Versuch, die Handarbeit des Setzers zu beschleunigen. Schon im 18. Jahrhundert hatte Charles Stanhope sich einen besser eingeteilten Setzkasten ausgedacht, jener Stanhope, der sich unter anderem um die Erfindung der Gipsstereotypie verdient gemacht hatte. Aber damit war noch nicht viel erreicht. Es mußte andere Wege geben, die Setzer zu effektiverer Arbeit zu bewegen.

Zunächst einmal erinnerten sich die Rationalisierer an Gutenberg. Hatte er nicht neben einfachen Buchstaben auch Buchstabenverbindungen, die häufig vorkamen, in seinem Kasten gehabt, die sogenannten Logotypen? Wenn man den Setzer mit möglichst vielen Doppelbuchstaben beglückte, mußte er, so die Überlegung, auch doppelt so schnell setzen können.

1740 wurde in England das erste System dieser Art erdacht. Um 1880 entwickelte Leopold Weiß in Wien das perfekteste Logotypensystem. Tatsächlich konnte man nach diesem Verfahren doppelt so schnell setzen. Aber wie sollte der Setzer mit den unzähligen Buchstabenverbindungen fertigwerden? Die 110 Fächer des normalen Setzkastens kann man sich einprägen. Aber wie ist es mit den 1248 Fächern des Weißschen Setzkastens? Nur ein Genie wurde damit fertig. Zwar wurden immer neue Logotypensysteme erfunden, das letzte 1924 in Sarajevo. Aber in der Praxis bewährten sie sich nicht – und gerieten bald wieder in Vergessenheit.

Ein Drittel der Satzzeit geht, wie Fachleute wissen, für das Ausschließen des Satzes drauf, also für den Ausgleich der Zeilenbreite durch Zwischenstücke zwischen den einzelnen Wörtern. Ließ sich diese mühsame Arbeit nicht dadurch erleichtern, daß man die Buchstabenbreiten standardisierte, so daß es der Setzer nicht mehr mit Dutzenden von Typenbreiten zu tun hatte, sondern nur noch mit drei oder vier? 1840 schlug Aloys Auer in Wien, der sich auch mit dem Schnellpressendruck von der Rolle auseinandersetzte, ein solches „Dicktensystem" vor. Aber die Setzer nahmen es nicht an – vor allem aus ästhetischen Gründen, denn die Buchstaben sind nun einmal unterschiedlich breit, und das Auersche Verfahren bedeutete letztlich eine Vergewaltigung der Schrift.

Wenn das alles nichts brachte – wie war es dann mit beidhändigem Setzen? Denn schließlich wußte jeder, daß der Setzer nur mit einer Hand arbeitete. Der dänische Setzerlehrling Christian Sörensen schlug 1834 als erster vor, die Setzer sollten sich den Winkelhaken vor den Bauch binden und mit beiden Händen setzen. Der schwedische Ingenieur Albert Lagermann erfand einen Setzapparat, den er Typotheter nannte. Er bestand aus einem unterhalb des Setzkastens angebrachten Trichter, in den der Setzer die Typen beidhändig hineinwerfen mußte. Sogar ein feinsinniges Ausschließverfahren war damit verbunden. Als diese Maschine 1886 auf den Markt kam, begann in New York schon die erste Linotype-Setzmaschine ihre Arbeit. Aber unabhängig davon wehrten sich die im Zehnstundentag werkelnden Setzer gegen alle Verfahren der handwerklichen Satzbeschleunigung. „Vielleicht können auch später beide Füße mitbenutzt und die Nase zum Ausschließen gebraucht werden", spottete ein Fachmann.

Erfinder ohne Erfinderglück

Auf vier verschiedenen Wegen versuchten die zahllosen Setzmaschinenerfinder des 19. Jahrhunderts ihr Ziel zu erreichen. Die Typensetzmaschine wollte das Problem lösen, normale Buchdrucklettern maschinell zu verarbeiten. Die Schreibsetzmaschine sollte bleilose Vorlagen für den Steindruck herstellen. Das Prägeverfahren beruhte auf den Erfahrungen mit der Stereotypie, hier wurde darauf abgezielt, Stempel in eine weiche Masse zu prägen und davon Abgüsse als Druckformen herzustellen. Beim vierten Verfahren schließlich wurden nicht Bleilettern, sondern Matrizen gesetzt und mit Schriftmetall ausgegossen. Dieses Verfahren entwickelte Ottmar Mergenthaler für seine Linotype. Alle anderen Erfinder beschäftigten sich mit den drei anderen Techniken.

Es ist heute kaum noch vorstellbar, welchen Aufruhr die vielen Erfindungen von Setzmaschinen hervorriefen. Seit 1850 verging kein Jahr ohne neue „bahnbrechende Entdeckungen". Aber die meisten davon verschwanden wieder in der Versenkung, weil sie sich in der Praxis nicht bewährten. Und die Setzer hatten es allmählich satt, sich mit immer neuen technischen Sensationen auseinanderzusetzen, die sich dann meist doch als Windeier erwiesen.

Das erste Patent auf eine Setzmaschine erhielt 1822 William Church aus Birmingham. Sie bestand aus einem hohen Gerüst mit stehenden Letternkästen und einer Tastenreihe. „Davor sitzt der Setzer wie vor einem Fortepiano. Sobald er auf eine Taste greift, fällt die betreffende Letter aus dem Kasten und nimmt die gehörige Stelle ein, und dies ebenso geschwind, wie gesprochen wird." Für Churchs Maschine, an der der Erfinder fünfzehn Jahre lang gearbeitet hatte, wurden stets neue Lettern gebraucht. Eine Ablegemaschine war mit ihr nicht verbunden. Church stellte seine Erfindung auch Friedrich Koenig, dem Erfinder der Schnellpresse, vor. Aber der lehnte ab: „Bauer und ich lachten herzlich über die Albernheit eines solchen Projektes!"

Die erste Typensetzmaschine, die auch wirklich in einer Druckerei aufgestellt wurde, war die „Pianotyp", deren Erfinder aus der Textilbranche kamen und sich mit Ver-

Im Jahre 1840 stellten James H. Young und Adrien Delcambre eine Setzmaschine vor. Die Arbeiten des eigentlichen Setzens an der klavierartigen Tastatur und des Zeilenausschließens demonstrieren hier zwei junge Damen im Rüschenkleid – wohl nach dem auch heute noch in der Werbung gültigen Prinzip, daß niemand die leichte Bedienbarkeit einer Maschine besser beweisen kann als ein gepflegtes weibliches Wesen.

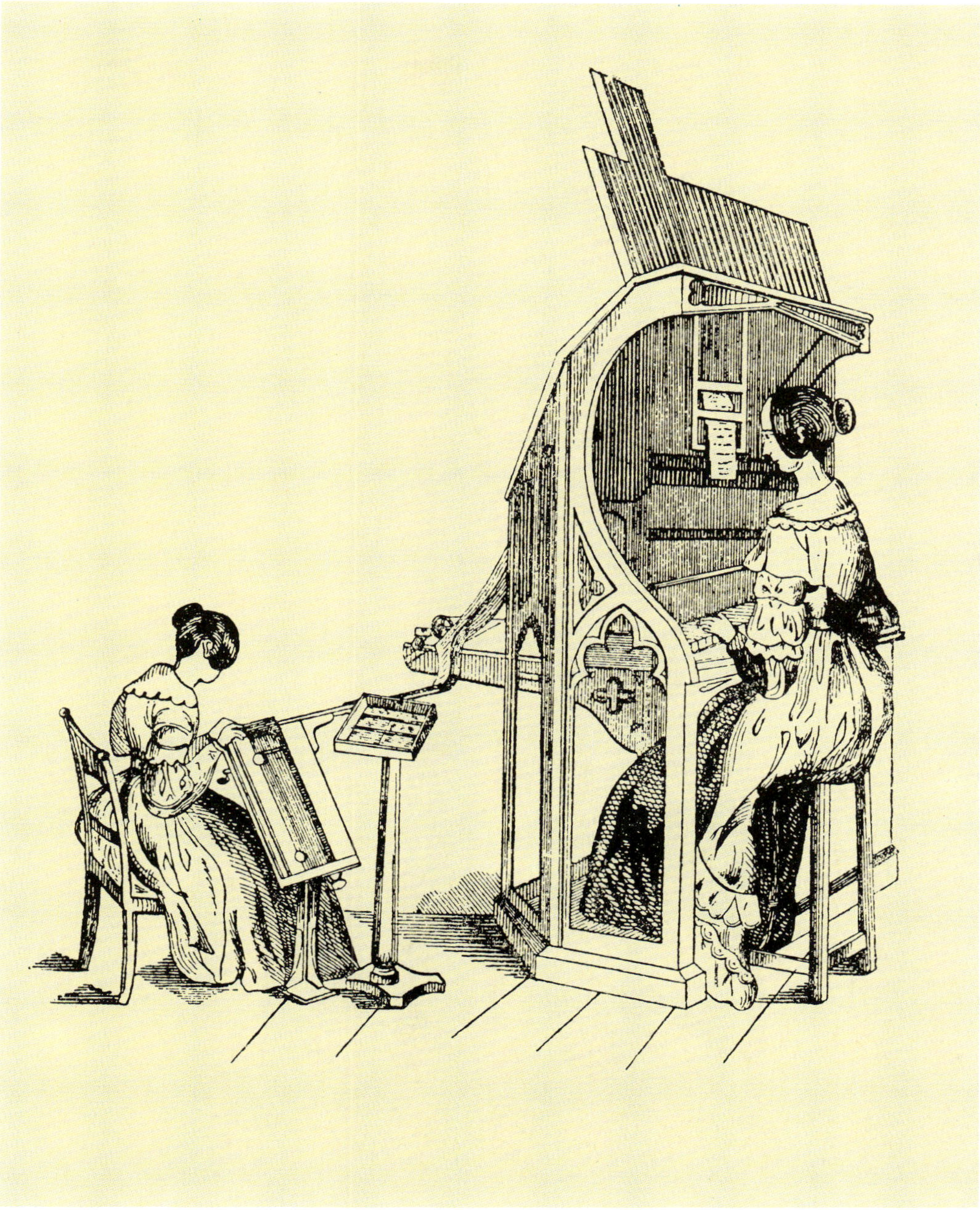

besserungen an der Spinnmaschine und am Webstuhl einen Namen gemacht hatten. Sieben Männer mußten das 1840 erstmals eingesetzte Ungeheuer in Gang halten: Einer bediente die Tastatur, einer war für das Ausschießen zuständig, zwei waren ständig mit dem Ablegen beschäftigt, zwei füllten die Letternkanäle nach, und einer drehte die Kurbel, um die Maschine in Gang zu halten. Der Aufwand war größer als der Erfolg.
1871 erhielt Charles Kastenbein ein Patent auf eine Maschine, die sich bei der „Times" in London, bei den „Dresdener Nachrichten" und bei der Berliner Reichsdruckerei bewährte. Sie bestand aus einer Setz- und einer getrennt arbeitenden Ablegemaschine. Kastenbein hatte die Idee zu seiner Erfindung von einem kranken Setzer „geerbt". Mit seinen Maschinen schafften vier Setzer in der Stunde rund 7000 gesetzte und 3700 abgelegte Lettern – eine Leistung, die auch mit Handsatzmethoden zu erreichen war.
1875 wurde die Setzmaschine „The Empire" erfunden. Von ihr wurden immerhin 170 Stück gebaut und verkauft. Die „Thorne"- Setzmaschine kam sogar auf 2000 Exemplare. Die „Unitype" wurde ab 1903 fünfhundertmal verkauft. Insgesamt legten von allen Konstruktionen des 19. und beginnenden 20. Jahrhunderts nur etwa 15 die praktische Bewährungsprobe in einer Setzerei ab. Einige von ihnen warteten mit guten Ideen auf, die auch später noch an bewährten Setzmaschinen wiederzufinden waren. So verwendete Christian Sörensen 1849 zum erstenmal gezahnte, durch Messingstangen geführte Lettern. William Haslett Mitchell erfand 1853 ein rotierendes Band zum Sammeln der Lettern, und J. W. Shuckers ließ sich den Doppelkeil als Vorrichtung für das Ausschließen patentieren, eine Vorrichtung, die Ottmar Mergenthaler später von ihm übernahm. Er zahlte für die Patentrechte stolze 416000 Dollar.

Mark Twain und die Paige-Setzmaschine

Für technische Neuerungen war der amerikanische Autor Samuel Langhorne Clemens (1835–1910), bekannter unter seinem Pseudonym Mark Twain, stets zu haben. Als einer der ersten Schriftsteller freundete er sich mit der Schreibmaschine an, die er schätzte, „weil sie einen schrecklichen Haufen Wörter auf einer Seite aufstapelt" und weil er, „in seinen Stuhl zurückgelehnt, darauf schreiben konnte". Als erstes maschinengeschriebenes Manuskript lieferte er die Druckvorlage zu „Tom Sawyer" ab.

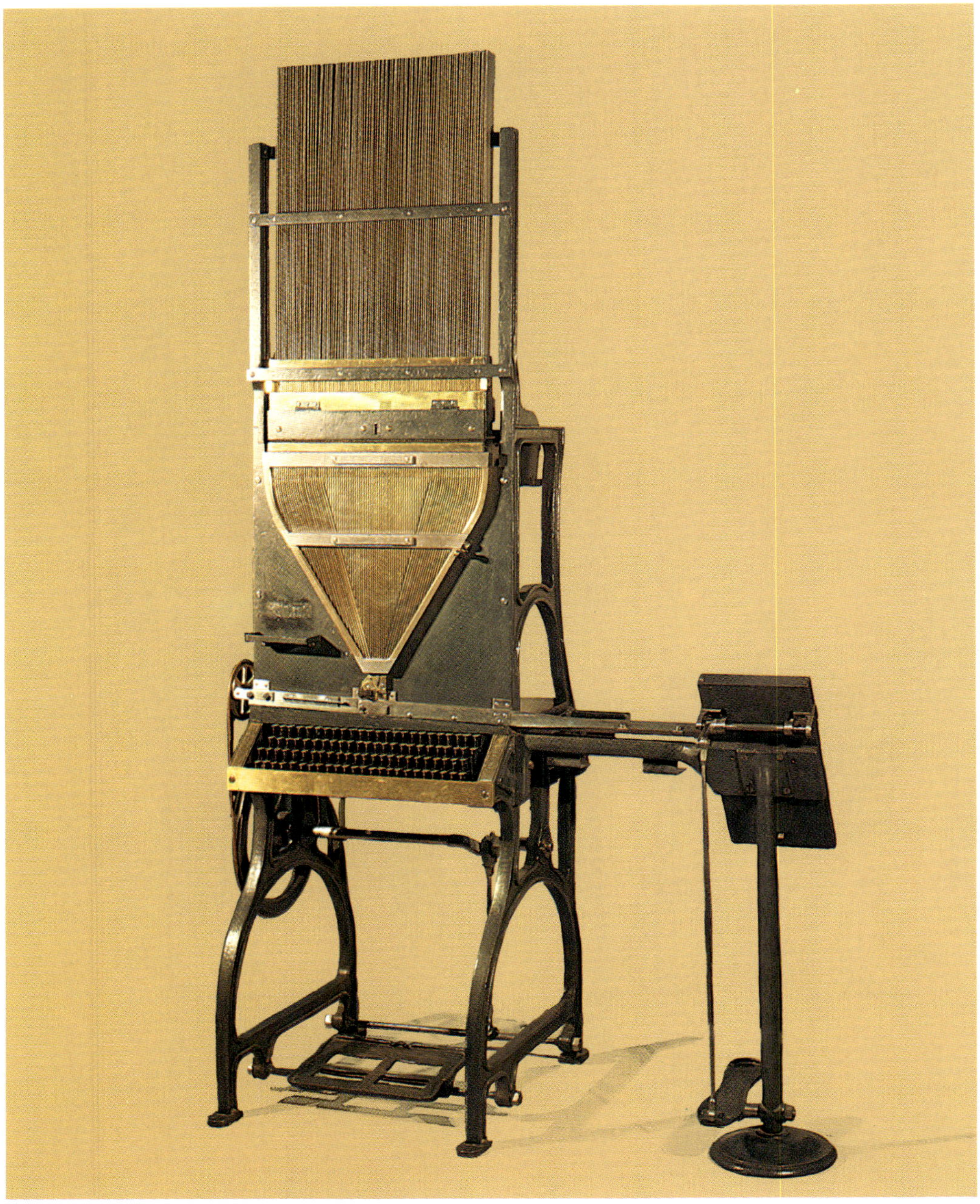

1

1 – Die Typensetzmaschine von Charles Kastenbein (1871) geht auf ein Modell eines unbekannten Schriftsetzers zurück und lehnt sich an eine bereits 1857 für Robert Huttersley patentierte Maschine an. Das Niederdrücken einer Taste bewirkt, daß die entsprechende Type aus einem der senkrecht stehenden Vorratsrohre durch einen Kanal der dreieckigen Leitplatte senkrecht in die Leitrinne zu den bereits gesetzten Typen gelangt. Durch Pedaldruck werden die Lettern in das Ausschließschiff nach rechts geschoben und dort von einem zweiten Mann zeilenweise ausgeschlossen und umbrochen. In einem „Buch denkwürdiger Erfindungen" heißt es 1886: „Diese Setzmaschine besitzt im Vergleich mit andern eine sehr einfache Konstruktion, und es treten infolgedessen selten Störungen im Mechanismus auf. Sie gibt, in der richtigen Weise verwendet und durch intelligente Arbeiter bedient, sehr achtungswerte Resultate." Kastenbein gab 1874 die Leistung mit 7000 Typen in der Stunde an.

2 – Die Setzmaschine von Thorne wurde in 2000 Exemplaren gebaut. Auch bei ihr wurden die Bleilettern einzeln aus Vorratsbehältern abgerufen, die entsprechend oft nachgefüllt werden mußten.

Aber auch die Versuche, eine Setzmaschine zu erfinden, scheinen den gelernten Setzer Mark Twain fasziniert zu haben. In den achtziger Jahren des 19. Jahrhunderts kam er in Berührung mit seinem Landsmann James Paige aus Philadelphia, einem Mann, der zwanzig Jahre seines Lebens damit verbracht haben soll, eine Setzmaschine zu erfinden. Paige war nicht nur ein fleißiger und ausdauernder Erfinder, sondern er muß auch ein Finanzgenie gewesen sein. Immer wieder gelang es ihm, andere Leute (darunter Mark Twain) dazu zu überreden, ihm neue Mittel vorzustrecken. Insgesamt verschlang seine Erfindung die ungeheuerliche Summe von fünf Millionen Mark.

Die Paige-Setzmaschine arbeitete mit normalen Bleilettern. Sie war universal einsetzbar, denn sie konnte nicht nur setzen, sondern auch ausschließen und ablegen. Überdies verfügte sie über zahlreiche Buchstabenverbindungen und ganze Wörter, die mit einem einzigen Tastendruck gesetzt werden konnten. Das verlangte ein gut durchdachtes Tastenbrett. James Paige brauchte ein ganzes Jahrzehnt, bis es funktionsfähig war. Eine solche Vielseitigkeit hatte nicht nur ihren Preis, sondern verlangte auch ein technisches Wunderwerk. Paiges Maschine hatte 800 Räder und Rädchen, dazu weitere rund 17000 Einzelteile, die Lettern nicht gerechnet. Allein die Patentschrift für den Ausschließapparat umfaßte 613 Seiten Text und 389 Seiten Zeichnungen im Folioformat. Die Patentkommission war acht Jahre lang damit beschäftigt, Patentanspruch und Modellmaschine zu prüfen – ein Prüfer verstarb unterdessen, ein anderer landete in der Nervenheilanstalt, wie amerikanische Konkurrenten nicht ohne Genugtuung vermerkten. Paiges Finanziers, überzeugt davon, daß der Erfinder die Fähigkeit besitze, „einen Fisch aus dem Wasser zu schwätzen", hielten die Maschine für ein neues Weltwunder. Und sie kamen in Scharen, um endlich die Inbetriebnahme zu erleben. „Heute nachmittag wurde das Todesurteil aller anderen Setzmaschinen unterzeichnet", notierte Mark Twain über diesen denkwürdigen Tag. „Unsere Maschine hat mehr Verstand als alle Drucker der Welt zusammengenommen. Sie wird die Arbeit von sechs Männern leisten, und zwar besser als irgendwelche Setzer, die jemals am Kasten standen. Als erstes Wort tippte ich den Namen Shakespeare um 4 Uhr 45… wir alle waren schwindlig, benommen, betäubt. Telephone, Telegraphen, all das erschien nur wie ein Spielzeug gegen unsere Maschine!" Sie funktionierte tatsächlich, Paiges Wundermaschine. Zwar wurden die Zeilen nicht ganz gerade, aber das störte einstweilen

2

noch niemand. Ärger gab es erst 14 Tage später, als eines der vielen tausend Einzelteile zerbrach. Die Maschine mußte in die Werkstatt. Als sie endlich wieder herauskam, wollte sie keiner mehr haben – nicht einmal für den fünfzigsten Teil dessen, was sie gekostet hatte.
Die Paige-Gesellschaft ging in Konkurs. Der Erfinder, so heißt es, starb 1921 im Armenhaus. Und alle Teilhaber waren ihr Geld los, darunter auch Mark Twain, den erst diese Pleite dazu gezwungen haben soll, ernsthaft Geld mit Bücherschreiben zu verdienen. Von Erfindern hatte er jedenfalls die Nase voll. Desungeachtet bestellte er sich ein neu erschienenes Erfinderbuch und schrieb auf den Bestellschein: „Wenn Ihr Buch angibt, wie man diese Menschensorte ausrotten kann, so schicken Sie mir neun Exemplare davon, und zwar per Eilpost." Ein Humorist wie Mark Twain müßte man sein.

500000 Dollar für eine Setzmaschine

Um 1870 unternahmen die New Yorker Zeitungsverleger einen verzweifelten Versuch, die Hirne der Setzmaschinenerfinder zu schnellerem Denken zu bewegen. Sie setzten für die Erfindung einer Maschine, die mindestens 25 bis 30 Prozent der Handsatzarbeit einsparte, eine Prämie von einer halben Million Dollar aus. Das kurbelte für eine Weile das Erfindergeschäft an. Leute aus allen Berufen befaßten sich mit dem schwierigen technischen Problem, darunter Kaufleute und Gutsbesitzer, Lehrer, Ärzte und Geistliche. Aber niemand gelang es, die gewiß niedrig angesetzten Bedingungen der Verleger zu erfüllen.
Neben Typensetzmaschinen wurden nun auch Letternpräge- und -schreibmaschinen entwickelt. Die erste Matrizenprägevorrichtung tauchte schon um 1844 in Paris auf, die letzte wurde 1902 in den USA patentiert. Aber obwohl der „Matrix Compositor" 1867 auf der Pariser Weltausstellung unter einem großen Schild mit der Aufschrift „Revolution in der Druckerei" angepriesen wurde, setzte er sich nicht durch. Nicht anders erging es den Apparaten, die ganz auf den Bleisatz verzichten und die Druckvorlage direkt auf Papier herstellen wollten. 1864 kam die erste „lithographische Setzmaschine" auf den Markt. In den Folgejahren mühten sich weitere Erfinder mit dem Problem ab. Es kam immer nur eine Art Schreibmaschine dabei heraus, die den Ansprüchen der Drucker nicht genügte. Erst in den sechziger Jahren des 20. Jahrhunderts wurde dieses Problem gelöst, und zwar mit dem IBM-Composer, der druckreif ausgeschlossene Vorlagen lieferte und auch über Magnetkarten gesteuert werden konnte. Er stützte sich auf die Kugelkopf-Schreibmaschine von IBM.
Als sich die Fronten geklärt hatten, blieben von den unzähligen Setzmaschinen aller Typen letztlich nur drei übrig, die sich in der Praxis bewährten und in größeren Stückzahlen gebaut wurden: die Linotype von Ottmar Mergenthaler, der Typograph von John R. Rogers und die Monotype von Tolbert Lanston. Alle drei erreichen die Setzbeschleunigung nach dem Prinzip des Schrift-Neugusses von Matrizen, deren Auslösung Sache des Setzers blieb. Alle anderen Arbeitsgänge wurden mechanisiert. Dabei ging jede Maschine andere Wege.

Ottmar Mergenthaler aus Hachtel in Württemberg

Als Sohn eines Lehrers kam Ottmar Mergenthaler am 11. Mai 1854 in Hachtel unweit von Bad Mergentheim zur Welt. Er galt als neugieriges, lebhaftes, mit hervorragender Auffassungsgabe ausgestattetes Kind. Schon als Junge machte er von sich reden, als er die alte Kirchturmuhr von Ensingen, wohin sein Vater versetzt worden war, wieder in Gang brachte, nachdem sie vom Uhrmacher schon aufgegeben worden war. Ottmar wollte Mechaniker werden. Der Vater schlug ihm den Wunsch aus finanziellen Gründen ab und bestand auf dem Lehrerstudium. Schließlich kam es zu einem Kompromiß: Ottmar durfte bei seinem Stiefonkel Louis Hahl in Bietigheim in die Uhrmacherlehre gehen.
„Durch den Uhrmacherberuf wurde ich vor allem zur Genauigkeit geführt", bekannte Mergenthaler später. „Ich lernte eine Feder bis zu der äußersten Feinheit abhärten und Bestandteile von Metallegierungen auf das feinste zusammenstellen. Ich gewann auch die Sicherheit, feinste Zähne auszuschnei-

Wie die Linotype funktioniert

Mergenthaler erfand nicht eine Einzelvorrichtung, sondern ein ganzes System. Hier die Erläuterung seines Verfahrens nach dem Text in Meyers Konversations-Lexikon von 1897:

„Die Linotype setzt nicht Typen, sondern Matrizen, die sich allerdings von den gewöhnlichen Matrizen der Schriftgießer durchaus unterscheiden, vereinigt dieselben zu Zeilen, schließt diese mittels federnder Keile mechanisch aus, führt sie vor den Gießkessel, wo die ganze Zeile mit einem Male gegossen, von allem Anguß befreit, auf richtige Höhe gebracht und auf ein Sammelschiff geschoben wird.

Nach erfolgtem Guß wird die Matrizenzeile, aus welcher die Ausschließungen automatisch entfernt werden, von einem Hebelarm ergriffen, emporgehoben und dem Ablegemechanismus im oberen Teile der Maschine zugetragen; ein Wurmrad führt die Zeile an einer mit Erhöhungen versehenen Welle entlang, und da jede Matrize mit besonderen, sie von allen andern unterscheidenden Einkerbungen versehen ist, so fällt sie sofort in das unter ihr befindliche Fach des Setzapparats, wenn sie auf ihrem Laufe an der diesen Einkerbungen entsprechenden Erhöhung angelangt ist.

Die Maschine arbeitet mit Motorbetrieb, das Setzen geschieht indes durch Tastenanschlag und wird ganz unabhängig von der geschilderten Thätigkeit geübt, die vollständig automatisch vor sich geht; hat der Setzer die Zeile nahezu vollendet, so braucht er nur auf einen zu seiner rechten Hand befindlichen Hebel zu drücken, um Ausschließ-, Gieß- und Ablegeapparat in Funktion treten zu lassen... Die Durchschnittsleistung eines geübten Arbeiters beträgt 8000 n oder ca. 10000 Buchstaben in der Stunde, und, da das Ablegen wegfällt, so ist ihre Leistung auf das Fünffache des Handsatzes zu veranschlagen."

Kernstück der Maschine war also die Matrize. An ihrer Herstellung wäre die ganze Erfindung beinahe gescheitert. Mergenthaler hatte ausgerechnet, daß die einzelne Matrize nicht mehr als sechs Cents kosten durfte. Ein Schriftgießer, mit dem er darüber sprach, lachte ihn aus. Es sei nicht einmal möglich, solche Matrizen für den zehnfachen Preis herzustellen, hieß es. Also baute Mergenthaler seine eigene Matrizenfabrik und erfand für sie dreißig Spezialmaschinen, die Matrizen stanzten und schabten, frästen und schliffen, justierten und polierten und prägten. Beim entscheidenden Prägevorgang griff Mergenthaler auf die von dem Schriftgießer Linn Boyd Benton erfundene Stempelschneidemaschine zurück. 1896 arbeiteten schon mehr als 3000 Linotypes, vor allem in den USA und in England. Mergenthaler wurde zum wohlhabenden Mann. Als er am 28. Oktober 1899 im Alter von 45 Jahren viel zu früh starb, hinterließ er ein ansehnliches Vermögen. Seine Erben bauten das Werk weiter aus. Zahlreiche Linotype-Fabriken entstanden, 1896 auch in Deutschland. Aber die deutschen Setzer begegneten der neuen Maschine auch dann noch mit Mißtrauen, als sie sich in anderen Ländern schon längst durchgesetzt hatte.

Die Fachzeitschriften jener Jahre sind voll von Verunglimpfungen, Ablehnung, Kritik und Mißtrauen, wenn von der Linotype die Rede ist. „Setzmaschinenschwindel", „totgeborenes Kind", „einer besseren Sache würdige Erfindungsgabe" – kein Wunder, daß es über ein Jahr dauerte, bis die deutsche Linotype-Fabrik ihr erstes Modell in Deutschland absetzte. Dann allerdings ging es mit Riesenschritten voran, und Fachblätter, die noch wenige Jahre vorher über Mergenthalers Erfindung gespottet hatten, ergingen sich nun in höchsten Tönen des Lobes über den genialen Wurf: „In stummer Bewunderung betrachten wir die neuesten Maschinen, die selbst die Erwartungen der größten Optimisten noch erheblich übertreffen", hieß es 1905 im „Deutschen Buch- und Steindrucker". Der „Eiserne Kollege" hatte seine Bewährungsprobe bestanden.

Der Typograph und die Monotype

„Der Erfolg der Linotype", so das schon zitierte Meyersche Konversationslexikon von 1897, „hat sofort die Konkurrenz ins Feld gerufen, und die Konstruktion von neuen Setz- und Zeilengießmaschinen veranlaßt."

Die Linotype Modell 18 verfügt in jeder der beiden Magazinebenen mit Haupt- und Seitenmagazin über 124 Matrizenkanäle, so daß Buchstabenverbindungen, sogenannte Logotypen, Kapitälchen, also Kleinbuchstaben in der Form von Großbuchstaben, und Akzentbuchstaben sowie Großkegelmatrizen bis 36 Punkt gesetzt und Kursiv (schräg laufende Buchstaben) oder Halbfett und verschiedene Schriftarten oder Schriftgrößen gemischt werden können. Im Bild links hängt ein Barren Satzmetall über dem Gießaggregat. Für Zeilenguß verwendet man eine Legierung aus 83% Blei, 12% Antimon und 5% Zinn. Die Legierungen für Monotype, also Einzeltypenguß, und Handsatz sind durch höhere Antimonanteile härter.

Spatienkeile
täglich zweimal reinigen
MOHR
Zeitgemäße Energie- und Wasserversorgung einer
Großstadt am Beispiel der Landeshauptstadt Kiel

Die nach der Linotype erfolgreichste Maschine nach dem Zeilengußprinzip war der von J. R. Rogers und F. E. Bright erfundene „Typograph". „Er besteht im wesentlichen", so ein Lexikontext, „aus einem nach oben aufschlagbaren, mit Drähten überspannten Rahmen, einem Tastenbrett, einer Gießform, einem Schmelztiegel und einer schwingenden Anschlußwelle. Jeder Draht trägt am obern Ende eine Anzahl Matrizen für jede Buchstabensorte, im ganzen 600 bis 700, die an ihm aufgehängt sind und beim Anschlag der Tasten durch eigne Schwere in richtiger Reihenfolge zur Sammelstelle am untern Ende des Drahtes, ohne diesen zu verlassen, herabgleiten und hier die Matrizenzeile bilden. Sobald diese nahezu vollendet ist, erfolgt selbstthätig das Ausschließen, Abgießen und Ausstoßen der fertigen, gehobelten und auf Höhe gebrachten Druckzeile."
Der Typograph war schlichter konstruiert als die Linotype und deshalb billiger, erreichte aber nicht die Leistung des Vorbildes. Für eine Typograph-Maschine mußte man um die Jahrhundertwende etwa 5000 Mark aufwenden, für eine Linotype das Doppelte. Für kleinere Druckereien, die trotz beschränkter Mittel nicht auf die Segnungen des Maschinensetzzeitalters verzichten wollten, war der Typograph hervorragend geeignet.
Anspruchsvoller gab sich die 1885 von dem Amerikaner Tolbert Lanston (1844–1913) zum Patent angemeldete Typenguß-Setzmaschine „Monotype". Sie arbeitete ebenfalls mit Matrizen, stieß aber nicht Typenzeilen „im Stück" aus, sondern fertig ausgeschlossene, aus Einzeltypen bestehende Zeilen. Setz- und Gießvorgang waren dabei getrennte Arbeitsgänge.
Eine Erläuterung aus dem „Brockhaus" von 1934: „Auf dem Taster stellt der Setzer durch Anschlagen der Tasten auf einem sich selbsttätig fortbewegenden Papierstreifen zunächst Lochkombinationen her, die jeweils den einzelnen Typen entsprechen. Dieser gelochte Papierstreifen wird dann in die Gießmaschine eingesetzt, wo nach Maßgabe der eingestanzten Löcher der Abguß der einzelnen Buchstaben erfolgt. Diese Buchstaben werden dann wie beim Handsatz zu einzelnen Zeilen zusammengesetzt. Der gelochte Papierstreifen kann für spätere Güsse aufbewahrt werden."
Ein ähnliches Prinzip hatte vor Lanston schon der Engländer Mackie in Warrington entwickelt. Die einzeln gesetzten Typen wurden allerdings nicht automatisch ausgeschlossen, sondern sie verließen die Gießmaschine auf einem endlosen Band, von dem sie ein Setzer aufnehmen und ausschließen mußte. Wegen seiner nur begrenzten Einsatzfähigkeit arbeitete dieser überaus komplizierte Apparat allerdings nur in der Druckerei des Erfinders.

1

Die Elektronik erobert die Setzerei

Die Erfindung der Setzmaschine beschleunigte und verbilligte die Setzarbeit und damit die Zeitungs- und Buchherstellung. Nach der Einführung des Maschinensatzverfahrens bei der „New York Tribune" sank beispielsweise der Verkaufspreis pro Zeitung von drei Cents auf einen Cent. Den billiger werdenden Druckerzeugnissen standen steigende Löhne und steigende Beschäftigungszahlen im grafischen Gewerbe gegenüber. Die Rentabilität der Betriebe verbesserte sich, weil nun die teuren Druckmaschinen erst richtig ausgenützt werden konnten.

Aber noch immer war die Setzerei ein „bleiverarbeitendes Unternehmen". Solange der Buchdruck (Hochdruck) in den Druckereien die erste Geige spielte, war das auch nicht zu vermeiden. Mit dem Aufkommen des Offset- und Tiefdrucks bestand aber eigentlich gar keine Notwendigkeit mehr, Satzformen auf dem Umweg über das Blei herzustellen. So bahnte sich in der zweiten Hälfte des 20. Jahrhunderts eine neue Revolution in der Drucktechnik an. Das Blei verlor seine Vorherrschaft. Es trat von der Bühne ab, die es seit Gutenbergs Zeiten behauptet hatte.

Glanz und Ende der Linotype

Als 1954 der hundertste Geburtstag Ottmar Mergenthalers feierlich begangen wurde, arbeiteten in der ganzen Welt mehr als

1 – Bald nach der von Mergenthaler erfundenen Linotype brachten J. R. Rogers und F. E. Bright eine weitere Zeilenguß-maschine, den Typograph, heraus. Statt in Magazinkanälen liefen die Matrizen an gespannten Drähten zur Zeile zusammen und wurden ausgegossen. Da diese Maschine um die Hälfte billiger war als die Linotype, hatte sie einigen Erfolg, konnte sich aber auf die Dauer nicht halten.
2 – Die stärkste Konkurrenz bis in die Gegenwart erwuchs der Linotype in der von dem Amerikaner Tolbert Lanston konstruierten Monotype. Schon die ersten Maschinen zeigen das fast hundert Jahre beibehaltene Grundprinzip, nach dem die Arbeit auf zwei völlig getrennte Aggregate aufgeteilt wird. Auf dem Taster wird das Manuskript abgesetzt, wobei ein Papierband auf jeden Tastendruck eine dem Buchstaben entsprechende Lochung erhält und um einen Schritt weiterrückt. Der Setzer sieht auf der Anzeige – hier eine Scheibe, später eine Walze –, wieviel Platz noch in der Zeile ist. Am Zeilenende gibt er den Ausschließbefehl, wodurch für alle Wortzwischenräume die gleiche Spatienbreite eingegeben ist.
3 – Das Lochband enthält alle für den Satz wichtigen Steuerbefehle. Es kann nach dem Gießen an Stelle von Stehsatz aufgehoben werden, so daß es für einen Nachdruck nochmals ausgegossen werden kann, aber auch nochmals korrigiert werden muß.
4 – Im Monotype-Gießer läuft das Lochband rückwärts, so daß die Maschine den am Zeilenende eingegebenen Spatienwert zuerst aufnimmt.

2

3

4

1

2

3

100 000 Linotypes. Der Simplex waren andere, raffiniertere und vielseitigere Maschinen gefolgt: 1898 die Doppelmagazin-Linotype, 1900 die erste Zweibuchstabenmaschine, 1914 die Viermagazin-Linotype. Was sich allerdings nicht verbessern ließ, war die Bedienungsgeschwindigkeit der Maschinen. Sie fand ihre Grenze in der Leistungsfähigkeit der hochspezialisierten Maschinensetzer. An den Maschinen selbst lag es nicht – sie hätten eine bedeutend höhere Arbeitsgeschwindigkeit erlaubt. Das Problem war nur zu lösen, wenn man, wie bei der Monotype, Steuer- und Gießvorgang voneinander trennte.
Die Linotype-Gesellschaft entschloß sich zu diesem Schritt und brachte 1950 in den USA die erste Schnellsetzmaschine auf den Markt, die von einem Lochstreifen gesteuert wurde.
Das Verfahren und die dazugehörigen Geräte hatte die Teletypesetter Corporation schon 1928 entwickelt. Zunächst wurde es verwendet, um normale Linotypes damit zu steuern. Aufgabe des Setzers (oder bald auch nur noch einer angelernten, an der Schreibmaschine erfahrenen Kraft) war es, über eine der Setzmaschine ähnliche Tastatur einen Papierstreifen zu lochen. Dieser Lochstreifen hielt eine Setzmaschine in pausenlosem Betrieb. Sie schaffte in der Stunde etwa 20 000 Buchstaben, entsprechend 12 Zeilen normaler Zeitungsspaltenbreite Gießleistung pro Minute. Die dabei erreichte Zeiteinsparung war so bedeutend, daß innerhalb weniger Jahre Hunderte von Zeitungen zum Teletypesetter-(TTS-)Betrieb mit der Linotype-Schnellsetzmaschine übergingen. Ab 1956 liefen die ersten TTS-Kombinationen auch in Deutschland an.
Der dem Fernschreiber nachempfundene Lochstreifen konnte indes nicht nur den im selben Betrieb aufgestellten Setzautomaten steuern, er eignete sich auch für Fernübertragungen. Überregionale Zeitungen mit mehreren Druckorten machten sich das zunutze. Der in der Zentrale getastete Lochstreifen wurde über Fernschreibleitungen an die Außenstelle durchgegeben und steuerte dort die Setzmaschine. Als die Nachrichtensatelliten aufkamen, war es sogar möglich, TTS-Setzinformationen interkontinental und blitzschnell durchzugeben.
Mit dem TTS-System hatte die Elektronik Einzug in die Setzereien gehalten, denn sowohl der Perforator als auch der Setzautomat arbeiteten mit elektronischer Steuerung. Bald wurden TTS-Anlagen mit Satzrechnern gekoppelt, so daß es nicht mehr notwendig war, die Zeilenlängen und Trennungen beim Eintasten zu berücksichtigen – der endlos getastete Text wurde vom

1 – Die späteren Monotype-Taster verfügten über zwei Tastaturen, auf denen der Setzer wie auf einer Schreibmaschine im Zehnfingersystem setzen kann. Die Anzeigenscheibe ist einer Walze gewichen.
2 – Im Monotype-Gießer wird der etwa quadratische Matrizenrahmen durch das Lochband so gesteuert, daß die Matrize des gewünschten Buchstabens in Position zum Gießen steht. Die aus der Gießform ausgestoßenen Einzeltypen – in einer Sekunde bis zu drei Typen – werden ohne manuelles Eingreifen zu ausgeschlossenen Zeilen aufgereiht.
3 – Im Matrizenrahmen befinden sich 255 oder 272 Matrizen, für jeden Buchstaben und jedes Zeichen nur eine. Bis zu sechs Alphabete können darin untergebracht werden, zum Beispiel mit Groß- und Kleinbuchstaben Normal, Kursiv und Halbfett.
4 – Die Firma Linotype baute 1916 ihre erste Fotosetzmaschine, die Linofilm, stark angelehnt an ihre Bleisetzmaschine.
5 – Die Schemazeichnung läßt die Arbeitsweise der ersten Linofilm erkennen. Statt seitlich wie bei der Linotype-Matrize befand sich das Schriftbild als Negativ in der Mitte des Matrizenscheibchens.

4

Computer automatisch auf Zeilenlänge gebracht und ausgeschlossen.
Als letztes System brachte Linotype schließlich eine komplette Baureihe von Einableger-, Mixer- und Großkegelmaschinen heraus. Aber inzwischen hatte schon der Fotosatz begonnen, die Setzereien zu erobern. Bleisatz war nicht mehr gefragt. Und nur Außenseiter waren von der „aufregendsten Branchennachricht" des Jahres 1976 überrascht, als nämlich die Linotype GmbH die Einstellung ihrer Bleisetzmaschinenproduktion bekanntgab – man wolle künftig nur noch Fotosetzmaschinen der unterschiedlichsten Größenordnungen produzieren.
Die Entscheidung kam rechtzeitig. Anderen renommierten Setzmaschinenherstellern, die sich zu spät umstellten, blieb nichts anderes übrig, als ihren Betrieb zu schließen oder einzuschränken.

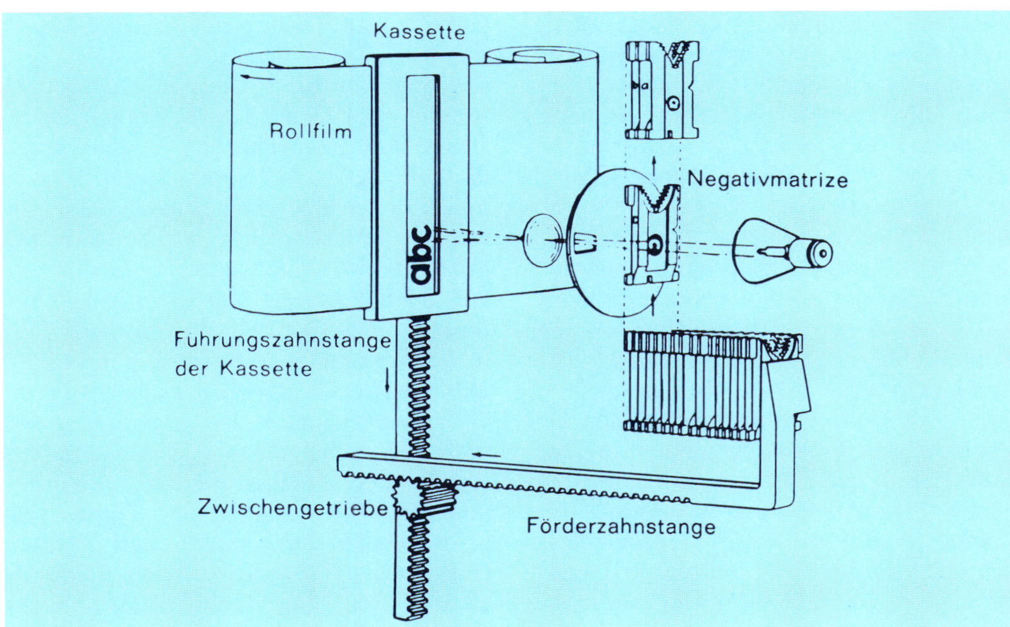

5

Abschied vom Blei: Fotosatz

Die ersten Überlegungen, den Bleisatz durch fotomechanisch erzeugte Buchstaben, Zeilen und Satzblöcke zu ersetzen, gehen auf die Anfangszeit der Fotografie zurück. Eine erste Fotosetzmaschine wird dem Ungarn E. Przsolt zugeschrieben, der sich bereits 1894 mit diesem Problem beschäftigte. 1916 baute Linotype eine an das bewährte Setzmaschinenprinzip angelehnte Maschine – die Matrizen waren nun nicht mehr Gießvorlage, sondern Fotoschablone. 1930 machte der ungarische Fotograf Edmond Uher mit einer Lichtsetzapparatur („Uhertype") von sich reden. Eine Beschreibung seines Systems aus dem „Brockhaus" von 1934: „Bei dieser Setzmaschine werden durch Tastenanschlag die auf dem Mantel eines Glaszylinders befindlichen Zeichen auf einem Filmband photographisch gesammelt und die Zeilen in der erforderlichen Länge und richtigen Spationierung gesetzt. Auf einer zweiten Maschine wird dann dieses Filmband zeilenweise auf photographischem Wege zu Seiten zusammengestellt. Hierbei können auch Zeichnungen und Klischees mit abgebildet werden." Das mit den Zeichnungen und Klischees klappte dann doch nicht so gut, wie man es sich erhofft hatte. Aber insgesamt betrachtet war die Uhertype sehr fortschrittlich.

1945 arbeiteten E. G. Klingberg, Fritz Stadelmann und H. R. Freund an der Weiterentwicklung des Lichtsatzprinzips. 1946 kam die „Lumitype" heraus. 1954 brachte Linotype die schon über Elektronenröhren gesteuerte „Linofilm" auf den Markt. Andere Entwicklungen folgten. Die Konstruktion von Setzmaschinen war nun nicht länger Reservat der alteingeführten Hersteller. Auch Unternehmen ganz anderer Branchen, vor allem aus der Nachrichten- und Computertechnik, nahmen sich der Lösung des Schriftsetzproblems an.

Als Offset- und Tiefdruckverfahren den Buchdruck zu überflügeln begannen, beschleunigte sich die Entwicklung. Zahlreiche fotomechanische Verfahren wurden erprobt. Nicht alle setzten sich durch. Das Innovationstempo wurde immer beängstigender. Was gestern noch als letzter Schrei galt, konnte heute schon ein alter Hut sein. Kein Wunder, daß Verleger und Drucker zunehmend verunsichert wurden.

Die Fotosetzeinrichtungen der ersten Generation arbeiten im allgemeinen mit umlaufenden Einzelmatrizen, mit Matrizenrahmen, -scheiben oder -zylindern. Eine Kamera ersetzt die traditionelle Gießeinrichtung. Sie nimmt das Schriftbild der Matrize auf Filmstreifen oder Fotopapier auf. Das Fotomaterial wird entsprechend dem Setztempo und Zeilenfortschritt automatisch weiterbewegt. Bei anderen Konstruktionen bleibt das lichtempfindliche Material an seinem Platz; für das Vorrücken und den Zeilentransport sorgt in diesem Fall ein verstellbarer Doppelspiegel. Veränderungen der Schriftgrößen verlangen keinen Austausch der Matrizen, sie sind über eine verstellbare Optik leicht zu erreichen.

1

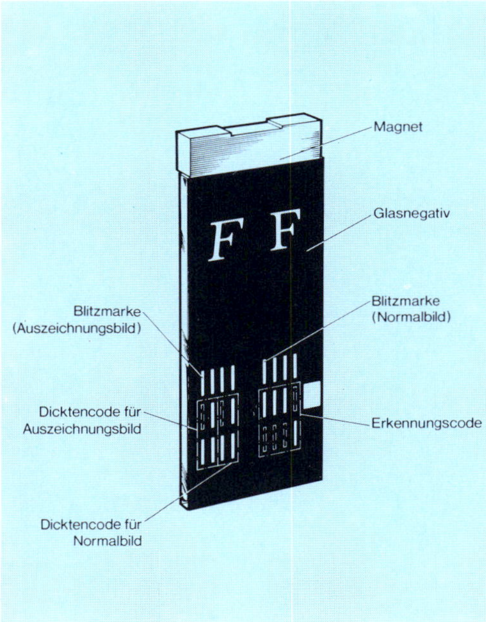

2

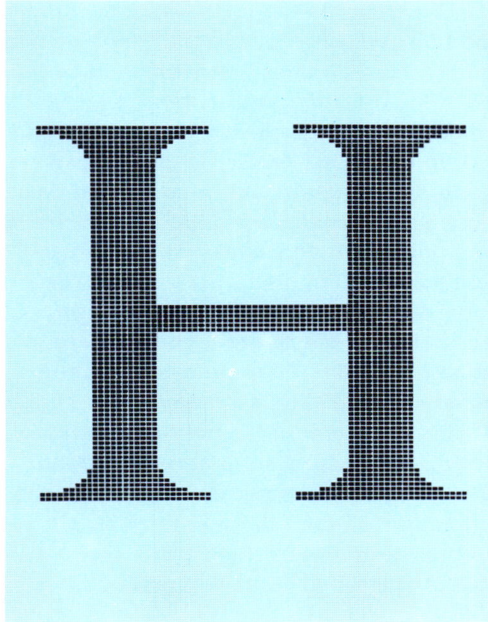

Maschinen dieser Art werden über Lochstreifen (bis zu 20000 Belichtungen je Stunde) oder elektronisch über Magnetbänder (bis zu 60000 Belichtungen je Stunde) gesteuert. Auf das richtige Zeilenfüllen, Voraussetzung für gut ausgeschlossene Zeilen, muß der Setzer selbst achten. Endprodukt ist ein spaltenlanger Fotosatzblock, der unmittelbar für die Seitenmontage verwendet werden kann.

Der Computer automatisiert die Setzerei

Die Schriftmatrizen beim Fotosatz erwiesen sich bald als die Schwachstellen des Systems. Weil sie mechanisch bewegt werden mußten, ließen sie höhere Setzgeschwindigkeiten nicht zu. Außerdem hielt, vereinfacht gesprochen, die Notwendigkeit, den Text zeilenweise einzugeben, den Betrieb auf. Beide Probleme wurden innerhalb weniger Jahre gelöst, und zwar mit Hilfe elektronischer Datenverarbeitungsanlagen.

Der nächste Schritt war der Übergang zum CRT-Setzverfahren. Die Abkürzung besagt, daß solche Maschinen mit Kathodenstrahlröhren (englisch: *c*athode *r*ay *t*ubes) arbeiten. Der Schriftrahmen oder die Schriftscheibe blieb einstweilen erhalten. Nur wurden die Fotomatrizen nun nicht mehr optisch, sondern elektronisch abgetastet. Eine Optik bildete die punkt- oder strichweise zerlegten und auf den Leuchtschirm der Kathodenstrahlröhre übertragenen Buchstaben auf dem Fotomaterial ab. Nach diesem Verfahren arbeiten Geräte wie Linotron oder Lumizip.

Die superschnellen Lichtsetzmaschinen der jüngsten Generation verzichten auch auf den Schriftrahmen. Bei ihnen sind die Schriftzeichen in einem Magnetspeicher digital gespeichert (z.B. bei der Digiset-Maschine). Aus ihm werden sie entsprechend dem ebenfalls magnetisch gespeicherten, d.h. auf Magnetbänder eingetasteten Text abgerufen, auf dem Leuchtschirm der Kathodenstrahlröhre erzeugt und auf dem Fotomaterial abgebildet. Die ersten Geräte dieser Art warteten mit Stundenleistungen von über einer Million Belichtungen auf. Inzwischen gibt es Geräte mit theoretischen Stundenleistungen von mehreren Millionen Belichtungen.

Leistungen in diesen Größenordnungen sind nur zu erreichen, wenn die Maschine auch das Unterteilen des Textes in Zeilen übernimmt. Das „automatische Setzen" wurde 1962 erstmals in den USA eingeführt, es ging auf Vorschläge der französischen Konstrukteure Bafour, Blanchard und Raymond zurück. Der Perforator- oder Magnetbandsetzer braucht dabei keine Entscheidungen mehr über die Beendigung von Zeilen zu treffen, diese Arbeit übernimmt ein entsprechend programmierter Computer, in diesem Fall „Satzrechner" genannt. Der Setzer tastet die Textinformation endlos, ohne Rücksicht auf Zeilenlängen ein. Dabei informiert er den Rechner auch über den Wechsel von Schriftarten, über Einzüge, Überschriften und dergleichen. Der Satzrechner umbricht die endlos eingetasteten Informationen auf Zeilenbreite, indem er Buchstabenbreiten addiert

1 – Die Matrize der Linofilm aus den sechziger Jahren
2 – Bei den Hochleistungs-Fotosetzmaschinen wie der Digiset wird nicht mehr ein Schriftnegativ optisch projiziert, sondern das zeilenweise wie beim Fernsehen in Punkte aufgelöste Buchstabenbild aus dem Magnetspeicher abgerufen.
3 – Das Verlags- und Druckzentrum Stuttgart-Möhringen ging 1978 als erster Zeitungsbetrieb dazu über, den Seitenumbruch auf dem Bildschirm auszuführen. Der Produktioner ersieht aus der Aufstellung der mit Stichwort gekennzeichneten Artikel ihren Zeilenumfang.
4–5 – Der Produktioner kann ausprobieren, wie es sich auswirkt, wenn er einen Artikel umstellt, z. B. „Silber" von Spalte 2 Zeile 078 auf Spalte 5 Zeile 052. Wenn alles positioniert ist, wird die ganze Seite aus dem Datenspeicher auf Film belichtet.

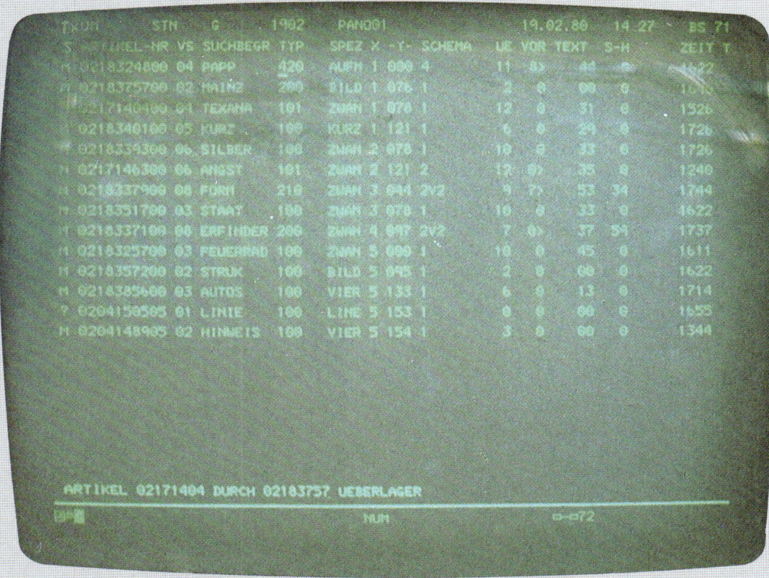

3

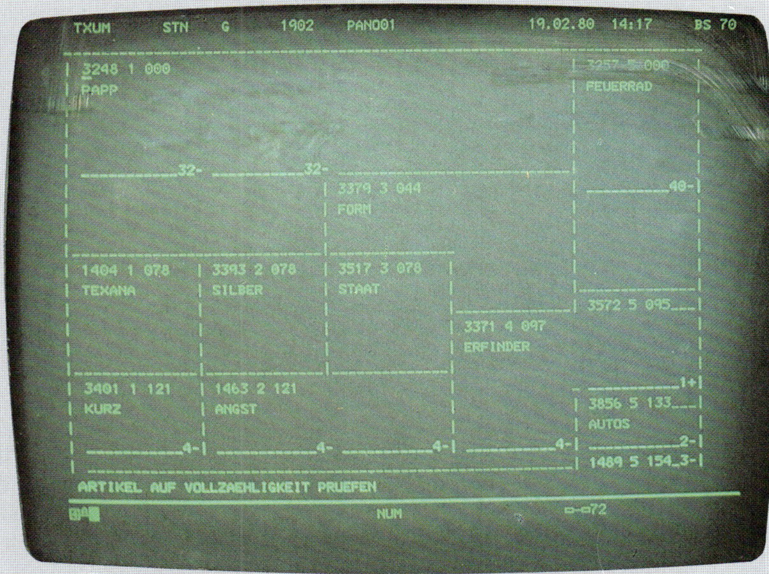

4

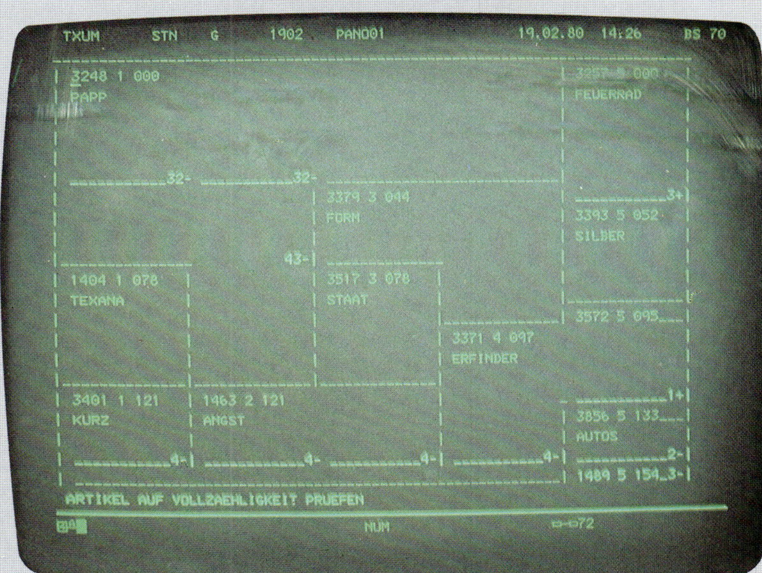

5

und für die vorgeschriebenen Wortzwischenräume sorgt. Außerdem übernimmt er die Silbentrennung – eine Aufgabe, deren Programmierung immense Schwierigkeiten mit sich brachte.
Im allgemeinen wird von dem erstellten Textband zunächst ein provisorischer Abzug gemacht und auf Fehler durchgesehen. Die Korrekturen werden in ein zweites Band eingegeben, das elektronisch mit dem Originalband „verschmolzen" werden kann. Jüngere Verfahren erlauben aber auch schon die Korrektureingabe per Bildschirm-Terminal. Und dabei wären wir bei der einstweilen letzten Entwicklungsstufe der Textverarbeitung.

Textverarbeitung am Bildschirm

Als die Deutsche Presse-Agentur (dpa) in ihrer Zentrale am Hamburger Mittelweg im Jahre 1973 damit begann, von Papier und Bleistift, Schreibmaschine und Fernschreiber weitgehend Abschied zu nehmen und ihr gesamtes Arbeitssystem auf elektronische Textverarbeitung umzustellen, wurde das von vielen Fachleuten noch mit hochgezogenen Augenbrauen betrachtet.
Bei Nachrichtenagenturen (wie bei Zeitungen) kommt es darauf an, große Textmengen schnell zu verarbeiten: zu lesen, zu redigieren, zu kürzen, weiterzuleiten an die Abnehmer oder (bei Zeitungen) an die Technik. Jeder Umweg ist dabei schädlich – beispielsweise der Umweg über das Papier. Nach sechs Jahren der Erprobung gab es bei dpa praktisch keins mehr. Dazu ein Bericht der Agentur vom 28. März 1979:
„Die neue Technik besteht aus einem leistungsfähigen Vermittlungsrechner, einem elektronischen Speicher und einer großen

Zahl von angeschlossenen Sichtgeräten und Schnelldruckern sowie einer Programmierung, die den komplexesten Arbeitsvorgängen in einer großen Nachrichtenagentur Rechnung tragen kann. Die redigierten Berichte werden vom Computer in der von den Redaktionen gewünschten Reihenfolge, Meldung für Meldung, automatisch an die Kunden ausgesendet. Die meisten Nachrichten, die die dpa-Zentrale passieren, tun dies jetzt nur noch als elektrische Signale, als Leuchtschrift auf den Sichtschirmen, wo sie auch redigiert werden. Die Berge von Papiermanuskripten, die bisher zwischen Fernschreibmaschinen und den einzelnen Redakteuren hin und her transportiert wurden, gehören der Vergangenheit an. Auch das, was in der Zentrale selbst geschrieben wird, etwa die Tageszusammenfassungen und Hintergrundberichte, werden nicht mehr zu Papier gebracht, sondern an lautlosen Sichtgeräten geschrieben."

Vom Bildschirm und Computerspeicher zum rechnergesteuerten Lichtsatz ist es nur ein Schritt. Beide Systeme lassen sich unmittelbar koppeln oder in einem Gesamtsystem zusammenfassen. Bei vielen Zeitungen ist das heute auch schon der Fall. Der Redakteur redigiert und schreibt seine Texte am Bildschirm, so wie es die dpa-Redakteure schon seit einigen Jahren tun. Per Knopfdruck verwandelt sich der Bildschirmtext in Sekundenbruchteilen in Lichtsatz. Die Lichtsatzfilme dienen zur Offsetmontage oder auch zu einer Vorlage, die sich in eine hochdruckgeeignete Kunststoffplatte verwandelt.

Oder, noch einfacher und schneller: die Zeitungsseiten werden am Bildschirm zusammengestellt (umbrochen). Die Montage entfällt. Die Vorlagen können unmittelbar auf Film kopiert werden, der dann auf die Druckplatten übertragen wird. Inzwischen gibt es aber auch schon eine ganze Reihe sogenannter „Computer-to-plate"-Verfahren, bei denen der Umweg über den Film eingespart wird. Die zu Seiten zusammengestellten Texte werden ab Computer über einen Zwischenabzug (oder auch direkt) im Laserverfahren auf die Offset-Druckplatten übertragen, die im allgemeinen elektrofotografisch beschichtet sind.

Das alles ist im Zeitungsdruck zum Teil schon verwirklicht, zum Teil steht es uns in den nächsten Jahren bevor. Die Entwicklung ist im Fluß. Lichtsatzverfahren haben sich auch bei der Buchherstellung längst durchgesetzt. Gedruckte Vorlagen und bestimmte Schreibmaschinenschriften können von Lesemaschinen abgetastet werden. Die 1976 in den USA entwickelte „Kurzweil Data Entry Machine" (KDEM) arbeitet seit 1984 auch in Deutschland. Sie kann stündlich etwa 100000 Zeichen erfassen und an den Satzcomputer oder direkt an einen Laserdrucker weiterleiten. Spezialprogramme und ein integriertes Wörterbuch sorgen für praktisch fehlerfreien Satz.

Auch von der Möglichkeit, die elektronische Texterfassung auf den Autor zu verlagern, wird schon Gebrauch gemacht. An die Stelle des Manuskriptes tritt dabei das Magnetband oder die Diskette.

Die Entwicklung der Buchbinderei

Der handwerkliche Bucheinband

Er spielt, das sei vorweggenommen, bei der Herstellung von Büchern in nennenswerten Auflagen längst keine Rolle mehr, weil er dafür erstens zu langsam herzustellen und zweitens viel zu teuer wäre. Mehr oder weniger automatisierte Fertigungsstraßen mit hochspezialisierten Maschinen haben ihn abgelöst. Der Handbuchbinder von heute beschränkt sich auf die Herstellung von Musterbänden und gestaltet anspruchsvolle Einzel-Einbände, er arbeitet in einer Bibliotheksbuchbinderei oder restauriert als Buchrestaurator kostbare alte Einbände.

Eigentlich verdient auch nur er die Berufsbezeichnung „Buchbinder". Was seine Kollegen an den Supermaschinen der Buchbindereistraßen tun, wird heute besser unter der Bezeichnung „Druckweiterverarbeitung" zusammengefaßt.

Vom Römer-Notizbuch zum Einband

Im kaiserlichen Rom war es üblich, daß die Konsuln ihren Freunden zum Jahreswechsel eine Art Notizbuch schenkten, bestehend aus zwei oder drei Wachstäfelchen, die durch Scharniere zu einer Art Buch verbunden waren. Zweitafelbücher wurden Diptychon, Dreitafelbücher Triptychon genannt. Ihre Vorderseite schmückte oft eine Elfenbeintafel mit dem Bild des Kaisers oder auch des Spenders. Diese Notizbücher dürften die ersten „gebundenen" Bücher gewesen sein.

Die Papyrus- oder Pergamentrolle der frühesten Zeit brauchte keinen Einband. Aber auch die ersten Codices wurden wohl nur durch einen doppelten Pergamentbogen geschützt. Vor Beschädigungen behütete sie ein Aufbewahrungskasten (scrinium = Schrein). Etwa vom 4. Jahrhundert an wurden die ersten Codices gebunden. Mönche führten diese Arbeit aus. Als erster Buchbinder gilt der irische Mönch Dagäus, der zu Anfang des 6. Jahrhunderts erwähnt wird. Die Kirchenväter lehnten übrigens kostbare Bucheinbände kategorisch ab. Sie hielten solchen Luxus für nicht vereinbar mit dem christlichen Demutsgebot.

Grundmaterial der Einbände war bis in die Renaissance das Holz. Die Buchbinder sägten es sich selbst zurecht und überzogen es mit Leder und Pergament. Die Pappe als Einbandmaterial kam erst zu Beginn des 16. Jahrhunderts auf. Ihre Einführung wird dem prominenten venezianischen Drucker und Verleger Aldus Manutius dem Älteren (1449–1515) zugeschrieben, der auch als erster dazu übergegangen war, gebundene Bücher zu liefern – bis dahin verkauften die Drucker lediglich die einzelnen, zu einem Werk gehörenden Druckbogen. Der Käufer ließ sie dann selbst einbinden.

Die römischen Elfenbeinplatten als Einbandverzierung befruchteten auch die Arbeit der Klosterbuchbinder. Manche von ihnen ließen diese Platten neu schnitzen, andere hielten sich an Platten aus der Römerzeit, und weil man ja auf liturgische Bücher schlecht die Bilder altrömischer Konsuln kleben konnte, änderten sie einfach die

Die Wertschätzung, die frühere Jahrhunderte dem Buch entgegenbrachten, zeigt sich auch in der Art der Einbandgestaltung. Um kleinere Bücher leicht mit sich tragen zu können, wurde hin und wieder das Überzugleder so reichlich über die Deckelkanten hinaus zugeschnitten, daß es sich zu einem Beutel zusammenknoten ließ. Dieser wildlederne Buchbeutel umschließt das auf Pergament geschriebene Gebetbuch des Patriziers Hieronymus Kreß aus Nürnberg, datiert 1471, heute im Germanischen Nationalmuseum. Der eigentliche Einband ist 10,5×13,5 cm groß und wird durch Messingbeschläge geschützt und zusammengehalten.

Beschriftung der Porträts. So sind zwei Einband-Elfenbeintafeln mit Konsulporträts erhalten geblieben, die der Buchbinder in König David und St. Gregorius umgetauft hatte.

Viele alte Einbanddecken sind Musterbeispiele der Goldschmiedekunst, der Elfenbeinschnitzerei, der Lederprägung. Vor allem Leder wurde gerne verwendet – im Gegensatz zum Pergament, das eher als schlichtes Überzugsmaterial galt. Neben der Blindprägetechnik durch eingepreßte Stempel war der Lederschnitt beliebt, bei dem das Ornament mit dem Messer eingeschnitten und nach der Tränkung mit Leimwasser etwas herausgehoben wurde, während die freien Teile niedergeklopft wurden. Färbung oder Vergoldung steigerten die Wirkung noch.

Bei kleineren Büchern ließ man das Leder an den Unterkanten so herabhängen, daß eine Art Beutel entstand, so daß man das Buch bequem in der Hand tragen oder am Gürtel befestigen konnte. Bei den großen Folianten blieb der Buchrücken frei. Diese Bücher standen ja nicht, wie bei uns, in Regalen, sondern lagen auf Pulten zur Benutzung aus (Pultbibliotheken). Dabei war der Buchrücken nicht zu sehen.

Neben klösterlichen gab es schon früh weltliche Buchbindereien, vor allem an Universitäten. Viele können es aber nicht gewesen sein. Die Buchbinder vermehrten sich erst nach Gutenbergs Erfindung so stark, daß sie eine eigene Zunft gründen konnten, was zu Beginn des 16. Jahrhunderts geschah.

Die Arbeitsweise des Handbuchbinders

1

An dem hier beschriebenen Verfahren änderte sich bis ins hohe 19. Jahrhundert, als die ersten industriellen Buchbindereien aufkamen, im Prinzip gar nichts. In verkürzter Darstellung:

Die aus der Buchdruckerei gelieferten Druckbogen werden zunächst zusammengefaltet (gefalzt), was mit Hilfe des Falzbeins geschieht. Die lose zu einem Buch zusammengelegten (zusammengetragenen) Einzelbogen werden auf Vollständigkeit überprüft (kollationiert) und in die Heftlade eingespannt, eine Art Presse, die den Buchrücken frei läßt. Geheftet wird mit Fäden, die durch jeden einzelnen Bogen und über Bindfäden oder Bänder am Buchrükken (Bünde), Garantie für den Zusammenhalt des Buches, geführt werden müssen. Die Bünde wurden früher sichtbar (als hervortretende Querstreifen am Einbandrükken) verarbeitet, dann in den Buchblock eingelassen (wozu der Buchbinder einfach mit dem Fuchsschwanz Rillen in den Buchblock zu sägen hatte).

2

1 – Die „Notizbücher“ der Antike, zwei (Diptychon) oder drei (Triptychon) beweglich zusammengefügte wachsbeschichtete Holztäfelchen, in die man mit einem Metallgriffel seine Notizen einritzte, waren die Vorbilder für unsere am Rücken zusammengehefteten Bücher. Der Übergang von der Manuskriptrolle zum Buch war erst möglich, als man statt des leicht brechenden Papyrus schmiegsames Pergament als Beschreibstoff verwendete.
2 – Eine andere, viel primitivere Form der Heftung ist bei diesem indischen, aus Palmblattstreifen zusammengeschnürten „Buch“ zu sehen.
3 – Im Mittelalter wurde nicht nur auf die schöne Gestaltung des Inhalts, sondern auch auf ein kostbares Äußeres der Bücher Wert gelegt. Der Codex Clm 4451 der Bayerischen Staatsbibliothek in München aus dem 9. Jahrhundert mit den vier Evangelien trägt auf der Einbandvorderseite in einer gold- und edelsteingeschmückten Einfassung eine Elfenbeinschnitzerei der Taufe Christi.

3

Der mit Leim bestrichene und getrocknete Buchrücken wird dann mit dem Hammer rundgeklopft (eine vorzugsweise deutsche Eigenart; andere Länder ziehen den geraden Buchrücken vor) und an den drei freien Seiten beschnitten, was in derRegel mit einem speziellen Hobel geschah. Den Schnitt konnte man zur Zierde und zum Schutz einfärben oder vergolden. Zuletzt wurde die aus Rücken und zwei Deckeln bestehende Buchdecke an den Buchblock geklebt. Für die Einbandgestaltung setzten sich verschiedene Möglichkeiten durch. Neben dem Pappband gab es den am Rücken und an den Ecken mit Leinen bezogenen Halbleinenband und den ganz mit Leinen beklebten Ganzleinenband, dementsprechend den Halb- und Ganzpergamentband sowie den Halb- und Ganzlederband, auch Halbfranz- und Franzband genannt, wenn er auf „echte Bünde“ gearbeitet ist.

Die industrielle Buchbinderei

Die Reihenfolge der Arbeiten in der Großbuchbinderei lehnte sich an die Arbeitstechnik des Handbuchbinders an. Beginnend um die Mitte des 19. Jahrhunderts kamen aber immer mehr Maschinen dazu, die bestimmte Funktionen übernahmen, zunächst die besonders zeit- und kraftraubenden, wie das Heften oder den Buchblockbeschnitt. Im Gegensatz zu anderen Bereichen der Buchherstellung gibt es auf dem Gebiet der Buchbinderei jedoch keine herausragenden Einzelpersönlichkeiten als Erfinder, vergleichbar etwa mit Friedrich Koenig, der die Schnellpresse entwickelte, oder Ottmar Mergenthaler, der die Zeilensetzmaschine erfand. Bei den Buchbindern verlief die technische Entwicklung eher geräuschlos, die technischen Erfolge wurden Schritt für Schritt erzielt.

Maschinen erleichtern die Arbeit

Die Falzmaschine, die das mühsame Falzen der Druckbogen von Hand überflüssig machte, kam um das Jahr 1890 auf. Im Lauf der Zeit wurde sie immer mehr vervollkommnet und konnte automatisch mehrere Falzvorgänge hintereinander ausführen. Um 1900 schaffte eine Falzmaschine 2000 Bogen in der Stunde.
Eine erste Fadenheftmaschine wurde schon 1855 patentiert, sie konnte sich aber noch nicht durchsetzen. Erfolgreicher war die Buchdrahtheftmaschine der Jahrhundertwende. Sie heftete die einzelnen Lagen des Buches mit Drahtklammern auf einen Leinwandstreifen – ein Verfahren, über das die Fachleute heute noch stöhnen, denn die Klammern begannen bald zu rosten und das Buch zu zerstören. Auch die Fadenheftmaschine befestigt die Einzellagen an einem

3

1 – Ein Blick in eine alte Buchbinderwerkstatt. Im Vordergrund die Heftlade.
2 – Auf der Heftlade, an der oben und unten die Bünde aufgespannt sind, heftet der Buchbinder Bogen für Bogen mit Nadel und Faden den Buchblock zusammen.
3 – Auf das Vorsatzpapier, das als Doppelblatt jeweils mit dem ersten und letzten Bogen des Buchblocks verbunden ist, wird mit dem Pinsel Klebstoff aufgetragen, so daß der Buchblock in die Einbanddecke geklebt oder „eingehängt" werden kann. Der Buchblock im Bild ist nicht von Hand auf Bünde, sondern mit der Maschine fadengeheftet und nicht gerundet.
4 – Die als Wülste auf dem Leder des Buchrückens sichtbaren Bünde hebt der Buchbinder mit der Filete durch Blind- oder Goldlinien hervor. Das auf echte Bünde geheftete, in Ganzlederdecke gebundene Buch nennt man Franzband.
5 – Altes Buchbinderwerkzeug, außer einer Filete (Mitte oben) eine Vergolderolle (links), ein Prägestempel mit Lederprägung (Mitte), eine Filete mit Ornamenten zum Vergolden des Buchrückens (rechts) und eine aus Messinglettern zusammengesetzte Schriftzeile in einem Schriftkasten (ganz rechts).
6 – Mit dem Falzbein formt der Buchbinder die Häubchen an Kopf und Fuß eines Halblederbandes.

4

Leinwand- oder Gazestreifen. Es genügt, Bogen für Bogen in die Maschine einzulegen, die das „Zusammennähen" automatisch besorgt. Vollautomatische Heftanleger tun heute diese Arbeit.
Dann entfiel auch das Zusammentragen im Handbetrieb. Die Zusammentragmaschine erledigt das schneller und genauer, sie nimmt bei jedem Durchgang von jedem Bogenstapel eine Lage mit und liefert am Ende das komplette lose Buch ab. Die ersten einfachen Schneidemaschinen wurden bald von schnelleren Dreischneidern abgelöst, die einen ganzen Buchstapel auf einmal beschneiden können. Maschinen gab es auch für das Runden der Buchrücken.
Eigene Spezialvorrichtungen schneiden, kleben, überziehen und prägen die Buchdecke, die schließlich auch mit Hilfe einer Maschine mit dem Buchblock verbunden wird – der Buchbinder spricht vom „Einhängen" des Buchblocks. Dazu kamen Buchrückenleimgeräte und Kreisscheren für das Schneiden von Pappe, Schnittfärbe- und Goldschnittmaschinen, Buchdeckenmaschinen und Prägeautomaten und viele andere.
Aber im Prinzip änderte sich nicht viel an der Grundtechnik. Vor allem das aufwendige Heftverfahren stand einer Vereinfachung und Beschleunigung der Buchbinderei im Wege.

Von der Klebeheftung zur Fertigungsstraße

Das Heften war schon den Buchbindern um die Wende zum 20. Jahrhundert ein Dorn im Auge. Es lag nahe, zumindest bei weniger anspruchsvollen Werken, den Heft- durch einen Klebevorgang zu ersetzen. Die Buchbinder Hancock und Baumfalk traten zuerst damit an die Öffentlichkeit. Hancock schnitt den Buchrücken ab, faserte die nun nicht mehr durch den Falz verbundenen Seiten mit einer Raspel auf und bestrich den Rücken mehrmals mit Kautschuklösung. Baumfalk bevorzugte Leim als Bindemittel und überzog den Rücken zusätzlich mit einem Stoffstreifen.
Beide Verfahren setzten sich nicht durch. Die Bücher brachen bald auseinander oder verloren einzelne Seiten. Es hagelte Reklamationen, denen gegenüber die Buchbinder einstweilen machtlos waren. Es fehlte einfach an einem genügend haltbaren Klebstoff. Den gab es erst im Kunststoffzeitalter. Der in Remscheid (1886) geborene Emil Lumbeck kann das Verdienst für sich buchen, die Klebebindung, nach ihm auch Lumbeckverfahren genannt, produktionsreif entwickelt zu haben.
Lumbeck hatte nach Abschluß einer kaufmännischen Lehre einige Jahre im Ausland im Exportgeschäft gearbeitet und war dann nach Deutschland zurückgekehrt, um in Wuppertal die technische Leitung einer Maschinenfabrik zu übernehmen. 1934 eröffnete er in Bochum einen Zeitschriften- und Buchvertrieb. Die Berührung mit dem Buch brachte ihn auf den entscheidenden Gedanken, Kunststoffe als Klebemittel zu verwenden. Man kann Lumbeck nicht als Zufallserfinder bezeichnen. Er hatte schon vor dem „Lumbecken" andere technische Verfahren entwickelt und patentieren lassen.
1942 trat er mit seiner Klebetechnik an die Fachöffentlichkeit. Wie Hancock und Baumfalk schlug auch er vor, den Buchrükken abzuschneiden und die Seiten mit Klebstoff zusammenzuhalten. Wenn sich auch die traditionsbewußten Buchbinder zunächst gegen die neue Technik wehrten – sie setzte sich nach dem Zweiten Weltkrieg durch, als Taschenbuch und Paperback aktuell wurden. Für diese „Verbrauchsbücher" kam die Klebehefttechnik gerade recht. Damit die Bücher einen besseren Zusammenhalt bekamen, erwies es sich als vorteilhaft, den beschnittenen Buchrücken aufzufräsen. Aber auch das hatten Hancock und Baumfalk schon getan.
Im übrigen war es dank noch besserer Klebstoffe und verfeinerter Verarbeitungsverfahren bald möglich, auch andere als Taschenbücher, bis hin zum großformatigen Bildband, nach dem Klebeheftverfahren zu binden. Der Anteil der fadengehefteten Bücher nahm immer mehr ab – nicht zur Freude aller Fachleute, die für hochwertige Bücher wegen der größeren Haltbarkeit weiterhin die Fadenheftung bevorzugen.
Das Klebeheftverfahren schuf auch die Voraussetzungen für die Einrichtung von

Als die Fadenheftmaschinen in die Werkstätten der Buchbinder einzogen, wurde ihre Arbeit revolutionär beschleunigt. Statt den Buchblock auf der Heftlade bogenweise von Hand zusammenzu„nähen", legt der Buchbinder den gefalzten Bogen in der Mitte aufgeschlagen an die Anlage des Sattels (vorne links). Durch Pedaldruck wird der Bogen nach hinten geschwenkt und ähnlich wie mit einer Nähmaschine auf einen Gazestreifen geheftet.

1

2

5

6

8

9

3

4

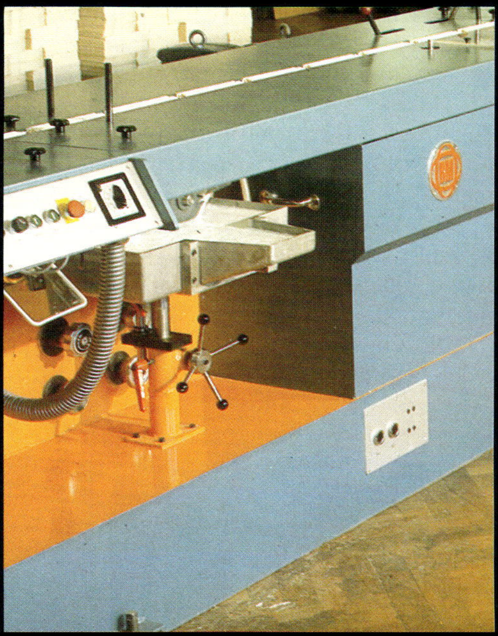

7

In der modernen industriellen Buchbinderei sind fast alle Arbeitsgänge mechanisiert. Um erstklassig gebundene Bücher zu produzieren, kommt es auf die richtige Auswahl des Materials, sorgfältige Einstellung der Maschinen und ständige Überwachung ihrer Funktionen mit Zwischen- und Endkontrollen an.

1 – Die von der Druckerei plano angelieferten Bogen verlassen die Falzmaschine je nach Buchformat und Papierstärke als 8- bis 32seitige Falzbogen. Der beim Falzen entstehende Lärm wird soweit möglich von Schalldämpfern gemindert.

2 – Das Zusammentragen übernehmen Maschinen, die von den in einer Reihe aufgestapelten Bogen jeweils einen abheben, schubweise von Station zu Station sammeln und ans Ende der Maschine befördern.

3 – Die zusammengetragenen Bogen werden für Qualitätsbücher auf der Fadenheftmaschine mit automatischer Bogenanlage zum Buchblock zusammengeheftet. Stattdessen kann aus Kostengründen auch durch ein in die Fertigungsstraße integriertes Aggregat Klebeheftung ausgeführt werden.

4 – In der Beleimstation wird der Rücken der Buchblocks verstärkt und gefestigt.

5 – Gazestreifen und die beiden Kapitalbändchen als oberer und unterer Abschluß des Buchrückens werden angebracht.

6 – In der Deckenmachmaschine werden die zugeschnittenen Materialien zu einer Einbanddecke vereint.

7 – In der Prägepresse werden Vorder- und Rückentitel von Metall- und Farbfolien auf die Decke geprägt.

8 – In der Einhängemaschine werden die fertigen Decken mit dem gehefteten, beleimten, dreiseitig beschnittenen und gerundeten Buchblock vereinigt.

9 – Am Ende der Fertigungsstraße setzt ein Abstapler die Bücher auf eine Palette ab. Sie können noch auf weiteren Stationen mit Schutzumschlag versehen und in Schrumpffolie eingeschweißt werden.

Mit solchen T-O-Karten konnten die Schiffskapitäne natürlich nichts anfangen. Wenn irgend jemand auf genaue kartografische Unterlagen angewiesen war, dann sie. Sie zeichneten sich ihre Karten selbst und hielten sie vor anderen Seeleuten streng geheim. Erste Seekarten scheint es gegen Ende des 13. Jahrhunderts gegeben zu haben. Sie wurden Portolane genannt, beschrieben vor allem die Küstenlandschaften mit ihren Häfen, Flußmündungen, Untiefen und Strömungen und waren mit Liniennetzen überzogen, die von den Windrosen ausstrahlten. In Verbindung mit den schon im 12. Jahrhundert verbreiteten „Genueser Nadeln" erlaubten die Portolane ziemlich genaue Richtungsbestimmungen. „Genueser Nadel" hieß das früheste Kompaßmodell, weil Seeleute aus Genua es zuerst verwendeten. Berühmte Portolankarten sind die um 1300 in Genua entstandene Pisanische Karte und die im Katalanischen Atlas von 1375 enthaltenen, überaus farbenprächtigen Karten.
Viele Seefahrer bevorzugten auch später noch handgezeichnete Karten. Inzwischen gab es aber schon längst auch gedruckte Karten, zunächst nach dem Holzschnittverfahren. Die erste Karte dieser Art, noch im T-O-Stil, illustrierte ein Werk des Isidor von Sevilla und wurde 1472 in Deutschland gedruckt. Fünf Jahre später erschien in Bologna das erste auf die „Geographie" des Ptolemäus zurückgehende Kartenwerk im Druck. Die Italiener galten damals als die besten Kartendrucker, und sie gingen bald vom Holzschnitt- auf das Kupferstichverfahren über, das bis zum Aufkommen der Lithografie aktuell blieb.

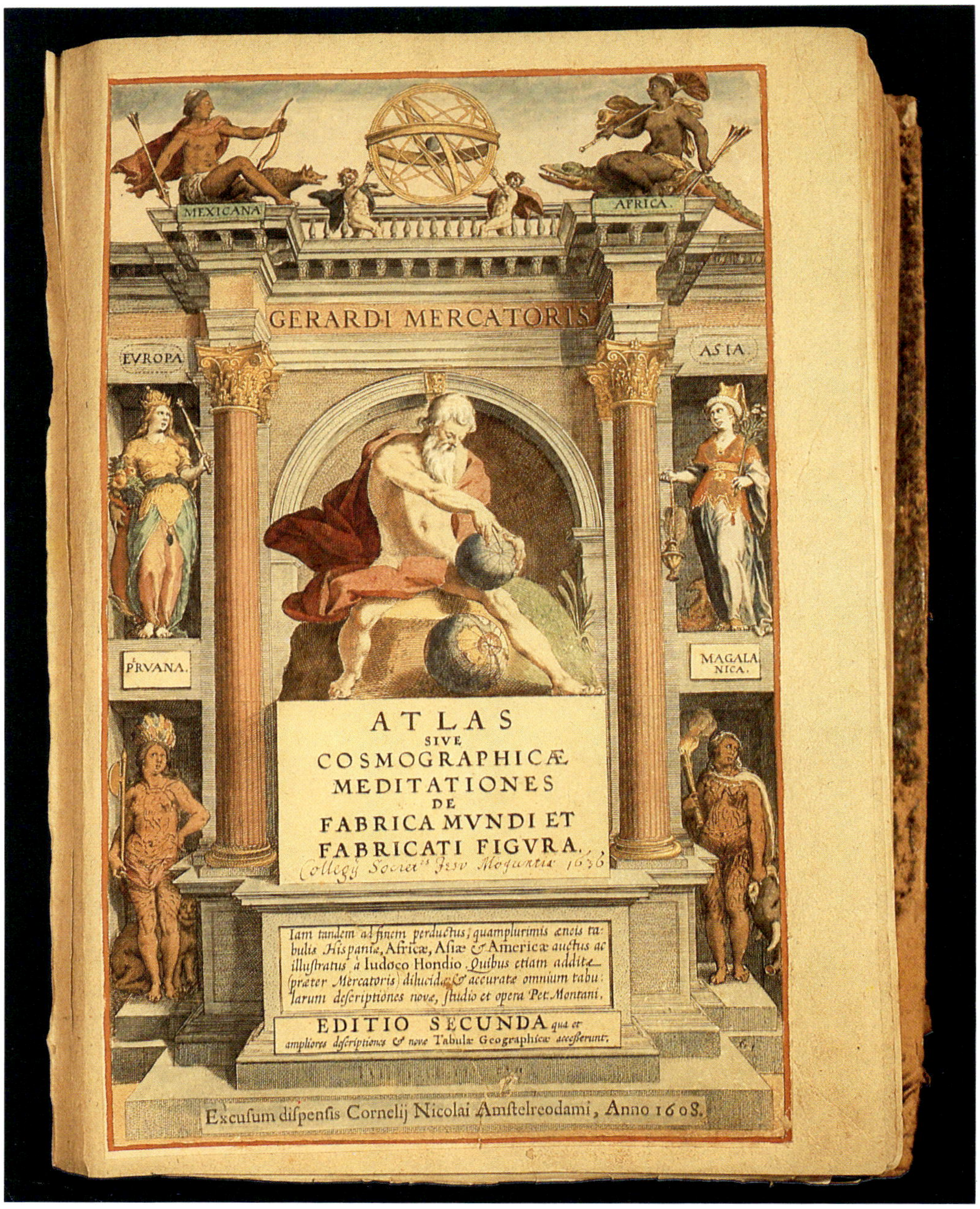

1

Mercator und die ersten Atlanten

Gerhard Kremer, der sich latinisiert Gerardus Mercator nannte, wurde 1512 in dem ostflandrischen Städtchen Rupelmonde geboren. An der Universität in Löwen studierte er Philosophie, Mathematik, Astronomie und Kosmografie. Nach seiner Promotion (1534) setzte er seine Studien in Kosmografie und Geografie bei dem um vier Jahre älteren Rainer Gemma-Frisius fort, der ihn unter anderem in den Globenbau einführte. In Antwerpen lernte er das Kupferstechen, dort und später in Löwen betrieb er eine Firma, die mathematische und astronomische Instrumente, Globen und Karten außergewöhnlich hoher Qualität herstellte. 1537 kam seine erste Karte, eine Darstellung Palästinas in sechs Bogen, heraus, 1541 wurde der erste, im Auftrag Kaiser Karls V. angefertigte Erdglobus fertig, zehn Jahre später folgte ein Himmelsglobus.

Sein Löwener Aufenthalt endete beinahe mit einer Katastrophe. Der Agent eines ihm übelwollenden Fürsten hatte herausgefunden, daß Mercator Lutheraner war. Er wurde eingesperrt, zum Tode verurteilt und in letzter Minute durch das Dazwischentreten eines Priesters gerettet. 1552 ging er nach Duisburg, wo er dann bis zu seinem Tode (1594) lebte, versehen mit dem Titel eines Kosmografen des Herzogs von Jülich und als gelehrtester Geograf seiner Zeit anerkannt.
In Duisburg erschien 1554 seine berühmte Karte von Europa. Eine Weltkarte und weitere Einzelkarten schlossen sich an. Zwei Bände seines Hauptwerkes, betitelt „Atlas sive cosmographicae meditationes de fabrica mundi et fabricati figura" (Atlas oder kosmografische Überlegungen zur Erschaffung des Weltalls und dessen Natur, so wie sie erschaffen wurde) erschienen noch zu seinen Lebzeiten, den dritten Band gab sein Sohn Rumold wenige Monate nach dem Tod Mercators heraus.
Den legendären Titanen Atlas, Träger des Himmelsgewölbes, hatte schon Mercators Vorgänger Lafreri auf die Titelseite seines Kartenwerkes gedruckt. Mercator nannte nun das ganze Buch, Kunstwerk und Kartensammlung zugleich, einen Atlas – und dabei blieb es bis heute.
Kurz vor dem Erscheinen der ersten Atlas-Bände von Mercator brachte ein Freund und Konkurrent, Abraham Ortelius (1527 bis 1598), sein „Theatrum orbis terrarum" mit 70 Kupferstichkarten heraus. Es gibt eine rührende Legende, Mercator habe den Erscheinungstermin seines Werkes verschoben, um dem jüngeren Kollegen den Vortritt zu lassen. Aber davon konnte keine Rede sein. Mercator wurde einfach nicht früher fertig.

1 – Die Bezeichnung Atlas für eine umfassende Kartensammlung erscheint erstmals auf dem Titel des ab 1585 in Teilen herauskommenden und 1595 vollendeten Werkes von Gerhard Mercator (1512–1549). Die 1608 erschienene zweite Ausgabe ist in der Gestaltung des Titels unverändert.
2 – Die Loxodrome (griechisch = schief laufende Linie) als Verbindungslinie zweier Punkte auf der Erdkugel schneidet die Meridiane jeweils unter gleichem Winkel und nähert sich in ihrer Verlängerung spiralförmig den Erdpolen. Auf einer für die Navigation geeigneten Karte soll sie das auch in ihrer zweidimensionalen Projektion.
3 – Um das zu erreichen, wird in der nach Mercator benannten Projektion die Karte gewissermaßen zylindrisch um den Globus gelegt; die Meridiane laufen parallel. Der Abstand der Breitengrade wird, je näher sie den Polen liegen, so vergrößert, daß die Loxodrome auch in der Projektion die Meridiane winkelgleich schneidet.
4 – Das von der Zylinderform in die Ebene übertragene Kartenbild läßt die Loxodrome als Gerade erscheinen, obwohl sie in der Natur eine Spiralkurve darstellt. Die auf der Erdkugel die kürzeste Verbindung bildende Orthodrome würde in der Mercatorprojektion als Kurve erscheinen. Eine Karte in dieser Mercatorprojektion ist zwar winkeltreu, aber nicht flächentreu, da die Polpunkte zu einer Geraden von gleicher Länge wie die Äquatorlinie ausgezogen sind und sich dazu noch der Abstand der Breitengrade vom Äquator aus nach Norden und Süden vergrößert.

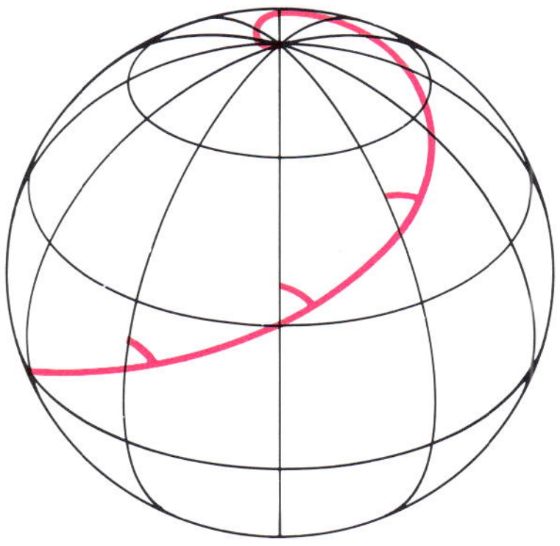

2

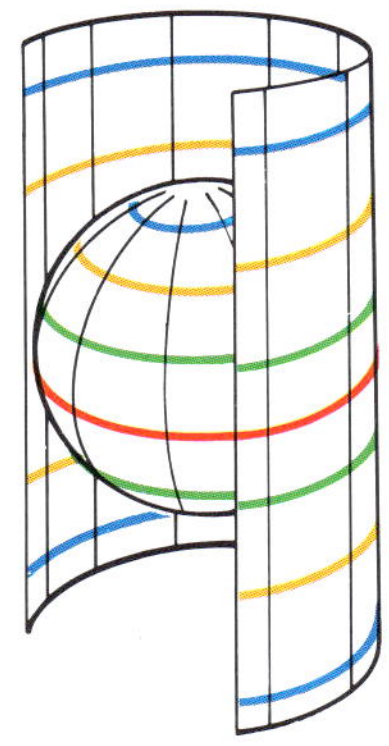

3

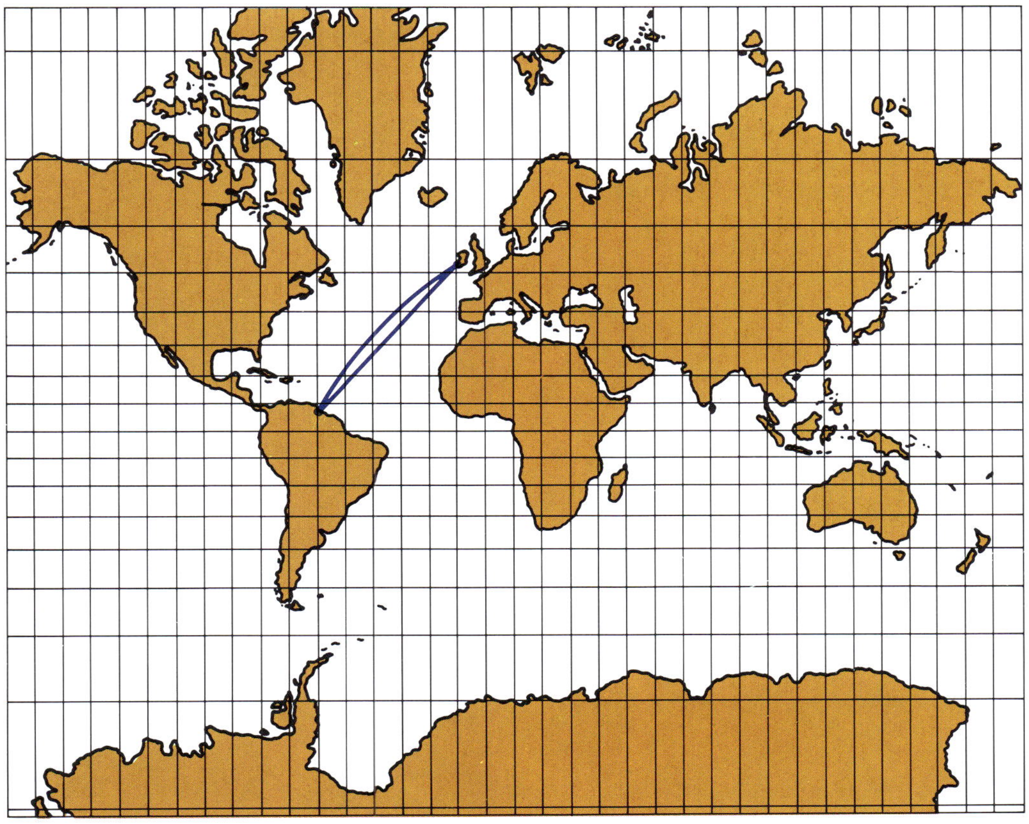

4

Die Bedeutung der Mercatorprojektion

Bei seinen ersten Arbeiten stand Mercator noch ganz unter dem Einfluß der ptolemäischen Kartografie. An den Vorschriften des ehrwürdigen Meisters durfte um keinen Preis etwas geändert werden. Als eine bereits erschienene Karte die Abmessungen des Mittelmeers nach jüngsten Beobachtungen anders angab, als es bei Ptolemäus der Fall war, mußte sie zurückgezogen und im Sinne des Ptolemäus „verbessert" werden.
Schrittweise gelang es Mercator, seine Karten der Wirklichkeit anzupassen. Besonders lag ihm ein Verfahren am Herzen, den flachliegenden Karten die gleiche Abbildungstreue zu verleihen, die eigentlich nur ein Globus liefern konnte. Dabei handelte es sich sozusagen um die Quadratur des Kreises. Eine Planokarte konnte entweder flächentreu sein (dann war sie weder winkel- noch längentreu) oder winkeltreu (dann war sie weder flächen- noch längentreu) oder längentreu (dann war sie weder winkel- noch flächentreu). An dieser Problematik kauen die Kartografen noch heute, und sie versuchen immer wieder, eine der drei Bedingungen zu erfüllen und die beiden anderen nicht allzusehr zu vernachlässigen.
Mercator orientierte sich bei seinen Überlegungen über eine neuartige Kartenprojektion an den Interessen der Seefahrer – sie brauchten eine winkeltreue Karte, damit sie ihre Kurse geradlinig abstecken konnten. So kam Mercator auf die (vor ihm wohl schon von Erhard Etzlaub angewandte) Zylinderprojektion, die später Mercatorprojektion genannt wurde. Bei dieser Projektion wird das Bild der Erdkugel auf einen Zylinder projiziert, der die Erde am Äquator berührt. Die Meridiane werden dabei zu parallel verlaufenden Linien, treffen sich also nicht mehr am Nord- bzw. Südpol. Eine Vergrößerung der West-Ost-Abstände, verbunden mit übergroßer Flächendarstellung der nördlichen und südlichen Regionen, ist die Folge. Aber die Winkel stimmen, was allein den Ausschlag gab, und nach Grönland oder in die Antarktis, beide nun fast erdteilgroß abgebildet, zog es die Seeleute damals ohnehin nicht. Seekarten und Weltkarten werden deshalb bis heute meist nach Mercators Grundsätzen entworfen – es sei denn, es handelt sich um Karten für die Luftfahrt, die andere Projektionsverfahren braucht, weil sie auch über die Pole fliegen muß. Und die kann man nach der Mercatorprojektion überhaupt nicht abbilden.
Die erste Karte nach dem neuen Verfahren, seine aus 24 Blättern bestehende Weltkar-

te, widmete Mercator dem Herzog von Jülich. Sie hatte den klangvollen Titel „Nova et accurata orbis terrae descriptio ad usum navigantium emendata accomodata. aeditum autem est opus hoc Duysburgi an. D. 1569, mense Augusto". Die Seeleute allerdings, für die Mercator geplant hatte, sträubten sich lange, sich nach den neuen Karten zu richten. Erst gegen Ende des 17. Jahrhunderts waren Mercators Karten in der christlichen Seefahrt Allgemeingut. Noch 1694 wetterte Sir John Narbrough, Kommandant der britischen Marine: „Ich wünschte, alle Seeleute würden das Segeln nach den falschen, einfachen Karten aufgeben und nach Mercators Karte segeln, die sich an die Wahrheit der Navigation hält."

Die Erdoberfläche wird vermessen

In der Rechen- und Meßkunst der Trigonometrie (Dreiecksmessung) waren schon die griechischen Mathematiker erfahren. Die Inder entwickelten die Methode weiter. Von ihnen übernahmen sie die Araber, die unter anderem Sinustabellen anlegten und sowohl den Tangens als auch den Cotangens einführten. Das Abendland erfuhr von den Höchstleistungen der arabischen Mathematik im 12. Jahrhundert durch lateinische Übersetzungen. Aber erst im 15. Jahrhundert begann sich die Trigonometrie zur eigenständigen Wissenschaft zu entwickeln.

Dreiecksmessung für die Landesaufnahme

1528 schlug der deutsche Kartograf Sebastian Münster (1488–1552), Professor der Theologie und des Hebräischen in Heidel-

Der Mathematikprofessor Philipp Apian zeichnete im Auftrag seines Herzogs Albrecht V. von Bayern eine große Karte des Herzogtums im Maßstab von etwa 1:50000. Dabei bediente er sich in einer sechs bis sieben Sommer dauernden Landesaufnahme der von Sebastian Münster vorgeschlagenen Winkelmessung. Von dieser großen Karte existieren nur noch einige Nachdrucke von vier Blättern in einer Kopie von 1766. Apian gab 1568 eine unter künstlerischer Mitwirkung von Jost Amman in Holz geschnittene, auf etwa 1:145000 verkleinerte Ausgabe heraus, die „Bairischen Landtaflen" mit einer Orientierungskarte und 23 Teilkarten. Blatt 18 zeigt das Gebiet zwischen München im Nordwesten und Rosenheim im Südosten.

30
SEPTENTRIO
VIII
40
IX
50
X
Laufzpach
Schwabm
Ebersperger vorst
Ebersperg
Ehenlinden
Kirchsein
Gräfing
Ering
Hag
Wasserburg
Atl
Ebrach
Ebrach fl.
Pfeising
Zellerreit
Alten Hohenaw
Rot
In fluss
Velkirchen
Rosenhaim
Aibling
Peyharting
Heyfeld
Mangfalda fl.
Tuntenhausen
Ostermünchen
Rain
Marienperg
Schweigh
Pang
Westerndorf
Prutting
Stefanskh.
Neupach
In fl.
Aursdorf
Prauendorf
Schaltorf
Kötnpach
Sondermuln
Zinnenberg
Holzhausn
Schmidhaun
Westerhaim
Weiherham
Irschling
Wilpating
Kemarn
Wending
Ackerstorf
Schwertzenberg
Velsen
Haslanz
Forstern
Vagen
Valley
Sandelham
Stefnoch

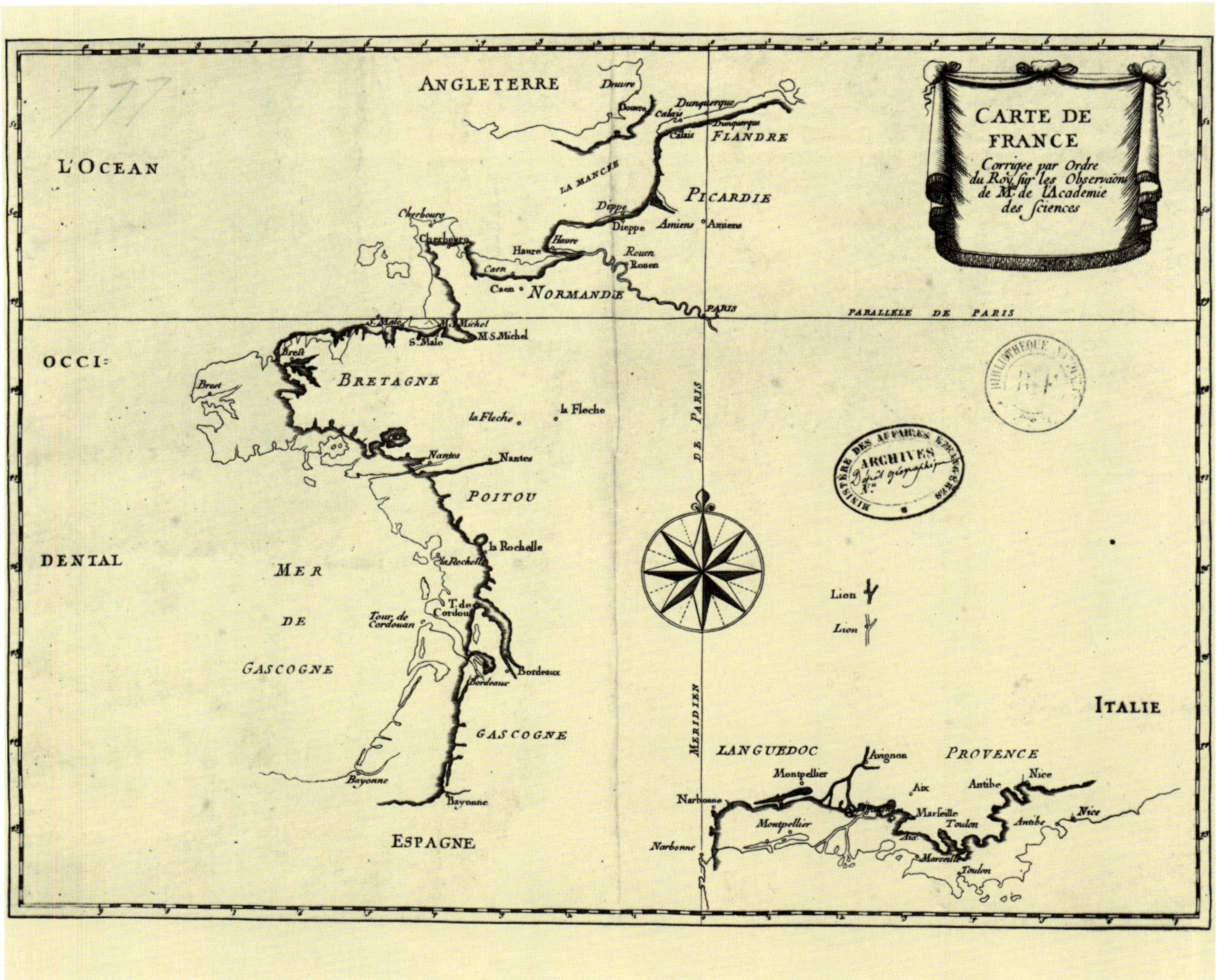

1

berg und der Mathematik in Basel, Autor der berühmten „Cosmographia universalis“, eine Neuvermessung Deutschlands vor, die sich an einem vereinfachten trigonometrischen Verfahren orientieren sollte. Es gab zwar schon neuere Karten. Ein deutscher Kardinal namens Nicolaus Chryfftz, der sich nach seinem Geburtsort auch Nikolaus von Kues oder, latinisiert, Nicolaus Cusanus nannte – er lebte von 1401 bis 1464 –, hatte kurz vor seinem Tode ein Kartenwerk herausgegeben. Aber die Fachleute waren damit unzufrieden, denn die dem Kartenzeichnen vorangegangene Landesaufnahme schien nicht mit der nötigen wissenschaftlichen Sorgfalt vorgenommen worden zu sein.

Münsters Vorschlag wurde erst fünf Jahre später wieder aufgegriffen. Mercators Lehrer, Rainer Gemma-Frisius, gab 1533 ein Büchlein heraus mit dem Titel „Libellus de locorum describendorum rationae“ (Büchlein über die Methoden der Ortsbestimmung). Frisius ging dabei von einer genau gemessenen Grundlinie aus. Von den Endpunkten der Linie sollten die Entfernungen und Winkel zu benachbarten Fixpunkten, beispielsweise Hügelkuppen oder Kirchtürmen, gemessen werden.

Nach dieser Methode arbeitete der Geograf und Mathematiker Philipp Apian (1531–1589), Professor an der Universität zu Ingolstadt. In der Begleitung mehrerer Geometer vermaß er im Verlauf von sechs oder sieben Jahren die bayerischen Lande und stellte eine riesige, fast 45 Quadratmeter große Karte zusammen. Das Original der Apianischen „Bairischen Landtaflen“ ging verloren, aber es gibt eine Holzschnitt-Nachbildung, die einen guten Eindruck vermittelt.

Mit noch besserer Ausrüstung ging über hundert Jahre später Abbé Jean Picard (1620–1682) an die Arbeit, in Frankreich die Voraussetzungen für eine präzise Landesaufnahme zu schaffen. Er vermaß eine Reihe von Dreiecken im Bereich des durch Paris führenden Meridians, und zwar die ersten in den Jahren 1669 und 1670 zwischen Sourdon bei Auriens und Malvoisine, wobei er Winkelmeßinstrumente mit angebauten Fernrohren verwendete. Picards Vermessungen wiesen nach, daß sich Frankreich bisher auf den amtlichen Karten viel zu weit in den Atlantik hinein vorgestreckt hatte. Seine Grenzkorrekturen waren so gründlich, daß Ludwig XIV. ungnädig ausrief, seine Geometer hätten ihn mehr Land gekostet, als er je in einem Krieg hätte verlieren können.

Vor allem Mitglieder der Astronomen- und Mathematikerfamilie Cassini machten sich um die Weiterführung der Picardschen Ar-

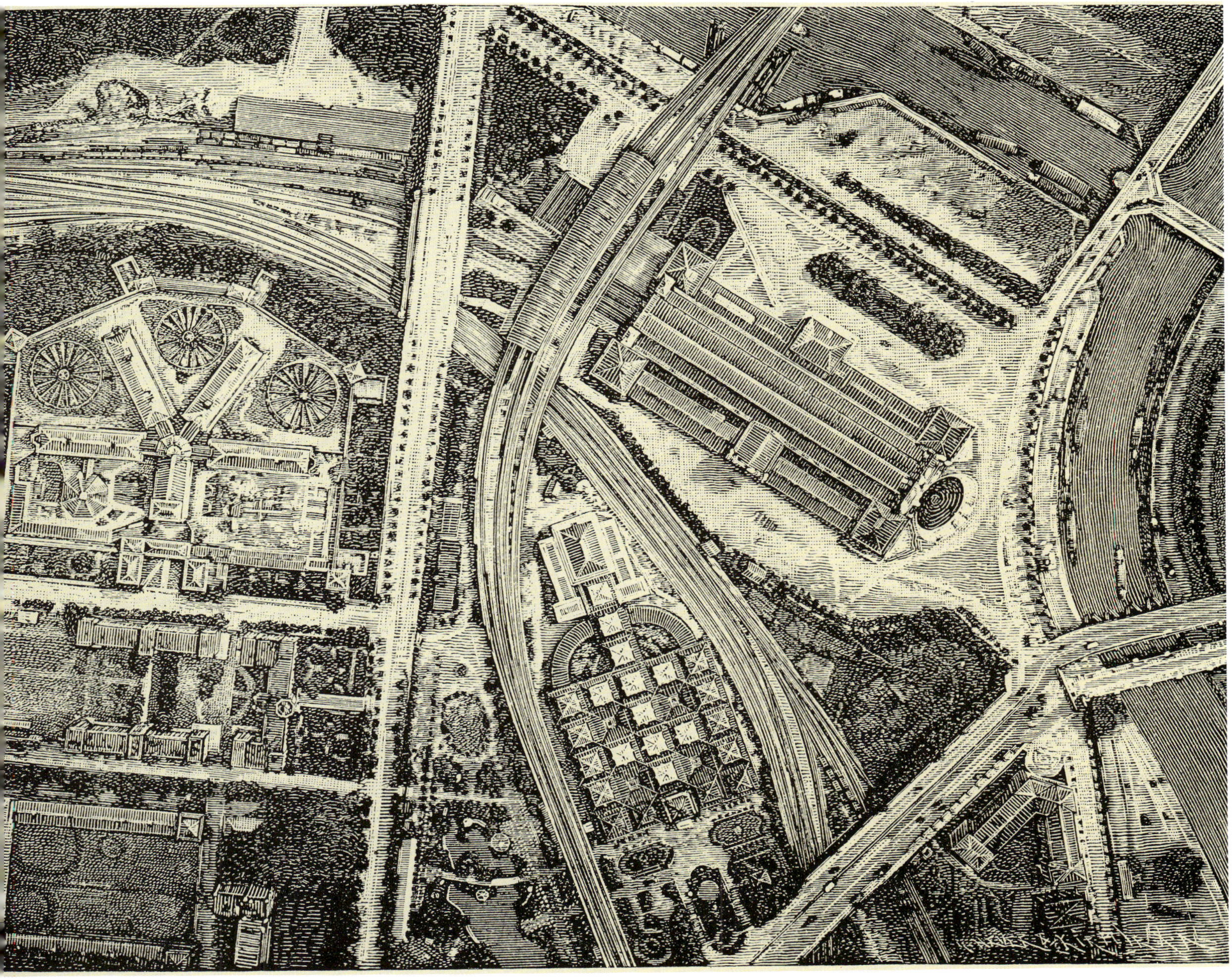

2

1 – Abbé Jean Picard (1620–1682) verbesserte mit dem Verfahren der Triangulation die Genauigkeit der Landesvermessung so sehr, daß Frankreich sich zum Ärger König Ludwigs XIV. als kleiner herausstellte als bisher angenommen. Die von Jean Dominique Cassini (1748–1845) nach Picards Vorarbeiten vollendete Frankreichkarte zeigt das deutlich.
2–3 – Nach den ersten Luftbildaufnahmen, die die französischen Luftschiffer Gaston Tissandier und Ducom am 1. Juni 1885 mit einer senkrecht am Ballonkorb befestigten Kamera über Paris machten, wurde die Fotografie immer häufiger für die Landesvermessung eingesetzt. Doch die Fotos wie dieses vom Lehrter Bahnhof in Berlin konnten im Druck nur als Holzstich wiedergegeben werden, da das autotypische Reproduktionsverfahren noch nicht erfunden war.

3

beit verdient. Jean Dominique Graf von Cassini (1748–1845), wie sein Vater Direktor der Pariser Sternwarte, vollendete schließlich die neue Frankreichkarte und schuf auch die trigonometrischen Verbindungen zwischen Frankreich und England. Picards Verfahren der Triangulierung oder Triangulation blieb bis heute aktuell, wenn sich auch die Methoden änderten. Bei jeder Landesaufnahme wird zunächst ein Festpunktfeld aus trigonometrischen Punkten vermessen. Die Endpunkte der Dreiecke (Fest- oder Fixpunkte) werden dabei nicht nur ihrer Lage nach, sondern auch ihrer Höhe nach bestimmt. Während früher die Winkelmessung mit dem Theodoliten, eben jenem zuerst von Picard verwendeten Winkelmeßgerät mit Fernrohr, im Vordergrund stand, haben heute elektronische Streckenmeßverfahren den Vorzug.

Schon im 17. Jahrhundert legten sich englische Kartografen auf den durch Greenwich führenden Meridian als Basislinie aller Messungen fest. Als allgemein gültiger Nullmeridian wurde der Greenwich-Meridian aber erst 1925 anerkannt.

Die fotografischen Vermessungsmethoden

Um die Mitte des 19. Jahrhunderts wurden erstmals fotografische Vermessungsverfahren erprobt. Zunächst handelte es sich um Methoden der Erdbildmessung (terrestrische Fotogrammetrie), der sich in der Zeit zwischen den beiden Weltkriegen Techniken der Luftbildmessung (Aerofotogrammetrie) anschlossen.

Bei der Erdbildmessung werden von den Endpunkten einer in das Netz der Landesaufnahme eingemessenen Standlinie aus mit dem Fototheodoliten Parallelaufnahmen gemacht. Im Auswertegerät, das ein räumlich-optisches Modell wiedergibt, kann man dann mit Hilfe von Meßmarken nicht nur die Geländepunkte ausmessen, sondern durch „räumliches Abtasten" auch Grundrisse und Höhenunterschiede ableiten und unmittelbar auf einen Zeichenstift übertragen oder in Daten umsetzen und von einer Datenverarbeitungsanlage auswerten lassen.

Das heute nur noch selten (z.B. bei Vermessungen im Hochgebirge) zu geodätischen Zwecken angewendete Verfahren der Erdbildmessung schlug zuerst der französische Geodäsieprofessor und Direktor des „Conservatoire des Arts et Métiers" Aimé Laussedat (1819–1907) vor. Der begeisterte Fototechniker nahm als erstes Objekt 1850 den Mont Valérien bei Suresnes am linken Ufer der Seine auf und fertigte eine Karte des 162 Meter hohen Hügels an. Zwischen 1860 und 1870 wurden nach seiner Methode mehr als 72000 Hektar in Frankreich von Henri und Joseph Vallot fotogrammetrisch erfaßt, darunter auch das Montblanc-Massiv. Laussedats Sohn baute 1903 einen Fotoentfernungsmesser und später einen Fototheodoliten.

In Deutschland benutzte der Architekt und Ingenieur Albrecht Meydenbauer (1834 bis 1921) die Fotogrammetrie 1858 erstmals zum Vermessen von Gebäuden. 1885 wurde er nach Berlin berufen und gründete dort eine Meßbildanstalt, aus der die spätere Staatliche Bildstelle hervorging. Bei Meydenbauers Tod verfügte die Bildstelle über mehr als 17000 Originalaufnahmen von Baudenkmälern.

Bei der Aerofotogrammetrie werden für die systematische Luftbilderfassung eines Geländes Flugzeuge mit Reihenmeßkammern eingesetzt. Die Einzelbilder nimmt man in Flugrichtung mit einer Überdekkung von 60 Prozent auf, die eine Stereoauswertung erlaubt. Die seitliche Überlappung der Bildreihen beträgt meist 30 Prozent. Die Aufnahmen können rechnerisch-grafisch oder durch Entzerrungsgeräte in Senkrechtaufnahmen mit bestimmtem Maßstab umgesetzt werden. Aus den entzerrten Bildern kann man Luftbildpläne zusammensetzen, wobei Paßpunkte aus Karten verwendet oder aus den Bildern selbst nach unterschiedlichen Verfahren bestimmt werden können. Die Kartierung des Grundrisses und der Höhenverhältnisse erfolgt wie bei der Erdbildmessung in Auswertegeräten durch Abtasten des stereoskopisch gesehenen Geländemodells. Neben dieser grafischen Auswertung, besonders für Karten der Maßstäbe 1:1000 bis 1:100000, ist auch in diesem Fall eine numerische Auswertung mit Hilfe von Datenverarbeitungsanlagen möglich. Sie bildet die Grundlage der Bildtriangulation.

Fotos aus dem Weltraum

Die fotogrammetrischen Verfahren haben den einen Nachteil, daß sie jeweils nur die Erfassung eines relativ kleinen Ausschnittes der Erdoberfläche erlauben, der dann auch noch in zahlreiche Einzelbilder aufgelöst ist. Aus größeren Höhen läßt sich die Erde nur von Raumflugkörpern aus beobachten und fotografieren. Das geschieht seit vielen Jahren sowohl von bemannten als auch von unbemannten Stationen aus. Beispielsweise brachte allein die Mannschaft der bemannten Raumstation „Skylab" 46146 Fotos und über 72 Kilometer Magnetband mit.

Speziell für die Bedürfnisse der Geowissenschaften arbeiten unbemannte Satelliten wie ERTS 1 (*E*arth *R*esources *T*echnology *S*atellite), die die Erde in 915 Kilometer Höhe alle 108 Minuten einmal umkreisen und dabei einen 185 Kilometer breiten Streifen der Erdoberfläche aufnehmen können. Charakteristisch für ERTS oder „Landsat", wie dieser Satellitentyp heute heißt, sind sogenannte Falschfarben- oder Multispektralaufnahmen, auf denen Vegetationsgebiete rot, Wasserflächen fast schwarz und besiedelte Zonen blau wiedergegeben werden. Eis, Schnee und Wolken erscheinen dagegen weiß. Multispektralaufnahmen haben einen bedeutend höheren Informationsgehalt als normale Farbfotos. Sie werden von Wissenschaftlern vieler Länder ausgewertet.

Die Weltraum-Fernerkundung der Erdoberfläche brachte übrigens für die Landkartenmacher so manche Überraschung. Beispielsweise entdeckte ERTS 1 im amerikanischen Bundesstaat Nevada einen bis dahin unbekannten Vulkankrater, lieferte Unterlagen für das Nachtragen einiger neuer Seen auf der Landkarte Persiens und wies nach, daß der Amazonas, größter Strom der Erde, an einigen Stellen mit Abweichungen bis zu 30 Kilometern in den herkömmlichen Karten verzeichnet war.

Die erste aus Satellitendaten erstellte Landnutzungskarte in der Bundesrepublik Deutschland wurde 1979 fertig. Sie erfaßte den Raum Mannheim. Die Daten lieferte einer der amerikanischen Erderkundungssatelliten Landsat. Sie wurden im Institut für Nachrichtentechnik in Oberpfaffenhofen mit Hilfe der digitalen Bildverarbeitung in eine Geländekarte mit dem Maßstab 1:200000 umgesetzt. Computergesteuerte Karten dieser Art können die herkömmlichen Karten allerdings einstweilen noch nicht voll ersetzen, weil der Computer auf

1 – Mit Hilfe des speziell für geowissenschaftliche Aufgaben entwickelten Satellitensystems ERTS, später Landsat genannt, wird die Erdoberfläche aufgenommen. Aufgrund der in Falschfarbenfotografie gewonnenen Landsat-Bilddaten vom 9. und 28. 8. 1975 erstellte das DFVLR-Institut für Nachrichtentechnik, Abteilung Digitale Bildverarbeitung, in Oberpfaffenhofen und das Institut für Planungsdaten in Frankfurt als erste Landnutzungskarte der Bundesrepublik Deutschland im Maßstab 1:200000 das Blatt Mannheim (abgedruckt ein Ausschnitt in Originalgröße).

2 – Das Satellitenfoto des amerikanischen Raumtransporters Columbia von seinem ersten Flug im April 1981 zeigt die schnee- und gletscherbedeckten Ladakh- und Zaskargebirgsketten im Hoch-Himalaya.

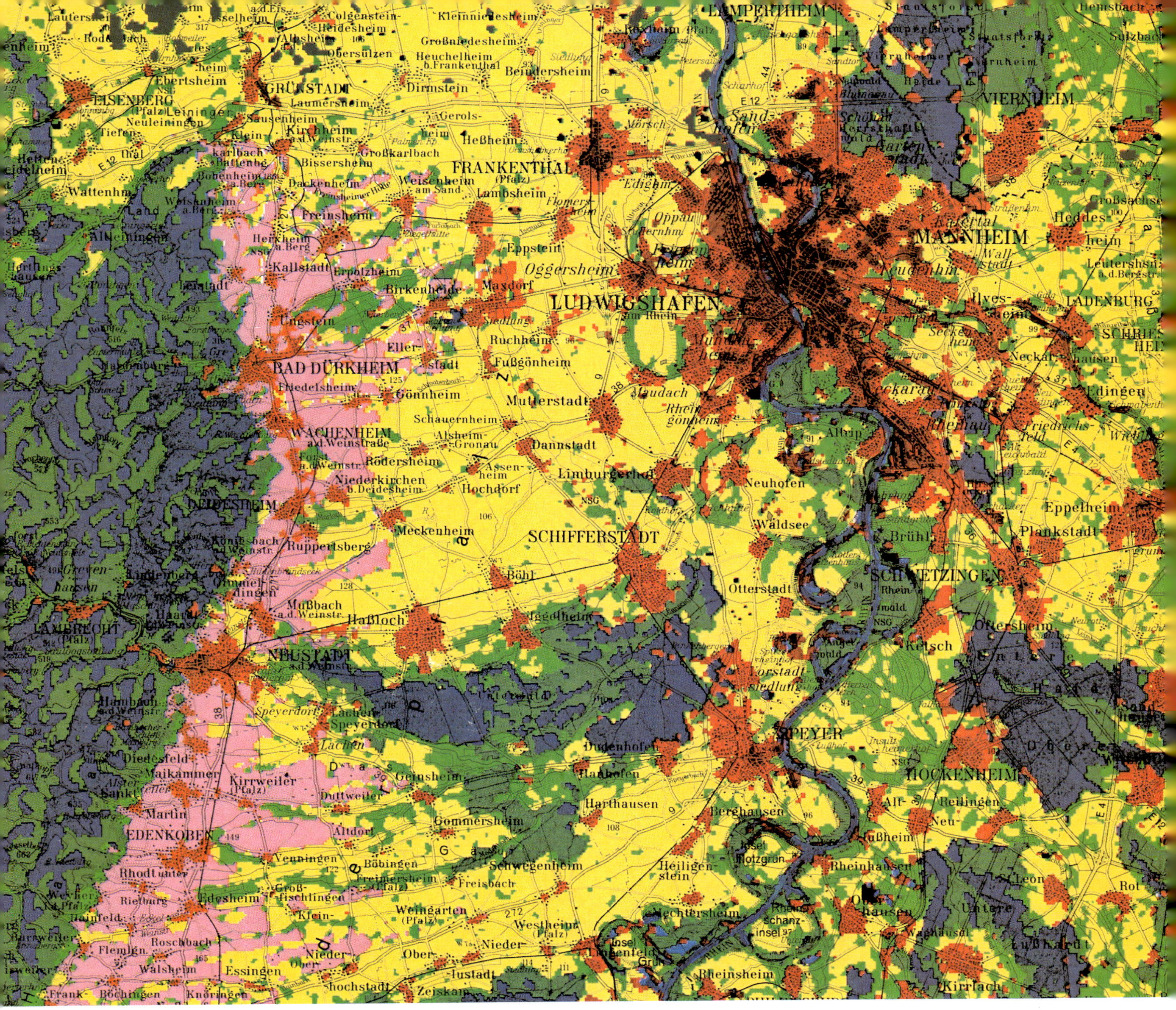

1

Legende der Landnutzungsklassen:

- Gewässer
- dichte Bebauung
- lockere Bebauung
- Weinbau
- Grün- und Gartenland
- Ackerland
- Laubwald
- Nadelwald
- nicht klassifizierbar

2

dem Satellitenfoto nur acht Formen der Geländenutzung mit hinreichender Genauigkeit identifizieren kann: Gewässer, dichte und lockere Bebauung, Laub- und Nadelwald, Gartenland, Weinbau und Ackerland. Was er jedoch zu Papier bringt, ist in manchen Punkten genauer als eine von der Erde aus vermessene Karte.

Der Globus, die verkleinerte Erdkugel

Erst in unserem Jahrhundert war es möglich, die Erde „von außen" zu betrachten und zu fotografieren. Aber schon die Griechen der Zeit vor 2500 Jahren kamen auf die Idee, ein verkleinertes Abbild der Erdkugel zu schaffen. Seither wurden die unterschiedlichsten Typen von Globen erprobt – vom winzig kleinen für den Schreibtisch bis zum riesengroßen, den man durch eine Tür betreten kann. Bis auf den heutigen Tag liefert der Globus das korrekteste Bild der Erdoberfläche. Daran können auch die raffiniertesten Karten-Projektionsverfahren nichts ändern.

Himmel und Erde werden nachgebildet

Als Erfinder des Globus (lateinisch: Kugel) gilt der aus dem ionischen Milet stammende griechische Naturphilosoph Anaximander (um 610–546 v. Chr.). Das überliefert jedenfalls sein Landsmann Diogenes Laertios in seinem zehnbändigen Werk „Über Leben und Meinungen der berühmten Philosophen". Allerdings lebte dieser Diogenes erst etwa 700 Jahre nach Anaximander, und seine Bücher werden als unkritische Zusammenstellung aus anderen Quellen betrachtet. Es steht nicht einmal fest, ob es sich um einen Erd- oder einen Himmelsglobus gehandelt hat. Seine Erfinder-Nachfolger, etwa Eudoxos aus Knidos (um 365 v. Chr.) oder Archimedes aus Syrakus (um 250 v. Chr.), beschäftigten sich jedenfalls mit Himmelsgloben, also mit der kugelförmigen Wiedergabe des (scheinbaren) Himmelsgewölbes.
Als Erdglobus-Erfinder wird als nächster Krates von Mallos genannt, der um 159 v. Chr. einen Globus baute, der vier halbkreisförmige Kontinente zeigte. Vom Bild dieses einst in Pergamon aufgestellten Globus' soll später der Reichsapfel als Zeichen der königlichen oder kaiserlichen Herrscherwürde und -macht abgeleitet worden sein.

Einen Globus aus Glas beschrieb erstmals Heron von Alexandria um das Jahr 100 n. Chr. Die gläserne Erdkugel schwamm bei ihm in einer Schüssel mit Wasser, das den die Erde umgebenden Ozean symbolisieren sollte. Etwa fünfzig Jahre später ließ Claudius Ptolemäus einen Erdglobus mit universalem Meridian konstruieren. Während des europäischen Mittelalters waren es vor allem die Araber, die sich am Bau von Erd- oder auch Himmelsgloben versuchten.
Das europäische Interesse an Nachbildungen der Erdkugel wuchs erst wieder im Zeitalter der Entdeckungen. Als berühmtester Globus dieser Zeit gilt der 1492 vollendete „Erdapfel" des Nürnberger Kosmografen Martin Behaim (um 1459–1507), den heute das Germanische Nationalmuseum in Behaims Heimatstadt aufbewahrt. Von einem amerikanischen Kontinent wußte man damals noch nichts – er fehlt auf der mit Pergament überzogenen Holzkugel. Deshalb blieb der Behaim-Erdglobus nur wenige Monate aktuell. Am 12. Oktober 1492 landete Christoph Kolumbus an der Küste der Neuen Welt.
Ein anderer Nürnberger Globushersteller, Johannes Schöner, schuf 1515 den ersten Globus unter Einschluß des amerikanischen Kontinents, den auf dem Kartenbild ein Vogel und ein nackter Mann zieren. In diesem Jahr gab es die Bezeichnung „Amerika" noch nicht lange – Martin Waldseemüller hatte sie erstmals 1507 auf seiner Weltkarte verwendet.
In der Geschichte der Globusherstellung ist von mancher globalen Kuriosität die Rede. So ließen sich die Herzöge Friedrich III. und Christian von Holstein in Gottorp von dem Mechaniker Andreas Busch einen kupfernen Globus von elf Fuß (etwa 3,30 Meter) Durchmesser und 65 Zentner Gewicht herstellen. Busch arbeitete acht Jahre daran. Sein Globus zeigte außen das Bild der Erde und innen – man konnte durch eine Tür hineingehen – den Himmel. Das schwere Kunstwerk wurde später nach Rußland gebracht und erst in der Petersburger Akademie, dann in Zarskoje Selo gebührend bewundert.
1683 ließ sich Ludwig XIV. von Frankreich einen Globus mit 12 Fuß (etwa 3,60 Meter) Durchmesser bauen. 1822 beantragte Delanglard in Paris sogar die Patenterteilung für einen 40-Fuß-Globus (rund 12 Meter). Ob es zur Ausführung dieses Planes gekommen ist, läßt sich nicht mehr ermitteln.
Auf dem Weg zum modernen Globus erfand 1781 der Prorektor Dübold aus Durlach in Baden einen Globus aus Pappe. Bisher waren Holz, Metall oder auch Gips als Grundmaterial bevorzugt worden. Der erste aus Gummistoff bestehende, aufblasbare Erdglobus wird dem Berliner J. L. Grimm zugeschrieben, der 1832 mit diesem Projekt von sich reden machte. Voll aufgeblasen hatte das Monstrum 3,75 Meter Durchmesser.
Heute bestehen Globen im allgemeinen aus bedrucktem Kunststoffmaterial, das sich von innen beleuchten läßt (Leuchtgloben). Auch die Tradition der Himmelsgloben hat sich erhalten. Daneben gibt es aber auch Globen anderer Himmelskörper, etwa vom Mond oder vom Mars.

Als Martin Behaim 1491/92 seinen „Erdapfel" entwarf, den N. Kalperger und Georg Glockendon d. Ä. als pergamentbezogenen Globus ausführten, wußte er noch nichts von einem Erdteil Amerika. Christoph Kolumbus glaubte ja, mit der am 12. Oktober 1492 entdeckten Insel Guanahani auf dem westlichen Seeweg Indien erreicht zu haben, hatte aber die erste der einem riesigen neuen Doppelkontinent vorgelagerten Inseln gefunden. Behaims Globus als älteste erhaltene kugelförmige Darstellung der Erde zeigt zwischen den ab 1439 portugiesisch besiedelten Azoren und den japanischen Inseln („Cipangu") freie Fahrt.

Schreiben und Vervielfältigen

Die Kunst, Gedanken schriftlich festzuhalten, so daß es keine Schwierigkeiten macht, sie jederzeit wieder nachzulesen oder anderen Menschen zur Kenntnis zu geben, ist noch nicht allzu lange Allgemeingut. Nur wenige Auserwählte verstanden bei Sumerern und Ägyptern zu schreiben und zu lesen. Der Beruf des Schreibers stand in hohem Ansehen, wer ihn einmal erlernt hatte, eignete sich auch für hohe Staatsämter.
Die wenigsten Kinder hatten im Mittelalter das Glück, die Schreibkunst zu erlernen. Sie mußten schon zu den Bevorzugten gehören, die Gelegenheit hatten, eine der geistlichen Schulen zu besuchen. Erst mit dem Aufstieg des Bürgertums nahm das Bedürfnis, Geschriebenes aufsetzen und lesen zu können, immer mehr zu. Bald war im wirtschaftlichen Leben ohne diese Künste nicht mehr auszukommen.
Indessen sind Schreiben und Lesen noch längst nicht Allgemeingut. Zwar sind Analphabeten in Europa und Nordamerika selten – die Schätzungen der UNESCO liegen bei durchschnittlich drei Prozent. Aber schon für die Sowjetunion nehmen die Statistiker fünf bis zehn Prozent Analphabeten an, ebenso für Australien. In Lateinamerika dürfte nur jeder Zweite des Lesens und Schreibens kundig sein. In Asien liegen die Analphabetenquoten bei 60 bis 65 Prozent, in Afrika gar bei 80 bis 85 Prozent. Welt-Durchschnitt: 44 Prozent.
Zwar hat sich bei den Kulturfachleuten die Erkenntnis durchgesetzt, daß der Umfang des Analphabetentums in einem Land nicht unbedingt Rückschlüsse auf die Kulturhöhe zuläßt. In vielen Entwicklungsländern ist der Rundfunk zum wichtigsten Bildungs- und Informationsmittel geworden. Das Fernsehen wird folgen, sobald die technischen Möglichkeiten geschaffen sind. Von ihm versprechen sich die UNESCO-Spezialisten durchaus nicht nur eine stärkere Bildorientierung, die man als Rückkehr zu Bilderschriftzeiten werten könnte, sondern vor allem auch Auswirkungen auf die Analphabeten-Statistik.
Auf dem Gebiet der Schreib- und Vervielfältigungstechniken brachte unser Jahrhundert tiefgreifende Umwälzungen. Noch vor hundert Jahren schrieben unsere Urgroßväter mit dem Federkiel aus Gänseschwungfedern. Sie kannten aber auch schon die Stahlfeder, die der Füllfederhalter weitgehend ablöste, in Konkurrenz mit dem Bleistift. Alle diese Systeme treten heute hinter Kugel- und Dochtschreibern zurück.
Auch die Schreibmaschine ist im wesentlichen eine Errungenschaft unseres Jahrhunderts. Sie hatte sich, perfektioniert und in Großserien hergestellt, kaum durchgesetzt, da wurde sie weitgehend von der elektrifizierten Version abgelöst, die die Maschinenarbeit wesentlich erleichterte.
Die Entwicklung überstürzte sich auch auf dem Gebiet der Kopierverfahren für den Bürogebrauch. Kaum waren die alten Kopier- und Vervielfältigungstechniken durch fotomechanische abgelöst, da begann sich der elektrofotografische oder xerografische Kopierer durchzusetzen, mit dem heute weltweit alljährlich Hunderte Milliarden von Kopien hergestellt werden, denn diese Maschine erfüllt nicht nur einen Bedarf, wie es ein Kopierfachmann ausdrückte, sie schafft allein durch ihr Vorhandensein stetig neue Kopierbedürfnisse – und das nicht unbedingt zur Freude von Verlagen und Autoren, deren Werke zu einem großen Teil unkontrolliert unters Volk gebracht werden, ohne daß die Urheber etwas davon hätten.
Andere Entwicklungen betrafen Schriften wie die Kurzschrift, deren Bedeutung durch Diktiergeräte rapide abgenommen hat, oder jene Schriften, die inzwischen längst von Maschinen reibungslos abgetastet und erkannt, „gelesen" werden können. Da mag es tröstlich sein, von einem Plan zu hören, der eine über allen Schriften stehende Schrift unter die Völker bringen will, die alle verstehen, Analphabeten oder nicht. Es bleibt nur zu hoffen, daß sie sich auch wirklich durchsetzt. Bei ihr handelt es sich um eine Bilderschrift. Damit schließt sich der Kreis der Schriftenentwicklung.

Den Schreibkundigen wurde in den frühen Hochkulturen die höchste Wertschätzung entgegengebracht. Das zeigt sich auch in dieser Kalksteinstatue des ägyptischen Schreibers Heti aus seinem Grab bei Giseh aus der Zeit um 2300 v. Chr. (heute im Pelizaeus-Museum, Hildesheim).

Schreiben mit der Hand

Vom Gänsekiel zur Stahlfeder

Die Archivare Assurbanipals drückten ihre Keilschriftzeichen mit flachen Schreibspateln in Tontafeln. Im alten Rom wurden Wachstäfelchen mit spitzen Schreibgriffeln beschriftet. China und Japan bevorzugten schon in frühesten Zeiten den Pinsel als Schreibgerät. Mit dünnen, durch Klopfen pinselartig ausgefaserten Papyrusstengeln beschrifteten die Ägypter ihre Papyri. „Schwingend hüpfte dieser Stengel in der Hand des Schreibers über den Papyrus" – so der Schreibfachmann Rudolf Blanckertz in einem Aufsatz aus dem Jahre 1898. Mit Binsenstengeln oder mit Rohrfedern aus zugeschnittenem Schilfrohr schrieben die Schreiber im klassischen Altertum. Aber schon die Römer kannten metallene Schreibfedern aus Kupfer- oder Bronzeblech. Sie wurden im Mittelalter durch die Gänsefedern verdrängt, die ihrerseits vom 16. Jahrhundert an wieder den Metallfedern weichen mußten.

Die Kunst des Schönschreibens

Klösterliche und weltliche Schreibstuben waren im Mittelalter die Pflegestätten der Schreibkunst. Sie verloren ihre Bedeutung, als sich Gutenbergs Buchdruck mit beweglichen Lettern auszubreiten begann. Aber gleichzeitig wuchs das Interesse am Schreiben bei immer breiteren Kreisen der Bevölkerung. So gab es noch bis ins 18. Jahrhundert hinein den Beruf des Schreibmeisters. Beim Schreibmeister konnte man nicht nur das kalligrafisch schöne Schreiben lernen, sondern auch das Rechnen und die guten Sitten. Zahlreiche Schreibmeisterbücher mit kunstvoll geschriebenen Musterblättern blieben erhalten. Sie erteilten auch Ratschläge für die richtige Ausrüstung, wie etwa das Schreibmeisterbuch von Johann Merken aus dem Jahre 1782, in dem es heißt:
„Wer gut schreiben lernen will oder soll, der erwähle jederzeit gut fest Schreibpapier das schön glatt ist und nicht durchschlage, dicke harte Schreib- oder Federkiele und gute schwarze Dinte, welches auf wohl bestellten Schulen hauptsächlich beobachtet werden sollte, daß sowohl den kleinen Anfängern als größren Schülern jederzeit gut Papier, gute Federn, und gute schwarze Dinte gegeben würde. Wie will ein Schüler, ein Anfänger, ein Kind mit weichen Federn, mit schwacher Dinte, Seidfarbe oder schwarz gefärbtem Wasser, auf grob, greis, schlecht Papier, Buchstaben nachschreiben lernen, da es auf dem Papier kaum sehen kann, was es geschrieben? kein Wunder! daß dieselbn bey dem schreiben oftmals melancholisch, traurig und träge werden, besonders diejenigen welche einen muntern Geist und Lust zum schreiben haben."
Rohr- und Gänsefeder wurden noch zur Zeit des Humanismus und der Renaissance nebeneinander als Schreibgeräte verwendet. Die breitschnabelig geschnittene Rohrfeder eignete sich besser für die frühen Schreibschriften der Humanisten. Mit der spitz zugeschnittenen Gänsefeder hatten schon die Klosterschreiber gearbeitet, allerdings nicht beim Niederlegen der Schrift, sondern zum Zeichnen der Miniaturen und Ornamente bei Pergamenthandschriften. Nun paßte man den Gänsekiel der Rohrfeder an und schnitt ihn ebenfalls mit breiterem Schnabel zu – je nach Gusto links- oder rechtsgeschrägt, geradspitzig oder langschnäbelig. Das richtige Zuschneiden der Feder mit dem scharfen Messer wurde zu einer schulmäßig gelehrten Fertigkeit. Schon 1544 brachte der Nürnberger Schreib- und Rechenmeister Johann Neudörffer der Ältere eine umfangreiche Anweisung für den Umgang mit Federkielen heraus, betitelt: „Anweisung vnnd eygentlicher Bericht, wie man eynen yeden Kiel erwölen soll."
In diesem Bändchen erwähnt Neudörffer erstmals auch „Eysere und Kupfere Ror, auch Kupfere vnnd Messine blechlein" als Schreibgeräte. Wie mit diesen frühen Metallfedern geschrieben wurde, ist nicht überliefert. Aber aus Neudörffers Ausführungen ist zu schließen, daß man die „blechlein" in Federhalter einsetzte. Und die Tinte war ja ohnedies seit frühesten Zeiten bekannt und verbreitet.

Johannes Janssen und der Friedenskongreß

Schreibfedern aus Silber, Kupfer und Messing, später auch aus Gold, mochten ihre Vorzüge haben – gegen den Gänsekiel konnten sie sich einstweilen nicht durchsetzen. Das gelang erst der Stahlfeder. Und auch sie brauchte Jahrhunderte, bis sie zur Perfektion entwickelt war. Das geschah

1 – Die Kunst des Schreibens war vielfach den Angehörigen der Priester- und Mönchskaste vorbehalten. Im Bild ein tibetischer Mönch beim Beschriften von Gebetsfahnen.
2 – Das traditionelle Schreibgerät in Ostasien ist der in einer Spitze auslaufende Pinsel, wie ihn dieses koreanische Schreibzeug zeigt. Der Stein rechts dient zum Anreiben der Farbe für die Schreibtusche.
3 – Der moderne Füllfederhalter zeigt in seiner elegantesten Ausformung noch seine Verwandtschaft mit der Gänsefeder, die in Europa vom Mittelalter bis in die Neuzeit zum Schreiben benutzt wurde und dem heutigen Federhalter ja auch ihren Namen lieh.

1

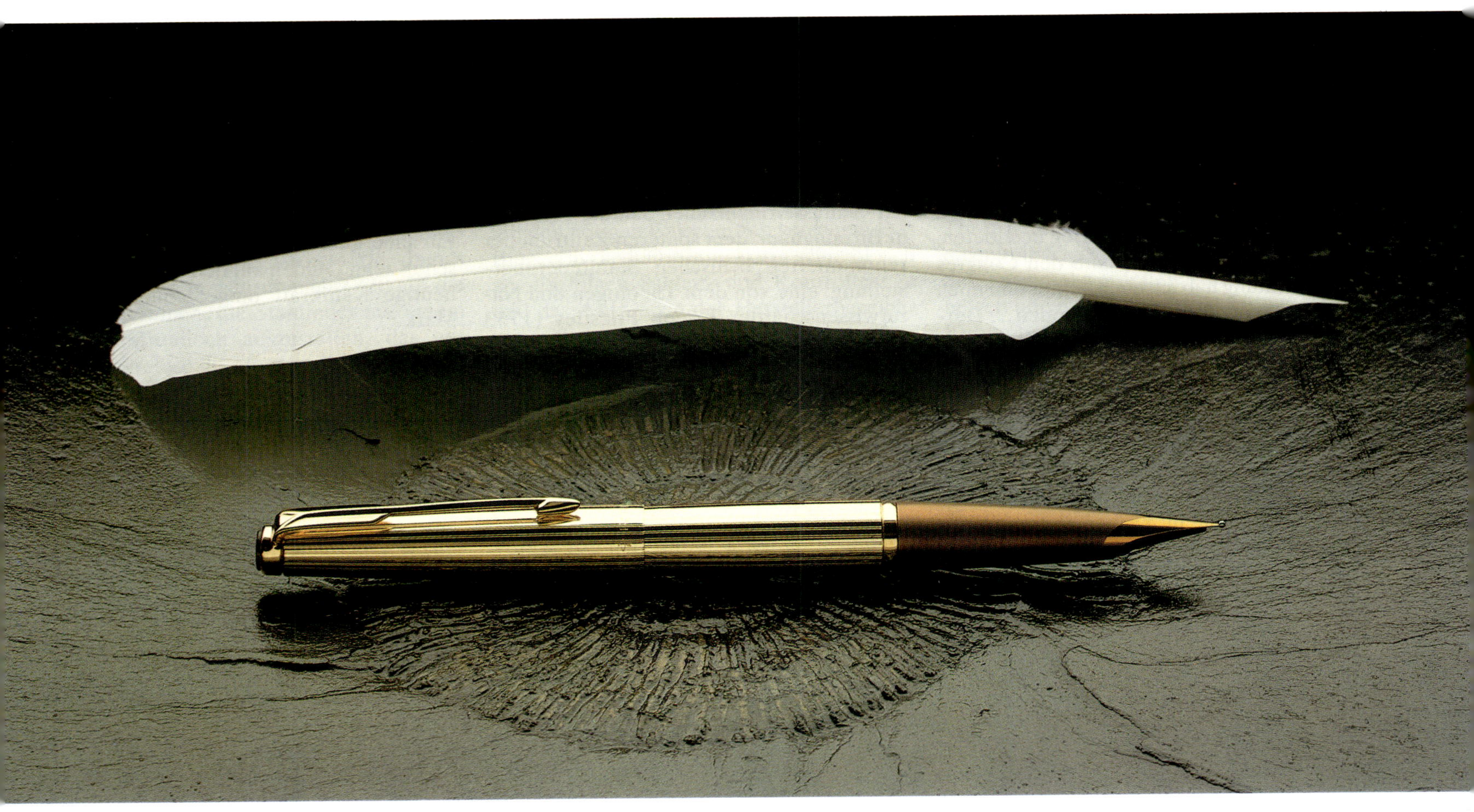

1

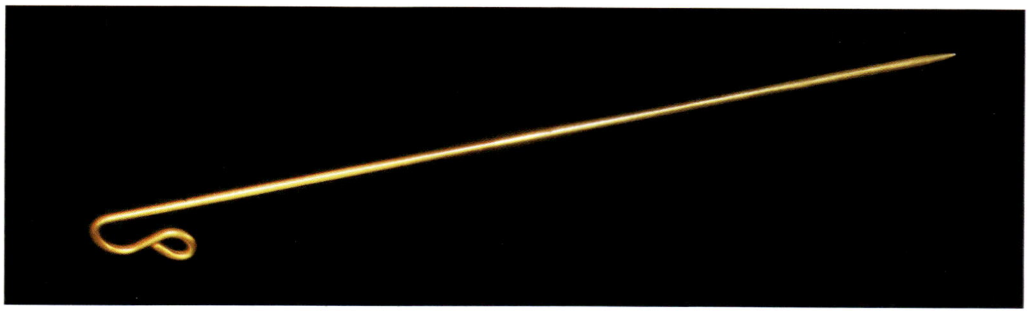

2

1 – Scheiben aus Graphit oder Blei, dann auch Stifte aus Blei wurden in der Antike schon zum Zeichnen benutzt. Viel mehr als grobe Linien konnte man nicht damit ziehen.
2 – Im 12. Jahrhundert kamen Stifte aus einer Zinn-Blei-Legierung auf, die sogenannten Silberstifte, deren Strich bräunlich oxydiert. Sie wurden vorwiegend im 15. und 16. Jahrhundert zum Zeichnen benutzt.
3 – Die Silberstiftzeichnung der Madonna mit dem Kinde von Jan van Eyck (um 1390–1441) befindet sich im Germanischen Nationalmuseum in Nürnberg.

Hülsenwänden hält, der Halter also nicht klecksen kann. Druckgeregelten Füllhaltern macht aber auch der Druckabfall nichts aus, der sich bei Flügen in großen Höhen trotz Druckkabine einstellt. Sie laufen auch in zehn Kilometer Höhe nicht aus.

Die ersten serienmäßig hergestellten Füllhalter waren gegen Ende des 19. Jahrhunderts die Umsteckhalter. Bei ihnen wurde eine an einem Ende verschlossene Röhre mit Tinte gefüllt, am anderen Ende schraubte man den Schreibteil mit der Feder ein. Ohne Füllmechanik kamen die frühen Kapillarfüller aus. Sie waren innen mit Textil- oder Glasfasern ausgefüllt, die sich beim Eintauchen der Feder mit Tinte vollsogen.

Die einst weit verbreiteten Schlauchfüller besaßen einen Schlauch als Tintenraum. Er konnte durch einen Hebel oder einen Druckknopf zusammengedrückt werden, so daß die Luft entwich. In diesem Zustand tauchte man den Halter in das Tintenfaß, ließ den Hebel oder Knopf los und wartete, bis sich die Gummihülle mit Tinte vollgesaugt hatte.

Der schon erwähnte Sicherheitsfüller arbeitete mit einer Stahlfeder, die vor Schreibbeginn herausgeschraubt werden mußte. Nach Gebrauch drehte man sie wieder in die Ausgangsstellung zurück, in der der Füllhalter auch gefüllt werden konnte, und zwar mit einer Pipette.

Beim Kolbenfüller schließt ein gut abdichtender Kolben den Tintenraum ab. Über eine Drehmechanik läßt sich der Kolben vor und zurück bewegen. Zum Füllen bringt man ihn in die unterste Stellung, taucht den Füller in die Tinte und dreht den Kolben zurück in die oberste Stellung. Der dabei entstehende Sog holt die Tinte in den Tintenraum. Neben Kolbenfüllern mit Stahl- oder Goldfeder gab es auch einen Füller, dessen Schreibspitze aus einem dünnen Metallröhrchen mit Bohrung für den Tintenfluß bestand. Ein haarfeiner Ventildraht verschloß bei diesem „Tintenkuli" die Bohrung in der Ruhestellung. Sie wurde erst beim Aufsetzen auf das Papier freigegeben. Die Füllhalter der jüngsten Generation sind Patronenfüller. Mit einer Kugel verschlossene Kunststoffpatronen, Inhalt etwa ein Kubikzentimeter Tinte, werden in den Halter eingesetzt. Beim Zuschrauben stößt ein Dorn die Kugel zurück und gibt den Weg für die Tinte frei. Ein Zuführer mit geschliffener Zunge zieht die Tinte aus der Patrone heraus und sorgt dafür, daß Luft in die Patrone eintreten kann. Die Patronenmündung wird durch eine Dichtungsglocke abgedichtet.

Die Story des Bleistifts

Graphit ist reiner Kohlenstoff, wie Diamant – reiner als Ruß oder Anthrazit. Mit einem Stückchen Graphit kann man auf Papier schreiben oder zeichnen – das Material ist ziemlich weich. Dieser Verwendung verdankt es auch seinen Namen, ein vom griechischen graphein = schreiben abgeleitetes Kunstwort, das A. G. Werner 1791 einführte. Bis dahin hatte man den Graphit im allgemeinen Bleiweiß oder auch Reißblei benannt. Aus Blei hat der Bleistift allerdings niemals bestanden, sondern immer aus Graphit – was nicht ausschließt, daß Blei hin und wieder zu Zeichen- oder Schreibzwecken verwendet wurde.

Meist kommt Graphit als blättrig-schiefriges Mineral vor. Mit dieser Erscheinungsform wußten die Schreibstiftmacher früherer Jahrhunderte allerdings nichts anzufangen. Sie bestanden auf Tafelgraphit, der sich gut schneiden und zerteilen läßt. Ihn gab es in der Frühzeit der Bleistiftentwicklung allerdings nur in England.

Die Erfindung des Graphitstifts

Wer schon einmal ein Stück Graphit in der Hand gehabt hat, wird bestätigen, daß nicht viel Erfindergabe dazu gehört, um auf den Gedanken zu kommen, dieses Material zum Schreiben und Zeichnen zu benutzen. Die ersten Spuren der Graphitverwendung sind deshalb verwischt. Kreisförmige Scheiben aus Graphit oder auch Blei waren, wie Catull und Plinius erwähnen, schon im Altertum zum Linienziehen im Gebrauch. Dem gleichen Zweck diente das Reißblei (Praeductal) im Mittelalter. Es bestand nicht aus Blei, sondern aus Graphit. Mit seiner Hilfe wurden die Pergament- und später Papierbögen liniiert, damit die Schrift nicht aus der Reihe tanzte.

Im 12. Jahrhundert kamen die Silberstifte auf, die keineswegs aus Silber bestanden, sondern aus einer Zinn-Blei-Legierung. Künstler wie Jan van Eyck, Albrecht Dürer und Hans Holbein verwendeten sie für ihre berühmten Silberstiftzeichnungen. Das Verfahren war umständlich. Das Papier mußte zuvor mit Knochenasche grundiert werden, weil es den zarten grauen Strich sonst nicht annahm.

Die ersten Graphitschreibstifte gab es um 1500 in England. Das Mineral wurde in Stäbchen geschnitten verwendet. Weil man davon schwarze Finger bekam, wurden einige Jahre später verschiebbare Hülsen erfunden. Dieses Verfahren beschreibt als erster der vielseitige Schweizer Naturforscher Conrad Gesner (1516–1565) in dem in sei-

3

nem Todesjahr erschienenen Werk „De omni rerum fossilium genere". 30 Jahre später vermeldet Graf Johann der Jüngere von Nassau, daß „Federn von spanischem Blei" zur Ausrüstung der Reiter gehörten. Graphitstifte kamen im 16. Jahrhundert und auch später noch ausschließlich aus England. Im Cumberlandgebirge hatte man 1564 durch Zufall – der Wind riß einen großen Baum um, wodurch Lagerstätten freigelegt wurden – den reinsten jemals gefundenen Tafelgraphit entdeckt. Die Vorkommen wurden dann systematisch ausgebeutet.

Als die Engländer ihre Vormachtstellung auf diesem Gebiet erkannten, legten sie dem allzu großzügigen Export des wertvollen Minerals einen Riegel vor. Im 18. Jahrhundert ließ König Georg II. die nach der nächstliegenden Ortschaft „Borrowdale-Vorkommen" genannten Graphitgruben beschlagnahmen und als Monopol der Krone ausbeuten. Nur wenige Monate im Jahr durfte Graphit abgebaut werden, damit der Preis hoch blieb. Jeder Arbeiter wurde vor dem Verlassen der Grube peinlich genau durchsucht. Auf Graphitdiebstahl stand zeitweise die Todesstrafe durch Erhängen. Mit der britischen Sehnsucht nach einem Graphitstiftmonopol allein ist diese Entwicklung nicht zu erklären. Graphit wird auch noch zu anderen Zwecken gebraucht, etwa zum Vorbehandeln der Gießformen beim Eisenguß. Und England hatte im 18. Jahrhundert zweifellos einen großen Bedarf an Kanonenkugeln.

Auf dem Weg zum „richtigen" Bleistift

95 Prozent der deutschen Bleistiftproduktion kommen heute aus Nürnberg und Umgebung. Ihre Anfänge gehen auf die Mitte des 17. Jahrhunderts zurück. Ein Nürnberger Ratsprotokoll berichtet davon, daß ein „Bleyweißstefftmacher" namens Friedrich Staedtler im Jahre 1662 Schwierigkeiten mit der Schreinerzunft bekommen habe, weil er ohne Lizenz Graphitstifte hergestellt und in seinem Kramladen verkauft hatte. In Nürnberg war damals die Stiftmacherei schon streng geregelt. Das Handwerk der Schober war dafür zuständig, den Graphit in Stäbchen zu schneiden. Die Schreiner hüllten ihn in Holz und schufen so eine Bleistift-Vorstufe, die dem späteren Produkt schon recht ähnlich gesehen haben muß.

Etwa hundert Jahre nach Staedtler, um 1771, wagte Kaspar Faber in Stein bei Nürnberg, begabter Handwerker und Hobbychemiker, die ersten Versuche mit gemahlenem Graphit. Er vermengte ihn mit Schwefel, Antimon und bindenden Harzen. Aus der Masse formte er dünne Stäbe, die nach dem Trocknen besser zum Schreiben und Zeichnen geeignet waren als die reinen Graphitstifte, weil sie weniger leicht brachen und bröckelten. Faber, wie Staedtler Gründer einer der großen Bleistift-Dynastien, war damit auf der richtigen Spur. Es ist rätselhaft, warum er nicht auf den Gedanken kam, seine Stifte in Holzstäbe einzuleimen, denn diese Technik war ja in Nürnberg schon längst bekannt. Einem Franzosen war es vorbehalten, die ersten „richtigen" Bleistifte herzustellen: Nicolas Jacques Conté (1755–1805).

Politische Wirren waren daran schuld, daß der englische Graphit gegen Ende des 18. Jahrhunderts nicht mehr den Weg nach Frankreich fand. Mittlerweile hatte sich der Graphitstift so stark durchgesetzt, daß ein plötzliches Ausbleiben der Lieferungen die Arbeit sowohl der französischen Verwaltung als auch die der Napoleonischen Kriegsmaschinerie behinderte. Napoleon sann auf Abhilfe. Er verfiel auf Conté, einen vielseitigen Maler, Mechaniker und Erfinder, der schon an der Napoleonischen Ägypten-Expedition teilgenommen hatte. Contés Verdienste lagen vor allem auf dem Gebiet der Luftfahrt. Als erster erkannte er die militärischen Möglichkeiten der Ballonfahrt. Napoleon machte ihn deshalb später auch zum Kommandanten der französischen Luftschiffertruppe.

Wieso ausgerechnet dieser Conté den Befehl bekam, sich um den Schreibstift zu kümmern, ist ungeklärt. Fest steht nur, daß er seine Aufgabe ausgezeichnet löste. Conté kratzte zusammen, was er in Frankreich nur an zweitklassigem Graphit aufzutreiben vermochte. Er ließ den Graphit mahlen und streckte ihn mit Ton. Aus der Masse wurden dünne Stäbe geformt und bei hoher Temperatur gebrannt. Die je nach Tonbeimischung mehr oder weniger harten oder weichen Stäbe bekamen eine Hülle aus Holz. Damit war (1794) die Urform des Bleistifts erfunden.

Das Verfahren setzte sich durch. Wenige Jahre nach Conté entwickelte auch Joseph Hardtmuth in Wien ein Bleistift-Herstellungsverfahren auf der Basis eines Graphit-Tongemischs – ob in Kenntnis der Conté-Methode oder nicht, ist unbekannt. Einstweilen war die Herstellung der Holzumhüllung immer noch mühsame Handarbeit. Die erste Maschine, die passende Holzstäbe mit eingefrästen Rillen für die Aufnahme der Mine produzierte, entwickelte der amerikanische Kunsttischler William Monroe um 1812 in Concord, Massachusetts. Erst durch Monroes Maßarbeit war es vorbei mit Minen, die in der Holzumhüllung wackelten und deshalb oft abbrachen.

1 – Die Bleiweißstiftmacher im 17. Jahrhundert schnitten nicht etwa Bleiweiß, das basische Bleikarbonat, in Stäbchen zum Schreiben und Zeichnen, sondern auch schon Graphit, das allerdings noch nicht mit Ton vermahlen wurde. Erst 1782 entdeckte der Schwede Carl Wilhelm Scheele, daß es sich bei dem verwendeten Material nicht um Blei, sondern um eine Form von kristallinem Kohlenstoff handelt, der dann Graphit genannt wurde.
2 – Der Bedarf an Graphit wurde so groß, daß die Bleistifthersteller den Rohstoff von weit her holen mußten. Im Bild der Eingang zu dem sibirischen Graphitbergwerk von Faber-Castell um 1870.
3 – Um einen Bleistift jederzeit schreibbereit bei sich führen zu können, kam man im vorigen Jahrhundert auf die Idee des Drehbleistifts – die Metallfassung im Stil der Zeit verziert.

Die Bleistiftherstellung heute

Noch um die Wende zum 20. Jahrhundert wurden die Holzhüllen der Bleistifte einzeln hergestellt – ein mühsames und teures Verfahren. Neben Hobeleinrichtungen gab es Fräsmaschinen. „In einer solchen Maschine", so Otto Luegers „Lexikon der gesamten Technik" von 1894, „wird jeder Stift von zwei Einführungswalzen gefaßt, die ihn durch eine Röhre der Länge nach hindurchziehen. Auf diesem Wege geht er an mehreren kleinen schnell umlaufenden Fräsen vorüber, welche der herzustellenden Gestalt der Stifte entsprechend geformt sind, so daß der Stift bei seinem Austritt am andern Ende der Röhre die richtige Form angenommen hat. Um die Stifte zu glätten, werden dieselben wohl noch mit Glaspulver zwischen Flanell geschliffen und alsdann durch Abfräsen ihrer Stirnenden auf dieselbe Länge gebracht."

Weil das technisch ziemlich aufwendig war, sannen die Erfinder über Abhilfe nach. Sie schlugen vor, massive Holzstäbchen der Länge nach zu durchbohren, anstelle der Holzstäbchen Schilfrohrstücke oder Papierröhrchen zu verwenden – aber keines dieser Verfahren hatte Aussicht auf Erfolg. Im Grunde ist die Bleistiftproduktion auch heute noch technisch aufwendig, wenn auch zahlreiche Spezialvorrichtungen dafür sorgen, daß die alljährlich in der Bundesrepublik herzustellenden 500 Millionen Stifte rationell produziert werden können. Der Graphit kommt heute vor allem aus Mexiko und Sri Lanka, zum Teil auch aus der Bundesrepublik, wo bei Passau Graphitvorkommen ausgebeutet werden. Graphit und hochplastischer Ton werden gereinigt, gemischt, mit Wasser angerührt und in sogenannten Bleimühlen gemahlen, dann ent-

1

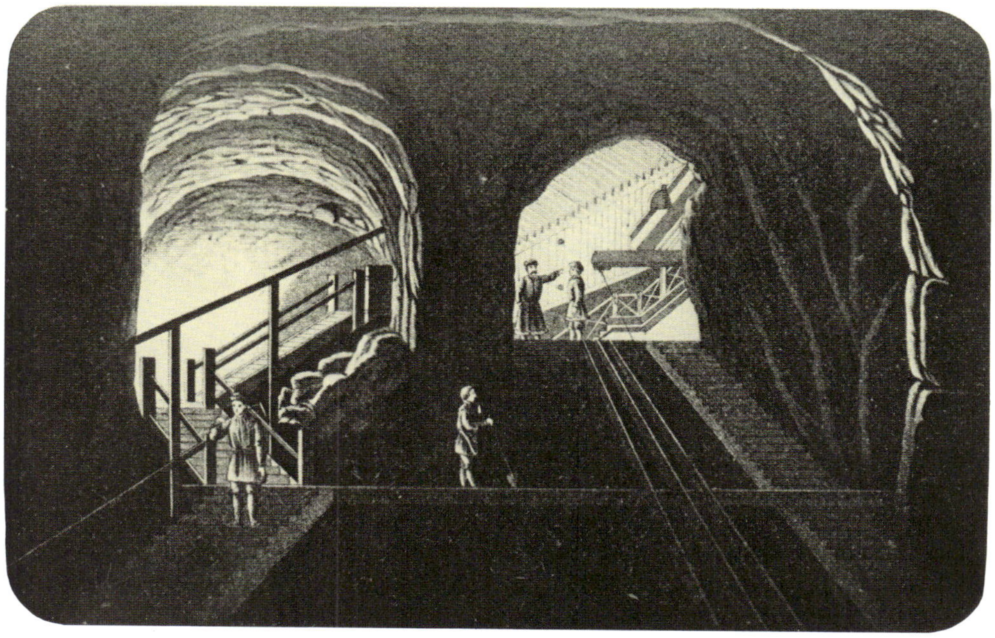

2

3

1

2

4

3

wässert und homogenisiert. Strangpressen produzieren unter Verwendung von Edelstein-Ziehmatrizen einen endlosen Faden, der abgeschnitten, getrocknet und gebrannt wird. Ein anschließendes Tauchbad in einer heißen Fett-Wachs-Mischung verbessert die Schreibeigenschaften.

Für den Holzkörper wird auch heute noch das Holz der Rotzeder bevorzugt; daneben eignen sich Erlen-, Linden-, Espen-, Pappel-, Ahorn- und Föhrenholz für Bleistiftkörper. Das Holz wird in Brettchen von halber Bleistiftdicke zerteilt, in die Rillen gefräst werden. Jedes Brettchen liefert sechs bis acht Bleistifte. Nach dem Einlegen der Minen und dem Verleimen von jeweils zwei Brettchen werden diese automatisch in die Einzelstifte zerlegt, geschliffen, gefärbt, poliert und beschriftet. Manche bekommen bis zu neun Lackschichten. Kopier- und Tintenstifte enthalten Minen, die unter

1 – Das für die Umhüllung der Bleistiftmine nötige Holz, vorzugsweise von der Rotzeder, liegt gut abgelagert und zu Brettchen geschnitten bereit zur Weiterverarbeitung.
2 – Die Mischung aus gemahlenem Graphit und Ton wird keramisch gebrannt. Vom Mischungsverhältnis der beiden Komponenten hängt der Härtegrad des Stiftes ab.
3 – Die Mine ist mit den beiden Hälften des Holzmantels fest vereint zum sogenannten Rohling.
4 – Bevor die Bleistifte verkaufsfertig verpackt werden, müssen sie noch im Tauchbad lackiert und mit der Beschriftung geprägt werden. Auf dieser Anlage erhalten sie ihr abschließendes Lackkäppchen.

Verwendung von Teerfarbstoffen hergestellt werden. Farbstifte werden mit Spezialmischungen aus Teer- oder Mineralfarben „gefüllt“, die nicht gebrannt zu werden brauchen. Das Angebot umfaßt heute insgesamt etwa 300 Stiftsorten.

Kugel- und Dochtschreiber

Das Schreiben ohne Feder und Bleistift ist eine Errungenschaft der letzten Jahrzehnte. Kurz vor Ausbruch des Zweiten Weltkrieges meldete das ungarische Brüderpaar Laszlo und Georg Biró das erste Patent eines modernen Kugelschreibers an. Noch hatten sich Füllhalter- und Bleistiftproduzenten nicht von dem Schrecken erholt, den der vom Siegeszug des Kugelschreibers ausgelöste Absatzrückgang ihnen beschert hatte, da kamen schon neue „federlose“ Schreibgeräte auf den Markt und machten ihrerseits dem Kugelschreiber Konkurrenz: Dochtschreiber, wie man Filz- und Faserschreiber zusammenfassend nennt, sind die letzte Entwicklung auf dem Gebiet der Schreibgeräte für den „Handbetrieb“.

Die Birós erfinden den Kugelschreiber

Die Geschichte des Kugelschreibers beginnt in Budapest. Hier lebten um 1920 die Brüder Laszlo und Georg Biró. Beide schlugen sich in Berufen durch, die sie nicht angestrebt hatten – der Krieg und seine Folgen hatte die Fortsetzung des technisch-naturwissenschaftlichen Studiums vereitelt. So arbeitete Georg, der eigentlich Chemiker hatte werden wollen, als Verkäufer in einer Drogerie, und Laszlo landete als Korrektor bei einem Magazin, nachdem er sich als Hypnotiseur, Bildhauer und Maler das Existenzminimum nicht hatte verdienen können.

Der Korrektor Laszlo Biró ärgerte sich bei der Tagesarbeit immer wieder darüber, daß sich das Holzpapier, auf dem die Korrekturfahnen abgezogen waren, schlecht zum Beschreiben mit dem Füllhalter eignete. Die Tinte lief aus wie auf Löschpapier. Das brachte ihn auf die Idee, selbst ein passendes Schreibgerät zu entwickeln. Sein Bruder half dabei.

Wenn die Birós zu diesem Zeitpunkt geahnt hätten, welcher dornenreiche Weg ihnen bevorstand, hätten sie möglicherweise die Finger vom Kugelschreiber gelassen. So aber packten sie ihre Aufgabe mit Zähigkeit und Phantasie an. Ein Anstreicher, der in der elterlichen Wohnung die Wände mit einer aus Stoff zusammengedrehten und in Farbe getauchten Rolle dekorierte, brachte

1 – Die Amerikaner Christopher Latham Sholes, Samuel W. Soule und Carlos Glidden konstruierten zuerst Rechen- und Numeriermaschinen.
2 – Bei dem zweiten Schreibmaschinenmodell von 1868, das auf den Ideen von Sholes, Soule und Glidden beruhte, bewegten sich die hängenden Typenhebel durch Tastendruck gegen einen Papierrahmen.
3 – Der Sholes & Glidden Type-Writer von 1874, bald in Remington No. 1 umbenannt, hatte schon eine Papierwalze, die durch einen Fußhebel weiterbewegt wurde.
4–5 – Die Söhne des Erfinders Sholes und des Fabrikanten Remington brachten 1897 die Remington-Sholes auf den Markt. Sie hatte Unteraufschlag der Typen, so daß das Geschriebene auf der Papierwalze nicht zu lesen war.

1

2

ken der Taste wurde stets dieselbe Stelle der halbzylinderförmigen Unterlage getroffen. Papierführung und Zeilenschaltung, Leertaste und Glockensignal (wenn die Zeile gefüllt war) gehörten zu den Konstruktionsdetails. Anfangs trieb Pastor Hansen seine Maschine sogar elektrisch an. Bei seinem zweiten Modell verzichtete er jedoch wieder auf den Elektromotor für die Wagenbewegung. Hansen-Maschinen läuteten das Zeitalter der Schreibmaschinenindustrie ein. Viele von ihnen waren noch während des Ersten Weltkriegs in Betrieb.

Die „Remington“ und ihre Zeitgenossen

Einen Schreibmaschinenerfinder namens Remington gibt es nicht. Die erste in Großserie hergestellte Maschine, Vorbild für eine ganze Schreibmaschinengeneration, trug ihren Namen nach dem Hersteller, der Waffenfabrik Remington & Sons in Ilion im amerikanischen Staat New York. Deren Boß, der amerikanische Industrielle Philo Remington (1816–1889), erkannte rechtzeitig die Zeichen der Zeit. Der Sezessionskrieg war 1865 zu Ende gegangen – Waffen waren fortan nicht mehr so gefragt. Also begann Remington 1870 mit der Produktion von Nähmaschinen und nahm 1873 Schreibmaschinen in sein Herstellungsprogramm auf. Die Erfinder fand er schnell, aber billig ab.

Das Erfinderteam von Milwaukee

In Milwaukee betrieb der aus Deutschland eingewanderte C. F. Kleinsteuber eine feinmechanische Werkstatt. Mitarbeiter der unterschiedlichsten Herkunft beschäftigten sich hier mit kniffligen Konstruktionsaufgaben. So waren um 1867 die Buchdrucker Christopher Latham Sholes (1819–1890), der auch schon als Journalist gearbeitet hatte, und Samuel W. Soule mit dem Bau einer Maschine für das Numerieren von Buchseiten befaßt. Gelegentlich stießen zu diesem Zweierteam auch der Inhaber der Werkstätte, C. F. Kleinsteuber, ferner der Mechaniker Carlos Glidden, der aus dem Rheinland eingewanderte Uhrmacher Mathias Schwalbach und der Reporter und Stenograf Dr. Roby.
Die Numeriermaschine brachte das Team auf den Gedanken, es mit der Konstruktion einer Schreibmaschine zu versuchen. Der Gedanke festigte sich, als Glidden auf einer der Zusammenkünfte einen Artikel über den Amerikaner Pratt und dessen Pterotype-Schreibmaschine vorlas. Es handelte

5

sich dabei um eine Typenradmaschine – eine ziemlich primitive Sache. Überdies war der Artikel schon ein paar Jahre alt.
Sholes und Dr. Roby gingen sofort an die Arbeit, ein erstes Holzmodell zu bauen. Es wurde schon 1867 patentiert. Glidden steuerte für den Anfang Geldmittel bei, arbeitete aber auch praktisch an der Konstruktion mit, wie die anderen Teammitglieder. Aber es erging ihnen wie den meisten Erfindern. Bald reichte das Geld nicht mehr. Die erste Maschine erforderte wichtige Verbesserungen, die nun nicht mehr aus eigener Tasche finanziert werden konnten.
Auf Bittbriefe, die auf Modell Nr. 1 geschrieben wurden, meldete sich unter anderen auch der Patentanwalt James Densmore. Im März 1868 begutachtete er die Maschine, meinte aber skeptisch: „Sie ist zu nichts nutze als zum Beweis dessen, daß der Gedanke verwirklicht werden kann.“ Man besprach die abzustellenden Mängel. Densmore erklärte sich bereit, die nötigen Mittel bereitzustellen, verlangte aber von vornherein eine Beteiligung am zu erwartenden Gewinn in Höhe von 25 Prozent. Sie wurde ihm zugesagt.
Es ist überliefert, daß es Densmore innerhalb kurzer Zeit gelang, die Gesellschaft allein zu beherrschen. Er habe seine Mitgesellschafter „mit äußerster Brutalität“ immer wieder dazu angetrieben, die Konstruktion weiter zu vervollkommnen und zu verbessern, berichten Technikhistoriker.
Bald nach dem Eintritt Densmores schieden Carlos Glidden und Samuel W. Soule aus der Firma aus. Ob die beiden Ereignisse ursächlich zusammenhingen, ist nicht bekannt. Jedenfalls mußte Sholes nun mit verkleinertem Team weiterarbeiten. 1868 kam ein neues Modell heraus. „Die Typenhebel hängen am Rande eines in einer Scheibe befindlichen kreisförmigen Loches“, heißt es in einer zeitgenössischen Beschreibung. „Die langen Tastenhebel heben die Typenhebel gegen eine gemeinsame Abdruckstelle. Der Rahmen für die Aufnahme des Papiers ist längs und quer beweglich.“ Eine Schreibwalze hatte die Maschine also noch nicht. Sie kam erst später dazu.
Modell Nr. 3 wurde 1870 fertiggestellt. Christopher Latham Sholes und Mathias Schwalbach hatten den Löwenanteil der Arbeit tragen müssen. Gegen den Willen Sholes hatte Schwalbach eine mehrreihige Tastatur durchgesetzt. Im wesentlichen sah die Maschine nun schon so aus, wie sie später von Remington produziert wurde. Sie schrieb nur Großbuchstaben.
Mittlerweile gingen James Densmore die Mittel aus. Er sah sich nach einem Geldgeber um und stieß auf den vermögenden

Kaufmann George Washington Newton Yost. Yost sah sich die Maschine an, von der noch 1870 rund 50 Exemplare fertiggestellt werden konnten, verlangte größere Präzision – und erklärte kategorisch, nur ein kapitalkräftiges Unternehmen sei in der Lage, die serienmäßige Herstellung zu übernehmen.
So kam es, daß die Patente und alle Rechte 1873 an Remington & Sons übergingen. Densmore und Yost schlossen den Vertrag. Sie bezogen auch Sholes mit ein, der ihnen als Konstrukteur unentbehrlich erschien. Von den anderen Mitarbeitern war fortan jedoch nicht mehr die Rede.

Schreibmaschinen in Serienproduktion

Schon 1874 kamen die ersten Maschinen auf den Markt. Sie trugen nach den beiden Haupterfindern den Namen „Sholes & Glidden Type-Writer" (dabei blieb es aber nicht lange, 1876 wurde das Modell in Remington No. 1 umbenannt). Rund 400 Kunden begeisterten sich im zweiten Halbjahr 1874 für die neue Errungenschaft, vor allem Reporter, Telegrafisten und Rechtsanwälte. Geschäftsunternehmen interessierten sich nur am Rande dafür, staatliche Verwaltungsstellen überhaupt nicht.
Als erster Schriftsteller erstand Mark Twain eine Schreibmaschine. Er sah auf einem Spaziergang mit dem Humoristen Petroleum V. Nasby ein solches Gerät im Schaufenster eines Bostoner Geschäfts, konnte sich die Bedeutung nicht erklären und betrat den Laden, um sich zu informieren. Der Verkäufer befriedigte die Neugier der beiden Besucher und erläuterte, man könne in einer Minute 57 Wörter mit der Maschine schreiben. Weil Mark Twain das nicht glauben wollte, wurde eine Schreibdame gerufen, die die Maschine in Tätigkeit setzte. Tatsächlich schaffte sie bei mehreren Versuchen genau 57 Wörter.
Beeindruckt bestellte Mark Twain einen solchen Apparat. Als er zu Hause die in Höchstgeschwindigkeit beschriebenen Blätter betrachtete, merkte er erst, daß die Dame immer den gleichen Satz geschrieben hatte. Aber für eine Umkehr war es zu spät. So kam es, daß Mark Twain als erster Autor seinem Verlag ein maschinengeschriebenes Buchmanuskript abliefern konnte – den Text zu seinem berühmten „Tom Sawyer".
Mit der Serienproduktion begann Remington nach längeren Vorbereitungen im Jahre 1876. Sein Modell 1 hatte nur Großbuchstaben. Der Wagentransport wurde über einen Fußhebel bewirkt, was einen nähmaschinenähnlichen Unterbau erforderte. Schon bei Modell 2 gab es auch Kleinbuchstaben, den Wagenrücklauf der Tischmaschine besorgte nun ein Druckhebel an der rechten Seite des Gestells. Beide Modelle arbeiteten mit dem sogenannten Unteranschlag. Die Schrift war also im Augenblick des Schreibens nicht sichtbar. Wenn man sie kontrollieren wollte, mußte man die Walze weiterdrehen oder den Wagen hochklappen.
Die Sache mit der unsichtbaren Schrift war nicht weiter tragisch, solange keine Maschinen mit sichtbarer Schrift auf dem Markt waren. Aber sie wurde doch als unangenehm empfunden, trotz aller Versuche der Remington-Werbeabteilung, die Bedeutung des Problems herunterzuspielen.
Die 38 Tasten mit 76 Buchstaben und Zeichen waren bei Modell 2 in vier Reihen übereinander angeordnet. Eine Norm für die Buchstabenverteilung gab es noch nicht (sie wurde erst 1888 in Toronto allgemeinverbindlich beschlossen). Die Schreibwalze hatte einen erstaunlich großen Durchmesser. Dafür waren die Typen verhältnismäßig klein. Erst später kam man auf die Idee, kleiner bemessene Walzen und größere Typen zu verwenden und dabei die Typen durch konkave Ausformung an die Walzenrundung anzupassen.
Der Absatz der ersten Fabrikmaschinen verlief schleppend. Der Preis von 125 Dollar erschien vielen Interessenten zu hoch. Außerdem – wer sollte die Maschinen bedienen? Geübte Maschinenschreiber gab es nicht. Viel später erst wurde das Maschinenschreiben zum ausgesprochenen Frauenberuf. Einstweilen hatten die männlichen Büroangestellten Angst, durch diese Schreibmaschine ihre Posten zu verlieren. Ein anderer Grund für den schleppenden Absatz waren die Farbbänder, deren Anilintinte schnell verblaßte.
Auch auf der amerikanischen Hundertjahrausstellung des Jahres 1876 fand die Schreibmaschine nur wenig Interesse. Es gab eine andere technische Novität zu bewundern, die alles ringsherum verblassen ließ: Alexander Graham Bells Telefon. Remington entschloß sich daraufhin, mehrere hundert Maschinen an Geschäftsunternehmen auszuleihen. Das belebte das Geschäft ungeheuer und machte auch die Konkurrenz munter.
Trotzdem wurden im Verlauf der nächsten vier Jahre, bis 1880, insgesamt nur etwa 1000 Maschinen abgesetzt. Bis 1882 waren es etwa 2300 und bis 1885 etwa 5000 Stück. Erst danach stieg die Absatzkurve steil an. Für 1886 schätzte die Zeitschrift „Scientific American" den Schreibmaschinenbestand in den USA auf insgesamt 50000 Stück.
Sholes zog sich bald aus dem Geschäft zurück. In einem seiner letzten Briefe schrieb er: „Was immer ich in den ersten Tagen vom Wert der Schreibmaschine gedacht haben mag, sie ist zweifellos ein Segen für die Menschheit, und besonders für die Frauen. Ich freue mich, daß ich damit etwas zu tun hatte. Ich baute klüger, als ich es ahnte, und das kommt der ganzen Welt zugute."
Sholes war durch seine Erfindungen kein reicher Mann geworden. Seinem Sohn hinterließ er aber immerhin das Modell einer neuen Schreibmaschine, die Zoloman G. Sholes schließlich als Remington-Sholes-Maschine auf den Markt brachte, gemeinsam mit den Erben Philo Remingtons.

Der Boom der Schreibmaschinenerfinder

Wer sich über den Fortgang der Schreibmaschinenentwicklung in den folgenden Jahrzehnten informieren will, verliert schnell den Überblick. Rund 300 Modelle der verschiedensten Erfinder und Konstrukteure kamen um die Jahrhundertwende auf den Markt. Die meisten von ihnen verschwanden wieder von der Bildfläche. Einige jedoch trugen durch neue Konstruktionen zur Weiterentwicklung bei.
Viele neue Maschinen konnten die enge Verwandtschaft mit den Remington-Modellen nicht verleugnen. Auch sie hatten den (inzwischen schon berüchtigten) Unteranschlag, bei dem man die soeben geschriebene Schrift nicht sehen konnte. Maschinen dieser Art baute beispielsweise George W. N. Yost, der die Arbeit des Sholes-Teams mitfinanziert hatte. Er gründete 1885 eine eigene Fabrik. Als Konstrukteur gewann er den Deutschen Franz Xaver Wagner, den späteren Erfinder der Underwood-Maschine. Aber die Maschinen hießen „Yost". Wie die kurze Zeit später herausgebrachten Smith-Premier-Apparate waren die Yost-Schreibmaschinen Volltastaturmaschinen, das heißt, es gab je 38 Tasten für Klein- und Großbuchstaben. 1892 kam die Duplex-Maschine auf. Bei ihr mußte man stets zwei Typen zugleich anschlagen, eine mit der linken und eine mit der rechten Hand. Weil das die (gedankliche) Zerlegung aller Wörter in Zweibuchstaben-Kombinationen voraussetzte, verschwand diese Fehlkonstruktion schnell wieder.
Auf der Suche nach einem Verfahren, das Geschriebene sofort sichtbar zu machen, wurde auch der Gedanke verwirklicht, von den einzelnen Typenhebeln abzugehen und einen für alle Typen bestimmten Typenträger zu verwenden – beispielsweise ein Rad, einen Zylinder, ein Schiffchen oder Segment. Diese Technik hatte mehrere Vorteile: Das Geschriebene war besser (wenn auch nicht optimal) sichtbar. Die Schrift fiel

sehr gleichmäßig aus. Die Typen ließen sich besser reinigen. Man konnte einen Schriftsatz schnell gegen einen anderen austauschen.
Mit Typenzylindern arbeiteten die 1879 erstmals produzierte Crandall und die Munson von 1890. Typenschiffchen hatten die berühmte Hammond von 1880 und die Keystone von 1899. Mit Typenrädern waren dagegen die Blickensderfer (1893) und die Edelmann-Maschine (1897) ausgerüstet. Noch schlichter waren die sogenannten Eintastermaschinen konstruiert, auch Zeigermaschinen genannt. Sie arbeiteten ebenfalls mit Typenzylindern, -schiffchen oder -rädern, hatten aber nur eine einzige Taste, die zu bedienen war, wenn der gewünschte Buchstabe mit Hilfe eines Zeigers eingestellt war. Auf die Dauer konnten sich die Eintastermaschinen allerdings gegenüber den Typenhebelmaschinen nicht halten. Nach Einführung der Underwood verschwanden sie vom Markt – mit Ausnahme einer einzigen Maschine, der 1903 erstmals von der AEG herausgebrachten Mignon. Diese Kombination aus Eintaster- und Typenradmaschine hatte noch jahrelang ihre Freunde. Bei ihr mußten die Buchstaben mit einem Zeiger auf einem Buchstabenfeld aufgesucht werden. Ein Tastendruck löste den Anschlag des Typenzylinders aus. Das Geschriebene war sofort sichtbar.
Um 1900 kostete eine traditionelle Tastaturmaschine in Deutschland 400 bis 450 Mark, eine schlichte Eintastermaschine mit Sammeltypenträger dagegen nur 70 Mark. Diesen unbezweifelbaren Vorteilen stand ein gewichtiger Nachteil gegenüber: Das Schreibtempo und die Bedienbequemlichkeit der Einfachmaschinen ließen erheblich zu wünschen übrig.
Das Prinzip des Sammeltypenträgers geriet für viele Jahre in Vergessenheit. Erst um die Mitte des 20. Jahrhunderts wurde es wieder hervorgekramt. Es fand seine Krönung in den Kugelkopfmaschinen von IBM.
Im allgemeinen waren die Typenhebel so eingerichtet, daß sie bei Tastendruck gegen die Walze geklappt wurden. Viele Jahre lang gab es aber auch erfolgreiche Maschinen mit Typenstoßstangen, bei denen die Typenhebel bei Tastenanschlag waagerecht nach vorn gegen die Schreibwalze gestoßen wurden. Eine der bekanntesten Maschinen dieser Art war in Deutschland die Adler, die sich auf amerikanische Patente stützte. Das Stoßstangensystem war platzsparend, so daß sich mit seiner Hilfe vor allem Klein- und Reiseschreibmaschinen recht gut herstellen ließen. Die erste tragbare Kofferschreibmaschine war übrigens die von Blikkensderfer in den USA hergestellte Blick No. 5, die zum Vorbild für viele andere Maschinen wurde.

Das Denken an der Schreibmaschine

Um die Wende zum 20. Jahrhundert betrug der jährliche Schreibmaschinenabsatz in den USA etwa 90000 Stück, in Deutschland rund 43000 und in Österreich 9000 Stück. Der „Typenschreiber" hatte sich durchgesetzt, und er eignete sich, wie Brockhaus' Konversations-Lexikon 1898 betonte, keineswegs nur für schlichte Abschreibarbeiten – im Gegenteil, „es wird von geübten Maschinenschreibern allgemein versichert, daß die Denkarbeit beim Arbeiten an der Schreibmaschine leichter vonstatten gehe als beim Schreiben mit der Feder".
Es mag nicht uninteressant sein, heute nachzulesen, was die Brockhaus-Redakteure damals über die Schreibmaschine zu sagen hatten. In einem Bandwurmsatz definierten sie: „Schreibmaschine, ein das übliche Schreiben mit der Hand vereinfachender und erleichternder mehrfacher Stempelapparat, bei welchem durch Bethätigung einer mehrtastigen Klaviatur oder eines Einzeltasters durch Hand Stempel, welche die verkehrten erhabenen Buchstabenbilder eines Alphabets tragen, einzeln nacheinander auf dem zu beschreibenden Papierblatt schwarze oder farbige Abdrücke erzeugen, während das Papier nach jedem Abdruck unter der festliegenden Druckstelle in der Zeilenrichtung um Buchstabenweite selbstthätig vorrückt, um so für den folgenden Abdruck dem nächsten Stempel eine weiße Stelle darzubieten, und nach jeder durch ein Glockensignal angezeigten Vollendung einer Zeile mit der Hand um Zeilenabstand verschoben wird."
Ergänzend fügten die Brockhaus-Lexikografen hinzu: „Die Vereinfachung der Handarbeit bei der Schreibmaschine besteht darin, daß zur Erzeugung jedes Buchstabens dieselbe einfache Handbewegung (Druck) und dieselbe Zeit ausreicht, während die Erleichterung durch die Verteilung der Arbeit auf die Finger beider Hände (was die allein zeitsparenden Klaviaturmaschinen betrifft) und durch die freie und ungezwungene Körperhaltung beim Maschinenschreiben erzielt wird. Infolgedessen lernt ein jeder mit der Schreibmaschine in kurzer Zeit leicht, schnell und, da die Schrift nicht mehr individuell ist, absolut schön und deutlich schreiben, wodurch die für den geschäftlichen Verkehr so wichtige Sicherheit der Mitteilung durchaus verbürgt ist."
Aber es gibt auch Nachteile. Meyers Konversations-Lexikon von 1898, sonst gleicher Meinung mit den Brockhaus-Kollegen, erhebt rügend den Zeigefinger: „Als ein Übelstand der Schreibmaschinen, welcher deren allgemeiner Einführung in Ämtern bisher vielfach im Wege stand, muß das starke Geklapper angeführt werden, welches das Schreiben auf denselben macht."
Aber der Siegeszug der klappernden Maschinen ist offenbar um diese Zeit schon nicht mehr aufzuhalten. So hebt der Ingenieur Anton Klaude in einer Veröffentlichung aus der Zeit um die Jahrhundertwende hervor: „Der preußische Justizminister hat sogar die Ausstellung gerichtlicher Urkunden, selbst der wichtigsten, mittels Schreibmaschine zugelassen, sofern nur frische Farbbänder hierzu benutzt werden, denn durch eingehende Versuche des Materialprüfungsamtes in Groß-Lichterfelde ist festgestellt worden, daß die Schreibmaschinenschrift bei Verwendung geeigneter Farbbänder oder -kissen genauso dauerhaft und widerstandsfähig ist wie eine mit guter Tinte hergestellte Handschrift." So wurde der technische Fortschritt aktenfähig.

Die „Underwood"-Revolution

Gegen Ende des 19. Jahrhunderts hatte die Schreibmaschine, vor allem in Gestalt der Remington und ihrer technischen Verwandtschaft, ihre Bewährungsprobe bestanden. Voll ausgereift war das System allerdings noch nicht. In Otto Luegers „Lexikon der gesamten Technik", dessen Band 7 im Jahre 1899 erschien, setzte sich der Berliner Civil-Ingenieur E. Dalchow mit den Vorzügen der Schreibmaschine auseinander: „Deutliche Schrift, schnelleres (mindestens zweimal so rasches) Schreiben bei gleicher Schriftschönheit, Möglichkeit, mit Durchschreibepapier zwei Abschriften neben der Urschrift zu erzeugen, einfachere Hand- und Fingerbewegung, daher weniger Ermüdung und Vermeidung von Schreibkrampf."
Zu den Nachteilen zählte nach Dalchows

1

2

3

1 – Die von Franz Xaver Wagner konstruierte und 1887 von George W. N. Yost herausgebrachte Volltastaturmaschine Yost mit Unteraufschlag. Die kreisförmig angeordneten Typen liegen in Ruhestellung auf einem Farbkissen.

2–3 – Die Hammond von 1880 hatte ein bogenförmiges Typenschiffchen. Anschlag des Papiers mit einem Hämmerchen von hinten, Einfärbung durch Farbband.

4 – Bei der Edelmann von 1897 wurde durch das Einrücken des Tasterhebels in eine Buchstabenkerbe das Typenrad auf die Papierwalze gedrückt, wobei es ein Farbröllchen streifte.

5–6 – Einen Typenzylinder benutzte die ab 1903 von AEG produzierte Mignon. Durch die Bewegung des Zeigers über dem Buchstabenfeld wird der Zylinder in Aufschlagstellung gebracht und durch Druck auf die eine der beiden Tasten nach unten geschlagen. Die andere ist die Leertaste.

7 – Die gleichfalls ab 1903 in Deutschland hergestellte Kanzler hatte Stoßstangen mit je 8 Typen auf einem Metallstreifen, die von einem Schwinghebel auf die Papierwalze gestoßen wurden.

4

5

6

7

Überzeugung die Unmöglichkeit, auf anderes Papier als lose Blätter oder Bogen zu schreiben, die Schwierigkeit, von einer Stelle des Blattes zur anderen zu gelangen, das Geräusch beim Schreiben und die Unbequemlichkeit beim Transportieren der Maschine. Vor allem aber kritisierte Dalchow „die Notwendigkeit, mit Schreiben innezuhalten, oft auch einen Maschinenteil aufzuklappen, um das Geschriebene zu lesen". Die Zeit war reif für eine Umkonstruktion der Schreibmaschine. Wer eine solche Maschine bediente, wollte endlich sehen können, was er schrieb – und zwar sofort nach dem Anschlag eines Buchstabens und ohne zeitraubende Zusatzarbeit.

Franz Xaver Wagner aus Heimbach

Der Mann, der es sich zum Ziel gesetzt hatte, die Unzulänglichkeiten der frühen Schreibmaschinen abzustellen und insbesondere für die sofortige unbehinderte Sichtbarkeit der Schrift zu sorgen, hieß Franz Xaver Wagner und kam am 20. Mai 1837 in Heimbach bei Neuwied am Rhein zur Welt. Der Junge, der seine beiden Eltern früh verloren hatte, erlernte das Mechanikerhandwerk, war längere Zeit im Nähmaschinenbau tätig und verbrachte, wie es damals üblich war, einige Jahre als Handwerksgeselle auf Wanderschaft. Als 27jährigem wurde es ihm in der Heimat zu eng, er wanderte nach Amerika aus. Dort machte er sich in einschlägigen Betrieben als Mechaniker nützlich, verbesserte mechanische Geräte und machte einige kleinere technische Erfindungen. So konstruierte er 1870 einen Wassermesser.

Bald kam er mit dem Schreibmaschinenbau in Berührung. Von ihm stammen wesentliche Verbesserungen an der Remington, an der 1880 vorgestellten Caligraph-Volltastaturmaschine und an der von Amos Densmore, dem Bruder des aus der Remington-Geschichte bekannten James Densmore, 1891 herausgebrachten Densmore-Maschine, bei der die Typenhebelachse erstmals auf Kugellagern lief. Vor allem aber machte er sich um die verantwortliche Konstruktion der Yost-Maschine verdient, die ab 1887 der Remington Konkurrenz zu machen begann.

Nicht immer konnte Wagner bei diesen Arbeiten seine eigenen Vorstellungen verwirklichen. Er mußte sich nach den Wünschen seiner Auftraggeber richten, die ihrerseits stets mit einem Auge auf die Konkurrenz, mit dem andern auf den Markt schielten und nur zögernd bereit waren, sich auf teure Entwicklungsarbeiten einzulassen. So ging Wagner daran, ein eigenes Unternehmen aufzubauen. 1890 gelang ihm die Erfindung des Segments für die Lagerung und Führung der Typenhebel. Sein Sohn Hermann konstruierte um die gleiche Zeit den sogenannten Zwischenhebel, der die sofort sichtbare Schrift garantierte. Beide Erfindungen wurden zum Patent angemeldet. Daneben dachten sich die Wagners zahllose weitere Verbesserungen aus. Die nach ihrer Meinung nun perfekte Maschine wollten sie in der eigenen Fabrik produzieren. Daraus wurde aber nichts. Wagner geriet in finanzielle Schwierigkeiten, nicht zuletzt wegen der gnadenlosen Konkurrenz der schon auf dem Markt etablierten Schreibmaschinenhersteller.

1898 mußte er sich von seinem Betrieb trennen. Die damals noch ziemlich unbedeutende Farbbandfabrik Underwood in New York übernahm alle Patente und Herstellerrechte und kam bald mit serienmäßig hergestellten Underwood-Maschinen heraus, nun als Underwood-Typewriter Company firmierend.

Wagner arbeitete künftig für Underwood. Nur Eingeweihte kannten seinen Namen. Bis an sein Lebensende – er starb am 8. März 1907 – gelangen ihm noch zahlreiche Verbesserungen an „seiner" Underwood-Maschine. Aber im übrigen erging es ihm wie den meisten Erfindern dieser Epoche. Seine Arbeiten brachten ihm weder Ruhm noch Gewinn. Dafür stieg die Underwood Co. bald zum größten Schreibmaschinenhersteller der Welt auf.

Warum sich die „Underwood" durchsetzte

Was war an den Erfindungen von Franz Xaver und Hermann Wagner so bedeutend, daß Fachleute bald nach Erscheinen der Underwood-Maschinen von einer Revolution im Schreibmaschinenbau sprachen? Die Typenhebel fast aller bis dahin bekannten Maschinen hatten keine überzeugende, „idiotensichere" Lagerung, was sich auf die Qualität des Geschriebenen nachteilig auswirkte. Außerdem waren Tasten- und Typenhebel direkt miteinander verbunden, was zwangsläufig zum Unteranschlag geführt hatte: Beim Druck auf die Taste klappte der Typenhebel von unten gegen die Walze und produzierte „unsichtbare" Schrift.

Franz Xaver Wagner konstruierte ein senkrecht stehendes, halbkreisförmiges Segment mit Leitschlitzen für die Typenhebel, die dadurch zwangsläufig und präzise in die für den Typenabdruck notwendige Richtung gelenkt wurden. Zugleich diente das Segment der Typenhebelaufhängung.

Zwischen Tasten- und Typenhebel fügte Hermann Wagner einen Zwischenhebel ein, der die Abdruckrichtung von der Walzenunterseite an die Vorderseite verlegte. Mit dem Zwischenhebel wurde außerdem ein reibungsloser Schwung des Typenhebels zur Aufschlagstelle erreicht. Außerdem schlug die Maschine nun leichter an. Und so funktionierte das Wagner-Underwood-System (nach Gerhard Ulrich): „Die Typenhebel reichen mit ihrem unteren Ende in die einzelnen Schlitze des Segments und hängen dort an einem unmittelbar hinter den Schlitzen verlaufenden Draht, der Bogenachse. Der Zwischenhebel greift in einen Schlitz am unteren Ende des Typenhebels und ist auf der anderen Seite mit dem Tastenhebel verbunden. Beim Niederdrükken einer Taste wird durch den Zwischenhebel das untere Ende des Typenhebels abwärts gezogen, so daß sich über den Drehpunkt der Kopf des Typenhebels mit der Type in die Gegenrichtung hebt und die Bewegung zur Aufschlagstelle ausführt. Die Type wird durch die Typenführung unmittelbar vor der Aufschlagstelle und außerdem durch die breite Lagerung des Hebels im Schlitzlager sicher geführt. Diese ausgezeichnete doppelte Führung ist die Voraussetzung dauernder exakter Zeilengeradheit."

Weitere technische Details: Die Tastatur der Maschine entsprach der 1888 in Toronto beschlossenen Buchstabenaufteilung. Die Maschine hatte eine einfache Umschaltung von Klein- auf Großbuchstaben. Dabei diente die linke Umschalttaste der Einzel- und die rechte der Dauerumschaltung. Es gab drei verschiedene Zeilenabstände, bei späteren Modellen fünf. Außerdem hatte die Maschine bei späteren Modellen einen Tabulator (Kolonnensteller) und eine automatische Farbbandumschaltung. Die Randsteller waren bei den ersten Modellen vor der Walze, bei späteren dahinter angebracht.

Als die ersten Wagner-Maschinen auf den Markt kamen, setzten sich die Hersteller der Apparate mit „unsichtbarer" Schrift mit allen Mitteln gegen die Neuerungen zur Wehr. Aber bald gewann das bessere Prinzip die Oberhand. Alle großen amerikanischen Hersteller schwenkten bis spätestens 1910 auf die neue Konstruktionsart um.

In Deutschland begann Bruno Naumann in Dresden 1900 als erster Fabrikant mit der serienmäßigen Herstellung von Schreibmaschinen. Ab 1913 baute er das Modell B seiner Ideal-Maschine nach dem Vorbild von Underwood. Die meisten anderen deutschen Hersteller hielten sich von vornherein an das Wagnersche Prinzip, so beispielsweise die Adler-Werke in Frankfurt (Adler-Maschinen) und die Wanderer-Werke AG in Siegmar-Schönau (Continental), die Mercedes-Büromaschinenwerke in

Zella-Mehlis (Mercedes) und die Europa-Schreibmaschinen AG in Erfurt (Olympia), die Triumph-Werke AG in Nürnberg (Triumph) und die Rheinmetall-Borsig AG in Sömmerda (Rheinmetall).
Die meisten Unternehmen stellten auch Klein- oder Reiseschreibmaschinen her. Die erste deutsche Maschine dieser Art war die 1910 von Seidel & Naumann in Dresden herausgebrachte Erika. Innerhalb von 30 Jahren, bis 1940, wurde sie weltweit mehr als eine Million Male verkauft.

Underwood und Olivetti

An der Schreibmaschine war einstweilen, von Details abgesehen, nicht mehr viel zu verbessern. Das Underwood-Prinzip galt weltweit und wurde schließlich in seinen wichtigsten Teilen genormt. Jetzt kam es in erster Linie darauf an, Schreibmaschinen rationell herzustellen. In den USA setzte sich Underwood unangefochten an die Spitze, obwohl auch Remington 1907 nichts anderes übriggeblieben war, als das neue System einzuführen. In Europa dagegen waren es die Italiener, denen der Aufbau des größten Büromaschinenkonzerns gelang.
Camillo Olivetti, der Gründer dieses Konzerns, stammte aus dem Voralpenstädtchen Ivrea im Nordwesten Italiens. Er studierte in Turin, wo er 1891 am Polytechnikum sein Ingenieurexamen als Elektroingenieur bestand. Einer seiner Professoren nahm ihn als Assistenten mit nach Chicago, wo ein elektrotechnischer Kongreß stattfand. Nach Abschluß der Tagung blieb Olivetti, fasziniert von den Möglichkeiten der USA, noch für einige Zeit in den Staaten, um sich in Waggonfabriken und Schlachthöfen,

1

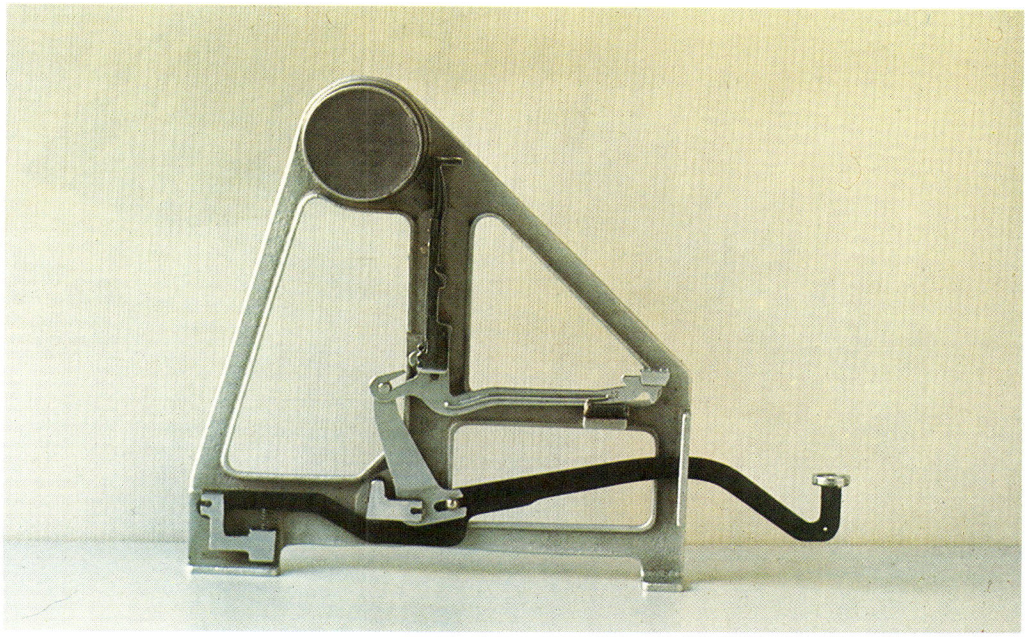

2

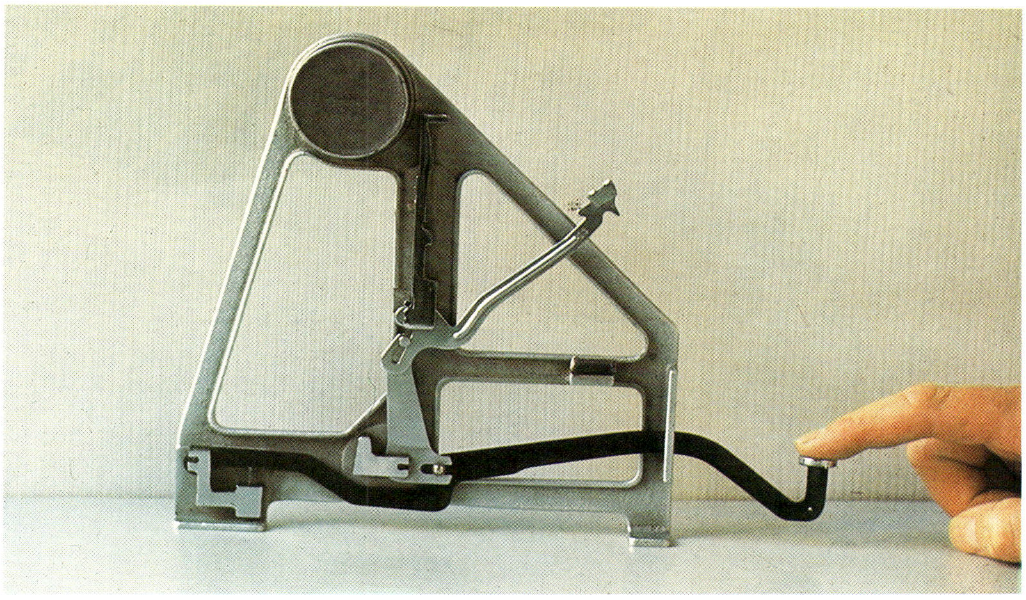

3

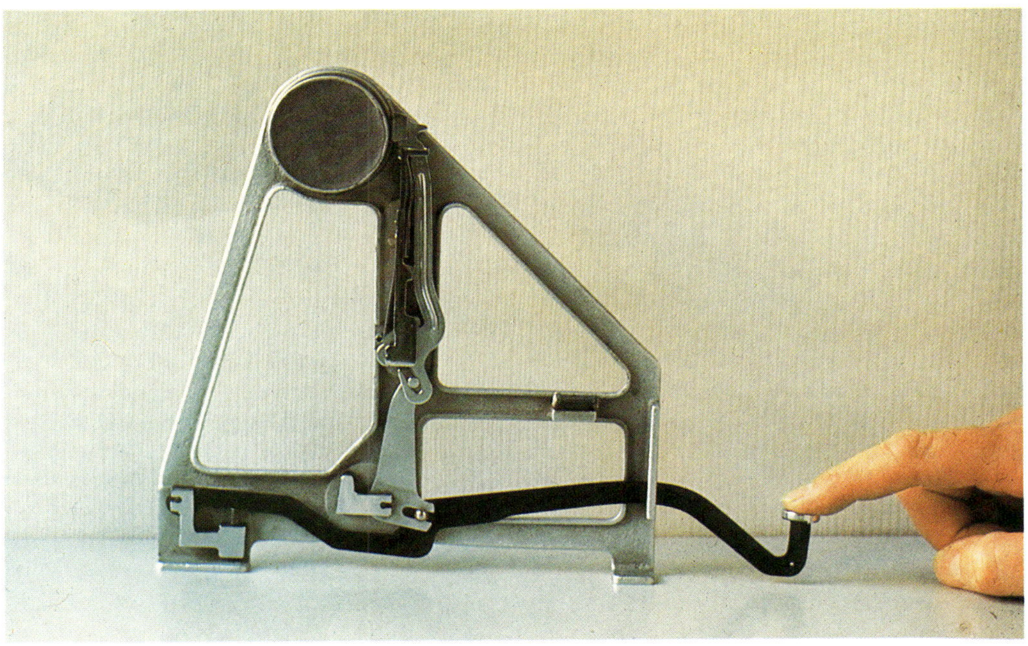

Durch die Aufteilung der Tastenmechanik in je drei Hebel, den Tastenhebel, einen Zwischenhebel und den Typenhebel, war es dem Deutschamerikaner Franz Xaver Wagner und seinem Sohn Hermann möglich, den Typenhebel, durch die Schlitze eines Segments geführt, von vorne statt von unten gegen die Papierwalze zu drücken. Diese Idee, die das Geschriebene sofort lesbar machte, führte zum revolutionären Verkaufserfolg der Underwood. Die Bilder zeigen die Bewegungsphasen einer modernen Typenhebelmaschine in Ruhestellung (1), mit halb angeschlagener Taste (2) und beim Typenaufschlag (3).

1

Elektrounternehmen und bei Werkzeugherstellern umzusehen. Seine Begegnung mit den Anfängen moderner Massenproduktionsverfahren brachten ihn zu der Erkenntnis, die Amerikaner seien die besten Techniker der Welt.
Olivetti lehrte ein Jahr lang an der neuen Stanford-Universität in Kalifornien Elektrotechnik. Dann kehrte er nach Ivrea zurück und eröffnete eine kleine Fabrik für elektrische Meßgeräte, die sich recht gut anließ. Bald beschloß Olivetti, es auch mit dem Bau von Schreibmaschinen zu versuchen – er hatte diese Maschinen in Amerika kennengelernt. Um von Anfängerfehlern verschont zu bleiben, reiste er erneut in die USA und sah sich in der großen Underwood-Fabrik in Hartford in Connecticut um. Die Underwood-Leute fanden nichts dabei, dem neugierigen Italiener alles zu zeigen, was er sehen wollte. Einen künftigen Konkurrenten ahnten die Hersteller von jährlich 70000 Underwood-Maschinen in ihm nicht.
1909 war das erste Versuchsmodell Olivettis fertig. Aber erst 1911, auf der Weltausstellung in Turin, gab es die ersten in Serie gefertigten Maschinen. Die italienische Marine wartete gleich mit einem Großauftrag auf und orderte 100 Olivettis. Das war Arbeit für mehrere Wochen, denn die Produktionskapazität betrug damals 20 Maschinen wöchentlich.
Der Kriegsbeginn warf das junge Unternehmen zurück. Aber schon 1915 begann Olivetti wieder zu hoffen. Der als sparsam bis zum Geiz bekannte Firmenchef leistete sich sein erstes Auto. Der Geiz bezog sich übrigens nur auf seinen persönlichen Bedarf. Seinen Arbeitern gegenüber war Olivetti von einer Großzügigkeit, die ihn bei Konkurrenten bald in Verruf brachte.
1929 entstand ein Zweigbetrieb in Barcelona. Andere Werke schlossen sich in Südafrika, Argentinien und Schottland an. Der Stammbetrieb in Ivrea wäre im Zweiten Weltkrieg beinahe in die Luft gesprengt worden. Camillo Olivetti erlebte nicht mehr, wie seine Techniker diesen Plan nur knapp vereitelten. Er starb schon 1943 in einem Versteck bei Ivrea, in das er sich vor den Deutschen zurückgezogen hatte.
Camillos Sohn Adriano setzte das Werk des Vaters fort. Als einer der ersten Hersteller von Gebrauchsmaschinen beauftragte er namhafte Künstler damit, den praktischen Schreibmaschinen eine schönere Hülle zu entwerfen. 1959 begann Olivetti mit dem Bau von Computern, trennte sich aber bald wieder von dem kapitalaufwendigen Arbeitszweig. Gleichzeitig kauften die Olivetti-Manager in großen Mengen Aktien des amerikanischen Konkurrenten Underwood

auf – die renommierte Firma steuerte auf den Bankrott zu. Aber der Bissen war zu groß für Olivetti. Zwar ging Underwood schließlich zu hundert Prozent in den Besitz von Olivetti über, aber die nötigen Sanierungsmaßnahmen des Konzerns überforderten das Stammhaus. Es kam zu einer Stützungsaktion, und es dauerte einige Zeit, bis Olivettis Stern wieder aufging.

Die elektrische Schreibmaschine

Die Vorstellung von der „wesentlichen Arbeitserleichterung", von der die Propagandisten der Schreibmaschine in früheren Jahren gesprochen hatten, wich allseitiger Ernüchterung, nachdem erst einmal wissenschaftlich überprüft worden war, wie groß die Belastung eines Maschinenschreibers (einer Maschinenschreiberin) denn nun wirklich ist. Bei älteren Maschinen verlangte jeder Tastenanschlag eine Kraftleistung von rund 600 Gramm. Moderne mechanische Maschinen kommen mit etwa 60 Gramm Kraftleistung je Tastenanschlag aus, woraus sich bei 100000 Anschlägen am Tag eine Leistung von sechs Tonnen errechnet. Erst die elektrischen Schreibmaschinen konnten die physische Kraftanstrengung weiter reduzieren. Sie kommen mit etwa drei Gramm je Tastenanschlag aus, und bei den elektronischen Modellen sind die Werte noch günstiger.

Die ersten elektrischen Modelle

Den Gedanken, die Bewegung des Schreibmaschinenwagens (mit dem Papier) zu elektrifizieren, verwirklichte um 1867 erstmals der schon erwähnte dänische Pa-

1 – Der Schreibsaal ist nicht eine Erfindung der letzten zwei oder drei Jahrzehnte, sondern war auch schon vor der Erfindung praktikabler Diktiergeräte üblich. Diese Damen klapperten auf ihren Schreibungetümen ohne Stenogramm, durch eine Telefonanlage mit Kopfhörer von Siemens & Halske direkt mit dem Diktierenden verbunden.

2 – Für die chinesische Schrift mit ihren Tausenden von Zeichen versagt das für Schreibmaschinen übliche Tastensystem. Deswegen bedient sich dieses chinesische Modell von 1959 ähnlich wie die AEG Mignon von 1903 eines Tasthebels, mit dem man auf dem Feld das richtige von etwa 2200 Zeichen heraussuchen kann.

stor Malling Hansen. Er kam aber bald wieder von dem Prinzip ab. 1872 befaßte sich Thomas Alva Edison mit einer elektrisch betriebenen Typenzylindermaschine, ebenfalls nicht mit durchschlagendem Erfolg.
Thaddeus Cahill aus Washington war der nächste in der Reihe der Konstrukteure elektrischer Maschinen. Er steckte rund 160000 Dollar in die Entwicklung des Apparats, den er in seiner Cahill Writing Machine Company produzierte. Nach einigen Dutzend verkauften Maschinen wurde die Produktion jedoch wieder eingestellt.
Nicht wesentlich erfolgreicher war die elektrifizierte Version der Blickensderfer-Typenradmaschine von 1902. Die Zeit war um die Jahrhundertwende einfach noch nicht reif für Sonderausführungen dieser Art. Erst in den zwanziger Jahren unseres Jahrhunderts wurden die ersten diskutablen Verfahren entwickelt, herkömmliche mechanische Maschinen so umzugestalten, daß ein Elektromotor Tastenanschlag und Wagentransport, später auch die Walzenbewegung, übernehmen konnte. Als erste verwendbare elektrische Schreibmaschine gilt die 1923 von James Smathers zum Patent angemeldete.
Die erste moderne deutsche Elektromaschine war die von den Mercedes-Büromaschinenwerken in Zella-Mehlis in den zwanziger Jahren konstruierte Mercedes Elektra. Das Berühren der Tasten kuppelte die mechanischen Teile mit einer vom Motor angetriebenen Welle und löste damit den Typenabdruck aus. Der Tastentiefgang betrug nur noch etwa drei Millimeter (gegen 14 bis 18 Millimeter bei der mechanischen Maschine). In der Sekunde konnten bis zu 13 Anschläge erzielt werden. Elektrifiziert waren neben der Tastatur auch die Bedienungselemente für die Umschaltung und den Wagenrücklauf. Im Vergleich zu mechanischen Maschinen war die Mercedes Elektra allerdings ziemlich laut.
In den USA brachte die IBM 1933 die erste zufriedenstellende elektrische Schreibmaschine heraus, das Modell 01. Trotz eindeutiger Vorzüge fiel es den Vertriebsleuten von IBM schwer, ihre Kunden von den Vorteilen einer elektrischen Schreibmaschine zu überzeugen. 1941 kam, ebenfalls elektrifiziert, die IBM Executive in den USA auf den Markt, die erste Maschine mit Proportionalschrift. Bei ihr gab es keinen gleichbleibenden Typenschritt mehr. Bei breiten Buchstaben wie m rückte der Wagen ein entsprechend breites Stück weiter, bei schmalen wie l oder i nur ein schmales Stück. Das ergab ein druckähnliches Schriftbild, das nicht nur für den normalen Bürobetrieb interessant war, sondern auch Schriftsatzaufgaben übernehmen konnte, etwa bei Offset- und Kleinoffsetverfahren.

1

2

Die Kugelkopfmaschine

Mit Sammeltypenträgern hatten in der Frühzeit der Schreibmaschine schon viele Erfinder gearbeitet – weiter oben war davon bereits die Rede. Aber das Verfahren konnte sich, gleichgültig, ob mit Typenrad, -segment oder -zylinder gearbeitet wurde, nicht durchsetzen, weil es Maschinen dieser Art an Schreibgeschwindigkeit und Bedienungsbequemlichkeit letztlich nicht mit den Maschinen vom Underwood-Typ aufnehmen konnten.
Auf der Suche nach einem neuen System griffen die Konstrukteure von IBM in den fünfziger Jahren auf den Sammeltypenträger zurück. Sie wandelten das bekannte Typenrad, wie es etwa die Blickensderfer-Maschine von 1893 aufzuweisen hatte, grundlegend ab und entwickelten einen Kugelkopf von 35 Millimeter Durchmesser als Typenträger. Zugleich verzichteten sie auf den beweglichen Schreibmaschinenwagen: Beim Schreiben bewegt sich der Kugelkopf entlang der Schreibzeile.
Als die Kugelkopfmaschine unter der Modellnummer 72 im Jahre 1961 auf den Markt kam, war die Vorherrschaft der Underwood-Maschinen und ihrer Nachfolger innerhalb kurzer Zeit gebrochen. Die Vorteile des neuen Systems lagen auf der Hand: kein beweglicher Wagen und keine Typenhebel mehr. Verhältnismäßig leises und sehr schnelles Schreiben (bis zu 15,5 Anschläge je Sekunde) mit dem beliebig austauschbaren Kugelkopf. Ab 1964 dann Übergang zu nur einmal verwendbaren Spezial-Plastikfarbbändern in Kassette (Plasticontrast) mit druckähnlich sauberem Schriftbild. Und in der letzten Entwicklungsstufe Einrichtung einer Korrekturtaste, die das Radieren überflüssig machte.

Ein klebstoffüberzogenes Korrekturband, parallel zum Farbband geschaltet, nahm auf Tastendruck einen falsch geschriebenen Buchstaben oder auch ein ganzes Wort weg und machte Platz für die Korrektur.
Der Kugelkopf, den nach Ablauf der IBM-Patente auch andere Hersteller in ihre Maschinen einzubauen begannen, besteht bei IBM aus Kunststoff. Er wird bei 300 Grad Celsius und 15 Tonnen Druck geformt und anschließend vernickelt. Die 88 Schriftzeichen sind in vier Bändern übereinander angeordnet. Sie bilden außerdem von oben nach unten Viererreihen. Für jeden Buchstabenabdruck gibt es eine eigene Kipp- und Drehstellung. Zwei Stahlbänder transportieren den Schlitten mit dem Schreibkopf, der Farbbandkassette und dem Korrekturband; sie steuern auch den Kipp- und Drehvorgang des Kopfes. Sobald sich der Kopf in der richtigen Position befindet, wird er verriegelt und der Typenanschlag ausgelöst. Bei zu schnell hintereinander gedrückten Tasten speichert die Maschine den zweiten Impuls, bis der erste Schreibvorgang abgeschlossen ist.

Die elektronische Schreibmaschine

Um das Jahr 1980 ging die Epoche der elektromechanischen Schreibwerke zu Ende. Die Zukunft, so war auf der Hannovermesse zu hören, gehörte den elektronischen Schreibmaschinen, ausgestattet mit winzigen Mikroprozessoren und Schrittmotoren so groß wie ein Daumennagel. Es gab in Hannover schon einige interessante Modelle zu sehen, und Fachleute registrierten nicht ohne Sorge, daß Olivetti die ersten computerisierten Maschinen Europas auf den Markt gebracht hatte.

1 – IBM brachte 1933 in den USA ihre erste elektrische Schreibmaschine heraus, das Modell 01 oder IBM Black, eine Typenhebelmaschine.
2 – Um das lästige Verklemmen der Typenhebel bei schnellem Schreiben zu vermeiden, kehrte IBM zum Sammeltypenträger zurück und brachte 1961 mit dem Modell 72 eine Maschine mit Kugelkopf heraus, später von anderen Firmen als „Schreibkern“ und unter ähnlichen Bezeichnungen aufgegriffen. Bei den elektronischen Modellen ging man inzwischen vielfach zum Typenrad über, weil es noch schnelleren Anschlag erlaubt.
3 – Am Funktionsmodell der IBM Kugelkopfmaschine erkennt man, daß nicht mehr die Papierwalze schrittweise von rechts nach links bewegt wird, sondern der Kugelkopf von links nach rechts über die Zeile wandert.

1

2

3

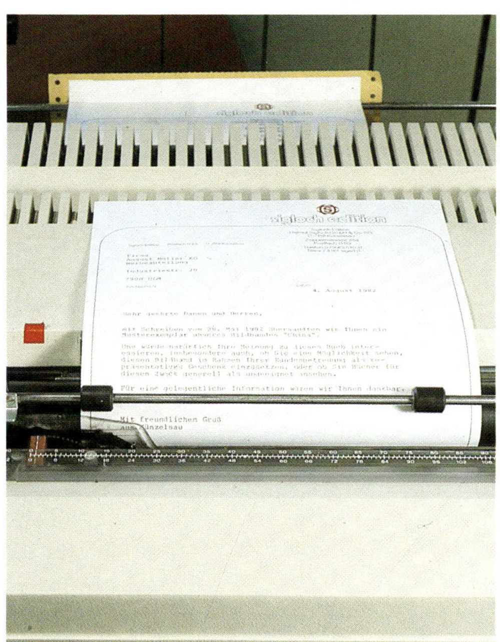

4

Vorbei war es mit Hebeln, Federn und Räderwerk, vorbei mit dem deutlichen Lärm der Kugelkopfmaschinen. An die Stelle des Kunststoffkopfes trat, wen wundert es, eine Erfindung aus der Frühzeit der Schreibmaschinentechnik, das Typenrad – raffiniert verfeinert, mit bis zu 100 Zeichen ausgestattet, leicht auszuwechseln und fast geräuschlos.

Damit aber nicht genug. Je nach Typ werden die gerade geschriebenen 1–2 Zeilen nicht sofort auf das Papier gebracht, sondern landen zunächst einmal in einem Korrekturspeicher und werden in einem Display sichtbar. Jetzt noch entdeckte Fehler können elektronisch ausgebessert werden. Von hier aus war es nur ein Schritt zu den sogenannten Speicherschreibmaschinen mit einigen tausend Zeichen im Arbeitsspeicher oder auf angeschlossenen Magnetbändern oder Disketten. Es war nun kein Problem mehr, häufig wiederkehrende Texte festzuhalten und auf Tastenkommando bei Bedarf abzurufen. Damit waren die Damen an den Maschinen von der Fron des stupiden Abschreibens befreit.

Textautomation

Noch weitergehend ist die Textbe- und -verarbeitung per Computer. Eine Schreibmaschine ist nicht mehr erforderlich. Über das Tastenfeld der Anlage werden Bildschirm, Speicher und Drucker gesteuert. Im Zeitalter der Personal Computer ist die Entwicklung auf diesem Gebiet noch lange nicht abgeschlossen. Der Vater des „Word- and Text-Processing"-Konzepts war übrigens der Deutsche Ulrich Steinhilper. Einer der Computergiganten übernahm die Idee.

1 – Die meisten elektronischen Schreibmaschinen, von denen Olivetti 1980 die erste herausbrachte, zeigen auf einem Display die zuletzt eingegebenen Wörter und lassen vor dem Ausdrucken eine Korrektur zu. Außerdem verfügen viele von ihnen wie die Hermes top-tronic 42 im Bild über eine Speicherkapazität von einigen tausend Zeichen.
2–4 – Die elektronischen Schreibautomaten wurden zunächst als spezialisierte Kleincomputer entwickelt wie z. B. die Diehl Bitsy. Dann kamen auch für mittlere und große Bürocomputer Textverarbeitungsprogramme auf, mit deren Hilfe man die eingegebenen Einzel- und Serienbriefe und Manuskripte auf einem sogenannten Schönschreibdrucker schreiben lassen kann. Ideal ist bei allen Systemen u. a. die Korrekturmöglichkeit vom ersten bis zum letzten Buchstaben.

Vervielfältigungstechniken

Vom Pauspapier zur Wachsmatrize

Die verschiedenen Techniken, von einem Schriftstück oder einer Zeichnung zwei, zehn oder auch hundert (und mehr) möglichst originalgetreue Kopien zu machen, entwickelten sich unabhängig von den verschiedenen Druckverfahren. Bedarf an Kopien hatten vor allem die unterschiedlichsten „Bureaux" und „Comptoirs", sowohl in der Verwaltung als auch in der Produktion: Briefe und Abrechnungen mußten dupliziert, technische Zeichnungen in mehreren Exemplaren hergestellt werden. Zunächst handelte es sich um schlichte mechanische Verfahren – aber auch sie regten berühmte Erfinder wie James Watt oder Thomas Alva Edison dazu an, sich um die Vervielfältigungstechnik zu bemühen.

Der Weg zum Carbonpapier

Es steht nicht fest, wer zuerst auf den naheliegenden Gedanken kam, ein Blatt Papier mit einer „abfärbenden" Substanz, etwa Kohlenstaub oder Graphit, einzureiben und mit diesem Behelf beim Schreiben eines Briefes auch gleich dessen Kopie zu produzieren. Besonders erfreulich war das Ergebnis nicht, weil das Farbpulver leider auch an den Stellen Spuren hinterließ, an denen das gar nicht erwünscht war.
Die gewerbliche Herstellung von Paus- oder Kopierpapier läßt sich auf das Jahr 1806 zurückführen. Damals ließ sich Ralph Wedgwood in London einen „Apparat zur Verdoppelung von Schriftstücken" in der Gestalt von tintengetränkten Papierblättern patentieren. In der Oxford Street richtete er sich einige Jahre später einen Herstellungsbetrieb ein.
In Italien arbeitete Pellegrino Turri di Castelnuovo 1808 mit einer Art Pauspapier, das mit Kohlenstaub beschichtet war. Das heutige Kohle- oder Carbonpapier geht also auf ihn zurück. Womit der Franzose L'Hermite sein Kopierpapier schwärzte, das er sich am 29. September 1810 in Paris patentieren ließ, ist nicht überliefert. Auch sein Durchschreibeverfahren arbeitete mit zwischengelegten, auf einer Seite geschwärzten Blättern. Zu den Kohlepapiererfindern gehört aber auch der englische Chemiker und Physiker Sir Joseph Wilson Swan (1828–1914), der die erste fotografische Trockenplatte erfand und parallel zu Edison an der Konstruktion einer funktionierenden Glühlampe arbeitete. Bei seinen Bemühungen um das elektrische Licht experimentierte Swan ab 1848 mit kohlenstoffüberzogenen Papierstreifen. Das brachte ihm 1864 ein Patent für Kohlepapier ein.
Im Brockhaus Konversations-Lexikon von 1898 heißt es über das Paus- oder Kopierpapier, es handele sich dabei um ein „feines, geleimtes Velinpapier, dem auf der einen Seite ein Anstrich von Indigo, Pariser Blau, Rötel oder schwarzer Kreide gegeben ist und dessen Anwendung darin besteht, daß unter die bestrichene Seite ein Blatt weißen Papiers gelegt, über die unbestrichene aber die zu kopierende Zeichnung gebreitet wird, deren Umrisse sodann, durch den Druck einer feinen, nicht scharfen Spitze (Stift oder Feder) nachgezogen, auf dem untergelegten weißen Papier erscheinen. Die erwähnten dünnen Papiere mit Anstrich sind Handelsartikel."
Bei den in erster Linie für die Schreibmaschine bestimmten Carbon-, Kohle- oder Durchschlagpapieren von heute besteht die farbabgebende Schicht aus einer Mischung von Wachs, Ölen und Harzen (oder Kautschuk) mit Ruß und Farbpigmenten oder gelösten Farbstoffen. Die Papierrückseite wird im allgemeinen gewachst, um das Rollen des Papiers zu verhindern.

James Watt und die Briefkopierpresse

Kaufleute sind gesetzlich dazu verpflichtet, ihre „Handelsbriefe" viele Jahre lang aufzuheben – und zwar nicht nur die empfangenen (im Original), sondern auch die abgeschickten (als Kopie). Zu den Anfangsbeschäftigungen der kaufmännischen Lehrlinge gehörte es deshalb früher, die ausgehende Korrespondenz fein säuberlich, Wort für Wort, in ein Kopierbuch zu übertragen, und zwar in der Reihenfolge der Erledigung und mit Hinweisen auf etwaige vorangegangene Briefe.
Mit dieser zeitraubenden Arbeit war es erst vorbei, nachdem James Watt (1736–1819), der berühmte Konstrukteur der ersten funktionstüchtigen Dampfmaschine, seine Kopierpresse erfunden hatte. Bis etwa zum Beginn des Ersten Weltkrieges gehörte sie zum eisernen Bestand aller Schreibstuben. Mit ihrer Hilfe war es leicht, die Briefe mechanisch in das Kopierbuch zu übertragen, wie es das Gesetz bis 1897 befahl, oder auch auf einzelne Blätter zu kopieren, wie es danach Mode wurde.
James Watt hatte weniger das in Deutschland übliche Kopierbuch im Sinn. Er brauchte für seine Dampfmaschinenfabrik unzählige Unterlagen in mehreren Ausfertigungen. Einer seiner Freunde, der Arzt und Naturforscher Erasmus Darwin (1731 bis 1802), Großvater des berühmten Charles Darwin, hatte sich schon mit Vervielfältigungsverfahren befaßt und war dabei auf den Bigraphen verfallen, eine Art doppelter Schreibfeder, mit der man in einem Arbeitsgang zwei gleichlautende Schriftstücke herstellen konnte.
Das kam Watt zu unpraktisch vor. Er experimentierte mit Tinten und Papiersorten und entwickelte ein neues Verfahren, das er Freund Darwin 1779 mitteilte: „Ich bin auf ein Verfahren gekommen, Geschriebenes chemisch zu kopieren. Ihr Bigraph wird damit total aus dem Felde geschlagen. In nur fünf Minuten kann ich einen ganzen Briefbogen kopieren. Anbei finden Sie eine kleine Probe."
1780 meldete Watt das Kopierverfahren zum Patent an. Seine Kopierpresse bestand aus zwei schweren eisernen Platten, die mit Hilfe einer Spindel zusammengepreßt werden konnten. Die zu kopierenden Briefe wurden mit einer speziellen, für einige Stunden abdruckfähigen Tinte auf normales Papier geschrieben. „Das zu kopierende Schriftstück legt man auf ein Blatt Wachspapier und bedeckt es mit einem gleich großen Blatt ungeleimten Seidenpapiers, das entweder vorher befeuchtet oder mit feuchtem Schirting bedeckt wird", notierten die Brockhaus-Redakteure von 1898. „Schließlich legt man noch ein Blatt Wachspapier auf und setzt das Ganze dem Druck der Kopierpresse aus. Die Tinte wird durch die Feuchtigkeit etwas erweicht, und es dringt davon soviel durch das Seidenpapier, daß die Schriftzüge auf der oberen Seite desselben sichtbar werden. Gute Kopiertinte gestattet etwa drei Abzüge zu nehmen."
Die Kopierpressen waren so eingerichtet, daß man unmittelbar in das Kopierbuch übertragen konnte. Den Spindelpressen folgten die bequemeren, weil schneller zu bedienenden Hebelpressen. James Watt junior baute überdies eine Mini-Presse für die Reise. Sie bestand aus Mahagoniholz und paßte in jeden Koffer, einschließlich Tinte, Federn und Papier. Eine Presse „für den Privatgebrauch sowie für die Benutzung auf Reisen" konstruierte auch Friedrich Soennecken in Remscheid. Man konnte das Kopierbuch in die Presse eingelegt mitnehmen und sogar einschließen, damit Unbefugte nicht die Nase hineinsteckten.
James Watt gründete bald nach der Patent-

anmeldung eine eigene Firma für die Herstellung des Kopierzubehörs. Eine riesige Werbekampagne wurde dafür angekurbelt, brachte aber zunächst nur wenig Erfolg. Im ersten Jahr wurden nur 150 Maschinen verkauft. Daran waren nicht zuletzt die Kritiker der Kopiertechnik schuld, die Mißbrauch befürchteten. So protestierten die Direktoren der Bank von England gegen die Kopierpresse, weil damit nach ihrer Meinung Banknoten gefälscht werden konnten, und James Watts Geschäftspartner hörten bei einem Kaffeehausbesuch am Nachbartisch einen Mann wettern, der kategorisch verlangte, die Erfinder der Kopiertechnik müßten umgehend aufgehängt und alle Maschinen vernichtet werden.
In den Folgejahren nahmen die Bestellungen zu. Bald gehörte die Wattsche Kopierpresse zur Standardausrüstung der meisten größeren Unternehmen. Und es dauerte nicht mehr lange, bis eine auf dem Watt-Prinzip basierende Kopiermaschine die Arbeit noch mehr erleichterte. Sie arbeitete mit Papier von der Rolle, das durch ein Tauchbad lief und um eine große Messingwalze geführt wurde. Eine Gummiwalze drückte das zu kopierende Schriftstück gegen das feuchte Kopierpapier. Dann landete der mit dem Kopierzeichen versehene Originalbrief in einem Ablagekasten, während die Kopie von der Rolle geschnitten, getrocknet und einem Sammelbehälter zugeführt wurde. Da mittlerweile bessere Kopiertinten zur Verfügung standen, konnte auch die Zahl der Abdrucke je Original erhöht werden.
Schneller und bequemer ging es wirklich nicht mehr. Und auch an die nicht aus der Welt zu schaffende Tatsache, daß die Kopie manchmal nur schwach an der Papieroberseite zu lesen war, dagegen sehr deutlich, wenn auch in Spiegelschrift, an der Unterseite, hatte man sich gewöhnt.

Der Hektograph oder Hundertschreiber

Mit der Kopierpresse konnte man trotz aller Verbesserungen nur einige wenige Kopien machen. Das Problem, von einer einzigen Vorlage bis zu 100 Abzüge herzustellen, löste erst der Hektograph (griechisch = Hundertschreiber), der sich gegen Ende des 19. Jahrhunderts durchzusetzen begann.
Sein Prinzip: Die Vorlage wird mit einer speziellen Hektographentinte geschrieben und auf eine Kolloidplatte aus Leim oder Gelatine und Tonerde umgedruckt. Von diesem Umdruck wurden die Abzüge mit Hilfe einer Gummiwalze abgenommen. Eine eigene Presse war also nicht mehr dazu nötig.
Hauptbestandteil war also die Kolloidplatte. Ihre Zusammensetzung ähnelte derjenigen einer Buchdruck-Farbwalze, wie sie um 1819 beispielsweise von Gennal erfunden worden war. Die nötigen Abwandlungen entwickelten Vinzenz Kwaysser und Rudolf Husák 1879 in der Apotheke zu Semil an der Iser in Nordböhmen. Neben der unerläßlichen Hektographenmasse verschickten sie aus ihrer Apotheke auch die zunächst aus Methylviolett hergestellte Hektographentinte an alle Interessenten. Einige Jahre später erprobte A. Schapiro (1884 bis 1925) in Berlin wesentliche Verbesserungen des Verfahrens.
Zu den Weiterentwicklungen des Hektographen gehört der hektographische Rollenapparat, bei dem die Kolloidplatte durch vorbeschichtete Hektographenblätter ersetzt wurde. Nach wie vor mußte erst die Vorlage beschrieben und auf das Hektographenblatt umkopiert werden. Dann begann der Auflagendruck.
Zahlreiche mit dem Hektographen verwandte Geräte kamen um die Jahrhundertwende auf den Markt, meist mit sehr klangvollen Namen wie Autograph (Selbstschreiber), Chromograph (Farbenschreiber), Multigraph (Vielschreiber) oder Kilograph (Tausendschreiber). Dem guten alten Hektographen konnten sie indes nicht den Rang ablaufen. Das galt auch für den von Jacobsen erfundenen Kollographen, eine Vorrichtung, die die Vorteile der Hektographie mit denen des Steindrucks verband.
Hektographische Verfahren gibt es auch heute noch. Sie kommen jedoch ohne den umständlichen Umdruck aus. Die Schrift wird mit der Hand oder mit der Schreibmaschine auf eine kohlepapierähnliche Schablone geschrieben. Dabei erscheint der Text auf der Rückseite im Spiegelbild. Wenn er mit einem Spiritusgemisch befeuchtet wird, kann man (mit Hilfe eines flachen Abzugsgeräts oder einer Rollenmaschine) davon einige Dutzend und mehr Abzüge machen. Da sich, wie bei der Hektographie, die Farbe allerdings schnell verbraucht, verblassen die Abzüge gegen Ende der Abzieharbeit immer mehr.

Edison und der Mimeograph

Mit Vervielfältigungstechniken hat sich auch der Amerikaner Thomas Alva Edison (1847–1931) befaßt. Er wollte Schablonen herstellen, die aus punktförmig durchlöchertem Papier bestanden. Wenn man über eine solche Schablone Druckerschwärze walzte, bildete sich die Schrift auf dem darunterliegenden Blatt ab.
Es kam also darauf an, eine Vorrichtung zum „Löchern“ des Papiers zu erfinden.

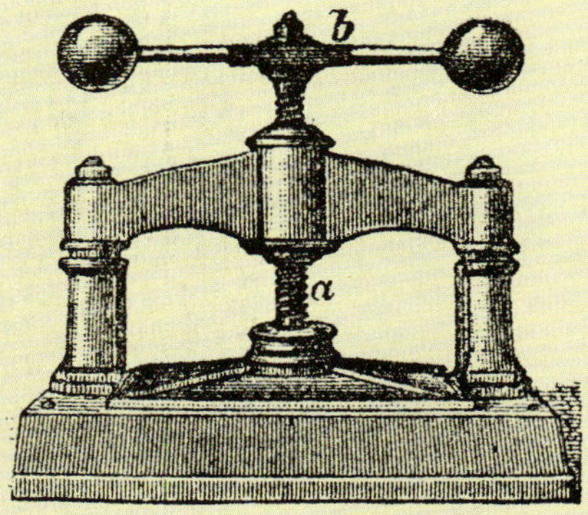

1

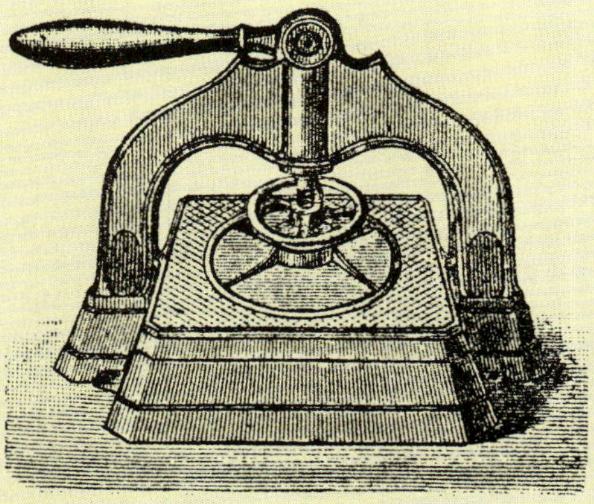
2

Edison konstruierte die elektrische Feder. „Sie bestand“, so einer der Biografen Edisons, „aus einer hölzernen Röhre in der Form eines gewöhnlichen Federhalters, der an einem stählernen Griff befestigt ist. Oben ist ein winziger Motor angebracht, während am Schreibende des Instruments eine Nadel vorspringt und die Funktionen einer Federspitze versieht. Zur Betätigung der Feder ist der Miniaturmotor mittels biegsamer Drähte mit einer Batterie verbunden, und wenn er in Tätigkeit gesetzt ist, vibriert der Stahlgriff mit solcher Schnelligkeit, daß die über die Oberfläche des Papierbogens gleitende Nadel diesen durchsticht.“
Eine einleuchtende Konstruktion. Es war kein Wunder, daß die Nachahmer bald auf den Plan traten. Einer von ihnen versuchte es mit einer pneumatischen Feder, die erheblich billiger hergestellt werden konnte.

3

Aber bevor er damit noch das große Geschäft ankurbelte, verwarf Edison seine elektrische Feder wieder und baute eine neue mit Handbetrieb. Sie bestand aus einem Holzstift mit einem winzigen Zahnrad an der Spitze, war für ein paar Cents herzustellen und schlug alle Konkurrenten aus dem Felde.

Dann widmete sich Edison dem Mimeographen. Er schuf für dieses Vervielfältigungsverfahren Matrizen aus besonders langfaserigem und dünnem Papier, die er mit Wachs überzog. Wenn man die Matrize auf eine fein gerasterte Stahlplatte legte und mit einem Achatgriffel beschriftete, bildeten die Schriftzeichen durchlässige Stellen. Beim Überwalzen mit einer Gummiwalze wurde durch sie die Farbe auf das Papier gedrückt. Der Mimeograph, in Abwandlungen noch heute im Gebrauch, wurde vor allem interessant, als die Schreibmaschinen aufkamen. Mit ihnen konnte man die Matrizen bei ausgeschaltetem Farbband bequem beschriften. Flachdruck- und Rollenapparate beschleunigten den Druck.

Edison selbst kümmerte sich übrigens kaum um den Mimeographen. Er übertrug alle Rechte an den Chicagoer Holzhändler Albert Blake Dick, der die Technik „bürogerecht“ umgestaltete und im März 1887 die ersten Geräte verkaufen konnte. In London wertete der ungarische Emigrant David Gestetner (1854–1939) schon ab 1881 die Edison-Patente aus.

Auf den Spuren Senefelders

Mit dem verbesserten Mimeographen konnte man tausend und mehr Abzüge von einer Matrize herstellen. Noch höhere Auflagen ermöglichten die von Senefelders

Die Kopierpresse, die James Watt 1780 zum Patent anmeldete, war bis ins 20. Jahrhundert hinein ein notwendiges Bürorequisit. Es gab sie als Spindelpresse (1) und als Hebelpresse (2).
3 – Das mit modernster Schreibmaschine und Kopierpresse ausgestattete Büro der Jahrhundertwende wurde mit Gas- und Petroleumlampen erleuchtet.

Steindrucktechnik abgeleiteten Vervielfältigungsapparate.
Zu ihnen gehörten zunächst einmal die Flachdruckvervielfältiger. Sie arbeiteten bevorzugt mit Glasplatten. Der Text wurde mit einer gerbstoffhaltigen Tinte auf Papier geschrieben und auf eine besonders präparierte Glasplatte umgedruckt. Dabei entstand ein Fettbild. Nach dem Überwischen der ganzen Fläche mit einer borsäurehaltigen Lösung konnte die Druckform eingewalzt werden. Dabei nahmen, wie beim Steindruck, nur die fetthaltigen Druckstellen Farbe an, während die übrigen, angesäuerten Stellen farbfrei blieben.
Einen Schritt weiter geht das Kleinoffset-Umdruckverfahren. Bei ihm wird nicht direkt von der Form gedruckt, sondern von einer Gummiwalze (Umkehr- oder Zwischenwalze), auf die das Bild von der Druckform zunächst übertragen wird. Im Gegensatz zum Flachdruck zeigt die Druckform deshalb ein seitenrichtiges Bild. Sie besteht aus einer dünnen, rückseitig mit Papier kaschierten Metallfolie. Auf die Druckplatte kann unmittelbar gezeichnet und geschrieben werden. Ebenso sind fotografische Übertragungs- bzw. Kopierverfahren möglich.
Die Druckplatte wird auf die Formwalze der Maschine gespannt und über ein Farbwerk eingefärbt. Sie gibt die Farbe an die Gummiwalze ab, die das Bild seitenrichtig auf das Papier überträgt.
Mit Kleinoffsetmaschinen kann man mittlerweile die praktisch gleiche Qualität erzielen wie mit „richtigen" Offsetmaschinen. Hier treffen sich die hochaktuellen Offsetdruckverfahren mit den weiterentwickelten Vervielfältigungstechniken.

Von der Lichtpause zur Xerokopie

Nach dem Aufkommen der Fotografie wurden die mechanischen Kopier- und Vervielfältigungsverfahren immer mehr zugunsten fotomechanischer Techniken zurückgedrängt. Die Lichtpause kam auf, dann die Fotokopie nach unterschiedlichen Methoden. Den großen Umschwung brachte aber erst die Elektrofotografie oder Xerografie, die in den fünfziger Jahren des 20. Jahrhunderts Technik und Einsatzmöglichkeiten aller anderen Verfahren schnell überrundete.

Lichtpausverfahren gestern und heute

Im Gegensatz zur Fotokopie unter Verwendung optischer Systeme ist die Lichtpaustechnik ein Kontaktdruckverfahren, bei dem es keinen Umweg über ein fotografisches Negativ oder einen anderen Zwischenträger gibt: Die auf Transparentpapier gezeichnete oder geschriebene Vorlage wird direkt auf das Lichtpauspapier gelegt, belichtet und nach einem relativ einfachen Verfahren entwickelt. Lichtpausen sind vor allem ein Kopierverfahren von technischen Zeichnern und Architekten.
Mit fotografischen Kontaktdruckern arbeitete schon Fox Talbot (1800–1877), einer der Miterfinder der Fotografie. 1839 legte er Pflanzenblätter auf lichtempfindlich gemachtes Papier und setzte das Ganze dem Licht aus. An den nicht abgedeckten Stellen bräunte sich das Papier, das Blatt war deutlich zu erkennen. Bei weiteren Versuchen deckte Talbot das Blatt mit einer Glasscheibe zu und erzielte nun einen Abdruck mit scharfen Konturen. Bei längerer Belichtung schien das Licht zum Teil durch die Blattstruktur, so daß sich ein Abdruck ergab, auf dem auch die Blattadern zu erkennen waren. Bei dem Versuch, von der Blattkopie ihrerseits durch Umkopieren auf ein zweites lichtempfindliches Papierstück einen Abzug zu machen, entdeckte Talbot schließlich die Möglichkeiten des Negativ-Positiv-Verfahrens.
Für serienmäßige Lichtpausen war Talbots Methode allerdings zu teuer, weil er mit Silbersalzen arbeitete. Es wurden zahlreiche preiswerte Verfahren entwickelt, bei denen zum Teil ein Negativ-, zum Teil auch ein Positivabdruck der durchscheinenden Vorlage gewonnen werden konnte. Dazu gehören u. a. die Zyanotypie mit weiß kopierten Linien auf blauem Grund und der Sepiadruck mit weißen Linien auf braunem Grund bei den Negativverfahren, der sogenannte Tintenkopierprozeß, die Negrografie und der Anilindruck bei den Positivverfahren. Arbeitsgeräte waren zunächst einfache Kopierrahmen, später Halbzylinder-Lichtpausapparate, an deren Außenfläche Originale und Pausenblätter vorbeigeführt wurden.
Bei den heutigen Lichtpausverfahren zerstört die Lichteinwirkung einen latenten Farbstoff im Pauspapier. Die nicht belichteten Stellen werden nach einem Entwicklungsvorgang mit Ammoniak sichtbar. Neben diesem Negativverfahren gibt es die positiv kopierende Diazotypie. Sie arbeitet mit einem Spezialpapier (Ozalidpapier), das mit einer Diazoverbindung, einem Farbgeber (Phenol), einer schwachen Säure und stabilisierenden Zusätzen getränkt ist. Beim Entwickeln mit Ammoniakdämpfen verbindet sich die vom Licht nicht zersetzte Diazoverbindung mit der Farbstoffkomponente und macht die kopierte Zeichnung sichtbar. Ozalidkopien werden heute auch angewendet, um Offsetmontagen zu Korrekturzwecken zu kopieren.

1 – Das optische Fotokopierverfahren arbeitete mit einer abgewandelten Fotokamera. Es entstand ein Negativ der Vorlage.
2 – Bei der Reflexkopiermethode dringt das Licht, von einer Opalglasscheibe zerstreut, durch das Fotopapier bis zur Vorlage, wird von dieser an den hellen Stellen reflektiert und schwärzt die lichtempfindliche Schicht. A Vorlage, B Fotopapier mit lichtempfindlicher Schicht B[1], C Opalglasscheibe, D Lichtquelle
3 – Beim Diffusionsverfahren, erstmals 1941 von Gevaert Photoprodukten NV im Transargo-Papier angewandt, werden belichtetes Negativpapier und unbelichtetes Positivpapier nach Eintauchen in Entwicklerflüssigkeit in engen Kontakt zueinander gebracht. Dabei bildet sich das Positivbild durch Übertragung des im Negativ entwickelten Silbers.
4 – Zur reprografischen Anwendung kamen ab 1942 Monoblattmaterialien heraus wie das Agfa Veriflex und das Diaversal von Gevaert, bei denen Negativ- und Positivschicht auf einem Blatt übereinanderlagern.
5 – Nach Vorarbeiten von Dr. Kremp von der I.G.-Farbenindustrie AG aus dem Jahr 1941 konstruierte Dr. W. Eisbein 1949 den Prototyp eines Verarbeitungsgeräts. Darin wurde das in Reflexmethode belichtete Negativpapier mit dem Positivpapier entwickelt und durch Diffusion das Bild übertragen.
6 – 1950 kam das erste Develop-Entwicklungsgerät mit Motorantrieb auf den Markt. Bald wurden auch kombinierte Belichtungs- und Entwicklungsgeräte für Fotokopien angeboten.

Das weite Feld der Fotokopie

Der erste fotomechanische Kopierapparat kam 1907 als Rectigraph in den USA heraus. Er ging auf eine Erfindung des Amerikaners George C. Beidler zurück, die 1906 patentiert wurde. Beidler hatte jahrelang in Oklahoma City in einem Büro für Landvergabe gearbeitet und sich ständig darüber geärgert, daß es kein vernünftiges Kopierverfahren gab.
In den Folgejahren kamen zahlreiche neue Verfahren auf den Markt, von denen sich längst nicht alle bewährten und die meisten inzwischen dem Vordringen fotoelektrischer Techniken zum Opfer gefallen sind. Da gab es zunächst einmal die Filmverfahren, die mit verkleinerten Filmnegativen arbeiteten und sich besonders für das Kopieren technischer Zeichnungen eigneten. Der Film ließ sich aber auch in einem Lese-

1
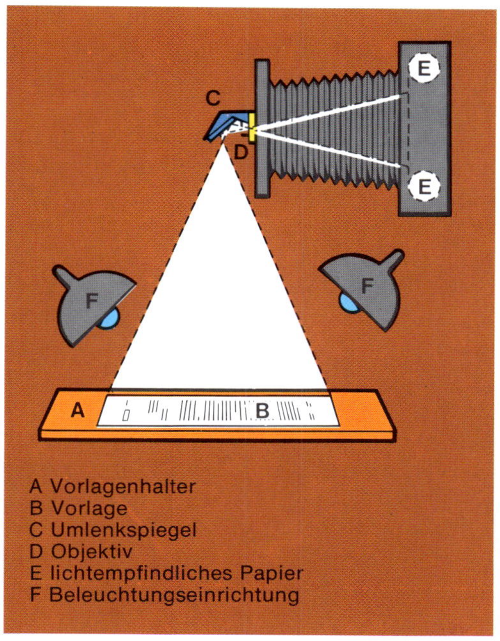

A Vorlagenhalter
B Vorlage
C Umlenkspiegel
D Objektiv
E lichtempfindliches Papier
F Beleuchtungseinrichtung

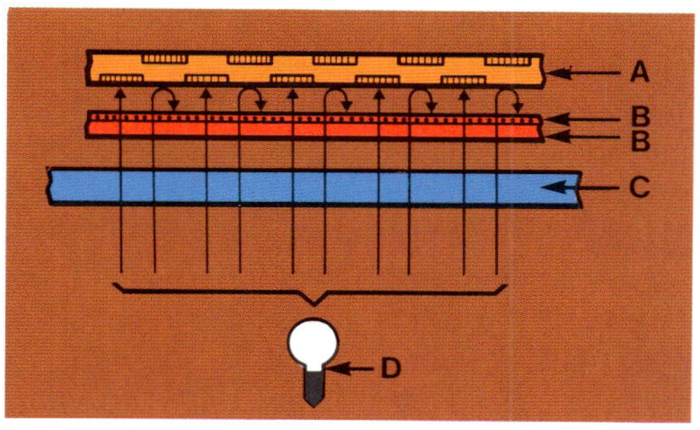

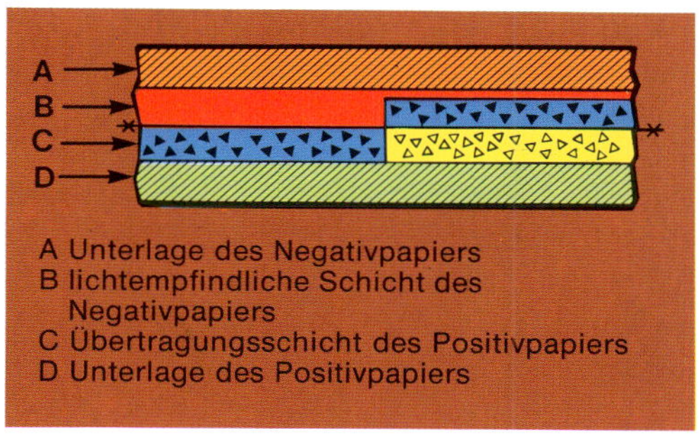

A Unterlage des Negativpapiers
B lichtempfindliche Schicht des Negativpapiers
C Übertragungsschicht des Positivpapiers
D Unterlage des Positivpapiers

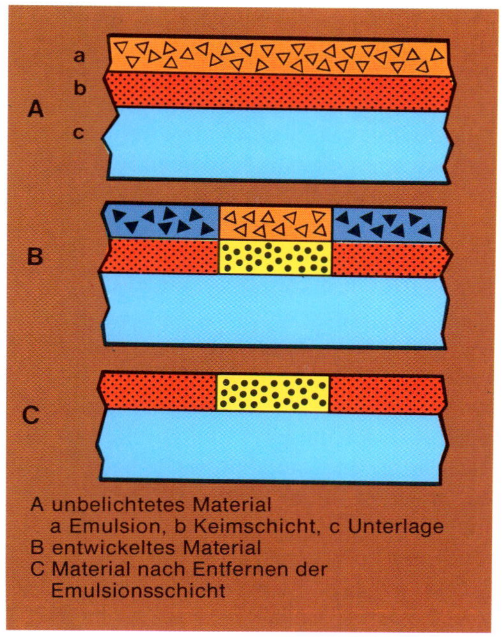

A unbelichtetes Material
a Emulsion, b Keimschicht, c Unterlage
B entwickeltes Material
C Material nach Entfernen der Emulsionsschicht

5
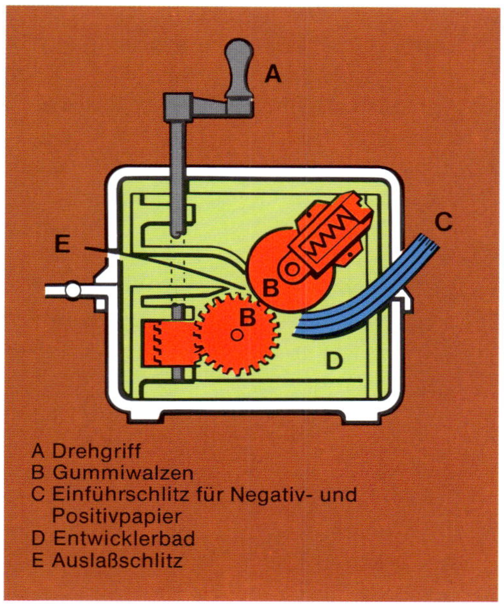

A Drehgriff
B Gummiwalzen
C Einführschlitz für Negativ- und Positivpapier
D Entwicklerbad
E Auslaßschlitz

gerät vergrößern. In diesen Zusammenhang gehört auch das Fotostatverfahren.
Bei den optischen Kopiergeräten reproduzierte eine Fotooptik die Vorlage direkt auf hochempfindliches Fotopapier. Ein Umkehrspiegel sorgte für seitenrichtige Kopien. Kontaktverfahren kamen dagegen ohne Optik aus. Sie erzeugten ein seitenrichtiges Negativbild, das im zweiten Arbeitsgang in ein Positivbild umkopiert wurde.
Das Diffusionsverfahren (Copyrapid) geht von einem Negativ aus, das mit einem Positivblatt zusammengelegt und in ein Entwicklerbad gegeben wird. Beim anschließenden Durchlauf der beiden Blätter durch ein Walzenpaar löst sich das nicht entwickelte Silbersalz des Negativblattes auf und geht auf das Positivblatt über, wo es das Positivbild aufbaut. Von diesem „Übergangsprozeß" (einem Diffusionsvorgang) hat das Verfahren seinen Namen.
Ganz ähnlich ist das Gelatine-Transfer-Verfahren angelegt. Eine Gelatineschicht auf dem Negativ (der Matrix) enthält das Silbersalz, die Entwicklersubstanz und Farbkomponenten. Die Entwicklung nach der Belichtung bewirkt die Farbstoffbildung und härtet die Gelatine an den belichteten Stellen. Das Positivbild entsteht, wenn man das Matrixpapier zusammen mit einem normalen Papierblatt durch eine Rollenquetsche gibt.
Fotomechanische Verfahren im weitesten Sinne sind auch die thermografischen Kopiertechniken, die mit infraroter Wärmestrahlung arbeiten. Vorlage und Kopierpapier werden dabei der Strahlung ausgesetzt. Dabei schwärzen sich die dunklen Bildstellen durch Wärmeeinwirkung, an den hellen Stellen wird die Strahlung reflektiert.
Neben diesem Direktkopierverfahren gibt es auch thermografische Techniken, die mit einem Übertragblatt arbeiten. Übertragblatt und Original werden zusammengelegt und belichtet. Das belichtete Übertragblatt wird Schicht auf Schicht mit dem Kopierpapier in das Kopiergerät eingeführt. Die Infrarotstrahlung überträgt das Positivbild auf das speziell beschichtete Kopierpapier. Verfahren dieser Art wurden vor allem von 3M entwickelt und praxisreif gemacht.

Selényi und das elektrische Bild

Der erste Bericht über ein elektrofotografisches Verfahren stand 1935 in der Werkszeitschrift „Tungsram Radio". Der ungarische Physiker Selényi schrieb darin unter dem Titel „Ein neues elektrostatisches Aufzeichnungsverfahren und seine Anwendung zur Bilderzeugung" unter anderem:

„Ich nahm eine Hartgummiplatte von etwa 0,5 Millimeter Dicke, bestrich dieselbe mit einer Bunsenflamme, um sie von zufälligen elektrischen Ladungen zu befreien, und schrieb darauf mit einer abgerundeten Metallspitze, wie man auf einer Schiefertafel zu schreiben pflegt. Die mit der Metallspitze befahrenen Stellen wurden durch die Reibung negativ elektrisch aufgeladen, und auf der Platte entstand eine zunächst unsichtbare ‚elektrische Schrift'. Wurde die Platte nun mit einem Gemenge von (pulverisierter) Mennige und Schwefel bestäubt, so hafteten die positiv geladenen Mennigeteilchen auf den negativ elektrischen Stellen der Platte, und die elektrische Schrift wurde, wie mit einem roten Stift geschrieben, sichtbar."

Von den späteren „Trockenkopierverfahren" war dieser erste Versuch Selényis noch weit entfernt. Vor allem kam es darauf an, das Bild nicht mit einem Stift, sondern fotografisch zu erzeugen und die Schrift auf Papier zu übertragen und dort festzuhalten. Aber soweit scheint Selényi zunächst noch gar nicht gedacht zu haben. Er sagte einmal, er habe das elektrische Lichtbild nur erdacht, um die „Zauberkunst des Physikers" zu demonstrieren.

Was er damit angerichtet hatte, konnte er wohl nicht einmal ahnen. Heute stehen allein in den USA etwa 2,5 Millionen Fotokopiergeräte, und für den Bereich der Bundesrepublik Deutschland schätzen die Experten die alljährlich angefertigte Kopienzahl auf 60 Milliarden, wobei allerdings zwischen den einzelnen Kopierverfahren nicht unterschieden wird.

Carlson, der Xerografie-Pionier

Chester F. Carlson (1906–1968), der Mann, der das elektrofotografische Verfahren zur Anwendungsreife führte, ist einer der wenigen Erfinder, die mit einer einzigen Erfindung viele Millionen verdienten. In seiner Jugend deutete darauf allerdings noch gar nichts hin. Als Zwölfjähriger mußte er durch Gelegenheitsarbeiten zum Unterhalt der Familie beitragen, weil beide Eltern krank und schon früh arbeitsunfähig wurden. Neben der Schule arbeitete er als Pförtner und Schriftsetzer, am Wochenende ging er in ein chemisches Laboratorium. Während des Physikstudiums, das er nach fünf Jahren mit dem Grad eines Bakkalaureus abschloß, mußte er den kranken Vater pflegen – die Mutter war schon gestorben, als Carlson 17 Jahre alt war.

Die Chancen, einen seiner Ausbildung entsprechenden Posten zu bekommen, waren schlecht. 1930 steuerte die Weltwirtschaftskrise ihrem Höhepunkt zu, es gab weltweit mehr als 30 Millionen Arbeitslose, und so war es kein Wunder, daß Carlson auf seine Bewerbungsbriefe an 82 Unternehmen nur zwei Antworten bekam – beides waren Absagen.

In einer Elektrofirma in New York stellte man ihn schließlich als Mitarbeiter für die Patentabteilung ein. Dabei fiel ihm bald auf, wieviel Zeit und Kraft für das Abschreiben der Textvorlagen und das Kopieren der Zeichnungen in einer fremden Lichtpausanstalt vergeudet wurde. Ihm schwebte ein Gerät vor, in das man die Vorlagen nur einzulegen brauchte und das auf Knopfdruck saubere Kopien lieferte.

Um 1935 begann er die einschlägige Literatur zu studieren. Systematisch ging er alle Möglichkeiten durch, Text- und Bildoriginale mit Hilfe von Licht zu kopieren. Die Nebenarbeit war nur mit einer strengen Zeiteinteilung zu schaffen, zumal Carlson nebenbei noch ein juristisches Abendstudium begonnen hatte. Am aussichtsreichsten erschien ihm ein elektrostatisches Kopierverfahren, wie es Selényi vorgeschlagen hatte. Fast drei Jahre lang arbeitete er daran. 1937 meldete er es zum Patent an. Nun kam es darauf an, seine Kopiertechnik praktisch verwendbar zu machen. In einem New Yorker Vorort richtete er ein kleines Laboratorium ein und holte sich für die Laborarbeiten einen jungen Physiker, den er nur mit Mühe bezahlen konnte.

Der erste praktische Kopierversuch fand am 22. Oktober 1938 statt. Carlson schrieb mit Tinte die Zeichen „10–22–38 Astoria" auf eine Glasplatte (das war das Datum mit der Bezeichnung des Vorortes, in dem sich das Labor befand). Unter die Glasplatte legte er eine Metallplatte mit Schwefelbelag, die er so mit einem Taschentuch gerieben hatte, daß sie sich elektrisch auflud. Dann belichtete er drei Sekunden lang, nahm die Metallplatte heraus und puderte sie mit staubfeinem Bärlappsamen ein. Die Schrift war nun als Negativ deutlich zu erkennen. Schließlich drückte er Wachspapier auf die Platte. Als er es abzog, war darauf positiv zu lesen „10–22–38 Astoria". Das war die erste elektrostatische Kopie der Welt.

Die Schwierigkeiten, dieses Verfahren praktisch verwendbar zu machen, fingen nun allerdings erst an. Carlsons erste Kopiergeräte waren noch nicht für die Serienproduktion geeignet. Ihre Weiterentwicklung kostete viel Geld. Der Erfinder wandte sich der Reihe nach an alle großen amerikanischen Firmen, die sich für das Carlson-Patent hätten interessieren können. Alle lehnten ab, und auch der Amerikanische Erfinderrat verhielt sich reserviert, obwohl er die Notwendigkeit eines modernen Kopierautomaten anerkannte.

Unterdessen arbeitete Carlson verbissen weiter an seiner Erfindung und erwarb weitere Patente, die das elektrofotografische Verfahren nach allen Seiten absicherten. 1944 schließlich kam er in Verbindung mit dem Battelle Memorial Institute in Columbus im Staat Ohio. Diese Einrichtung, 1925 von den Erben des amerikanischen Industriellen Gordon Battelle gegründet, betrieb Vertragsforschung auf vielen Gebieten der Naturwissenschaften und der Technik, und zwar auf gemeinnütziger Grundlage. Carlson bekam Gelegenheit, seine Erfindung in Columbus vorzuführen. Gegen eine Beteiligung in Höhe von 60 Prozent vom Gewinn erklärte sich das Institut bereit, das Gerät weiterzuentwickeln. Carlson, vom endlosen Antichambrieren bei großen Industriefirmen ermüdet, ging darauf ein.

Schon bald zeigte sich, daß die vom Battelle-Institut eingeplanten Mittel nicht ausreichen würden. Um es nicht zu einer Erhöhung der Gewinnbeteiligung kommen zu lassen, kratzte Carlson selbst 15000 Dollar zusammen. Damit waren seine Möglichkeiten erschöpft. Aber ausgerechnet zu diesem kritischen Zeitpunkt fand sich eine kleine Firma, die Haloid Company in Rochester, die sich für die Herstellungsrechte interessierte. 1950 brachte sie das erste Xerox-Gerät (Carlson hatte sein Verfahren in Xerografie = Trockenschrift umbenannt) heraus. Es war noch ziemlich unvollkommen. Erst zehn Jahre später nahm der Kopierautomat Xerox 914 den Kampf gegen die etablierte Konkurrenz wie Kodak und 3M auf.

Aus der Haloid Company wurde bald die Xerox Corporation, die um 1977 in den USA schon mehr als 50 Prozent aller Fotokopiergeräte herstellte. In England sicherte sich der Filmzar Sir Arthur Rank, zu dessen Imperium auch Fabriken für fotografische Geräte gehörten, die Herstellungsrechte. In vielen Ländern entstanden Tochtergesellschaften, die ihre Geräte im allgemeinen nur vermieteten, nicht verkauften. Von dieser Praxis gingen sie erst gegen Ende der siebziger Jahre ab, nachdem bei Ablauf der Carlson-Patente auch andere Hersteller in das Trockenkopier-Geschäft eingestiegen waren.

Das trockene und das nasse Verfahren

Nach einigen Experimenten mit Feuchtigkeits-Entwicklungsverfahren legte sich Xerox auf eine Trockenkopiertechnik fest, bei der normales Schreibmaschinenpapier praktisch beliebiger Qualität verwendet werden konnte. Die Xerox-Automaten arbeiteten von vornherein nach dem indirek-

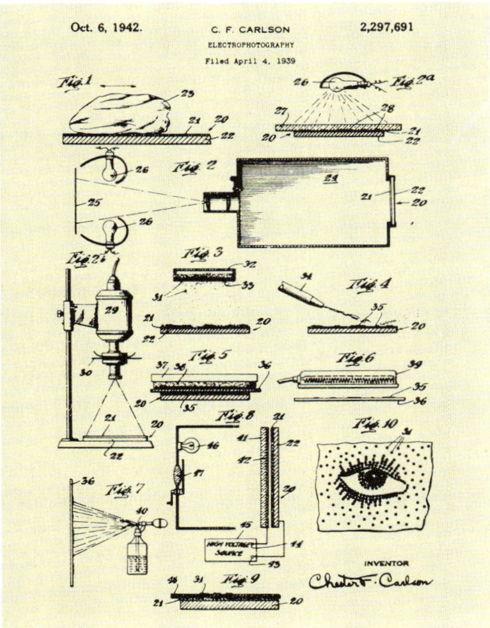

1

2

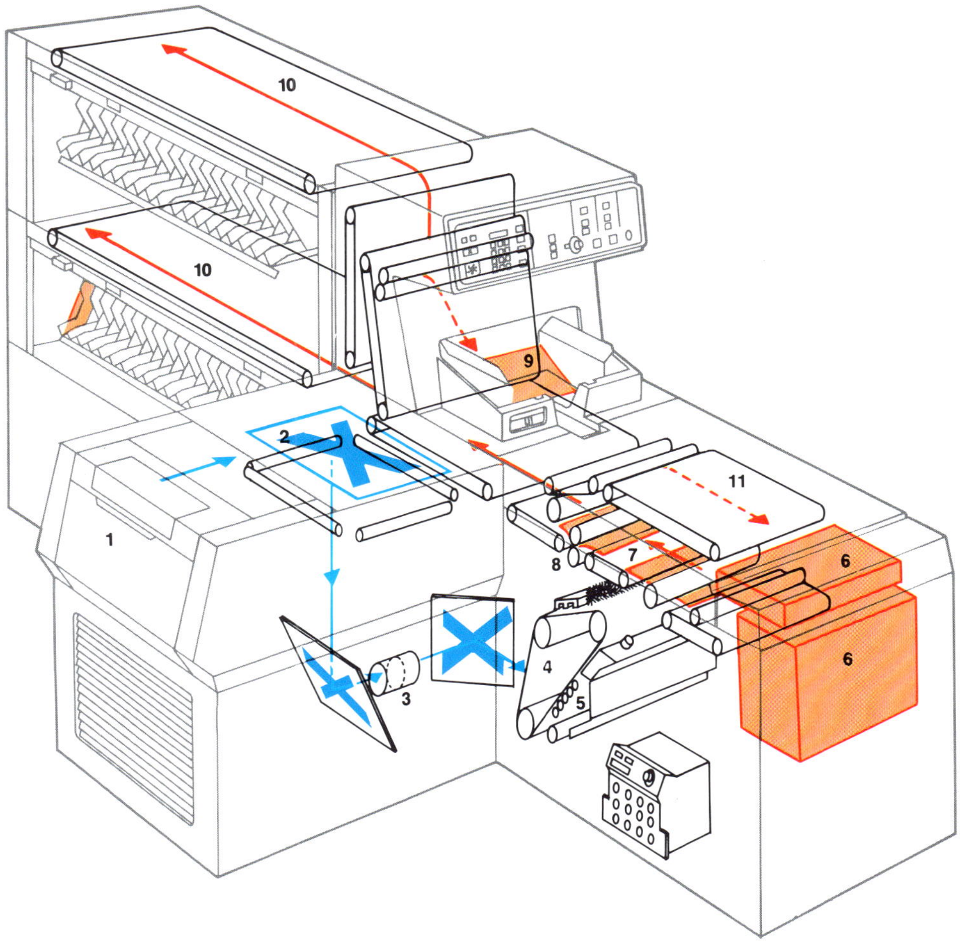

3

1 – Chester F. Carlson reichte nach einem ersten Patent am 4. April 1939, wenige Monate nach seinem ersten erfolgreichen Kopierversuch, sein entscheidendes Patent für das elektrostatische Kopierverfahren ein. Es wurde am 6. Oktober 1942 bestätigt.
2 – Eine der frühesten Versionen des Xerox-Kopierers. Viel Erfolg hatte er nicht, als er 1949 eingeführt wurde, aber er bahnte den Weg.
3 – Die Arbeitsweise des Xerox 9400: 1 Die Vorlage wird automatisch eingezogen zur Glasplatte 2, wo sie mit einem Lampen- und Spiegelsystem durch ein Objektiv 3 auf ein Fotoreceptorband 4 belichtet wird. Dabei kann sie auch verkleinert werden. Magnetrollen 5 tragen Farbpuder auf das Band auf, der an den Bildstellen haften bleibt. Ein Blatt Kopierpapier wird aus dem Haupt- und Nebenmagazin 6 zu dem Band 7 befördert, wo der Farbpuder übertragen wird, und läuft zwischen zwei heißen Preßwalzen 8 durch, so daß der Puder fixiert ist. Besteht die Vorlage nur aus einem Blatt, gelangt die Kopie in die Auslage 9. Kopien von umfangreicheren Vorlagen bis zu 999 Seiten kommen in den Sorter 10. 11 Rückführung für zweiseitig zu kopierende Blätter.

ten elektrostatischen Prinzip. Die Funktionsweise in großen Zügen:
Bestimmte Fotohalbleiter, etwa Selen (aus dem Fotozellen hergestellt werden), Cadmiumsulfid oder Zinkoxid, weisen einen sehr hohen Dunkelwiderstand auf: bis zu 10^{14} Ohm, das sind 100000 Milliarden Ohm (eine Eins mit 14 Nullen). Bei Belichtung geht dieser Widerstand wesentlich zurück: auf etwa eine Milliarde bis zehn Milliarden Ohm, also um fünf bis sieben Zehnerpotenzen. Dieses Effektes wegen werden Fotohalbleiter, vor allem Selen, zur hauchdünnen Beschichtung der Trägerzylinder von Trockenkopiergeräten verwendet. Der Zylinder selbst ist geerdet.
Mit Hilfe von dünnen Drähten, die dicht über der Oberfläche des Zylinders verlaufen, wird die Oberfläche der Selenschicht gegenüber ihrer Rückseite auf etwa 600 Volt aufgeladen (Aufsprühen positiver Ionen, Sensibilisierung genannt). Wird die Zylinderoberfläche nun belichtet, wobei eine Optik nebst Belichtungsanlage für das Abtasten der Oberfläche des zu kopierenden Originals sorgt, tritt durch die Widerstandserniedrigung an den Belichtungsstellen eine Entladung ein. Es entsteht ein sogenanntes „latentes Ladungsbild" der Vorlage auf dem Zylinder. Es wird durch Aufstäuben von gefärbtem Kunststoffpulver (Toner) sichtbar gemacht. Die Tonerteilchen, Durchmesser etwa ein Tausendstel Millimeter, haften nur an den belichteten Stellen, weil sie elektrisch entgegengesetzt gepolt sind.
Das Staubbild auf dem Zylinder wird nun auf normales Papier übertragen. Das geschieht ebenfalls nach einem elektrostatischen Verfahren. Es genügt, das Papier von der Rückseite her so aufzuladen, daß das Staubbild von seiner Oberfläche angezogen und festgehalten wird. Nun muß das Kunststoffbild noch „festgebügelt" (fixiert) werden, was mit Hitze und/oder Druck geschehen kann.
Das nasse (direkte elektrostatische) Verfahren arbeitet mit speziellem Papier, das mit Zinkoxid beschichtet ist. Es wird im Gerät elektrostatisch aufgeladen und damit lichtempfindlich gemacht. Die aufgeladenen Bereiche halten nach der Belichtung die Tonerteilchen fest, die in diesem Fall nicht als Staub, sondern in einer Tonerflüssigkeit auftreten. Die überschüssige Flüssigkeit wird mit Hilfe von Quetschwalzen abgenommen. Ein Gebläse trocknet das Papier, bevor es von dem Gerät ausgestoßen wird.
Trockenverfahren haben heute eindeutig den Vorrang – darunter so raffinierte Verfahren wie das Reliefkopieren und das farbige Xerokopieren.

Schriften für besondere Zwecke

Stenografie, die schnelle Schrift

Das erste Kurzschriftsystem, die für Fachleute auch heute noch lesbaren Tironischen Noten, konnte 1963 sein zweitausendjähriges Jubiläum feiern. In England, dem Mutterland der Kurzschrift moderner Prägung, wurde 1588 die erste Wortkurzschrift erfunden. Die Bezeichnung „Stenografie" stammt aus dem Jahre 1602, das Wort bedeutet soviel wie Engschrift.

Als hohe Zeit der deutschen Kurzschrift (seit 1819 wird diese Bezeichnung gebraucht) gilt das 19. Jahrhundert. Hunderte von Kurzschriftsystemen wurden bis 1900 entwickelt. Die meisten davon gerieten in Vergessenheit. Heute gibt es zahllose Stenografiesysteme für fast alle Sprachen. Aber sie alle gehen auf gemeinsame Wurzeln zurück.

Die Kurzschrift der Griechen und Römer

Von der griechischen Tachygrafie weiß man nicht viel. Es blieben nur einige wenige Inschriften an Bauten, auf Wachstäfelchen und Papyri erhalten. Versuche dieser Art im alten Griechenland gehen auf das 4. Jahrhundert v. Chr. zurück. Nur wenige der Zeichen konnten entziffert werden.

Anders verhält es sich mit der altrömischen Kurzschrift, die immerhin fast ein Jahrtausend lang im Gebrauch war und auch heute noch flüssig gelesen werden kann. In ihren Anfängen stammt sie wohl von dem römischen Literaten Ennius, der um 200 v. Chr. lebte. Er kannte rund 1100 Zeichen. Auf diesem Stamm baute Marcus Tullius Tiro (um 94 v. Chr. – 5 n. Chr.) auf. Tiro trat als Sklave in die Dienste des Anwalts, Redners und Schriftstellers Marcus Tullius Cicero (106–43 v. Chr.), dessen Reden und Briefe er herausgab und dessen Biografie er schrieb. Außerdem machte er sich als Grammatiker einen Namen.

Als Freigelassener verbesserte Tiro das alte Kurzschriftsystem und fügte ihm etwa 4000 neue Zeichen hinzu. Für 63 v. Chr. ist die Verwendung der Tironischen Noten (so wurden sie allerdings erst vom 16. Jahrhundert an genannt) im römischen Senat bezeugt. Aufgabe der Notarii (Schnellschreiber) war es, öffentliche Reden und Verhandlungen wörtlich mitzuschreiben.

Im 1. Jahrhundert n. Chr. erfuhr das System durch den römischen Dichter und Philosophen Lucius Annaeus Seneca eine Verbesserung. Vor allem sorgte Seneca für den weiteren Ausbau – fortan gab es über 13000 Zeichen. Das Tironische Kurzschriftalphabet wird von verkürzten und vereinfachten römischen Großbuchstaben gebildet. Außerdem gab es Verschmelzungen und Buchstabenzeichen für häufig wiederkehrende Wörter oder sogar Sätze. Mit den Buchstaben QPN kürzte der römische Stenograf beispielsweise den Satz „quousque tandem abutere Catilina patientia nostra" (wie lange willst du unsere Geduld noch mißbrauchen, Catilina) ab – jenen berühmten Satz, mit dem Cicero seine gegen Catilina gerichtete Rede einleitete. Während der römischen Kaiserzeit wurden die Tironischen Noten in den Schulen gelehrt. Auch das Frühchristentum machte ausgiebig Gebrauch davon. Im Mittelalter schwand das Interesse an der römischen Kurzschrift, aber immerhin soll noch der Merowingerkönig Chlodwig II. 625 n. Chr. tironisch geschrieben haben. Auch unter den Karolingern gab es das Verfahren noch. Das letzte Zeugnis betrifft den widerborstigen Erzbischof von Canterbury und späteren Heiligen Thomas Becket (1118–1170), der sich bei seinen Aufzeichnungen an die von Seneca verbesserte Version hielt. Dann gerieten die Tironischen Noten für Jahrhunderte in Vergessenheit. Bis in die Gegenwart hielt sich nur ein einziges Zeichen: Die tironische Abkürzung für „und" wird heute noch in mehr als 100 Ländern verwendet. Jeder kennt sie: &.

Stenografische Systeme

Die modernen Kurzschriften lassen sich in eine Systematik einordnen, die kurz erläutert werden soll, damit die folgenden entwicklungsgeschichtlichen Ausführungen besser verständlich sind. Moderne Kurzschriften sind stets Buchstabenschriften, enthalten aber auch Elemente der Silbenschrift und der Wortschrift (in Form von Kürzeln). Zusätzliche Kürze wird durch das Symbolisieren oder völlige Weglassen bestimmter Lautgruppen oder Laute erreicht. Zu unterscheiden sind geometrische Systeme, die nur die einfachsten geometrischen Elemente (z. B. Striche, Bögen, Kreise, Kreisteile, Punkte) verwenden und aneinanderreihen (dazu gehören alle frühen europäischen Systeme), und kursive oder grafische Systeme, die ihre Zeichen ursprünglich aus Teilen der gewöhnlichen Buchstaben bildeten, wobei der Bindestrich zur Verknüpfung verwendet wurde. Moderne kursive Systeme haben im allgemeinen Abstriche mit einheitlicher Schreibrichtung (wie in der Langschrift). Das erste bedeutende Kursivsystem stammte von Gabelsberger, auf den noch einzugehen sein wird.

Für alle Kurzschriften gibt es drei wesentliche Anwendungsbereiche mit steigenden Anforderungen, zunehmender Schreibgeschwindigkeit und jeweils größerer Zahl von Sonderzeichen, die der Beschleunigung dienen. Als Notizschrift dient die Kurzschrift vorwiegend privaten Aufzeichnungen, etwa bei Vorträgen und Vorlesungen, zum Entwerfen von Rede- und Aufsatzkonzepten („Konzeptschrift"); als Berufsschrift für Merkzettel, Telefonnotizen und Protokolle (Briefe werden im allgemeinen nicht mehr „ins Stenogramm" diktiert, sondern mit Diktiergeräten festgehalten); als Verhandlungsschrift (Rede- oder Debattenschrift) kommt sie zur wörtlichen Aufnahme von Reden auf Kongressen, in Parlamenten und Versammlungen auch nach der Erfindung der Magnetaufzeichnung in Frage.

Die Entwicklung in England

1588 veröffentlichte Timothy Bright (1551–1615) das erste neuzeitliche Kurzschriftsystem, eine geometrische Wortschrift, die er in seinem Buch „Characterie: an Arte of Shorte, Swifte, and Secrete Writing by Character" (Wortdarstellung: eine Kunst des kurzen, schnellen und geheimen Schreibens durch Wortkürzel) beschrieb und der englischen Königin Elisabeth I. widmete. 1602 brachte John Willis das erste stenografische Buchstabensystem heraus, das er „Arte of Stenography" (Kunst der Stenografie) nannte.

Thomas Sheltons „Tachygraphy" (Schnellschrift) folgte schon um 1630, es handelte sich um eine vereinfachte Methode mit buchstabenähnlichen Zeichen. 1726 wurde der erste englische Stenografenverein, die Shorthand Society, in London gegründet. Er befaßte sich auch schon mit Thomas Gurneys 1750 bekanntgegebener Schrift, die u. a. Charles Dickens für die Niederschrift seiner Buchentwürfe verwendete.

1786 kam Samuel Taylor mit einem geometrischen System heraus, das sich rasch durchsetzte und auch die Kurzschriftsysteme anderer Länder beeinflußte; auf sein Verfahren gingen Kurzschriften in Frankreich (1792), Italien (1796), Spanien (1800), Schweden (um 1800), Ungarn und Portugal (1802), den USA (1819) und Polen (1838) zurück. Taylors „Universal Ste-

Seit der Antike gab es immer wieder neue Vorschläge für die „Kunst, ebenso schnell zu schreiben, als ein Redner zu sprechen vermag, und dabei doch eine vor Misverstand sichernde Deutlichkeit der Schriftzüge zu erreichen“ (Brockhaus 1838). Der bayerische Kanzlist Franz Xaver Gabelsberger entwickelte, „auf wissenschaftliche Untersuchungen gestützt“, als erster ein Kurzschriftsystem mit fließenden Schriftzügen. Seine Versuche, diese „Redezeichenkunst“ im damaligen bayerischen Landtag, der Ständeversammlung, anzuwenden, führten nur langsam zum Erfolg, bis er sein System 1834 in einem Lehrbuch veröffentlichte und Brockhaus 1838 meldete, es habe „schon vielfache Anwendung gefunden“. Doch „die Geschwindschrift ist leichter und schneller zu schreiben, als zu lesen, und man muß sich vorerst an Vorschriften im Lesen derselben üben, ehe man daran geht, sie schreiben zu lernen“.

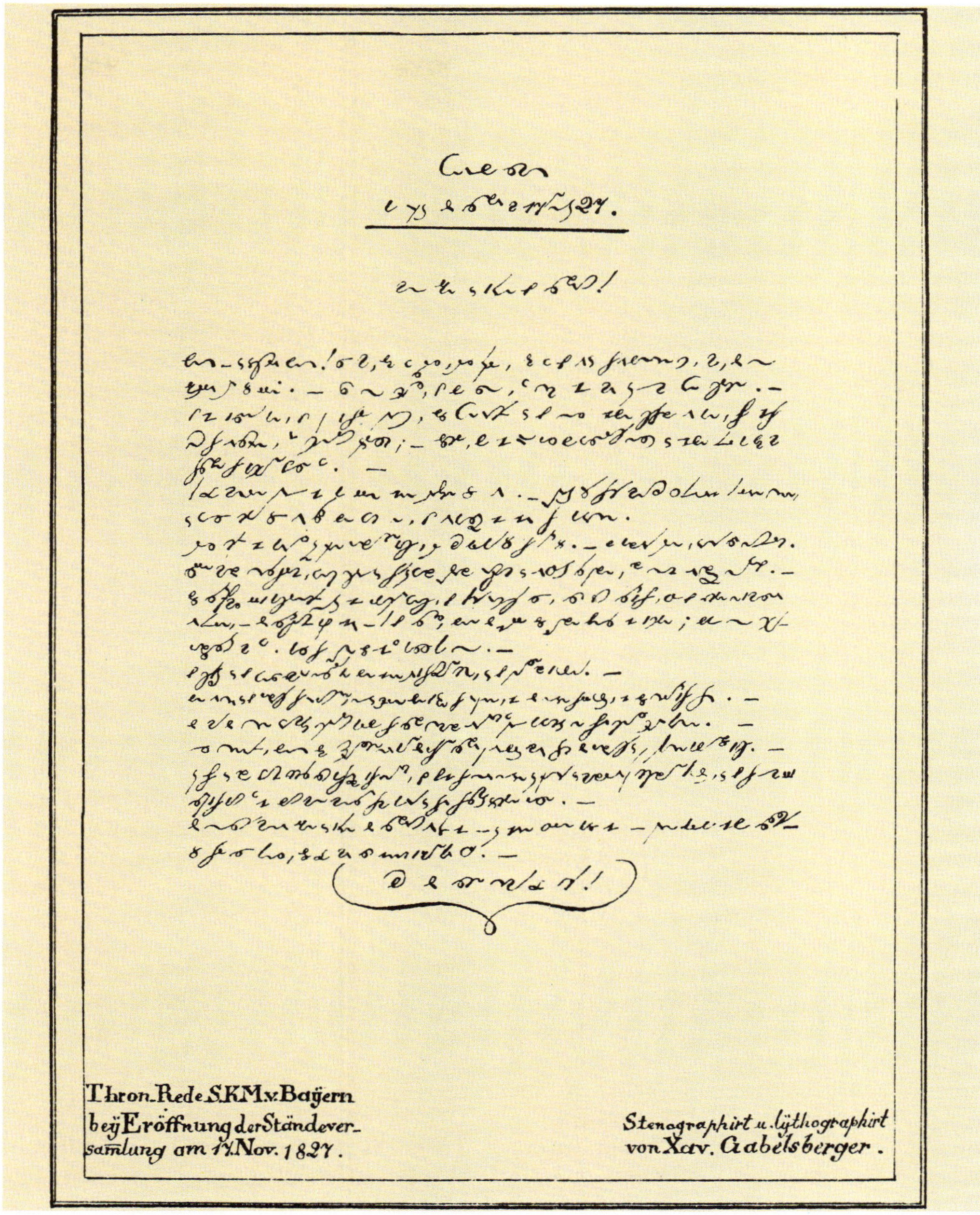

nography“ hatte trotz weiter Verbreitung entscheidende Nachteile. Vor allem war zu bemängeln, daß die an- und auslautenden Vokale zwar durch alleinstehende Punkte, die inlautenden aber überhaupt nicht bezeichnet wurden.

Taylors einflußreicher Nachfolger Isaac Pitman (1813–1897) kehrte deshalb wieder zur vollen Vokalbezeichnung zurück. Der Volksschullehrer wurde für seine geometrische und rein lautgemäße (phonetische) Kurzschrift, die er Phonography nannte, zum Ritter geschlagen. Mit einem grafischen System kam nach ihm sein Landsmann Bordley heraus und bewirkte damit eine heftige Auseinandersetzung zwischen Anhängern des geometrischen und denen des grafischen Verfahrens.

Insgesamt wurden in England bis zum Jahr 1900 rund 200 Kurzschriftsysteme angepriesen. Am weitesten verbreitet war um diese Zeit die Pitmansche Phonography. Dabei blieb es (mit geringen Abwandlungen) bis heute.

Gabelsberger und die fließenden Schriftzüge

Die englischen Kurzschriften spielten in Deutschland nie eine nennenswerte Rolle. Die Stenografie begann sich in deutschen Landen erst durchzusetzen, nachdem Franz Xaver Gabelsberger (1789–1849) die Kurzschrift nach seinen Vorstellungen neugestaltet hatte – was er, geborener Bayer aus München, mit einer solchen Gründlichkeit tat, daß man ihn lange für den eigentlichen Erfinder der Stenografie hielt.

Gabelsberger hatte die Klosterschule und anschließend ein Studienseminar in München besucht. Es zog ihn in den Staatsdienst. Als 21jährigem wurde ihm eine Kanzlistenstellung bei einer Mittelbehörde übertragen. 1823 stieg er zum Geheimen Kanzlisten im Staatsministerium des Innern auf, wo er Innenminister Fürst von Wallerstein gute Dienste leistete, die ihm schließlich den Rang eines Geheimen Sekretärs einbrachten – insgesamt also keine besonders aufregende Karriere.

Als 28jähriger kam Gabelsberger erstmals auf den Gedanken, eine Kurzschrift zu entwickeln. Mit einem solchen Verfahren könne er, so meinte Gabelsberger, „etwa einem höheren Staatsbeamten in der Art dienstlich werden, daß er vermittels einer Eilschrift entweder einzelne Elaborate desselben gleich vom Munde wegnehmen oder bei minder bedeutenden Gegenständen nur schnell das Wesentliche seiner Ansichten notieren, das Übrige aber selbst ausarbeiten“ würde.

Von seinen Vorgängern hatte Gabelsberger einstweilen offenbar keine Ahnung. So bastelte er an einem System, das die Langschriftzeichen lediglich verkürzen sollte, und zwar so, daß man die neuen Zeichen flüssig schreiben konnte. Diese Schrift erwies sich aber als nicht schnell genug. Also fing er ganz von vorne an. Seine Erfahrungen als Dechiffreur von Geheimschriften halfen ihm dabei: „Was der Dechiffreur am ersten sucht und findet, muß in der Geschwindigkeit so kurz und flüchtig bezeichnet werden, daß es für das Auge beinahe gar nicht mehr vorhanden ist" (alle sehr häufig vorkommenden Schriftzeichen also).
Gabelsberger machte sich ans Auszählen. Dann fragte er einen Schriftgießer nach der Häufigkeitsverteilung der Lettern in einem Zentner Schriftsatz und erhielt so eine genaue Statistik – die ihm allerdings nicht viel half, denn er wollte ja nicht nur von Buchstaben ausgehen, sondern auch von Buchstabengruppen. Überdies sollten häufig vorkommende Vor- und Nachsilben und Endungen wegfallen.
Nachdem er das erkannt hatte, besorgte er sich das teure vierbändige Adelungsche Wörterbuch der deutschen Sprache, zerlegte es in neunjähriger Fleißarbeit in Silben und ordnete diese nach dem Alphabet. Nun hatte er die genaueste Übersicht, die man sich überhaupt nur denken konnte, und ging an die endgültige Festlegung seines stenografischen Alphabets, bei jedem Zeichen das Für und Wider mit pedantischer Genauigkeit überdenkend. Denn er wollte ein System, in dem „das gegenseitige Buchstabenverhältnis mit solcher Konsequenz berücksichtigt ist, daß sich kein Elementarzug mit dem andern mehr vertauschen ließe, ohne daß dadurch das Ganze eine wesentliche Störung erlitte".
Also experimentierte Gabelsberger engelsgeduldig mit provisorischen Zeichen, von denen jedes von einem Dutzend anderen, ebenfalls provisorischen Zeichen abhing. Immer wieder wurde geändert. Schließlich hatten alle Zeichen mit Ausnahme des Buchstaben h mehrfach die Form gewechselt, und Gabelsberger notierte: „Wie ich mein Eigenes neunmal verwarf, ehe ich mich nur einigermaßen damit zufriedengestellt fühlen wollte, so war ich mir auch der Selbstbeherrschung bewußt, es zum zehnten Male verwerfen zu können, wenn mich Vernunft und Gründe eines Besseren überzeugen würden."
Unterdessen gab es in München einen Landtag, und Gabelsberger setzte sich in den Kopf, als Landtagsstenograf zu arbeiten, um sein System zu erproben. Man erlaubte es ihm, aber er erlitt ein Fiasko. Mit Hilfe der Gabelsberger-Stenografie war es auch nicht annähernd möglich, den Reden zu folgen. Er gab die Niederlage zu – und schrieb ein Gesuch um finanzielle Unterstützung mit der Begründung: „Nach jetzt nicht erreichtem Ziele sehe ich einer vielleicht mehrjährigen Zukunft entgegen, ehe ich so glücklich sein werde, die ersten Früchte meiner mühseligen Kunst zu ernten." Selbstredend wurde das Gesuch abschlägig beschieden.
Aber Gabelsberger gab nicht auf. Er sann darüber nach, wie die Kurzschrift schneller und flüssiger gemacht werden konnte, und kam auf den Einbau von Silbenkürzeln: „Sobald die Feder mit jedem Zug eine Silbe abfertigte, wird sie mit Leichtigkeit den Gang der mündlichen Rede begleiten und uns auf jene Stufe der Leistung erheben, auf welcher es dem Stenograf allein möglich werden kann, auch unter den schwierigsten Umständen Meister des flüchtigen Wortes zu werden... Die Schrift wird auf die edelste Stufe der Bedeutsamkeit und geistigen Wesenheit erhoben... Es dürfte also der Name Redezeichenkunst als die zweckmäßigste deutsche Bezeichnung empfohlen werden."
Mit gleicher Begeisterung sprach Gabelsberger, verheiratet und Vater von einem halben Dutzend Kindern, von seiner Braut Stenographia, der edlen und wunderbaren Kunst. In ihrem Dienst schonte er sich nicht. Als drei Jahre nach dem Landtagsfiasko der zweite bayerische Landtag zusammentrat, waren seine Leistungen schon besser. Um in Übung zu bleiben, schrieb er fortan jeden Sonntag zwei bis drei Predigten mit, von denen er am selben Tag mindestens eine auch noch in Klarschrift übertrug.
Der dritte Landtag jedoch setzte ihn vor die Tür – aus politischen Gründen wollten die Herren gar nicht so genau festgehalten haben, was sie besprachen. Gabelsberger fühlte sich persönlich beleidigt. Aber dann entschädigte man ihn durch den Aufbau eines Stenografischen Instituts und forderte ihn auf, fortan Schüler heranzubilden. Im nächsten Landtag durften die ersten von ihnen schon wieder auf den Stenografenplätzen sitzen und mitschreiben.
1834 endlich gab Gabelsberger sein Standardwerk heraus, die umfassende „Anleitung zur deutschen Redezeichenkunst". Als Kurzschrifterfinder war er hochgeachtet. Der Fünfzigjährige führte noch weitere Verbesserungen ein, die das Schreibtempo um ein Fünftel erhöhten. Vor allem sparte er bei den Zeitwörtern ein, die künftig ganz weggelassen oder nur kurz angedeutet wurden. Erstmals konnten die Landtagsstenografen nach dieser Methode wörtliche Protokolle erzielen.
„Dieser Fund ist mir hundertmal lieber als wer weiß welche Summe Geldes (so nötig ich sie brauchte), ich erblicke darin die Krone, die unserem System noch aufzusetzen war", jubelte er. In der Tat – ein reicher Mann war Gabelsberger durch die Stenografie nicht geworden. Aber man kannte ihn inzwischen in der ganzen Welt. Und seine Arbeit trug reiche Früchte.

Von Gabelsberger zur Einheitskurzschrift

Für Gabelsbergers Anhänger war die Kurzschrift nicht einfach irgendeine nützliche Sache. Die Stenografie nach dem Verfahren des Münchner Geheimen Sekretärs nahm in der Folgezeit geradezu Züge einer Religion an – mit Richtungen und Schulen, Fanatikern und Gläubigen, Ketzern und Abtrünnigen, Dogmenstreitigkeiten und Reformkonzilien. Es dauerte lange, bis die Kurzschrift wieder auf den Boden der nützlichen Tatsachen zurückfand. Heute ist kaum noch zu verstehen, was sich damals an Aufregung und Wirbel abspielte. Die weitere Entwicklung sei deshalb nur kurz skizziert.
Schon drei Jahre nach dem Tod des Meisters erwies sich das System als reformbedürftig. Es kam in München zu einem Kongreß der Gabelsbergianer, auf dem eine deutlichere Kennzeichnung der Vokale gefordert wurde. Ohne Eingriff in Gabelsbergers Intentionen war das aber nicht möglich. Also blieb es beim bisherigen Verfahren.
In Preußen hatte inzwischen das mit Gabelsberger konkurrierende System von Wilhelm Stolze (1798–1867) Boden gewonnen. Stolze stützte sich stark auf den Bindestrich, hielt noch strengere Grundsätze ein als Gabelsberger und erhob die Stenografie in den Rang eines allgemeinen Hilfsmittels. Seine Theorien veröffentlichte er 1841 in seinem „Theoretisch-praktischen Lehrbuch der deutschen Stenographie".
Das Stolzesche System wurde 1872, nach dem Tode des Erfinders, revidiert und vereinfacht. Das spaltete die Stolze-Anhänger in Alt- und Neu-Stolzeaner, und schließlich bildete sich auch noch eine Gruppe von Mittel-Stolzeanern.
Eine „Vereinfachte deutsche Stenographie", basierend auf Gabelsberger und anderen Stenografieerfindern, brachte Ferdinand Schrey (1850–1938) im Jahre 1887 heraus. 1897 stützte er sich stärker auf seinen Vorläufer Stolze und präsentierte das System Stolze-Schrey.
In diesem Jahr gab es in Deutschland 1064 Vereine mit 37428 Mitgliedern, die Gabelsberger nacheiferten, ferner 650 Vereine im Sinne der drei Stolze-Richtungen, die fast 20000 Mitglieder auf sich vereinig-

ten, und 427 Schrey-Vereine mit 8401 Mitgliedern, ganz zu schweigen von weiteren rund 700 Splittervereinen mit etwa 18000 Mitgliedern, die unterschiedlichen, aber unbedeutenden Nebenerfindern anhingen. Über 600 Kurzschrifterfindungen wurden in den Jahren bis zur Festlegung der Einheitskurzschrift vorgestellt.
So konnte das Brockhaus Konversationslexikon dieses Jahres voller Stolz vermelden: „Die geistige Führerschaft der Stenographie liegt in Deutschland; an allgemeiner Verbreitung stenographischer Kenntnis steht es hinter England noch zurück, übertrifft es aber an Entwicklung des Vereinswesens.“ Armes England – dort gab es doch 1897 tatsächlich nur ganze 100 Stenografenvereine...
Unter heftigen Auseinandersetzungen und Richtungskämpfen begann in Deutschland 1906 ein Ausschuß zu tagen, der die Konzipierung einer Deutschen Einheitskurzschrift (DEK) anstrebte. 1924 lag endlich ein Entwurf vor und wurde von den Länderregierungen in Kraft gesetzt. Die DEK stellte ein Kompromißsystem mit überwiegend Gabelsbergerschen Zeichen und überwiegend Stolze-Schreyscher Systemstruktur dar. Sie wurde 1936 und 1968 den jeweils neuen sprachwissenschaftlichen Erkenntnissen und wirtschaftlich-kulturellen Gegebenheiten angepaßt und gilt in der Bundesrepublik Deutschland und in Österreich bis heute. In der Schweiz wird nach einem Stolze-Schrey-Verfahren kurzgeschrieben, in der DDR erfuhr die DEK einige zeitgemäße Anpassungen. Der kursive Schreibstil setzte sich, angelehnt an Gabelsberger, auch im übrigen Europa durch – von Frankreich, England und Spanien abgesehen, die bei geometrischen Schriftsystemen blieben.

1

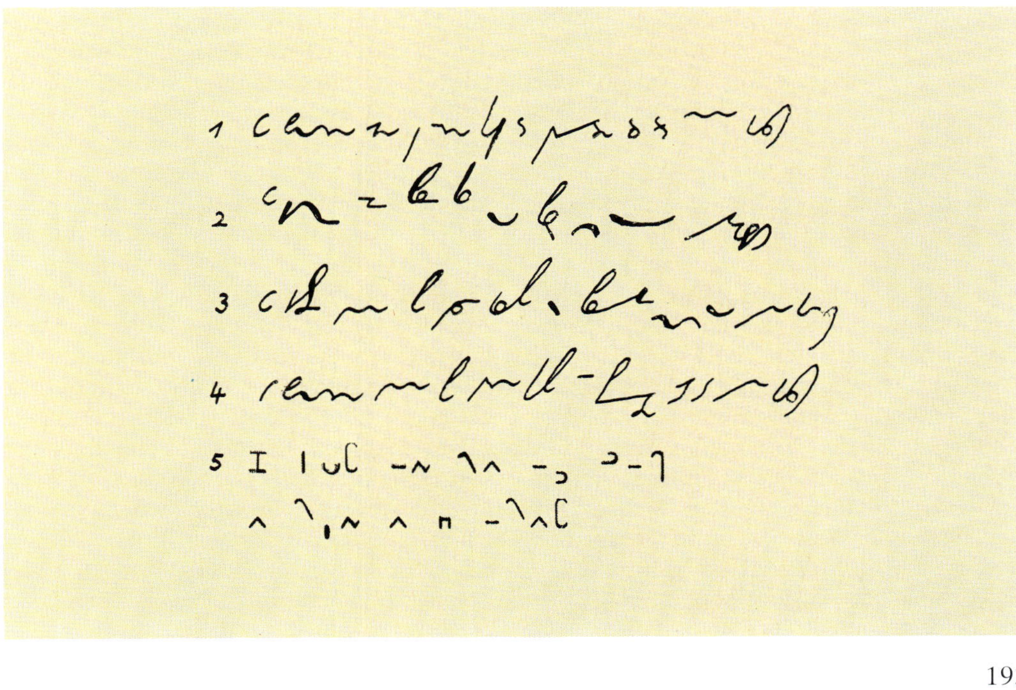

2

1 – Der schärfste Konkurrent Gabelsbergers wurde Wilhelm Stolze, der sein Kurzschriftsystem 1841 veröffentlichte. Die Zeichnung von Theodor Hosemann zeigt Stolze (links) am Stenografentisch der preußischen Zweiten Kammer 1851.
2 – Zum Vergleich der wichtigsten deutschen Kurzschriftsysteme der Satz „Wir danken Ihnen für Ihren Brief und freuen uns auf einen Besuch“: 1 Gabelsberger 1834, 2 Stolze 1841, 3 Stolze-Schrey 1897, 4 Deutsche Einheitskurzschrift 1968, 5 Maschinenkurzschrift Dr. Keining 1932.

1

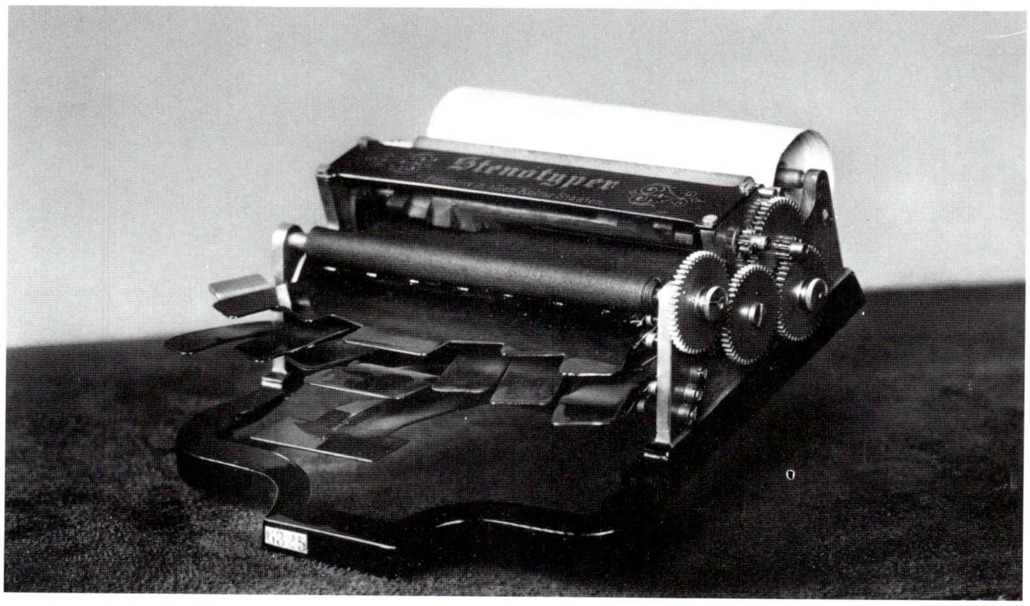

2

3

Exkurs über Stenografiermaschinen

Wenn schon Kurzschrift – warum dann nicht gleich maschinell und noch schneller? Weiter oben war schon die Rede vom Freiherrn von Drais, der eine Art Schnellschreibmaschine erfunden hatte, die sich aber nicht durchsetzen konnte. Spätere Versuche unternahmen der Franzose Gonod (1827), bei dem mehrere Tasten zugleich angeschlagen werden konnten, und die Schreibmaschinenerfinder Ravizza und Hansen, die sich mit Silbenschreibmaschinen befaßten – ohne großen Erfolg.

1880 wurden die Verhandlungen im italienischen Senat mit einer Stenografiermaschine protokolliert, die der Italiener Michela erfunden hatte. Sie arbeitete mit stenografischen Sonderzeichen: Michela zerlegte die Wörter in ihre phonetischen Elemente und kam mit 20 Schrifttypen aus, die mit Hilfe einer Klaviatur eingetastet werden konnten. Sein Verfahren war auch Grundlage eines Stenotelegrafen, den der Franzose Cassagnes vorstellte. Das sehr fortschrittliche Gerät arbeitete schon mit Lochstreifen, die mit Hilfe von Kontaktstiften abgetastet wurden, und schaffte auf einer 900 Kilometer langen Telegrafenlinie bis zu 24000 Wörtern in der Stunde.

Weniger ernsthaft klingt, was der Italiener Amadeo Gentilli 1881 vorstellte. In einem um die Wende zum 20. Jahrhundert erschienenen Buch über neueste Erfindungen heißt es über Gentillis Glossographen: „Dieser Apparat besteht aus einem System von Hebeln und Flügelchen, die durch die menschliche Sprache selbst, wenn man den einen Teil des Mechanismus in den Mund nimmt, in Bewegung gesetzt werden. Jeder gesprochene Laut übt eine verschiedenartige Einwirkung auf diese Teilchen aus, welche zum Ausdruck kommt, indem ihre Bewegungen mechanisch und durch Elektrizität auf Schreibstifte übertragen werden, die auf einer von sechs nebeneinander laufenden Linien jeden Laut auf einem durch Uhrwerk langsam abrollenden Papierstreifen zum deutlichen, bei einiger Übung leicht zu entziffernden Abdruck bringt."

Was beim Glossographen herauskam, war eine Art Diagramm. An dessen Kurvenausschlägen sollte der Kundige ablesen, welcher Buchstabe jeweils gemeint sein könnte – ein überaus umständliches Verfahren. Immerhin: „Der Stenograph braucht nicht mehr zu schreiben und durch Gebrauch von Abkürzungen mit Aufwendung starker geistiger Kräfte einem schnellen Redner zu folgen, sondern er hat die bedeutend leichtere Aufgabe, die Worte des Redners leise in den Apparat nachzusprechen."

Die Grundidee war also gar nicht schlecht.

Aber Edisons Phonograph machte ihr wenige Jahre später den Garaus. 1881 war die Zeit offenbar noch nicht reif für ein Diktiergerät.

Eine Schreibmaschine mit stenografischen Zeichen brachte der Deutsche Klebs 1930 heraus. Sie arbeitete viel zu kompliziert. Nicht anders erging es dem Hamburger Beckhaus, der DEK-Zeichen verwendete: Davon gab es einfach zu viele, das konnte keine Schreibmaschine schaffen. Praktischer war schon die Stenotypa Keinings mit 45 Tasten, die bei doppelter Umschaltung das Schreiben von 135 Zeichen erlaubte. Aber die Erlernung dieses Systems stellte zu hohe Anforderungen.

Neuere Stenografiermaschinen bringen durch gleichzeitiges Anschlagen mehrerer Tasten ganze Silben auf das Papier, gehen also wieder auf die Überlegungen des Freiherrn von Drais zurück. Durch ein spezielles Kürzungssystem erlauben sie das Durchhalten von Redegeschwindigkeiten. Vor allem in den USA sind Maschinen dieser Art weit verbreitet.

Mit den Fingern lesen: Blindenschrift

Unter den Hilfsmitteln, die Blinden die Kommunikation untereinander erleichtern, ihnen das Erlernen eines Berufs ermöglichen und ihnen Zugang zu Werken der Literatur und der Musik verschaffen, ist die Blindenschrift das wichtigste. In ihrer heutigen Form, als abtastbare Punktschrift, wurde sie 1825 von dem Blindenlehrer Louis Braille in Paris entwickelt. Aber es gab schon vor Braille Versuche in dieser Richtung. Sie haben alle den Nachteil, daß sie sich nicht zur Verständigung zwischen Blinden und Sehenden eignen. Die einzige

1 – Die Stenografiermaschine Typenwriter von G. K. Anderson 1887
2 – Der Stenotyper von F. H. Hardy 1896
3 – Die deutsche Stenografiermaschine Princess-Steno aus den fünfziger Jahren. Die Tafel zeigt die Anordnung der Tasten.

1

2

3

1 – Oskar Picht brachte 1899 eine Blindenschreibmaschine für Brailleschrift heraus, hier in einer Ausführung aus dem Ersten Weltkrieg.

2 – Die Picht-Steno von 1918 mit einem Papierstreifen als Schriftträger

3 – Eine kombinierte Maschine mit Typenrad für Normal- und Blindenschrift entwickelte Picht 1907.

4 – The Hall-Braille Writer, hergestellt von der Firma Harrison & Seifried in den USA um 1932

5 – Verschiedene, auf Streifen und auf Bogen schreibende moderne Blindenschreibmaschinen der Deutschen Blindenstudienanstalt (Bilsta) in Marburg

6–7 – Für den Blindenschriftdruck wurde in Marburg eine Rotationsprägepresse konstruiert. Das Papier kommt von der Rolle und verläßt die Maschine nach dem Prägen in Bogen geschnitten.

4

6

7

tion Royale des Jeunes Aveugles“, das Königliche Institut für junge Blinde. Seine Schüler lernten Latein und Griechisch, Algebra und Rhetorik. Sie übten sich nicht nur im Lesen der Reliefschrift, sondern auch im Setzen und Drucken der Prägevorlagen, und schließlich experimentierte Haüy auch mit einer Schreibmaschine für den Prägedruck.
Sein Verfahren war gutgemeint und durchdacht. Es hatte, wie viele Schreib- und Lesetechniken für Blinde, nur den einen Nachteil, daß es von Sehenden nach deren Vorstellungswelt entwickelt worden war, auf die besonderen Voraussetzungen von Blinden also zu wenig Rücksicht nahm.
Im Gegensatz zu Haüy faßte Nicolas Marie-Charles Barbier (1767–1843) die Problemstellung praktischer auf. Barbier hatte als Offizier und Landvermesser gearbeitet, einige Jahre in Amerika gelebt und sich dann wieder in seine französische Heimat zurückgezogen, wo die Hilfe für arme und behinderte Menschen zu seinem Hauptanliegen wurde.
Von der Telegrafie ausgehend erfand Barbier ein Punktalphabet, das zunächst für die nächtliche Verständigung im Krieg gedacht war und deshalb auch Nachtschrift (écriture nocturne) genannt wurde. Aus dieser Nachtschrift entwickelte Barbier seine Zwölfpunkt-Blindenschrift, Vorläufer des Braille-Systems. Sein „sonographisches Alphabet“ bestand aus 36 Grundzeichen, von denen jedes sich aus bis zu zwölf Punkten zusammensetzte, die in zwei Reihen zu je sechs Punkten angeordnet waren.
Für das Ertasten mit den Fingerspitzen war Barbiers Verfahren, dem bedeutende Wissenschaftler eine große Überlegenheit gegenüber der bisher üblichen Reliefschrift bestätigten, allerdings nicht sehr gut geeignet. Aus zwölf Punkten je Zeichen ergaben sich außerdem 4096 mögliche Kombinationen – das waren viel mehr, als je gebraucht wurden. Deshalb war die Barbier-Schrift sowohl schwer zu schreiben als auch schwer zu lesen. Trotzdem unternahm das von Haüy gegründete Blindeninstitut viele Versuche, die Schrift zu erproben. Bald gab es Tafeln für das Erlernen der Barbier-Schrift und ein Lehrbuch als Einführung.
Barbier war auf dem richtigen Weg. Aber ein praktikables Schriftverfahren wurde erst durch einen 16jährigen Blinden daraus, der Barbiers Technik vereinfachte: durch Braille.

Louis Braille und die Sechspunktschrift

Louis Braille (1809–1852) kam in dem Städtchen Coupvray unweit Paris als Sohn eines Sattlers zur Welt. Als Dreijähriger verletzte er sich, als er in der Werkstatt seines Vaters spielte, mit einem zum Lederschneiden verwendeten kleinen Winzermesser an einem Auge. Es konnte nicht mehr gerettet werden. Bald darauf erkrankte auch das zweite Auge und mußte entfernt werden. Trotz der Behinderung wurde Louis von seinen Eltern wie ein normales Kind erzogen – sie nahmen zwar Rücksicht auf ihn, ließen ihn aber nicht unselbständig werden und schickten ihn schließlich auch in die Schule, wo er zwar nicht viel lernen konnte, sich aber wenigstens im Kontakt mit Gleichaltrigen übte. Den Zehnjährigen gaben die Eltern in das von Valentin Haüy geleitete Königliche Institut für junge Blinde in Paris. Hier machte er schnelle Fortschritte. „Ausgestattet mit einer großen Leichtigkeit, mit einer lebhaften Intelligenz und vor allem mit einer bemerkenswerten Lauterkeit des Geistes, wurde man bald durch seine Fortschritte und Erfolge in seinen Studien auf ihn aufmerksam“, schrieb sein Biograf A.-R. Pignier. „Seine literarischen und wissenschaftlichen Arbeiten enthielten nur exakte Gedanken; man konnte darin Phantasie erkennen, aber diese war immer vom Verstand gezügelt.“
Neben seinen Studien beschäftigte sich Braille auch mit Arbeiten in den der Schule angeschlossenen Werkstätten. Beim Besuch von Vorlesungen an öffentlichen Schulen vertiefte er sein Wissen. Nachdem er Musikunterricht genossen hatte, übernahm er den Orgeldienst an verschiedenen Kirchen.
Die Institutsleitung setzte ihn bald als Repetitor für jüngere Schüler ein. 1828 übernahm er eine eigene Klasse. „Er erfüllte seine Pflichten mit so viel Charme, daß sich für seine Schüler die Aufgabe, am Unterricht teilzunehmen, in ein wirkliches Vergnügen verwandelte“, urteilte sein Kollege Hippolyte Coltat.
Am Blindeninstitut kam Louis Braille sowohl mit dem von Haüy entwickelten Reliefverfahren als auch mit Barbiers Zwölfpunktsystem in Berührung. Aufbauend auf Barbier schuf der knapp 16jährige Braille 1825 sein eigenes, auf sechs Punkten basierendes Verfahren. Aus dieser Grundnorm ließen sich 64 Varianten entwickeln. Das genügte, um alle Schrift- und Hilfszeichen festzuhalten. Braille ging aber gleich einen Schritt weiter und schuf Abwandlungen, die sich für das Festhalten mathematischer Überlegungen, von Musiknoten und Kurzschrift eigneten.
1827 erschien die erste Grammatik in Brailleschrift. 1829 faßte der blinde Erfinder seine Überlegungen in einer Broschüre mit dem Titel „Procédé pour écrire les paroles, la musique et le plein-chant au moyen des points, à l'usage des aveugles et disposé pour eux“ zusammen. 1830 wurde die Brailleschrift am Blindeninstitut eingeführt. Aber Braille arbeitete weiter an seiner Schrift. In der 1837 erschienenen zweiten Auflage seines „Procédé“ waren wesentliche Verbesserungen schon berücksichtigt.
Dem Erfinder war kein langes Leben beschieden. Schon früh infizierte er sich an Tuberkulose, einer Krankheit, die in den ungesunden Räumen des Instituts weit verbreitet war. Er, der fast sein ganzes Leben im Blindeninstitut verbracht hatte, starb auch in dessen Räumen, nachdem er schon zehn Jahre lang nicht mehr dazu in der Lage gewesen war, die Orgel zu spielen oder zu unterrichten.

Geräte und Maschinen für die Blindenschrift

Für das Schreiben der Blindenschrift entwickelte Braille selbst mit seinem ebenfalls blinden Freund François-Pierre Foucault 1841 einen Apparat, der es Blinden wie Sehenden erlaubte, die Brailleschrift verhältnismäßig schnell zu schreiben. Aus diesem Gerät, dem Braille-Foucaultschen Raphigraphen, ging die auch heute noch verwendete Schreibplatte hervor. Sie besteht aus einer Grundplatte mit Vertiefungen entsprechend dem Brailleschen Punktraster und einem aufklappbaren Gitter, das ebenfalls nach dem Punktsystem eingeteilt ist. Zwischen Platte und Gitter wird kräftiges Papier gelegt. Nun können die Punkte mit einem Griffel in das Papier gedrückt werden.
An der Konstruktion von Blindenschriftmaschinen versuchten sich schon einige der frühen Schreibmaschinenerfinder. 1872 brachte der blinde Däne Johann Wulf die erste Punktschriftmaschine heraus. Das Verfahren wurde in der Folgezeit mehrfach verbessert, so von Hall, Sieber und Harrison. 1899 kam der Berliner Oskar Picht mit einer Blindenschriftmaschine auf den Markt, die weite Verbreitung fand.
Alle Maschinen dieser Art arbeiten mit sechs Tasten (für jeden Punkt der Brailleschriften einen) zuzüglich Leertaste. Es können einzelne Tasten oder auch Tastenkombinationen gedrückt werden.
Neben diesen Brailleschriftmaschinen für den Verkehr unter Blinden wurden auch kombinierte Maschinen mit erhabenen Punktzeichen für Blinde und gewöhnlichen Schriftzeichen entwickelt, so 1907 von Oskar Picht und um 1918 von Georg Ehmig. In beiden Fällen handelte es sich um Typenradmaschinen. Überdies wurden normale Schreibmaschinen für den Gebrauch durch

Auf den ältesten für Blinde geschaffenen Landkarten, von denen in der Literatur berichtet wird, stellte man das Meer durch Sand dar, die Länder- und Provinzgrenzen durch verschiedenartige Stickerei, Flüsse und Berge durch aneinandergereihte Nadelköpfe, die Städte je nach Größe durch verschieden große Wachstropfen oder Stecknadelköpfe. Längen- und Breitengrade wurden durch Kupferdrähte gekennzeichnet. Zwischen 1840 und 1847 hat Laas d'Aguan (1823–1887) nach vielen Versuchen Reliefskizzen von Frankreich und den Kontinenten in Kupfer gestochen und auf Pappe geprägt. Heute stellt man Blindenkarten mit überhöhter Geländedarstellung wie die hier abgebildete vielfach im Vakuum-Tiefziehverfahren her. Nach einer anderen, von den beiden Blindenlehrern Przyrembel aus Breslau und Kurt Hildebrand aus Hannover zwischen 1930 und 1950 entwickelten Methode wird von jeder Karte ein Positiv und ein Negativ hergestellt, die auf je eine gefalzte Messingplatte von 0,28 mm Stärke abgeprägt werden. Die Beschriftungen und Linien kann man hineinpunzieren. Von diesen Platten wird in einer Tiegeldruckpresse ohne Farbwerk die Auflage in Preßspanplatten geprägt.

Blinde umgebaut. Die Tasten tragen dabei Buchstabenzeichen in Brailleschrift.
Bei der Blinden-Stenografiermaschine wird ein verkürztes Braillesystem angewendet. Die Schriftzeichen nimmt ein schmaler Papierstreifen auf. Beim Blindendruck gibt es neben herkömmlichen Prägedruckverfahren neuere Techniken, etwa den Spritzdruck (Solid-Dot-Verfahren) oder die computergesteuerte Punktiermaschine. Verfahren des automatischen Lesens normaler Vorlagen unter Umsetzung der Buchstabenbilder in Laute gibt es seit den dreißiger Jahren. Sie sind aber noch nicht Allgemeingut.
In Schweden wurde 1979 ein Experiment gestartet, Blinden die tägliche Zeitung durch ein elektronisches Übertragungssystem direkt in ihre Wohnung zu übermitteln. Über das öffentliche Fernsprechnetz wird der Zeitungstext auf ein „Braille-Terminal" überspielt. Es besteht aus einer Platte, aus der Metallstifte im Punktraster des Braille-Alphabets heraustreten. Entwickelt wurde diese Zeitung für Blinde von der Technischen Universität in Göteborg.

Wissenswertes über Sonderschriften

Rund 3000 verschiedene Schriften gibt es auf der Welt. Dabei sind jene Schriften nicht mitgezählt, die Sonderzwecken dienen und entweder überhaupt nicht für den allgemeinen Gebrauch bestimmt sind oder zunächst noch keine allgemeine Rolle spielen – etwa die Schriften, die auch von Maschinen gelesen werden können, die zahlreichen Geheimschriften, die (nach Einsatz von Computern für ihre Verschlüsselung) überhaupt nur noch der Empfänger lesen kann, oder die Schriften, die eines Tages alle Menschen verstehen können sollen, vorausgesetzt, sie werden überhaupt eingeführt.

Maschinen, die lesen können

Auf manchen Arbeitsgebieten gehören sie schon zum Alltäglichen, die lesekundigen Maschinen, auch wenn kaum jemand etwas davon merkt. Sogenannte Zeichenleser „lesen" beispielsweise bei Banken und Postscheckämtern die Belege und beschleunigen damit das Buchungsverfahren. Streifenleser können mit Registrierkassen verbunden sein, sie übertragen die in einem Streifencode an der Ware angebrachten Vermerke über Preis, Artikelnummer und andere Einzelheiten unmittelbar in den Rechner der Kasse und machen das Eintasten überflüssig. Seitenleser übernehmen

die Angaben auf Bestellungen oder Frachtbriefen in die Datenverarbeitungsanlage. Das alles geht ungeheuer schnell. Bis zu 2000 Zeichen in der Sekunde kann eine Lesemaschine maximal erfassen.
Das Verfahren in Kurzfassung: Die Schriftzeichen werden durch Licht- oder andere reflektierende Strahlen angeleuchtet. Der Klarschriftleser erfaßt ein Zeichen nach dem andern und zerlegt es durch einen Raster. Die dabei gewonnenen hellen bzw. dunklen Rasterpunkte werden in elektrische Signale umgewandelt. In einer Erkennungsschaltung vergleicht die Maschine die aufgenommenen Zeichen anhand bestimmter Merkmale mit den elektronisch gespeicherten Normzeichen und ordnet sie ein (Zeichenerkennung). Die so identifizierten Zeichen werden vom Computer weiterverarbeitet.
Je deutlicher das Originalzeichen gedruckt oder geschrieben ist, desto leichter schafft die Lesemaschine ihre Arbeit. Es wurden deshalb speziell computerlesliche Schriftzeichen entwickelt, etwa die weit verbreitete OCR-Schrift (von *O*ptical *C*haracter *R*ecognition = optische Zeichenerkennung). Aus ihr gingen zwei Schriftfassungen hervor, die meist bei Beleglesern vorausgesetzte strenge OCR-A und die stärker an übliche Schreibmaschinenschrift angepaßte OCR-B.
Eine der ersten Lesemaschinen brachte Siemens 1965 heraus. Diese Leseeinrichtung, im Hausjargon auch Fleißiges Leschen genannt, war in erster Linie für das Abtasten von Spezialschriften auf Belegen bestimmt, wurde aber auch für das Lesen von Postleitzahlen auf Briefen und Postkarten erprobt, weil die Bundespost damals mit der Einführung elektronisch gesteuerter Briefsortieranlagen beschäftigt war.
Inzwischen gibt es weiterentwickelte Lesemaschinen verschiedener Firmen mit unterschiedlichem Intelligenzgrad. Lesemaschinen der Stufe 1 können nur eine Schriftart lesen. In Stufe 2 kann es sich um verschiedenartige Schriften handeln, die aber nicht gemischt sein dürfen. Maschinen der Stufe 3 lesen verschiedene, auch gemischte Schriften. In Stufe 4 kommt die Fähigkeit dazu, weitere Schriften lesen zu lernen. Maschinen der Intelligenzstufe 5 lesen auch handschriftliche Druckbuchstaben, vorausgesetzt, sie stehen abgeteilt in Kästchen (was etwa bei der Auswertung von Fragebogen von großem Interesse sein kann). Auf die Lesemaschinen der Stufe 6 warten die Fachleute noch. Sie sollen auch beliebige Handschriften verstehen können.
Normale Schreibmachinenmanuskripte können heute schon von OCR-B-Maschinen abgetastet werden. Die Geschwindigkeit beträgt dabei rund 10000 Zeichen in der Minute. Die erkannten Zeichen können in der Druckerei sofort zu Lichtsatz weiterverarbeitet werden. Man kann sie aber auch zum Überprüfen und Redigieren erst auf Bildschirmterminals leiten.

Schriften, die (fast) keiner lesen kann

Wenn man eine Schrift so vorbehandelt, daß sie nur von Eingeweihten gelesen werden kann, spricht man von einer Geheimschrift. Sie dient im allgemeinen zur Übermittlung von Nachrichten, etwa im diplomatischen, militärischen oder kaufmännischen Bereich – oder auch im kriminellen. Die Bilderschriften (Zinken) der Bettler, Zigeuner und „fahrenden Gesellen" von einst gehören ebenfalls in die Kategorie der Geheimschriften. Sie machten nachfolgende Kumpane auf Gefahren oder günstige Möglichkeiten aufmerksam.
Geheime Schriften gab es schon bei Juden, Indern, Phönikern, Griechen und Römern. Dabei wurden den Buchstaben der Klarschrift andere Buchstaben oder auch Zahlen zugeordnet. Chiffrefachleute nennen diese Technik das Ersetzungsverfahren – es ist ziemlich leicht zu entschlüsseln, weil dabei die einer Sprache eigentümliche Häufung bestimmter Buchstaben erhalten bleibt, wenn auch in Umsetzung.
Beim Wortverfahren wird jedes Wort durch ein anderes (Codewort) ersetzt. Wer das Codebuch der Gegenpartei kennt, kann alle Nachrichten leicht entziffern. Das Wortverfahren kommt im kaufmännischen Telegrammverkehr häufig vor. Bekannt ist auch der Hoteltelegrammschlüssel zur Bestellung von Hotelzimmern. Bei ihm handelt es sich um ein Codecondenser-Verfahren: Ganze Sätze werden durch ein einziges Schlüsselwort ersetzt, der Text ist (portosparend) kondensiert.
Beim Versetzungsverfahren bleiben die Buchstaben des Klartextes erhalten, werden aber auf teils raffinierte Weise umgestellt (verwürfelt). Größere Sicherheit ist zu erzielen, wenn die Buchstaben nicht nur verwürfelt, sondern auch noch durch andere ersetzt werden. Das war zum Beispiel bei jenem Kastenschlüssel der Fall, den deutsche Truppen während des Zweiten Weltkriegs verwendeten. Sein Name rührt von der Zusammenfassung der Schlüsselbuchstaben in einem Kasten (ähnlich einem Kreuzworträtsel) her.
Schließlich gibt es noch schlichte, zum Teil schon sehr alte Verschleierungsverfahren, bei denen der Empfänger den Originaltext zugestellt bekommt, aber so, daß kein Uneingeweihter ihn lesen kann. Dazu gehört etwa die Verwendung von Geheimtinten oder sympathischen Tinten, die der Empfänger erst entsprechend behandeln muß, bevor sich ihm die Schrift offenbart (etwa durch Erwärmen, Bestreichen mit einer Chemikalie).
Berühmt, aber nicht sehr sicher sind die geheimen Punktierungen, bei denen in einem Brief-, Zeitungs- oder Buchtext Buchstaben in bestimmter Weise markiert werden. Nur der Empfänger weiß, in welcher Reihenfolge die Buchstaben gelesen werden müssen.
Schon die Griechen operierten mit einer Stockchiffre. Dabei wurde ein schmaler Pergamentstreifen so um einen gleichmäßig dicken Stock gerollt, daß sich die Ränder der Spiralwindungen gerade berührten. „Darauf beschrieb man das Pergament der Länge des Stockes nach, so daß alle Teile desselben Wortes an ganz verschiedenen Stellen des Streifens standen", heißt es in einer alten Quelle. „Dann wickelte man den Streifen wieder ab und rollte ihn in sich zusammen. Es konnte dann nur derjenige die Schrift lesen, der sich im Besitz eines gleich dicken Stabes befand."

Die Enigma-Story

Größere Sicherheit als diese verhältnismäßig schlichten Buchstaben- und Wortschlüssel bieten Chiffriermaschinen. Beispielsweise kann man zwei Schreibmaschinen so koppeln, daß die zweite Maschine alle auf der ersten Maschine in Klartext geschriebenen Texte nach einem austauschbaren Schlüssel in chiffrierten Text verwandelt.
Ein berühmtes Beispiel für eine Chiffriermaschine war die Enigma des Zweiten Weltkriegs. Sie arbeitete mit einer schreibmaschinenähnlichen Tastatur. Beim Niederdrücken eines zu verschlüsselnden Buchstabens leuchtete der entsprechende Codebuchstabe in einem Lampenfeld auf. Für die Codierung sorgten mehrere in sich verstellbare Walzen und zusätzliche umsteckbare Drahtverbindungen. Bei jedem zu verschlüsselnden Text wurde die Stellung der Walzen zueinander verändert. Dadurch ergab sich eine Verwürfelungsquote in Größenordnungen von etwa einer Milliarde Millionen (eine Eins mit 15 Nullen). Trotzdem gelang es den Abwehrdiensten und Kryptoanalytikern der Engländer, einen großen Teil der deutschen Funksprüche, die mit Enigma verschlüsselt waren, so rechtzeitig zu entziffern, daß Auswirkungen auf den weiteren Verlauf des Krieges erzielt wurden. Das war nur mit Hilfe von Rechenmaschinen möglich. Die auf Enigma angesetzte Maschine, einen der ersten programmierbaren Computer überhaupt namens Colossus, konstruierte der

englische Mathematiker Alan Turing. Die Maschine arbeitete im britischen Abhörzentrum in Bletchley, einem Londoner Vorort.

Erst nach dem Krieg stellte sich heraus, daß es den Engländern eigentlich gar nicht hätte schwerfallen dürfen, sich frühzeitig über Aufbau und Funktionsweise der Enigma-Maschine zu informieren. Der Erfinder des Schlüsselgerätes, Dr. Scherbius aus Berlin, hatte das Patent Nr. 267 472 zugunsten der Chiffriermaschinen AG, Berlin, im August 1927 in England angemeldet und dabei detaillierte Pläne hinterlegt, die in London noch heute zu besichtigen sind.

Moderne Chiffriermaschinen arbeiten mit Mikroprozessoren, die beliebige Texte absolut zugriffsicher verschlüsseln können. Abhör- und Dechiffrierversuche sind bei ihnen (einstweilen) absolut sinnlos. Aus diesem Grund ist die Quote der von Ameri-

1

Normale Schreibmaschinenmanuskripte
können heute schon von OCR-B-Maschinen
abgetastet werden. Die Geschwindigkeit be-
trägt dabei rund 10×3000 Zeichen in der Minu-
te. Die erkannten Zeichen können in der
Druckerei sofort zu Lichtsatz weiterverarbei-
tet werden. Man kann sie aber zum Überprü-
fen und Redigieren erst auf Bildschirmtermi-
nals leiten.

2

ften verstehen.<Normale Schreibmaschinenmanuskripte k
tastet werden. Die Geschwindigkeit beträgt dabei rund
ten Zeichen können in der Druckerei sofort zu Lichtsa
aber zum Überprüfen und Redigieren erst auf Bildschir

3

1 – Um Buchstaben und Zahlen für elektronische Zeichenleser erkennbar zu machen, wurden verschiedene Spezialschriften entwickelt. Aus der für menschliche Augen schwer lesbaren OCR-A ging die gemilderte Fassung der OCR-B hervor (Bild).

2 – Neben der Erfassung am Terminal und Ausdruck in OCR-B kann das Manuskript als Protokoll noch auf dem Normalschriftdrucker ausgegeben werden.

3 – Das menschliche Bestreben, schriftliche Mitteilungen nur für den vorherbestimmten Empfänger der Nachricht lesbar zu machen, ist sicher beinahe so alt wie die Kunst des Schreibens und Lesens selbst und hat stets im Krieg eine besondere Rolle gespielt. Im Zweiten Weltkrieg wurde auf deutscher Seite die von Dr. Scherbius erfundene Verschlüsselungsmaschine Enigma eingesetzt. Sie arbeitete mit einem mechanischen Chiffrierverfahren, bei dem die Klartextelemente durch andere Buchstaben ersetzt wurden. Die Reihenfolge der Elemente blieb erhalten. Die Grundschaltung der Maschine wurde täglich neu eingestellt. Außerdem galt für jeden zu verschlüsselnden Text eine eigene Walzeneinstellung. Das Bild zeigt vorne eine Enigma im Befehlspanzer des deutschen Generals Heinz Guderian während des Frankreichfeldzugs 1940.

1

kas Geheimbotschaften-Abhördienst, der National Security Agency (NSA) in Fort Meade, Maryland, erzielten Entschlüsselungen in den letzten Jahrzehnten auch ständig gesunken. Sie liegt heute, wie Fachleute versichern, nur noch bei etwa fünf Prozent aller aufgefangenen Botschaften und betrifft nur konventionell chiffrierte Texte.

Die Schrift, die jeder lesen kann

Wer sich über eine von Angehörigen aller Völker der Erde lesbare Schrift den Kopf zerbricht, kommt unweigerlich zur Bilderschrift zurück. Schon heute halten wir es für selbstverständlich, daß Bildzeichen beispielsweise in Flughäfen, auf Bahnhöfen oder bei internationalen Sportereignissen, etwa Olympischen Spielen, alle wichtigen Hinweise geben: Wo ist die nächste U-Bahn-Station? Wo die Telefonzentrale? Wo die Erste-Hilfe-Station, das Eisstadion, der Babywickelraum, der Notausgang? Zwar wurden Zeichen dieser Art einstweilen noch nicht international genormt. Aber sie sind für alle Völker verständlich und haben sich bewährt.

Auf den Gedanken, aus den Bildzeichen eine ganze Bilderschrift zu entwickeln, mit der beliebige Sachverhalte ausgedrückt werden können, kam vor einigen Jahren der japanische Forscher Yukio Ota. Er nannte sein System LoCoS, abgeleitet einerseits vom griechischen Wort Logos = Schrift, andererseits von den Anfangsbuchstaben der Bezeichnung „Lovers Communication System“ (Kommunikationssystem für Liebende), weil er davon ausgehen zu dürfen glaubte, daß sich Liebende auch ohne Worte verständigen können.

Ota tat den Schritt vom erratbaren Bildsymbol zu einer systematisch und nach strengen Regeln aufgebauten Einheit von Bildelementen, mit denen man Wörter und Sätze bildet, die auch „gelesen“ werden können. Die ersten Erfahrungen waren ermutigend. Yukio Ota: „Bei meinem Aufenthalt in Indien habe ich zwei Mädchen, 17 und 19 Jahre alt, eine Stunde lang das Prinzip von LoCoS erklärt. Als ich vier Tage später abreiste, gaben sie mir einen Brief – in LoCoS geschrieben –, den ich sofort mühelos ‚lesen‘ konnte. LoCoS läßt sich von jedermann auf unserer Welt erlernen – von vielen innerhalb einer einzigen Stunde.“

Bei Ota setzt sich das einzelne Wort aus wenigen Bildelementen – Kreis, Strich, Bogen, Punkt und Pfeil – zusammen. Ein oben offener Kreis steht für Mensch oder Mann. Setzt man in diesen Kreis einen Fisch, handelt es sich um einen Fischer. Deutet man im Kreis einen Brief an, ist der Briefträger gemeint, wogegen ein Buchsymbol im oben offenen Kreis für Leser steht. Ein kleiner Kreis bedeutet „gut“, ein Diagonalkreuz „schlecht“. Ein großer geschlossener Kreis symbolisiert die Sonne und den Tag. Zusatzstriche wie Uhrzeiger geben die Tageszeit innerhalb dieses Kreises an.

Ota fand aber auch Mittel und Wege, Vergangenheit und Zukunft, Bejahung und Verneinung, Indikativ und Konjunktiv, Perfekt und Imperativ durch Bildzeichen zu symbolisieren.

Ein Anfang für eine internationale Bildschrift ist damit gemacht. Nun bleibt abzuwarten, ob sich LoCoS in absehbarer Zeit international durchsetzen wird.

1 – Wenn Hinweiszeichen von einer möglichst großen Zahl von Menschen verstanden werden sollen, so kann man entweder ihre Bedeutung bekanntmachen, wie es mit Verkehrszeichen in den Straßenverkehrsordnungen geschieht. Oder man gestaltet die Zeichen so deutlich als Abbild, daß sie auch ohne Erklärung verstanden werden. Solche Zeichen nennt man Piktogramme (latein. pictus = gemalt, griech. graphein = beschreiben). Die Beispiele zeigen Piktogramme verschiedener Sportarten von Fußball bis Abfahrtslauf, jeweils mit einem Firmensymbol verbunden.

2 – Um nicht nur einzelne Hinweise allgemeinverständlich darzustellen, sondern auch Nachrichten und Gedanken international ohne Fremdsprachenkenntnisse mitteilbar zu machen, ersann der Japaner Yukio Ota die Bilderschrift LoCoS. Die aus wenigen Elementen – Kreis, Strich, Bogen, Punkt, Pfeil – zusammengesetzten Symbole und ihre weiteren Kombinationsmöglichkeiten sind schnell zu erlernen. In der Beispieltafel sind Zusammenhänge in waagerechter und in senkrechter Richtung durch farbige Bänder verdeutlicht. Die senkrechte Reihe ganz rechts zeigt, wie Adjektivzeichen durch die zugefügten Zeichen für „groß“ oder „klein“ zu verändern sind. Die grau unterlegten Felder geben Beispiele für die Bildung von Verben, z. B. tun + Auge = sehen, und von Sätzen. Dabei werden die Zeitangaben in die Reihe über der eigentlichen Aussage gestellt, die Adjektive darunter.

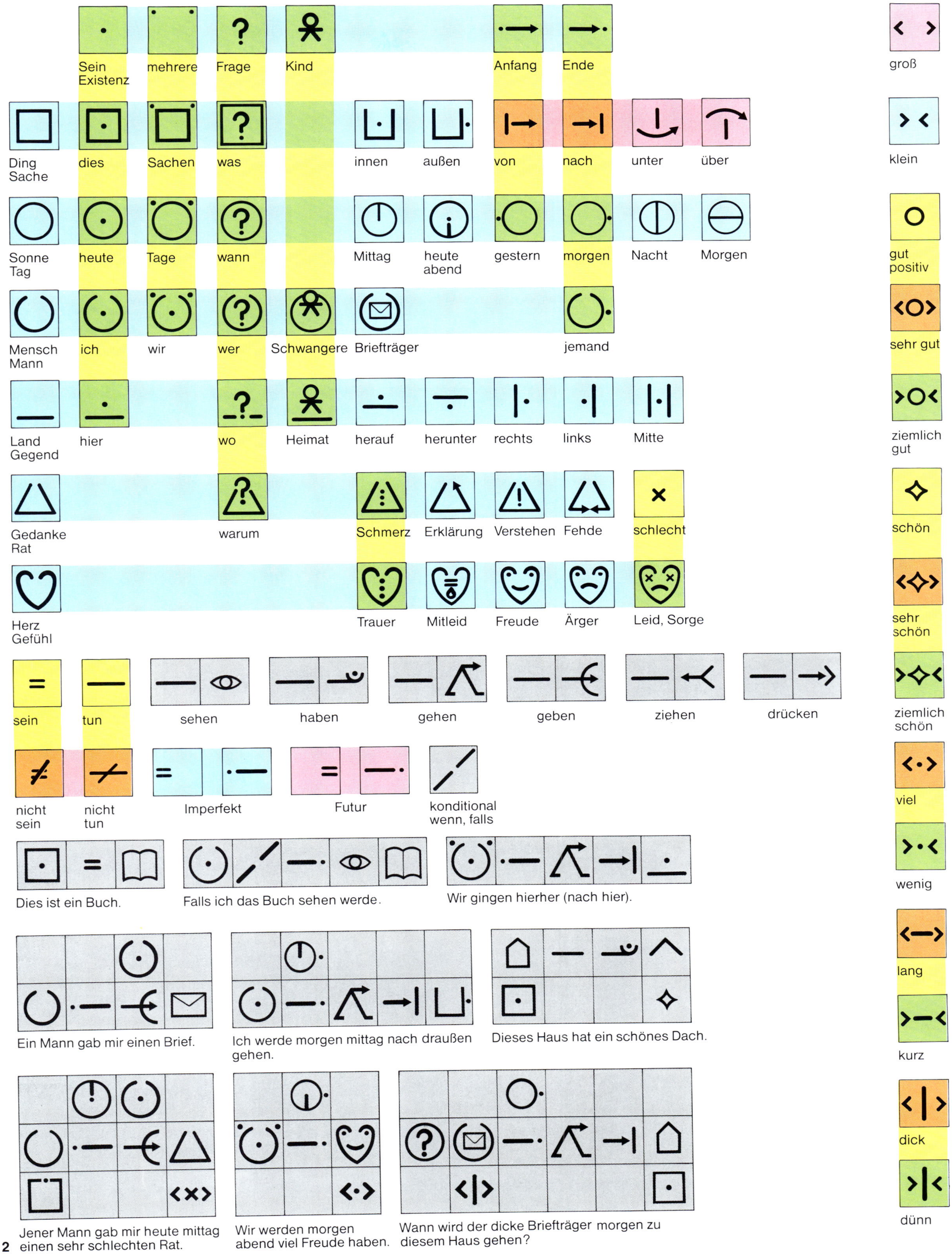
Sein Existenz
mehrere
Frage
Kind
Anfang
Ende
groß
Ding Sache
dies
Sachen
was
innen
außen
von
nach
unter
über
klein
Sonne Tag
heute
Tage
wann
Mittag
heute abend
gestern
morgen
Nacht
Morgen
gut positiv
Mensch Mann
ich
wir
wer
Schwangere
Briefträger
jemand
sehr gut
Land Gegend
hier
wo
Heimat
herauf
herunter
rechts
links
Mitte
ziemlich gut
Gedanke Rat
warum
Schmerz
Erklärung
Verstehen
Fehde
schlecht
schön
Herz Gefühl
Trauer
Mitleid
Freude
Ärger
Leid, Sorge
sehr schön
sein
tun
sehen
haben
gehen
geben
ziehen
drücken
ziemlich schön
nicht sein
nicht tun
Imperfekt
Futur
konditional wenn, falls
viel
Dies ist ein Buch.
Falls ich das Buch sehen werde.
Wir gingen hierher (nach hier).
wenig
Ein Mann gab mir einen Brief.
Ich werde morgen mittag nach draußen gehen.
Dieses Haus hat ein schönes Dach.
lang
kurz
Jener Mann gab mir heute mittag einen sehr schlechten Rat.
Wir werden morgen abend viel Freude haben.
Wann wird der dicke Briefträger morgen zu diesem Haus gehen?
dick
dünn

Nahezu alle Postverwaltungen der ganzen Welt überbieten sich förmlich darin, auf ihren Postwertzeichen Motive aus den verschiedenen Bereichen der Zivilisation und Kultur darzustellen. Die Beispiele aus den Gebieten Schrift, Druck und Musik zeigen, welch reiches Betätigungsfeld sich hier dem philatelistischen Motivsammler auftut.

WOHLFAHRTSMARKE 1973
DEUTSCHE BUNDESPOST BERLIN
ALBRECHT DÜRER
REPUBLIC OF CHINA
Gs. 4 PARAGUAY
CORREO
ZACARIAS VELAZQUEZ
REPUBLIQUE GABONAISE
MUSEE DES ARTS ET TRADITIONS LIBREVILLE
25F
30F
100F
50F
HARPE NGOMBI
XYLOPHONE MENZANG
S 4 INTERNATIONALES CHORFEST WIEN 1971
REPUBLIK ÖSTERREICH
150 JAHRE AKADEMIE FÜR MUSIK UND DARSTELLENDE KUNST WIEN
S 3.50
DDR 20
DDR 25
DDR 40
DDR 85
Musikinstrumenten-Museum Leipzig
1979
JUGOSLAVIJA
1965 DEUTSCHE DEMOKRATISCHE REPUBLIK
LEIPZIGER HERBSTMESSE
JUBILÄUMSMESSE 1165-1965
ΕΛΛΑΣ·HELLAS
ΔΡ. 6
REPUBLIKA POPULLORE SOCIALISTE E SHQIPERISE
République Togolaise
L.v.Beethoven
150e Anniversaire
de sa Mort
100F POSTE AERIENNE

Musikinstrumente

Die Geschichte der Musikinstrumente ist eine Geschichte der wissenschaftlichen Lücken. Die wenigen Funde aus früheren Zeiten reichen bei weitem nicht aus, die Musikinstrumente in ihren vielfältigen Erscheinungsformen in eine gesicherte zeitliche Reihenfolge ihrer Entstehung einzuordnen. Das ist eigentlich verwunderlich, denn es ist auf der ganzen Erde kein einziges Volk bekannt, das nicht in irgendeiner Weise musiziert.
Da gibt es einige Indiostämme im Dschungel des Amazonas, deren Zahlenverständnis zwar bei der Ziffer 3 aufhört, die aber mit einer fünftonigen Panflöte Musik machen. In den Bambuswäldern des nördlichen Kambodscha lebt ein kleines Volk, dessen Werkzeuge noch nicht einmal die Steinzeitstufe erreicht haben, die aber mit einem Xylophon aus drei Bambusröhren und einer Doppelpfeife musizieren.
Bei vielen Naturvölkern wird die Musik als Gabe der Götter für die Menschen betrachtet, und man darf wohl annehmen, daß die Musik in ihrem Ursprung eng mit den religiösen Glaubensvorstellungen zusammenhing. Ein willkürlich herausgegriffenes Beispiel ist die Lyra. Der Sage nach ist dieses altgriechische Saiteninstrument von dem Götterboten Hermes erfunden worden, dem Sohn des Zeus, Schutzgott der Diebe und Kaufleute. Die schon erwähnte Panflöte wird in der Legende dem bocksfüßigen Gott Pan zugeschrieben, der ihr für Nymphen und Satyrn die lieblichsten Töne entlockte. Aber selbst wenn man davon ausgeht, daß auch in Sagen ein Körnchen Wahrheit steckt, wird man die beiden Götter wohl nicht in die Schlange der Erfinder einreihen können.
Bereits bei der Frage nach dem allerersten Musikinstrument muß man passen. War es das sirrende Geräusch einer zurückschnellenden Bogensehne, das einen vorsteinzeitlichen Jäger faszinierte? Oder stellte ein Frühzeitgourmet fest, daß ein ausgesaugter Röhrenknochen pfeifende Töne von sich gab, wenn man auf eine bestimmte Art und Weise hindurchblies? Vielleicht inspirierte auch das rhythmische Schlagen mit den Fäusten auf den menschlichen Oberkörper zum Bau einer Trommel aus einem hohlen Baumstamm.
Erst für die frühen Hochkulturen können durch gesicherte Quellen genauere Angaben über die verwendeten Musikinstrumente gemacht werden. So weiß man durch Funde und schriftliche Zeugnisse, daß etwa in Mesopotamien vor ungefähr 5000 Jahren bereits Harfe, Leier und zweifellige Trommeln in Gebrauch waren. Von dieser Zeit an tauchen immer mehr Zeugnisse aus dem Dunkel der Geschichte auf. Aber die Erfinder der ersten Musikinstrumente bleiben in der Anonymität verschollen.

Die Wiedergabe von Musikinstrumenten in Bild und Plastik hat die Künstler zu allen Zeiten und in allen Kulturen gereizt, besonders im religiös-mythologischen Zusammenhang.
1 – König David auf der Harfe spielend als spätgotisches Glasfenster aus der Tübinger Stiftskirche, heute im Württembergischen Landesmuseum Stuttgart
2 – Blinder Harfenspieler als Flachrelief auf einer ägyptischen Stele aus der 12. Dynastie, 1991–1785 v. Chr., jetzt im Rijksmuseum van Oudheden in Leiden

2

Saiteninstrumente

Lyra und Harfe

Zeugnisse über die Harfe sind seit frühester Zeit überliefert. Aber gerade deshalb ist es so schwierig, ihre Geschichte eindeutig aufzuzeigen. Bisweilen liest man im Mythenkreis der antiken Dichtung von einer Harfe, obwohl das Instrument in Wirklichkeit eine Lyra oder Leier war. Im Mittelalter wurde beispielsweise die Harfe als Symbol des Orpheus, des göttlichen Sängers der griechischen Mythologie, angesehen. Oder war die Harfe eine Lyra, weil diesem Orpheus die Erfindung der Lyra zugeschrieben wird, die aber bereits der Götterbote Hermes für sich beansprucht?

Ein grandioses Durcheinander, bei dem lediglich festzustehen scheint, daß beide Instrumente vom Musikbogen abstammen. So ist die gemeinsame Urform wahrscheinlich aus dem Jagdbogen entstanden, auf dessen gespannter Sehne man Töne hervorrufen konnte. Aus einer Saite wurden mehrere, und irgendwann stellte ein findiger Musiker fest, daß ein Resonanzkörper an seinem Instrument den Ton verstärken konnte. Diese geniale Erfindung führte schließlich zur Harfe – oder zur Lyra.

Die Lyra: der Gesang des Orpheus

Der älteste Fund eines Lyra-ähnlichen Musikinstruments stammt aus den Königsgräbern von Ur südlich vom Euphrat. Ur war im 3. Jahrhundert v. Chr. mehrfach die Hauptstadt von Babylonien. Die Instrumente aus dieser Zeit waren zum Teil etwa einen Meter hoch, mit kostbaren Einlegearbeiten verziert und mit fünf bis sieben Saiten bespannt. Aber allein die Größe des Instruments legt schon wieder die Vermutung nahe, daß es sich um einen Vorläufer der Harfe gehandelt haben könnte.

In ihrer ursprünglichen Form bestand die Lyra aus einem Schildkrötenpanzer, der zusammen mit einer Fellbespannung den Resonanzkörper bildete. Daran waren zwei geschwungene Jocharme befestigt, zunächst vermutlich Ziegenhörner, die ein gerades Querholz hielten. Von diesem Querjoch aus wurden wahrscheinlich zuerst fünf, später dann sieben Saiten über den Korpus gespannt.

Einschränkend muß gesagt werden, daß über die Anzahl der Saiten Unstimmigkeit herrscht. Manche Quellen sind der Ansicht, daß die Lyren schon immer mit sieben Darmsaiten bestückt waren, was wieder für die These spricht, daß die Lyren aus den Königsgräbern von Ur eher harfenähnliche Instrumente waren. Eine Darstellung auf einem Sarkophag aus dem Jahr 1500 v. Chr. zeigt die siebensaitige Lyra. Es soll sich dabei um das Instrument handeln, das der Gott Hermes erfunden hat. Anhänger der griechischen Mythologie schreiben dem Orpheus die Erweiterung von fünf auf sieben Saiten zu.

Da Orpheus sich offenbar sehr eingehend mit der Lyra beschäftigt hat, darf er in einer Chronik dieses Instruments auf gar keinen Fall fehlen. Nach den vielen Sagen und Legenden zu urteilen, die sich um seine Person ranken, ist es durchaus denkbar, daß Orpheus eine historische Gestalt war. Sein

1

2

1 – Die Flachreliefdarstellung vom Palast des assyrischen Königs Assurbanipal (669– etwa 627 v. Chr.) in Ninive, jetzt im Pariser Louvre, zeigt Lyra- und Cymbalspieler aus der königlichen Armee.
2 – Der mythische griechische Sänger Orpheus spielt auf einer Lyra, umgeben von Kriegern, die ihm lauschen. Vasenbild im Stil des Polygnotos.

Spiel auf der Lyra besänftigte die stürmischen Wellen des Meeres, bezwang die Ungeheuer, die als Wächter den Zugang zur Unterwelt versperrten, und sogar die Totengötter. Nach seinem Tod – er soll, aus welchen Gründen auch immer, von wütenden Frauen zerfleischt worden sein – trieb seine Lyra zur Insel Lesbos, deren Bewohner daraufhin mit der Dichtkunst gesegnet wurden. Eine andere Legende weiß zu berichten, daß seine Lyra als Sternbild an den Himmel versetzt wurde.

Merkwürdigerweise führt eine andere Erklärung für die Saitenvermehrung den Forscher ebenfalls nach Lesbos. Dort lebte im 7. Jahrhundert v. Chr. der altgriechische Musiker Terpandros. Auch ihm soll die siebensaitige Lyra zu verdanken sein.

Die Entwicklungsgeschichte der Lyra drückt sich vor allem in der Zahl der Saiten aus. Der Dichter und Musiker Timotheos aus Miletos in Kleinasien (um 450–360 v. Chr.) rühmte sich der Erfindung einer elfsaitigen Lyra.

Seit dem 6. Jahrhundert v. Chr. spielte man das Instrument bereits mit einem Plektron, einem Plättchen aus Horn, Holz, Schildpatt oder Elfenbein.

Ein Ableger der Lyra, der sich bis in spätere Zeit erhalten hat, ist die Kithara. Sie eroberte sich etwa im 7. Jahrhundert die Herzen der Musikfreunde und wies bereits entscheidende Verbesserungen auf. Über einen eckigen Klangkörper wurden im 5. Jahrhundert v. Chr. bis zu zwölf Saiten gespannt. Sie entwickelte sich zu einem echten Profi-Instrument, dessen Spur sich bis in die Spätantike hinein verfolgen läßt. Die Kithara wurde an einem Schulterband getragen, die rechte Hand zupfte oder riß mit einem Plektron an, während die linke Hand die Saiten dämpfte.

Die Harfe: vom Ursprung bis zur Gegenwart

Wie der Lyra begegnet man auch der Harfe schon in der sumerischen Epoche, und sie war sowohl Kult- als auch Volksinstrument bei den Assyrern und Ägyptern. „Die Leiber vergehen, andere treten an ihre Stelle, seit der Urzeit...“ sangen die ägyptischen Sänger zur Begleitung der Harfe. Diese Worte stammen aus dem berühmten Harfnerlied, das im Grabe eines Königs Anjotef geschrieben stand.

Während der 4. Dynastie in Ägypten, also vor etwa 4500 Jahren, spielte man auf vier- bis zehnsaitigen, mannshohen Harfen. Saitenträger und Schallkörper bildeten einen Bogen (Bogenharfe). Im Neuen Reich (1580–1085 v. Chr.) entwickelte man bereits die sogenannte Winkelharfe, bei der der Saitenträger im spitzen Winkel zum

1

2

Schallkörper angebracht war. Die Zahl der Saiten betrug jetzt bis zu vierzehn. Etwa zur gleichen Zeit kam im alten Orient auch die Urform unserer heutigen Harfe auf, die Rahmenharfe. Das Halsende wurde mit dem Ende des Klangkörpers durch eine Stange verbunden, die Saiten waren also innerhalb eines Rahmens gespannt. Im gesamten Raum zwischen Ägypten und Japan sind Harfen archäologisch nachgewiesen worden.

Im England des 8. Jahrhunderts, bevor die Normanneneinfälle auf der Insel ein größeres Ausmaß erreichten, taucht die Harfe zum ersten Mal im nördlichen Europa auf. Um das Jahr 1000 n. Chr. wurde sie auch auf dem europäischen Festland bekannt. Im Mittelalter lag ihre Saitenzahl zwischen 7 und 25. Sie war das Begleitinstrument der singenden Dichter-Musiker, wobei aber keine Akkorde angeschlagen wurden, sondern die gleiche Melodie mit Varianten und Verzierungen gespielt wurde. Die Saiten waren diatonisch gestimmt, das heißt, es konnten nur natürliche Ganz- und Halbtöne gespielt werden, wie sie in den Kirchentonarten vorkommen.

Der entscheidende Anstoß für eine Chromatisierung der Harfe kam aus Tirol. Ein leider unbekannter Meister brachte an seiner Harfe drehbare Haken an, mit deren Hilfe die Saiten einzeln gespannt und so beliebig umgestimmt werden konnten. Solche Hakenharfen sind seit etwa der zweiten Hälfte des 17. Jahrhunderts bekannt. Das Umstimmen war zwar etwas mühsam, aber immerhin näherte man sich immer mehr der modernen Harfe.

Den großen Durchbruch schaffte ein Bayer aus Donauwörth mit Namen Simon Hochbrucker. 1720 baute der Musiker eine Harfe, deren Saiten sich mit zunächst fünf, spä-

1 – Die von Simon Hochbrucker eingeführte Pedalharfe verbesserte der französische Klavier- und Harfenbauer Sébastien Erard durch Einbau einer „Rast" an den Pedalen so weit, daß jeder Ton nach oben und nach unten um einen Halbton verändert werden kann.

2 – Der schöngeschmückte Kopf der in der Londoner Firma von Erard gefertigten Doppelpedalharfe läßt die Scheibchen erkennen, durch deren Viertel- oder halbe Drehung jede Saite verkürzt und der Ton um einen Halb- oder Ganzton erhöht wird.

3 – Diese Illustration aus einer persischen astrologischen Abhandlung um 1250 zeigt neben dem krebsgestaltigen Mond Venus auf einer Laute spielend. In der Reihe darunter von links nach rechts Saturn, Merkur, Jupiter, Venus und Mars.

القول على الوجه الأول من برج السرطان والقمر من نظر الزهرة

الحكم المولود بهذا الوجه يكون ابيض اللون تعلوه حمرة طويل القامة مدور الوجه
دقيق العنق متوسط الحلق عجول لجوج لعاب هزال قليل النبات يخاف عليه من وقوع من مكان عالي
يتبعه بذمته ولكن بتقليد ويحب اهل العلم ويعمل المعروف وينهى عن المنكر ذكي المزاج يلقى من الناس
علاما تدي بحب اللعب والطرب ينتقل من عمل الى عمل يصيب من السلطان هولا عظيما وفي وجهه

1

2

3

4

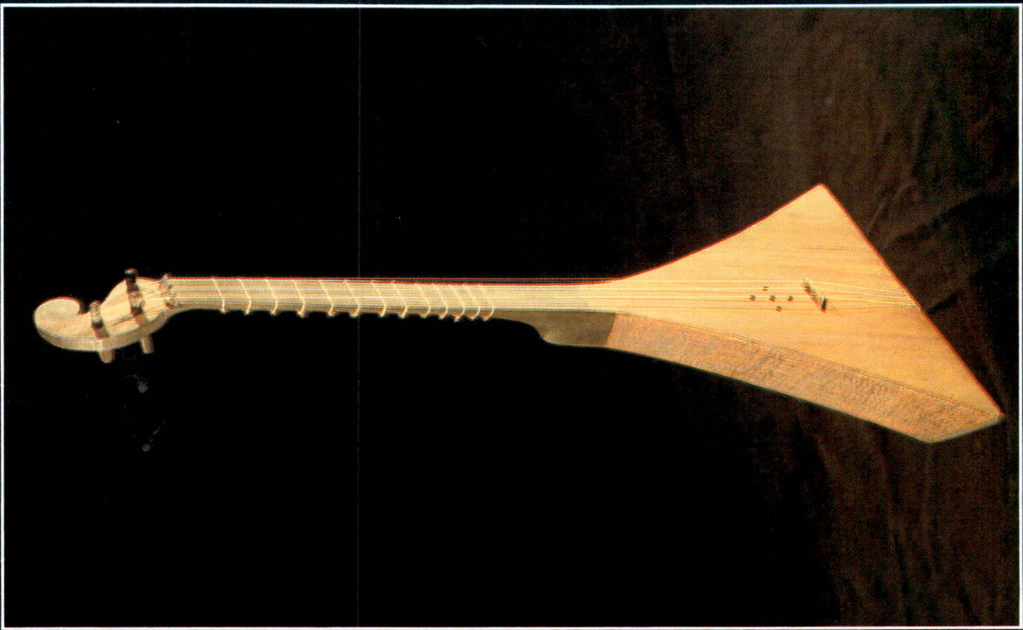

5

1 – Dieses Zupfinstrument ist eine südindische Vina mit 4 Melodie- und 3 Bordunsaiten. Am oberen Ende des Halses ist eine bemalte Kalebasse aufgehängt.

2 – Eine venezianische Laute vom Beginn des 17. Jahrhunderts mit sechs Doppelsaiten und einer Chanterelle, gebaut von Giovanni Hieber

3 – Reliefdarstellung eines Lautenspielers in einem sinotibetischen Kloster in Huhehot, Innere Mongolei

4 – Neapolitanische Mandoline, gebaut von Januarius Vinaccio 1777

5 – Die drei Saiten der russischen Balalaika werden mit einer Spielfeder als Plektron angerissen.

1

ter sieben Pedalen verkürzen ließen. Jedes Pedal konnte einen bestimmten Ton jeder Oktave um einen Halbton erhöhen, wenn man es niederdrückte. Von den Pedalen am Fuß der Harfe führte ein verzwickter Mechanismus durch Stange und Hals der Harfe. Die Pedalharfe war geboren.
In Frankreich hatte sich ein Musikinstrumentenbauer ebenfalls mit der Chromatisierung der Harfe auseinandergesetzt. Sein Name war Sébastien Erard (1752–1831). Geboren in Straßburg, wurde der gelernte Klavierbauer in Frankreich bald durch die aufsehenerregenden Mechanismen seiner Pianofortes bekannt. Während der Französischen Revolution emigrierte er nach London, gründete eine Fabrik und begann, sich neben dem Klavierbau auch für die Konstruktion von Harfen zu interessieren. Ausgehend von Hochbruckers Pedalharfe, baute er eine sogenannte „Rast" an den Pedalen ein. Dadurch wurde es möglich, jedes Pedal zweimal zu treten. Beim erstenmal erhöhte sich der Ton um einen Halbton, beim zweiten Pedaltreten um einen Ganzton. Außerdem erhöhte Erard den Tonumfang auf sechseinhalb Oktaven. Auf der Hochbruckerschen Harfe konnten nur fünf Oktaven und eine Sext gespielt werden. Durch diese Verbesserungen war ein modulierendes Spiel möglich geworden. Die Harfe konnte ihren Einzug in die Reihe der Orchesterinstrumente nehmen.

Laute und Gitarre

Im 2. Jahrhundert vor Christus wurde sie von zarten Frauenhänden gespielt, wie nach babylonischen Darstellungen belegt ist; sumerische Wandermusiker unterhielten mit ihr das Volk, und assyrische Künstler ließen ihre Finger über das lange Griffbrett huschen: die Laute in allen ihren verschiedenen Erscheinungsformen, mit birnenförmigem Schallkasten und meist langem Hals. Die Israeliten spielten während der 4. Dynastie in Ägypten auf ihrer zwei- bis dreisaitigen Nabla, die später von den Arabern übernommen und nach Spanien gebracht wurde. Die indische Variante der Laute wurde Vina genannt, sie verschwand aber etwa im 9. Jahrhundert aus dem Gesichtskreis. Ein anderer indischer Lautenableger, die Sitar, kann sich möglicherweise ebenfalls auf einen ägyptischen Ursprung berufen. Sie hat in unserer Zeit eine Renaissance erlebt.
Die Mandoline – und hier sind sich die Wissenschaftler nicht ganz einig – hat sich möglicherweise unabhängig von der Laute entwickelt. Von zahlreichen um 1700 hergestellten Mandolinenformen hat sich die

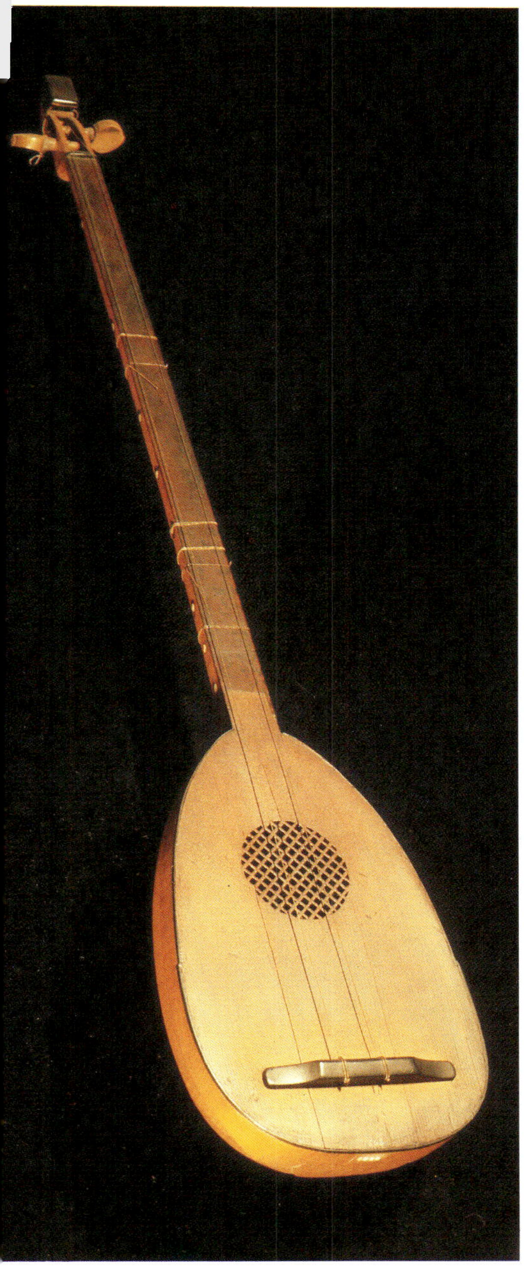

3

neapolitanische Mandoline am weitesten verbreitet. Das russische Nationalinstrument, die dreieckige Balalaika, dürfte eine Nachfahrin des babylonisch-assyrischen Tanbur mit kleinem birnenförmigem Korpus sein.
Man kann also eine beträchtliche Formenvielfalt feststellen, die eindeutige Zuordnungen und gesicherte Querverbindungen kaum zuläßt. Geniale Lautenerfinder sind nicht überliefert, und offenbar haben auch keine Götter bei der Entwicklung der Laute Pate gestanden.

Die Laute: Königin der Musikinstrumente

Sie wurde im 16. Jahrhundert tatsächlich „regina omnium instrumentorum musicorum", Königin aller Musikinstrumente, genannt, bis die Orgel ihren Anspruch als Alleinherrscherin geltend machte. Die ersten Spuren der Laute führten bis ins dritte vorchristliche Jahrtausend zurück, was aber nicht besagt, daß sie erst um diese Zeit im asiatischen Raum entstanden ist.
Wie schon erwähnt, gibt es über ganz Asien verteilt eine große Gruppe lautenähnlicher Instrumente, die unter den verschiedensten Bezeichnungen laufen, die aber vom Typus des Griffbretts, der Wirbel zum Saitenspannen und des Korpus her alle gewisse Ähnlichkeiten aufweisen. Für die Laute, wie man sie heute kennt, dürfte ebenfalls der Tanbur Pate gestanden haben, der von Assyrien her bis in den Balkan vordrang. Er ist vom 10. Jahrhundert ab belegt. Unter arabischem Einfluß entwickelte sich daraus die „al-'ud" (von arabisch = das Holz), die Spanier machten daraus laúd, ebenfalls „das Holz". Daraus wurde schließlich das „Instrument aus Holz", also die „Laute".

1 – Eine Sonderform der Laute mit besonders langem Hals ist der Colascione. Ein ähnliches Instrument mit einem großen trommelförmigen Schallkörper zupft dieser chinesische Spieler in einem landwirtschaftlichen Betrieb.
2 – Ein holländischer Mezzo-Colascione von Gosewijn Spijker, Amsterdam 1759
3 – Viele italienische Gitarren wie diese Chitarra battente aus dem 17. Jahrhundert zeichnen sich durch schöne Einlegearbeiten aus.

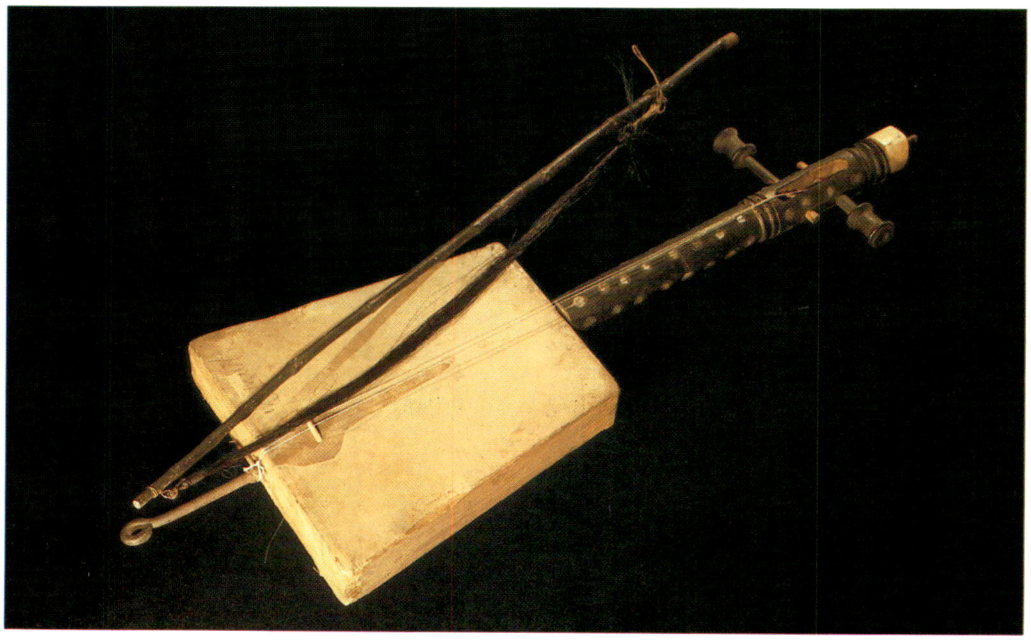

1

1 – Vorläufer aller gestrichenen Saiteninstrumente dürfte die arabische Rabab sein. Im Bild eine zweisaitige ägyptische Rabab el-mughanni, deren Bogen allerdings nicht gespannt ist.
2 – In der dem Minnesänger Heinrich von Meißen genannt Frauenlob (etwa 1250/60 bis 1318) gewidmeten Miniatur der Manessischen Liederhandschrift aus der ersten Hälfte des 13. Jahrhunderts ist die viersaitige Fidel das zentrale Instrument. Außerdem sieht man Trommel, Flöte, Schalmei, Sackpfeife und Psalterium.

Die Saitenzahl war ähnlichen Schwankungen unterworfen wie bei der Lyra. Die erste europäische Laute, die spanische Laute (Vihuela), hatte sechs Saiten aufzuweisen, wogegen sich die Franzosen im 17. Jahrhundert damit nicht begnügten und ihre Lira mit einer Saitenzahl zwischen elf und vierundzwanzig bestückten. Während die historischen Instrumente Saiten aus Darm, manchmal auch aus Messing besaßen, wurde seit dem 17. Jahrhundert übersponnene Seide, bei den drei oberen Saiten Darm oder Stahl bevorzugt, als Holzmaterial Ahorn, Palisander, Ebenholz und Mahagoni, oft mit Intarsien aus Elfenbein.
Zu Beginn des 16. Jahrhunderts kam auch eine besondere Notenschrift oder Tabulatur für die Laute auf. Für jede Saite der Laute hatte sie eine Linie, also je nachdem fünf oder sechs, auf oder über denen Zeichen oder Buchstaben angaben, wo die Saite niederzudrücken war.
Eine spezielle Lautenart verdient noch erwähnt zu werden, der Colascione. Das ursprünglich zwei- bis dreisaitige Instrument war bis zu zwei Meter lang und wird als „langhalsige Kleinlaute" bezeichnet.
Entscheidend für den Erfolg der Laute war die Vielseitigkeit ihrer Anwendungsmöglichkeiten: als virtuoses Solointrument, zur Begleitung oder im Instrumentenchor als Generalbaßinstrument. Im 20. Jahrhundert erlebte die ehemalige Königin der Musikinstrumente im Zuge der Wiederbelebung alter Musik ein strahlendes Comeback.

Die Gitarre

Es war im 13. Jahrhundert, als sich in Irland eine interessante Entwicklung anbahnte, die sich in unserer Zeit zum Millionengeschäft ausgeweitet hat. Das berufsmäßige Bardentum war auf dem Vormarsch, es wurde modern, Sänger von Berufs wegen zu sein. Um diese Zeit etwa wurde in Spanien ein Instrument bekannt, das man „guitarra latina" nannte, die viersaitige Frühform der modernen Gitarre.
Spanien bildete damals die Brücke zwischen der islamischen und der abendländischen Kultur, und so kann man sicher sein, daß die Mauren dieses Instrument in Spanien einführten. Im 16. Jahrhundert waren aus den ursprünglichen vier Saiten fünf Saitenpaare geworden, und im 17. Jahrhundert schließlich gelangte es als „guitarra espaniola" nach Frankreich und Italien. Die heute noch übliche Bespannung von sechs Saiten erhielt das Instrument schließlich im 18. Jahrhundert.
Allerdings scheint es neben dieser Form auch noch andere Gitarrentypen gegeben zu haben, wie ein Lexikon von 1717 berichtet: „Chitarre, ein musicalisches Instrument, mit vier oder fünf Chor-Darm-Saiten überzogen: hat keinen runden, sondern einen länglichen Bauch, wie die Geigen: Darauf pflegen die Italiänischen Comödianten und Marckschreyer mit den Nägeln zu scharren; einige aber auch als auf einer Laute zu spielen."
Nach diesem Text zu urteilen, hätten die Beatles zur damaligen Zeit wohl kaum eine Chance gehabt. Immerhin beschäftigten sich auch berühmte Leute wie der Geigenbauer Antonio Stradivari (1644–1737) aus Cremona mit der Gitarre, und Paganini wußte die Gitarre mit der gleichen Virtuosität zu spielen wie seine Geige. In Deutschland war die Gitarre bereits um 1600 bekannt, verschwand aber so gründlich aus der Erinnerung, daß die Herzogin Amalia von Weimar sie um 1788 als angeblich neues Instrument aus Italien mitbrachte. Die heute übliche leicht ausgebügelte Achtform des Gitarrenkorpus geht wahrscheinlich auf Antonio Torres zurück, der diese Instrumente seit 1854 baute.

Die Geige

Noch heute spielen indische Bettelmönche auf einem Instrument, das „Ravanastron" genannt wird. Man bringt die Saiten mit einem Bogen zum Schwingen, und es ist wahrscheinlich das älteste Streichinstrument überhaupt. Der Sage nach soll es in grauer Vorzeit von einem König namens Ravana auf der Juweleninsel Ceylon (Sri Lanka) erfunden worden sein.
Wann genau ein findiger Kopf bemerkt hat, daß man einer gespannten Saite nicht nur durch Anzupfen mit den Fingern einen Ton entlocken konnte, sondern auch durch Anstreichen mit einem Bogen, entzieht sich der geschichtlichen Beweisführung. Ein Bindeglied zwischen gestrichenem und gezupftem Chordophon (Saiteninstrument) scheint die arabische Rabab zu sein, die als gestrichene Laute beschrieben wird. Das Instrument mit einem schalenförmigen Schallkörper war mit Pergament bespannt und ist um 600 n. Chr. entstanden. Es besaß bereits Flankenwirbel, mit denen die wahrscheinlich zwei Saiten gespannt werden konnten.
Im 10. Jahrhundert tauchte in Europa ein zargenloses, also aus einem Stück gebautes Instrument auf, das augenfällige Anlehnungen an die arabische Rabab zeigte: die Rubebe oder Rebec. Sie hatte einen birnenförmigen Korpus, eine Schallrose und C-Löcher – und Saitenwirbel wie die Rabab. Bereits im Mittelalter wurde dieses Instru-

Meister Heinrich Wrôwenlob. C viij.

ment auch als Geige bezeichnet, ebenso wie die ursprünglich spitzförmige „fidula" oder Fidel, die sich von der Geige durch einen flacheren Resonanzkörper unterschied. Sie wurde im 9. Jahrhundert zum ersten Mal von Otfrid von Weißenburg, einem Mönch des unterelsässischen Klosters Weißenburg, erwähnt.

Im Abendland des sechzehnten Jahrhunderts hatten sich schließlich im wesentlichen zwei Familien von Streichinstrumenten herausgebildet. Die eine Instrumentenart gehörte der Viola-da-braccio-Familie an, kurz Violonfamilie. Sie wurden in der Armhaltung gespielt, hatten eine gewölbte Decke und einen gewölben Boden. Zu dieser Familie gehören auch die Viola (Bratsche), das um eine Oktave tiefere Violoncello und der Kontrabaß. Die andere Abart wurde in der Kniehaltung gespielt. Sie verfügte über eine gewölbte Decke und einen geraden Boden, dazu war ihr Körper mehr gestreckt. Diese Instrumente wurden unter der Bezeichnung Viola-da-gamba-Familie, kurz Gambenfamilie, zusammengefaßt.

Ein Streichinstrument verdient es noch, in diesem Zusammenhang erwähnt zu werden: der russische Gudok. Erst Ausgrabungen neueren Datums in Nowgorod brachten ein dreisaitiges Instrument zutage, das im Laufe der Jahrhunderte vergessen worden war. Es war das Instrument der wandernden Spielleute der alten Rus, der Skomorochen, die auf Volksfesten und Jahrmärkten mit dem Gudok musizierten. Der älteste ausgegrabene Gudok stammt aus dem 12. Jahrhundert.

Die Blütezeit der Geigenbaukunst

Viersaitigkeit, Stimmung in Quinten und Bundlosigkeit, das waren die wichtigsten Merkmale der sich im 17. Jahrhundert immer weiter verbreitenden Violine. Zu welchem Zeitpunkt alle diese charakteristischen Merkmale auftraten, welcher Geigenbaumeister sie zuerst in seine Konstruktionen einbezog, ist nicht nachzuweisen. Namen wie Kaspar Tieffenbrucker (um 1562) und Gasparo da Saló tauchen in diesem Zusammenhang auf, ihr Einfluß auf den Geigenbau ist aber nicht beweisbar. Die große Zeit des Geigenbaus brach im 17. Jahrhundert an. Die Hochburg des abendländischen Geigenbaus war Italien, genauer die oberitalienische Stadt Cremona.

In dieser Stadt am linken Ufer des Po lebte einer der besten Geigenbauer aller Zeiten: Nicola Amati (1596–1684), berühmter Sohn einer berühmten Geigenbauerfamilie. Sein Großvater, Andrea Amati (zwischen 1520 und 1535 bis zwischen 1575 und 1611), war der älteste bekannte Vertreter dieser Familie. Er gilt als der Begründer der sogenannten Cremonenser Schule des Geigenbaus. Seine beiden Söhne, Antonio (um 1555–1640) und Girolamo (um 1556 bis 1630), stiegen in die Fußstapfen des Vaters. Sie führten bei den von ihrem Vater gebauten Instrumenten einige Verbesserungen ein und schufen damit beinahe die endgültige, wenn auch etwas kleinere Form der Violine.

Doch Girolamos Sohn, Nicola Amati, sollte alle Familienmitglieder überflügeln und Geigen bauen, deren einzigartiger Klang bis heute nicht wieder erreicht wurde. Als neunundzwanzigjähriger Geigenbauer entwarf Nicola die erst später als normal bezeichnete größere Form der Geige, und von 1660 an baute er seine Meistergeigen, die zum Teil noch heute gespielt werden.

Stradivari: Der klassische Meister der Geigenbaukunst

Es ist nicht verwunderlich, daß sich die Fertigkeit des Meisters Amati aus Cremona herumgesprochen hatte und angehende Geigenbauer sich danach drängten, bei ihm in die Lehre zu gehen. Einer dieser Schüler war Giacomo Antonio Stradivari (1644 bis 1737). Sein Ruhm hat sich bis in die heutige Zeit erhalten. Obwohl dieser geniale Meister der Nachwelt genaue Bauanleitungen hinterlassen hat, wie seine Meistergeigen zu konstruieren sind, hat noch keine moderne Geige den einzigartigen Klang der Stradivari-Geigen erreicht.

Er war ein Meister der Akustik. Ihm wird nachgesagt, daß er die akustischen Eigenschaften jedes einzelnen Holzteiles beim Geigenbau rechtzeitig erkennen und berücksichtigen konnte. Stradivari hielt sich zunächst an die von Amati konzipierte Bauform. Um das Jahr 1667 machte er sich selbständig und arbeitete zusammen mit seinen beiden Söhnen Giacomo Francesco (1671–1733) und Omobono Felice (1679 bis 1742) in seiner eigenen Werkstatt.

Stradivari entwickelte seine eigene Geigenform. Sie war etwas breiter als die seines Lehrers und zeichnete sich durch die vollendete Harmonie ihrer Proportionen aus. Ihr goldgelber Lack und ihr voller, unvergleichlicher Ton waren ihre Markenzeichen. Etwa 600 Geigen, 50 Violoncelli und 12 Bratschen aus seiner Hand sind erhalten geblieben. Die Instrumente sind heute ein Vermögen wert. Eine Million Mark und mehr werden für diese Kunstwerke gezahlt. Gegen Ende des 18. Jahrhunderts war man der Meinung, daß die Tonstärke der Stradivari-Geigen nicht ausreichte. Man baute den Baßbalken, der unter dem Steg die Decke der Geige mit dem Boden verbindet,

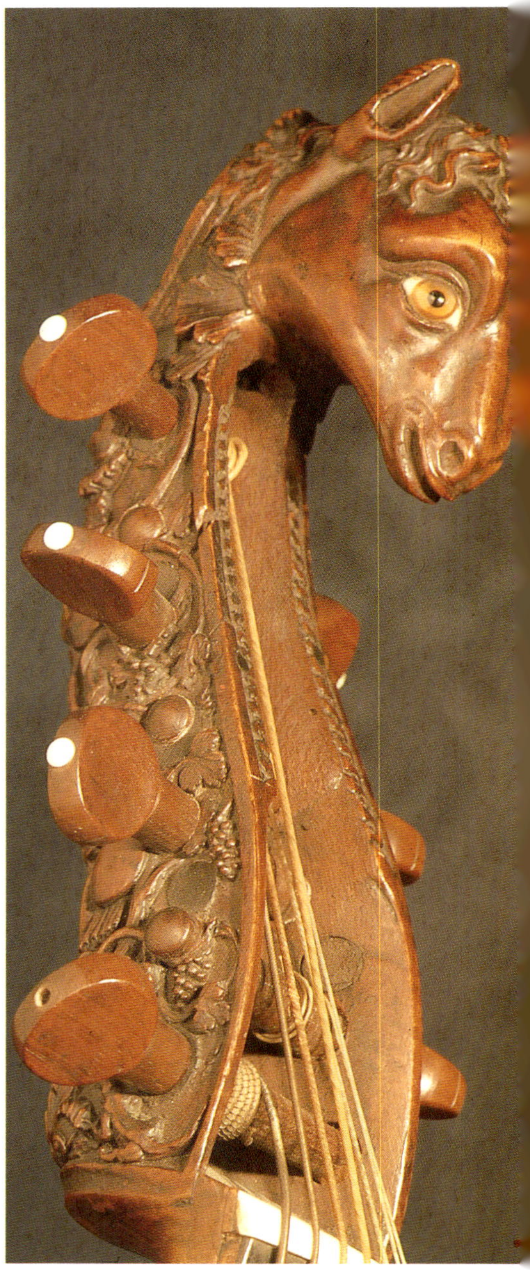

um. Aus dem gleichen Grund veränderte man auch den Hals mit Wirbelkasten und Schnecke sowie den Stimmstock, der den auf der Decke angebrachten Steg abstützt. Man hätte annehmen können, daß durch diese ernsten Eingriffe in die ursprüngliche Konstruktion des Meisters eine erhebliche Klangveränderung eingetreten sei. Aber der bestechende Klang der Stradivari-Geigen blieb erhalten, und sein Geheimnis ist bis heute noch nicht restlos geklärt. Zwar weiß man heute durch Schalldruckmessungen, daß die Intensität der Tonabstrahlung in den Schwingungsbereichen von 300 bis 400 Hertz und bei 800 Hertz bei seinen Geigen besonders stark ist und daß ihre mittleren Frequenzwerte kaum Schwankungen aufweisen, aber warum diese Geigen die für das menschliche Ohr so angenehmen Töne erzeugen können, bleibt ein Geheimnis.

Die Geigenbaukunst breitet sich aus

Ein weiterer Schüler des Nicola Amati war der Stammvater der italienischen Geigenbauerfamilie Guarneri, Andrea Guarneri (vor 1626–1698). Die Merkmale seiner Instrumente waren eine geringere Wölbung und schlankere F-Löcher zu beiden Seiten der Bespannung. Der bekannteste Vertreter dieser Familie war der Enkel des alten Andrea, Giuseppe Guarneri (1698–1744). Er signierte seine Instrumente mit dem Christusmonogramm IHS und wurde daraufhin Giuseppe del Gesù genannt. Giuseppe wird mit Stradivari in einem Atemzug genannt, seine Geigen stehen denen des großen Meisters in nichts nach.

Auch die Mittenwalder Geigenbaukunst läßt sich wahrscheinlich bis zu Amati zurückverfolgen. Mathias Klotz (1653 bis 1743), in Mittenwald geboren, soll seine Kunstfertigkeit ebenfalls in Cremona erworben haben. Der Gründer der „Tiroler Schule" des Geigenbaus war Jakob Stainer oder Steiner (vor 1617–1683). Er war der bedeutendste Geigenbauer außerhalb Italiens, erlernte aber das Handwerk in Venedig. Es ist wahrscheinlich, daß auch er mit Nicola Amati in Verbindung gestanden hatte. Seine Instrumente zeichneten sich durch einen hellen, aber doch weichen und dazu weittragenden Ton aus.

Der bedeutendste niederdeutsche Violinenmacher seiner Zeit war Joachim Tielke (1641–1719). Seine Instrumente hatten einen hervorragenden Klang und waren meist reich verziert.

Im großen und ganzen gesehen sind seit dieser Zeit in der Geschichte des Geigenbaus keine umwälzenden Erfindungen zu vermerken. Man hatte herausgefunden, daß keineswegs jedes Holz klangtauglich ist.

Zwei Abbildungen einer Kaspar Tieffenbrucker (Caspard Duiffobrugcar) zugeschriebenen Viola da Gamba. Ihr reichgeschnitzter, in einen pferdeähnlichen Kopf auslaufender Wirbelkasten zeigt auf der Rückseite u. a. Pan mit einer Flöte und weitere Musikinstrumente. Die Viola da Gamba trägt ihren Namen, weil sie zwischen den Beinen (italien. gambe) gespielt wird im Gegensatz zur kleineren Viola da braccio, die man in Armhaltung spielt (italien. braccio = Arm). Typisch für die Gamben sind der flache Boden, die randlosen Zargen und die c-förmigen Schallöcher.

2

1

Eine Verwendung bestimmter Holzarten für die einzelnen Teile der Geige kristallisierte sich heraus. Die Decke stellte man aus Fichtenholz her. Der Boden und die Zargen, also die Seitenwände, wurden wie auch der Hals und der Steg aus Ahornholz gefertigt. Manche Geigenbauer verwendeten für die Zargen und den Hals auch Holz von der Rotbuche oder vom Birnbaum. Das Griffbrett bestand meistens aus Ebenholz, und für die Wirbel und den Saitenhalter wählte man Holz des Buchsbaumes. Aber Holz als Werkstoff scheint nicht unbedingt bindend zu sein. Man hat auch schon Geigen aus Plexiglas gebaut.

Der von den alten Geigenbauern verwendete Lack hat schon viele Gemüter erhitzt. Ihm wurde für die Klangqualität entscheidende Bedeutung beigemessen. Die Tatsache, daß die Zusammensetzung der alten Lacke weitgehend unbekannt ist, gab seiner Funktion ein geheimnisvolles Flair. Bei den alten Geigen wurden viele Schichten hintereinander aufgetragen, in früheren Zeiten Leinöl, vom 16. Jahrhundert an immer häufiger Schellack. Im 20. Jahrhundert drängten sich die Öllacke und schließlich Kunstharzlacke in den Vordergrund.

Eine echte Erfindung im Zusammenhang mit der Geige darf nicht unerwähnt bleiben, auch wenn sie keine technische Saite zum Schwingen bringt: Im Jahr 1698 erfand der italienische Violinist und Komponist Giuseppe Torelli (1658–1709) das Violinkonzert.

Der Geigenbogen hat Geschichte

Ein Streichinstrument ist ohne Bogen nicht denkbar. Die Vermutung liegt nahe, daß auch er sich aus dem Jagdbogen entwickelt

1 – Der Geigenbauer paßt die Reifchen in die Eckklötze des Schallkörpers ein.

2 – Vor einer starken Lampe zeigt sich die Struktur des Holzes.

3 – Um die klangliche Qualität verschiedener Geigen beurteilen zu können, baute Dr.-Ing. J. Meyer an der Physikalisch-Technischen Bundesanstalt Braunschweig in einer reflexionsfreien Kammer sechs Mikrophone um das Instrument auf und schaltete sie in einem mittelwertbildenden Netzwerk zusammen. Nach Schwingungsanregung des Geigensteges durch die Nadel eines elektrodynamischen Systems konnte er den abgestrahlten Schalldruckpegel in Frequenzkurven darstellen (4). In einer Grafik der gemittelten Pegelwerte für zwei Terzbereiche steht eine Geige von Leo Aschauer von der Geigenbauschule Mittenwald dicht an dem Streufeld der Stradivarius-Geigen (5).

3

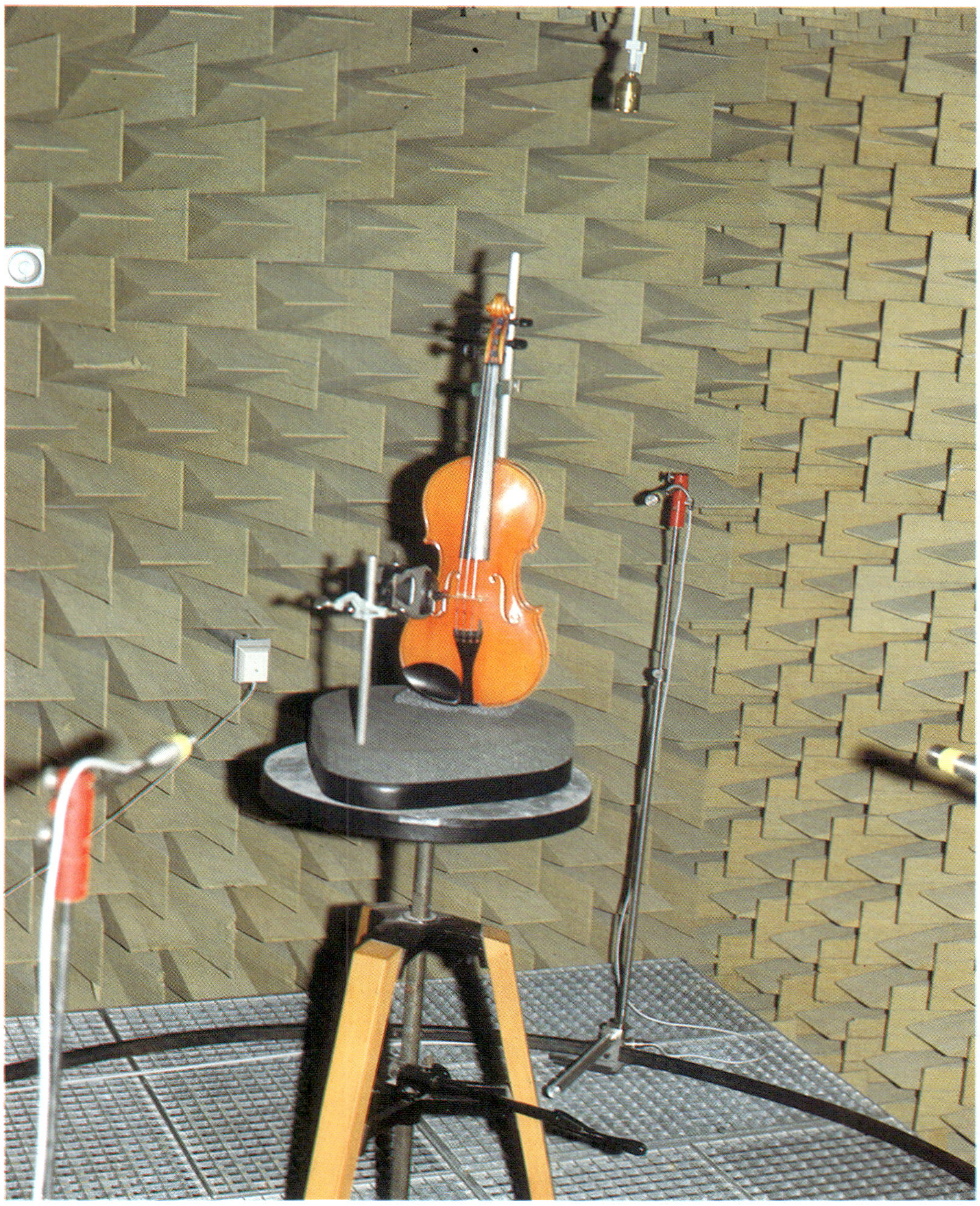

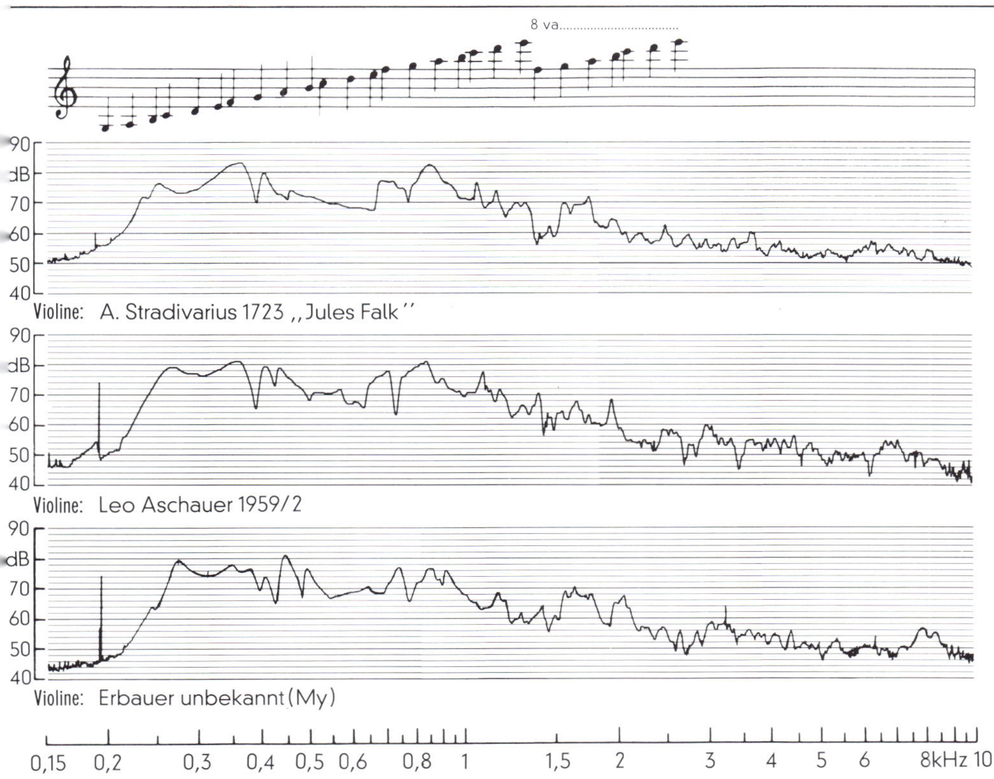
8 va
90
dB
70
60
50
40
Violine: A. Stradivarius 1723 „Jules Falk"
Violine: Leo Aschauer 1959/2
Violine: Erbauer unbekannt (My)
0,15 0,2 0,3 0,4 0,5 0,6 0,8 1 1,5 2 3 4 5 6 8kHz 10

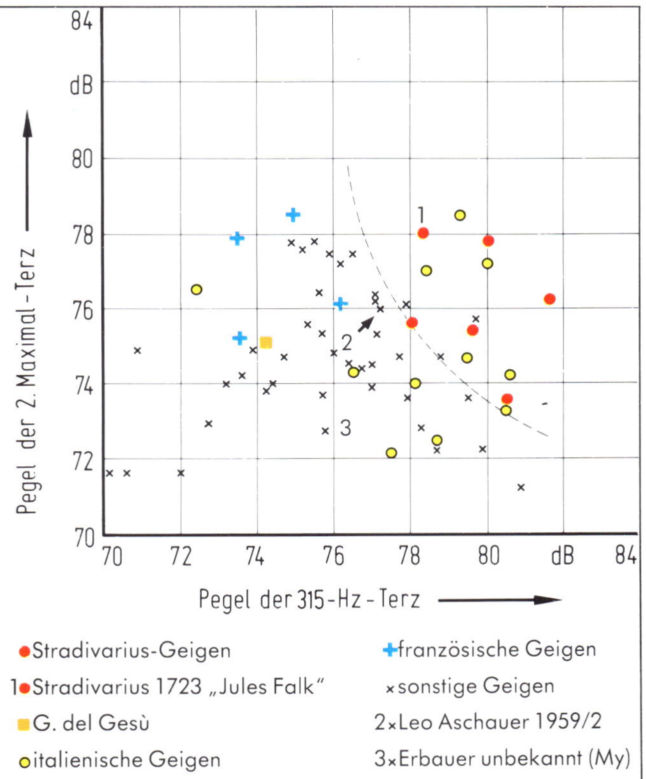
84
dB
80
78
76
74
72
70
70 72 74 76 78 80 dB 84
Pegel der 2. Maximal-Terz
Pegel der 315-Hz-Terz
1
2
3
Stradivarius-Geigen
1 Stradivarius 1723 „Jules Falk"
G. del Gesù
italienische Geigen
französische Geigen
× sonstige Geigen
2 × Leo Aschauer 1959/2
3 × Erbauer unbekannt (My)

hat. Man nimmt an, daß seine Verwendung für ein Streichinstrument zuerst im fernen Orient bekannt war. Im 8. Jahrhundert etwa gelangte er durch die Araber nach Europa.
Zwei Entwicklungen beim Bogen verliefen parallel. Der Bezug, der über die Saiten gestrichen wurde, bestand ursprünglich aus gedrehtem Darm. Später verwendete man Fasersträhnen und schließlich Roßhaar, das auch heute noch im wahrsten Sinne des Wortes tonangebend ist. Im gleichen Zeitraum verlief die Entwicklung von der konvex gekrümmten zur geraden Bogenstange, wie sie heute üblich ist.
Im 15. Jahrhundert fand bereits der sogenannte „Frosch" Verwendung, eine Mechanik am Bogengriff, die ein Spannen und Entspannen des Bezugs möglich machte.
Der Vater des heute noch verwendeten Bogens war der Franzose François Tourte (um 1747–1849). Er legte die optimalen Proportionen des Bogens fest, vervollkommnete die Technik und führte die Metallzwinge am Frosch ein. Begeisterte Zeitgenossen feierten ihn als „Stradivari des Bogens".
Interessant ist vielleicht noch die Frage nach der Zahl der Haare eines Bogens. Ein Violinbogen hat etwa 170 Haare vom Schwanz eines Schimmelhengstes aufzuweisen. Das Violoncello hat einen breiteren Bogen; für ihn muß der Schimmel etwa 220 Haare lassen.
An der Westküste Kleinasiens liegt die antike griechische Stadt Kolophon. Hier fand man schon im Altertum ein hochgeschätztes Harz, das man nach seinem Fundort Kolophonium nannte. Dieses Harz verwendete man, um eine stärkere Haftung und Reibung der Bogenhaare auf den Saiten zu erreichen. Das heute gebräuchliche Kolophonium ist kein Naturharz mehr, sondern ein Rückstand, der bei der Destillation von Terpentin zurückbleibt.

Blasinstrumente

Flöteninstrumente

Flöten kann man mit gutem Gewissen als die ältesten Blasinstrumente überhaupt bezeichnen. Sie sind und waren in allen Kulturkreisen vertreten, als Längsflöten, als Querflöten, mit verschiedenen Lochzahlen und aus den unterschiedlichsten Materialien. So berichtet beispielsweise der Weltumsegler James Cook im Jahr 1769 von einer Flötenart, die ihm auf Tahiti aufgefallen war: „Vier Personen spielten eine Flöte, die nur zwei Löcher hatte und folglich nur vier Halbtöne hervorbringen konnte. Sie spielten diese Instrumente etwa so, wie man die Querflöte spielt, nur daß die Musiker statt mit dem Mund mit einem Nasenloch in eines der Löcher bliesen, während sie das andere mit dem Daumen zuhielten."
Auch andere Ozeanienreisende hatten diese merkwürdig erscheinende Art des Flötenblasens beobachtet, etwa auf den Fidschi-Inseln. Das Volk der Maori auf Neuseeland stellte primitive Flöten aus Albatrosknochen her, mit drei Grifflöchern in mehr oder weniger ungleichmäßigen Entfernungen voneinander. Heute weiß kein Mensch mehr auf Neuseeland, welche Tradition mit dem „koauau" in Verbindung stand. Nur ein altes Maori-Sprichwort kündet noch von der Bedeutung, die diese Flöte früher einmal gehabt haben muß: „Wenn der ‚koauau' nachts ertönt, dann sind die eifersüchtigen Ehemänner wachsam." Ein Liebeszauber der Maori-Junggesellen.

Das Geheimnis der schwingenden Luft

Die Flöten gehören zur Gruppe der Holzblasinstrumente, obwohl die konischen oder zylindrischen Rohre schon seit undenklichen Zeiten aus den verschiedensten Materialien hergestellt werden: aus Knochen, Schilfrohren, Metall, Ton und natürlich auch aus Holz. Alle haben gemeinsam, daß der eingeblasene Luftstrom auf eine scharfe Kante gelenkt wird, die sogenannte Schneidekante oder Aufschnittkante. Dabei bilden sich Wirbel, und die im Rohr befindliche Luftsäule wird in Schwingungen versetzt.
Die Tonhöhe richtet sich nach der Länge der schwingenden Luftsäule. Bei Flöten mit Grifflöchern kann durch Abdecken oder Aufdecken der Öffnungen eine Verlängerung oder Verkürzung der Luftsäule erreicht werden. Sind alle Löcher geschlossen, so erklingt der Grundton des Instruments.
Eine andere Möglichkeit, die Tonhöhe zu ändern, ist das „Überblasen". Durch kräftigeres Blasen, also durch eine Verstärkung des Luftdrucks, wird bei der Flöte der erste Oberton hörbar, die Tonfolge liegt eine Oktave höher.
Bei der Blockflöte wird der Luftstrom mechanisch über einen Schnabel auf die Schneidekante geleitet, sie ist daher recht einfach zu blasen. Bei Instrumenten mit einem Anblasloch, wie bei der Querflöte, trifft der Luftstrom auf die den Lippen des Bläsers gegenüberliegende Kante des Anblaslochs. Diese Technik erfordert viel Übung, erlaubt aber auch, den Ton durch den Anblaswinkel und die Lippenspannung des Bläsers zu variieren. Bleibt noch zu erwähnen, daß die Einteilung in Längsflöten und Querflöten sich nach der Spielhaltung der Instrumente richtet.
Eine dritte Gruppe bilden die Gefäßflöten, wie zum Beispiel die Okarina (Verkleinerungsform zu italienisch „oca" = Gans). Sie ist meistens aus Porzellan oder Ton und hat die Form eines Gänseeis, einen Schnabel zum Anblasen und acht bis zehn Grifflöcher. Ihr Ton wird als sanft und dumpf beschrieben. Die heute noch existierende Form der Okarina wurde um 1860 von dem Italiener G. Donati erfunden.
Die Technik der Gefäßflöten ist uralt und ebenfalls in vielen Kulturkreisen verbreitet. Ausgrabungen in Peru förderten eine altperuanische Gefäßflöte mit vier Grifflöchern zutage, gefertigt aus einer Kalebasse, dem getrockneten Körper eines Flaschenkürbisses. Bemerkenswert für das altperuanische Musikinstrumentarium ist übrigens, daß es auf Blasinstrumente spezialisiert ist und Saiteninstrumente völlig fehlen.

Der Urmensch blies Flöte

Um auf die ersten Spuren der Flöte zu stoßen, muß man weit in die Vorzeit zurückgehen. Das wahrscheinlich älteste flötenähnliche Instrument wurde in der Höhle von Isturitz in Südfrankreich gefunden. Es ist ein Röhrenknochen, dessen eines Ende glatt abgesägt ist und dessen Kante drei große Löcher aufweist. Wissenschaftler sind der Ansicht, daß es sich bei diesem Fund um die Ellbogenröhre eines geierähnlichen Vogels gehandelt hat, den ein Crô-Magnon-Mensch (30000–10000 v. Chr.) zu einer Flöte umfunktioniert hat.
Ebenfalls aus der Altsteinzeit stammt ein Fund aus Bruniquel in Frankreich. Dabei handelt es sich um eine etwa viereinhalb Zentimeter lange Pfeife mit einem kreisförmigen Loch kurz vor der einen Knochenverdickung. Man nimmt an, daß der Knochen aus dem Fuß eines Rentiers stammt. Das Ren stand im Raum nördlich der Alpen als Jagdwild an erster Stelle.

1 – Die Gefäßflöten haben in Peru eine alte Tradition. Bei diesem peruanischen Silvador sind zwei Kalebassen brückenartig doppelt miteinander verbunden.
2 – Pan selbst führt in dieser provinzialrömischen Groteskstatuette die Flöte vor, die er der Sage nach erfand, als die von ihm verfolgte Nymphe Syrinx in ein Schilfrohr verwandelt wurde. Syrinx ist auch der zweite Name für das aus mehreren Rohren zusammengefügte Instrument, das in vielen Kulturkreisen als Hirtenflöte auftaucht. Die Verwandtschaft mit der Orgel ist unverkennbar.

1

„Die Ägypter halten es für unter ihrer Würde, die Kunst der Musik selbst zu erlernen", behauptet der griechische Geschichtsschreiber Diodor im ersten Jahrhundert v. Chr. Allerdings scheint ein Bild des Wesirs Merekura aus der 6. Dynastie (um 2400 v. Chr.), wie er zusammen mit seiner Frau musiziert, Diodors Bericht zu widerlegen. Fest steht, daß hochgeschätzte Berufsmusikanten den größten Anteil an der altägyptischen Musik hatten. Und der älteste dargestellte Musikant ist ein Flötenspieler aus der Zeit um 3300 vor Christus. Im Alten Reich (2780–2280 v. Chr.) kannte man bereits eine kurze Doppelflöte mit acht Löchern und eine lange Querflöte. In den schon bei der Lyra erwähnten Königsgräbern von Ur fand man eine silberne Doppelflöte mit vier Grifflöchern, die auf die Mitte des dritten vorchristlichen Jahrtausends datiert wird. Die Langflöte ist auf vielen griechischen und römischen Malereien zu finden. Um 2000 vor Christus war die aus zwei nebeneinanderliegenden Langflöten gebildete Doppelflöte auch auf den griechischen Inseln bekannt.

Panflöte: die lieblichen Klänge des gehörnten Gottes

Es ist erfrischend, bei der Vielzahl der unbekannten und ungenannten Erfinder von Musikinstrumenten auf einen gewitzten Instrumentenbauer zu stoßen, dessen Geschichte überliefert ist, auch wenn der Erfinder wieder göttlicher Herkunft und seine Geschichte eine Legende ist. Da gab es einmal eine entsetzte Göttermutter mit Namen Kallisto, Penelope oder Hybris, die fluchtartig das Wochenbett verließ, als sie sah, was für einen Sohn sie in die Welt ge-

2

setzt hatte. Er hatte kleine Hörner auf dem Kopf und Bocksfüße, weshalb gehässige Klatschmäuler behaupteten, seine Mutter sei eine Ziege gewesen.

Der stolze Vater war der Lyraspieler Hermes, der seinen Sohn ungeachtet seines merkwürdigen Äußeren in die olympische Götterrunde einführte. Die Musik lag der Familie im Blut. Pan, so hieß der gehörnte Gott des Weidelandes, erwies sich als echter Sohn seines Vaters und erfand die Panflöte. Die Legende schildert, wie es dazu kam. Auf der Suche nach einem Liebesabenteuer verfolgte Pan die liebliche Nymphe Syrinx oder Nonakris. Der auf Bocksfüßen wandelnde Gott war ihr nicht geheuer, und als der Fluß Ladon ihrer Flucht ein Ende setzte, bat sie befreundete Nymphen, sie in Schilf zu verwandeln. Pan schnitt die Schilfrohre ab und band Rohre verschiedener Länge zu einer Flöte zusammen, die bis dahin noch nie gehörte Töne hervorzubringen imstande war.

Die Panflöte (Syrinx) war fast allen Völkern der Erde bekannt. Es gab sie in Europa und in Mittel- und Südamerika, sie wurde in Ostafrika und in Zentral- und Ostasien gespielt, man konnte sie in Hinterindien genauso hören wie in Ozeanien. Anstelle der Schilfrohre benutzte man später auch Knochen, Holz, Bronze oder Elfenbein. Das Prinzip war überall das gleiche. Man reihte verschieden lange Röhren ohne Grifflöcher aneinander und klebte sie mit Wachs zusammen oder verband sie mit Schnüren. Jede Röhre wird an der oberen Kante einzeln angeblasen und erzeugt je nach Länge einen bestimmten Ton.

So verschieden wie das verwendete Material war auch die Anzahl der Pfeifen. Die alten Griechen verbanden drei bis neun Röhren. In Asien und Italien spielte man auf bis zu zwanzig Röhren, und um Akkorde intonieren zu können, legte man bisweilen zwei oder drei Röhrenreihen übereinander. Nach dem Hochmittelalter geriet die Panflöte in Europa nahezu in Vergessenheit, erlebt aber in unserer Zeit als Virtuoseninstrument eine neue Blüte.

Die süße Stimme der Blockflöte

Die Spuren der Blockflöte führen über den Orient bis nach China. Auf welchen verschlungenen Wegen und zu welcher Zeit diese Flötenart die europäischen Länder eroberte, ist weitgehend unbekannt. Man nimmt lediglich an, daß sie im Mittelalter aus Asien oder über Arabien vorgedrungen ist und längst in der Volksmusik ansässig war, bevor sich künstlerische Kreise für diese Schnabelflöte interessierten.

Der Name Blockflöte leitet sich aus dem Block oder Kern ab, der in dem schnabelförmigen Mundstück den Windkanal begrenzt. Der erste bildliche Nachweis der Blockflöte stammt aus dem Frankreich des 11. Jahrhunderts n. Chr. Im frühen Mittelalter hatte sie eine zylindrische Form mit wahrscheinlich sieben Grifflöchern. Sie war das wichtigste Instrument des fahrenden Volkes, was immer man darunter verstand: die heimatlosen Gaukler und Possenreißer, die Quacksalber und Dirnen, auch die entlaufenen Mönche und Nonnen. Zu ihnen gesellten sich in fränkischer Zeit die fahrenden Sänger, die im 11. Jahrhundert die Träger der Spielmannsdichtung wurden.

Die musikalische Bewegung der Renaissance brachte der Blockflöte ihre erste große Zeit, die in einer Hochblüte im 16. und frühen 17. Jahrhundert gipfelte. Im Frühbarock nahmen sich auch die Instrumentenbauer ernsthaft der Blockflöte an. Das bisher einteilige Rohr wurde in drei selbständige Teilstücke untergliedert, Kopf, Mittelstück und Fuß. Gleichzeitig wurde die zylindrische Bohrung zugunsten einer konischen Bohrung aufgegeben, das heißt, daß sich die Flöte zum Mundstück hin verjüngte. Damit war auch die heute noch übliche Form entstanden.

Das Klangbild veränderte sich ebenfalls. Aus dem ehemals weichen, vollen Ton wurde durch Veränderungen im Mundstück im 17. Jahrhundert ein hellerer, süßer Klang. Um 1600 waren neun verschiedene Größen der Blockflöte bekannt. Sie gelten als die Urformen der heute noch üblichen Blockflötenarten: Baßflöte, Tenorflöte, Altflöte, Sopranflöte und schließlich Sopranino.

Bedeutende Veränderungen wurden seit dieser Zeit an der Blockflöte nicht mehr vorgenommen. Als Material verwendet man Ebenholz, Palisander, Ahorn, Birne oder Buchsbaum, aber auch Metall und natürlich den unabkömmlichen Kunststoff. 1923 wurde der Versuch gestartet, die Grifflöcher durch Klappen zu ersetzen, aber es blieb beim Versuch. Etwa im Jahr 1750 wurde die Blockflöte im Orchester von der Querflöte verdrängt und erst Anfang des 20. Jahrhunderts wiederentdeckt.

Die Querflöte: Virtuosin unter den Flöten

Die erste Nachricht über den Gebrauch einer Querflöte kommt aus China und ist wahrscheinlich um das Jahr 900 v. Chr. anzusetzen. Aber dieser sichere Hinweis besagt nichts über das tatsächliche Alter des Instruments. Es breitete sich über Indien, Ägypten und Griechenland bis nach Europa aus, aber diesmal offenbar ohne die Kurierdienste der islamischen Araber. Der älteste europäische Beleg verweist nämlich auf das sagenumwobene Volk der Etrusker, dessen Herkunft schon im Altertum umstritten war und bis heute noch nicht geklärt werden konnte.

Der römische Historiker Titus Livius schrieb über etruskische Unterhaltungskünstler, die um 365 v. Chr. nach Rom eingeladen wurden, daß sie zwar zum Spiel der Flöte tanzten, aber niemals sangen. Die Musiker waren sehr freizügig gekleidet, mit hauchdünnen, buntfarbigen Schals, die lokker von den Schultern bis zu den Knien hingen. Eine abgebildete etruskische Querflöte stammt vermutlich aus dem 2. Jahrhundert v. Chr. Der Flötenspieler hält das Instrument rechts vom Kopf und benutzt zum Spielen die Finger beider Hände. Im 12. Jahrhundert taucht die Querflöte als „flauto allemande" oder als „flûte allemande" in Deutschland auf.

In den frühen Entwicklungsstufen des Instruments sind zwei Typen zu unterscheiden, nämlich die Querpfeife und die eigentliche Querflöte. Vom 13. bis zum 16. Jahrhundert war die Querpfeife zusammen mit der Trommel ein wichtiges Instrument der Militärmusik, in der sie auch in unserer Zeit noch angesiedelt ist. Erst seit dem 17. Jahrhundert erlebte die Querflöte eine eigenständige Entwicklung. In Frankreich gingen die Instrumentenbauer daran, das Instrument, ähnlich wie die Blockflöte, in drei eigenständige Teile zu zerlegen. Mittelstück und Fußstück erhielten eine konische Bohrung, wobei der engere Durchmesser zum Fuß hinführte. Das hatte natürlich wieder eine Klangänderung zur Folge, er wurde heller. Die ursprünglich sechs Löcher wurden um ein Loch im Fuß erweitert, und man vergrößerte das Anblasloch.

1 – Auf der Elfenbeinschnitzerei, die Christof Angermair um 1620 schuf, ist Gott Pan, der seine Flöte vor sich hält, umgeben von Musikanten mit (im Uhrzeigersinn folgend) Baßblockflöte, Rinderhorn (über die Schulter gehängt), Krummem Zink, Rackett, Posaune, Blockflöte und (am Gürtel) Sackpfeife, im Hintergrund Pommer, Querflöte und Krummhorn.
2 – Eine deutsche Bassettblockflöte aus dem 17. Jahrhundert mit einer zweiflügeligen Klappe
3 – Der Holzschnitt aus dem Ständebuch des Jost Amman von 1568 zeigt Landsknechte mit Querpfeife, allerdings recht unrealistisch gehalten, und Heertrommel.
4 – Dieser junge Chinese bläst eine einfache Querpfeife.

1

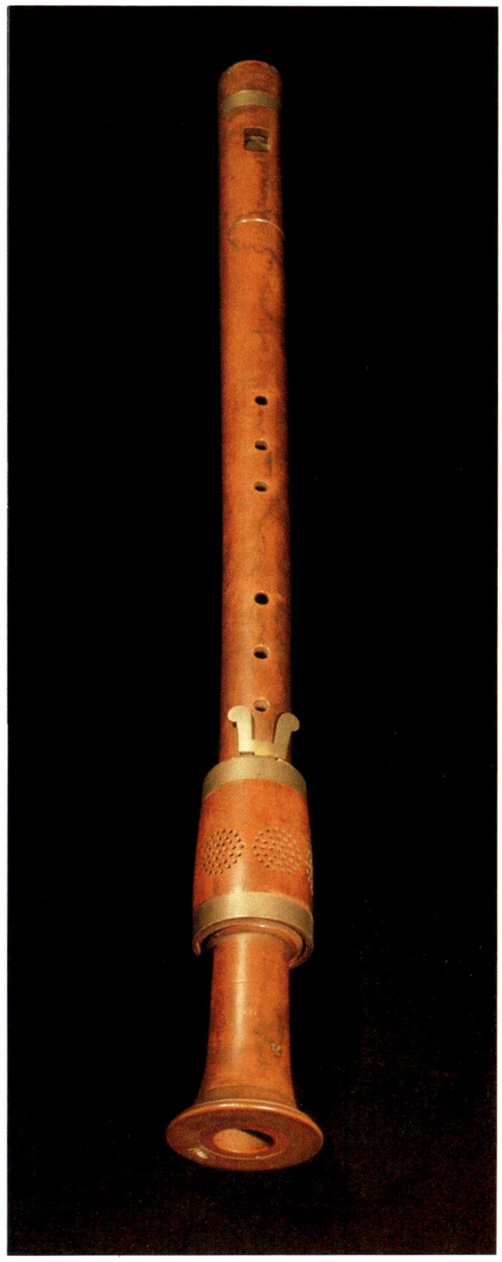
2

3

4

1

1 – Theobald Boehm schuf diese Querflöte aus Silber mit der Fabrikationsnummer 41 wahrscheinlich 1847. Im Jahr zuvor hatte er den Flötenbau revolutioniert, indem er die Tonlöcher nach rein akustischen Gesichtspunkten anordnete und die Flöte durch ein griffgünstiges Klappensystem bespielbar machte. Für die Mechanik der Nadelfedern, genau wie die Mundplatte aus Gold, griff Boehm auf eine Erfindung des Pariser Instrumentenbauers A. Buffet d. J. zurück. Der B-Hebel wurde erst später von dem Italiener Briccialdi erfunden.

2 – Einer der prominentesten Flötenspieler war Friedrich II. von Preußen. Das Gemälde von Adolph von Menzel zeigt den König beim Konzert im Musikzimmer des Schlosses Sanssouci. Sein Flötenlehrer Johann Joachim Quantz (1697–1773) schrieb für ihn rund 300 Flötenkonzerte und trat auch mit einem „Versuch einer Anweisung, die Flöte traversière zu spielen" hervor.

Die ersten Versuche im späten 17. Jahrhundert, die Löcher durch Klappenmechanismen abzudecken, erwiesen sich als fruchtlos. Allerdings wird der Einspruch geltend gemacht, daß die Versuche eher aus ästhetischen als aus technischen Gründen scheiterten. Ungeachtet dieser Äußerlichkeiten wurden ab etwa 1760 verschiedene Klappeninstrumente gebaut, die komplizierte Gabelgriffe überflüssig machten und dafür sorgten, daß die Flöten ein ausgeglicheneres Klangbild erhielten.
Eine bemerkenswerte Erfindung sollte nicht unerwähnt bleiben, nämlich die Erfindung der Ringklappen von R. F. Nolan im Jahr 1808. Durch seine Konstruktion wurde es möglich, daß man mit einem Fingerdruck zwei Klappen gleichzeitig schließen konnte. Das französische „Journal des Luxus" von 1806 weiß eine Kuriosität zu vermelden. Der Pariser Uhrmacher Charles Laurent hatte sich nach neuen Werkstoffen umgesehen und Querflöten aus Glas gebaut.

Ein Münchner macht Musikgeschichte

In der Mitte des 18. Jahrhunderts war die Flöte zum Modeinstrument geworden. Fürsten und vornehme Bürger bemühten sich nach Kräften, ihre Virtuosität auf der Querflöte unter Beweis zu stellen. Unter ihnen war auch der Preußenkönig Friedrich II., der nicht nur spielte, sondern auch komponierte. Bedeutende Neuerungen an den Klappenmechanismen waren nicht zu verzeichnen. Aber der englische Flötist Charles Nicholson (1795–1837) hatte herausgefunden, daß mit seinem Instrument eine größere Tonstärke zu erzielen war, wenn er die Tonlöcher wesentlich vergrößerte.

Im 19. Jahrhundert lebte in München ein Mann namens Theobald Boehm (1794 bis 1881). Er war langjähriges Mitglied der königlichen Kapelle, und zwar als Flötist. Hauptberuflich arbeitete er als Hersteller von Holzblasinstrumenten und hatte sich auf sein Lieblingsinstrument, die Querflöte, spezialisiert. Boehm war zu Ohren gekommen, daß Nicholson Versuche mit größeren Tonlöchern angestellt hatte, die eine stärkere Tonausbeute zur Folge hatten. Aber er dachte noch einen Schritt weiter. Bisher hatte man die Tonlöcher an der Flöte viel eher dort gebohrt, wo sie mit den Fingern bequem zu erreichen waren, ohne daß eine ungewöhnliche Fingergymnastik gefordert war. Sämtliche akustischen Prinzipien über die beste Resonanz wurden so über den Haufen geworfen. Man behielt diese falsche Art der Bohrung sogar noch bei, als die ersten Klappenflöten auftauchten.

Boehm wußte diesen Fehler zu vermeiden. Er stellte zunächst die Mensur, also den Tonlochabstand der Flöte, nach akustischen Gesetzen fest, und dann erst überlegte er sich einen genialen Mechanismus, der noch heute ohne wesentliche Änderungen Verwendung findet. Große Tonlöcher, Anordnung der Löcher nach akustischen Gesichtspunkten, bequem bespielbarer Klappenmechanismus und in der Grundstellung geöffnete Klappen, das waren die revolutionierenden Neuerungen der Boehmflöte von 1846.
Die Vorzüge seines Mechanismus waren so offensichtlich, daß das gesamte System der Holzblasinstrumente eine Neuerung erfuhr. Der Klappenmechanismus wurde in ähnlichen Formen bei der Oboe, der Klarinette und dem Fagott übernommen.
In England und Frankreich wurde seine Querflöte mit Begeisterung aufgenommen, während sein Heimatland Deutschland seiner Erfindung lange Zeit sehr reserviert gegenüberstand. In zwei illustrierten Werken hat Boehm seine Ideen überliefert. 1847 erschien in Mainz das Buch „Über den Flötenbau und die neuesten Verbesserungen desselben". In München wurde das Werk „Die Flöte und das Flötenspiel, in akustischer, technischer und artistischer Beziehung" herausgegeben.
Es blieb nicht aus, daß sich auch Gegner der Boehmflöte zu Wort meldeten. Sie hatten nicht mehr und nicht weniger zu bemängeln, als daß sie bei seiner Querflöte den charakteristischen Flötenton vermißten.
Theobald Boehm starb am 25. November 1881 in seiner Heimatstadt München. Seine bevorzugt aus Silber angefertigten Instrumente, mit Mundplatte und Federn aus Gold, sind in vielen Museen zu besichtigen. Instrumente aus der Familie der Boehmflöte, von der Piccolo- bis zur Baßflöte, sind in jedem Orchester vertreten.

Rohrblattinstrumente

Ein breiter Grashalm, zwischen die gestreckten Daumen der gefalteten Hände gepreßt, mag den Anstoß zur Erfindung der Rohrblattinstrumente gegeben haben. Wenn man nämlich einen kräftigen Luftstrom zwischen den beiden Daumen hindurchbläst, beginnt der Grashalm zu vibrieren und erzeugt einen Ton, der durch die beiden Handflächen als Resonanzkörper verstärkt wird. Wie weit diese Erfindung eines vorgeschichtlichen Musikers zurückliegt, ist unbekannt. Die älteste Form eines Rohrblattinstruments mit zwei gleichzeitig gespielten Röhren stammt aus Mesopota-

1

2

3

1 – Der Aulosspieler auf dem griechischen Vasenbild hat eine Wangenbinde angelegt, die beim Blasen seine Mundmuskulatur unterstützt.
2 – Bei der Sackpfeife oder dem Dudelsack füllt der Spieler durch ein Mundrohr oder mit einem Schöpfbalg den Sack als Luftmagazin, aus dem er die Luft mit dem Arm in die Flöte preßt.
3 – Links eine Diskant-, rechts eine Altschalmei, auch Pommern genannt, von dem spanischen Instrumentenbauer Melchior R. S. vom Anfang des 17. Jahrhunderts
4 – Zwei Krummhörner französischer Herkunft Ende des 16. Jahrhunderts, das größere mit zweiflügeliger Klappe, sowie eine Oboe da caccia (ohne aufgestecktes Doppelrohrblatt) der Brüsseler Instrumentenmacher I. H. und G. A. Rottenburgh aus dem 18. Jahrhundert

4

mien und wird auf das dritte Jahrhundert v. Chr. datiert. Es handelt sich dabei um ein Doppelrohrblattinstrument, eine sehr frühe Form der Oboe.
An dieser Stelle ist festzuhalten, daß man grundsätzlich zwei verschiedene Arten von Rohrblattinstrumenten unterscheidet: die Doppelrohrblatt- oder Oboeninstrumente und die Einzelrohrblatt- oder Klarinetteninstrumente. Die Tonerzeugung geschieht nach dem Zungenprinzip.

Die vibrierende Rohrzunge

Das Prinzip eines Rohrblatts funktioniert so, daß der durch eine schmale Einblasritze eintretende Luftstrom durch die Schwingungen des Rohrblatts periodisch unterbrochen wird. Dadurch gerät die Luftsäule im Resonator, also im Rohr, in regelmäßige Schwingungen. Wie bei der Flöte hängt auch bei den Rohrblattinstrumenten die Tonhöhe von der Länge der schwingenden Luftsäule und von der Stärke des eingeblasenen Luftstromes ab.
Für das Rohrblatt verwendet man heute im allgemeinen Pfahlrohr (Arundo donax), das im tropischen und subtropischen Asien und im Mittelmeergebiet wächst. Es sind hohe Stauden mit flachen und meistens ziemlich breiten Blättern. Bei den Doppelrohrblattinstrumenten liegen zwei Blättchen aus diesem Pfahlrohr wie dünne, fein zugeschnittene Lamellen dicht aufeinander und lassen nur eine Ritze für den Luftstrom frei. Am unteren Ende sind die beiden Blättchen zusammengebunden und stecken in einer Metallhülse. Die Hülse wiederum wird in das obere Ende des Resonanzrohrs eingeführt.
Wird ein Luftstrom in die Ritze eingeblasen, schlagen die beiden freischwingenden Enden periodisch gegeneinander und regen die Luftsäule im Rohrinnern zu Eigenschwingungen an. Nach diesem Prinzip erzeugen beispielsweise Oboen und Fagotte den Ton. Die Klarinetteninstrumente verfügen nur über ein Einzelrohrblatt. Es liegt in einer ausgesparten Bahn des Schnabelmundstücks, dessen Luftbahn es als sogenannte „aufschlagende Zunge" periodisch verschließt. Auch hier tritt also wieder eine Unterbrechung des Luftstroms ein, die Luftsäule beginnt zu schwingen.

Die doppelte Oboe der Griechen

Der „aulos" mit einem Mundstück und einer meist V-förmig gestellten Doppelröhre war das am weitesten verbreitete Blasinstrument der griechischen Antike. Lange

Zeit hielt man dieses oft auf Vasenbildern erscheinende Instrument für eine Flöte, und ganz ausgeschlossen ist es nicht, daß der „aulos" auch als Flötentyp vorkam. Aber die neuesten Erkenntnisse der Musikwissenschaft lassen kaum noch Zweifel darüber aufkommen, daß es sich bei diesem Instrument um eine Art Doppeloboe gehandelt hat.
In der Mitte des 2. Jahrtausends v. Chr. taucht der „aulos" in Ägypten auf. Möglicherweise kam er über die Hethiter und Assyrer nach Griechenland. Eine andere Erklärung besagt, daß er von einem Phrygier namens Olympos nach Griechenland gebracht wurde. In Griechenland hatte der „aulos" schließlich erstaunliche Funktionen. So wurde angenommen, daß sein schriller, durchdringender Klang Ischiasschmerzen vertreiben könne, wenn man über dem kranken Körperteil spielte. Bei Feierlichkeiten zu Ehren der Götter war Aulosmusik unabkömmlich. Und zu den ekstatischen Festen der dionysischen Kulte und Spiele war der scharfe Klang der „auloi" der richtige Rahmen. Ohne Aulosmusik war kein festliches Leben denkbar. Es war ein bemerkenswerter Aufstieg für ein Instrument, das ursprünglich ausschließlich von den Geächteten und den Barbaren gespielt wurde.
Das Spiel mit diesem Instrument erforderte eine besondere Technik, gleichzeitig zu blasen und einzuatmen. Deshalb legte der Aulet eine Art Backenbinde in Form eines Maulkorbes an, der die Wangenmuskulatur bei dem starken Aufblähen der Backen stützen sollte. Vermutlich führte diese Hilfskonstruktion zur Entwicklung der Sackpfeifen, die noch heute in Form des Dudelsacks mit Schottland und Schottenröcken in Verbindung gebracht werden. Als

Streich-, Zupf- und Blasinstrumente sind bei dem nächtlichen Ständchen von Carl Spitzweg vereint. Zu erkennen sind zwei Schalmeien, Geige, Baßgeige und Laute.

Material für den „aulos“ wurde Rohr, Holz oder Knochen, aber auch Elfenbein und Metall verwendet. Neben dem „aulos“ aus zwei Rohren, mit drei oder vier Grifflöchern, gab es in der Antike offenbar auch schon einen einfachen zylindrischen „aulos“ aus einem Rohr.
Ob sich allerdings daraus später Schalmei und Oboe entwickelt haben, erscheint fraglich. Wahrscheinlicher ist, daß diese Instrumente aus einer konischen Kegeloboe entstanden sind, wie sie über Nordafrika, Asien und Europa verbreitet und 200 n. Chr. auf jüdischen und phönizischen Münzen abgebildet war.

Die Schalmei

Da das Doppelrohrblattinstrument Schalmei im 12. Jahrhundert zum erstenmal im damals sarazenischen Sizilien auftauchte, liegt es nahe, wieder den arabisch-islamischen Raum für sein Ausbreiten verantwortlich zu machen, auch wenn sein Name gewöhnlich von dem lateinischen Wort „calamus“ (Rohr) abgeleitet wird. Bald entwickelte sich die Schalmei in der ländlichen und kriegerischen Musik zu einem beliebten Instrument und breitete sich über ganz Europa aus. Sie hatte auf der Vorderseite sechs bis sieben Grifflöcher, und das Doppelrohrblatt wurde nicht etwa zwischen die Lippen gesteckt, sondern vollständig in den Mund geschoben. Der Ton konnte dadurch nicht mehr moduliert werden, er war wie von einem Blasebalg angeblasen starr.
Im 15. Jahrhundert ging aus der Schalmei eine neue Familie der Blasinstrumente mit doppeltem Rohrblatt hervor, die Pommern. Sie hatten eine leicht konische Bohrung, und das Rohrblatt lag frei. Diese Instrumente wurden in verschiedenen Stimmlagen gebaut, in der Alt-, Tenor- und Baßlage, während die Diskantpommer den Namen Schalmei beibehielt und als Urahn der heutigen Oboe gelten kann.

Die Oboe: das Instrument der Musketiere

Während die Schalmei aus einem Stück bestand, wurde gegen Mitte des 17. Jahrhunderts ihre Nachfahrin, die Oboe, aus drei Teilen gefertigt. Wer für diese Veränderung verantwortlich zeichnet, ist nicht sicher. Zwei Namen tauchen in diesem Zusammenhang auf: Michel Philidor, ein Krummhornbläser, der um 1650 lebte, und Jean Hotteterre (gestorben 1691), Großvater des berühmten Flötenvirtuosen Jacques Hotteterre (um 1684–1762). 1657 soll die Oboe von Großvater Jean Hotteterre zum erstenmal öffentlich gespielt worden sein. Das Instrument hatte noch weitere Unterschiede zur Schalmei aufzuweisen. Es besaß eine engere Bohrung und einen kleineren Schallbecher am Ende des Rohres, die Tonlöcher waren enger, und sie wurden bereits von bis zu drei Klappen abgedeckt. Man nahm das längere und schmalere Doppelrohrblatt direkt zwischen die Lippen. Dadurch war es möglich, Tonhöhe und Klang genauer zu bestimmen und das Instrument sicherer in höhere Lagen zu überblasen.
Bei Aufzügen und höfischen Festen war die Oboe bald nicht mehr wegzudenken, und seit 1663 taucht das Instrument auch in der Musik der Musketiere auf. Mitte des 17. Jahrhunderts begann die Oboe die Orchester zu erobern, und sie hat bis in die heutige Zeit ihren Platz behauptet. Sie war wichtiges Instrument in der französischen Barockoper und im Instrumentenchor von Bach und Händel.
Im 19. Jahrhundert wurde das geniale Klappensystem von Theobald Boehm zunächst nur in England und Frankreich auch auf die Oboe angewendet, und bis zum ersten Drittel dieses Jahrhunderts wurden Oboen mit vierzehn Klappen gebaut. Vom Oboenklang wird behauptet, daß er der menschlichen Stimme am nächsten komme, „näselnd“ oder „zartlyrisch“, sogar „komisch“, aber auch „singend“, je nach Intonation.
Es dauerte nicht lange, da traten verschiedene Varianten der Oboe auf. Um 1720 wurde die Oboe d'amore (Liebesoboe) geschaffen. Sie war größer und hatte wegen ihres birnenförmigen Schallstücks einen milderen Klang. Obwohl Komponisten wie Bach sie gerade wegen dieses Klanges sehr schätzten, geriet sie gegen Ende des 18. Jahrhunderts in Vergessenheit. Ebenfalls im 18. Jahrhundert entwickelte sich das Englischhorn, eine Altoboe. Das Rohr war zunächst gebogen, um die Handhabung zu erleichtern, ab 1820 wurde es dann gestreckt. Der ursprüngliche Name war Oboe da caccia (Jagd-Oboe), obwohl kein Anlaß zu der Vermutung besteht, daß sie jemals bei der Jagd verwendet wurde.
1904 baute Wilhelm Heckel (1856–1909) zusammen mit seinen beiden Söhnen Wilhelm Hermann und August die erste Baritonoboe. Sie wies ein birnenförmiges Schallstück (Liebesfuß) mit kleiner Öffnung auf, das den Klang dämpfte und färbte. Richard Strauss war von ihrem vollen, weichen Ton so begeistert, daß er Heckels Instrument 1905 als erster in seiner Oper „Salome“ verwendete.
Das Fagott als Baßinstrument der Oboenfamilie ist eine Schöpfung des 16. Jahrhunderts. Seine Röhre ist U-förmig gebogen, das Doppelrohrblatt steckt in einem Anblasröhrchen mit S-Form. 1877 entwickelte Wilhelm Heckel das Kontrafagott mit mehrfach gewundener Röhre, das bis heute gebräuchlich ist.

1

Die Klarinette

Die Klarinette erzeugt ihren Ton, wie schon erwähnt, mit einem einfachen Rohrblatt, das die Luft in einer zylindrischen Röhre in Schwingungen versetzt. Allgemein wird festgestellt, daß sie ein sehr junges Instrument ist, weil sie aus der französischen Chalumeau, einer „Volksklarinette“ mit Grifflöchern, entstanden sei, wobei das Rohrblatt auf das Korpusrohr aufgebunden ist. Tatsache aber ist, daß es Instrumente mit einfachem Rohrblatt und zylindrischer Röhre schon seit vorchristlicher Zeit gibt. Beispiele dafür sind der arabische Zummarah, eine Doppelklarinette mit sechs Grifflöchern, und der ägyptische Arghul, dessen eines Rohr der Melodiebildung dient und dessen verlängertes zweites Rohr einen gleichbleibenden Baßton spielt.
Wenn der Instrumentenmacher Johann Christoph Denner (1655–1707) als Erfinder der Klarinette deklariert wird, muß man einschränkend sagen, daß ihm zwar keine Erfindung, dafür aber die sehr weitreichende Verbesserung des Chalumeau zu verdanken ist. Denner, Sohn eines Horndrechslers, wurde schon in jungen Jahren in Nürnberg ansässig. Er erwarb sich den Ruhm großer Geschicklichkeit in der Anfertigung von Holzblasinstrumenten, und es blieb nicht aus, daß ihm die recht sorglose Konstruktion des volkstümlichen Chalumeau auffiel.
Als erster veränderte er das Mundstück so, daß eine Lippe des Bläsers direkt auf dem

1 – „Nicolaus Rosenkron, Fagotist, geborn in Lapland, kam in Nürnberg 1679. Joh. Daniel Rosenkron, Violist", steht auf dem Kupferstich. Allerdings hat das abgebildete Instrument noch nicht die für das Fagott seit dem 17. Jahrhundert typischen zwei Rohre. Die birnenförmige durchbrochene Verdickung ist ein Schallstück, wie es in ähnlicher Form auch bei anderen Blasinstrumenten vorkommt. Wohl wegen seines „süßen" Klangs nannte man das Fagott auch Dulzian, Dolcian oder Douçaine.
2 – Auf der Arghul, der ägyptischen Doppelklarinette, wird die Melodie auf dem kürzeren Rohr gespielt, während das längere in einem gleichbleibenden Baßton mitklingt.
3 – Ein Fagott des Nürnberger Instrumentenbauers Johann Christoph Denner, dem die Weiterentwicklung des volkstümlichen Chalumeau zur Klarinette zu verdanken ist. Den Namen gab er ihr wegen ihres Klanges, der ihn an die Trompete (italien. clarino) erinnerte.

2

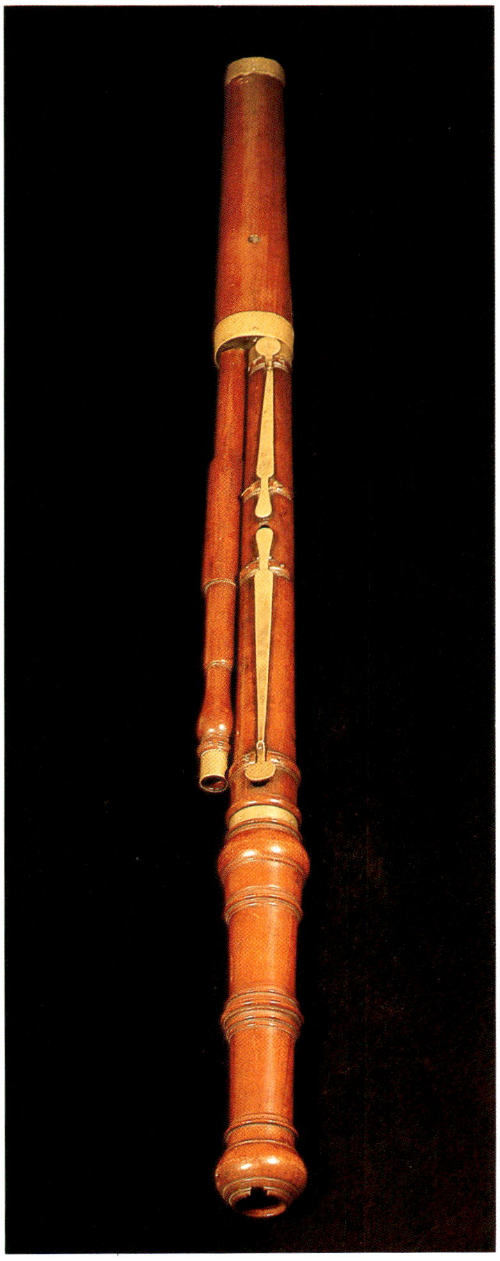
3

Rohrblatt auflag. Dadurch konnten sonst unerreichte Überblastöne erzielt werden. Durch eine Verkürzung und Verengung des Rohrs erreichte er höhere Töne, außerdem erweiterte er den Schallbecher wie bei einer Trompete. Schließlich brachte er zwei Klappen an, um die Tonlücke zwischen dem Ton des letzten Grifflochs und dem tiefsten Überblaston zu schließen.
Den nächsten Schritt zu unserer modernen Klarinette hin unternahm der Russe Iwan Müller (1786–1854). Um 1810 baute er eine Klarinette mit dreizehn Klappen und sehr reinem Ton. Ihr großer Vorteil war, daß man Modulationen in bisher unspielbaren Tonarten ausführen konnte. Aber die Herren des Conservatoire, der staatlichen französischen Musikschule in Paris, 1795 gegründet, hielten Müllers Erfindung für wertlos. Der Erfinder gab jedoch nicht auf und versuchte, die Mängel, vor allem das System des Klappenbelags, zu verbessern. Im Jahr 1839 verwendeten die beiden Franzosen H. E. Klosé (1808–1880) und L. A. Buffet den Klappenmechanismus von Boehm für die Klarinette. Auguste Buffet erhielt dafür im selben Jahr auf der Pariser Ausstellung eine Medaille.
Die Klarinette, so wird gesagt, nimmt unter den Blasinstrumenten den gleichen Rang ein wie die Geige unter den Streichinstrumenten. Zu ihren Bewunderern gehörte vor allem Mozart, der ihre vielseitigen Möglichkeiten gründlich ausschöpfte. Zudem ist sie in den meisten von Beethovens Orchesterwerken zu finden. Bleibt anzumerken, daß sich zwischen der deutschen und der französischen Klarinette ein Unterschied herauskristallisiert hat. Das deutsche Instrument hat eine engere Bohrung und ein kürzeres Rohrblatt, was einen durchdringenderen und schärferen Ton zur Folge hat.

Die Seele der Jazzmusik: das Saxophon

Zur selben Zeit, als Chopin und Schumann, Liszt und ein junger Mann namens Richard Wagner die Romantik beeinflußten, als aber auch Edgar Allan Poe seine schaurige Kriminalgeschichte „Der Mord in der Rue Morgue" schrieb, entstand ein Instrument, das seine Triumphe eigentlich erst in unserer Zeit feierte und eng mit der Geschichte des Jazz verknüpft ist: das Saxophon, benannt nach dem belgischen Erfinder Adolphe Sax (1814–1894).
Adolphe war der Sohn des bedeutenden Instrumentenbauers Charles Joseph Sax aus Dinant an der Maas. Er arbeitete in der Fabrik seines Vaters, und eigentlich hatte er sich lediglich vorgenommen, die seit langer Zeit gebräuchliche Klarinette zu verbessern. Er verbesserte überaus gründlich, und

schließlich hatte er etwa im Jahr 1840 ein merkwürdiges Zwitterinstrument hergestellt.
Von der Oboe übernahm er mit wenigen Abweichungen das Klappensystem samt der Griffweise sowie die konische Bohrung. Die ihm vertraute Klarinette lieferte das Mundstück mit dem einfachen Rohrblatt. Das Material schaute er den Blechblasinstrumenten ab. Am 21. März 1846 erhielt Sax auf sein neues Instrument ein französisches Patent, auf das ihm 1860 eine fünfjährige Verlängerung zugestanden wurde.
Man machte es dem glücklichen Erfinder nicht leicht. Er hatte sich gegen allerlei Widerstände durchzusetzen. Nachdem er in Brüssel sein Studium an der Musikhochschule beendet hatte, versuchte er mit seinem neuartigen Instrument in Paris sein Glück, in einer Zeit, die neuen Klangmischungen gegenüber sehr aufgeschlossen war. Richard Wagner, völlig in seine Arbeit am „Fliegenden Holländer" vertieft, lehnte das Saxophon ab. Die konservativen Pariser Instrumentenmacher horchten auf, als sich die Perfektion des silberblitzenden Instrumentes herumsprach, und sie bangten um ihr Geschäft. Mit allen Mitteln, sogar mit Gewalt, versuchten sie, die unerwünschte Konkurrenz zu eliminieren.
Aber der Siegeszug des Saxophons ließ sich nicht aufhalten. Die französischen Militärkapellen mußten das Instrument per Verordnung einführen. Der erste Einsatz in der sinfonischen Musik von Johann Georg Kastner (1810–1867) fand kurioserweise bereits zwei Jahre vor der Patentierung statt. Richard Strauss war einer der ersten, der es in größerem Umfang in seinem sinfonischen Werk einsetzte. Damit war dem Saxophon gewissermaßen der Adelsbrief ausgestellt worden, auch wenn sein Erfinder es nicht mehr erlebte. So virtuos Sax beim Bau seiner Instrumente erschienen war, mit Geld konnte der Herr Professor vom Pariser Konservatorium nun einmal nicht umgehen. Er starb am 8. Februar 1894 als armer Mann.

Blechblasinstrumente

Die Bezeichnung „Blechblasinstrumente" ist alles andere als richtig, wenn man bis auf den Ursprung dieser Klangerzeuger zurückgeht. Sie waren aus allen möglichen Materialien, nur nicht aus Blech. Die Einordnung in diese Gruppe kam vielmehr daher, daß sie kein Rohrblatt zur Tonerzeugung aufweisen, sondern, zumindest in ihren späteren Erscheinungsformen, ein Mundstück aus Metall.
Man teilte sie ein in eine Gruppe der Hörner und eine Gruppe der Trompeten und Posaunen. Ausschlaggebend für die Unterscheidung der Gruppen ist das Mundstück. Bei den Hörnern findet man ein konisches, sich nach unten verjüngendes Mundstück, bei den Trompeten und Posaunen bildet es einen sich nach unten bauchförmig erweiternden Kessel. Auf die äußere Form der Instrumente ist manchmal kein Verlaß, was die Einordnung in eine bestimmte Kategorie betrifft. Manche Trompete kann man leicht für ein Horn halten und umgekehrt. Sieht man einmal von einer genauen Unterscheidung ab, dürften die ersten hornartigen Instrumente aus den hohlen Hörnern verschiedener Tiere entstanden sein. Sehr früh fand man auch heraus, daß das Gehäuse der Meerschnecke Tritonium hervorragend dazu geeignet war, Trompetentöne zu erzeugen. Schneckentrompeten dieser Art, zum Teil mit, zum Teil ohne Mundstück, sind in allen Kulturkreisen vertreten. Im Grab des ägyptischen Pharaos Tutench-Amun (um 1357–1337 v. Chr.) fand man zwei frühe Trompeten mit weitem Schalltrichter, aber ohne ausgebildetes Mundstück. Nach der ägyptischen Mythologie soll der Gott Osiris der Erfinder der Trompete sein.
Seit der Bronzezeit (1800–1000 v. Chr.) wurde dieses Material auch für die Musikinstrumente verwendet. Ein Beispiel dafür sind die Luren aus dem sogenannten nordischen Kreis. In Südamerika fanden andere Materialien im wahrsten Sinne des Wortes Anklang. Dort wurden Trompeten aus dem Schwanz des Gürteltiers gefertigt. Andere südafrikanische Kulturen bevorzugten Trompeten aus Ton mit konischem Schalltrichter. Die Tucuna-Indianer in den Urwäldern am Amazonas bauten ihren vier bis sechs Meter langen „buburé" aus spiralig gewickelten Rindenstreifen. Er wurde vor allem in der Nacht der Pubertätsriten für die jungen Mädchen geblasen. Der „buburé" war tabu, Frauen durften ihn unter keinen Umständen zu Gesicht bekommen.

Die „membranöse Polsterzunge" der Blechblasinstrumente

Bei den Blechblasinstrumenten übernehmen die Lippen des Bläsers dieselbe Aufgabe wie das Rohrblatt bei den Holzblasinstrumenten oder die Kante bei den Flöten. Der zwischen den Lippen hindurchgeblasene Luftstrom wird im Mundstück des Instruments reflektiert und versetzt die Lippen in periodische Schwingungen. Auf diese Weise wird der Atemstrom periodisch unterbrochen. Die Frequenz dieser Unterbrechungen teilt sich der im Rohr befindlichen Luftsäule mit, die nun ihrerseits zu schwingen beginnt. Die Schwingungsfrequenz steht in direktem Zusammenhang mit der Spannung der Lippen.
Wie auch bei den anderen Blasinstrumenten hängt die Tonhöhe von der Länge der schwingenden Luftsäule ab, also von der Länge des Rohres. Bei den frühen Instrumenten gab es keine Möglichkeit, die Tonhöhe durch Löcher oder Klappen zu variieren. Man war auf die Naturtöne angewiesen, also den Grundton und die durch die Veränderung der Lippenspannung erreichbaren Obertöne. Je geringer der Durchmesser des Rohres war, desto leichter war es, die hohen Töne zu erreichen. Die Art der Mensur war also der zweite Faktor für die Tonänderung. Die Klangfarbe des Instruments hing in erster Linie von der Art des Mundstücks ab. Je tiefer der Kessel, desto weicher der Ton, und je flacher der Kessel, wie etwa bei der Trompete, desto heller und obertonreicher der Klang.
Es ist verständlich, daß man sich Gedanken darüber machte, wie man die Tonkapazität der Blechblasinstrumente erweitern könnte, damit die Instrumente in den unteren Tonbereichen mehr schafften als Dreiklänge oder Quinten.

Die Trompeten von Jericho

Ohne Zweifel ist die Urtrompete schon wesentlich älter als jene berühmten Trompeten von Jericho, deren Klang die Mauern der Festung zum Einsturz gebracht haben sollen. Das magische Instrument, dem dieses Wunder zugeschrieben wird, war möglicherweise die israelische Chazozra, eine knapp fünfzig Zentimeter lange Trompete. Die Urtrompete hatte kein Mundstück, sie hatte keinen Schalltrichter, und kurioserweise blies man auch nicht in sie hinein. Sie fand als eine Art Megaphon zur Verzerrung der menschlichen Stimme Verwendung, als Geisterabwehrgerät, bei religiösen oder magischen Riten und geheimnisvollen Bannzaubern. Religiöse Funktionen hatten die bereits erwähnten ägyptischen Trompeten, die allerdings schon geblasen wurden, und die israelitischen Trompeten, die als von Gott gegebene, geheiligte Instrumente galten.
Über die griechische Trompete Salpinx aus dreizehn zylindrischen Elfenbeinteilen (etwa 450 v. Chr.) weiß man fast nichts, was auf ihren Verwendungszweck hindeutet. Vermutlich war sie ein rein militärisches Instrument. Über die Tuba der Etrusker schrieb Vergil in seiner Äneis, daß die etruskischen Wahrsager glaubten, der Klang der Tuba verkünde den Willen der Götter und das Ende einer Epoche.
Die Römer hatten die Tuba der Etrusker übernommen, ebenso ihre charakteristi-

schen Merkmale: eine gerade, durchwegs konische und über einen Meter lange Röhre aus Bronze, mit einem abnehmbaren Mundstück. Allerdings hatte die römische Tuba ausgesprochen weltliche Funktionen. Sie wurde zum militärischen Signalinstrument umfunktioniert. Ihre Signale ertönten bei Alarm und zum Wecken, bei der Wachablösung oder, seltener bei den römischen Legionen, zum Rückzug. Als Tuba curva mit gerundeter Röhre ertönte sie auch im Verein mit der Wasserorgel in den römischen Arenen als aufputschende Begleitmusik zu den Gladiatorenkämpfen. Ein weiteres Blechblasinstrument der Römer war der Lituus, der das Instrument der römischen Kavallerie gewesen sein soll. Vom Militär übernommen wurde auch die Bucina, Da U- oder S-förmig gebogene Instrument der Bauern und Hirten.
Zusammenfassend kann gesagt werden,

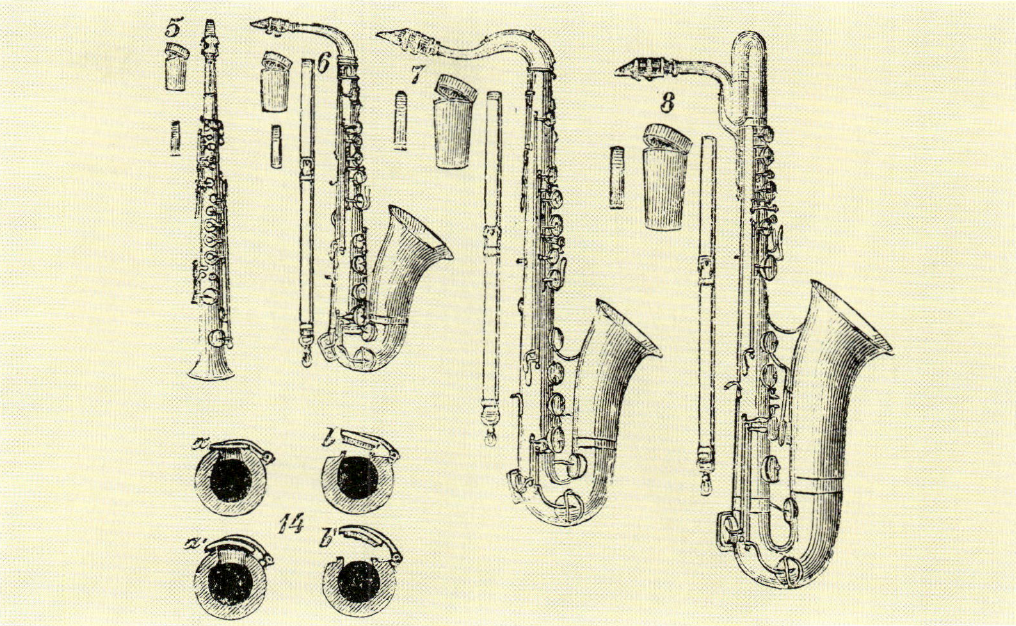

1

2

1 – Adolphe Sax nahm das Mundstück mit einfachem Rohrblatt der Klarinette, das Klappensystem und die konische Bohrung der Oboe und das Material der Blechblasinstrumente und entwickelte daraus das Saxophon. Aus einem Prospekt des Erfinders aus dem Jahr 1864: 5 Sopran-, 6 Alt-, 7 Tenor-, 8 Baritonsaxophon und 14 verschiedene Klappenverschlüsse.

2 – So vielfältig die Verwandtschaft des neuen Instruments, so wandlungsfähig ist auch sein Klang. Außer bei französischen Komponisten fand das Saxophon zwar in der Kunstmusik nur wenige Anhänger, aber im Jazz feierte es Triumphe. Im Bild Buddy Tate am Tenorsaxophon, hinter ihm der Schlagzeuger Sam Woodyard aus der Gruppe „The Greet Eight" im Frühjahr 1983.

1

2

daß die antiken Trompeten lediglich als Signal- oder Kultinstrument gedient haben. Die Beschreibung ihres Klangs reicht von dem Prädikat „schreckenerregend" bis zu dem Vergleich mit dem Geschrei eines Esels.
Interessant ist die Herstellung der Bronzeinstrumente nach dem Wachsausschmelzverfahren. Auf einen festen Kern in Form des gewünschten Instruments wurde eine Wachsschicht aufgetragen, die genau der Dicke der späteren Wandung entsprach. Über das Wachs kam ein Formmantel aus Lehm. Wenn die flüssige Bronze in den Zwischenraum hineingegossen wurde, schmolz das Wachs, und die Bronze trat an seine Stelle. Die dabei entstehenden Blechblasinstrumente waren verhältnismäßig dickwandig. Die Technik der Bauweise aus dünnem Blech sollen die Sarazenen eingeführt haben.

Von der „trombetta" zur Stopftrompete

Das Mittelalter hatte die geradrohrige Tuba der Römer übernommen, allerdings wurden sie länger und dünner, und das Schallstück wurde erweitert. Aber mit der Verlängerung war das Instrument gleichzeitig unhandlicher geworden, zudem verbog sich die dünne Röhre sehr leicht. So verfiel man gegen Ende des Mittelalters auf den Gedanken, das Rohr in S-Form zu biegen.
Ein Rohr aus dünnem Metallblech zu biegen, ohne daß es ausriß, bedurfte einer neuen Technik. Zunächst wurde ein gerades Rohr aus Metallblech, meist Messing oder eine Messinglegierung, hergestellt. Und jetzt machten sich die Instrumentenbauer die Tatsache zunutze, daß verschiedene Metalle verschiedene Schmelztemperaturen besitzen. Eine Messinglegierung schmilzt bei ungefähr 900 Grad Celsius, Blei bei 327 Grad Celsius. Also goß man die gerade Röhre mit flüssigem Blei aus. Nach dem Abkühlen des Bleis konnte das Rohr vorsichtig gebogen werden, dabei wurde es an den gefährdeten Stellen an der Innenseite und Außenseite der Biegung „ausgepocht", gehämmert. Hatte das Rohr die erwünschte Form erreicht, wurde das Instrument erhitzt, um das Blei zu entfernen. Durch diese Technik war es möglich, die Trompetenröhre zu verlängern, ohne daß sie unhandlich wurde, da sie jetzt eine länglich gewundene Form bekommen hatte.
Anfang des 16. Jahrhunderts hatte die „trombetta" bereits die heute übliche Gestalt. Aber immer noch konnte man nur Naturtöne auf dem Instrument blasen, solange man im tieferen Tonleiterbereich spielte. Eine vollständige Tonleiter, bei der die Töne melodisch nebeneinander liegen, war nur in den oberen Bereichen zu erreichen.

3

Das jedoch erforderte wesentlich mehr technisches und musikalisches Können.
In Deutschland waren demzufolge die Trompeter in zwei Klassen unterteilt, die eifersüchtig über ihre Tonlage wachten. Das waren einmal die „Feldtrumpeter“, die nur in mittleren und tiefen Lagen spielen durften. Die hohen Lagen, das Klarinblasen, war ein Privileg der „Kammertrumpeter“, eine Zunft für sich, deren Mitglieder mit dem Instrument virtuos umzugehen verstanden. Ließ sich ein „Feldtrumpeter“ zu hohen Tönen hinreißen, erwartete ihn eine harte Strafe, bisweilen sogar die Folter.
Den ersten Schritt in Richtung auf eine Chromatisierung der Trompete unternahm ein Mann aus dem Lager der Konkurrenz. Es war der Dresdner Hornist Anton Joseph Hampel. Er hatte das gleiche Problem mit den Naturtönen bei seinem Horn. Gegen 1760 unternahm er den Versuch, den Klang seines Horns ein wenig zu dämpfen, indem er einen Baumwollbausch in das Schallstück steckte. Als er das Horn anblies, stellte er fest, daß sich die Tonhöhe geändert hatte. Je nachdem, wie weit er den Baumwollbausch hineinsteckte, senkte sich die Tonhöhe des Instruments um einen Halbton oder einen ganzen Ton. Ein Hoftrompeter in Karlsruhe, Michael Wöggel, wandte diese Technik um 1777 auf die Trompete an, wobei er feststellte, daß drei Finger der rechten Hand den Baumwollpfropfen ersetzen konnten. Das war die Geburtsstunde der Stopftrompete.

Klappentrompete und Ventiltrompete

Der Ruf nach Chromatisierung und Stimmungswechsel bei der Trompete wurde im 18. Jahrhundert immer lauter. Das Stopfen

1 – Im Grab Tut-ench-Amuns fanden sich zwei Trompeten, eine silberne und die hier abgebildete aus Bronze mit einem als Lotosblüte gestalteten hölzernen Stopper. Anders als bei der Stopftrompete diente er wahrscheinlich, wenn das Instrument nicht benutzt wurde, als innere Stütze und Schutz vor Deformierung.
2 – Nachbildung einer in Pompeji gefundenen Tuba curva aus dem 1. Jahrhundert n. Chr. mit 126 cm Windungsdurchmesser. Das Mundstück ist abnehmbar.
3 – Der Feldtrompeter in einem Holzschnitt von Jost Amman aus Leonhardt Fronspergers Kriegsbuch, Frankfurt a. M. 1566, 2. Auflage 1573

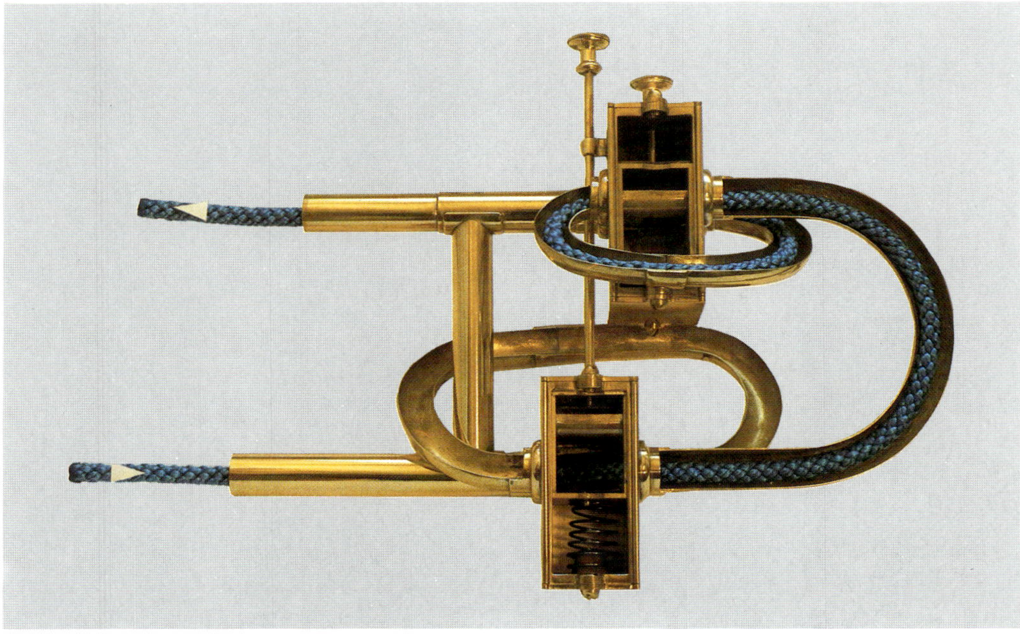
1

2

3

war zwar bereits eine Möglichkeit, aber die Trompeter schielten auf die mit dem Horn bereits gemachten Erfahrungen: Man hatte ein Grifflochhorn mit Klappen versehen und so die Grundstimmung erhöht.

Eine Menge erfolgloser Experimente wurde gestartet. Erst im Jahre 1801 baute der Wiener Trompetenvirtuose Anton Weidinger (1767–1852) eine Trompete mit Klappen. Sein Freund Joseph Haydn war begeistert von diesem Instrument, und er schrieb für Weidinger ein Trompetenkonzert in Es-Dur. Trotz des anfänglichen Erfolges schlug Weidingers Erfindung nicht ein, denn zu Beginn des 19. Jahrhunderts machte eine Erfindung von sich reden, die die Technik des Trompetenspielens revolutionierte: das Ventil.

Das noch heute gebräuchliche Drehventil wurde wahrscheinlich von dem Wiener Joseph Riedl im Jahre 1832 erfunden. Es wird aber auch noch eine andere Version zur Diskussion gestellt. Als erster soll 1813 ein Friedrich Blühmel aus Waldenburg ein brauchbares Ventilsystem erfunden haben. Beim Niederdrücken eines Ventils wurde die Luft durch ein kleines Zusatzrohr geleitet, wodurch das Hauptrohr verlängert und der Ton tiefer wurde.

Blühmel verkaufte, aus welchen Gründen auch immer, seine Erfindung dem Breslauer Hornisten Heinrich Stölzel, der sich am 12. April 1818 ein preußisches Patent auf das Ventil geben ließ. Dieses Patent ist zwar in den Registern verzeichnet, selbst aber nicht mehr auffindbar. 1827 wird ein Patentantrag Stölzels auf ein Röhrenventil, bei dem die innere Röhre beweglich war, abgelehnt. Im Jahr darauf bemühten sich sowohl Stölzel als auch Blühmel um Patente auf röhrenförmige Drehventile, aber vergebens. Einer anderen Quelle zufolge er-

Drei Modelle aus dem Deutschen Museum in München zeigen die Konstruktion der verschiedenen Trompetenventile:
1 – Trompete mit zwei Büchsenventilen, Friedrich Blühmel und Heinrich Stölzel 1813/18
2 – Trompete mit drei Drehventilen, Joseph Keil 1827, Stölzel und Blühmel 1828, patentiert für Joseph Riedl 1832
3 – Trompete mit drei Périnetventilen, Etienne Périnet 1839
4 – Die Instrumentenfabrik von Adolphe Sax führte ein breites Angebot von Blechblasinstrumenten.

hielten zwar beide zusammen 1818 das Patent für ihr Kastenventil, aber kaum waren die ersten Trompeten mit dieser Neuerung ausgestattet, gingen die beiden auseinander, und jeder machte dem anderen die Urheberschaft streitig.
Das Ventilsystem bedeutete für die Entwicklung der Trompete, und ganz allgemein für die Blechblasinstrumente, einen gewaltigen Fortschritt. Die Instrumente waren jetzt vollchromatisch, ohne Lücken aufzuweisen, und alle Töne standen in einem klanglichen Gleichgewicht zueinander. Während noch bei der Klappentrompete eine Tonveränderung durch Verkürzung der Rohrlänge erreicht wurde, wird das Rohr bei der Ventiltrompete verlängert. Der Luftstrom fließt entweder ungehindert durch das Hauptrohr oder, nach Drücken des Ventils, durch die Umleitung eines kurzen Nebenrohres. Je nach Länge der Ventilzüge wird die Tonhöhe um einen halben Ton bis eineinhalb Töne gesenkt. Die drei Ventile der Trompete können in verschiedenen Kombinationen betätigt werden.
Die Jazztrompete gehört zwar nach ihrer Bauart und ihrer Geschichte zu den Trompeten, sie ist aber aus dem Kornett (Cornet à pistons) aus der Familie der Hörner entstanden. Das ganze Instrument ist schlanker als die Trompete, sein Klang ist heller und geschmeidiger. Es ist mit Ventilen ausgestattet, die der Franzose François Périnet aus Paris 1839 entwickelt hatte, eine Weiterentwicklung des Schubventils mit optimalen Luftwegen. Die heute am häufigsten verwendete Trompete ist in B gestimmt und spielt in der Sopranlage. Erwähnenswert ist vielleicht noch die Aidatrompete, die speziell für Verdis Oper Aida zur Eröffnung des Suezkanals 1871 gebaut wurde. Sie hatte ein gerades Rohr mit drei Ventilen.

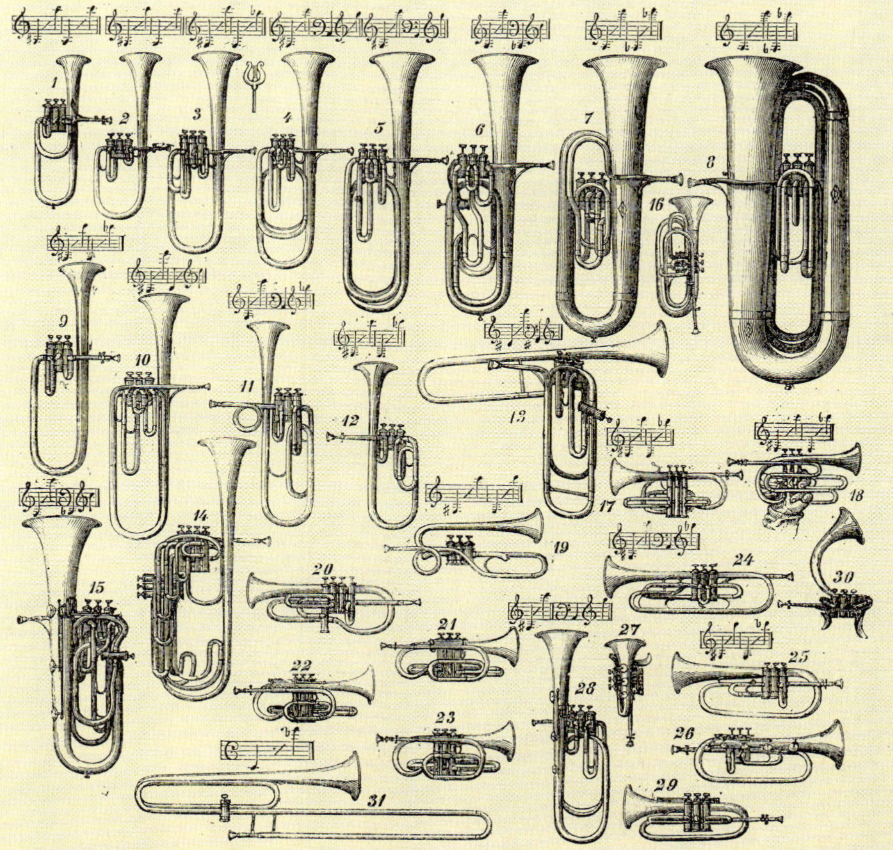

4

Fig. 374. Metallblasinstrumente von A. Sax in Paris. — 1 Saxhorn (scharf). 2 Sopranhorn. 3 Althorn. 4 Alttromba. 5 Baritontromba. 6 Baßhorn. 7 Kontrabaß. 8 Schwerer Kontrabaß. 9 Kontra-Alt. 10 Trombone à pistons 11 Trompette à cylindres. 12 Cornet à pistons. 13 Trombone à pistons. 14 Saxtrombone mit 7 Pistons. 15 Baß-Saxhorn. 16, 17 u. 18 Cornet à pistons. 19 Cornet à cylindres. 20 Saxhorn. 21 Cornet à pistons à 2 clés 22 Saxotromba alto à clés et à pistons. 23 Cornet à pistons. 24 Trompette à cylindres. 25—30 Saxhorn et Instruments à pistons avec addition de clés. 31 Trombone (Posaune).

Das Instrument im Dienst der Adligen: die Posaune

Bis zum 13. Jahrhundert war die Entwicklung von Trompete und Posaune in etwa identisch. Danach machte sich eine große Trompete in tiefer Lage als „busine" selbständig. Es war ein langgestrecktes Instrument mit trichter- oder tellerförmigem Schallstück, dessen schmetternde Töne für Signale und Fanfaren hervorragend geeignet waren. Als gemeinsamer Vorläufer von Trompete und Posaune war die „busine" Wahrzeichen des Königtums. Später war sie den Bläsern vorbehalten, die im Dienst von Fürsten und Adligen standen. Dem fahrenden Volk war es bei Geldstrafe verboten, dieses Instrument zu spielen.
Wahrscheinlich zwischen 1434 und 1470 nahm in Burgund die Posaune U-Form an, genau wie schon früher die Trompete. Bei der Posaune allerdings ging man einen Schritt weiter. Die zwei geraden, parallelen Röhren wurden durch eine U-förmige, bewegliche Röhre verbunden. Die beiden Teile wurden ineinandergeschoben, und wenn man an dem unteren Teil zog, bildeten sie zusammen eine Röhre von wechselnder Länge. So konnte die Tonhöhe verändert werden.
Durch sieben verschiedene Stellungen der beweglichen Röhre (Zug) wurde es möglich, sieben Töne in chromatischer Folge anzublasen, auf denen sich jeweils eine Naturtonreihe aufbauen ließ. Damit hatte die Posaune den Schritt zum Spielen von Melodien erheblich früher geschafft als die Trompete.
Seit dem 16. Jahrhundert hat sich, abgesehen von dem Versuch, die Posaune mit Ventilen auszustatten, an dem Instrument nichts Wesentliches mehr verändert. Heute sind vor allem Tenor-, Tenorbaß- und Kontrabaßposaunen im Gebrauch.

Die Hörner

Das Horn war in vorgeschichtlichen Zeiten im wörtlichsten Sinne ein Horn, möglicherweise von einem Stier oder einem Büffel. Es war über die ganze Erde verbreitet. Vornehmlich wurde es bei kultischen Handlungen eingesetzt, wie etwa der Schofar der Juden, ein Horn ohne Mundstück, gefertigt aus dem flachgedrückten, am Schallstück hakenförmig abgebogenen Horn eines Widders. Die drei Töne des Schofar erklangen, so das Alte Testament, schon, als Gott auf dem Berg Sinai erschien. Im 10. Jahrhundert kam der Olifant aus Byzanz nach Europa. Das Instrument

1

2

5

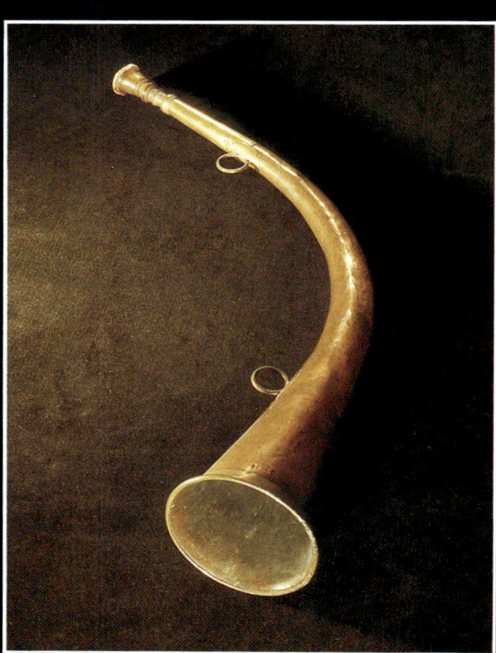

3

4

6

1 – Ein 55 cm langer, aus Persien stammender israelischer Schofar, der Tradition des einstigen Hirtenvolkes folgend aus einem Widderhorn gefertigt

2 – Dieser reichgeschnitzte Olifant stammt aus dem 16. Jahrhundert.

3 – Das Hifthorn des Jägers (gotisch hiufan = wehklagen) wurde im Mittelalter noch aus einem Rinderhorn hergestellt.

4 – Französisches Serpent, Rohrlänge 222 cm, aus zwei längs aneinandergeklebten Holzhälften, die mit Leder überzogen sind

5 – Postillione mit ihren Hörnern auf einem alten Schild einer Posthalterei

6 – Eine Ophikleide, ein Klappenhorn in Baßlage, des belgischen Instrumentenbauers C. Devaster aus der Mitte des 19. Jahrhunderts

7 – Ein Cornet à pistons aus der Gruppe der Ventilhörner

7

wurde aus dem Stoßzahn eines Elefanten geschnitten, war sehr kostbar und deshalb dem Adel vorbehalten. Im Rolandslied wird ein solcher Olifant erwähnt. Elfenbein war eine kostspielige Angelegenheit, deshalb griff man aus Sparsamkeitsgründen im Mittelalter auch oft nach dem Kopfschmuck anderer Hornträger.
Ebenfalls schon seit vorgeschichtlicher Zeit sind Hörner aus Metall bekannt. Die Entwicklung verlief wahrscheinlich so, daß man zunächst Tierhörner mit dem neuentdeckten Metall Bronze verzierte, sich dann aber bald auf die Herstellung völlig aus Bronze bestehender Instrumente verlegte. Auf diese Art dürfte die Lure der jüngeren Bronzezeit entstanden sein, ein S-förmiges, in sich gewundenes Instrument, das auffallende Ähnlichkeit mit dem Stoßzahn eines Mammuts aufweist. Solche Bronzeluren sind vor allem in den nordischen Ländern wie Norwegen, Dänemark und Südschweden, aber auch in Mecklenburg und Hannover gefunden worden. Die Fundumstände ließen darauf schließen, daß die Luren vor allem bei kultischen Veranstaltungen Verwendung fanden. Über die Spielweise kann man nur Vermutungen anstellen.
Im Laufe der Zeit bildete sich eine ganze Gruppe von sogenannten Signalhörnern heraus, auch Naturhörner genannt, weil sie nur über die Naturtonreihe verfügten. Man findet das kurze Hifthorn des Jägers, dem Tierhorn aus prähistorischer Zeit ähnlich. Dazu kam der schon erwähnte Olifant der Herren, das Signalhorn der Wächter und das einfache Horn der Hirten. Alle diese Entwicklungen verliefen parallel, bis es dann etwa vom 14. Jahrhundert an zu einem Bruch kam. Die Erkenntnis, daß es viel platzsparender war, wenn man das Rohr einrollte, führte zum kreisrunden Post- und Jagdhorn. Die zweite Linie mit dem halbgebogenen Rohr führte später zum Kornett und den trompetenförmigen Hörnern.
Zwischen dem 13. und 18. Jahrhundert fand noch eine besonders eigenwillige Hornart Verbreitung. Von den Holzblasinstrumenten war bekannt, daß durch Grifflöcher die Länge der schwingenden Luftsäule und damit der Ton des Instruments verändert werden konnte. Diese Technik wendete man bei den Grifflochhörnern an. Das seinerzeit bekannteste Horn dieser Art war der Zink aus Elfenbein oder Holz, oft mit Leder überzogen.
Die Form war nicht eindeutig festgelegt. Manche Exemplare hatten einen achteckigen Querschnitt, manche einen runden, manchmal war die Röhre gerade, manchmal mehr oder weniger gebogen, je nach Länge des Instruments. In Frankreich wurde im 16. Jahrhundert ein Baß-Zink gebaut, das seiner schlangenähnlichen Form wegen Serpent (französisch = Schlange) genannt wurde.
Es war eine logische Entwicklung, daß man im 18. Jahrhundert die Grifflochhörner mit Klappen versah. Ein in Paris entwickeltes Klappenhorn in Baßlage, die Ophikleide, wurde in der Militär- und Kirchenmusik mit Begeisterung aufgenommen.
Der vorläufig letzte Schritt in der Entwicklung der Hörner wurde mit der Einführung der Ventile getan. Drei Familien der Ventilhörner sind zu unterscheiden: die Kornette, die Flügelhörner und die Tuben. Es würde in diesem Zusammenhang zu weit führen, die einzelnen Ausprägungen und Charakteristika der Instrumente genauer zu beschreiben.
Ein Instrument ist seinen eigenen Weg gegangen, und zwar das Waldhorn. Es entstand gegen Ende des 17. Jahrhunderts aus dem älteren, kreisförmig gewundenen Jagdhorn. Um 1814 wurde es durch den Einbau von Ventilen vollchromatisiert. Heute ist es als Doppelhorn (Tenor-Baß-Instrument) mit Umschaltventil gebräuchlich.

Das Klavier

Die Mechanik der Tasteninstrumente

Als „ein Instrument für Kupferschmiede“ bezeichnete der französische Schriftsteller und Satiriker Voltaire die ersten Hammerklaviere, wobei dahingestellt sein mag, welchen verwirrenden Gedankengängen er bei dieser Apostrophierung folgte. Es wird behauptet, daß selbst Johann Sebastian Bach, trotz seines „Wohltemperierten Klaviers“, dieses Instrument nicht sonderlich geschätzt habe.
Die Liebe der musikalischen Welt im 17. und frühen 18. Jahrhundert galt dem Cembalo (Klavizimbel), das mit seinem kräftigen Silberklang der festlichen Hofhaltung des Adels den passenden Rahmen gab. Aber auch das Cembalo fand nicht den einstimmigen Beifall aller Zeitgenossen. So übte ein gewisser Hubert Le Blanc an diesem Instrument herbe Kritik. Es sei „nur zum Tändeln und Lärmmachen geeignet“, seine fehlende Ausdruckskraft erinnere ihn an „ein Gesicht ohne Nase“.
Noch ein drittes Tasteninstrument fand seine Liebhaber, das Klavichord. „Sieh, dein Clavichord athmet ja so sanft wie dein Herz“, schwärmte der württembergische Dichter und Kapellmeister Christian Friedrich Daniel Schubart im 18. Jahrhundert.
Diese drei Instrumente also, das Klavier, Das Cembalo und das Klavichord, repräsentierten die Gruppe der Tasteninstrumente, die in ihrer Mechanik und, wie den Zitaten zu entnehmen ist, in ihrem Klang streng unterschieden wurden.
In der chronologischen Reihenfolge steht wohl das Klavichord an erster Stelle. Die Klangerzeugung bei diesem Instrument wird mit dem Begriff Tangentenmechanik beschrieben. Am hinteren Ende des Tastenhebels ist ein Metallstift angebracht (Tangente), der die Saite an einer bestimmten Stelle teilt und durch diesen Anschlag gleichzeitig das abgeteilte Ende der Saite zum Schwingen bringt. Der andere Saitenteil wird durch einen Filz gedämpft. Die Tonhöhe richtet sich nach der Länge des abgeteilten Saitenstücks.
Als Kielmechanik bezeichnet man die Technik, die beim Cembalo Anwendung fand. Wahrscheinlich stand dabei das Anzupfen einer Saite mit der Hand Pate oder die spätere Benutzung eines Plektrons. Das Zupfen oder Anreißen übernahm die Mechanik des Tastenhebels, an dessen Ende ein Kiel aus Vogelfedern oder Leder befestigt war. Im Gegensatz zum Klavichord, bei dem ja die Länge der Saite durch die

Das Cembalo, wie man es heute allgemein nennt, italienisch auch Clavicembalo, deutsch Klavizimbel, französisch Clavecin und englisch Harpsichord, war im 17. und 18. Jahrhundert das beliebteste Tasteninstrument, wenn es auch keinen ungeteilten Beifall fand. Im Laufe seiner Entwicklung (früheste Abbildung 1485 im Stundenbuch des Duc de Berry) führte man Register ein, mit deren Hilfe man zwei oder drei Saiten im Oktavabstand durch einen Anschlag gleichzeitig anspielen kann. Die Erfindung der Mechanik, mit der es möglich war, die Registerzüge statt an der rechten Seite des Instruments im Vorsatzbrett oberhalb der Klaviatur leicht erreichbar einzubauen, wird dem Antwerpener Instrumentenbauer Jean-Daniel Dulcken zugeschrieben. Im Bild eins seiner Instrumente, heute im Musée Instrumental du Conservatoire Royal in Brüssel.

1 – Zu den Ahnen des Cembalos und damit auch des Klaviers gehört das Psalterium, hier in einem Nachbau einer Reliefdarstellung am Portal der romanischen Kathedrale St. Pierre in Saintes.
2 – Die Dame am Hackbrett auf dem Kupferstich von Joachim von Sandrart (1606–1688) wird von zwei Kavalieren auf Laute und Flöte begleitet. Das Hackbrett oder Cimbal (hier nur mit einem Schalloch abgebildet statt der üblichen zwei) breitete sich vor allem in Deutschland und im nördlichen Europa aus. Es wurde deshalb von den Psalterium (salterio) spielenden Italienern „salterio tedesco“ genannt.
3 – Schon in der zweiten Hälfte des 14. Jahrhunderts baute man kastenförmige Saiteninstrumente mit einer Klaviatur, Vorläufer des Klavichords, wie in diesem Holzschnitt von 1589 aus den „Officia missarum solemniarum“ des Franz von Sales dargestellt.
4 – Das Klavichord (abgebildet ein niederländisches Instrument aus dem 17. Jahrhundert) besitzt bis ins 18. Jahrhundert hinein mehr Tasten als Saiten, da jede Saite an verschiedenen Stellen von mehreren Tasten angeschlagen werden kann. Die Tangente, ein längliches Metallplättchen, wirkt beim Anschlag wie ein Steg und beeinflußt so je nach der angeschlagenen Stelle die Tonhöhe der schwingenden Saite. Deshalb kann man auf diesen Instrumenten zwei verschiedene, derselben Saite zugewiesene Töne nicht gleichzeitig klingen lassen. Erst vom 18. Jahrhundert an wurden Klavichorde mit je einer Taste für jede Saite gebaut.
5 – Schemazeichnung des Klavichords oben links und des Cembalos rechts. Das Plektron wird auch als Kiel und die Dämpfung als Docke bezeichnet.

1

2

3

Tangente bestimmt wurde, ist beim Cembalo die Länge und Spannung der Saite, und damit die Tonhöhe, von vornherein festgelegt.
Die dritte und wichtigste Möglichkeit, eine Saite zum Schwingen zu bringen, machte sich das Klavier mit seiner Hammermechanik zu eigen. Durch Druck auf die Taste wird ein Hämmerchen gegen die Saite geschleudert. Auf diese Weise wurde es möglich, Töne in jeder Lautstärke erklingen zu lassen, ein Vorteil, der mit der invariablen Zupftechnik des Cembalos nicht zu erreichen war. Bis etwa 1760 dauerte es, bis das Cembalo dem Hammerklavier seinen Platz einräumen mußte. Das Klavichord behauptete sich noch bis 1812.

4

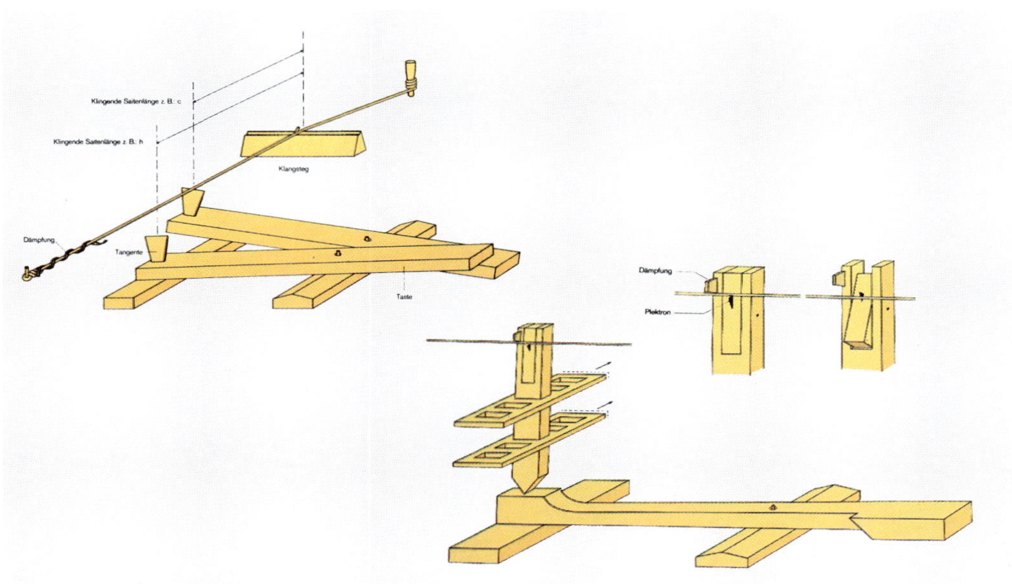

5

Die bescheidenen Vorläufer

Es erscheint unglaublich, daß sich aus einem kleinen, bescheidenen Musikstab mit einer Saite der Konzertflügel mit über 200 Saiten entwickelt haben soll. Trotzdem wird dieses unscheinbare Instrument aus vorgeschichtlicher Zeit als Ururahn des Klaviers angesehen.
In seiner einfachsten Form war der Musikstab ein Bambusröhrchen, aus dem eine Faser herausgelöst wurde, und zwar so, daß sie an beiden Enden des Röhrchens noch fest mit dem Mutterholz verbunden war. Unter die ausgelöste Faser wurden zwei Hölzchen als Stege geschoben, damit sie frei schwingen konnte. Hiermit waren schon alle Voraussetzungen für eine Weiterentwicklung vorhanden: eine Saite, die angeschlagen werden konnte, und ein natürlicher Resonanzkörper in der Form des Röhrchens.
Mehrere solche Stäbe verschiedener Länge nebeneinander ergaben schließlich eine Art Psalterium, wie etwa das indische Floßpsalterium. Im Altertum und im Mittelalter war ein Instrument mit harfenartigem Rahmen ohne Resonanzkörper gebräuchlich, das ebenfalls Psalterium oder Psalter genannt wurde. Es kam im 11. Jahrhundert aus den arabischen Ländern über Spanien nach Europa. Die Saiten dieses Instruments wurden gezupft oder mit Stäbchen angerissen. Vermutlich im Deutschland des 15. Jahrhunderts wurde der Psalter umfunktioniert. Das aus ihm entstandene neue Instrument war trapezförmig, sein Resonanzboden wies zwei Schallöcher auf, und es war mit meist zwanzig Saiten aus Metall bespannt. Dieses Instrument erhielt den Namen Hackbrett, eine Bezeichnung, die schon auf die Art der Tonerzeugung hinweist. Das Hackbrett wurde mit Klöppeln angeschlagen, und damit war man schon beim Urahn des Klaviers angekommen.
Vor 1697 kam ein gewisser Pantaleon Hebenstreit (1667–1750), ein Leipziger Musiker, auf die Idee, das Hackbrett mit Anschlagtasten und einem Dockenanschlag zu versehen. Das neue Musikinstrument erregte gewaltiges Aufsehen. Der Ruf des Pantaleon Hebenstreit drang bis an den Hof Ludwigs XIV., des Sonnenkönigs, der dem Musiker 1705 königliche Ehre zuteil werden ließ und das Tastenhackbrett nach seinem Erfinder „Pantaleon“ nannte. Mit diesem Instrument hatte der unmittelbare Vorfahre des Hammerklaviers das Licht der Welt erblickt, wenn auch äußerlich nicht viel Ähnlichkeit bestand.

Eine Erfindung macht Musikgeschichte: das Hammerklavier

Im Jahre 1711 erschien im „Giornale dei Letterati d'Italia“ ein Bericht des italienischen Gelehrten und Dramatikers Francesco Scipione Maffei, der die Fachwelt aufhorchen ließ. Maffei beschrieb darin die Erfindung eines neuartigen Instruments mit Namen „Gravicembalo col piano e forte“, ein für die damalige Zeit ungewöhnliches Instrument also, mit dem man sowohl „piano“ (leise) als auch „forte“ (laut) spielen konnte.
Der Erfinder dieses Cembalos mit Hammermechanik war der Italiener Bartolommeo Cristofori (1655–1731). Cristofori wurde am 4. Mai 1655 in Padua geboren. Er stammte aus einfachen Verhältnissen. Zunächst lebte Cristofori in seiner Heimatstadt Padua und machte bald als geschickter Cembalobauer von sich reden. Später verlegte er seinen Wohnsitz nach Florenz, in das berühmte Zentrum des musikalischen Lebens in Italien. 1690 holte ihn Ferdinand von Medici an seinen Hof und machte ihn

1

2

3

1716 zum Konservator seiner Musikinstrumentensammlung.
Cristoforis Erfindung der Hammermechanik fiel in die Jahre 1709 bis 1711. Das Wesentliche dabei war, daß er zwischen Hammer und Taste eine elastische Verbindung einbaute und daß die Saite sofort nach dem Anschlag gedämpft wurde. Die Saite konnte also nicht lange weiterschwingen. Auf Cristofori geht auch das Prinzip der „Auslösung" zurück. Das Problem war folgendes: Wenn der Hammer starr mit der Taste verbunden ist, bleibt er einmal auf der Saite liegen und dämpft ihre Schwingung, solange die Taste gedrückt ist; zum anderen muß der Spieler die Taste erst vollständig freigeben, damit dieselbe Saite erneut angeschlagen werden kann. Deshalb ersann Cristofori eine Auslösevorrichtung, die den Hammer sofort nach dem Anschlag in seine Ausgangslage zurückgleiten ließ, selbst wenn der Finger noch auf der Taste ruhte. Etwa zwanzig Klaviere soll Christofori gebaut haben. Nur zwei davon sind bis in die heutige Zeit erhalten geblieben. Der Schöpfer des ersten Hammerklaviers starb am 27. Januar 1731 in Florenz. Die Kirche San Jacopo tra Fossi, in der er beigesetzt wurde, existiert heute nicht mehr.
Für das neue Klangideal seines „Gravicembalo col piano e forte" war in Italien die Zeit noch nicht reif. Erst 145 Jahre später, 1876, erinnerte man sich in Florenz wieder an den genialen Erfinder und setzte ihm eine Gedenktafel. Es war zu erwarten, daß man versuchte, Cristofori seine Erfindung streitig zu machen. Es wurde behauptet, der Organist Christoph Gottlieb Schröter aus Hohenstein sei der Schöpfer der Hammermechanik. Schröter behauptete, das Pantaleon habe ihn zu seiner Erfindung angeregt. Falls seine Entwürfe überhaupt zu Instrumenten gediehen sind, was bezweifelt wird, so erreichte er sein Ziel frühestens etwa zehn Jahre nach Cristofori.

1 – Ein Tafelklavier der Pariser Firma Erard Frères aus dem Jahr 1809, also zwölf Jahre bevor Sébastien Erard seine „mécanique à double échappement", die Mechanik zur doppelten Auslösung erfand
2 – Die Mechanik eines Flügels mit doppelter Auslösung in einem Modell des Deutschen Museums München
3 – Die für das Klavier mit seinem senkrechten Saitenbezug und Resonanzboden abgewandelte Mechanik im Modell

Deutschland, das Mekka des Hammerklaviers

Der erste, der in Deutschland Cristoforis Technik übernahm, war der Orgelbauer Gottfried Silbermann (1683–1753). Er verbesserte die Hammermechanik, und ihm war es zu verdanken, daß sich diese epochemachende Erfindung mit großem Erfolg verbreitete. Der Sohn einer alten Orgelbauerfamilie, später „Königl. Pohln. und Kurf. Sächs. Hof- und Landorgelbauer", wurde am 14. Januar 1683 in der sächsischen Stadt Kleinbobritsch als Sohn eines Zimmermeisters geboren. Sein Vater hatte ihn für den Beruf eines Buchbinders vorgesehen. Aber dem Schicksal und einigen mutwilligen Jugendstreichen war es zu verdanken, daß er fluchtartig seine Heimatstadt verlassen mußte. Er fand bei seinem älteren Bruder Andreas Aufnahme. Andreas war Orgelbauer in Straßburg, und so lag es nahe, daß Gottfried bei ihm in die Lehre ging. Der Erfolg der Lehre war überwältigend. 1721 erfand Gottfried Silbermann das Cembal d'amour, eine Abart des Klavichords. In den Jahren 1731 bis 1747 widmete er sich ganz der Entwicklung und dem Bau von Hammerklavieren. 1736 führte er Johann Sebastian Bach eines seiner Instrumente vor. Bach kritisierte an dem Instrument, daß die hohen Töne zu schwach anklängen. Silbermann verbesserte weiter, und 1747 schließlich bekundete der große Komponist seine volle Zufriedenheit. Am 4. August 1753 starb der Instrumentenbauer in Dresden während der Aufstellung einer Orgel in der katholischen Hofkirche.
Der Siegeszug des Klaviers war nicht mehr aufzuhalten. In Deutschland baute Christian Ernst Friederici (1707–1780), ein Schüler Gottfried Silbermanns, die ersten aufrecht stehenden Hammerklaviere (1745), Pyramidenflügel genannt. Seit 1760 wurde in England die Konstruktion der Hammermechanik von Cristofori und Silbermann verbessert. Bei der „Englischen Mechanik" (Stoßmechanik) liegen sämtliche Hämmer auf einem Hammerpolster auf. Der Hammerantrieb erfolgt durch Stoß.
1770 erfand der Augsburger Klavierbauer Johann Andreas Stein (1728–1792) die sogenannte „Deutsche Mechanik", später als Wiener Mechanik bekannt geworden. Bei diesem System wurde der Hammer gegen die Saiten „geprellt" (Prellmechanik). Anders als bei der Stoßmechanik sind die Hämmer nicht räumlich von den Tasten getrennt, sondern sitzen in kleinen Gabeln auf den Tasten selbst. Steins Instrumente erfreuten sich außerordentlicher Beliebtheit und wurden von Spezialisten wie Beethoven und Mozart mit Vorliebe gespielt. Johann Andreas Stein bildete eine Reihe hervorragender Schüler aus, darunter Johann David Schiedmayer, dessen Erbe noch heute weitergeführt wird.

Die Mechanik des Sébastien Erard

Bevor Erards geniale Erfindung bekannt wurde, war beim Klavierspiel eine schnelle Wiederholung des Tones nicht möglich. Das bedeutet, Taste und Hammer mußten erst wieder in ihre Ausgangsposition gebracht werden, bevor die Saite von neuem angeschlagen werden konnte. Sébastien Erard (1752–1831), bereits bekannt durch die Erfindung der Doppelpedalharfe, schuf 1821 in Paris seine „mécanique à double échappement", die noch heute moderne Repetitionsmechanik mit doppelter Auslösung.
Einfach ausgedrückt ging es um folgendes Prinzip: Durch einen sogenannten „Fänger" wurde der zurückfallende Hammerkopf gleich nach dem Anschlag auf die Saite so aufgefangen, daß er die Saite sofort wieder anschlug, wenn man einen geringen Druck auf die Taste ausübte. Die Taste konnte also wieder angeschlagen werden, noch bevor sie wieder am Ausgangspunkt war.
1786 flüchtete Sébastien Erard vor den Wirren der Französischen Revolution nach London und gründete dort eine Filiale seiner Fabrik. Im Jahr 1796 nach Frankreich zurückgekehrt, baute er seinen ersten Hammerflügel. Er starb am 5. August 1831 auf dem von ihm erworbenen, ehemals königlichen Jagdschloß La Muette bei Passy.
Nachdem durch Erards Erfindung das Problem des wiederholten schnellen Anschlags gelöst war, konnte man die Aufmerksamkeit der Besaitung, der Hammermechanik und dem Klangbild zuwenden. Der deutsche Klavierbauer Johann Heinrich Pape (1789–1875) soll im Jahre 1826 die mit Filz bezogenen Hämmer eingeführt haben. Vorher waren die Hammerköpfe mit einem Lederbezug versehen. Ein Jahr zuvor wurde der erste volle gegossene Eisenrahmen hergestellt, und 1843 traten an die Stelle der einfachen Eisen- oder Messingdrahtsaiten die Gußstahlsaiten.
Bereits im Jahre 1783 hatte die englische Pianofortefabrik Broadwood & Son sich unter der englischen Patentnummer 1379 ein Dämpfer- und Pianopedal patentieren lassen. Bis zu diesem Zeitpunkt waren um-

ständliche Kniehebel und Handzüge verwendet worden. Beim Broadwood-System konnten die Dämpfer durch das eine Pedal hochgehoben werden und dadurch die Klaviersaiten frei vibrieren. 1807 führte dieselbe Firma die ersten Metallverstärkungen im Rahmenbau ein, denn durch die Verwendung dickerer Saiten und höherer Spannungen zur Klangverstärkung war eine massivere Rahmenbauweise notwendig geworden. Immerhin beträgt der gesamte Zug der Metallsaiten bis zu 20 Tonnen.

Auch Amerika hatte beim Klavierbau ein gewichtiges Wort mitzureden. Im Jahr 1850 schnürte der Tischler und Waterloo-Veteran Heinrich Engelhardt Steinweg, der sich in Braunschweig auf die Reparatur und Herstellung von Klavieren spezialisiert hatte, sein Bündel und wanderte zusammen mit seinen vier Söhnen nach New York aus. Am 5. März 1853 gründete er dort die Weltfirma Steinway & Sons.

Bereits zwei Jahre später konnte Steinweg alias Steinway seinen ersten großen Erfolg in der Neuen Welt verbuchen. Auf der New Yorker Industrieausstellung wurde sein vollständig neues System der kreuzsaitigen Bespannung über einem Gußeisenrahmen mit einer Goldmedaille ausgezeichnet. Auf der Pariser Weltausstellung 1867 wurde Steinways Erfindung noch einmal vorgestellt, und von diesem Zeitpunkt an begann sich sein System allgemein durchzusetzen.

Schon im 18. Jahrhundert versuchte man, den Flügel platzsparend so aufzurichten, daß die Besaitung eine vertikale Stellung einnahm, z.B. beim Giraffen- und beim Pyramidenklavier. Das eigentliche Piano erfand John Isaac Hawkins in Philadelphia um 1800. Bei seinem tragbaren Instrument verliefen die Saiten bis zum Fußboden, so daß auf Pedale verzichtet werden mußte.

1

2

1 – Ein Hammerflügel von 1794 der noch heute bedeutenden Klavierfabrik Broadwood & Son, London. Die von John Broadwood erfundenen schräg von den Vorderbeinen des Flügels ausgehenden Pedale für Dämpfung und Verschiebung waren eine wesentliche Verbesserung gegenüber den bis dahin benutzten Kniehebeln und Handzügen. Der Saitenbezug ist durchgehend dreichörig.

2 – Tafelklavier mit enharmonischer Klaviatur von Johannes Zumpe, London 1766, wahrscheinlich das älteste erhaltene englische Tafelklavier

3 – Die Orgel war in früheren Jahrhunderten nicht nur auf den Gebrauch in der Kirche beschränkt. Als Positiv mit nur einem Manual und ohne Pedal war sie auch ein Hausinstrument. Im Bild ein Kabinettschrank mit Orgelwerk von etwa 1590, vielleicht aus Tirol.

3

Die Orgel

Die Magd des Herrn

Im Jahre 1919 gab der deutsche Musikforscher Curt Sachs eine prägnante Definition dieses Musikinstrumententyps, die ihre Gültigkeit bis heute behalten hat: „Die Orgel ist ein Aerophon (Luftklinger) aus skalenmäßig gestimmten Eintonpfeifen, die durch ein Gebläse gespeist und durch Klaviaturen eingeschaltet werden."
Diese nüchterne Beschreibung verrät nichts von der wechselvollen Geschichte dieses Musikinstruments, das wie kaum ein anderes zu allen Zeiten die Gemüter der Menschen erhitzt hat. Ob man zurückgeht bis auf das erste Jahrhundert v. Chr., als in Griechenland vielbeachtete öffentliche Orgelwettspiele mit prunkvoller Siegerehrung stattfanden, oder ob man sich daran erinnert, daß die Orgel im dritten Jahrhundert n. Chr. im alten Rom als Freiluftinstrument die blutigen Gladiatorenkämpfe im Amphitheater begleitete – zu allen Zeiten wußte dieses Instrument seinen Platz zu behaupten.
Es wäre kaum möglich, ausgehend von der modernen Orgel mit elektrischem Gebläse eine Entwicklungsgeschichte der ständigen Verbesserungen zurückverfolgen zu wollen. Vielmehr sollte man sich mit dem Gedanken vertraut machen, daß sich jede Zeit die Orgel schuf, die sie für ihre Musik brauchte. Die kleine Hausorgel in der Stube eines Bauern erfüllte genauso ihren Zweck wie die großen Kinoorgeln der Stummfilmzeit. Wie schon erwähnt, löste die Orgel die Laute als „Königin der Musikinstrumente" ab. Aber sie hatte auch noch andere Namen. Als „des Herrn Magd" war sie die Dienerin Gottes im christlichen Gottesdienst, obwohl sie etwa elfhundert Jahre lang ein ausgesprochen weltliches Instrument gewesen war und zur Untermalung des prunkvollen höfischen Zeremoniells gedient hatte.

die Luft das Wasser, und der Wasserspiegel im Bassin stieg. Im Bestreben, wieder in die Taucherglocke einzudringen, hielt das Wasser die Luft darin unter Druck. Auf diese Weise war immer ein gleichmäßiger Luftstrom für die Luftkammer unter den Orgelpfeifen gewährleistet. Durch eine geniale Klaviatur von Schiebern konnte der Zugang des Windes zu einer oder mehreren Pfeifen geöffnet oder geschlossen werden. Heron beschreibt eine Wasserorgel, die sich allerdings schon in einem weiteren Entwicklungsstadium befand. Sie hatte bereits zwei Kolbenpumpen und bis zu acht Pfeifenreihen (Register), die wahlweise einzeln oder zusammen gespielt werden konnten. Wann die Wasserorgel in Rom ihr Debüt gab, ist nicht bekannt. Von Kaiser Nero weiß man, daß er 67 n. Chr. in Rom einen Orgeltyp mit verschiedenartigen Klangmöglichkeiten einführte. Im zweiten Jahrhundert n. Chr. war die Orgel ein allgemein bekanntes, vom Volk bestauntes Luxusobjekt der oberen Zehntausend. Es wurden sogar Öllampen für den täglichen Gebrauch in Form von Orgeln fabriziert.
Im 14. Jahrhundert scheint das Prinzip der Wasserorgeln bereits in Vergessenheit geraten zu sein. Damals schrieb der italienische Musikgelehrte Marchet von Padua (um 1300): „Das Wasser hilft viel zur Bildung musikalischer Töne, wie sich das deutlich bei den Orgelpfeifen zeigt, welche mit Wasser gefüllt werden, damit sie klingen.“ Ktesibios hätte sich im Grabe umgedreht.

Die Balgorgel setzt sich durch

Es ist nicht überliefert, wer zuerst auf die Idee gekommen ist, das vergleichsweise recht anfällige Gebläsesystem der Wasserorgel durch Blasebälge zu ersetzen. Man kann aber annehmen, daß solche Handbälge den Schmieden schon seit undenklichen Zeiten bekannt waren, so zum Beispiel als Schlauchblasebalg in Afrika und Asien aus einem Tierbalg, oder als Stempelblasebalg mit Kolben in senkrechten Bambuszylindern in Indonesien.
Auch über den Zeitpunkt ihrer Anwendung für die Orgel gibt die Geschichtsschreibung keine Anhaltspunkte. Erschwerend für eine genauere Datierung wirkt sich der Umstand aus, daß bis ins Mittelalter hinein auch Balgorgeln noch immer als „hydraulis“, also Wasserorgeln, bezeichnet wurden. In groben Zügen läßt sich feststellen, daß mit dem Untergang des Römischen Reiches auch die Wasserorgel ihre Bedeutung verlor und zunehmend durch die Balgorgel ersetzt wurde. Darüber hinaus war im Abendland ein Phänomen zu beobachten, das bei keinem anderen Musikinstrument in diesem Ausmaß eintrat. Nach der Völkerwanderung, die mit dem Einbruch der Hunnen in Europa um 370 n. Chr. ihren Anfang nahm, war die Orgel aus dem Gedächtnis des Abendlandes gestrichen, und zwar so gründlich, daß ihr erneutes Auftauchen erhebliches Aufsehen erregte.
Im Jahr 757 brachten Gesandte des byzantinischen Kaisers Konstantin V. Kopronymos eine Orgel als Geschenk an den Hof Pippins III. Von zeitgenössischen Chronisten wurde die Ankunft der Orgel als wichtigstes Ereignis des Jahres 757 bejubelt. Das Instrument ging durch ungeklärte Umstände verloren. Man kann annehmen, daß es sich entsprechend dem byzantinischen Stil um eine mit Gold, Silber und Edelsteinen verzierte Palastorgel gehandelt hat. Mehrere Bälge aus starkem Leder versorgten einen metallenen Windkasten mit Luft. Die Pfeifen bestanden aus Kupfer oder Bronze und waren zu mindestens drei verschiedenen Registern zusammengestellt.
Die Wiederentdeckung der Orgel im Abendland beschränkte sich zunächst auf ihre Rolle als prunkvolles Schaustück und Freiluftinstrument bei Hofe, so unter Karl dem Großen und Ludwig dem Frommen, der sie bei seinen Paraden spielen ließ. Dann folgt ein Bruch in der Berichterstattung. Später ist nur noch von Kirchenorgeln die Rede. Da wird, Legende oder Wahrheit, von der St.-Peters-Kirche zu Winchester in England berichtet, die um 950 ein Orgelwerk monumentalen Ausmaßes bekommen hat. Sie besaß zehn Pfeifenreihen zu je vierzig Pfeifen, also insgesamt 400 Orgelpfeifen. Zwei Organisten mußten die Tasten bedienen.
Dazu muß man wissen, daß früher die Tasten genau vor den entsprechenden Pfeifen lagen. Der räumlichen Ausdehnung des

Ein Teilbild aus dem Fußbodenmosaik der römischen Villa in Nennig an der Mosel mit der Darstellung einer Wasserorgel oder Hydraulis (3. Jahrhundert n. Chr.). Wie in diesem Mosaik, dessen übrige Teilbilder Gladiatorenkämpfe zeigen, lieferten Orgel und Tuba in den Arenen der römischen Zeit oft die, übrigens recht durchdringende, Begleitmusik zu den spektakulären Wettkämpfen.

1 – Nachdem die frühen Christen die Orgel wegen ihres heidnischen Gebrauchs abgelehnt hatten – als Verfolgte mußten sie ja auch befürchten, daß der laute Orgelklang ihren Gottesdienst verriete –, setzte sie sich doch im Mittelalter als Instrument der Kirche durch. Im Bild ein Engel mit Portativ, einer kleinen tragbaren Orgel, aus der „Madonna in der Rosenlaube" von Stefan Lochner (um 1400–1451).
2 – Eine Holzschnittwiedergabe einer Miniatur aus dem Utrecht-Psalter zeigt eine pneumatische Orgel mit zwei Spielern. Die Bälge werden von vier Männern mit Stangen betätigt. Der Utrecht-Psalter wurde um 830 wahrscheinlich in der Benediktinerabtei Saint Pierre in Hautevillers geschrieben.
3 – Der Stich aus dem Werk „L'art du facteur d'orgues", Paris 1766 ff., läßt erkennen, daß die Orgelbälge auch später nicht immer getreten, sondern auch mit Hebeln bewegt wurden.

Nächste Doppelseite: Von dem aus Sachsen stammenden Straßburger Orgelbauer Andreas Silbermann stammt diese Barockorgel in der Wallfahrtskirche Sankt Landolin in Ettenheimmünster, Südbaden.

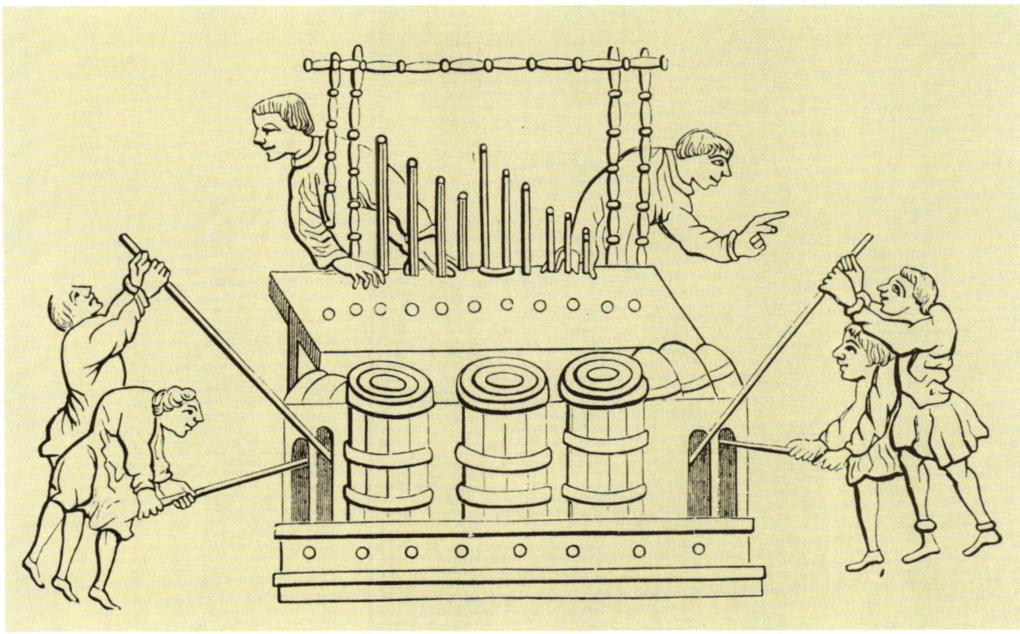

2

3

Manuals nach rechts und links waren also Grenzen gesetzt, weil die Tasten sonst nicht mehr von einem zentralen Ort aus erreichbar gewesen wären.
Die Tasten der gigantischen Orgel waren 178 Zentimeter lang und 16 Zentimeter breit, man mußte sie mit der Faust oder dem Fuß betätigen, 70 starke Männer waren nötig, um die 26 Blasebälge zu bedienen. Allerdings scheint die Orgel zu Winchester ein Ausnahmefall gewesen zu sein. Alle übrigen bekannten Orgeln der damaligen Zeit hatten einen handlicheren Zuschnitt.

Der lange Atem des Windwerks

Ktesibios hatte das Problem des kontinuierlichen Luftstroms bei der Orgel schon auf recht elegante Art gelöst, aber trotzdem wies sein System eine Reihe von Mängeln auf, die der Entwicklung der Balgorgeln Vorschub leisteten. Das mechanische Zusammenspiel von Kolben und Gestängen war stark dem Verschleiß unterworfen, dazu kam der korrodierende Einfluß des Wassers. Die Wasserverdunstung erforderte eine ständige Wartung, und bei Frosteinbrüchen war die Wasserorgel im wahrsten Sinne des Wortes auf Eis gelegt.
Der Betrieb mit Blasebälgen war demgegenüber recht problemlos, wenn auch bisweilen ein wenig mühsam, wie das Spiel auf einer kleinstformatigen Balgorgel mit Namen Portativ zeigt. Der Musikant betätigte mit der linken Hand den Blasebalg und spielte mit der rechten auf der Klaviatur. Die großen Orgeln hatten natürlich einen gewaltigen Luftbedarf, und daß dieser Lufthunger gestillt wurde, dafür sorgten die Bälgetreter oder „Kalkanten". Sie waren die unersetzlichen Helfer der Organisten.
Die obere und untere Balgplatte der frühen Blasebälge waren aus Holz, die Seitenwände meist aus ganzen Fellen. Beim Zusammenpressen der beiden Platten legten sich die Felle in Falten, was bei häufiger Benutzung schnell zu Verschleißerscheinungen führte. Die „Spanbälge" des 15. Jahrhunderts stellten schon eine entscheidende Verbesserung dar. Das Fell wurde durch dünne Holzspäne ersetzt, die mit Leder verbunden waren und sich beim Zusammenpressen ziehharmonikaartig aufeinanderlegten. Die Spanbälge hatten überdies den Vorteil, daß man kostbares Leder einsparte.
Die Blasebälge der großen Kirchenorgeln gaben verständlicherweise recht störende Schnaufgeräusche von sich, so daß sich manche Orgelbauer gezwungen sahen, sie außerhalb des Gebäudes anzubringen. Aber das Problem eines gleichmäßigen

Luftstroms war noch immer nicht gelöst. Der druckausgleichenden Wirkung des Wassers bei der Orgel des Ktesibios war kein vergleichbares System gegenübergetreten. Brauchte der Organist mehr Luft, mußten die geplagten Kalkanten mehr Tempo zulegen.
Die Erfindung des Magazinbalgs als ausgleichendes Luftreservoir befreite die Bälgetreter weitgehend aus ihrem Dilemma, denn dadurch konnten sie auf Vorrat Luft pumpen. Der genaue Zeitpunkt der Einführung des Magazinbalgs ist unbekannt. Der erste Nachweis kann für das 15. Jahrhundert erbracht werden. Eine deutliche Trennung zwischen dem Schöpfbalg und dem Magazinbalg, der die Funktion der Taucherglocke von Ktesibios übernahm, wurde erst um die Mitte des 19. Jahrhunderts erkennbar. Gegen Ende des 19. Jahrhunderts begannen Maschinen die Arbeit der Kalkanten zu übernehmen. Und mit den modernen geräuscharmen Elektromotoren und Ventilatoren wurden die schnaufenden Balganlagen in Turmkammern oder auf Dachböden überflüssig.
Daß ein regelmäßiger Windzufluß früher beileibe keine Selbstverständlichkeit war, dafür spricht die kritische Prüfung des Gebläses, die Johann Sebastian Bach durchzuführen pflegte. Wollte er eine Orgel testen, spielte er als erstes vollgriffig mit allen Registern, um festzustellen, ob das Werk eine „gesunde Lunge" habe.

Die Verbesserungen des Spätmittelalters

Zwischen dem 13. und 15. Jahrhundert erfuhr die „Königin der Instrumente" eine Reihe von grundlegenden Verbesserungen. Wie schon erwähnt, war der Breite des Manuals der praktischen Beispielbarkeit wegen eine Grenze gesetzt, es sei denn, daß sich zwei Organisten gleichzeitig an den Tasten abmühten und einer die Tasten auf der linken, der andere die auf der rechten Seite übernahm.
Mit der Einführung des Wellenbretts (Wellatur), zu Beginn des 14. Jahrhunderts, konnten die Tasten zu einer Klaviatur im heutigen Sinne zusammengefaßt werden. Es besteht aus einem trapezförmigen Brett unterhalb der Windlade, auf dem dichtgedrängt Wellen mit Hebelarmen angebracht sind, die den Tastendruck über die gesamte Breite der Lade auf die richtigen Spielventile verteilen. Dadurch konnten die Orgelwerke vergrößert werden, ohne daß deswegen die Breite der Tastatur beeinflußt wurde.
Die Erfindung des Pedals für die tiefen Töne des Manuals wird Lodewijk van Valbeke zugeschrieben und auf das Jahr 1306 datiert. Diese meist lange angehaltenen Töne der tiefen „Bordunpfeifen" wurden vorher durch eigene Sperrventile mit der Hand ein- oder ausgeschaltet. Durch ein System von Stangen und Pedalen verlegte man die Bedienung dieser Ventile in den Bereich der Füße.
In der zweiten Hälfte des 14. Jahrhunderts tauchte bereits ein zweites Manual auf, also eine zweite Reihe von Tasten über der ursprünglichen Klaviatur. Diese neue Form war eigentlich nichts anderes als der Zusammenbau von zwei eigenständigen Orgeln: eine große Kirchenorgel mit ihren gewaltigen Tönen und eine kleinere Chororgel, deren Pfeifen in einem Holzkasten auf der Empore im Rücken des Organisten aufgestellt waren (Rückpositiv). Um den Organisten ein ständiges Hinundherlaufen zwischen diesen beiden Orgeln zu ersparen, wurden die beiden Tastaturen an einem Orgeltisch zu zwei übereinanderliegenden Manualen zusammengefaßt.
An dieser Stelle sollten auch die Orgelgehäuse erwähnt werden, die Holztäfelung, die alle verschiedenen Elemente der Orgel umschließt. Das Gehäuse war je nach der Epoche verschieden gestaltet, man legte Wert darauf, daß es dem Zeitgeschmack und der Architektur der Altäre angepaßt war. In der Gotik war es mit Flügeltüren ausgestattet, die in geschnitzten Spitzbögen und Rosetten endeten. In der Renaissance trieben die Verzierungen bisweilen seltsame Blüten. So fand sich beispielsweise über dem Gehäuse ein Adler, den der Organist mit den Flügeln schlagen lassen konnte, oder ein Petrus, der die Gemeinde segnete und dabei wild mit seinen Augen rollte.
Im 17. Jahrhundert wurden die Gehäuse wieder auf eine schlichtere Form zurückgeführt, im 18. Jahrhundert wurden die sichtbaren Pfeifen vergoldet oder mit Ornamenten bemalt. Aber feststehende Richtlinien können nicht aufgezeigt werden. Jeder Orgelbauer nahm sich ein gewisses Maß an künstlerischer Freiheit für die Gestaltung seines Gehäuses.

Die Blüte der Orgelbaukunst

Bevor die Orgelbaukunst im barocken 17. und 18. Jahrhundert ihrem Höhepunkt entgegenstrebte, mußte sie erst die Talsohle der Reformation hinter sich bringen. Während dieser Zeit ging es eigentlich weniger um die Orgel als Instrument, sondern darum, ob Musik während des Gottesdienstes überhaupt zulässig war. Für den sangesfreudigen Martin Luther stellte die Orgelmusik kein Problem dar, da sie fähig war, „die Gemüter der Menschen zu bewegen". Der Reformator Johann Calvin schloß die sündige Orgelmusik aus und befürwortete den einstimmigen Psalmengesang. Huldrych Zwingli schließlich begnügte sich nicht damit, die Bilder aus den Gotteshäusern entfernen zu lassen, sondern er überredete auch den Rat der Stadt Zürich, Gesang und Orgelspiel zu verbieten. Aber wie schon vorher bei der Einführung der Orgel im christlichen Gottesdienst, die weit weg von Rom stattfand, machte die Orgel auch hier bald wieder ihr Recht geltend.
Vom 16. bis 18. Jahrhundert setzten sich zunehmend nationale Orgelbauschulen durch. Insbesondere waren es einzelne Orgelbauerfamilien, die zur weiteren Entwicklung des Instruments beitrugen. Als bahnbrechend wirkt der „Brabanter Orgelbau" der Familie Niehoff aus Herzogenbusch im niederländischen Nordbrabant. Der bedeutendste Vertreter des norddeutschen Orgelbaus war Arp Schnitger (1648–1719). Nach seinen Lehrjahren in Glückstadt, Holstein, ließ Schnitger sich 1682 in Hamburg nieder. Er war stark von der Brabanter Schule der Niehoffs beeinflußt und schuf etwa 160 Orgelwerke. Seine heute noch bestehende Orgel zu Sankt Jacobi in Hamburg besitzt vier Manuale und sechzig Stimmen. Andreas Silbermann (1678–1734), der ältere Bruder des Klavierbauers Gottfried Silbermann, baute in Straßburg etwa dreißig Orgeln und galt als einer der bedeutendsten Orgelbauer seiner Zeit.
Auch am Klang der Orgel änderte sich einiges. Während die Zeit der Renaissance einen durchdringenden Orgelton bevorzugte, erfreute sich im Lauf des 17. Jahrhunderts eine weiche, die Singstimme und Saiteninstrumente nachahmende Klangfarbe zunehmender Beliebtheit. Im gleichen Jahrhundert versuchte man, ein Tremolo, ein Auf- und Abschwellen des Tones, zu erreichen. Durch einen bestimmten Mechanismus wurde die Luft der Pfeife nur stoßweise zugeführt, und es wird behauptet, daß sich dieses Tremolo zeitweilig eher wie Meckern angehört habe.
Die Erfindung des Schwellkastens, der ein Crescendo (Anschwellen der Musik) und ein Decrescendo (Leiserwerden der Musik) möglich machte, wird dem englischen Orgelbauer Abraham Jordan (1712) zugeschrieben. Er setzte bestimmte Register in einen Holzkasten und stattete ihn mit einer Gleitjalousie aus, die über ein Pedal je nach Bedarf weiter geöffnet oder geschlossen werden konnte. Während früher die Lautstärke der Register untereinander nicht ausgeglichen war, weil bestimmte Register mit ihrem gewaltigen Klang andere völlig überdeckten, bot sich nun die Möglichkeit,

die verschiedenen Register bezüglich der Lautstärke aufeinander abzustimmen.
Ihren unbestrittenen Höhepunkt erreichte die Orgelkunst schließlich mit Johann Sebastian Bach (1685–1750). Seine Zeit würdigte indessen eher seine Virtuosität auf diesem Instrument als sein kompositorisches Werk. Nach dem Tod des großen Meisters setzte die „orgellose, die schreckliche" Zeit ein. Im vielgeschmähten 19. Jahrhundert nämlich versuchte man, mit der Orgel den Orchesterklang nachzuahmen. Was dabei herauskam, war ein Einheitswerk mit lauter solistischen Registern. Erst im 20. Jahrhundert besann man sich wieder auf das ursprüngliche Klangideal der Silbermannschen Orgel. Die „Orgelbewegung" zur Erneuerung der Orgelbaukunst nach den Vorbildern aus der Zeit Mitte des 18. Jahrhunderts wurde ins Leben gerufen. Initiator dieser Reformation des Orgelbaus war der Elsässer Albert Schweitzer, der „Engel von Lambarene". In den fünfziger Jahren unseres Jahrhunderts erlebte die „Königin der Instrumente" wieder einen ungeahnten Aufschwung. Der griechisch-französische Komponist Iannis Xenakis drückte aus, was die Faszination der Orgel ausmacht. Eine Komposition für die Orgel zu schreiben, sagte er, ist „ein Zwiegespräch von Geist und Gerät, wie ich es mir fesselnder und lohnender nicht denken kann".

Harmonikainstrumente

Von der Mundharmonika bis zum Harmonium

Vor 4500 Jahren soll im fernen China ein Kaiser namens Huang-ti ein merkwürdiges Blasinstrument gebastelt haben, dem er den Namen „Scheng" (Erhabene Stimme) gab. Es bestand aus fünf Bambusrohren, in die unten frei schwingende Metallzungen verschiedener Länge eingesetzt waren. Wurde in die Bambusröhre hineingeblasen, so unterbrach die Metallzunge den Luftstrom mit der Frequenz ihrer Eigenschwingung, und die dadurch entstehende Druckschwankung breitete sich als Schall aus. Später vergrößerte man die Zahl der Bambuspfeifen auf dreizehn bis fünfundzwanzig und befestigte sie auf einem ausgehöhlten Flaschenkürbis. Das „Scheng" der Chinesen wird damit als der Vorläufer des Harmoniums, der Ziehharmonika und natürlich der Mundharmonika angesehen.

Das Instrument der einsamen Seelen

Die Mundharmonika ist wohl das bescheidenste Instrument in der Parade der hochherrschaftlichen Klangerzeuger. Sie kostet nicht viel, hat in jeder Tasche Platz und ist einfacher zu spielen als jedes andere Musikinstrument. Sie ist in verschieden viele Tonkanäle mit je zwei durchschlagenden Stimmzungen in entgegengesetzter Richtung eingeteilt. Beim Hineinblasen erklingt ein anderer Ton als beim Lufteinziehen. Akkorde ergeben sich automatisch, und wird das Spiel mit einzelnen Tönen bevorzugt, deckt man die nicht benötigten Tonkanäle mit der Zunge ab.
Um den Vaterschaftsnachweis für die moderne Mundharmonika haben sich die Länder England, Frankreich, Österreich und Deutschland gestritten. Wahrscheinlich wurde in allen diesen Ländern mit Zungenpfeifen im Taschenformat experimentiert. Einwandfrei belegt jedoch ist nur das originelle Blasinstrument des deutschen Instrumentenmachers Friedrich Ludwig Buschmann (1805–1864) aus Friedrichsroda. Buschmann hatte sich für seine Arbeit als Stimmer von Klavieren und Orgeln eine Art Mundharmonika aus einzelnen Stimmpfeifen zusammengebaut. Er nannte sie Aura. Als die Öffentlichkeit von diesem Instrument erfuhr, nahm sie es in Wien für kurze Zeit dankbar als neuen Modegag auf. Die Damen trugen das kleine Instrument aus fünfzehn Pfeifen als Anhänger, die Herren hielten es modebewußt in der Hand – als Spazierstockgriff.
1827 gelangte der Mundharmonika-Vorläufer in das kleine Städtchen Trossingen am Rand des südlichen Schwarzwaldes. Dort lebte ein junger Uhrmacher namens Matthias Hohner (1833–1902). Er war fasziniert von diesem musikalischen Spielzeug und beschäftigte sich eingehend mit seiner Verbesserung. 1857 hatte er die erste noch heute übliche Form der Mundharmonika hergestellt. Er gründete im gleichen Jahr eine Fabrik. Seine Mundharmonikas fanden reißenden Absatz. Aus den 650 Stück im ersten Jahr wurden um 1880 jährlich bereits über eine Million.
Heute ist die Mundharmonika längst über ihren Anspruch als Instrument der einsamen Hirten, wandernden Cowboys oder heimwehkranken Seeleute hinausgewachsen. Sie ist als Kunstmittel anerkannt und braucht auch den Weg in die anspruchsvollsten Konzertsäle nicht mehr zu scheuen.

Der Weg der Ziehharmonika

Friedrich Ludwig Buschmanns Erfindergeist machte nach der einfachen Mundharmonika als Stimminstrument nicht halt. Ihn störte, daß er seine Aura ständig in der Hand halten mußte und dadurch bei seiner Arbeit nicht beide Hände frei hatte. Also erfand er ein Instrument mit zwanzig in Halbtonschritten gestimmten Zungenpfeifen, die durch die Luft aus einem ledernen Laternenbalg angeblasen wurden. Der Luftstrom in die einzelnen Kanzellen wurde durch Ventile gesteuert.
Buschmann stellte seinen Stimmapparat auf einen Tisch und zog den Balg mit einer Hand hoch. Durch sein Eigengewicht sank der Balg in sich zusammen, die Luft wurde durch das gewünschte Ventil gepreßt. Aufbauend auf seine Erfahrungen mit dem Stimmapparat konstruierte Buschmann 1822 in Berlin seine „Handäoline".
1829 fabrizierte Zyrill Demian in Wien ein „Accordion" aufgrund des österreichischen Privilegs vom 23. Mai 1829, das ihm und seinen Söhnen bis 1834 verlängert wurde. Obwohl der Name von Demians Instrument an ein modernes Akkordeon denken läßt, wies es jedoch entscheidende Unterschiede auf. Zum einen konnte es nur in einer einzigen Tonart gespielt werden, zum anderen funktionierte es nach dem Prinzip der Wechseltönigkeit. Das bedeutete, daß auf Zug und Druck des Balgs, wie bei der Mundharmonika, zwei verschiedene Töne hervorgebracht wurden.
Man kann sich vorstellen, daß durch das Fehlen von chromatischen Tönen die Verwendbarkeit dieser Instrumente sehr begrenzt war. Um diesem Notstand abzuhelfen, baute man eine zweite Tonreihe auf, die einen Halbton höher lag als die erste. Demian wählte den Namen „Accordion" deshalb, weil jedem Ton ein Begleitakkord zugeordnet war, den man durch eine an der Seite angebrachte Vorrichtung ein- oder ausschalten konnte. Dieses System funktionierte allerdings nicht während des Spiels.
In England interessierte sich der Physiker Sir Charles Wheatstone (1802–1875) brennend für die Probleme der Akustik. Lange bevor er das Stereoskop und den Nadeltelegrafen erfand, wollte er eigentlich

1

4

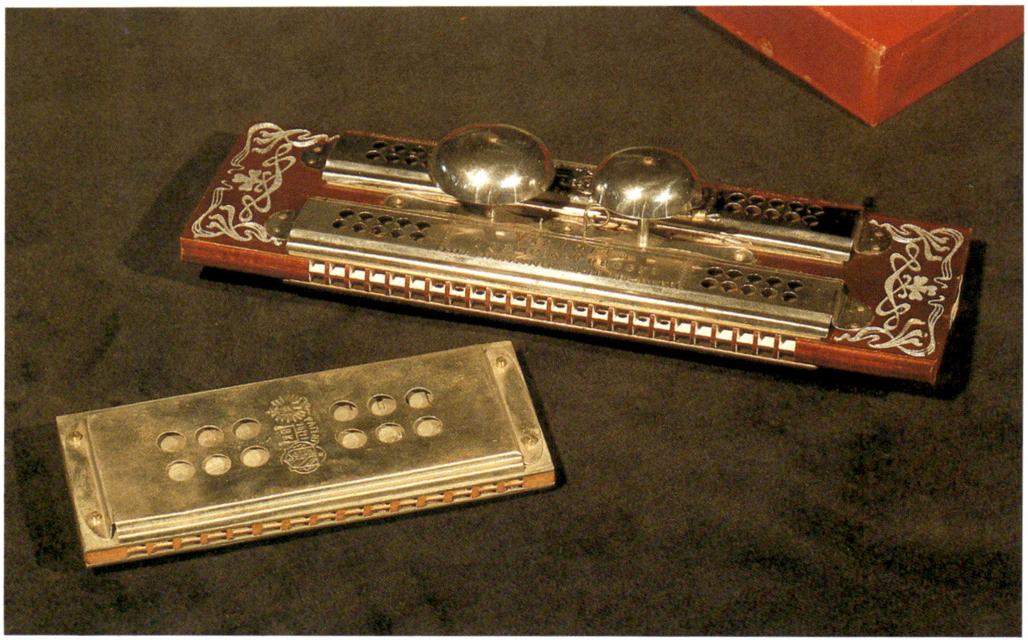
2

3

5

1 – Das chinesische Scheng aus zunächst fünf, später bis zu fünfundzwanzig gebündelten Bambusrohren mit darin im Luftstrom freischwingenden Metallzungen gilt als Urahn der Harmonikainstrumente.
2 – Der Trossinger Uhrmacher Matthias Hohner entwickelte das einfache Spielzeuginstrumentchen zur Mundharmonika weiter. Um 1880, als diese beiden Modelle entstanden, produzierte er jährlich über eine Million Stück.
3 – Aus der Zeit um 1902, dem Todesjahr Hohners, stammt dieses Vielfachinstrument.
4 – So einfach diese Ziehharmonika um 1895 technisch noch war, so beeindruckend ist ihre farbige Ornamentik.
5 – Ein Hohner-Akkordeon von etwa 1908

Musikinstrumente bauen, die streng nach akustischen Prinzipien angelegt waren. Am 19. Juni 1829 erschien sein Name auf dem englischen Patent Nr. 5803 als Erfinder der „Concertina". Das Harmonikainstrument war mit dem langgestreckten Akkordeon verwandt, hatte aber eine etwas gedrungenere Form mit sechseckigem oder quadratischem Gehäuse. Sechs Jahre später, 1835, trat ein Musiklehrer aus Chemnitz, C. F. Uhlig, mit einer verbesserten, sechseckigen Konzertina hervor. Diese „Deutsche Konzertina" hatte 128 Töne.
Die Versuche, die Handharmonika zu erweitern und zu variieren, wurden fortgesetzt. Die nächste Verbesserung kam aus der deutschen Stadt Krefeld. Dort bahnte sich durch das viereckige Bandoneon die Voraussetzung zu einem gleichtönigen Instrument an. Erfinder dieses Harmonikainstruments mit bis zu 200 Tönen und Einzeltönen auch im Baßteil war der ehemalige Musiklehrer Heinrich Band (1821–1860). Band hängte seinen Lehrerberuf an den Nagel, eröffnete einen Musikverlag und profilierte sich dann mehr und mehr als Bandoneonbauer. Den Vertrieb seines nach ihm benannten Instruments übernahm er selbst.
Der erste Instrumentenbauer, der die Wechseltönigkeit überwand, war wahrscheinlich Franz Walter im Jahr 1850. Er erfand sowohl die chromatische Harmonika als auch die Gleichtönigkeit, das heißt, bei Druck und Zug des Faltenbalges erklang der gleiche Ton. Um diesen Effekt zu erreichen, mußten auf jeder Stimmplatte zwei Metallzungen angebracht werden, da jede Zunge nur auf eine Windrichtung ansprach. „Die Ziehharmonika ist jetzt ein Straßeninstrument geworden", weiß der Brockhaus von 1898 bedauernd zu berichten. Aus dem alten Volksinstrument „Ziehharmonika" oder „Schifferklavier" hat sich ein Akkordeon mit klanglicher Vielfalt und variablen Spielanlagen gemausert, das seinen Weg in die Kunstmusik fand.

Das Harmonium

Auch die komplizierte Technik des Harmoniums läßt sich auf das chinesische „Scheng" als Urahn zurückführen. Die Beschränkung auf Zungenpfeifen mit durchschlagenden Zungen bestimmt seinen einheitlichen Klang. Von der Orgel hat das Harmonium funktionelle Anlagen wie Balg, Ventile, Windkanal, Register und andere übernommen. Im Bereich des Orgelbaus fand auch die spezielle Pfeifenart, wie sie später für das Harmonium charakteristisch wurde, zum ersten Mal Verwendung. Der Petersburger Orgelbauer Kirnsik konstruierte 1780 die ersten Orgelregister mit durchschlagenden Zungen. Der Pariser Orgelbauer Gabriel Josef Grenié (1756 bis 1837) griff diese Idee auf. Er verwendete das System für seine „Orgue expressif" (Ausdrucksorgel) mit einem Register. Die Pfeifen waren angeordnet wie bei einer Orgel und mit birnenförmigen Schallbechern versehen. Die Bezeichnung „Ausdrucksorgel" leitete sich daher, daß sie je nach Druck des Windes Töne in Forte oder Piano, sogar Crescendo oder Decrescendo hervorbringen konnte. Für seine Vorform des Harmoniums erhielt Grenié am 23. Juni 1810 das französische Patent Nr. 416.
Nachdem Grenié den grundlegenden Weg aufgezeigt hatte, entstanden in den nächsten Jahren einige Abänderungen. In Wien konstruierte Anton Haeckl 1818 die „Physharmonika" in Form eines kleinen, niedrigen Tisches. Ihre durchschlagenden Stahlzungen wurden von zwei Tretbälgen mit Wind versorgt. Am 8. April 1821 wurde ihm dafür ein Patent zuerkannt. Um 1820 baute der Rentamtmann Bernhard Eschenbach aus Königshofen seine „Äoline" mit ihren ätherisch klingenden Registern.
Wahrscheinlich 1835 wurde von einem Arbeiter der Harmoniumfabrik J. Alexandre in Paris ein Harmonium gebaut, das als „Amerikanische Orgel" (cottage organ = Hausorgel) zuerst in Amerika hergestellt wurde und dort weite Verbreitung fand. Dieses Harmonium funktionierte nach dem Saugluftprinzip. Durch das Treten der senkrecht stehenden Bälge wurde die Luft aus dem Windkanal und der Windlade herausgesaugt, im Gegensatz zum Druckluftprinzip der Orgel beispielsweise.
Die Bezeichnung „Harmonium" führte erstmals ein Instrument, das sich Alexandre-François Debain (1809–1877) im Jahr 1840 in Frankreich patentieren ließ. Debains Harmonium vereinte zum ersten Mal mehrere Register in sich. Zudem führte der Franzose drei Jahre später eine weitere Verbesserung ein, die Expression. Durch eine sinnreiche Mechanik wird der Wind von den Schöpfbälgen aus direkt zu den Zungen geführt. Derselbe Debain brachte übrigens 1850 das erste mechanische Klavier heraus.
Im häuslichen Bereich gelang es dem Harmonium kaum, sich durchzusetzen, eher noch fand es Verwendung in Gemeindesälen und als Notbehelf in kleineren Kirchen. Beliebt als Begleitinstrument war es in der Unterhaltungsmusik der Salonorchester. Mit dem Siegeszug der Elektronik wurde das Harmonium fast vollständig von der elektronischen Orgel verdrängt.

Elektronische Musik

Der Tanz der Elektronen

„Es müssen neue, den Anforderungen der Raum-Musik angemessene Hörsäle gebaut werden", schrieb Karlheinz Stockhausen, Komponist und Mitbegründer der elektronischen Musik, über die Notwendigkeit neuer Erfahrungshorizonte im musikalischen Erlebnisbereich. „Meinen Vorstellungen entspräche ein kugelförmiger Raum, der rundum mit Lautsprechern versehen ist. In der Mitte dieses Kugelraumes hinge eine schalldurchlässige, durchsichtige Plattform für die Hörer. Sie könnten von oben, unten und von allen Himmelsrichtungen eine für solche genormten Räume komponierte Musik hören."
Klänge, die mit elektrischen oder elektronischen Mitteln erzeugt oder verändert werden, sind die Kinder des technischen Fortschritts im 20. Jahrhundert. Sie führten die Welt der Musik an eine neue Grenze. An die Stelle der souveränen Beherrschung eines Soloinstruments ist der fachmännische Umgang mit den neuesten Errungenschaften der Elektronik getreten. Ein neues Vokabular und eine neue Grammatik der Musik mußte geschaffen werden, um diese neue Klangwelt zu beschreiben. Generatoren und Oszillatoren ersetzten Saite und Pfeife, Rohrblatt und Mundstück, Lautsprecher traten an die Stelle der Resonanzkörper. Elektronische Bauteile kopierten den Klang herkömmlicher Instrumente und schufen neue Klangideale.

Elektronisch erzeugte Töne

Die Schwingungskurve des Klangs eines jeden Musikinstruments kann wissenschaftlich exakt aufgezeichnet und analysiert werden. Die Möglichkeit der wellenförmigen Aufzeichnung führte schließlich Edison zu seinem Phonographen. Vergleicht man

nun die aufgezeichneten Wellendiagramme verschiedener Musikinstrumente miteinander, so zeigt sich, daß diese Kurven völlig unterschiedlich ausfallen.
Bei Instrumenten mit sehr wenig Obertönen, wie beispielsweise bei der Flöte, haben sie die Form einer annähernd gleichmäßigen Schlangenlinie (Sinusschwingung). Instrumente mit einem sehr obertonreichen Klang weisen eine Kurve auf, die wie ein Sägeblatt aussieht (Sägezahnschwingung). Und schließlich gibt es noch den Klang, der als fortlaufende Rechtecke aufgezeichnet wird (Mäanderschwingung). Diese Klangmischung weist die meisten Obertöne auf. Die Elektronik nun machte es möglich, durch technische Tricks solche Töne zu erzeugen. Und nicht nur das, sondern es gelang auch, den aufgezeichneten Ton einer Flöte durch Hinzufügen von Obertönen beispielsweise in den Ton einer Trompete zu verwandeln. Die Klangerzeugung war also variabel geworden, denn nicht nur die Klangfarbe eines Tons, sondern genauso die Tonhöhe (Frequenz) und die Lautstärke in Abhängigkeit vom Ausschlag (Amplitude) der Schwingung war durch elektrische Mittel beeinflußbar.

Die ersten elektronischen Musikinstrumente

Im Jahr 1927 führte der russische Physiker Professor Leon Theremin (1896 geboren) auf der Frankfurter Musikausstellung ein aufsehenerregendes Musikinstrument vor. Es bestand aus einem Kasten, der aussah wie ein aufgestellter Schreibmaschinenkoffer, nur etwas größer. An der rechten Seite trat eine Stabantenne heraus, an der linken Seite eine Ringantenne. Die Töne kamen

Dieses nach 1867 von Alexandre-François Debain gebaute Harmonium hat außer dem Hauptregister den Hilfszug der Expression, durch die der Wind von den Schöpfbälgen unmittelbar zu den Zungen geführt wird. Dadurch wird erreicht, daß der Spieler das An- und Abschwellen der Tonstärke direkt und in feiner Nuancierung mit den Füßen beeinflussen kann. Der übliche Magazinbalg wird also dadurch umgangen und durch das Expressionsventil stillgelegt. Das Instrument hat fünf Oktaven Umfang.

1

aus einem großen, V-förmigen Lautsprecher. Theremin nannte sein Instrument „Ätherophon". Als „Ätherwellenmusikapparat" wird es in einem zeitgenössischen Lexikon bezeichnet, denn in der Frühzeit des Rundfunks war „Ätherwellen" die übliche Bezeichnung für elektromagnetische Wellen.

Das Prinzip war recht einfach. Zwei Hochfrequenzgeneratoren erzeugten zwei elektromagnetische Schwingungen mit der zunächst gleichen Frequenz von etwa 300 Kilohertz. Die Frequenz des einen Generators mit Quarzkristallsteuerung blieb gleich. Bei dem anderen Generator war der Kondensator des Schwingungskreises stabförmig ausgeführt, eben jene Antenne, die aus dem Gehäuse heraustrat. Theremin machte sich nun die Tatsache zunutze, daß die menschliche Hand als schwingungsändernder Kondensator wirkt. Bei Annäherung oder Entfernung der Hand des Spielenden änderte sich die Kapazität des stabförmigen Kondensators, wodurch dieser Schwingungskreis gegenüber dem ersten verstimmt wurde, das heißt, er strahlte elektromagnetische Wellen anderer Frequenz aus als der erste.

Zwei verschiedene, hochfrequente Schwingungen aber ergeben durch eine Überlagerungserscheinung (Interferenz) einen bestimmten Differenzton. Dieser Differenzton wurde verstärkt und einem Lautsprecher zugeführt. Mit der linken Hand konnte der Spieler an der einzelnen Windung der Abstimmspule ebenfalls durch die Handkapazität die Lautstärke beeinflussen.

Theremins Apparat konnte nur einstimmig gespielt werden, für jede weitere Stimme wäre ein besonderes Ätherophon notwendig gewesen. Zudem waren die Klänge seines Instruments sehr arm an färbenden Obertönen, da es sich um nahezu reine Sinusschwingungen handelte. Der Tonumfang betrug drei Oktaven, und es wurden auch einige Kompositionen für das Instrument geschrieben, aber es fand schließlich nur in der Film- und Unterhaltungsmusik Verwendung.

Etwa zur gleichen Zeit stellte der Deutsche Georg Adam Mager (1880–1939) Versuche zur elektrischen Tonerzeugung an. 1928 führte er in Darmstadt sein „Sphärophon" vor. Ähnlich wie bei Theremins Instrument erzeugte es seine Töne durch die Änderung einer von zwei Frequenzen. Aber Mager ging noch einen Schritt weiter. Er baute elektrische Filter in sein Gerät ein und konnte so die Klangfarbe verändern. Weitere Erfindungen Magers waren das „Elektrophon" und das „Partiturophon". Schließlich beschlagnahmte das nationalsozialistische Regime sein Versuchslabor. Als der Erfinder 1939 starb, war er fast in Vergessenheit geraten.

Die Orgel des Mr. Hammond

Um Mißverständnisse auszuschalten, müssen zunächst die verschiedenen Arten der elektrischen oder elektronischen Klangerzeugung unterschieden werden. Man spricht einmal von elektronischen Klangerzeugern, die mit Generatoren oder Oszillatoren arbeiten und unmittelbar elektrische Schwingungen erzeugen, die von der Bauart der Generatoren abhängen.

Die zweite Gattung könnte man als elektrische Klangerzeuger bezeichnen. Bei ihnen findet eine zweifache Umwandlung der Tonfrequenzschwingung statt. Zunächst wird eine mechanisch erzeugte Schwingung in eine Wechselspannung (elektrische Schwingung) umgewandelt. In diesem Stadium, in dem die Klänge als elektrische Schwingungen vorliegen, können die Tonhöhe, die Lautstärke und die Kurvenform beeinflußt werden. Danach wird die nunmehr modulierte elektrische Schwingung wieder in eine akustische, hörbare Schwingung verwandelt.

Die elektrische Klangerzeugung wird nach drei verschiedenen Gesichtspunkten noch einmal unterteilt. Beim elektrooptischen Prinzip wird ein Lichtstrahl etwa durch eine rotierende Lochscheibe periodisch unterbrochen. Eine Fotozelle fängt die Lichtimpulse auf und verwandelt sie in eine entsprechende schwankende elektrische Spannung. Die Anzahl der Lichtunterbrechungen pro Sekunde bestimmt die Frequenz. Nach dem kapazitiven oder elektrostatischen Prinzip funktionierte Theremins Ätherophon. Die dritte Möglichkeit nun ist das induktive oder elektromagnetische Prinzip, das auf der Induktion beruht. Durch die mechanische Schwingung eines elektrischen Leiters wird in einer Spule eine elektrische Spannung induziert, die sich mit dem Bewegungsrhythmus ändert. Und diesen physikalischen Vorgang griff Mr. Hammond auf.

Der Ingenieur Laurens Hammond (1895 bis 1973) stammte aus Evanston im amerikanischen Bundesstaat Illinois. Hammond war ein äußerst vielseitiger Erfinder, er brachte es zeit seines Lebens auf 110 amerikanische Patente. Unter anderem sorgte er dafür, daß den Amerikanern die Stunde elektrisch schlug. Er stellte seit 1928 die erste in den USA verwendete elektrische Uhr her.

1934 erhielt Hammond ein Patent für die nach ihm benannte elektrische Orgel, die bald darauf in der von ihm gegründeten

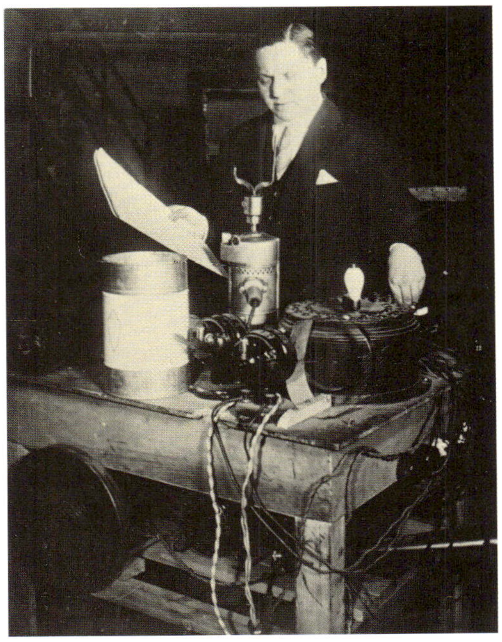

2

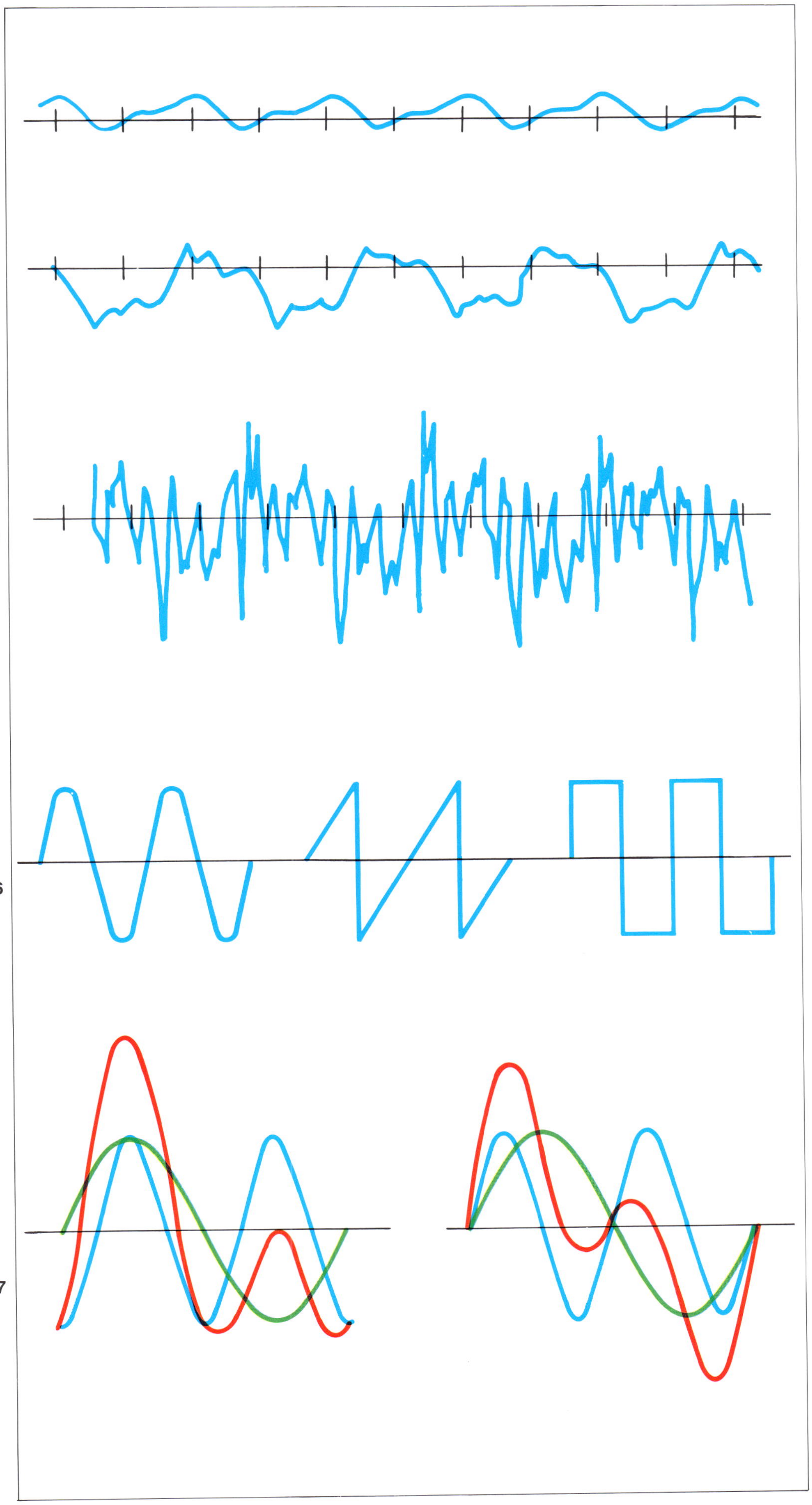

3

4

5

6

7

1 – Auf diesem Foto von einer Vorführung elektronischer Musikinstrumente sind zu erkennen als zweites von rechts das 1927 von dem Russen Leon Theremin vorgestellte Ätherophon („Musik aus der Luft", auch Thereminvox genannt), in der Mitte ein Förster-Elektrochord nach Patenten von Vierling, der auch eine Glimmlampenorgel baute, und ganz links das von Helberger und Lertes entwickelte Hellertion.

2 – In den zwanziger und dreißiger Jahren brachte die Presse mancherlei Meldungen über neue elektronische Musikgeräte oder -anlagen. Zu diesem Foto hieß es: „Eine neue Orchestermaschine erfand der bekannte Berliner Komponist Edmund Meisel. Auf einen Handgriff hin entfesselt die Maschine das ganze Tongewirr einer modernen musikalischen Bühne oder Filmbegleitung."

3 – Schwingungskurve einer Violine,

4 – einer Klarinette piano gespielt,

5 – einer Klarinette forte gespielt

6 – Schematische Darstellung einer Sinusschwingung, einer Sägezahnschwingung und einer Mäanderschwingung

7 – Zwei Sinusschwingungen gleicher Amplitude, aber unterschiedlicher Frequenz (grün : blau = 1 : 2) ergeben durch Überlagerung einen Differenzton (rot). Dieser Tatsache bediente sich Theremin bei seinem Ätherophon, indem er die menschliche Hand als schwingungsändernden Kondensator benutzte.

1

1 – Zu den führenden Musikern, die die elektronischen Möglichkeiten zu synthetischer Klangerzeugung konsequent in ihren Kompositionen anwenden, gehört Karlheinz Stockhausen (geb. 1928), hier an seiner „Mixtur". „Elektronische Musik komponieren heißt: das Klingende in mechanischen und elektro-akustischen Maßen beschreiben und ganz in Maschine, Apparat, Schaltschema denken" (Stockhausen).
2 – Elektronische Orgeln können bei Ausnutzung aller technischen Möglichkeiten so ausgestattet werden, daß dem Spielenden von der Gitarre bis zur Kathedralorgel praktisch alle konventionellen Instrumente klanglich zur Verfügung stehen, daß die Elektronik dem Solospiel die Orchesterbegleitung hinzufügt und anderes. Abgebildet die Lowrey-Orgel Magic Genie Chords MX-1.
3 – Blockschaltbild einer elektronischen Orgel: Der $\sqrt[12]{2}$-Teiler liefert die oberste der vorgesehenen Oktaven. In dem nachgeschalteten Teilersystem werden durch fortlaufende Halbierung der Tonwerte nacheinander weitere acht Oktaven ausgebildet, so daß sich insgesamt neun Oktaven ergeben.
4 – Angesichts des Innenlebens eines elektronischen Musikinstruments mag mancher Musikliebhaber schaudernd den Blick wenden vor so viel nüchterner und unbegreiflicher Technik. Aber hat nicht jedes Zeitalter die sich ihm bietenden neuen technischen Möglichkeiten ausgenutzt, um Musik auf neue Art erklingen zu lassen?

„Hammond Electric Organ Company" in beträchtlichen Stückzahlen hergestellt wurde. Wie das bei sehr vielen Erfindungen der Fall ist, hatte auch die Hammond-Orgel ihre Vorgängerin, und es ist anzunehmen, daß der Erfinder sie gekannt hatte und auf dieser Grundlage aufbaute. Der Amerikaner Thaddeus Cahill baute 1902 eine „Maschinenorgel", die sich der elektromagnetischen Tonabnahme bediente.

Das Herzstück von Hammonds Orgel waren 91 rotierende, gezahnte Stahlscheiben mit unterschiedlichem Randprofil. Durch die Drehung dieser Scheiben wurden in der Induktionsspule Wechselströme bestimmter Frequenzen induziert. Mit den 91 Profilscheiben konnten also 91 Elementartöne erzeugt werden.

Die Schwingungen, die diese Generatoren erzeugten, waren mehr oder weniger sinusförmig, das heißt, sehr obertonarm, oder kraß ausgedrückt, ausgesprochen langweilig. Eine bessere Klangfarbe erreichte man dadurch, daß man mehrere Teiltöne addierte, denn die elektrischen Schwingungen konnten in beliebigem Verhältnis überlagert werden. Man konnte auf diese Weise sogar ganz neue Töne erzeugen, die keinem Klang der herkömmlichen Instrumente ähnelten.

Eine wesentliche Belebung der Klänge wurde durch eine Vibratoeinrichtung erreicht. Von einem Fußschweller zur Lautstärkeregelung gelangten die Schwingungen zum Verstärker. Hier konnte noch ein Hallsignal beigemischt werden, das den Tönen einen künstlichen Nachhall gab. In der Unterhaltungselektronik wurde die Hammond-Orgel mit durchschlagendem Erfolg eingesetzt. In der neueren Zeit allerdings wurde sie weitgehend von der Elektronenorgel verdrängt.

Die Elektronenorgel

Bei der Elektronenorgel erspart man sich den Umweg über die mechanisch erzeugten Schwingungen. Wie ein rein elektronischer Schwingungserzeuger funktioniert, kann sehr einfach an einem Glimmlampenoszillator demonstriert werden. Ein Kondensator und eine Glimmlampe sind parallel geschaltet. Über einen Widerstand wird der Kondensator so lange aufgeladen, bis die Zündspannung der Glimmlampe erreicht ist. Die Glimmlampe leuchtet auf, und sofort fällt die Spannung im Kondensator ab. Dann beginnt das Spiel von neuem, eine periodische Be- und Entladung des Kondensators ist die Folge.

Würde man ein Diagramm von dieser Schwingung aufzeichnen, so käme die bereits erwähnte Sägezahnschwingung dabei heraus, eine sehr obertonreiche Schwin-

ORCHESTRATION PLUS
BASS / MAGIC GENIE / LOWER
SYMPHONIC STRINGS
DIGITAL RHYTHM SPEED
Magic Genie Chords
LOWREY

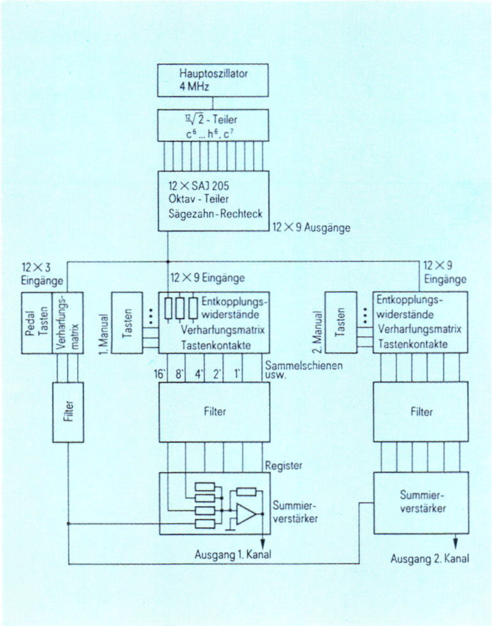
Hauptoszillator
4 MHz
$\sqrt[12]{2}$ - Teiler
$c^6 \ldots h^6, c^7$
12 × SAJ 205
Oktav - Teiler
Sägezahn - Rechteck
12 × 9 Ausgänge
12 × 3
Eingänge
12 × 9 Eingänge
12 × 9
Eingänge
Pedal
Tasten
Verharfungs-
matrix
1. Manual
Tasten
Entkopplungs-
widerstände
Verharfungsmatrix
Tastenkontakte
2. Manual
Tasten
Entkopplungs-
widerstände
Verharfungsmatrix
Tastenkontakte
16' 8' 4' 2' 1'
Sammelschienen
usw.
Filter
Filter
Filter
Register
Summier-
verstärker
Summier-
verstärker
Ausgang 1. Kanal
Ausgang 2. Kanal

3

4

Walze und Schallplatte

Töne sichtbar gemacht

Wenn man versucht, die Wurzeln der Edisonschen Sprechmaschine auszugraben, sollte man nicht die klugen Köpfe übergehen, die sich schon vor Edison mit einer solchen Apparatur beschäftigt haben, und sei es auch nur als Gedankenexperiment. Freiherr von Münchhausen mit seinem tiefgefrorenen Posthorn war nämlich keineswegs der erste, den dieser Gedanke fasziniert hatte.

Vor fast 400 Jahren prophezeite der große Astronom Johannes Kepler, man werde in fernen Zeiten Sprechmaschinen herstellen, die allerdings einen hohlen Klang haben würden. 1579 hatte der italienische Naturforscher Giambattista Della Porta die phantastische Idee, Worte in Bleirohren aufzufangen, verschlossen aufzubewahren und durch Öffnen eines Deckels nach Belieben wieder herauszulassen. Im Jahr 1682 berichtete der vielseitige deutsche Chemiker Johann Joachim Becher, daß der Nürnberger Optiker F. Gründler den Versuch unternehmen wolle, „etliche Worte als ein Echo durch eine Spirallinie in einer Flasche zu verschließen, daß man sie wohl über eine Stunde lang über Land tragen könne, und wenn man sie öffne, die Worte gehöret werden". Die Vermutung liegt nahe, daß hier bereits die Wellennatur des Schalls angesprochen wird.

Noch deutlicher beschrieb der französische Schriftsteller Cyrano de Bergerac um die Mitte des 17. Jahrhunderts einen Kasten, der durch einen Mechanismus mit einer Nadel Laute ertönen ließ. Auch dem großen Mathematiker Leonard Euler schien es 1761 nicht unmöglich, daß „man eine Maschine bauen könnte, welche imstande wäre, alle Klänge unserer Worte mit allen Artikulationen nachzuahmen". Sein Vorschlag führte dann allerdings nicht zu einer Maschine, die Töne aufnehmen und wiedergeben konnte, sondern zu einer Art Orgel, deren spezielle Zungenpfeifen die Laute der menschlichen Sprache nachahmen sollten.

Chladni und seine Klangfiguren

Im Jahr 1809 stiftete der deutsche Physiker Ernst Florenz Friedrich Chladni (1756 bis 1827) in Paris unter den französischen Wissenschaftlern einige Verwirrung. Er hatte eine ebene, befestigte Metallplatte mit feinem Sand bestreut und sie am Rand mit einem Violinbogen angestrichen. Die Platte begann zu vibrieren, und überall dort, wo sie in Schwingungen geriet, wurde der Sand fortgeschleudert. An den ruhenden Knotenlinien der Schwingung blieb er liegen. Die auf diese Weise entstandenen „Chladnischen Klangfiguren" wurden weltbekannt. Selbst Napoleon konnte seine Neugierde nicht bezähmen und ließ sie sich vorführen. Aus dem Muster, das auf einer solchen Metallplatte entstand, ließ sich viel über die Schwingungen des Schalls ableiten.

1857 konstruierte L. Scott einen „Phonautograph" genannten Apparat, der imstande war, Schallschwingungen sichtbar zu machen. Ursprünglich befestigte man an einem schwingenden Körper, etwa an einem Arm einer Stimmgabel, ein dünnes Metallfederchen, das die Schwingungen auf einer berußten Glasplatte einritzte. Wurde die Glasplatte unter dem Metallfederchen vorbeigezogen, zeichnete es die Wellenlinien der Schwingungen in die Rußschicht. Später wurde dieses Verfahren von Scott verbessert. Er brachte dünne Stifte auch an feinen Membranen an, die bei der Einwirkung von Tönen zu schwingen begannen und den Schwingungsverlauf auf berußte Walzen aufzeichneten.

Der versiegelte Umschlag

Das etwa waren in groben Zügen die Voraussetzungen, die zur Erfindung der ersten Sprechmaschine führten. Man kann mit Sicherheit annehmen, daß Edison als äußerst gründlichem Arbeiter alle diese Vorversuche bekannt waren. Eine Entwicklung allerdings gab es, von der der große Erfinder wahrscheinlich zunächst keine Kenntnis hatte, weil sie im fernen Frankreich, genauer in Paris, stattfand. Am 30. April 1877 übergab der französische Dichter Charles Cros (1842–1888) den Herren der Pariser Akademie der Wissenschaften ein versiegeltes Kuvert, das aber zunächst offenbar keine Beachtung fand. Den Kabarett-Liebhabern in Paris war Cros ein Begriff. Er trug seine witzig geschriebenen „Monologe" persönlich im Pariser Kabarett „Chat-Noir" mit großem Erfolg vor. 1869 erfand Cros ein Farbfotografieverfahren.

Als am 3. Dezember 1877 sein versiegeltes Schreiben von der Pariser Akademie der Wissenschaften schließlich geöffnet wurde, lasen die erstaunten Herren, daß Cros darin vorschlug, anstelle der berußten Glasscheibe zum Aufzeichnen der Schallschwingungen einen wächsernen Zylinder zu verwenden, das Grundprinzip des Phonographen. Cros' Erfindung war ein wenig zu spät ans Licht der Öffentlichkeit gelangt. Edison hatte sich nicht lange mit versiegelten Umschlägen aufgehalten und einen Vorläufer seines Phonographen bereits am 30. Juli 1877 in Großbritannien zum Patent angemeldet. Am 24. Dezember 1877 folgte die endgültige Patentanmeldung in den USA.

Edison und der Phonograph

Thomas Alva Edison (1847–1931) wird wohl zu Recht der „König der Erfinder" genannt, denn niemals zuvor war es einem einzelnen Menschen gelungen, so viel Neues zu erfinden. Am Lebensende konnte er auf eine Liste von über 1500 Patenten zurückblicken. So ganz genau weiß es offenbar niemand, denn die Zahlen über seine Patentanmeldungen differieren stark. Im Jahr 1923 hatte die „New York Times" ausgerechnet, daß der Wert der „im Gehirn Edisons entstandenen Erfindungen" über 15 Milliarden Dollar betrug. Dabei beziehen sich diese Berechnungen nur auf die amerikanischen Industrien, die durch Edisons Erfindungen einen wesentlichen Auftrieb erhielten. Noch heute profitieren Weltkonzerne von seinen Entdeckungen. Edison hätte der reichste Mann der Welt werden können, aber er lebte fast ständig in Geldschwierigkeiten, weil er den Erlös für seine Patente in immer neue Erfindun-

1–2 – Ende des 18. Jahrhunderts gelang es dem Physiker Ernst Chladni, Schall in Figuren sichtbar zu machen, je nach Art der Schwingungen in den verschiedensten Formen.
3 – Versuchsanordnung zur Erzeugung Chladnischer Klangfiguren.
4–5 – Leon Scott wies 1857 den Schwingungscharakter des Schalls optisch nach. Bei seinem Phonautographen bringen die Schallwellen am Ende des Schalltrichters eine Membran mit Feder zum Schwingen. Die Federspitze überträgt die Schwingungen auf einen rußgeschwärzten, sich drehenden Papierzylinder und zeichnet sie wellenförmig auf. Verblüffend die Ähnlichkeit mit Edisons dreißig Jahre jüngerem Phonographen, der den Ton aber auch wiedergeben konnte.

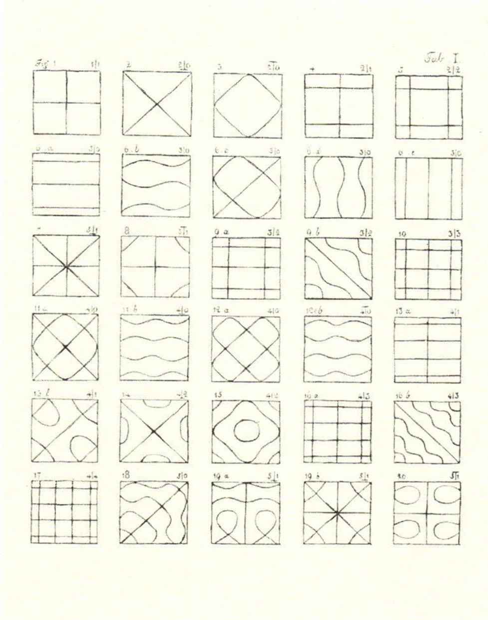
1

2

3

4

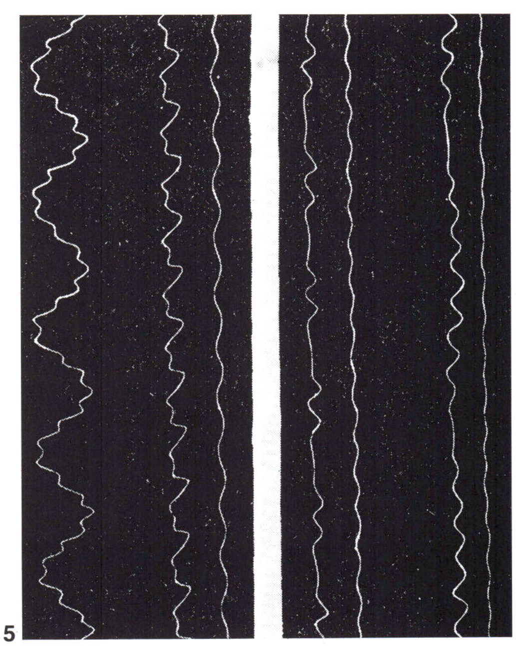
5

gen steckte. Geld interessierte ihn nur als notwendiges Antriebsmittel seiner Erfinderfabrik.

Der Zauberer von Menlo Park

Thomas Alva Edison wurde am 11. Februar 1847 in Milan im amerikanischen Bundesstaat Ohio geboren. Die reguläre Schule besuchte er nur ganze drei Monate lang, dann unterbreitete ein Lehrer seiner entsetzten Mutter, daß ihr Sohn nicht ganz normal sei. Mrs. Edison, selbst Lehrerin, war da ganz anderer Ansicht, und so unterrichtete sie von diesem Zeitpunkt an ihren Sohn selbst. Der junge Edison war eine unersättliche Leseratte und las, was ihm unter die Finger kam. Vor allem aber faszinierten ihn naturwissenschaftliche Bücher. Nach seinem eigenen Zeugnis begann er bereits mit neun Jahren, konsequent und mit großer Ausdauer naturwissenschaftliche Experimente durchzuführen. Das Geld für Geräte und Chemikalien verschaffte sich der aufgeweckte Junge als Zugverkäufer von Zeitungen und Süßigkeiten. Schließlich verfaßte er als Fünfzehnjähriger in einem Güterwagen den „Weekly Herald", druckte ihn selbst und vertrieb ihn im Zug und auf den Bahnhöfen.
Seine erste feste Anstellung fand er als Telegrafist und begann 1868 mit Erfindungen auf diesem Gebiet. Nach fünf Lehr- und Wanderjahren richtete er sich in Menlo Park bei New York ein Laboratorium ein. Menlo Park mauserte sich zur größten Erfinderfabrik der damaligen Zeit. Mehr noch, mit Menlo Park führte Edison eine bedeutsame Neuerung in der Technologie ein, die organisierte Forschung. Für die rasche und billige Entwicklung von Erfindungen sammelte er als erster einen erstklassigen Stab von Mitarbeitern um sich.
In dieser Zeit häuften sich die Erfindungen. 1877 gelang Edison die Verbesserung von Bells Telefon durch seine Entwicklung des Kohlekörner-Mikrofons. In das gleiche Jahr fiel seine originellste Erfindung: der Phonograph. 1879 begann er mit seiner teuersten Erfindung, nämlich der langlebigen Kohlefaden-Glühlampe. Edison hatte 100000 Dollar verbraucht, bevor die erste Lampe zufriedenstellend brannte. Anschließend richtete er in New York das erste öffentliche Elektrizitätswerk ein, entwickelte ein zuverlässiges Leitungs- und Meßsystem und erhielt dafür insgesamt 356 Patente. Ende des Jahres 1882 konnte sich New York bereits mit rund 5000 elektrischen Straßenlampen brüsten.

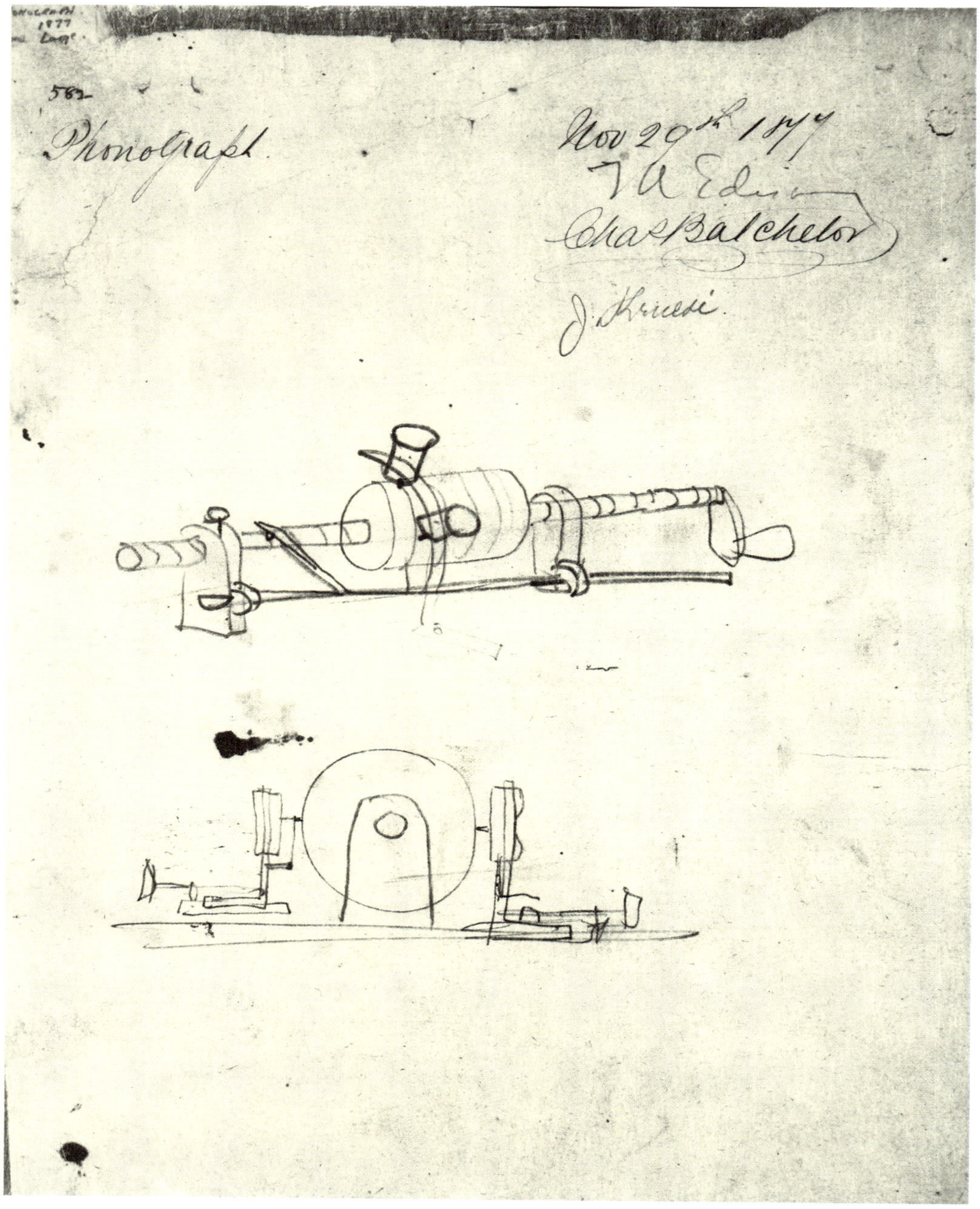

1

1887 bezog Edison mit seinem Mitarbeiterstab ein neues, größeres Laboratorium in West Orange. Auf 5600 Quadratmetern beschäftigte er bis zu 90 Assistenten, darunter bekannte Wissenschaftler. 1891 stellte der Erfinder seinen Kinematographen vor, ein Filmaufnahmegerät, das bereits mit perforierten Zelluloidfilmbändern arbeitete. Seine in einem Arbeitsgang gegossenen Zementhäuser allerdings waren ihrer Zeit weit voraus und fanden nicht den gewünschten Anklang. Am 18. Oktober 1931 starb Edison im Alter von 83 Jahren in West Orange.

Die sprechende Maschine

Am 12. August 1877 tauchte in Edisons Laboratoriumsnotizen zum ersten Mal das Wort „Phonograph" auf, aber das Datum der eigentlichen Erfindung dürfte wohl drei oder vier Monate früher anzusetzen sein. Es begann mit einer einfachen Skizze, die Edison seinem engsten Mitarbeiter, John Heinrich Kruesi, in die Hand gedrückt hatte. Der Schweizer Kruesi war 1870 nach Amerika ausgewandert, begegnete 1871 Edison und übernahm schließlich die Aufgabe, Edisons revolutionäre Ideen in ausführbare Produkte umzusetzen.
Kruesi war zwar von Edison einiges gewohnt, aber der Gedanke an eine sprechende Maschine erschien ihm doch zu absurd. „18 Dollar" hatte Edison an den Rand der Zeichnung geschrieben. Das bedeutete einen Stücklohn von 18 Dollar für das Modell, wenn es in der vorgeschriebenen Zeit fertig wurde. Sollte Kruesi wider Erwarten länger brauchen für die Herstellung, wurde der Lohn erhöht. Bei einer

1 – Thomas Alva Edison hatte einen ganzen Stab von Mitarbeitern, die er dafür bezahlte, daß sie seine Ideen in brauchbare Apparate und Anlagen umsetzten. Nach der Handskizze vom 29. November 1877 baute John Heinrich Kruesi in Edisons Erfinderfabrik Menlo Park den ersten Phonographen. Zur Premiere nahm Edison ein Kinderlied auf, das er seinen erstaunten Mitarbeitern dann vorspielte.
2 – Patentschrift der „Sprechmaschine", wie Edison seine Erfindung auch nannte, Februar 1878.

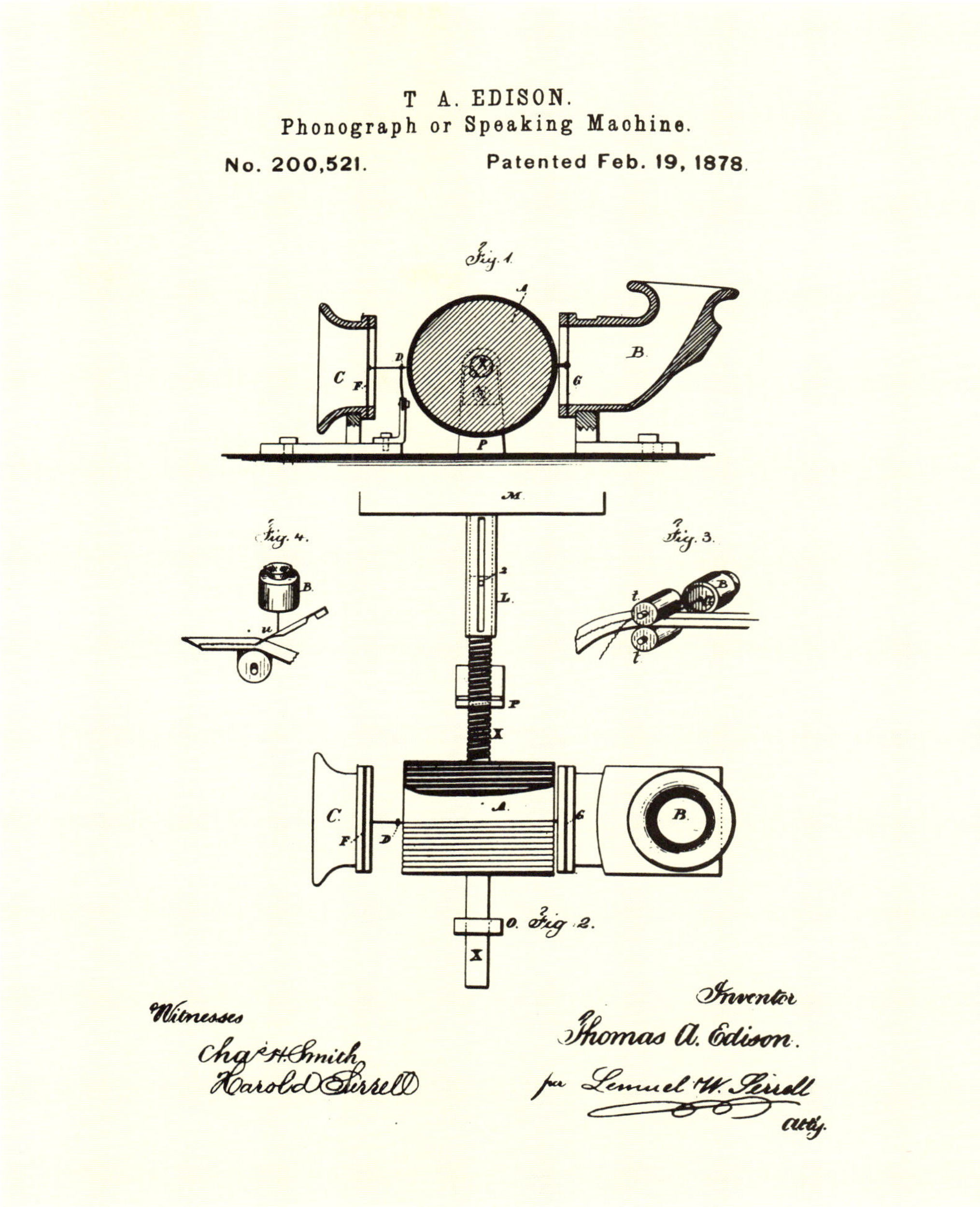

2

kürzeren Arbeitszeit gehörte die Differenz ihm. Edison pflegte immer diese merkwürdige Mischung von Akkordlohn und Stundenlohn vorzuschreiben. Seine Leute fuhren im allgemeinen nicht schlecht dabei.

Die neue Maschine wurde in der vorgeschriebenen Zeit fertig. Sie bestand aus einer neun Zentimeter starken Metalltrommel mit einer Achse. Das Ganze ruhte auf zwei Stützen. Auf jeder Seite befand sich eine verstellbare Sprechmuschel mit einer Pergamentmembran und über deren Mitte eine Stahlnadel. Kopfschüttelnd beobachteten die Mitarbeiter, wie Edison ein dünnes Blatt Stanniol um die metallene Trommel legte. Dann setzte er das Gerät mit der Kurbel in Bewegung, näherte seinen Mund dem kleinen Trichter an der Membran und sang mit lauter Stimme ein altes Kinderlied: „Mary had a little lamb."

Edison drehte die Walze wieder zurück, nestelte an einer Schraube, um die zweite Membran an die Stelle der ersten zu bringen, und kurbelte von vorne. Es knisterte und rauschte. Dann hörte man Edisons Stimme schwach und geisterhaft aus dem Trichter dringen: „Mary had a little lamb."

Die Überraschung in der Runde war perfekt, denn außer Edison selbst hatte niemand an eine derartige Möglichkeit geglaubt, die menschliche Stimme zu reproduzieren.

Gedanken zu einer Erfindung

„Auf diese Entdeckung bin ich fast durch Zufall gekommen", schrieb Edison zehn Jahre später in einem Artikel für die „North American Review". „Ich war bei der Konstruktion einer Maschine, die auf elektrischem Wege Morsebuchstaben übertragen sollte. Dabei waren die Zeichen in Papier eingedrückt, und die Meldung sollte durch einen Stift abgetastet werden, der mit einem elektrischen Kontakt verbunden war.

Als ich mir an dieser Maschine zu schaffen machte, fand ich, daß bei sehr schneller Umdrehung des mit dem Papierstreifen versehenen Zylinders von den Vertiefungen ein summendes Geräusch ausging – ein musikalischer, rhythmischer Klang, der einem undeutlich gehörten menschlichen Gespräch ähnelte. Dies bewog mich zu dem Versuch, in die Maschine eine passende Membran einzusetzen, welche die von meiner Stimme verursachten Schwingungen oder Schallwellen auffangen sollte, wenn ich hineinsprach, und dann diese Schwingungen in ein geeignetes Material,

das auf den Zylinder gelegt war, einstichelte. Das für den unmittelbaren Gebrauch gewählte Material war paraffiniertes Papier, und die damit erreichten Resultate waren vortrefflich.
Die Eindrücke auf dem Zylinder verursachten bei rascher Rotation eine Wiederholung der Originalschwingungen, wobei das Ohr durch die Schwingungen einer Schallplatte (= Membran) getroffen wurde, gerade so, als ob die Maschine selbst spräche. Sogleich erkannte ich, wie das Problem, die menschliche Stimme beliebig oft durch mechanische Mittel wiederzugeben, gelöst sei."

Eine Erfindung geht um die Welt

Nach den ersten Vorführungen kam die Sprechmaschine nicht mehr zur Ruhe. Alle New Yorker Zeitungen waren voll von groß aufgemachten Artikeln über den Phonographen. Auch in der Provinzpresse feierte man den Erfinder als „Magier von Menlo Park". Edisons Laboratorium wurde zur Pilgerstätte, und nach Menlo Park ergossen sich so gewaltige Besucherströme, daß die Eisenbahnen nicht mehr alle Menschen fassen konnten. Sonderzüge wurden eingeschaltet.
Aber mit den Bewunderern kamen auch die Skeptiker. Edisons Aufzeichnungen berichten über einen solchen Fall krasser Ungläubigkeit. „Eines Morgens kam Bischof John Vincent ins Laboratorium und bat, den Phonographen sehen zu dürfen. Ich führte ihm den Apparat vor, und dann fragte er, nachdem er sich im ganzen Raum nach einem versteckten Bauchredner umgesehen hatte, ob er ein paar Worte hineinsprechen könne. Ich zog eine neue Folie auf, und er rasselte mit zungenbrecherischer Geschwindigkeit Namen aus der Bibel herunter. Als der Phonograph sie wiedergab, sagte er: ‚Jetzt bin ich überzeugt. Es gibt in den Staaten niemanden, der mir dieses Tempo nachmacht.'"
Ein paar Wochen lang war Edisons Phonograph eine Sensation ersten Ranges, dann flaute der Wirbel ab, und schließlich hörte man kaum noch etwas von der sprechenden Maschine. Die ungeahnten Möglichkeiten, die der Phonograph in sich barg, wurden noch nicht erkannt. Er fristete sein Schicksal als geheimnisvolles Kuriosum, das man auf Jahrmärkten bestaunte und in Varietés bewunderte. Edison verkaufte sein Ur-Grammophon für klägliche 10000 Dollar und 20 Prozent Gewinnbeteiligung und stürzte sich bis über den Hals in die Probleme der elektrischen Beleuchtung.

Der Phonograph setzt sich durch

Volle zehn Jahre vergingen. Im Frühjahr 1888 nahm Edison seine Arbeit an der Sprechmaschine wieder auf. Er war davon überzeugt, daß das Gerät nach grundlegenden Verbesserungen nicht mehr als neckisches Spielzeug betrachtet werden würde. Schlag auf Schlag kamen die Zusatzerfindungen. In den nächsten fünf Jahren meldete Edison über sechzig neue Phonographenpatente an. An Stelle der Paraffinpapier- oder Stanniolstreifen benutzte er nun Hohlzylinder aus besonders präpariertem Wachs. Statt der Nadel verwendete er einen scharfen Saphirsplitter für die Aufnahme, einen stumpfen Saphirstift für die Wiedergabe.
Edison war nur noch für den Phonographen da. Nach dem Vorgeplänkel der ersten Verbesserungen schloß er sich fünf Tage und Nächte lang in seinem Arbeitszimmer ein und baute die Sprechmaschine von Grund auf um. Während dieser Zeit schlief er nur selten, ließ sich kaum Zeit, um etwas zu essen, und war für niemanden zu sprechen. Besonders schwierig war das Verfahren, um die Wachszylinder zu kopieren. Es war für den Verkauf der Phonographen von entscheidender Bedeutung, daß der Käufer sich nach und nach einen Vorrat von Wachswalzen mit guten Aufnahmen anschaffen konnte. Entgegen der ursprünglichen Annahme Edisons spielte der Phonograph als Diktiergerät keine besondere Rolle. Die Leute wollten fertig aufgenommene Musik.
Der Erfinder löste dieses Problem durch den Prozeß der Vakuumablagerung. Er hängte die Originalwalze in einen luftleeren Raum und überzog sie mit zerstäubtem Gold, um sie elektrisch leitend zu ma-

In Handskizze und Patentschrift des Phonographen kann man deutlich erkennen, daß ursprünglich zwei Trichter mit Membran vorgesehen waren, einer für Aufnahme und einer für Wiedergabe. Bald gab es aber in der Regel nur noch einen Trichter und eine Membran, wie dieses Phonographenmodell zeigt. Angetrieben wurde diese Maschine mit einer Handkurbel.

1

Zehn Jahre nach dem ersten Wurf machte sich Edison an die Verbesserung seines Phonographen, getrieben von der Furcht vor Konkurrenten. Dabei erschien ihm noch immer die Verwendung als Diktiergerät am erfolgversprechendsten. Einige der Verbesserungen: Wachszylinder, Saphirstift, Elektroantrieb, dann Federwerkantrieb, Repetier- und Abschleifvorrichtung.
1 – Werbeplakat mit einem Edison-Konzert-Phonographen, Handkurbelaufzug.
2 – Edison-Standard-Phonograph, 1901; Federwerkantrieb mit Fliehkraftregler. Der Trichterkran (der gußeiserne Bügel über der Walze) ermöglichte es, auch längere Trichter anzubringen.
3 – Edison-Business-Phonograph, 1903; als Diktiergerät gebaut, Elektromotor und Fernbedienung durch pneumatisch gesteuerte Zahnradkupplung.
4 – Die Detailaufnahme desselben Gerätes zeigt deutlich die beiden Schalldosen, eine für die Aufnahme und eine für die Wiedergabe. Das ersparte den Wechsel der Schalldose nach Diktat.

chen. Dann konnte man sie galvanisieren, eine Matrize anfertigen und Kopien aus Wachs herstellen. Zur Verwertung des verbesserten Phonographen, den man nun nicht mehr mit der Hand, sondern mit einem Elektromotor in Bewegung setzte, wurde in Philadelphia eine Gesellschaft gegründet. Sie hielt nichts davon, die Sprechmaschinen zu verkaufen, sondern wollte sie lieber vermieten.
Das Ergebnis war entmutigend. Die Mietverträge wurden nach ihrem Ablauf nicht erneuert. In der Firma häuften sich die zurückgegebenen Geräte.

Ein Federtriebwerk dreht die Walze

In der Praxis hatte sich gezeigt, daß die Ausführung des elektrischen Phonographen-Triebwerks verkehrt war. Die Motoren waren viel zu groß und unhandlich, sehr teuer – und nur da verwendbar, wo es elektrischen Strom gab. Dazu kam, daß die Motoren äußerst störanfällig waren. Es dauerte lange, bis sich Edison zur Verwendung von Federtriebwerken entschloß.
Die Wachswalzen waren für den Verkauf immer noch zu unpraktisch. Edison vertiefte sich in die Fachliteratur und begann eine Versuchsreihe mit über hundert Ölen und Fetten. Endlich gelang ihm die Herstellung einer brauchbaren Mischung. Für die Massenherstellung eignete sie sich aber leider nicht, weil sie zu teuer war. Er probierte es mit einem Papierzylinder, den er mit der neuen Wachsmischung überzog. Die Aufnahmeergebnisse waren ausgezeichnet, aber die Papierwalzen ließen sich nicht verschicken.
Was er suchte, das war ein guter, billiger, leicht herzustellender und ohne Schwierigkeiten versendbarer Zylinder. Schließlich kam er auf ein stearinsaures Sodasalz, das alle Prüfungen bestand. Er ließ es jahrelang in großen Mengen herstellen und verwendete es fast ausschließlich für die Walzenanfertigung.
Zur gleichen Zeit setzte er seine Versuche fort, den Phonographen als automatischen Anrufbeantworter in der Telefontechnik einzuführen. In San Francisco entschloß man sich dazu, eine Sprechmaschine an die Telefonvermittlung anzuschließen. Das ging eine Weile ganz gut. Dann mehrten sich die Beschwerden der Telefonkunden. Sie wunderten sich zunächst über die stereotype Besetztauskunft, dann ärgerten sie sich nur noch. Schließlich kamen sie mit wüsten Drohungen. Die Auskunftmaschinen wurden wieder abmontiert.
Trotz mancher Schwierigkeiten trat der

3

4

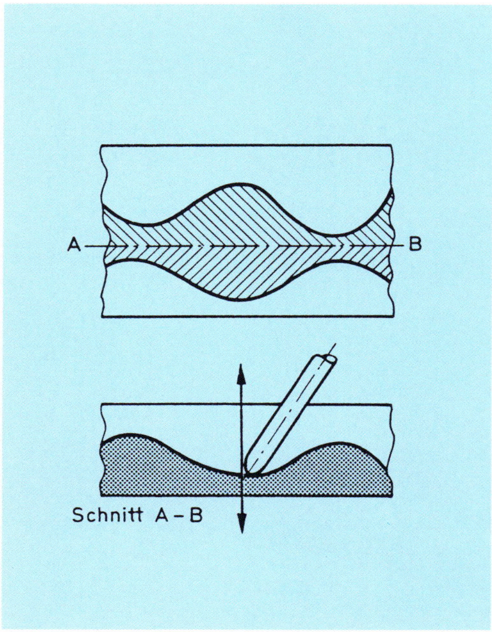

1

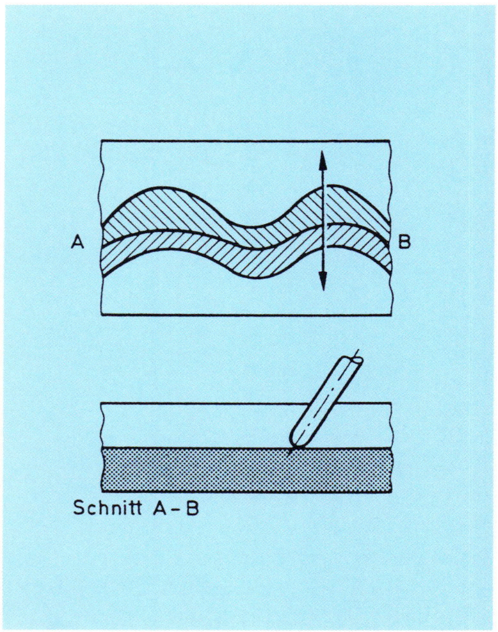

2

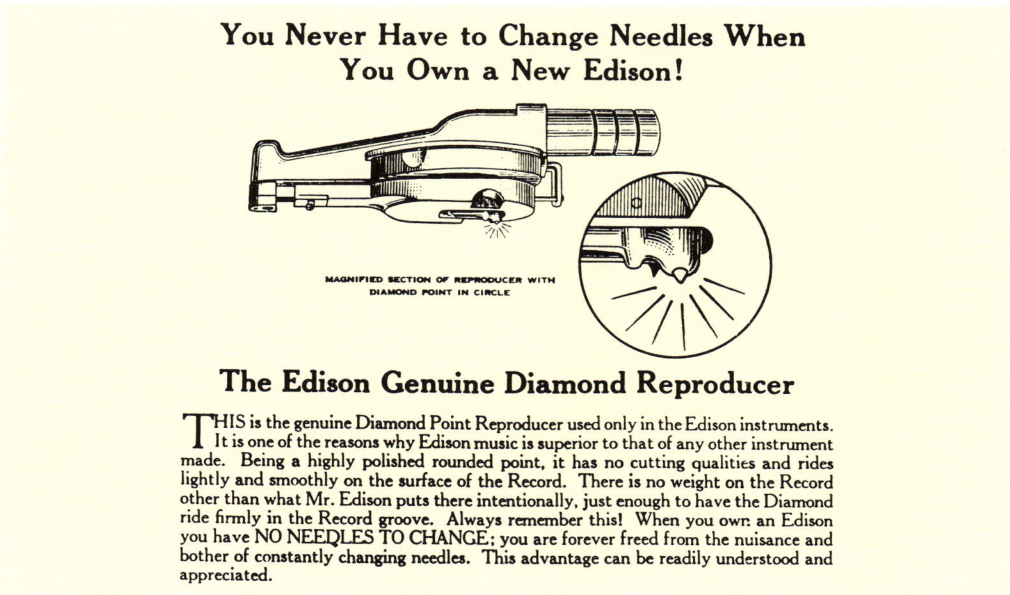

3

schicht bedeckt war. In dieses Wachs ritzte der an einer Membran befestigte Stift die Spirallinie der Schallschwingungen ein und legte das blanke Metall frei. Nun konnten die Linien mit Säure in das Zink eingeätzt werden. Das Wachs wurde entfernt, und eine fertige Schallplatte aus Metall war abspielbereit.

Aber damit war das Problem der Vervielfältigung noch nicht gelöst. Dazu kam, daß die Zinkplatten Berliners nur eine Minute Spielzeit besaßen. Edisons Walze drehte sich immerhin drei Minuten lang, und deshalb war die Schallplatte zunächst noch keine ernsthafte Konkurrenz für die Walze. Doch Berliner gab nicht so schnell auf. Zunächst experimentierte er mit Hartgummi als Plattengrundstoff, was aber auch nicht den gewünschten Erfolg hatte. Und dann schließlich hatte Berliner die entscheidende Idee. Statt der Zinkplatte verwendete er nun eine massive Wachsplatte. Sie hatte den Vorteil, daß die Nadel die Schallrillen sehr leicht einschneiden konnte. Die „beschriftete" Wachsplatte wurde mit Graphit behandelt und dadurch elektrisch leitend gemacht. Durch diesen Trick war es möglich, einen galvanischen Abzug der Originalplatte aus Kupfer herzustellen, ein Positiv also, das die Spurrillen als Erhöhungen wiedergab. Von diesem „Vater", wie dieses Positiv auch heute noch in der Branche genannt wird, wurden damals direkt die Platten gepreßt.

Durch die Technik der seitlichen Bewegungen der Abtastnadel, der sogenannten Seitenschrift, war schon eine erhebliche Verbesserung der Tonqualität erreicht worden, und die Kupferscheibe bedeutete noch einen weiteren Schritt nach vorn. Jetzt kam es nur noch darauf an, für die nach dem neuen Verfahren gepreßten Platten ein geeignetes Material zu finden. Berliner nahm 1895 auch diese Hürde und verwendete eine Masse, die zu etwa 70 % aus feinem Gesteinsmehl und zu 30 % aus Schellack mit Zusätzen bestand. Das Gesteinsmehl gab der Schallplatte die notwendige Härte, aber auch die oft beklagte Zerbrechlichkeit. Mit diesem Verfahren hatte Berliner die letzte Hürde zur Herstellung großer Plattenauflagen genommen. Fast sechzig Jahre lang beherrschte die mit 78 U/min abgespielte Schellackplatte den Markt.

Die Langspielplatte

Von nun an nahm das Geschäft mit der runden Scheibe einen ungeahnten Aufschwung. Jeder wollte sich von diesem neuen Kuchen ein deftiges Stück abschneiden. Patentstreitigkeiten waren an der Tagesordnung. So wurde beispielsweise heftig diskutiert, wem das Patent eines erhöhten Plattenrandes, der ein Abrutschen der Nadel verhindern sollte, zustand. Jede Firma wachte eifersüchtig über ihre Neuerungen. Als auf der Leipziger Frühjahrsmesse im Jahr 1904 erstmals eine doppelseitig bespielbare Platte vorgestellt wurde, wollten natürlich sofort auch andere Firmen diese sensationelle Neuerung in ihr Programm aufnehmen. Eine Plattenfirma unternahm diesen Versuch auch, mußte aber aus patentrechtlichen Gründen die Produktion wieder einstellen.

Trotz aller Neuerungen war man dem dringlichsten Problem, nämlich die Spieldauer der Platten zu verlängern, noch nicht nähergekommen. Eine Platte mit 30 Zentimeter Durchmesser hatte eine Aufnahmekapazität von etwa viereinhalb Minuten. Das wirkte sich bei längeren Musikprogrammen ausgesprochen lästig aus. Der englische Pianist Gerald Moore beschwerte sich über die merkwürdigen Aufnahmegewohnheiten: „Bei kürzeren Stücken wurde deshalb oft das Tempo in grotesker Weise beschleunigt, bloß damit die Aufnahmedauer für die Platte reichte."

Aber welche Möglichkeiten gab es, eine längere Spielzeit zu erreichen? Einmal konnte der Plattendurchmesser vergrößert werden. Eine Firma in Frankreich und eine in England schlugen diesen Weg ein. Sie stellten 1905 eine 50-Zentimeter-Platte vor. Aber diese monströsen Scheiben waren unhandlich und leicht zerbrechlich. Das Publikum lehnte sie aus verständlichen Gründen ab. Die beiden anderen Möglichkeiten, zu einer längeren Laufzeit

Das System Berliners unterscheidet sich vor allem in der Methode der Aufzeichnung von anderen.
1 – Bei Edisons Verfahren macht die Nadel gleichsam eine Berg- und Talfahrt, und zur Wiedergabe fährt sie den Höhen und Tiefen nach, senkrecht zur Platte. Deshalb heißt dieses Verfahren Tiefenschrift. Edison benutzte sie auch für seine Langspielplatte.
2 – Berliner dagegen verwendete die Seitenschrift: Die Schwingungen graben sich wie ein gewundenes Bachbett in die Platte ein, und beim Abspielen bewegt sich die Nadel in den Rillen hin und her, parallel zur Plattenoberfläche.
3 – Die Spieldauer einer Platte hatte großen Einfluß auf den Verkaufserfolg. Edison versuchte dies durch größere Rillendichte zu erreichen. Für die feineren Rillen entwickelte er den Diamantabtaster, dessen Vorteile diese Reklame anpreist.
4 – Ab 1897 bestanden die gepreßten Platten von Berliner aus einem Gemisch von Schwerspat, Ruß, Kuhhaaren (später Baumwollflock) und Schellack. Das Warenzeichen des schreibenden Engels und alle Angaben zur Platte wurden anfangs direkt auf die Platte gepreßt.

Nächste Doppelseite: Etiketten kamen erst später auf, und ab 1909 zierte nicht mehr der Engel, sondern ein Hund die Platten der Grammophone Company Berliners wie auch ihrer Tochterfirma Deutsche Grammophon-Gesellschaft. Laut Werbung hatte ein Hund die Stimme seines verstorbenen Herrn so naturgetreu aus dem Trichter vernommen, daß er sich aus Treue nicht davon trennen konnte.

4

zu gelangen, waren enger nebeneinanderliegende Tonrillen und eine Herabsetzung der Umdrehungsgeschwindigkeit. Und beide Möglichkeiten wurden in Betracht gezogen.

Der Altmeister der Tonaufzeichnung hält mit

Ausgerechnet Thomas Alva Edison, der überzeugte Anhänger der Walzen-Phonographie, entwickelte die erste Langspielplatte. Von seinen Gesellschaftern dazu gedrängt, beschäftigte er sich zunächst widerwillig mit dem Konkurrenzmedium. Aber bald fesselte ihn die neue Arbeit so sehr, daß er schon 1912 die ersten Platten auf den Markt bringen konnte. Die von ihm geschaffene Technik der Tiefenschrift zur Schallaufzeichnung behielt er jedoch bei. Der Erfinder ging schon auf die Achtzig zu, als er seine erste Langspielplatte mit einer Spielzeit von 40 Minuten vorstellen konnte. „Edison Record 40 Minutes“ stand auf dem Plattenetikett, und die vierzig Minuten bezogen sich auf beide Plattenseiten. Eine Seite hatte also zwanzig Minuten Spielzeit, und das war über die Hälfte länger als bei der ersten, später von Peter Goldmark entwickelten Langspielplatte.
Edison hatte den Weg der größeren Rillendichte gewählt. Auf einem Millimeter brachte er sechzehn Rillen unter. Um eine derartige Dichte erreichen zu können, war ein besonders widerstandsfähiges Material Voraussetzung. Und diese Voraussetzung schuf der belgisch-amerikanische Chemiker Leo Hendrik Baekeland (1863–1944) mit seinem härtbaren, vollsynthetischen Kunstharz, das unter dem Namen „Bakelit“ weltbekannt wurde. Dieses Bakelit bildete die harte Oberfläche der Platten von Edison. Besondere Härte war allerdings auch notwendig, denn wegen der feinen und nicht sehr tiefen Rillen mußte der messerähnliche Diamant des Abtasters mit mehr als 300 Gramm aufdrücken, um eine ausreichende Lautstärke zu erzeugen.
Im November 1929 gab der 82jährige Edison die Produktion von Schallplatten und Plattenspielern auf. Seine Langspielplatten waren nicht sonderlich erfolgreich, vermutlich weil sie aus überspielten Aufnahmen alter Stücke bestanden, die willkürlich zusammengestellt worden waren. Bleibt anzumerken, daß die Platten zwischen 500 und 750 Gramm wogen und sechs Millimeter dick waren. Ihr Preis schwankte zwischen 1,75 und 2,75 Dollar.

ODEON-WERKE
ODEON-RECORD
A. 41240
Die Männer sind alle Verbrecher
Marsch aus „Wie einst im Mai" (W. Kollo)
Odeon-Orchester, Berlin

Brunswick
REG. U.S. PAT. OFFICE
Baritone
With Orchestra
In German
WENN ICH EINMAL DER
HERRGOTT WÄR'
(If Power Divine for Once Were Mine)
MICHAEL BOHNEN
15074—B
THE BRUNSWICK-BALKE-COLLENDER COMPANY

ELITE-SPECIAL
BIEM
W 7952
DU UND ICH
Tango
Musik und Text von S. Fellner
RUDI HOFSTETTER
und
Das Radio-Tanzorchester-Wien
Leitung: Ludwig Babinski
8633

PARLOPHON-RECORD
Träumerei
(R. Schumann)
Rudolf Kratina, Cello-Virtuose
Harmoniumbegleitung Walter Fischer
Organist der Kaiser-Wilhelm-Gedächtniskirche
Berlin
2-
2264
MADE IN
GERMANY

21959
ORIGINAL-GOLDORA-PLATTE
Triumphmarsch
aus der Oper „Aida" (Verdi)
ORCHESTER
No. 8102 a.

1066
LIPSIA RECORD
Des Jahres letzte Stunde
Gemischter Chor m. Orchesterbegl.
u. Kirchenglocken

SCHALLPLATTE „GRAMMOPHON"
DEUTSCH
„Serie: Polyfar"
ORCHESTER
„Der Geburtstag der Infantin" (Franz Schreker)
Mitgl. der Kapelle der Staats-Oper, Berlin
Katalog-Nr.
B 20853
Bestell-Nr.
66551
MUSICA G.D.
GRAMMOPHON
DEUTSCH
„Serie: Polyfar"
TENOR
„Die Meistersinger von Nürnberg" (Wagner)
Am stillen Herd
Franz Völker, mit Orchesterbegleitung
Katalog-Nr.
B 22374
Bestell-Nr.
95038

GRAMMOPHON
MONARCH RECORD
Du bist die Ruh', von Schubert
gespielt von
Professor Heinrich Grünfeld, Hofcellist
BERLIN.
047856
Liszt: 2. Ungarische Rhapsodie
II. Teil
Alois Melichar
15364 B
DIE STIMME SEINES HERRN
"DIE STIMME SEINES HERRN"
KÜNSTLER
PLATTEN
1927/28
„Grammophon"
Eingetragene Schutzmarke

Die Platte dreht sich langsamer

Bei Edisons Langspielplatte, die mit 80 Umdrehungen pro Minute rotierte, gab es einen großen Nachteil. Die Rillen lagen so dicht nebeneinander, daß sie sich bei häufigem Gebrauch sehr schnell abnützten. Dazu trug die mit hohem Druck aufsitzende Diamantnadel natürlich ihren Teil bei.
Nun blieb aber noch eine dritte Möglichkeit, die Spieldauer zu verlängern, und zwar durch ein Herabsetzen der Umdrehungsgeschwindigkeit. Bei früheren Versuchen dieser Art war man wieder davon abgekommen, weil durch die Trägheit des mechanischen Systems einfach keine passable Tonqualität erreicht werden konnte. Aber trotz aller Hindernisse wurde diese Möglichkeit weiterverfolgt, wenn auch auf einem ganz anderen Einsatzgebiet. Es war eine Langspielplatte mit 33⅓ Umdrehungen in der Minute, die dem Tonfilm zum Durchbruch verhalf. Am 6. Oktober 1927 fand in New York die Premiere des Tonfilms „The Jazz Singer" statt. In einem zeitgenössischen Bericht hieß es dazu: „Die Prominenz der Weltstadt trampelte, schrie und gebärdete sich wie im Taumel. Eine halbe Stunde dauerte der Orkan."
Der Ton zu diesem Film kam von einer Schallplatte mit einer Spieldauer von elf Minuten. Genauso lange lief normalerweise eine Filmrolle, und so lag es nahe, jeweils eine Platte mit einer Rolle zu koppeln. Der Plattendurchmesser betrug 40 Zentimeter, der Rillenabstand war nur geringfügig enger als der einer 78er Platte. Wie es ausgerechnet zu dieser kuriosen Drehzahl kam, beschreibt der Fernsehpionier Walter Bruch: „Von einem Synchronmotor mit 1800 Umdrehungen pro Minute am 60-Hz-Netz ausgehend, wählte man eine Untersetzung von 54:1, die eine Drehzahl von 33,333, also 33⅓ Umdrehungen pro Minute ergab. Eine von dem Motor angetriebene Schnecke, die im Verlauf einer Umdrehung ein Zahnrad mit 54 Zähnen um einen Zahn weitertransportierte, realisierte diese Untersetzung störungsfrei. So entstand diese merkwürdig anmutende Drehzahl von 33⅓ U/min, deren Herkunft sogar bei den Großfirmen der Schallplattenindustrie in Vergessenheit geraten ist."
Am 17. September 1931 wurde die erste für die Öffentlichkeit bestimmte Langspielplatte mit dieser Umdrehungszahl im Savoy Plaza Hotel in New York vorgestellt. Die Platte sowie der dazugehörige Plattenspieler wurden von der amerikanischen Firma RCA-Victor auf den Markt gebracht. Eine weitere Verbreitung dieser Neuerung scheiterte wahrscheinlich am Preis. Der Plattenspieler mit eingebautem Radio kostete zwischen 250 und fast 1000 Dollar.

Der Initiator der modernen LP

Die „Langspielrevolution" begann nicht, wie oft behauptet wird, am 21. Juni 1948, als auf einer Händlertagung in Atlantic City, USA, die erste Langspielplatte auf Vinylbasis vorgestellt wurde. Sie begann schon drei Jahre früher, als der gebürtige Ungar Peter Goldmark (1906–1977), Forscher und Ingenieur, sich über die ständigen Unterbrechungen eines auf Platten aufgenommenen Konzerts ärgerte.
Goldmark hatte an der Technischen Hochschule in Berlin studiert, zusammen mit einem berühmten Landsmann, dem späteren Nobelpreisträger Dennis Gábor. Nach seiner Promotion in Wien ging er zunächst nach England und wanderte schließlich nach Amerika aus. Seit 1936 war er bei der CBS (Columbia Broadcasting System) als Entwicklungsingenieur tätig. In seiner Biografie bezeichnet Goldmark sich als Einzelgänger, der notfalls auch mit dem Kopf durch die Wand ginge.
Wie er von seinem Forschungsgebiet Nachrichtentechnik zur Schallplatte kam, erzählt Peter Goldmark selbst:
„Eines Abends, es war im Herbst 1945, war ich zum Abendessen bei Freunden in New York. Anschließend spielten sie mir eine Aufnahme des Klavierkonzerts Nr. 2 B-Dur von Brahms vor. Der Pianist war Horowitz, der Dirigent Toscanini. Während des ersten Satzes geschah etwas, das mir wie eine Katastrophe erschien: Es gab ein klickendes Geräusch, gefolgt zunächst von Stille und dann von einer Reihe sehr

Die Dame auf der Hülle oben rechts zeigt auf ein Gerät und erklärt, daß dies der erstaunliche neue Röhren-Verstärker sei. Seit 1927 kamen aufgrund eines Vertrages zwischen der amerikanischen Gesellschaft Brunswick-Balke-Collander Company und der Deutschen Grammophon AG die ersten Wiedergabegeräte mit elektrischem Verstärker auch in Deutschland zum Verkauf.

ESTA
ESTA
SERENÁDA ZA ÚSMĚV
Hraje Dolfi LANGER
Brunswick
IDEAS
LEAD THE
WORLD
Brunswick
NEW HALL OF FAME POPULAR SERIES
STANDCHEN (Serenade)
BRITISH BRUNSWICK LTD
BRUNSWICK NEEDLES
They are the best you can buy.
BRUNSWICK
Brunswick
BETWEEN THE DEVIL AND
THE DEEP BLUE SEA
EDDY DUCHIN
and his ORCHESTRA
8155
Every Artist
an ARTIST
BRUNSWICK RECORD CORPORATION - NEW YORK, N.Y.
llow the Star
Brunswick
IN THE SHADE OF THE
OLD APPLE TREE
Bruns
MADE IN ENGLAND
Brunswick
Brunswick
N.P.
505.276
SWING FROM PARIS
Le disque des grands succès
B

merkwürdiger Geräusche. Nach kurzer Pause setzte dann endlich wieder die Musik ein. Aber das gleiche wiederholte sich noch viele Male. Zwölf Seiten mußten abgespielt werden, damit man alle vier Sätze des Konzertes hören konnte. So gab es elf Unterbrechungen, von denen acht nicht von Brahms vorgesehen waren. Achtmal fiel ich also aus dem siebenten Himmel der Musik brutal auf die Erde zurück. Wie ist das Prinzip des Phonographen, fragte ich mich auf dem Heimweg."

Mit Phonographen hatte Goldmark schon einige Erfahrungen sammeln können. Während des Krieges wohnte er mit einem Kameraden in einem Zimmer zusammen. Sein Freund ließ ständig das Grammophon laufen, und die Wiedergabequalität machte Goldmark schwer zu schaffen: „Es klang unerträglich blechern, es knackte, zischte und rauschte." Nach dem Krieg beschloß er, diesem Übel abzuhelfen. Mit einigen Mitarbeitern der Firma CBS und viel Begeisterung machte er sich an die Arbeit.

Die Sache mit den Mikrorillen

Goldmarks erste Arbeit bestand darin, in alten Schallplattenarchiven zu stöbern und die unterschiedlichen Längen verschiedener Sinfonien zu vergleichen, denn er war hauptsächlich an klassischer Musik interessiert. Nachdem er unzählige Aufnahmen untersucht hatte, stellte er fest, daß etwa 90% aller Sinfonien auf einer Schallplatte mit 45 Minuten Laufzeit untergebracht werden konnten. Damit war also die Gesamtspielzeit vorgegeben, und durch eine einfache Rechnung ließ sich die Anzahl der dazu notwendigen Rillen ausrechnen.

Schon Edison hatte bei seiner Langspielplatte vor dem Problem gestanden, das richtige Material für die stark verkleinerte Schallplattenschrift zu finden. Bei Goldmark tauchten ähnliche Schwierigkeiten auf. Allerdings wirkte sich vorteilhaft aus, daß der Auflagedruck des Tonabnehmers durch die Elektrifizierung nur noch ein Hundertstel dessen betrug, was Edisons Platte aushalten mußte. Goldmark entschied sich für einen härtbaren Kunststoff aus der Familie der Polyvinylchloride. Dieses Plattenmaterial hatte eine wesentlich feinere Oberflächenstruktur als die grobkörnige Schellackplatte. Deshalb konnte der Abstand zwischen den einzelnen Rillen von 0,3 auf 0,1 Millimeter verkleinert werden. Ebenso wurde die Rillenbreite von 0,13 auf 0,07 Millimeter herabgesetzt.

Aber der Weg bis zur ersten LP (Long Playing Record) war alles andere als einfach. Nachdem das Projekt der RCA-Victor mit der 33er Langspielplatte gescheitert war, stand vor allem der Präsident der CBS, Wallerstein, Goldmarks Enthusiasmus äußerst skeptisch gegenüber, obwohl er das Projekt mit 100000 Dollar finanziert hatte. Goldmark erinnerte sich lebhaft an diese Auseinandersetzungen. „Wallerstein war ständig bemüht, uns Knüppel in den Weg zu legen, selbst dann noch, als wir bereits Fortschritte gemacht hatten. Als es uns gelang, immer dünnere Platten herzustellen und unsere erste Platte zu produzieren, von der jede Seite eine Spieldauer von 15 Minuten hatte, wies er uns darauf hin, daß beispielsweise ein Satz von Berlioz zwanzig Minuten dauerte. Ich glaube, er war wirklich davon überzeugt, uns von einer verlängerten Spieldauer abbringen zu können. Aber dank vereinter Anstrengungen gelang es uns schließlich, eine Platte mit einer Spieldauer von 22 Minuten und 20 Sekunden pro Seite herzustellen."

Dabei blieb es nicht. Die Technik wurde immer mehr verfeinert, und schließlich konnte das Team so feine Mikrorillen herstellen, daß eine Spieldauer von 30 Minuten auf einer Seite erreicht wurde. Die Aufnahmequalität allerdings ließ lange Zeit zu wünschen übrig. Bei einem Test wurde mehrfach das Knallen eines Pistolenschusses aufgenommen. Auf der Platte hörte es sich hinterher an, als würde eine Kartoffel auf den Boden fallen. Eine Überprüfung der elektronischen Geräte blieb erfolglos, bis Goldmark eines Tages dahinterkam, daß das Aufnahmemikrofon für die miserable Qualität verantwortlich war. In Deutschland war ein neuartiger Mikrofontyp hergestellt worden. Goldmark besorgte sich ein solches Mikrofon, und damit war das Problem der tongetreuen Aufnahmen gelöst.

Ein Musical brachte den Durchbruch

Als die CBS diese neuartige Schallplatte auf den Markt brachte, erlebte das Team um Goldmark zunächst eine Enttäuschung. Viele sahen in der LP nur eine geringfügige Verbesserung der alten 78er Platte, und der Rundfunk, sonst wichtigster Werbeträger, hüllte sich in absolutes Stillschweigen. Die RCA hatte sich geweigert, bei dem LP-Projekt der CBS mitzuziehen, und eine Platte mit 16 Zentimeter Durchmesser und 45 Umdrehungen pro Minute entwickelt, das sogenannte „Madame X"-Projekt. Dieses Projekt sollte zusammen mit einem billigen Abspielgerät die Langspielplatte übertrumpfen. Ein regelrechter Kleinkrieg zwischen den beiden großen Firmen brach aus. Schließlich bot die RCA ihren Plattenspieler sogar gratis an, damit möglichst nur 45er Platten abgespielt wurden. Die CBS führte den Gegenschlag mit einem Plattenspieler, bei dem die gewünschte Geschwindigkeit beliebig eingestellt werden konnte, je nachdem, welche Plattenart man auflegte.

Aber trotz aller Bemühungen dämmerte Goldmarks LP vor sich hin. Der große Durchbruch kam erst, als die CBS das beliebte Broadway-Musical „South Pacific" von Rodgers und Hammerstein auf einer einzigen Platte mit Goldmarkschen Mikrorillen aufnehmen ließ. Ein ganzes Musical ohne ständigen Plattenwechsel, das war neu, und die Kunden stürmten die Musikgeschäfte.

„Als wir die Langspielplatte erfanden", berichtete Peter Goldmark, „haben wir sicher nicht daran gedacht, eine neue Industrie zu schaffen, höchstens daran, die alte zu erneuern. Aber nach und nach entstanden durch den Anspruch auf höchste Tonqualität immer neue Techniken, und es wurde ein Milliardengeschäft. Vom Verkauf der ersten Mikrorillenplatte bis heute hat die CBS mehr als eine Milliarde Dollar kassiert. Sicher wird so mancher denken, daß ich durch die Erfindung der Platte mit 33 Umdrehungen ein Krösus geworden bin. Aber dem ist nicht so. Ich habe keinen prozentualen Anteil am Plattenverkauf und besitze auch keinerlei Patente. Die CBS gibt mir lediglich ein Exemplar von jeder neuen Produktion, und das genügt mir, um glücklich zu sein."

Die Aufnahmekapazität wird weiter vergrößert: das Füllschriftverfahren

Im Deutschland der Nachkriegszeit setzten sich die neuen Plattentypen sehr langsam durch. Noch im Jahr 1954 wird durch eine Statistik belegt, daß über 77% der Plattenproduktion aus den alten 78er Schellackplatten bestanden. Nur 6,2% machte die Produktion an Platten mit 33 Umdrehungen aus, der Rest lief mit 45 Umdrehungen. Aber die neuen Kunststoffplatten aus Polyvinylchlorid ließen sich schließlich nicht mehr aufhalten, und bald wurde die Herstellung der Schellackplatten eingestellt. Die neuen Platten hatten entscheidende Vorteile. Einmal waren sie unzerbrechlich, zum anderen war durch die feine Materialstruktur und die Beimengung von Ruß die Reibung der Tonabnehmernadel stark reduziert worden. Aber bei der Spieldauer war das letzte Wort noch nicht gesprochen.

1 – Die Musik zu dem Broadway-Musical „South Pacific" brachte 1949 für Peter Goldmark und die CBS mit ihrer Langspielplatte nach vielen Versuchen und Fehlschlägen endlich den Durchbruch.
33 Umdrehungen pro Minute und Mikrorillen auf Polyvinylchlorid-Platten – und die Musik für das ganze Musical paßte auf eine Platte ohne Wechsel.
2 – Zwar lagen diese Mikrorillen dichter beieinander als bei den Schellackplatten, doch blieb der Abstand zwischen den Rillen trotzdem konstant. Er wurde aber nur von den selteneren großen Lautstärken wirklich voll ausgenutzt (linke Abbildung). Eduard Rhein entwickelte nach dem Zweiten Weltkrieg ein Verfahren zur Produktionsreife, durch das der Platz auf der Platte optimal ausgefüllt werden konnte, das Füllschriftverfahren. Dort, wo keine oder geringe Lautstärken auftreten, liegen die Rillen ganz dicht beieinander, und nur der Donnerschlag in Tschaikowskys „Schwanensee" bekommt viel Platz (rechte Abbildung).
3 – Vereinfacht ausgedrückt, wird bei der Füllschrift dem Schneidkopf (S) die zu schneidende Lautstärke nacheinander über ein Regelorgan und ein Verzögerungsglied um 0,1 Sekunde versetzt mitgeteilt. Außerdem gibt ein Tonabnehmer dem Regelorgan Lage und Lautstärke der vorangegangenen Rille durch (1 und 2), woraus die neue Rille errechnet und dem Schneidkopf mitgeteilt wird.

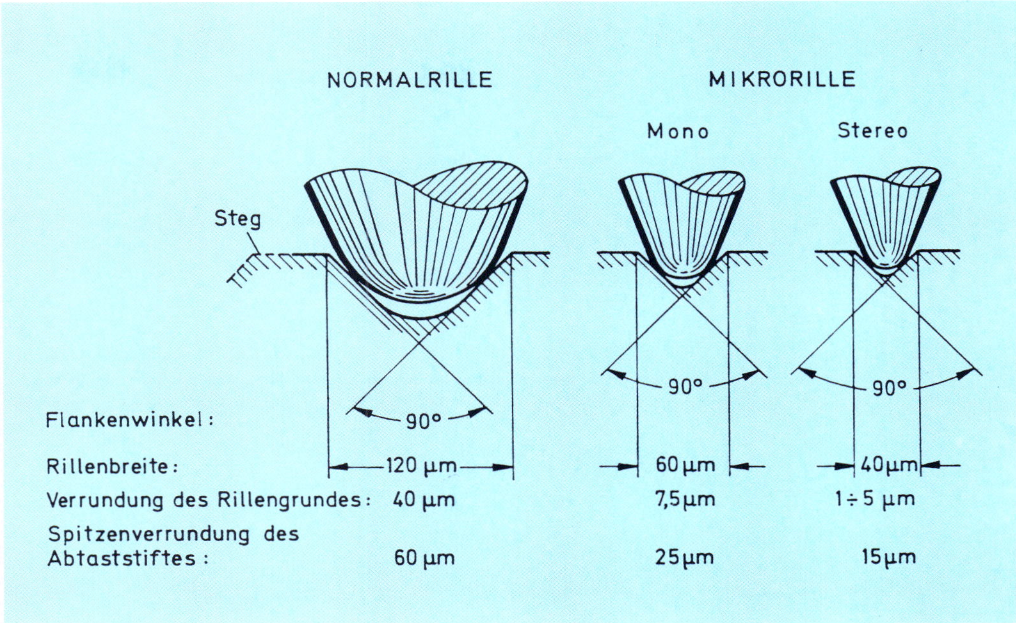

1

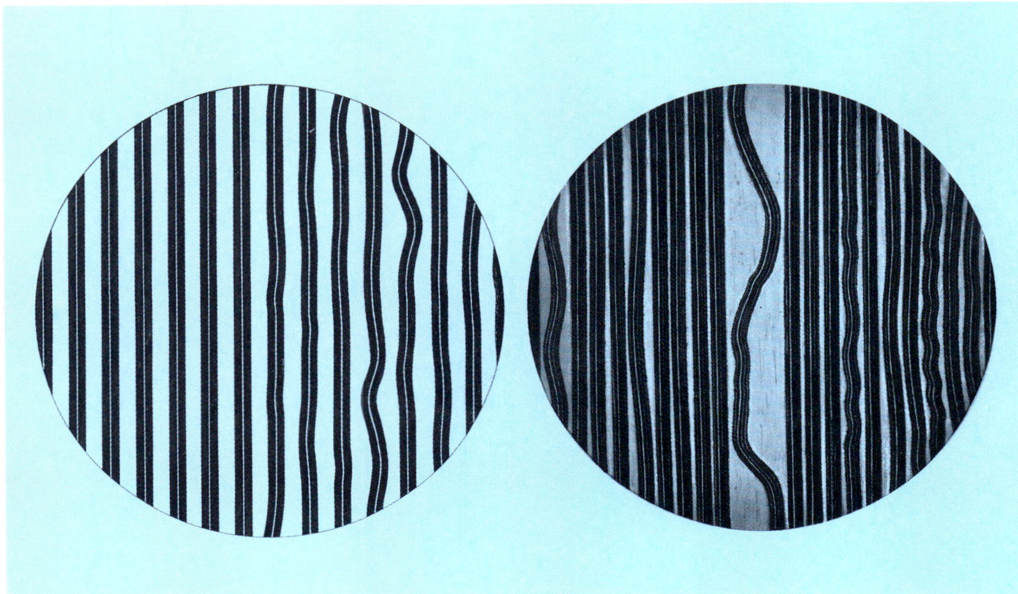

2

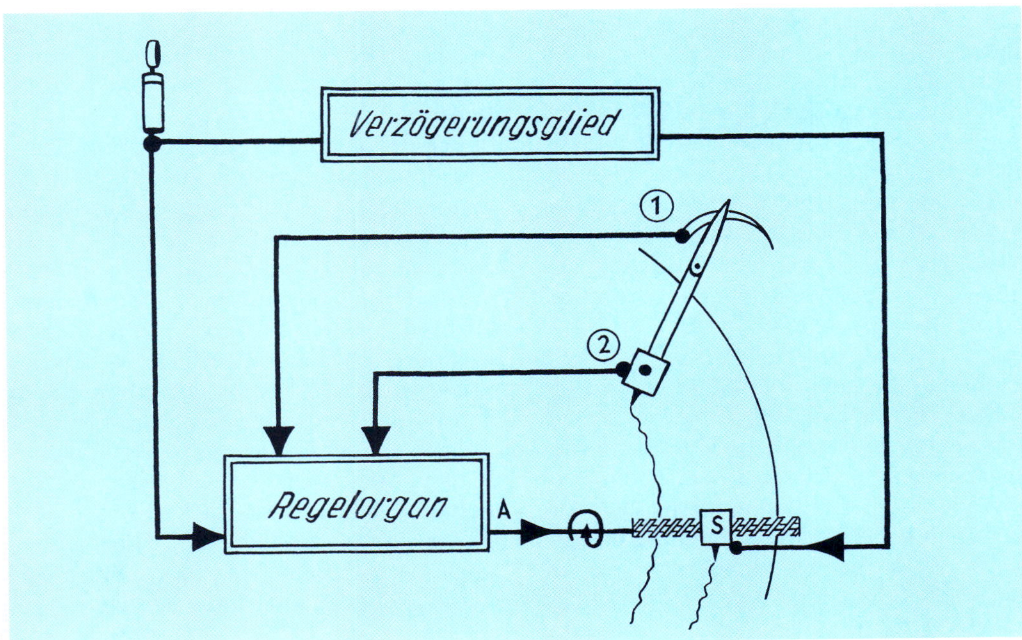

3

Durch eine besondere Technik, das „Füllschriftverfahren", konnte die Kapazität noch einmal gesteigert werden. Als Vater dieses Verfahrens wird im allgemeinen der Physiker, Erfinder, Journalist und Romanschriftsteller Eduard Rhein (geboren 1900) genannt. Aber als er 1942 sein Verfahren zum Patent anmeldete, mußte er feststellen, daß sein Prinzip schon seit dem 19. April 1928 in London als Patent der Columbia Graphophone Company anerkannt war.
Während die Firma in London aber ihr Projekt offenbar nicht weiter verfolgte, stürzte sich Eduard Rhein konsequent in die Entwicklung seines Verfahrens, für das er sich den Namen Füllschrift schützen ließ. Es ging darum, mit der Platzverschwendung auf den 45er Platten aufzuräumen. Bisher hatte man die Rillen der Tonspur ohne Rücksicht auf ihren tatsäch-

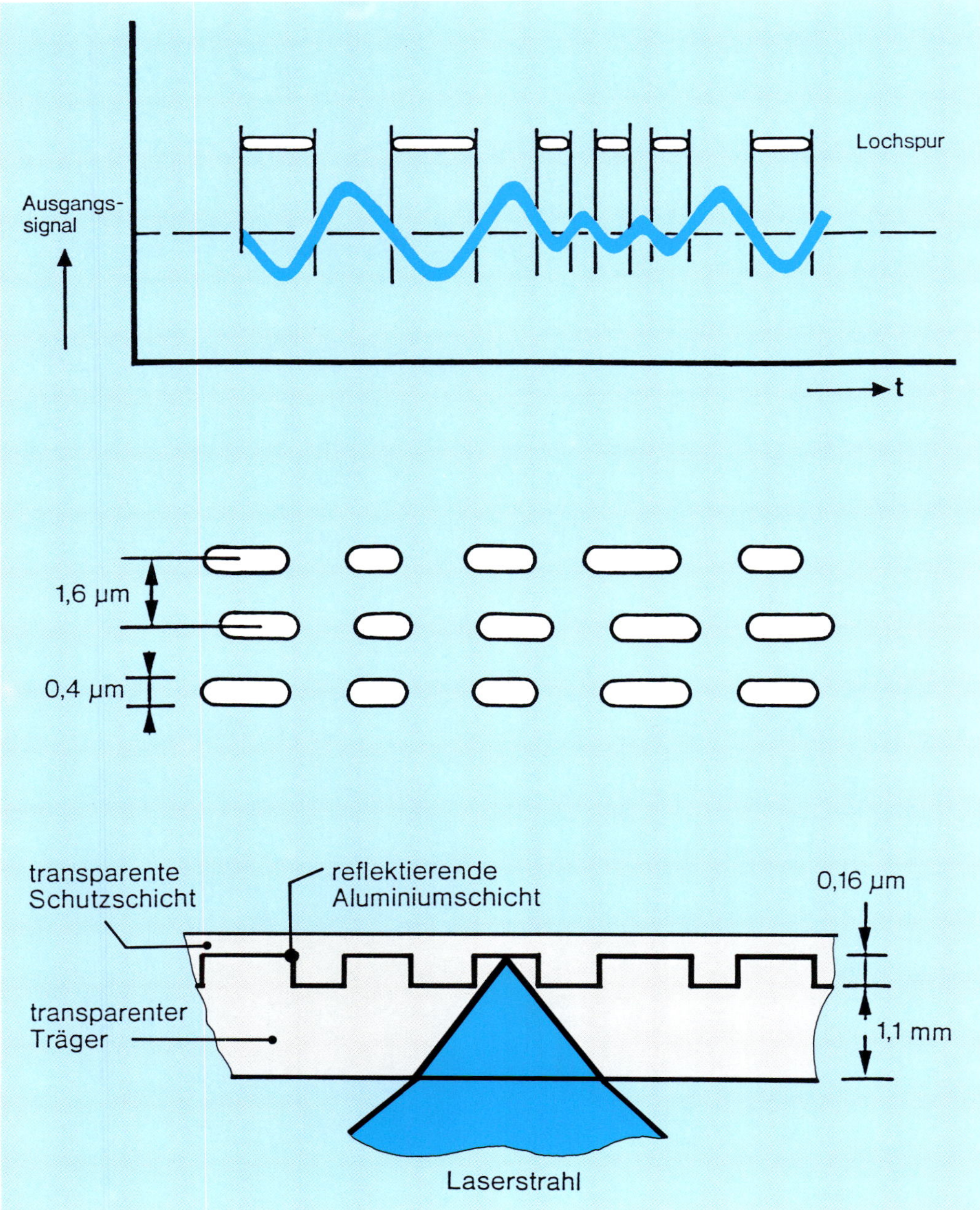

1

**1–2 – Rillen werden zu Löchern und Nadeln zu Licht bei der Compact Disc. Die Ähnlichkeiten mit Berliners Grammophon und Edisons Tiefenschrift sind dennoch nicht zu übersehen.
Schallschwingungen, zerlegt in Zahlencodes, gespeichert in Form von Vertiefungen auf PVC, ergeben eine Platte von 10 Gramm Gewicht, 11,5 Zentimeter Durchmesser und einer Spieldauer bis zu einer Stunde. Der Abtastvorgang geht so vor sich, daß das Laserlicht von den vertieften Stellen anders reflektiert wird als von nicht vertieften. Danach fällt das Licht auf eine Fotodiode und beeinflußt den dort fließenden Strom. Aus dieser Beeinflussung kann ein Computer wieder die ursprüngliche Schallschwingung ermitteln.**

lichen Raumbedarf gleichmäßig nebeneinandergelegt. Der Ausschlag der Nadel war aber ungleichmäßig: Je größer die Lautstärke, desto größer die Amplitude. Damit sich die Ausschläge auf der Platte nicht gegenseitig ins Gehege kamen, mußte man zwischen zwei nebeneinanderliegenden Tonrillen einen bestimmten Abstand einhalten. War der Ausschlag gering, so war der dazwischenliegende Steg breiter als notwendig.
Beim Füllschriftverfahren von Rhein schmiegt sich jede neue Rille eng an die vorhergehende an. Das funktionierte im Prinzip folgendermaßen: Gleichzeitig mit dem Schneiden der Platte tastet ein Tonabnehmer Lage und Lautstärke der vorhergehenden Rille ab und gibt die elektrischen Werte an ein Regelorgan weiter. Ein Rechner bestimmt danach die richtige Lage des Schneidkopfes auf tausendstel Millimeter genau. Der Rillenabstand wird so eingeregelt, daß zwischen den Rillen nur noch der unbedingt notwendige Steg stehenbleibt.
In der Praxis konnte ein solches mit Trägheit behaftetes System natürlich nicht funktionieren. Rhein ging deshalb schon von Anfang an den Weg über die inzwischen zu hoher Vollendung weiterentwickelte elektromagnetische Zwischenaufzeichnung. Dadurch konnte der Schneideapparatur über einen zeitlich vorversetzten Aufnahmekopf zunächst schon die zu erwartende Lautstärke signalisiert werden und sie wiederum den an der zu schneidenden Stelle benötigten größeren oder kleineren Rillenabstand sichern.
Die so definierte Lage der Rille wurde magnetisch auf einer mitlaufenden schallplattengroßen Magnetfolie registriert.
Es dauerte bis 1953, bis man die Serienproduktion der „Füllschrift Musikplatten, geschnitten nach dem Rhein'schen Verfahren“ aufnehmen konnte. Eduard Rhein schrieb darüber:
„Als ich 1942 mein Verfahren zum Patent anmeldete, glaubte ich, die erste zuverlässig arbeitende Schneid-Apparatur im Laufe eines Jahres bauen zu können. Doch der Krieg, der Zusammenbruch und die Geld-Entwertung wirkten stark verzögernd. Außerdem hatte ich die praktischen Schwierigkeiten unterschätzt; hätte ich sie gekannt, so hätte ich mich privat an diese sehr kostspielige Entwicklung nicht herangewagt, da ich zu dieser Zeit gerade ‚Hör zu‘ und ‚Kristall‘ geschaffen hatte und beide Zeitschriften als Chefredakteur leitete. Ich konnte mich mit der Füllschriftplatte immer nur nebenbei beschäftigen. Finanzielle Unterstützungen durch Firmen hatte ich nicht.

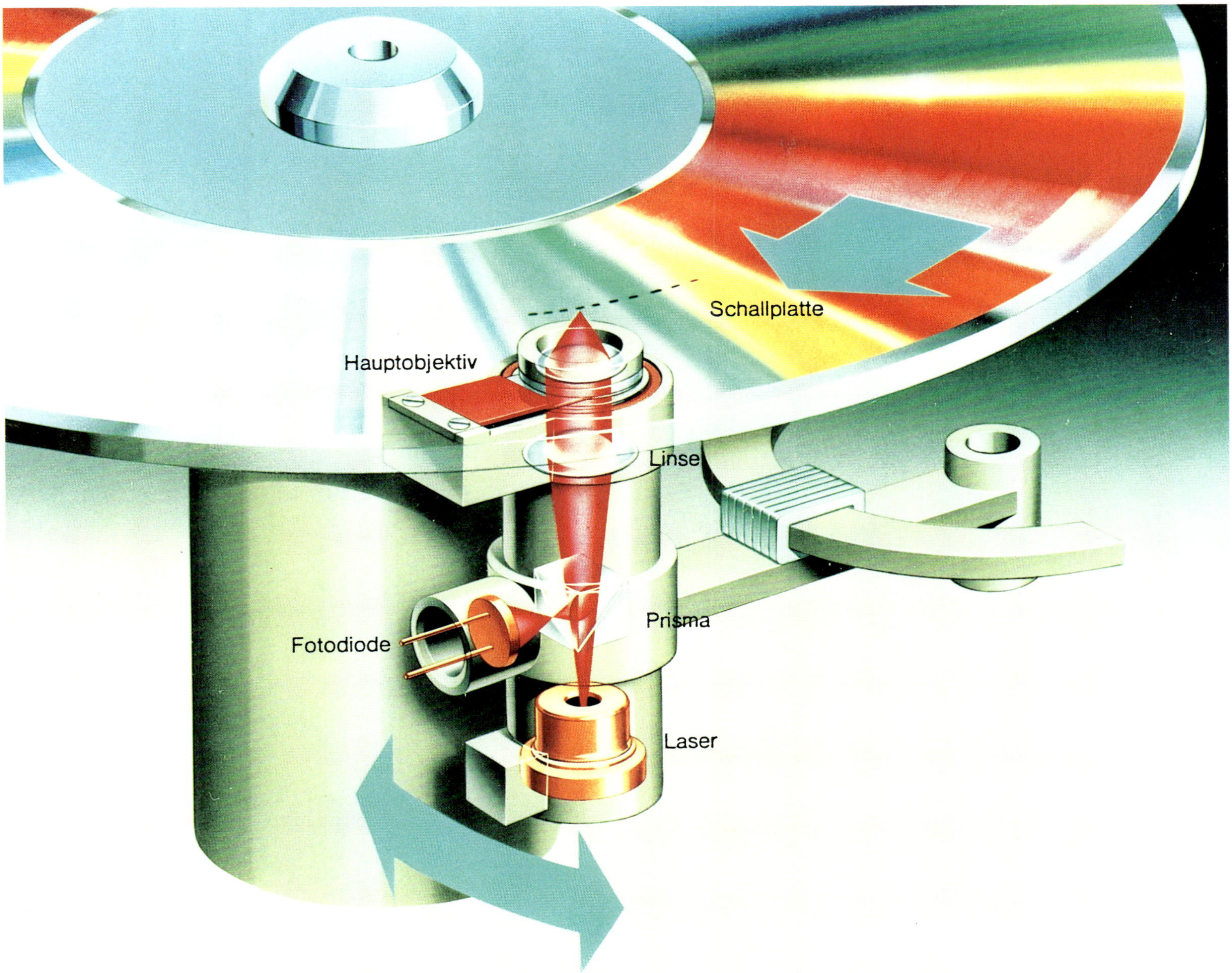

2

Am 14. Juli 1950 führte ich dann der Öffentlichkeit zum ersten Mal die nach meinem Verfahren geschnittenen Platten vor. Sie wirkten sensationell."
Die betriebsfertige Apparatur wurde von der Firma Telefunken gegen eine Stücklizenz übernommen.

Platte ohne Rillen: Compact Disc

Seit dieser Zeit haben die Techniker immer wieder versucht, die Aufnahmetechnik und Wiedergabequalität der Schallplatte zu verbessern. Es blieb nicht aus, daß sich auf der Suche nach neuen Wegen auch die Computertechniker zu Wort meldeten. Sie zerlegten die Schallschwingungen in einen Zahlencode, der sich digital speichern ließ. Die Speicherung erfolgte auf einer 11,5 Zentimeter großen Platte, die eine beachtliche Spieldauer von 60 Minuten aufweisen kann.
Ein Laserstrahl tastet die Platte ab. Trifft er auf eine glatte Stelle, wird er reflektiert und fällt auf eine Fotodiode. Die Diode gibt den Spannungsimpuls an einen Kleincomputer weiter. Trifft der Strahl auf eine Vertiefung in der Platte, wird er gestreut, und der Spannungsimpuls bleibt aus. Aus jeweils 16 solchen Ja-Nein-Impulsen errechnet der Computer eine Tonschwingung. Pro Sekunde führt er 44000 Berechnungen aus. Die Abtastung erfolgt dabei von innen nach außen. Die Vorteile dieses Systems liegen auf der Hand. Das Klangvolumen steigt, Plattenkratzer oder Bandrauschen gehören der Vergangenheit an. Die Platte bleibt frei von Abnützungserscheinungen und kann beliebig oft gespielt werden. Die Techniker behaupten, daß der konservierte Ton bei diesem System vom Originalton nicht mehr zu unterscheiden sei.
Die nur zehn Gramm schwere neue Platte, bestehend aus aluminiumbeschichtetem, transparentem PVC mit einer hauchdünnen Schutzschicht aus Kunststoff, ist eine Gemeinschaftsentwicklung des japanischen Sony- und des niederländischen Philips-Konzerns. Ingenieure beider Firmen arbeiteten fast zehn Jahre lang am „Compact Disc", wie das neue Kind der Tontechnik schließlich genannt wurde. Drei Milliarden Mark wurden investiert, bis das Laserverfahren anwendungsreif war.
Am 8. März 1979 führte Philips in Eindhoven den ersten CD-Player vor. Damals war die Abspieltechnik noch transistoriert – ein unter dem Tisch angebrachtes Gehäuse von der Größe einer Kartoffelkiste nahm die komplizierte Apparatur auf. Bald kamen jedoch die ersten kompakten

Abspielgeräte, nicht viel größer als ein Lexikonband, auf den Markt – freilich noch zu Preisen um 2000 Mark. Erst seit der Produktion wesentlich preisgünstigerer Player begann sich der Compact Disc durchzusetzen; zunächst bei Musikfans mit hohen Ansprüchen an die Wiedergabequalität.

Plattenspieler und Aufnahmetechnik

Es war ein langer Weg vom einfachen Grammophon Emil Berliners bis zum modernen Präzisionsplattenspieler mit seinem schweren, exakt ausgewuchteten Plattenteller aus nichtmagnetischem Werkstoff, mit elektronischer Drehzahlregelung und Antiskatingvorrichtung. Eine Reihe von umwälzenden Erfindungen war notwendig, um die Tonaufnahme und -wiedergabe zu perfektionieren und fast Originaltreue in allen Klangbereichen möglich zu machen.

Die mechanische Tonwiedergabe

Die erste Serienproduktion von Berliners Grammophon wurde in Deutschland aufgenommen. Der Erfinder hatte die Puppenfabrik Kämmerer & Reinhardt in Waltershausen damit beauftragt. Die Geräte waren noch recht einfach, und verständlicherweise erlaubte der Handkurbelbetrieb nicht immer die optimale Abspielgeschwindigkeit. Die Geschäfte gingen zunächst ganz gut. Kauflustige Engländer mußten für ein Grammophon damals ganze zwei Guineen anlegen und bekamen als Zugabe noch sechs Platten geschenkt.
Aber es dauerte nicht lange, bis sich ein Rückgang der Verkaufsgeschäfte bemerkbar machte. Das Publikum war durch die bequemere Federmechanik des Edison-Phonographen verwöhnt, und niemand wollte mehr ein Grammophon kaufen, das mit einer Handkurbel in Gang gehalten werden mußte. Bevor die Lage kritisch wurde, lernte Berliner den begabten Mechaniker Eldridge R. Johnson kennen. Johnson konstruierte ein nahezu geräuschloses Antriebswerk mit einer Stahlfeder, das von Hand mit einer Kurbel aufgezogen wurde, und stellte diese Federmotoren in einer eigenen Firma her.
Nach dieser Verbesserung konnte man darangehen, die größere Klangfülle der Schellackplatten gegenüber den Walzen auszuspielen. Berliner beauftragte einen Werbefachmann, und bald suggerierten großformatige Anzeigen in wichtigen amerikanischen Zeitungen dem Leser, was er bisher ohne Grammophon alles versäumt hatte: „Langeweile? Das gibt es nicht mehr seit der Erfindung des Grammophons. Lassen Sie sich die Welt auf der Platte servieren", lautete ein Anzeigentext. Oder: „Finden Sie nicht, daß die Winterabende immer länger und trüber werden? Schließen Sie die Jalousien und hören Sie lieber Grammophon."
Im Jahr 1915 drehte erstmals ein Elektromotor den Plattenteller, aber die Tonabnahme funktionierte immer noch wie gehabt. In eine kleine Schalldose war eine Glimmermembran eingespannt. An die Membran lehnte sich ein kleiner Hebel an, in den unten die Nadel eingesetzt wurde. Die Nadel wurde nun durch die Rille in der Schallplatte gezwungen, nach links und rechts auszuschlagen, und diese Ausschläge wurden durch den Hebel in vergrößertem Maßstab auf die Membran übertragen. Die Membran wiederum versetzte die sie umgebende Luft in Schwingungen. Von der Schalldose aus gelangte der Schall über den Tonarm zum Trichter.
Der Trichter nahm bei der mechanischen Schallabstrahlung natürlich eine Schlüsselstellung ein, und man hatte sehr genaue Vorstellungen, wie der ideale Trichter auszusehen hatte. Zunächst einmal sollte die Eingangsöffnung möglichst klein gehalten werden, damit die Membranbewegung gedämpft wurde. Dagegen hielt man eine große Ausgangsöffnung für erforderlich, damit bei den tiefen Tönen keine lästigen Reflexionen auftraten. Und um eine störungsfreie Schallabstrahlung zu gewährleisten, sollte der Übergang zwischen den beiden Öffnungen ganz allmählich erfolgen. Es gab Geräte, deren Blechtrichter so groß wie der einer Tuba war, und die Lautstärke war so groß, daß man da-

Der Grammophon-Hund im Trichter sitzt noch vor einem Kegeltrichter, aus dem sich der Blumentrichter über den Glockentrichter zur vollen Blüte entfaltet hat. Rechts ein Trichtergrammophon namens „Mammut" aus dem Jahre 1916, links „Urena" (um 1925), beide aus zusammengelöteten und lackierten Zinkblechlamellen.

1 – James Watt setzte 1788 den Fliehkraftregler ein, um bei der Dampfmaschine mehr oder weniger Dampf zuführen zu können. Bei den Walzen- und Plattenapparaten hundert Jahre später dienten sie – bereits bei handbetriebenen – Geräten dazu, die Drehzahl der Walze oder des Plattentellers konstant zu halten.

2 – Fliehkraftregler eines Plattenspielers von Dual mit Federwerkantrieb (1913). Das Aufziehen einer Feder mittels Kurbel gönnte dem Zuhörer eine Verschnaufpause, und diese Bequemlichkeit seiner Käufer bewegte Berliner schließlich auch dazu, bei seinen Grammophonen federgetriebene Laufwerke einzubauen, wie sie schon Edison für den Phonographen verwendete.

3 – Spielzeuggrammophon, um 1910. Wer zehn 30-cm-Schellackplatten auf einmal kaufte, bekam ein solches Gerät geschenkt.

4 – Minigrammophon 1928. Soweit bekannt, ist dies das kleinste Grammophon der Welt, das in Serie hergestellt wurde. Man konnte damit Schellackplatten bis zu einem Durchmesser von 25 Zentimeter abspielen, mußte sie dazu aber jeweils auf dem Teller festschrauben.

5 – Mechanischer Tonabnehmer, Baujahr 1920–1925, für Seitenschrift: In der aufrecht stehenden Schalldose bildet die Membran eine Ebene mit der Rille. Die Membran konnte aus verschiedenem Material bestehen, z. B. aus Kupfer, Aluminium, Glas oder meistens, wie bei diesem Tonabnehmer, aus Glimmer.

6 – Mechanischer Tonabnehmer des Pathéphone, Frankreich um 1900, konstruiert für Tiefenschrift: Die Schalldose steht im rechten Winkel zur Schallrille. Im Unterschied zu den Stahlnadeln für Seitenschrift finden wir hier Saphir-Kugelstifte.

7 – Mit der Konstruktion seines Pathéphone versuchte Charles Pathé (1863–1957) die Patente von Edison und Berliner zu umgehen. Die Platten aus Hartgummi mit einem Durchmesser von 27 oder 38 Zentimeter wurden von innen nach außen abgespielt (Drehzahl 98–100 U/min gegenüber den 78 U/min bei Berliner).

8 – Mit der Installation öffentlicher Stromnetze ab etwa 1910 verbreitete sich auch der Elektroantrieb für Plattenspieler, den schon Edison für seinen Phonographen einsetzte. Doch war das Aufladen der Akkumulatoren zu umständlich und relativ teuer. Die Abbildung zeigt das Innere eines Gerätes von Ebner, eines der ersten elektrisch angetriebenen, deren Antriebsmotor mit Lederriemen und Zugfedern aufgehängt war. Auf diese Weise ließ sich die Körperschallübertragung des Motors vermindern.

1

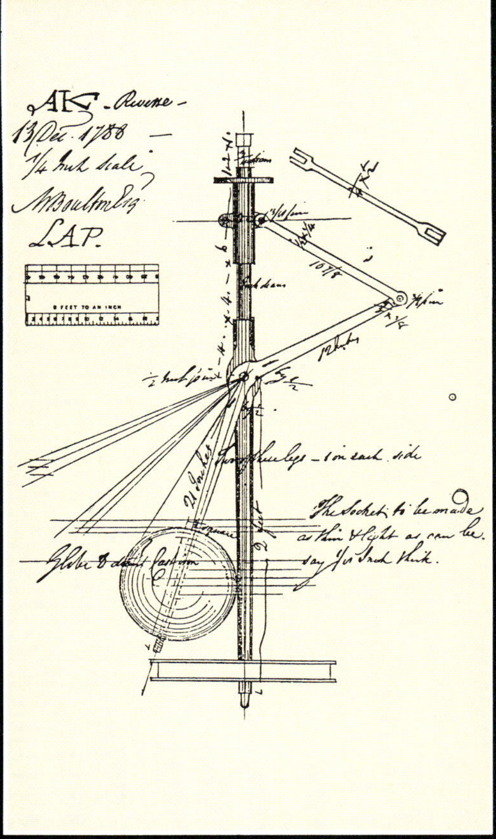

2

5

6

7

4

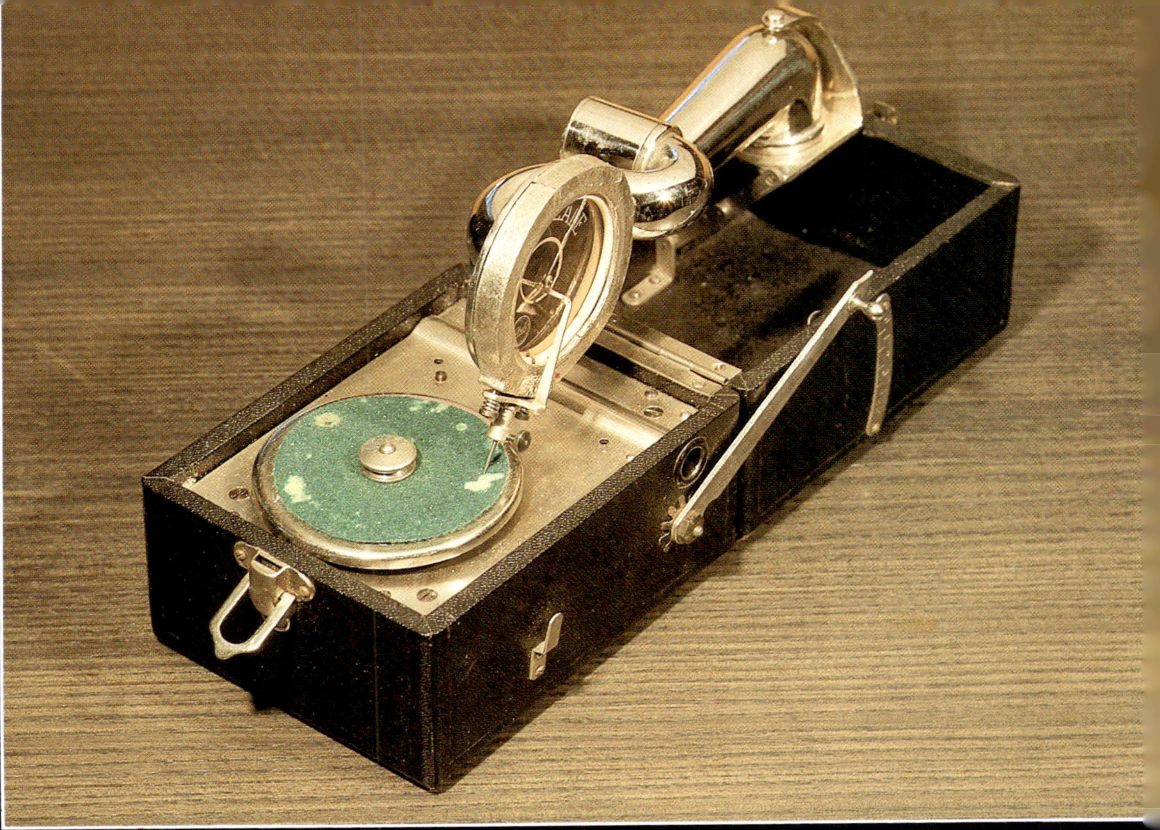

mit selbst einen weitläufigen Salon ausreichend mit Musik versorgen konnte.
Die Tonarme zur Schallübertragung wurden zum Teil aus raffinierten Legierungen hergestellt, die Werbung verstieg sich sogar dazu, „High Fidelity“ (höchste Klangtreue) zu versprechen, und die Firmen boten laute und leise Nadeln an. Aber das alles konnte nicht darüber hinwegtäuschen, daß dem mechanischen System physikalische Grenzen gesetzt waren.

Das mechanisch-akustische Aufnahmeverfahren

Das Aufnahmeverfahren war eigentlich eine Umkehrung der Wiedergabe. An der Membran befand sich ein Schneidstichel, der die Schallwellen in eine rotierende Wachsplatte eingrub. Bei der Aufnahme wurde in den Schalltrichter hineingesungen und -gesprochen, sein Durchmesser richtete sich nach der Art der Aufnahme.
Die Nachteile liegen auf der Hand. Durch die Resonanzwirkung des Trichters kam es zu unschönen Verzerrungen. Der Frequenzumfang lag bei den Trichteraufnahmen zwischen 160 und 2000 Hertz. Um aber beispielsweise den Klang eines Orchesters aufnehmen zu können, müssen Frequenzen zwischen etwa 30 und 18000 Schwingungen pro Sekunde wiedergegeben werden. Dazu kam, daß vor den Trichtern bei der Aufnahme ein unglaubliches Gedrängel herrschte. Das Orchester oder die Solisten mußten sich dicht um den Aufnahmetrichter gruppieren, damit die notwendige Schallenergie eingefangen werden konnte. Tanzte einer der Beteiligten aus der Reihe und spielte oder sang

Da die Stahlnadeln nach dem Abspielen einer Platte ausgetauscht werden sollten, war der Verbrauch natürlich hoch. Mit der Einführung der elektrischen Tonwiedergabe wurde der Tonabnehmer leichter, und man konnte Saphirstifte verwenden wie schon bei den Walzengeräten Edisons. Diese hielten das Abspielen vieler Platten aus.

Feinste Marschall Nadeln
mittellaut
200 Nadeln
Burchard's Salon
Nur echt mit dem Namenszug
A. Burchard
200
feinste
Nadeln
MARSCHALL
PICK-UP
Burchard's
Starkton-Nadeln
Namenszug
SSS
FÜRSTEN
Nur echt
HEROLD
DOPPELTON
LAUT u. LEISE
AIGUILLES
PEGASUS
Qualité
Supérieure
200 FINEST STEEL NEEDLES
200
Pick-up
Gold
FEINSTE
PEGASUS SALON NADELN
S. CECILIA
PIANO
Der Sängerkrieg auf der Wartburg
DIESES SORTIMENT ENTHÄLT MARSCHALL NADELN
IN 3 VERSCHIEDENEN LAUTSTÄRKEN
leise
mittellaut
laut
Best
Needles
for the
Gramophone
MARSCHALL
SALON-EXTRA
Burchard's Salon
Namenszug
SSS
FÜRSTEN
Nur echt
Electromophon
NORMAL
200
MEDIUM
NEEDLES
MADE IN GERMANY
TALKING MACHINE NEEDLES
Fürsten Extra
FÜRSTEN
1850
1940
200
feinste
PANZER-NADELN
leise
200
Feinste
Schutzmarke
SPEER-NADELN
Doppel
Ton
HEROLD-
ELECTRO
F
TONMEISTER
200
ORIGINAL-PEGASUS
Pick-Up
SCHUTZMARKE

1

1 – Bevor heute Töne in Schallrillen gebannt werden, legen sie einen langen Weg zurück. Ein Musikstück beispielsweise wird zunächst zerlegt, indem einzelne Instrumente und Solostimmen auf getrennte Tonspuren aufgenommen werden. An einem Mischpult wie in der Abbildung entsteht aus acht Spuren das Stereo-Mutterband mit zwei Spuren.
2 – Am Anfang der Platten-Generationenfolge steht eine Lackfolie, auf die die Musik zunächst vom Tonband überspielt wird. Versehen mit einem Silberüberzug und dadurch elektrisch leitfähig, kommt sie in ein Galvanikbad und überzieht sich mit einer Kupferschicht. Die Silber-Kupfer-Schicht läßt sich abziehen und heißt jetzt „Vater", mit Erhöhungen statt Rillen.
3 – Die Positive von den „Vätern" – nächste Generation – sind „Mütter", wieder mit Rillen. Sorgfältig werden sie abgehört, geprüft und gegebenenfalls noch Reste der Silber-Kupfer-Schicht mit einem Gravierstichel entfernt.
4 – Hier wird von einer „Mutter" gerade ein „Sohn" abgezogen, die eigentliche Preßmatrize.
5 – In einer Art großem Waffeleisen sind oben und unten die Preßmatrizen für die beiden Seiten der Schallplatte befestigt sowie die Etiketten; in der Mitte der Massekuchen aus Kunststoffgranulat. Unter Druck und Hitze ist dann in wenigen Sekunden eine neue Schallplatte fertig.

auf, bestehend aus Schlagzeug, Baß und Gitarre. Das Schlagzeug beansprucht meistens schon mehrere Bandspuren, weil dadurch die Möglichkeit gegeben ist, nach Belieben rhythmische Akzente zu setzen. Beim nächsten Arbeitsgang hören die Spieler von Streich- und Tasteninstrumenten das Grundplayback über Kopfhörer ab, und gleichzeitig wird ihr Spiel auf das Band aufgenommen. Nach dem gleichen Schema kommt als nächstes der Chorgesang an die Reihe. Auch dazu werden mehrere Mikrofone aufgestellt. Um aber Bandkapazität zu sparen, werden die einzelnen Mikrofonströme am Mischpult abgestimmt und gemeinsam auf eine einzige Spur aufgenommen. Das wird man allerdings nur dann machen, wenn man mit den Bandspuren sparsam umgehen muß. Allerdings nimmt man heute schon auf bis zu 48 Tonspuren auf. Zum Schluß nun wird der Sologesang aufgezeichnet. Im hier beschriebenen Fall sind jetzt also sechzehn Spuren bespielt. Was nun kommt, wird im Fachjargon als „Abmischen" bezeichnet. Die einzelnen Spuren werden noch einmal mit Pegelreglern abgestimmt und auf das „Schnürsenkelband" überspielt, ein Viertelzoll-Stereoband. Dieses endgültige Band bezeichnet man als „Mastertape". Von ihm werden S-Kopien (Sicherheitskopien) hergestellt, die als Grundlage für die Plattenherstellung dienen.
Die Aufnahmetechnik mit mehreren Mikrofonen, die „Multi-Mikrofonie", hat sich bei den Tonaufnahmen für Compact Discs übrigens nicht bewährt – sie hat einen „stählernen", zu harten Klang zur Folge. Bei den laserabgetasteten Platten sind die Toningenieure deshalb wieder zu Aufnahmeverfahren mit nur zwei Mikrofonen zurückgekehrt.

Vom Mastertape zum „Vater"

Der erste Schritt vom Band zur Platte geht in der Überspielabteilung vor sich. Auf elektrischem Weg werden die auf Tonband festgehaltenen Aufzeichnungen wieder in mechanische Schwingungen zurückverwandelt, die sich in eine Lackfolie eingraben. Diese Folie besteht aus einer runden, mit Lack überzogenen Metallplatte. Sie sieht aus wie eine unbespielte, glatte, große Schallplatte. Ein elektrisch geheizter Stichel schneidet die Rillen der Tonspur in den Lacküberzug. Nicht die geringste Erschütterung darf die Bewegungen des Schneidstichels beeinflussen. Ein besonders genau berechnetes Fundament sorgt dafür, daß weder Maschinenerschütterungen noch Fußtritte in der Umgebung des Überspielraumes sich störend auswirken können. Das Überspielgerät wird mit

2

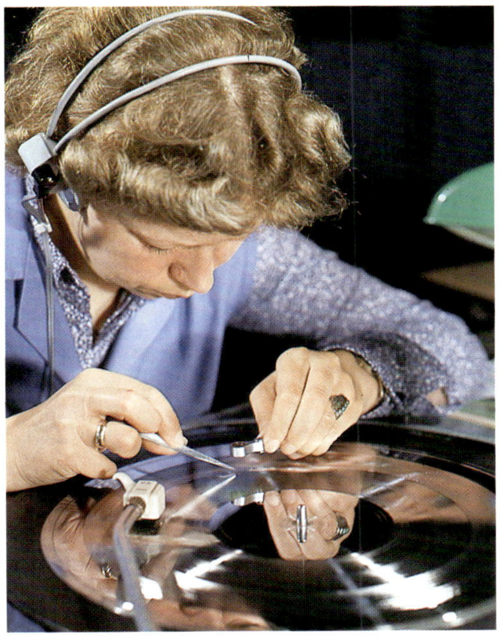
3

4

5

der Sorgfalt behandelt, die einem empfindlichen Erdbebenmesser zukommt. Die fertig bespielte Lackfolie steht an der Spitze einer ganzen Generationenkette von Kopien dieses Originals, die alle nur Zwischenstadien auf dem Weg zur endgültigen Preßmatrize darstellen.
Zunächst einmal wird die Folie mit einem Silberüberzug versehen, damit sie elektrisch leitfähig wird. Ein ähnliches Verfahren hatte auch schon Berliner angewandt. Nächste Station: Die hauchdünn versilberte Folie wird in ein galvanisches Bad gehängt und überzieht sich mit Kupfer. Eine ansehnliche Metallschicht legt sich auf das Silber. Sie ist so dick, daß man sie nach Beendigung des chemischen Prozesses mit ein paar geschickten Griffen von der Folie abziehen kann. Die Schallplattenleute nennen diesen Kupferabdruck mit den winzigen Erhöhungen „Vater".

Die Generationenfolge

Nach einem ähnlichen Verfahren wird vom „Vater" eine „Mutter" hergestellt. Die „Mutter" ist ein getreuer Abklatsch des „Vaters", hat aber an Stelle der Erhöhungen wieder Rillen. Man kann sie abspielen – und das tut man auch, zur Kontrolle nämlich, damit man schon jetzt bei der Zwischenstufe feststellen kann, ob sich die Silber-Kupfer-Schicht vollständig von der Lackfolie gelöst hat und keine Rückstände verblieben sind, die später zur Ursache von häßlichen Knackern und Rauschern werden können. Kleine Fehler lassen sich mit Geduld und einem spitzen Graviereisen jetzt noch entfernen. Die „Mutter" wird neben der Probe-Abspielung auch noch unter dem Mikroskop geprüft.
Auch die „Mutter" wandert noch nicht in die Presserei, doch sie stellt eine der vorläufigen Endstufen auf dem Weg vom Band zur Platte dar. Wieder wird ein galvanischer Abklatsch hergestellt, für den jede Schallplattenfabrik ihr erprobtes Geheimverfahren anwendet. Was dabei herauskommt, ist eine silberglänzende Matrize, auf der die Rillen nicht wie bei der „Mutter" vertieft, sondern wie beim „Vater" erhöht sind. Diese Matrize ist der „Sohn"; man nennt sie auch „Preßmatrize", weil sie endlich keine Zwischenstufe mehr ist, sondern der Ausgangspunkt der fertigen Schallplatte. Der „Sohn" wandert nach einer letzten Prüfung, nach der Zurichtung des Randes und der Bohrung des Mittelloches in die Presserei.

Hitze und Druck

Die Plattenpressen sehen so ähnlich aus wie gewaltige Waffeleisen. Dieser Vergleich ist schon deshalb nicht ganz verkehrt, weil die Platten mit Hilfe von erheblichen Hitzegraden tatsächlich wie in einem Waffeleisen gebacken werden. Auf der unteren Form der Presse wird die Matrize für die eine Plattenseite befestigt, auf der oberen Form die Matrize für die andere Seite. Die Etiketten werden eingelegt. Dann wird über eine Zuführautomatik eine vorgewogene Portion Kunststoff-Granulat in Form einer kleinen, aber sehr dikken Scheibe eingeführt. Das Maul der Presse, deren Backen mit Heißdampf geheizt werden, schließt sich und preßt innerhalb weniger Sekunden in einem einzigen Arbeitsgang die Platte aus.
Während das Preßmaul noch geschlossen ist, wird die Dampfzufuhr automatisch abgestellt. Statt dessen strömt Kühlwasser durch das Röhrensystem der Presse und setzt die Temperatur der Platte so weit herab, daß sich die Kunststoffmasse festigt und die fertige Platte gefahrlos aus dem Maul der Presse genommen werden kann.

Voraussetzung für die magnetische Tonaufzeichnung waren zahlreiche Entdeckungen auf dem Gebiet des Elektromagnetismus zu Anfang des 19. Jahrhunderts.
1 – Der dänische Physiker und Chemiker Hans Christian Oersted machte mit dem abgebildeten Versuch die magnetische Wirkung des Stromes sichtbar: Brachte er einen stromdurchflossenen Leiter in die Nähe einer Kompaßnadel, so stellte sich diese im rechten Winkel dazu ein. Drehte er den Leiter um, kam die Magnetnadel in entgegengesetzter Richtung, aber wieder im rechten Winkel zur Ruhe.
2 – Die Zeichnung von Michael Faraday (1791–1867) stellt eine Spule dar, deren beide Hälften jeweils mit Kupferdrähten umwickelt sind. Er entdeckte, daß durch die Änderung des elektromagnetischen Flusses in der Hälfte A eine Stromspannung in der Hälfte B entsteht.

Die Temperatur in dieser Schallplattenpresse beträgt etwa 180 Grad Celsius, der Druck gegen 200 Bar (Atmosphären). Das entspricht ungefähr der Belastung von 120 Tonnen. Rund 40 Liter Kühlwasser werden pro Platte gebraucht. Der Wasser- und Dampfverbrauch einer großen Schallplattenfabrik, in der täglich Tausende von Platten gepreßt werden, ist gewaltig.
Die noch warme Platte ist noch nicht ganz fertig. Sie hat einen häßlichen Rand, weil die überquellende Preßmasse sich während des Arbeitsvorganges nicht entfernen läßt. Das besorgen Stanzen oder Fräsen. Bei den kleinen 17-cm-Platten, die übrigens im allgemeinen gespritzt und nicht gepreßt werden, muß auch noch das große Mittelloch ausgestanzt werden. Bei der Schlußkontrolle wird mit den Augen geprüft, ob die Pressung sauber ausgefallen ist, und mit den Ohren, ob vielleicht doch irgendwoher ein winziges Sandkörnchen in die Presse eingedrungen ist und häßliche Geräusche verursacht.

Die Magnetaufzeichnung

Schallwellen in Form von magnetischer Energie

Ob im privaten Bereich, in der Technik oder in der Wirtschaft, die magnetische Schallaufzeichnung hat sich mit ihrer Perfektion in vielen Lebensbereichen eingenistet. Sie hat die Aufnahmetechnik der Rundfunkhäuser revolutioniert, hat in der Schallplatten- und Filmtechnik neue Qualitätsmaßstäbe gesetzt und die Arbeitstechniken zahlreicher Berufe beeinflußt. Das Magnetband ist für Kontrollaufzeichnungen im Sprechverkehr der Luftüberwachung genauso unentbehrlich wie für den automatischen Anrufbeantworter. Das Prinzip wird auch zur Video-Aufzeichnung benutzt und ist schließlich für die Steuerung von Maschinen ebenso wertvoll wie als magnetischer Informationsspeicher für Rechenzentren, und vieles mehr.
Vollbracht wird dieses Wunder von kleinen Eisenoxidteilchen, die im Rhythmus und in der Stärke der ursprünglichen Schallwellen durch den kleinen Elektromagneten des Tonkopfes magnetisiert werden. Schallenergie wird also in Form von magnetischer Energie gespeichert. Beim Abspielen wird dieser Code wieder in eine stetig wechselnde elektrische Spannung umgewandelt, verstärkt und vom Lautsprecher wiedergegeben.

1

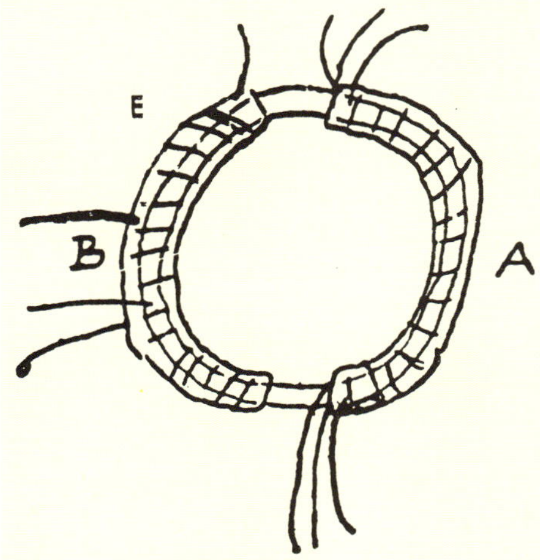

2

Die Grundlagen

Bevor die Technik der magnetischen Schallaufzeichnung die ersten tapsigen Gehversuche unternehmen konnte, mußten erst zwei wichtige Entdeckungen auf dem Gebiet der Elektrizitätslehre gemacht werden. Die erste davon war die Entdeckung des Elektromagnetismus. Zu Beginn des 19. Jahrhunderts experimentierte die halbe Gelehrtenwelt in Europa mit dem elektrischen Strom. Der dänische Physiker Hans Christian Oersted (1777 bis 1851) machte da keine Ausnahme. Bei einem Experiment während einer Vorlesung führte er eine Kompaßnadel in die Nähe eines stromdurchflossenen Leiters. Man hatte schon viel früher vermutet, daß zwischen der Elektrizität und dem Magnetismus irgendein Zusammenhang bestehen müsse. Aber bei Oersteds Versuch wurde diese Wechselwirkung erstmals deutlich sichtbar gemacht, denn die Magnetnadel stellte sich im rechten Winkel zum stromdurchflossenen Leiter ein. Als der Physiker die Stromrichtung umkehrte, drehte sich die Magnetnadel und zeigte, immer noch im rechten Winkel zum Strom, in die entgegengesetzte Richtung. Im Jahr 1820 veröffentlichte Oersted seine grandiose Entdeckung in lateinischer Sprache. Sie fand ein gewaltiges Echo, und mit Ampère, später dann Faraday und Henry, wuchs sich der Elektromagnetismus zu einer technischen Macht aus, die ihresgleichen suchte.
Die zweite bahnbrechende Entdeckung machte der Engländer Michael Faraday (1791–1867) mit der Induktion. Während eines Vortrags wollte der Physiker und Chemiker den Zuhörern seine Theorie der magnetischen Feldlinien demonstrieren. Er schob einen Dauermagneten in eine Spule, deren Enden mit einem Strommeßgerät verbunden waren. Der Zeiger schlug aus, als er den Magneten hineinschob, blieb ruhig, wenn der Permanentmagnet auf der Stelle verharrte, und bewegte sich erst wieder beim Herausziehen. Daraus ließ sich schließen, daß durch die Bewegung eines elektrischen Leiters in einem Magnetfeld an den Enden des Leiters eine sich mit dem Bewegungsrhythmus ändernde Induktionsspannung entstand. Von dieser Entdeckung ausgehend erfand Faraday 1831 den ersten Generator.
Was ließ sich nun aus diesen beiden wichtigen Entdeckungen schließen? Erstens, daß sich elektrische Stromschwankungen durch Magnetismus konservieren ließen und daß man zweitens diesen Magnetismus wieder in Stromschwankungen umwandeln konnte.

Der 183 Meter lange Liebesbrief

Am 8. September 1888 war in der amerikanischen Zeitschrift „The Electrical World" ein interessanter Artikel zu lesen. Verfasser dieses Artikels war der Amerikaner Oberlin Smith, und er hatte den Titel „Eine mögliche Form des Phonographen". Oberlin Smith war der erste, der sich eingehend mit allen technischen Problemen der magnetischen Schallaufzeichnung auseinandergesetzt hat. In welchem Kontext dieser Aufsatz zu sehen ist, ob Oberlin Smith praktische Versuche angestellt hat oder nicht, ist unbekannt. Außer dieser Arbeit weiß man so gut wie nichts über ihn.
Das ist um so erstaunlicher, als Smith in seinem Artikel schon alle wesentlichen Elemente der heutigen Tonbandgeräte angegeben hat. Er schlug vor, Bänder und Drähte aus Stahl als Tonträger zu verwenden oder eine Schnur aus Seide oder Baumwolle mit eingesponnenem Stahlpulver. Diese Schnur wurde von einer Rolle ab- und nach Durchlaufen einer Drahtspule zur Magnetisierung auf eine zweite Rolle aufgewickelt. Die Abwickelrolle wurde von einer mechanischen Bremse in Form einer Stahlfeder gebremst, um das Band straff zu halten. Die Drahtspule wurde beim Aufsprechvorgang von den Mikrofonströmen durchflossen. Dadurch wurden die Stahlpartikel der Schnur im Takt der Schallschwingungen magnetisiert.
Als eine Anwendungsmöglichkeit seines magnetisierten Bandes sah er den tönenden Brief vor, 200 Yards (rund 183 Meter) lang und auf eine Spule aufgewickelt, den ein Verehrer der Dame seines Herzens schicken könnte. Aber der Erfinder war ein Außenseiter der technischen Szenerie der damaligen Zeit. Ob er seine genialen Überlegungen durch praktische Versuche erhärtete, ist nicht bekannt. Von Stahldraht als Tonträger schien er jedoch nicht überzeugt zu sein, weil er glaubte, daß der Draht sich nicht exakt genug in Einzelmagnete auflösen ließ.
Außerdem beklagte er sich darüber, daß die von ihm befragten Fachleute und Physiker nicht viel über den Magnetismus wußten. Es blieb bei seinen theoretischen Überlegungen. Wenn seine Veröffentlichung zur damaligen Zeit überhaupt Beachtung gefunden hatte, so wurde sie schnell wieder vergessen. Heute erscheint es fragwürdig, ob sein System überhaupt funktioniert hätte. Es steht fest, daß der schwächste Punkt im Smithschen System die Sprech- und Hörspule war, deren ma-

Rund achtzig Jahre nach Oersteds Versuchen entwickelt ein anderer dänischer Physiker, Valdemar Poulsen, 1898 gleich drei Geräteformen: für Walze, Platte, Band. Er nennt seine Erfindung „Telegraphon", da sie zur Aufzeichnung von Telefongesprächen dienen sollte.
1 – Walzen-Telegraphon von Poulsen, 1898. Anders als bei Edisons Phonograph ist diese Walze nicht mit Wachs, sondern mit Stahldraht umgeben; anstelle der Nadel mit Membran hier ein Elektromagnet, der den Draht entsprechend den Schallschwingungen magnetisiert. Beim Abspielen überträgt der Magnetkopf den magnetischen Code wieder in Stromschwingungen, die eine Membran zum Vibrieren bringen.
2 – Platten-Telegraphon von Poulsen, 1898. Zwei Platten mit einem Durchmesser von 13 Zentimetern und im Kofferdeckel zwei Magnete zum Entmagnetisieren.
3 – Spulen-Telegraphon von Poulsen, 1898. Dieses Gerät hat schon sehr viel Ähnlichkeit mit den späteren Magnettongeräten.

1

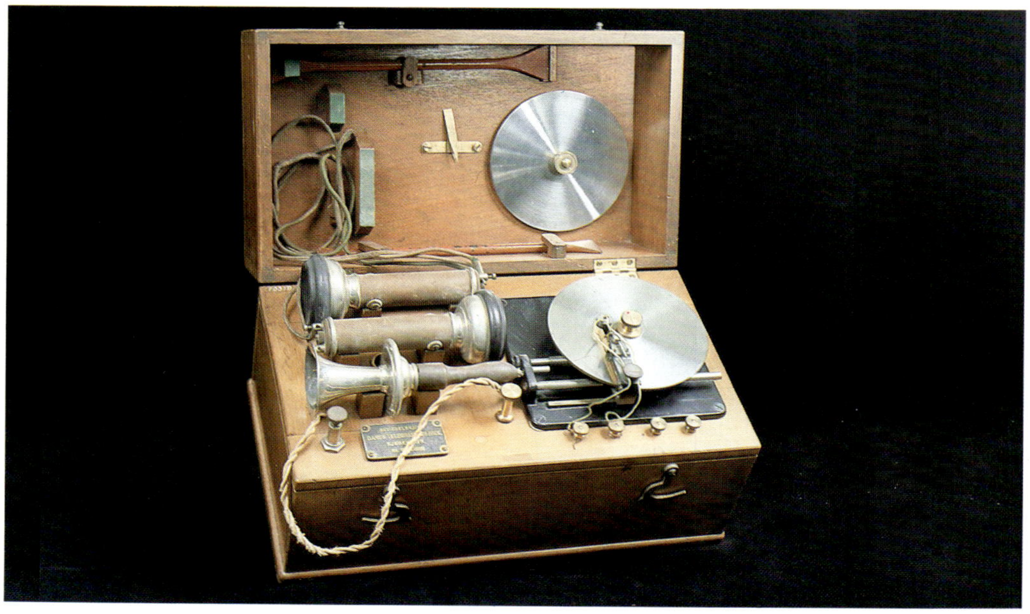
2

gnetisches Feld immerhin eine erhebliche Ausdehnung hatte. Die Frequenzen, wie sie für die brauchbare Wiedergabe von Sprache benötigt wurden, hätten selbst bei hoher Geschwindigkeit des Bandes kaum aufgezeichnet werden können. Oberlin Smith kann vielleicht als einer der Väter des Magnettons angesehen werden, aber der eigentliche Erfinder war ein anderer.

Das erste Tondrahtgerät

Das Jahr 1900 hatte eine Fülle von technischen und wissenschaftlichen Neuerungen zu verzeichnen. Max Planck begründete mit der Formel für die Strahlung schwarzer Körper die Quantentheorie. Michael Pupin fand die geeigneten Spulen zur Verbesserung der Kabeltelegraphie. Die erste Zeppelinfahrt wurde unternommen. Wilhelm Wien gelang die magnetische Ablenkung der Kanalstrahlen. Und Enrico Caruso begann mit Schallplattenaufnahmen entscheidend die noch junge Technik der Tonkonservierung zu fördern. Im gleichen Jahr fand in Paris wieder eine Weltausstellung statt. Wie schon 1889 den Edison-Phonographen konnte man auch diesmal wieder ein Gerät bestaunen, das die menschliche Stimme aufzunehmen und wiederzugeben vermochte. Das Gerät hieß „Telegraphon".

Der sprechende Draht

Erfinder des Telegraphons war der dänische Physiker Valdemar Poulsen (1869 bis 1942). Wie der Name schon vermuten läßt, war dieses technisch recht einfach gebaute Gerät für die Aufzeichnung von Telefongesprächen gedacht. Auf einer 28 Zentimeter langen Walze waren 220 Drahtwindungen aufgebracht. Der Stift eines durch die Mikrofonströme erregten Elektromagneten zeichnete die Schallwellen auf der sich drehenden Walze in dem Draht als unterschiedlich starke Magnetisierung auf. Beim Abspielen glitt der Elektromagnet, Vorläufer des Magnetkopfs, über den magnetisierten Draht und übersetzte den magnetischen Code in Stromschwankungen, die die Membran eines Telefonhörers zum Schwingen brachten. Die aufgezeichneten Töne konnten so beliebig oft abgehört werden. Bereits im Jahr 1898 ließ sich Poulsen sein erstes brauchbares Magnettongerät patentieren. Die praktische Auswertung seines Patents stieß jedoch auf unüberwindliche Schwierigkeiten, weil der Erfinder keinen Geld-

geber für die serienmäßige Herstellung seiner Tonmaschine auftreiben konnte.
Am 10. Dezember 1898 erhielt Poulsen für seinen Apparat das deutsche Patent Nr. 109569. Die Patentschrift beschrieb die allererste Maschine, die Schallereignisse magnetisch aufzeichnete und wiedergab. Unter anderem heißt es dort: „Zur Ausübung des Verfahrens wird zweckmäßig in der Weise vorgegangen, daß ein in eine Telefonleitung eingeschalteter Elektromagnet mit einem während der Gesprächsdauer gleichmäßig verschobenen Stahldraht oder Stahlband in Berührung kommt und der jeweiligen, von den betreffenden Gesprächen abhängigen Erregung entsprechend die verschiedenen Stellen des Stahldrahtes oder Stahlbandes an dem Elektromagneten, denselben berührend, wieder vorbeigeführt werden. So ergibt sich die merkwürdige Tatsache, daß man mit dem Telefon ohne störende Nebengeräusche das wiederhört, was man in dasselbe hereingesprochen hat."

Die Zeit war noch nicht reif

Wer war dieser Poulsen? Der 1869 in Kopenhagen geborene Däne studierte zunächst Medizin und wandte sich später der Elektrotechnik zu. Elektrotechnik bedeutete zur damaligen Zeit in der Hauptsache Telefonie, und so wurde er Fehlersucher bei einer Kopenhagener Telefongesellschaft. Poulsen wird als ungewöhnlich starke Persönlichkeit beschrieben. Er hatte eine große Überzeugungskraft und ein geradezu instinktives Gefühl für technische Dinge. Dazu kam ein gesunder Geschäftssinn. So gelang es ihm, noch nicht dreißigjährig, sich selbständig zu machen und sich ganz der Verwirklichung seiner technischen Ideen zu widmen. International bekannt wurde er jedoch nicht durch sein Telegraphon, sondern durch seine Arbeiten in der Hochfrequenztechnik mit der Erfindung des nach ihm benannten Lichtbogensenders.
Bei seinem Telegraphon hatte Poulsen die damaligen technischen Möglichkeiten voll ausgeschöpft. Schon damals waren die drei Grundformen in mechanisch und äußerlich einwandfreier Form ausgeführt. Da war zunächst die erwähnte Walzenmaschine mit den Windungen aus ein Millimeter starkem Stahldraht. Eine andere Entwicklung wird als Plattenmaschine bezeichnet, deren Tonträger in Form der Schallplatte spiralförmig abgetastet wurde. Und schließlich ist noch die Poulsen-Maschine zu erwähnen, die den heutigen Tonbandgeräten am nächsten kommt: die

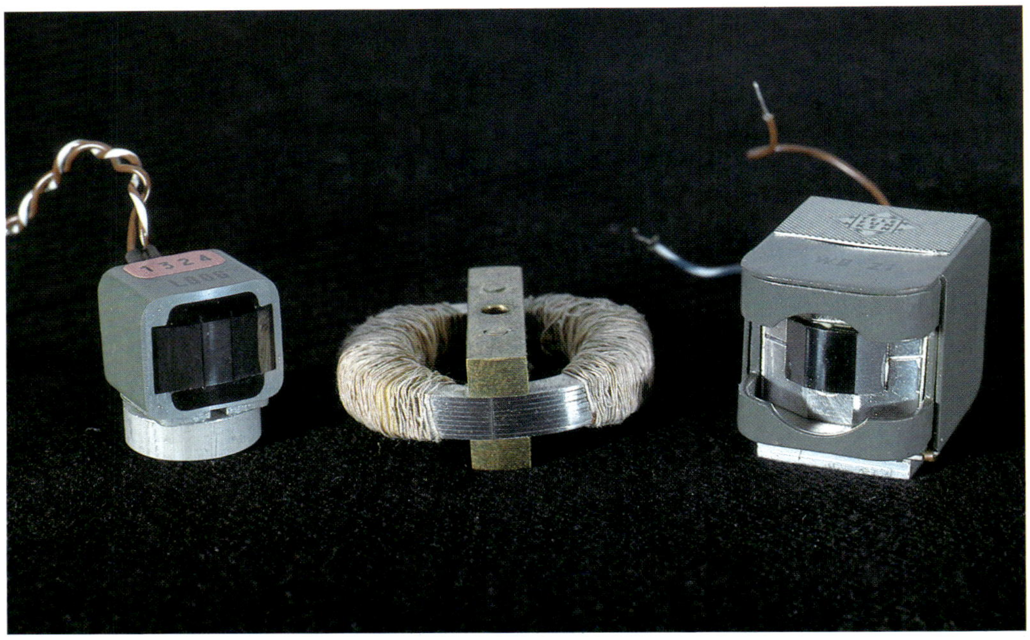

1

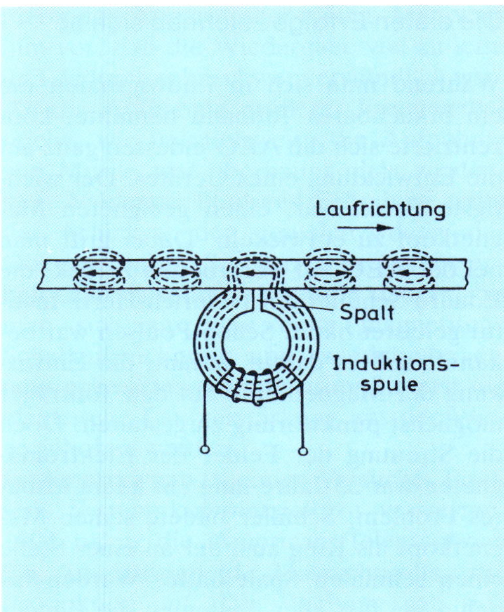

2

3

1 – Drei Tonköpfe: in der Mitte der erste Ringtonkopf der Welt (1933). Der Erfinder Eduard Schüller bildete den Magnetkopf ringförmig aus. In dem 0,01 Millimeter breiten Spalt zwischen den beiden Magnetpolen besteht ein starkes magnetisches Feld. Entsprechend den Veränderungen dieses Feldes aufgrund der aufgenommenen Tonschwankungen wird das dicht an dem Spalt vorbeilaufende Tonband magnetisiert. Links der Tonkopf eines modernen Cassettenrecorders, rechts der Wiedergabe-Tonkopf eines modernen Studio-Tonbandgerätes.
2 – Schema der Tonwiedergabe.
3 – Mikrofoto eines Ringkopfspaltes (rechts), zum Vergleich daneben ein menschliches Haar.
4 – Ein AEG-Tonschreiber von innen. Um die noch wenig reißfesten Tonbänder schonend transportieren zu können, schlug Theo Volk von der AEG Mitte der dreißiger Jahre einen Dreimotorenantrieb vor.
5–6 – Eigentlich wollte die AEG auf der Funkausstellung in Berlin 1934 eine „Ferroton-Maschine“ vorstellen. Man entschloß sich dann allerdings, erst ein Jahr später mit Verbesserungen an die Öffentlichkeit zu gehen, jetzt unter der Bezeichnung „Magnetophon“. Rechts die Abbildung des Prototyps „Ferroton“, links eine schematische Darstellung vom Aufbau eines Magnetophons. Es wog mit drei Koffern – Laufwerk, Verstärker und Lautsprecher – fast einen Zentner.

Obwohl die Bänder aus Azetylzellulose schon fester waren als die Papierbänder, mußten sie doch sehr vorsichtig behandelt werden. Das nur fünf Hundertstel eines Millimeters dicke Band stellte höchste Anforderungen an die Laufwerkmechanik. Nach einer Idee von Theo Volk, Leiter des Tonbandgeräte-Labors, wurde bei der AEG der Dreimotorenantrieb entwickelt, der nicht nur einen stoßfreien Transport des Bandes ermöglichte, sondern auch ein elegantes Vor- und Rückspulen mit zehnfacher Geschwindigkeit.
Heute sind die Bänder zwar sehr viel fester, aber der Dreimotorenantrieb ist bei Geräten für hohe Ansprüche nach wie vor üblich, weil er besser als alle anderen Schwankungen der Tonhöhen vermeidet, die sich bei auch nur geringfügigen Geschwindigkeitsveränderungen im Bandtransport ergeben würden.

Das erste Tonbandgerät

Im Sommer 1934 wurde in einer Presseverlautbarung der AEG bekanntgegeben, daß ein Tonbandgerät mit dem Namen „Ferroton“ auf den Markt gebracht würde. Vor der Berliner Funkausstellung wurde der Name in „Magnetophon“ umgeändert. Die BASF hatte die ersten 50000 Meter Magnetophonband fertiggestellt. Aber die Herren der AEG waren mit den Geräten doch noch nicht ganz zufrieden, und auf der Funkausstellung wurde noch kein Magnetophon gezeigt. Erst 1935 war die Betriebssicherheit und die Tonqualität schon so gut, daß das erste Tonbandgerät der Welt, das „Magnetophon K1“ der AEG, auf der 12. Großen Deutschen Rundfunkausstellung in Berlin öffentlich vorgeführt werden konnte. Jeder Besucher durfte, wie schon seit Edisons Zeiten üblich, seine Stimme hören. Das K1 wurde ein durchschlagender Erfolg. Die Spieldauer einer Spule von 30 Zentimeter Durchmesser betrug 20 Minuten. Bei einer Bandgeschwindigkeit von einem Meter pro Sekunde wurden Frequenzen bis 6000 Hertz übertragen.
Schon 1936 wurde ein Magnetophon K2 mit einer Bandgeschwindigkeit von 77 Zentimetern pro Sekunde in den USA vor Fachleuten vorgeführt. Das Gerät mit den drei schweren Motoren wurde aber nur mitleidig belächelt. Vielleicht war die etwas unhandlich geratene Form daran schuld. Schon das K1 der Berliner Funkausstellung von 1935 wog mit seinen drei Koffern (Laufwerk, Verstärker und Lautsprecher) immerhin fast einen Zentner.
Die damalige Reichsrundfunkgesellschaft in Berlin nahm sich 1937 des AEG-Gerätes an und führte das neue Tonband-Auf-

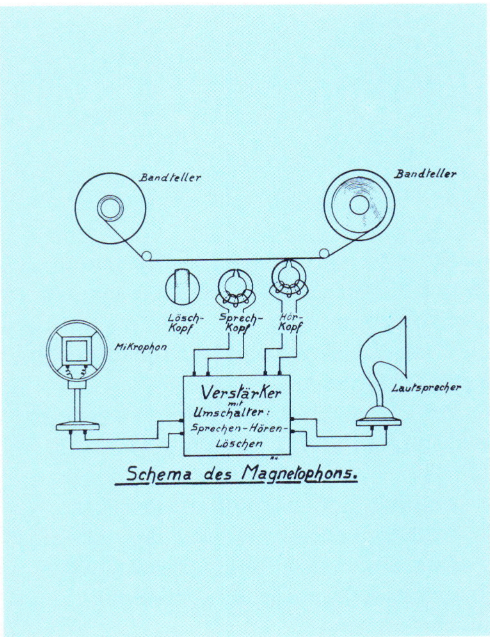
Bandteller
Bandteller
Lösch-Kopf
Sprech-Kopf
Hör-Kopf
Mikrophon
Lautsprecher
Verstärker mit Umschalter: Sprechen-Hören-Löschen
Schema des Magnetophons.

5

AEG
AEG
AEG

6

1

2

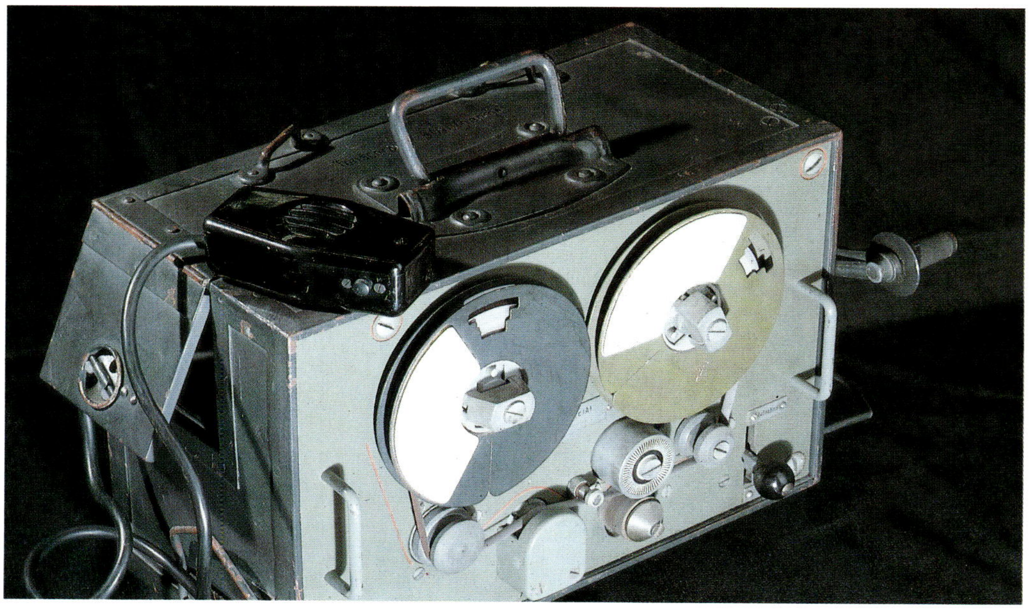

3

4

1 – Ein Jahr nach dem ersten Magnetophon K 1 führte die AEG das K 2 vor, mit Dreimotorenantrieb.
2 – Dasselbe Gerät ohne Abdeckung des Tonkopfträgers.
3 – AEG Tonschreiber C/A, erstes Federwerk-Tonbandgerät, jedoch nur für Aufnahme.
4 – Innenansicht desselben Gerätes.
5 – AEG-Tonschreiber B für militärischen Einsatz: links oben Tonbandgerät, unten elektrischer Generator, rechts Funk-Horch-Empfänger.

zeichnungsverfahren über 100 Journalisten vor. Die Post und verschiedene Behörden waren weitere Abnehmer. Für die Deutsche Wehrmacht wurden Spezialtonbandgeräte etwa für die Kriegsberichterstattung entwickelt. Bis 1939 hatte die BASF bereits fünf Millionen Meter Magnetophonband hergestellt.

Die Verbesserung der Dynamik

Das Grundrauschen der Bänder blieb für die Techniker in Deutschland das Hauptproblem, obwohl die ursprünglich recht körnige Oberfläche der Pfleumerschen Papierbänder längst einer gleichmäßigen matten Oberfläche gewichen war. Die Zusammenarbeit von BASF und AEG schuf neue und bessere Bänder. Bereits Pfleumer hatte die günstigen Eigenschaften der magnetischen Oxide erkannt. Er erhielt 1933 das Patent Nr. 649408 auf ein Material mit möglichst niedriger Permeabilität, also mit einem günstigen Verhältnis zwischen magnetischer Induktion und magnetischer Feldstärke. Fr. Mathias von der BASF schuf das erste Band, das nicht mit Eisen und nicht mit dem schwarzen Magnetit (Magneteisenstein) beschichtet war, sondern mit dem magnetisierbaren Eisenoxid Fe_2O_3. Diese Beschichtung war für kurze Wellenlängen besonders gut geeignet und erlaubte daher, die Bandgeschwindigkeit herabzusetzen. Das störende Rauschen lag nun schon in der gleichen Größenordnung wie bei der Schallplatte. Aber um die bekannten Verfahren zu übertreffen, fehlte noch ein weiterer Schritt zur Verbesserung der Dynamik. Und bei diesem Schritt stand der Zufall Pate.

Der deutsche Rundfunk hatte die Vorteile und Möglichkeiten des Magnetophons erkannt und benutzte es seit jener Pressekonferenz von 1937 in zunehmendem Maße. Gleichzeitig nahm er aktiv Anteil an der Weiterentwicklung. Im Jahr 1940 arbeiteten dort die beiden deutschen Physiker H. J. von Braunmühl und W. Weber an dem Problem, durch Gegenkopplung des Sprechkopfes die in diesem Kopf infolge der Bandungleichmäßigkeiten induzierten Störspannungen zu kompensieren. Es verschlug ihnen fast den Atem, als bei den Versuchen plötzlich das Rauschen wegblieb.
Sie fanden heraus, daß die Gegenkopplung nicht die Ursache sein konnte. Schließlich stellten sie fest, daß der Verstärker durch Vertauschen der Gegenkopplungsleitungen ungewollt ins Schwingen geraten war. Aus der Gegenkopplung

war eine Mitkopplung geworden, die eine Frequenz erzeugte, die oberhalb der Hörgrenze lag. Der Zufall hatte wieder einmal Pate für eine grundlegende Entdeckung gestanden. Die große Leistung der beiden Männer lag darin, daß sie die Ursachen erkannt und ihre Entdeckung richtig ausgewertet hatten.
Von Braunmühl und Weber überlagerten die Sprechströme mit einem hochfrequenten Wechselstrom, wodurch das Grundrauschen wesentlich herabgesetzt wurde und eine größere Dynamik erreicht werden konnte. Mit einem Schlag war nun der Magnetton allen anderen Verfahren weit überlegen. Sprache und Musik im gesamten hörbaren Frequenzband konnten aufgezeichnet werden. 1941 wurde im UFA-Palast am Zoo in Berlin das Hochfrequenz-Tonbandgerät der Fachwelt vorgeführt. Der Erfolg war überwältigend. Jetzt stand der Anwendung des Magnettons auf allen Gebieten der technischen Akustik nichts mehr im Wege.

Die Anwendung der Hochfrequenz war schon bekannt

Die Amerikaner Carlson und Carpenter hatten von 1921 an im amerikanischen Marine-Versuchslaboratorium Versuche zur Aufzeichnung und Wiedergabe von Funksignalen unter Verwendung magnetischer Detektoren angestellt. Dabei war ihnen aufgefallen, daß man wesentlich schwächere Signale magnetisch aufnehmen konnte, wenn man dem Signal einen Wechselstrom von etwa 10000 Hertz überlagerte. Die tragende Idee der Erfindung von Braunmühl und Weber, die Verminderung des vom Magnetband herrührenden Rauschens und die damit ermöglichte Erhöhung der Dynamik, war sicherlich auch hier der Grund dafür, daß die schwachen Telegrafiesignale aus dem allgemeinen Störpegel besser herauszuhören waren.
Auch bei den Amerikanern hatte ein Experiment den Weg aufgezeigt. Aber Carlson und Carpenter hatten die Bedeutung dieses Effektes nicht erkannt. Erst nach dem Bekanntwerden der deutschen Geräte wurden die beiden in den USA zu den Erfindern erklärt. Auch in Japan wurde bei wissenschaftlichen Untersuchungen im Jahre 1938 die Hochfrequenz-Vormagnetisierung erfunden und zum Patent angemeldet. Praktische Bedeutung hat die Erfindung nicht erlangt. Da die japanische Patentschrift erst nach dem Deutschen Reichspatent Nr. 743411 von Braunmühl und Weber erschien, hat sie keinen Einfluß auf das deutsche Patent gehabt.

Was die Frage der Priorität anbelangt, so deutet die Entwicklungsgeschichte mit dem „wildgewordenen Verstärker“ darauf hin, daß Braunmühl und Weber ihre Erfindung unabhängig von den erwähnten älteren Vorschlägen gemacht haben. Es bleibt die Tatsache bestehen, daß die beiden Männer die Tragweite ihrer Erfindung erkannt und als erste praktische Folgerungen daraus gezogen haben. In Zusammenarbeit mit der AEG wurde das erste brauchbare Gerät mit Hochfrequenz-Vormagnetisierung mit überragender Wiedergabequalität entwickelt. Für die Priorität Braunmühls und Webers spricht auch die Tatsache, daß die Konkurrenzfirmen, die doch stark an einer Annullierung des Patents Nr. 743411 interessiert waren, niemals eine Nichtigkeitsklage versucht haben. Das Patent ist vielmehr ganz normal nach Ablauf des Patentschutzes erloschen.

Das tönende Band erobert die Welt

Trotz der Wirren des Zweiten Weltkriegs war die Weiterentwicklung des Magnettons in Deutschland nicht zum Stillstand gekommen. 1943 kam das „Masseband“ heraus, bei dem das magnetische Oxid in eine Folie aus Polyvinylchlorid (PVC) eingewalzt wurde. Eigentlich war das Masseband eine Notlösung, da die Gießanlage für die normale Fertigung durch Explosion zerstört war. Ein Jahr darauf wurde das LGN-Band entwickelt, das wieder eine Oxidschicht auf einer PVC-Folie trug.
Auch die Geräteentwicklung bekam in diesen Jahren einen starken Auftrieb, da sich das Magnetophon als nützlicher Helfer für den Funkempfang herausstellte. Damals entstand bei der AEG das erste kleine Funkreportergerät mit Federwerksantrieb und 19-cm/sec-Bandgeschwindigkeit.
Das Jahr 1945 brachte die Unterbrechung dieser deutschen Entwicklungsarbeit mit sich und den Totalverlust des deutschen Patentbesitzes. Ohne Zweifel erhielt dadurch die Entwicklung der Tonbandtechnik in aller Welt erheblichen Aufschwung. Das Bekanntwerden des deutschen Magnetophons riß die amerikanische Konkurrenz aus ihrem Dornröschenschlaf. Bis 1937 hatte sich in den USA kaum jemand für den Magnetton interessiert. Die Geräte „Soundmirror“ und „Mirrophone“ hatten mit ihren Bandschleifen nur kurze Aufnahmezeiten und beschränkte Anwendungsgebiete. 1939 nahm die Brush Development Co. die Produktion von Diktiergeräten auf der Basis des Drahttons auf, nachdem es gelungen war, Stahllegierungen mit besonders günstigen magnetischen Eigenschaften herzustellen. Doch das Tonband wie auch die Hochfrequenz-Vormagnetisierung waren in den USA bis 1945 unbekannt.
Mit dem Bekanntwerden der deutschen Geräte setzte ein Wettlauf auf die neue Technik ein. Während in Deutschland aus zeitbedingten Gründen nur technische Geräte, besonders für den Rundfunk, hergestellt wurden, entwickelte man in den USA sehr rasch eine Fülle billiger Heimgeräte. In amerikanischem Tempo wurde eine ganze Tonband- und Tonbandgeräte-Industrie aufgebaut. Bis 1951 hatte die amerikanische Industrie bereits mehr als 200000 dieser Geräte verkauft. 90% aller Tonfilme wurden in diesem Jahr bereits mit Magnetton aufgenommen und mehr

1

als 25% aller Rundfunksendungen vom Band abgespielt.
War in Deutschland schon kurz nach der Einführung der Hochfrequenz-Vormagnetisierung die Schallplattenindustrie dazu übergegangen, alle Aufnahmen von Band zu schneiden, so hatte diese Technik in den Vereinigten Staaten direkten Einfluß auf die Entwicklung der Langspielplatte. Die beinahe unbegrenzte Möglichkeit der Korrektur einer Bandaufnahme durch Schneiden und Überspielen machte die schwierige Technik des Schneidens von Langspielplatten erst wirtschaftlich möglich. Magnetton und Nadelton, die man ursprünglich mehr oder weniger als Konkurrenten angesehen hatte, waren zu Partnern geworden.

Das Tonband für den Hausgebrauch

Während die Entwicklung der Studiogeräte wegen der hohen Investitionen und der kostspieligen Bandarchive nur in abgewogenen Schritten vorwärts ging, machten die Heimgeräte eine geradezu hektische Entwicklung durch. Auf dem Gebiet der Unterhaltungselektronik herrschte ein scharfer Konkurrenzkampf. Jedes Jahr wurden Neuerungen herausgebracht, auch wenn sie manchmal nur die äußere Form und irgendwelche Geräte-Verzierungen betrafen.
Angefangen hatte es in Amerika. Dort witterte man im Magnetton das große Geschäft. Wie schon beim ersten deutschen Reporter-Magnetophon wählten die Amerikaner zuerst die Bandgeschwindigkeit von 19 Zentimetern pro Sekunde und eine Bandbreite von einem Viertelzoll (6,35 mm). Das ergab etwa 20 Minuten

2

3

1 – Die Entwicklung der Tonträger führte von Stahldraht und Papierbändern zunächst zu Azetylzellulosebändern. Dafür wurde 1938 bei BASF diese kombinierte Anlage zum Folienziehen und Gießen aufgestellt. Als sie durch eine Explosion zerstört wurde, entwickelte man – eigentlich als Notlösung – das „Masseband", eine PVC-Folie mit darin eingewalztem Oxid (1943).
2 – Moderne Tonbandherstellung bei BASF: Kontrolle der Beschichtung einer Magnetfolie. Erst später wird diese Folie in Bänder geschnitten.
3 – Nach dem Durchlaufen eines Trockentunnels, wo sich die magnetisierbare Oxidschicht fest mit der Kunststoffolie verbindet, wird die Magnetfolie hier, am Ende der Beschichtungsanlage, auf große Rollen aufgewickelt.

Spieldauer. Im Jahr 1952 kam das erste deutsche Heimgerät auf den Markt, das Magnetophon KL15 der AEG mit den gleichen Daten. Nun ging die Entwicklung mit raschen Schritten vorwärts. Die Bandgeschwindigkeit wurde auf 9,5 und dann auf 4,75 Zentimeter pro Sekunde vermindert. Die Bandbreite wurde besser ausgenutzt. Es entstanden Zweispur-, Vierspur- und Stereogeräte. Die Verwendung von Polyesterfolie erlaubte es, dünnere Bänder herzustellen: Langspielband, Doppelspielband, ja sogar das Tripelband. Eine einfache Rechnung ergibt, daß bei gleicher Spulengröße die Spieldauer auf das 50fache verlängert wurde.

Es war typisch bei dieser Entwicklung, daß die Spulengröße bis auf einige Ausnahmen immer die gleiche blieb, so daß man zu Spielzeiten von mehr als 20 Stunden kam. Die Heimgeräte, jetzt meist Spulengeräte genannt, wurden mehr und mehr zu hochwertigen Spezialgeräten. Die senkrechte Anordnung, eingebaute Meßinstrumente, Flachbahnregler, Metallspulen und vieles mehr gab ihnen schon äußerlich das Ansehen professioneller Technik. Viele Umschalt- und Regelmöglichkeiten erfüllten alle Wünsche des Hobby-Tonmeisters.

Den hohen Qualitätsansprüchen entsprechend, haben diese Geräte auch in der Technik ihres inneren Aufbaus eine Wandlung durchgemacht. Bei den ersten Heimgeräten genügte ein einfacher Asynchronmotor zum Antrieb, dessen Drehzahl unabhängig von der Frequenz des Netzes geregelt werden konnte. Später strebte man zwei oder drei Motoren wie bei den Studiogeräten an, um kleinste Werte für die Tonhöhenschwankungen zu erreichen. Die Bandgeschwindigkeiten wurden durch einen Schalter geregelt, der gleichzeitig für den jeweils optimalen Frequenzgang des Verstärkers sorgte.

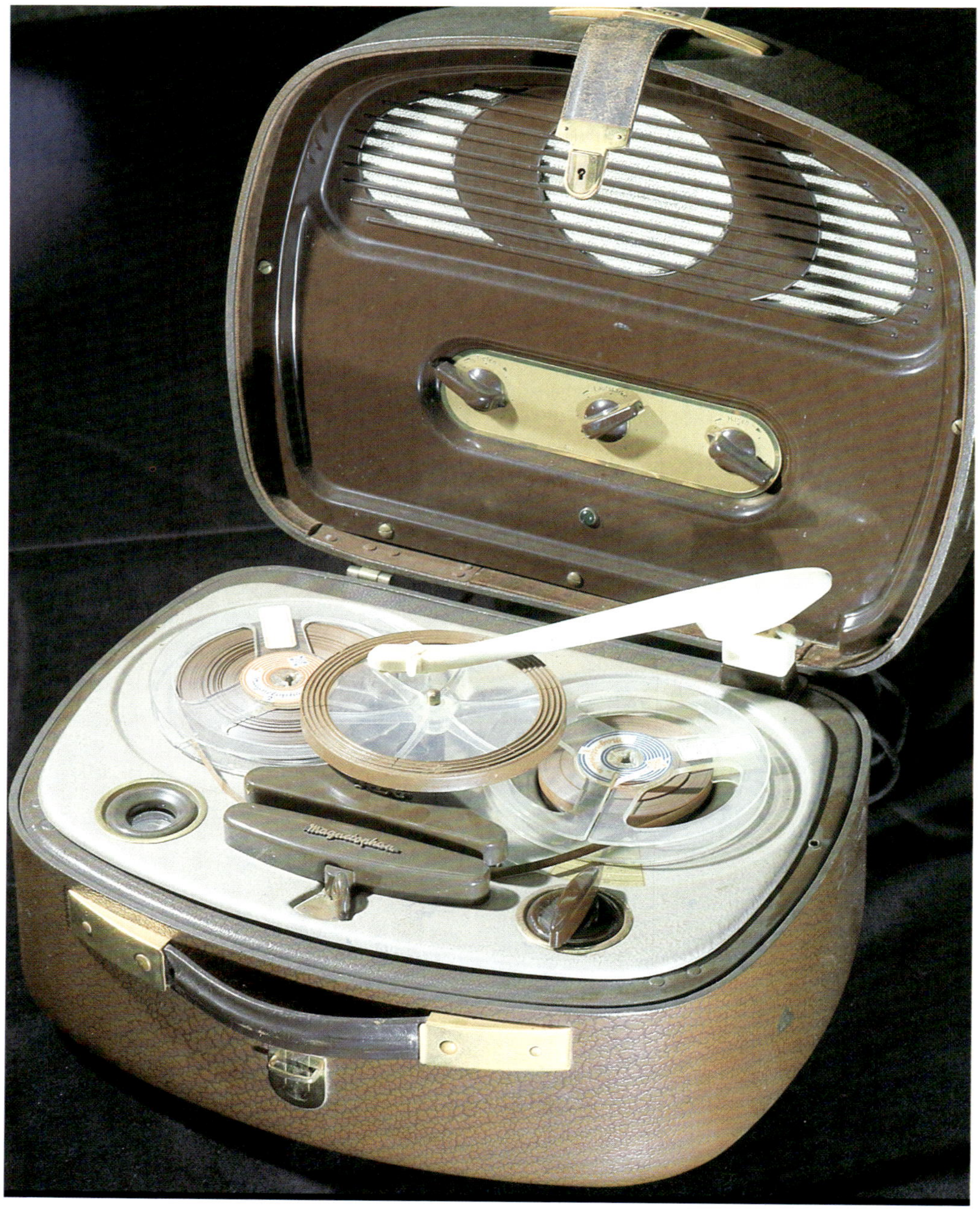

1

Konkurrenz aus dem eigenen Lager

Die extrem langen Spielzeiten der Tonbänder sollten darüber hinwegtrösten, daß der Spulenwechsel immer noch sehr umständlich vor sich ging. Das änderte sich schlagartig, als die ersten Kassettengeräte auf den Markt kamen, die Tonbandgeräte für das Heim. Klein, leicht und ohne viel Überlegung einfach zu handhaben, wurde die Kassette sogar zum Konkurrenten der empfindlichen Schallplatte.

Der Gedanke, das Tonband in ein besonderes Gehäuse einzusperren, ist fast so alt wie das Band selbst. Schon 1943 baute die AEG für die Post ein Kassettengerät zum stationären Einbau in Verstärkergestelle. Die Kassette mit den beiden Spulen hatte die beachtliche Breite von 45 Zentimetern. Zur Serienfertigung kam es im Krieg nicht mehr. 1948 begann Loewe Opta Magnettongeräte zu bauen und entwickelte auch ein großes Kassettengerät. Die Bandgeschwindigkeit betrug immer noch 19 Zentimeter pro Sekunde, und deshalb war das Gerät auch nicht viel kleiner. Es blieb bei einer Musterserie von 100 Stück.

Beide Geräte hatten sogenannte Zweilochkassetten, bei denen die Spulen nebeneinander angeordnet waren. Die Amerikaner brachten dann Einlochkassetten auf den Markt, bei denen die Spulen übereinander lagen, oder sie enthielten nur eine Spule, und die Aufwickelspule war fest im Gerät untergebracht. Schließlich wurde noch die „Endlos-Kassette“ entwickelt, bei der Anfang und Ende des Bandes zusammengeklebt waren, wobei das Band aus dem Inneren der Spule herausgezogen und außen wieder aufgewickelt wurde.

Es gab eine Vielzahl verschiedener Konstruktionen. Sie zeigten, daß ein Bedarf vorhanden war, aber so viele unterschiedliche Techniken verunsicherten den Markt. Sieger blieb die Philips-Kassette, die mit kluger Marktstrategie und vorausschauender Lizenzpolitik weltweit nach einheitlicher Norm eingeführt wurde. Man scheute sich nicht, unkonventionelle Bänder und Geräteformen zu verwenden. Allerdings achteten die Philipsleute sorgfältig auf die strenge Einhaltung der Normen, so daß die Austauschbarkeit auf dem ganzen Weltmarkt gesichert war. Die kleine Zweilochkassette enthielt ein 3,8 Millimeter breites Band mit vier Spuren, das mit einer Bandgeschwindigkeit von 4,75 Metern pro Sekunde ablief. Je nach Band-

1 – Erst nach dem Zweiten Weltkrieg wurde für Magnettongeräte der Markt der privaten Haushalte erschlossen: Das Magnetophon KL 15 (1952) der AEG war das erste deutsche Heimgerät.
2–3 – Ähnlich verlief die Entwicklung beim Cassettenrecorder. Es gab schon 1943 ein AEG-Kassettengerät, das bei der Post verwendet wurde. Das abgebildete Optaphon 54 der Firma Loewe Opta (1954) gleicht von seiner Größe her (47 cm breit, 23 cm hoch und 22,5 cm tief) und dem Gewicht von über 17 Kilogramm noch eher den Tonbandgeräten. Es war gleichzeitig auch für Normalspulen geeignet.
4 – Amerikaner beschritten eigene Wege, was die Form der Kassette anlangte: Sie entwickelten eine Einlochkassette, bei der die Spulen übereinanderlagen oder die Aufwickelspule bereits ins Gerät eingebaut war. Dagegen stellt die „Endlos-Kassette“ eine Sonderform der Zweiloch-kassette dar. Die Bandenden sind zusammengeklebt, auf der einen Seite wird das Band aus der Spule herausgezogen und auf der anderen von außen wieder aufgewickelt.
5 – Die Konstruktion des Philips-Cassettenrecorders setzte sich gegen zahlreiche andere durch. Die 45 Zentimeter der ersten Kassetten sind hier auf 10 Zentimeter geschrumpft. Eine besondere Vorrichtung verhinderte das versehentliche Löschen der Kassetten; Bandgeschwindigkeit 4,75 Meter/Sekunde. Das erste Gerät dieser Art war 1963 auf der Internationalen Funkausstellung in Berlin zu sehen.

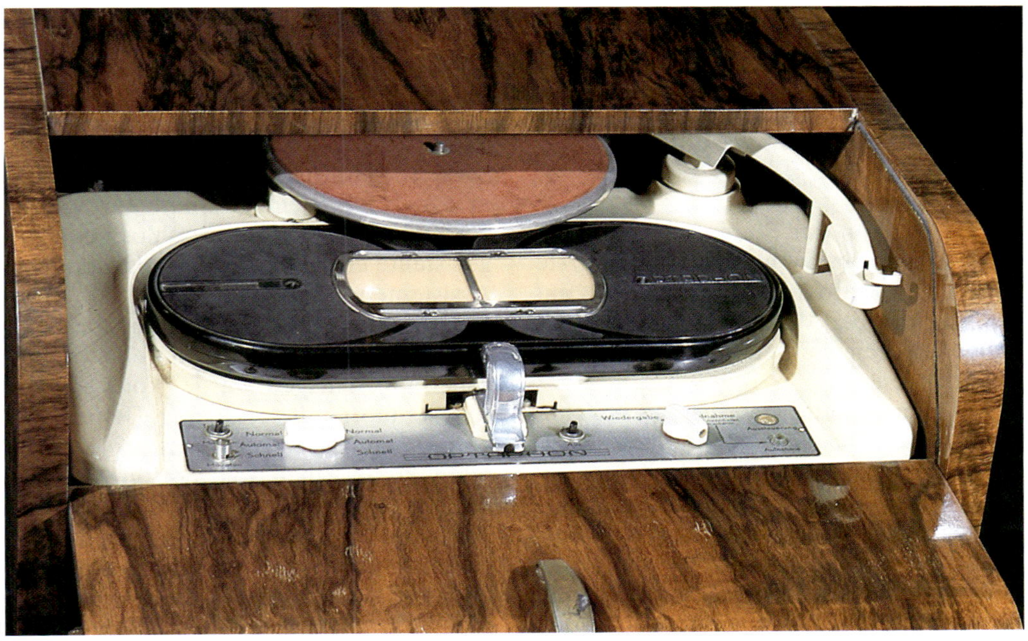

2

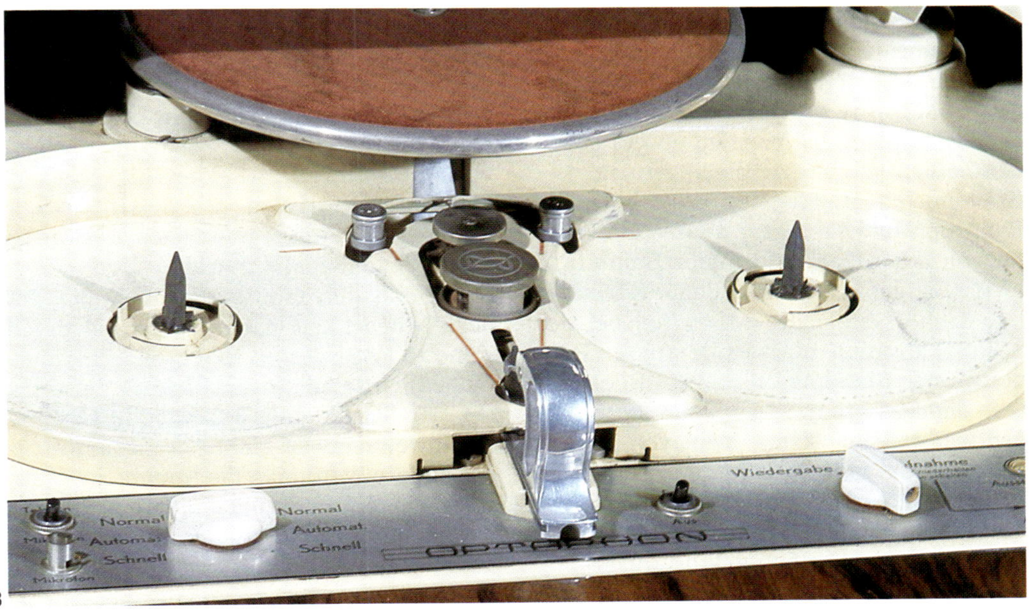

3

4

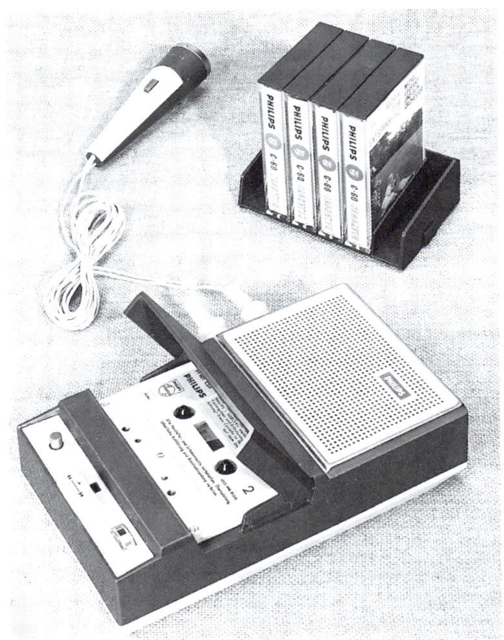

5

länge konnte eine Spieldauer bis zu zwei Stunden erreicht werden.
Schon vor der Einführung der Kassettengeräte kamen die ersten bespielten Tonbänder auf den Markt. Den Anfang machte 1950 die Firma Recording Associates in New York. Ab 1954 gab es auch Stereo-Tonbandaufnahmen, herausgebracht von Livingston Electronics in New York. Das 10-Dollar-Band begann mit der „Unvollendeten“ von Schubert und mit der „Finlandia“ von Jean Sibelius.
Bei der niedrigen Bandgeschwindigkeit bestand trotz Verbesserung der Bänder allerdings immer noch die Gefahr des unerwünschten Rauschens. Erst durch das sogenannte Dolby-System konnte für den Kassettenrecorder die HiFi-Norm nach DIN 45500 eingehalten werden. Von R.M. Dolby wird noch im Rahmen der Stereofonie die Rede sein.

1921 von Küchenmeister erfundenen Ultraphon bis zu einem gewissen Grade ausgeglichen."
Man drückte sich also sehr vorsichtig aus. Von Stereofonie, was immer man in den dreißiger Jahren darunter verstand, konnte noch keine Rede sein. Weiter heißt es: „Der Apparat ist wie eine gewöhnliche Sprechmaschine gebaut, besitzt aber nicht einen, sondern zwei Tonabnehmer, die um ein ganz bestimmtes Intervall (1/15 bis 1/20 Sekunde) gegeneinander versetzt, das heißt hintereinander angeordnet sind. Durch diese doppelte Anordnung entsteht beim Abspielen der Platte eine Überlagerung zweier um das betreffende Intervall einander nacheilender Wellengruppen. Folge: zeitliche Verlängerung der Schalleinwirkung, bessere Klangfülle, erhöhte Raumwirkung." In Amerika wurde eine nach demselben Prinzip arbeitende Abtastung mit zwei elektrischen Tonabnehmern patentiert.

Eine Puppe namens „Oskar"

In Amerika hatte man sich, aufbauend auf die Theorien des Schotten Rayleigh, weiter intensiv mit dem stereofonischen Hören beschäftigt. Vor allem in den Laboratorien der Bell-Telephongesellschaft wurden zu Beginn der dreißiger Jahre zahlreiche Experimente durchgeführt. Hauptfigur dieser Versuche unter der Leitung von Dr. Harvey Fletcher war die Schaufensterpuppe „Oskar".
An den Ohren der Puppe waren Mikrofone angebracht, wodurch der Vorgang des menschlichen Hörens verblüffend ähnlich nachgeahmt werden konnte. Die Mikrofone waren über Verstärker mit Kopfhörern verbunden. Wenn Fletcher nun zu der Puppe sprach, hatte der Zuhörer mit den Kopfhörern den täuschenden Eindruck, daß der Sprecher nur wenige Zentimeter von ihm entfernt stand.
Diese Art der Stereoaufnahme mit einem „Kunstkopf", die sogenannte Ping-Pong-Stereofonie, ist noch heute für Spezialeffekte aktuell. Aber während man durch solch eindrucksvolle Demonstrationen nachwies, wie bedeutungsvoll die Tatsache ist, daß der Mensch zwei Ohren besitzt, ging ein anderer Amerikaner daran, das stereofonische Erlebnis auch aufzuzeichnen und wiederzugeben.

Die erste Stereoschallplatte der Welt

In Amerika hatte die Firma Western Electric die Patente für die Schallplattenaufnahme auf elektrischem Weg und blokkierte dadurch für andere Firmen ein Aufnahmeverfahren, das wegen seiner mathematisch berechenbaren elektrophysikalischen Grundlagen ein erster Schritt auf dem Weg zur heutigen HiFi-Technik werden sollte.
Aus diesem Grund beauftragte der Forschungschef von Electrical and Musical Industries (EMI), Isaac Shoenberg, den jungen und vielversprechenden Ingenieur Alan Dower Blumlein, Aufnahmeverfahren zu entwickeln, mit denen diese Patentrechte umgangen werden konnten. Blumlein machte sich an die Arbeit. Die Ergebnisse seiner Forschungen auf dem Gebiet der Schallplatte wurden in dem britischen Patent Nr. 394325 vom 14. Dezember 1931 veröffentlicht. Ganze 70 Patentansprüche konnte der Erfinder anmelden, darunter auch die noch heute übliche orthogonale 45-Grad-Stereo-Schrift.

1

Bekanntlich braucht man bei der Stereofonie zwei Toninformationen, die über zwei Kanäle übertragen werden. So bot sich zunächst an, für den einen Kanal Edisons Tiefenschrift zu verwenden, für den anderen aber Berliners Seitenschrift. Anders ausgedrückt: Die eine Toninformation wurde durch senkrechte Nadelbewegungen abgetastet, die andere durch ihr waagerechtes Ausschwingen. Die beiden Informationsebenen bildeten also einen rechten Winkel zueinander, und die Abtastspitze beschrieb eine räumliche Kurve. Diese Art der stereofonischen Aufzeichnung war aber nicht kompatibel, das heißt, ein Monotonabnehmer tastete nur den in Seitenschrift ausgeführten Kanal ab. Also wurden beide Richtungen der Auslenkungen um 45 Grad gedreht, so daß der eine Kanal mit einer Neigung von 45 Grad auf der einen Rillenwand, der an-

1 – Das „Ultraphon" der Firma Küchenmeister (1926) verdient noch nicht das Prädikat „stereofonisch". Zwei miteinander gekoppelte Tonabnehmer, die in kurzen Abständen nacheinander eine Schallrille abtasten, täuschen lediglich einen räumlichen Klang vor.
2 – Ein Kunstkopf ist der Nachkomme der Schaufensterpuppe „Oskar". In den Laboratorien der Bell-Telephongesellschaft in Amerika führten 1933 Wissenschaftler mit dieser Puppe Versuche zum stereofonischen Hören durch. Die Versuchsanordnung „Puppe" zeigt sehr anschaulich, daß hier die Hörsituation beim Menschen für die Übertragung von Schall ausgewertet wurde. So wie die Puppe Geräusche „hört", werden diese von zwei eingebauten Mikrofonen aufgenommen, über Drähte und Verstärker zu einem Kopfhörer übertragen, den ein Zuhörer an einer anderen Stelle des Raumes aufgesetzt hat. Er hat dann dieselbe Klangempfindung, wie wenn die Geräusche direkt an seinem Kopf erzeugt würden. Für Spezialeffekte ist der Kunstkopf noch heute in Gebrauch.
3 – Alan Dower Blumlein kombinierte für sein Stereo-Aufnahmeverfahren die Tiefenschrift Edisons (a) und die Seitenschrift Berliners (b), um die für den Raumklang notwendigen zwei Toninformationen auf der Platte aufzuzeichnen (c). Nach diesem Flankenschriftverfahren wurde 1932 die erste Stereoschallplatte der Welt geschnitten.

2

dere mit entgegengesetzter Neigung auf der anderen Rillenwand eingeschnitten wurde.
Nach Blumleins Verfahren wurde 1932 die erste Stereoschallplatte der Welt geschnitten. Aber für eine Vermarktung dieser Erfindung war die Zeit offenbar noch nicht reif. Alan Dower Blumlein stürzte zu Beginn des Zweiten Weltkrieges bei der Erprobung neuer elektronischer Geräte mit einem Flugzeug ab. Er war gerade fünfunddreißig Jahre alt geworden.

Die echte Stereofonie

Die Vereinigten Staaten blieben in der Technik der Stereofonie auch weiterhin führend. In Deutschland hatte die Firma Telefunken 1935 einige Versuche mit stereofonischen Verfahren angestellt,

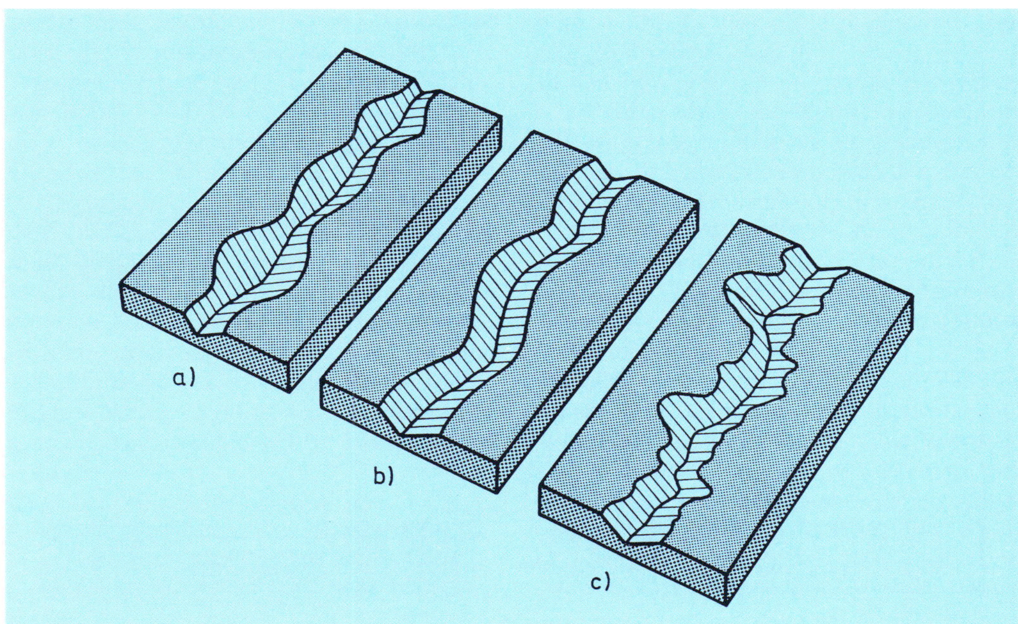

3

weltweit lieber dazu übergingen, die Stereotechnik weiter zu perfektionieren, so daß die Mindestanforderungen weit überschritten werden.

Stichwort HiFi

Im Normblattverzeichnis des Deutschen Normenausschusses sind die Mindestanforderungen für HiFi, High Fidelity oder hohe Wiedergabetreue nach DIN 45500 festgelegt. Aber was bedeutet eigentlich dieses Zauberwort? Lexikalisch: Der vom Wiedergabegerät erzeugte Klang soll sich von dem des Originals (im Aufnahmestudio) nur noch mit Hilfe exakter Messungen unterscheiden lassen, das heißt, die Differenzen sollen unterhalb der Unterscheidungsmöglichkeiten des menschlichen Gehörs liegen.
Da das menschliche Ohr Frequenzen im Bereich von 20 bis 20000 Hertz wahrnehmen kann, sollte also eine Anlage, die das Prädikat HiFi beansprucht, alle in diesem Bereich vorkommenden Frequenzen gleichmäßig verstärken und wiedergeben, ohne spezielle Frequenzen übermäßig abzuschwächen oder anzuheben. Außerdem sollte die Anlage verzerrungsfrei arbeiten, wobei ganz allgemein unter Verzerrung jeder Laut gemeint ist, der im Eingangssignal nicht vorhanden ist, am Ausgang aber erscheint.
Es würde zu weit führen, alle Kriterien der HiFi-Norm hier aufzuführen. Was den Begriff selbst anbelangt, so war er in der Frühzeit der Schallaufzeichnung keineswegs so genau definiert wie heute. Geprägt wurde der Begriff wahrscheinlich um das Jahr 1935 in den Vereinigten Staaten. Das Schlagwort „Wiedergabetreue“ tauchte zum ersten Mal in einer Reklame für Emil Berliners Grammophon auf: „Während der Phonograph nur ein Fünftel der wirklichen Tonqualität der Trompete wiedergibt, wird mit dem Grammophon der gesamte Tonbereich und das echte Klangvolumen dieses Instruments wiedergabegetreu reproduziert.“
Es ist verständlich, daß andere Firmen diese vielversprechende Vokabel aufgriffen und sich in hoher und höchster Wiedergabetreue überboten. Der Weg bis zum heutigen Standard indessen ging in kleinen Schritten vor sich. Verbesserte Grammophonnadeln, verringerter Auflagedruck des Tonabnehmers, elektronische Aufzeichnung und Verstärkung, elektrodynamischer Konuslautsprecher, Vergrößerung des Frequenzbereiches und feinere Oberflächenstruktur der Kunststoffplatten, all das waren nur einzelne Stationen auf dem Weg zur High Fidelity. Ein Mann sollte noch erwähnt werden, ohne dessen Erfindung es keine hochwertige Musik vom Tonband gäbe: Ray M. Dolby.

Der Dolby-Stretcher

Bei sehr niedrigen Bandgeschwindigkeiten beim Tonband bestand trotz Verbesserung der Bänder immer noch die Gefahr des Rauschens. Alle Versuche, dieses störende Bandrauschen wegzufiltern, schlugen fehl. Der englische Ingenieur Ray M. Dolby, der in den USA bei Ampex Erfahrungen mit Tonbändern gesammelt hatte, ging im eigenen Labor diesem Problem nach.
Dolby stellte fest, daß diese Störgeräusche besonders unangenehm hervortraten, wenn die auf Band aufgenommene Musik sehr leise wurde. Bei lauter Musik dagegen wurden die begleitenden Geräusche kaum wahrgenommen, weil die laute Musik sie verdeckte.
Nun verfiel Dolby auf den Trick, die leisen Musikstellen anzuheben, bevor sie übertragen oder gespeichert wurden, während er die lauten Stellen unverändert ließ, weil sie die Störgeräusche ohnehin verdeckten. Die leisen Stellen wurden durch diese Maßnahme also gegen Störgeräusche künstlich unempfindlich gemacht. Als er nun auf der Wiedergabeseite die leisen Musikstellen wieder im selben Maße absenkte, wurde auch das Störgeräusch mit abgesenkt. Im Idealfall konnte es sogar unter die Hörbarkeitsgrenze gebracht werden.
Sein nahezu verzerrungsfrei arbeitendes Verfahren setzte sich sehr schnell bei der Aufnahme von Schallplatten und beim Kopieren von Tonbändern durch. Der Preis für die erforderlichen elektronischen Bauelemente wurde so niedrig, daß auch Bandgeräte mittlerer Preisklasse mit dem Dolby-Stretcher ausgerüstet werden konnten. Ray M. Dolby wurde mit seiner genialen Idee zum Millionär.
Beim Dolby-Verfahren geht das Rauschen eines Tonbandes auf etwa 13 Prozent zurück. Das war schon eine ganze Menge. Andere Erfinder nahmen sich in der Folgezeit des „Geburtsfehlers der Kompaktkassette“, also des Rauschens, an und bemühten sich um eine noch wirkungsvollere Rauschunterdrückung. So gelang es beispielsweise den Telefunken-Ingenieuren, das HighCom-Verfahren zu entwickeln, bei dem nur noch ein Prozent des lästigen Bandrauschens übrigbleibt. Diesen winzigen Rausch-Rest vermag das menschliche Ohr schon gar nicht mehr wahrzunehmen.

Die Musikautomaten

Die Mechanik bemächtigt sich der Musik

Schon in frühen Zeiten hat es nicht an Versuchen gefehlt, Bewegungsabläufe des organischen Lebens mit den Mitteln der Mechanik nachzuahmen. Speziell um die mechanischen Menschen, die Androiden, haben sich schon früh gruselige Legenden gebildet. Sie sind sicherlich mit Vorsicht zu genießen, auch wenn man die Möglichkeiten der Alten nicht unterschätzen sollte. So erwähnen die Autoren der Antike fliegende Tauben und kriechende Schnekken als Automaten, und im 3. Jahrhundert vor Christus soll bei einem Bacchanal ein Androide vorgeführt worden sein. Selbst einfache mechanische Vorgänge umwehte ein Hauch des Übernatürlichen, und es steigerte das Selbstgefühl, solche Dinge schaffen zu können. Noch während der spanischen Inquisition wurden Werke der Automatenkunst als Zauberei beschlagnahmt.

Das Geheimnis der Gottestruhe

Es ist nicht verwunderlich, daß die Erkenntnisse der Mechanik schon ziemlich früh auch auf die Musikinstrumente übertragen wurden und der Wunsch nach „mechanischer Musik“ auftauchte. Bereits Ktesibios, der Konstrukteur der hydraulischen Orgel, wird als Schöpfer beweglicher Tierfiguren erwähnt. Allerdings ist nicht überliefert, ob er seine Figuren in irgendeiner Weise mit Orgelpfeifen koppelte und so bereits einen Musikautomaten schuf. Die technischen Voraussetzungen, wie etwa die Preßluft, hatte er schon geschaffen.
Der griechische Mechaniker und Mathematiker Heron von Alexandria (um 100 n. Chr.) ging einen Schritt weiter. Er verfaßte Schriften über die Mechanik und

Pneumatik und beschrieb auch die Herstellung von Automatentheatern. Von Heron ist überliefert, daß er mit seinen Dampfautomaten die Tempel zu geheimnisvollen Kultstätten gemacht hat.
„Wenn die heiligen Feuer auf den Altären entzündet waren, gab ein steinerner Trompeter ein Hornsignal, und die Gläubigen strömten herbei", beschreibt Walter Kiaulehn die Tempelmechanik des Heron, die sich ganz offensichtlich schon des Musikautomaten als ehrfurchtgebietenden Wunderwerks bediente. „Sie sahen nach einiger Zeit, wie sich die großen Tempeltüren von selber öffneten, und wenn sie jetzt das Heiligtum betraten und an den erzenen Rädern drehten, die sich an den Truhen der Eingangshallen befanden – weil die Antike des Glaubens war, die Berührung mit Erz reinige den Menschen –, dann strömte ein feiner Regen von geweihtem Wasser herab, und bronzene Vögel öffneten ihre Schnäbel und ließen einen überirdischen Gesang erschallen. Die Fußböden der Tempel waren gewaltig unterkellert. In den Kellern bewegten sich die Flaschenzüge, Wasserfälle, Zahnradsysteme und waren die Dampfgefäße für die Heiligtümer untergebracht."
Diese imposante Leistung der frühen Mechanik, mit Türen, die sich geheimnisvoll von selbst öffneten und schlossen, mit Vögeln, die leblos waren, aber trotzdem sangen, und einem Opferfeuer, das erzene Priester mit ihren wassersprühenden Händen löschten, dürfte gewaltigen Eindruck auf die Gläubigen gemacht haben.
Der Vorläufer einer Spieldose geht ebenfalls auf Heron von Alexandria zurück. Er hatte eine „Gottestruhe" konstruiert, auf der sich ein singender Vogel dreht. Das Tierchen bestand aus Metall, und sein Ge-

Töne festhalten und wiederholbar machen, das war der Antrieb für die Entwicklung von Plattenspielern und Tonbandgeräten. Mit den Musikautomaten begeben wir uns auf ein ebenso interessantes wie oft kurioses Gebiet. Auffälliger als das Streben nach Wiederholbarkeit ist die Faszination durch das Lebendige: Man versucht es nachzuahmen und Instrumente zu bauen, die aus sich selber spielen. Das Wie ist nicht durchschaubar und löst beim Publikum Verwunderung aus. Der Androide (Maschinenmensch) von Jean Roullet (1890) bewegt zwar Kopf, Wimpern und Augen, und seine Finger bewegen sich gemäß dem gespielten Musikstück, doch gab es bereits im 18. Jahrhundert einen Flötenspieler, der die Musikstücke durch seine Bewegungen tatsächlich erzeugte und dies nicht nur vortäuschte.

1

sang erscholl aus einer Vogelpfeife, die durch ein sinnvolles System aus Zahnrädern, Seiltrommeln, Wasserbehältern und Gewichten im Inneren der Truhe den notwendigen Luftstrom erhielt. Der Gläubige mußte ein Handrad an der Außenseite der Gottestruhe drehen. Dadurch wurde eine Art verkleinerte Taucherglocke in einem Wassergefäß in die Höhe gehoben. Wurde das Rad losgelassen, sank die Glocke ins Wasser, und die darin enthaltene Luft wurde durch die Vogelpfeife gedrückt. Gleichzeitig versetzte ein Zahnradsystem den Vogel in Drehung. Bei einer späteren verbesserten Version der Gottestruhe wurde der Gläubige unter Vogelgesang aus einer verborgenen Dusche mit Weihwasser besprengt.

Der Gesang der silbernen Vögel

Als die Araber Sizilien erobert hatten und von dieser Insel aus an den Küsten Italiens Unruhe zu stiften begannen, schrieb man das Jahr 827 nach Christus. Damals lebte in Bagdad in seiner märchenhaften Residenz der Kalif Abdallah Al-Mamûn. Von ihm berichtete der arabische Geschichtsschreiber Ismail ibn Ali Abu'l Feda aus Damaskus im 14. Jahrhundert, daß er der stolze Besitzer eines prunkvollen Automatenwerks in Form eines Baumes aus Gold und Silber gewesen sei. Seine Zweige wiegten sich, als würde ein Windhauch hindurchstreifen, und auf ihnen saßen metallene Vögel, die kunstvolle Melodien sangen. Solche Bäume mit singenden Vögeln waren schon seit alters her im Vorderen Orient beliebt. Ihre Pfeifen wurden wahrscheinlich durch das von Ktesibios erfundene Gebläse gespeist.

In Konstantinopel soll Kaiser Theophilos Ikonomachos um 835 zwei Automaten mit künstlichen Bäumen und zwitschernden Vögeln besessen haben, die Michael III., der Trunkenbold, Sohn und Nachfolger des Kaisers, bedauerlicherweise einschmelzen ließ. 917 wurde eine byzantinische Gesandtschaft am Hof von Bagdad empfangen. Aus einer Schilderung dieses Empfanges bei Kalif Al Muqtadir wurden Einzelheiten über einen „Baum der silbernen Vögel" bekannt. Ein Baum aus Silber stand mitten in einem Teich. Sein Gewicht wurde mit 500000 Dirhams angegeben (etwa 1400 Kilogramm). Er verzweigte sich in 18 Äste mit verschiedenfarbigen Blättern, auf denen goldene und silberne Vögel saßen, die mit den Flügeln schlugen und sangen. Wenn der Apparat lief, bewegten sich obendrein auch noch die Blätter.
Der moselfränkische Geistliche Lamprecht der Pfaffe dichtete zwischen 1120 und 1130 nach dem altfranzösischen Lied des Alberich von Besançon das „Alexanderlied" und berichtete darin von einem außergewöhnlichen Musikwerk: „Mitten im Palast war ein Tier gearbeitet, das war ganz von rotem Gold, einem Hirsch gleich; vorn an seinem Haupt hat er tausend Hörner, und auf jedem Horn saß ein herrlicher Vogel. Auf dem Tiere saß ein Mann, der führte zwei Hunde und hatte ein Horn an den Mund gesetzt. Unten am Gewölbe lagen vierundzwanzig Blasbälge, zu jedem der Bälge gingen zwölf kräftige Männer, und wenn diese die Bälge in Bewegung setzten, so sangen die Vögel schön, der Mann blies in sein Horn, die Hunde bellten, und das wunderbare Tier brüllte wie ein Panther."
Es erscheint bemerkenswert, daß man die Musikautomaten der damaligen Zeit immer mit der belebten Welt in Verbindung brachte. Ein mechanisches Musikinstrument nur um der Automation willen scheint nicht konstruiert worden zu sein. Möglicherweise gibt es aber nur deshalb keine Berichte darüber, weil so prunkvolle Bäume mit singenden Vögeln der Überlieferung eher wert erschienen. So weiß man beispielsweise auch, daß Kaiser Karl V. sich während seiner letzten Lebensjahre um 1557 im Kloster San Jerónimo de Yuste bei Plasencia die Zeit mit der Herstellung von Automaten vertrieb. Sein Mechaniker Giovanni Turriano, genannt Juanelo, konstruierte bewaffnete Puppen zu Pferde, die Trompete bliesen und die Pauke schlugen.

Eine Walze gibt den Ton an

„Musikwerke (mechanische, automatische) sind Apparate, welche nur unter Anwendung mechanischer Mittel, wie Drehen einer Kurbel, Aufziehen einer Feder, also ohne seitens des Spielers Musikbildung vorauszusetzen, Tonstücke mehr oder minder vollkommen vorzutragen ermöglichen", definierte Meyers Konversations-Lexikon von 1897 die Musikautomaten. Voraussetzung für die Musikwerke älterer Bauart war der Einsatz einer Stiftwalze, die schon im Altertum bekannt war. In die Walze waren in bestimmten Abständen Stifte eingelassen, die bei einer Umdrehung ein bestimmtes Programm ablaufen ließen.
In der heutigen Computer-Terminologie würde man diese Ablaufsteuerung ein „auf mechanische Weise intern gespeichertes Programm" nennen. Bei kleinen

1 – Mit einem ausgeklügelten System von sich füllenden und wieder leerenden Wasserbehältern brachte Heron von Alexandrien im 1. Jahrhundert n. Chr. diese Vögel zum Singen (links). Herons „Gottestruhe" (rechts) funktionierte nach demselben Prinzip.
2 – Schwarzwälder Flötenuhr, 1820. Das Uhrwerk betreibt hier eine Stiftwalze. Deren Stifte öffnen Pfeifenventile und bringen sie zum Klingen. Außerdem bewegen sich dabei die Musikanten.
3 – Zeisigen versuchte man früher bestimmte Melodien durch das Vorspielen mit einer Handorgel beizubringen. Daher ihr Name Serinette oder Vogelorgel. Eine solche wie die abgebildete aus Mirecourt in den Vogesen (um 1770) soll für einen Schwarzwälder Uhrenbauer das Vorbild für den Bau von Flötenuhren gewesen sein.

Spieldosen oder Kunstuhren beispielsweise reißen die Stifte der sich drehenden Walze die in verschiedenen Tonhöhen gestimmten Zähne eines Metallkamms an. Die Einstellung der Stifte muß ganz genau berechnet sein, damit die Töne zum einen in der gewünschten Reihenfolge (Melodie) und den geforderten Akkorden erklingen und zum anderen die zeitlichen Abstände der Töne korrekt eingehalten werden.
Dieses Prinzip der Stiftwalze wurde seit dem 14. Jahrhundert bei den Turmglockenspielen eingesetzt. Vor allem in Holland und Flandern beherrschte man die Kunst, mit einer Stiftwalze die außen an den Glocken angebrachten Klöppel so zu steuern, daß sie eine Melodie spielten. Die Melodienwerke waren meistens mit einer Uhr gekoppelt, und je nach Größe ließen sie zur vollen, halben oder Viertelstunde eine mehrstimmige Melodie oder eine einfache Tonfolge erklingen. Bei manchen Glockenspielen war das mechanische Werk mit einem Spieltisch kombiniert, dessen klavierähnliche Hebel unter erheblichem Kraftaufwand mit den Fäusten geschlagen werden mußten. Noch heute sind manche dieser Glockenspiele Wahrzeichen berühmter Städte.
Die Stiftwalzen hatten den Vorteil, daß man das Programm ändern konnte, das heißt, durch Umsetzen der Walzenstifte war das Abspielen einer anderen Melodie möglich. Bei kleinen Werken konnte auch einfach die Walze ausgetauscht werden. Bei dem Glockenspiel der Garnisonkirche in Potsdam von 1731–1735 dürfte man bei einem Walzenaustausch allerdings Schwierigkeiten gehabt haben, denn die Walze wog 26 Zentner. Die Zuggewichte brachten 41 Zentner auf die Waage, und

2

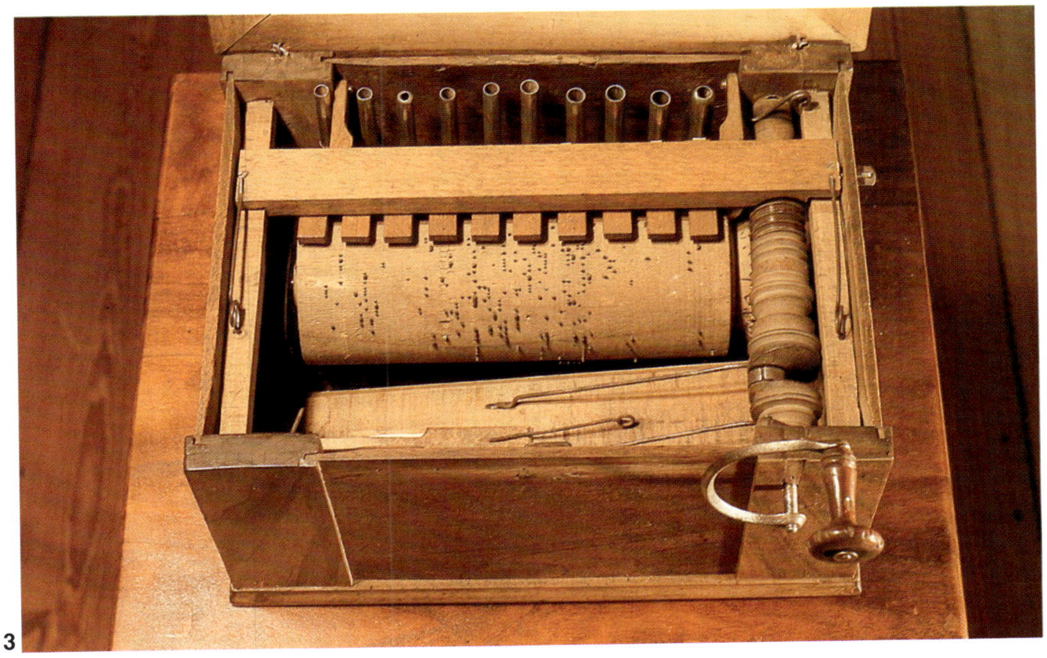
3

1 – Auch die Drehorgel ist eine Weiterentwicklung der Serinette, der Vogelorgel. Allerdings hatte ihre massenhafte Verbreitung seit Ende des 18. Jahrhunderts einen besonderen Grund: In vielen europäischen Ländern erhielten Kriegsinvaliden die Erlaubnis, sich mit Drehorgelspielen ihren Unterhalt zu verdienen, wodurch die Staatskassen die Rentenzahlungen einsparten. Da die Drehorgel bei Straßenmusikanten die Drehleier ablöste, erhielt sie auch den Namen „Leierkasten".
2 – Detailaufnahme von einer Walzen-Drehorgel. Wie bei der Flötenuhr öffnen die Stifte Pfeifenventile. Den Luftstrom erzeugen zwei Schöpfbälge, die durch die Handkurbel betätigt werden.

2

zu allem Überfluß mußte das Werk auch noch zweimal täglich aufgezogen werden. Dafür spielte das (im Zweiten Weltkrieg zerstörte) Werk aber auch zu den vollen Stunden „Lobet den Herren" und zu den halben Stunden „Üb' immer Treu und Redlichkeit".

Die zweckentfremdete Pistole

Im 16. Jahrhundert wurden verschiedene Versuche unternommen, Musikautomaten zu schaffen. Leonardo da Vinci (1452 bis 1519), Maler, Bildhauer, Architekt, Naturforscher und Techniker, skizzierte ein Geigenwerk, die „viola organista". Der Antrieb erfolgte durch ein Gewicht oder eine Spiralfeder. Ein endloses Geigenband wurde durch Zahnräder in Bewegung versetzt und streifte die Saiten. In Wien tauchte das erste automatische Klavier auf. In der zweiten Hälfte des 16. Jahrhunderts erlebte die „Flötenuhr" eine Blütezeit. Das mechanische Musikinstrument wurde von einem Federwerk angetrieben. Eine Stiftwalze öffnete die Pfeifenventile der Flötenstimmen.
Als Kuriosum kann ein Flötenstuhl mit eingebautem Musikwerk gelten. Das Werk begann zu arbeiten, sobald sich jemand auf diesen Lehnstuhl setzte, und die Pfeifen spielten eine Melodie. Es wird berichtet, daß der Stuhl einmal bei einer äußerst unpassenden Gelegenheit Töne von sich gab. Bei der Totenfeier für König Friedrich von Württemberg im Jahr 1816 nahm ein Gast auf dem Lehnstuhl Platz, der dem toten König gehört hatte, und zum Schrecken der Trauergäste begann das Möbel seine lustige Melodie zu spielen.

Um 1800 entstand die originellste Pistole, die wohl jemals gebaut wurde. Sie war aus massivem Gold gearbeitet, mit gravierten Seitenflächen und perlengefaßten Rändern, viel zu kostbar, um damit auf jemanden zu schießen. Wenn man den Abzug betätigte, gab eine Klappe die Mündung frei, ein gefiedertes Vögelchen erschien, schlug mit den Flügeln und drehte sich hin und her. Durch Spannen des Hahns wurde ein Federwerk im Inneren aufgezogen, und ein kleines Pfeifwerk spielte eine Melodie. Im Takt dazu bewegte der Vogel den Schnabel. Nach Ende der Vorstellung schlüpfte das Vögelchen wieder in den Lauf zurück, und die Klappe schloß sich. Dieses Kunstwerk schenkte die niederländische Regierung einem Maharadschah.

Die Geschichte vom Leierkasten

„Komm nich untern Leierkasten!" verabschiedete der Berliner um die Jahrhundertwende seinen Freund und wünschte ihm damit einen guten Heimweg. Tatsächlich hatte Berlin beim Bau mechanischer Musikinstrumente wie Flötenuhren mit Orgelpfeifen oder Orgeluhren mit angeschlagenen Saiten schon im 18. Jahrhundert Tradition und galt als Zentrum des Automatenbaus.
Der Leierkasten, die Drehorgel, entwickelte sich wahrscheinlich aus den sogenannten „Vogelorgeln", kleinen mechanischen Orgeln, die gegen Ende des 17. Jahrhunderts mit Vorliebe zum Anlernen von gezähmten Singvögeln Verwendung fanden. Zu den ersten Herstellern einer Drehorgel, deren Walze und Balg durch eine Handkurbel angetrieben wurden, rechnet man Giovanni Barberi aus Modena. Sein Instrument wurde um 1700 in Frankreich als „Orgue de Barberi" bekannt.
Das Prinzip der trag- oder fahrbaren kleinen Drehorgel war recht einfach. Abwechselnd wurden durch die Kurbel zwei Schöpfbälge für den notwendigen Luftstrom betätigt, und gleichzeitig öffneten die Stifte einer sich drehenden Walze die Ventile zu den benötigten Pfeifen. Bei der Luxusausführung waren noch Trommeln und Schellen angebracht, bisweilen sogar bewegliche Figuren oder ein lebendiges Äffchen, das die Geldspenden entgegennahm. Die Walze drehte sich natürlich viel langsamer als die Kurbel, denn durch die Untersetzung wurde die Kraft für die beiden Schöpfbälge aufgebracht.
Mit der Walze gab es zunächst einige Probleme, denn ursprünglich konnte mit einer Walze ja nur ein Lied gespielt werden. Und die Anschaffung einer neuen Walze kostete nicht viel weniger als ein neues Instrument. So verfiel irgend jemand auf die Idee, eine Mechanik einzubauen, die die Walze seitlich verschob, so daß die nicht zu dem einen Musikstück gehörenden Stifte frei zwischen den Ventilen hindurchliefen. Eine weitere Verbesserung war die durchlöcherte Scheibe anstelle der Stiftwalze. Statt daß eine Feder beispielsweise angehoben wurde und damit einen mechanischen Vorgang auslöste, wurde durch die Lochscheibe eine Feder freigegeben. Diese Lochscheiben waren natürlich wesentlich einfacher herzustellen als die Stiftwalzen. Sie waren deshalb billiger und konnten leicht ausgetauscht werden, wenn ein neues Lied gespielt werden sollte. Später verwendete man anstelle der Lochscheibe Papierstreifen, in die die Löcher für den Luftdurchlaß zu den einzelnen Pfeifen eingestanzt waren. Eine bestimm-

te Perforierung ergab also ein bestimmtes Musikstück.
Die Drehorgeln und auch die anderen mechanischen Orgeln hatten einen Nachteil: Ihre Musik war unpersönlich, sie hatten einen starren Klang, denn weder Tempoänderungen noch Lautabstufungen waren möglich. Zwar konnte der Spieler die Drehbewegungen beschleunigen oder verlangsamen, aber das war wenig sinnvoll und trug in keinem Fall zu einem erhöhten Musikgenuß bei. Es wurden Versuche unternommen, einen Tremulanten einzubauen, der den Ton in ganz kurzen Abständen unterbrach. Dieser Automat erhielt bezeichnenderweise den Namen „Wimmerorgel". In der Zeit des Rokoko im 18. Jahrhundert war die Drehorgel außerordentlich beliebt. Später wurde sie zum Instrument der Straßenmusikanten. Und vor der Jahrhundertwende, so weiß ein Lexikon aus dieser Zeit zu berichten, wurde die Drehorgel „das verbreitetste Instrument der musizierenden Bettler".

Der mechanische Flötenspieler

Um 1746 herrschte in der Stadt Straßburg einige Aufregung. Der Magistrat kündigte die Ausstellung dreier mechanischer Wunderwerke eines Mechanikers namens Jacques de Vaucanson an. Zu bewundern waren ein Flötenspieler, 1,78 Meter groß, der vollautomatisch zwölf Stücke spielte, eine zweite Figur, als provenzalischer Hirte gekleidet, die mit der einen Hand eine Schäferpfeife, mit der anderen eine Trommel bediente, und, zu guter Letzt, eine lebensgroße Ente, die watschelte, schnatterte, Hals und Flügel bewegte, Körner fraß und Wasser trank und das alles auch noch verdaute und wieder von sich gab. Innerhalb von zwei Monaten bewunderten über 2000 Neugierige Vaucansons Automaten, und allein der Flötenspieler brachte dem Erfinder in drei Monaten etwa 15000 Livres (umgerechnet etwa 85000 Mark) ein.
Der Automatenmacher Jacques de Vaucanson (1709–1782) wurde als zehntes Kind eines Handschuhmachers in Grenoble geboren. In Paris betrieb er Studien in Anatomie, Musik und Mechanik. An seinem Flötenspieler arbeitete er zwei Jahre. Er wurde in einem Saal des Hôtel de Longueville in Paris 1737 zum erstenmal der Öffentlichkeit vorgestellt. Zur Steuerung seines Automaten bediente sich der Erfinder einer Nockenwalze, von der alle „Innereien" wie Ketten, Hebel und Drähte ihre Steuerimpulse erhielten. Die Walze war seitlich verschiebbar und wies zwölf nebeneinanderliegende Nockensätze auf.
Vaucanson verfaßte eine ausführliche Beschreibung seines Automaten. So schrieb er über das ausgeklügelte System seiner Luftzufuhr: „Neun Blasebälge bringen den Wind in drey verschiedene und voneinander abgesonderte Röhren. Diese drey Röhren gehen durch verschiedene Biegungen bis zu drey kleinen Behältern, welche in der Brust der Figur angebracht sind, und durch ihre Vereinigung endlich eine einzige Röhre ausmachen, die durch den Hals bis in den Mund geht, sich daselbst erweitert und eine Höhle macht, welche sich in Lippen endiget. Diese Lippen können sich mehr oder weniger öffnen, und können noch durch eine besondere Bewegung vorgerücket und zurückgezogen werden."
Vaucanson verkaufte die Nutzungsrechte an seinem Automaten an drei Kaufleute aus Lyon. Damit begann für die drei mechanischen Kunstwerke eine abenteuerliche Odyssee. Jahrzehntelang lagerten sie schließlich in Kisten verpackt auf einem Dachboden in Nürnberg und wurden erst 1781 wiederentdeckt.

Vom Orchestrion bis zum elektrischen Klavier

1813 komponierte Ludwig van Beethoven „Wellingtons Sieg oder Die Schlacht bei Vittoria" für ein Instrument, das als „Panharmonicon" in der Pariser Musikwelt großes Aufsehen erregt hatte. Erfinder dieses großen Musikwerks mit Blasebälgen und Walzen, das Blasinstrumente, Zungeninstrumente, Trommeln und Triangel spielte, war J. N. Mälzel aus Wien. Die Begeisterung für diesen Vorläufer des Orchestrions in Paris war so groß, daß Mälzel dort 1807 seine Erfindung für 100000 Franc verkaufen konnte.
Im Jahr 1850 baute Friedrich Theodor Kaufmann (1823–1872), Sproß der berühmten Akustikerfamilie Kaufmann in Dresden, sein erstes Orchestrion, das kurioserweise vor allem bei den zurückhaltenden Engländern große Bewunderung erregte. Das mechanische Musikwerk war mit starken Zungenstimmen ausgestattet, deren Klang dank verschieden gestalteter blecherner Aufsätze dem eines Blasorchesters täuschend ähnelte. Der Antrieb erfolgte durch Gewichte über ein Räderwerk. Wenn es abgelaufen war, brauchte es nur wieder aufgezogen zu werden. Aber auch die Handkurbel zum Antrieb der Stiftwalze und der Blasebälge fand wieder Verwendung.

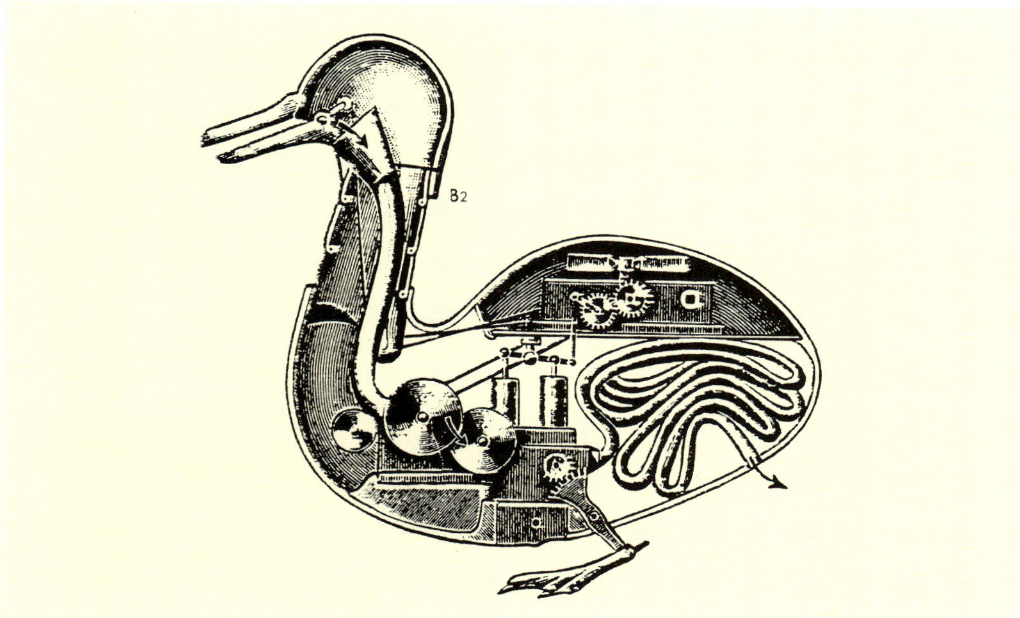

1

1 – Die automatische Ente von Jacques de Vaucanson, entstanden um 1740, kann nicht nur schnattern, watscheln und die Flügel bewegen, sondern auch fressen und trinken. Durch den deutlich sichtbaren Verdauungsapparat schied sie sogar aus. Vaucanson verwendete als erster einen Gummischlauch – für den Darm. Die über tausend Teile des Mechanismus waren in der Ente selber und in einem Kasten untergebracht, auf dem die Ente stand.
2 – Mit dem Auftrag für ein großes Orchestrion für die Stadt Odessa begründete Michael Welte 1846 die Tradition und den Ruhm der Schwarzwälder Firma Welte. Das nebenstehende Orchestrion stand 1862 auf der Internationalen Ausstellung in London.

ORCHESTRION
GROSSHERZOG FREDRICH VON BADEN

1

2

4

3

1 – Einen wichtigen Schritt in der Entwicklung der Musikspielwerke stellt die Erfindung der Papiernotenrolle dar. Als erster entwickelte Carpentier 1880 den „Melograph" zur Aufnahme und das „Melotrop" (Bild) zur Wiedergabe von Klavierstücken.
2 – Detail des Orchestrions der Firma Imhof & Mukle von 1895.
3 – Auf dem Welte-Mignon-Reproduktionsklavier mit „Nuancierungs-Apparat" konnten auch individuelle Eigenheiten der Pianisten wiedergegeben werden.
4 – Flötenwerk des Walzen-Orchestrions der Firma Welte (1872).
5 – Pianola-Klaviervorsetzer der amerikanischen Aeolian Company (um 1920).
6–7 – In dieser Phonoliszt-Violina der Firma Hupfeld (ab 1910) spielen drei Geigen zusammen mit einem Klavier. Das Instrument war so aufwendig gebaut, daß es als das achte Weltwunder bezeichnet wurde.

5

6

7

Für die Tasteninstrumente setzten sich ab 1846 als Programmträger immer mehr gelochte Kartonbänder durch, die die Tasten mechanisch betätigten. Im Jahre 1868 verwendete MacTammany statt der Kartonbänder aus einzelnen Rechtecken einen biegsamen, um eine Walze gerollten Streifen. Auch dieser war gelocht und erlaubte der richtigen Luftmenge im richtigen Moment Zutritt zu einer Mechanik. Bei einer größeren Lochung trat mehr Luft durch die Öffnung, ein Hammer wurde stärker angeschlagen oder eine Pfeife kräftiger angeblasen. Die Automaten waren also variabler geworden.
Um 1900 konstruierte der Amerikaner Votey mit großem Erfolg das „Pianola" nach diesem pneumatischen Prinzip. Es war in der Lage, die Musik in der vom Pianisten eingespielten Form wiederzugeben. Und darin lag auch die Bedeutung der mechanischen Klaviere der damaligen Zeit. In vollkommener Weise konnte das Spiel bedeutender Pianisten und Komponisten auf Lochstreifen festgehalten werden, längst bevor die Schallplatte eine einigermaßen klangtreue Wiedergabe möglich machte.
1904 entwickelte der Deutsche Berthold Welte (1843–1918) ein elektrisches Klavier, das durch einen elektrisch erzeugten Luftstrom angetrieben und durch eine gelochte Papierrolle gesteuert wurde. Durch dieses „Welte-Mignon-Reproduktionspiano" konnten zahlreiche historisch bedeutsame Musikinterpretationen bewahrt und später auf Platten überspielt werden.

Die Musikbox

In den Vereinigten Staaten der dreißiger Jahre tauchte die Musikbox als gelungene Kreuzung zwischen einem elektrischen Klavier und einem Plattenspieler erstmals auf und breitete sich durch die nachdrückliche Überredungskunst der Gangstersyndikate rasch in den Großstädten aus. „Juke Box" nannten die Amerikaner diese vollautomatische Musik-Berieselungsanlage, als „Groschengrab" wurde der dröhnende Musikroboter in Deutschland apostrophiert, als er sich in den fünfziger Jahren von Hamburg aus in der Bundesrepublik durchzusetzen begann.
Für die Schallplattenindustrie wurden die chrom- und lackblitzenden Ungeheuer nach dem Rundfunk zum wichtigsten Werbeträger, denn in jedem Lokal mit Musikbox war der Gast der Berieselung ausgesetzt und half durch die Fütterung des Automaten bei der weiteren Popularisierung der Schlager. Die Technik trug ihren Teil dazu bei, die Gewinnspannen der Automatenaufsteller noch zu erhöhen. Sie schuf die stereofonischen Boxen und Bildboxen, bei denen zusätzlich zum Gesang ein Schmalfilm des Interpreten ablief, und sie erfand das Tischtelefon zur Schlagerwahl. Damit hatte es eine besondere Bewandtnis. Wählten beispielsweise zehn Gäste ein ganz bestimmtes Lied und entrichteten dafür ihren Obolus, so wurde dieses Lied nur einmal gespielt, aber zehnmal bezahlt. Der Trick war, daß die Musikbox die Schlager nicht in der Reihenfolge ihrer Wahl abspielte, sondern in der Reihenfolge, in der die Platten auf der Drehscheibe angeordnet waren.
Die Selbstbedienung mit musikalischer Unterhaltung nahm immer mehr zu, und es blieb nicht aus, daß sie bisweilen schon als störend empfunden wurde. Ein Hit besonderer Art wurde die Platte „Silent", eine völlig geräuschlose Platte, die drei Minuten erholsame Ruhe vor dem Getöse der Musikbox versprach.

Es begann mit dem Phonographen

Das Zeitalter der elektrischen Musikboxen begann am 23. November 1889 in San Francisco. In dieser Stadt am Golden Gate stellte Louis Glass, Direktor der Firma Pacific Phonograph Co., im Palais Royal die erste Musikbox mit Münzeinwurf auf. Es handelte sich um einen umgebauten Edison-Phonographen mit elektrischem Antrieb. Das Gerät war mit vier Hörrohren ausgestattet, zu jedem Hörrohr gehörte ein separater Münzeinwurf. Außerdem waren die Hörer so konstruiert, daß sie jeweils nur von einer Person benutzt werden konnten. Pro Spiel kassierte Glass 20 Cents, und der Andrang war offensichtlich so groß, daß der clevere Geschäftsmann auf der jährlichen Hauptversammlung der „National Phonographic Association" stolz bekanntgeben konnte, daß er sein Einkommen ausschließlich den Münz-Phonographen verdankte.
Sein Beispiel machte Schule. In New York entschloß sich Felix Gottschalk, sich ganz auf den Bau von Zulieferteilen für diese gewinnversprechende Maschine zu konzentrieren. 1890 gründete er die Automatic Phonograph Exhibition Company in New York. 1891 berichtete die Louisiana Phonograph Company, daß einer ihrer Automaten in Missouri in zwei Monaten sage und schreibe 1000 Dollar eingespielt hatte. Diese Firma betreute fünfzig automatische Phonographen, zweimal täglich wurde die Walze ausgewechselt. Für den Betrieb der Automaten setzte ein Mr. Adam aus Ohio einige Regeln fest: „Die Sauberkeit der Maschine und ihres Zubehörs kann gar nicht streng genug gehandhabt werden. Die erfolgreichsten Automatenbetreuer sind diejenigen, deren Geräte auf Hochglanz poliert sind, das Glas sauber und die Ankündigungskarte neu und interessant gestaltet ist. Das Geschäft mit Münzphonographen hängt vom guten Willen eines skrupellosen Publikums ab, das man besser nicht beleidigt."

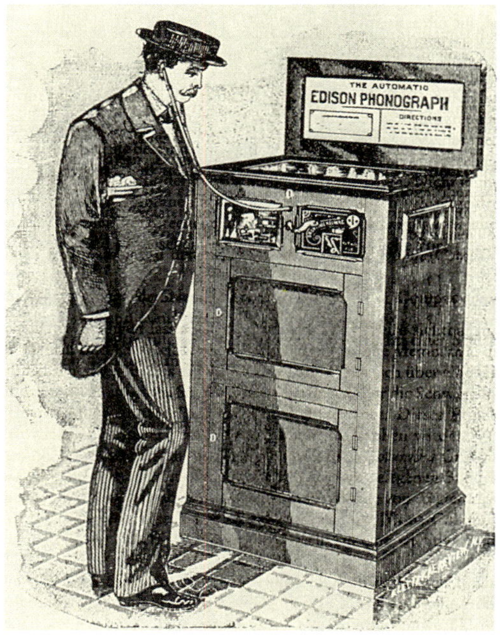

1

Das Publikum nahm regen Anteil an diesen neuen Maschinen. Allerdings wurde mit der Zeit nicht mehr der Phonograph als Neuheit betrachtet, sondern jede neue Walze mit einer neuen Darbietung. Die Zuhörer wurden kritischer, was die Aufnahmequalität betraf. Ein Mann allerdings war gar nicht zufrieden mit dieser Entwicklung, die er überhaupt erst möglich gemacht hatte: Thomas Alva Edison. 1891 bedauerte er in einem Artikel in der Zeitschrift „The Phonogram", daß das Geschäft mit den Automaten von reinem Profitdenken beherrscht sei. Er war der Ansicht, daß die Herren der betroffenen Firmen ihren Fehler noch früh genug bedauern würden. Der Apparat würde durch solche Praktiken nur noch als hübsches Spielzeug betrachtet, schrieb der große Erfinder, und seine Nützlichkeit im Geschäftsleben deshalb völlig außer acht gelassen. Aber Edison war trotz seiner Äußerungen Realist, und noch bevor sein Artikel abgedruckt wurde, hatte er in seiner Denkerfabrik in West Orange mit der Aufnahme von Musikwalzen begonnen.

Die Vorwahleinrichtung

Den Automatenaufstellern war schon sehr bald klar, daß das wirklich große Geschäft nur dann zu machen war, wenn das Musik-

1 – Die Verwendung des Phonographen als Münzautomat war eigentlich nicht im Sinne des Erfinders. Edison dachte vor allem an Diktiergeräte. Aber der Erfolg gab den Geschäftemachern recht. Die Musikautomaten waren sehr beliebt, und ab 1891 ließ Edison auch Walzen mit Musikaufnahmen produzieren.
2 – 1906 erklang die erste Musikbox für Schallplatten (mit Vorwahleinrichtung). Nach einigen technischen Verbesserungen, wie zum Beispiel dem Einsatz der Triode, ging die Musikbox Anfang der dreißiger Jahre in die Serienproduktion. Im Bild eine Juke Box der Firma Wurlitzer.

2

angebot vergrößert wurde. Das hatte den Vorteil, daß der Kunde eine Wahlmöglichkeit hatte, oder aber, was noch lukrativer war, von einem Gerät zum nächsten gehen konnte. Zudem konnten die Kundendienstleute ihre Geräte besser betreuen. Betreuung war wichtig, denn die ersten Automaten waren so anfällig, daß man sie keinen halben Tag sich selbst überlassen konnte.
Ein funktionsfähiger Automat mit Vorwahleinrichtung wurde erst kurz nach der Jahrhundertwende entwickelt. 1905 stellte John C. Dunton sein „Multiphone" vor. Der zwei Meter hohe Mahagonikasten hatte die Form einer überdimensionalen Lyra mit bogenförmigen Verschnörkelungen. Der Selektormechanismus wurde mit einer Handkurbel in Gang gesetzt, 24 auf Edison-Walzen gespeicherte Melodien standen zur Auswahl. Anschließend mußte der Benutzer den Motor des Phonographen aufziehen. Hatte er alle Vorarbeiten ohne Pannen hinter sich gebracht, durfte er auch noch ein Geldstück einwerfen, damit er das Lied seiner Wahl zu hören bekam. Großer Erfolg war dem „Multiphone" nicht beschieden. 1908 machte die Firma Pleite.
Eine bedeutsame Entwicklung bahnte sich im Jahr 1906 mit dem „Automatic Entertainer" von John Gabel an. Das Gerät war die erste Musikbox mit Vorwahleinrichtung und Schallplatten anstelle der alten Walzen, der erste Musikautomat im heutigen Sinne also. Das an drei Seiten eingeglaste Gerät war 1,50 Meter hoch, sein aufgesetzter Schalltrichter maß über einen Meter im Durchmesser. 1908 stellte Gabel die Produktion ein. Entscheidend für den Mißerfolg dieser Geräte war wohl nicht zuletzt ihre miserable Klangqualität. Der Ton war blechern, ohne Volumen und von undefinierbaren Nebengeräuschen begleitet. Und dieser Ton war es auch, der die Musikbox in eine Flaute führte, die bis 1927 dauern sollte.

Die Juke Box setzt sich durch

Mit der Erfindung der Triode und den damit verbundenen Veränderungen in der Technik der Tonaufnahme und -wiedergabe machte sich auch eine Belebung im Geschäft mit der Musikbox bemerkbar. 1927 kamen die ersten vollelektrisch betriebenen Geräte auf den Markt. Firmen wie Wurlitzer, Mills, Seeburg und Rock-Ola beherrschten den Markt der Musikroboter. Mit der Einführung von elektrostatischen Lautsprechern wurde das Problem der Klangqualität gemeistert. Neben den Verbesserungen der rein technischen Ausstattung beschäftigte man sich mehr und mehr mit der „Verpackung". Durchsichtiges Plastik, chromblitzende Formteile und bonbonfarbene Lichtspiele waren die große Attraktion. Etwa um das Jahr 1934 setzte die Massenproduktion ein.
Es dauerte nicht lange, bis die High Society der US-amerikanischen Unterwelt begriffen hatte, daß die Masche mit den kleinen Münzen sich zum großen Geschäft auswachsen könnte, vorausgesetzt, man stellte die Automaten in der entsprechenden Menge auf. Das war eine ganz einfache Rechnung, und ein Mann wie Al Capone konnte rechnen. Nachdem die Zeiten der Prohibition vorüber waren und der Geldstrom aus Alkoholschmuggel und Schwarzbrennereien zu versiegen begann, gründete Capone eine Verleihfirma für Musikautomaten. Seine ehrenwerten Herren besuchten die Kneipen und Spelunken der Riesenstadt Chicago. Sie versicherten den Besitzern nachdrücklich, daß es klüger sei, eine Musikbox zu bestellen, weil sonst leider in den nächsten Tagen der ganze Laden zu Bruch gehen würde und möglicherweise – man konnte diesen Fall nicht ausschließen – auch der Schädel des Besitzers.
Auf diese Weise nachdrücklich überzeugt, ließen die meisten Kneipenbesitzer eine Musikbox in ihrem Lokal aufstellen. Al Capone und seine Ganoven hatten nichts zu befürchten, auch nicht, daß die Polizei ihnen etwa lästig geworden wäre. In ihren Reihen hatten die Gangster die besten Freunde. Auf diese Weise trug Al Capone zur Verbreitung der Musikbox bei. Zu Beginn des Zweiten Weltkrieges dröhnten in den Vereinigten Staaten bereits über 300000 Musikautomaten, von denen die Mehrzahl von Gangstersyndikaten kontrolliert wurde. Schließlich räumte das CIC (Crime Investigation Committee) in der Automaten-Verleihbranche auf, die Erpressermethoden hörten auf, und der Musikautomat begann die ganze Welt zu erobern. Die Bundesrepublik wurde nach den USA der größte Exporteur von Musikboxen.

Foto- und Filmtechnik

Seit wann kann der Mensch fotografieren, seit wann filmen? Es gibt für beide Techniken Eckdaten, Jahreszahlen, die man sich merken sollte. 1839 war das große Jahr der Fotografie. Nie zuvor und nie danach steuerten so viele Entwicklungen der Vollendung und Veröffentlichung zu wie in diesem Jahr. Beim Laufbildfilm war es im Jahre 1895 ganz ähnlich. Daraus zu schließen, 1839 sei die Fotografie, 1895 der Film erfunden worden, wäre allerdings verfehlt. Beide Grundverfahren hatten nicht einen einzigen genialen Erfinder, sondern gleich eine ganze Menge. Zweifellos waren es Daguerre und Talbot bei der Fotografie, die Brüder Lumière beim Film, die für den entscheidenden Durchbruch sorgten. Aber sie standen dabei auf den Schultern ihrer Vorgänger. Und zahllose Nachfolger machten ihre Arbeit erst allgemein verwendbar.

In den letzten Jahrzehnten machten Foto- und Filmtechnik eine geradezu rasante Entwicklung durch. Die Fotografie von heute läßt Objektive besser „sehen" als das schärfste Auge, läßt sie mit Luft- und Satellitenaufnahmen eindringen in kaum erschlossene Erdteile und in die Weite des Weltalls, mit Unterwasserkameras in die Tiefen der Weltmeere. Längst gibt es Kameras, die sich automatisch einstellen und bei denen man nur noch auf den Knopf zu drücken braucht, und andere, die blitzschnell das fertig entwickelte Farbfoto produzieren.

Längst gibt es Filme, die noch bei schwächstem Licht arbeiten oder auf unsichtbare Strahlen reagieren. Und auch die Kamera ohne Film ist schon in Sicht. Sie wird eines Tages „latente Ladungsbilder" auf einem Schichtträger erzeugen, wie ihn viele Fotokopiergeräte schon haben. Einstweilen kennt man nur noch keine interessante Methode, dieses Ladungsbild so festzuhalten, daß ein unseren jetzigen Abzügen, Vergrößerungen oder Diapositiven ähnliches Bild dabei herauskommt – aber das ist nur eine Frage der Zeit.

Von allen diesen Entwicklungen profitiert auch der Laufbildfilm. Trotz Fernsehen ist das Kino nicht tot. Dazu haben auch die Bemühungen beigetragen, die Filmvorführung optisch und akustisch attraktiver zu machen – mit Stereofonie-Ton und eindrucksvollem Breitwandbild nach einem der vielen, zum Teil technisch sehr aufwendigen Verfahren. Zwar hat in den klassischen Kino-Ländern, auch in der Bundesrepublik Deutschland, die Zahl der Lichtspieltheater während der fünfziger und sechziger Jahre stark abgenommen: um mehr als die Hälfte. Dafür wurden andere Länder neu erschlossen oder erlebten den großen Kino-Boom erst mit erheblicher Zeitverzögerung. Die Gesamtzahl der Lichtspieltheater jedenfalls wächst weltweit und hat sich in den letzten zwanzig Jahren von rund 100000 auf mehr als 250000 erhöht.

Die rein technische Entwicklung von Foto und Film hat zweifellos einen Höhepunkt erreicht. Wir können uns kaum vorstellen, daß noch irgendwelche wesentlichen Änderungen oder Verbesserungen der gegenwärtigen Verfahren möglich sind. Aber so ähnlich dachten unsere Großväter sicherlich auch, als sie ihren ersten 6×9-Zentimeter-Film in die schlichte Box von Agfa oder Kodak einlegten oder erste Versuche mit einer noch unhandlichen Schmalfilmkamera machten, um ihre Lieben auf den stehenden oder bewegten Film zu bannen. Wer heute fotografiert oder schmalfilmt, kann die Technik vergessen und sich ganz dem Bild oder der Bildreihe widmen. Zahllose Erfinder und Forschungslaboratorien haben das möglich gemacht. Von ihnen haben wir auch in Zukunft noch allerhand zu erwarten.

Rund 160 Jahre ist es her, daß es einem Menschen – dem Franzosen Nicéphore Niepce – erstmals gelang, „mit Hilfe der chemischen Wirkungen des Lichts ein bleibendes Bild eines Objekts auf einer chemisch präparierten Fläche herzustellen". Die robuste Einfachheit der „Strahlenfallen" aus der fotografischen Frühzeit zeigt die 1841 von Peter Wilhelm Friedrich Voigtländer gebaute Metallkamera mit ihrer Doppeltrichterform. Bis zu den heutigen, sich weitgehend automatisch einstellenden Spitzen-Fotokameras war es ein weiter, vielfach verschlungener Weg.

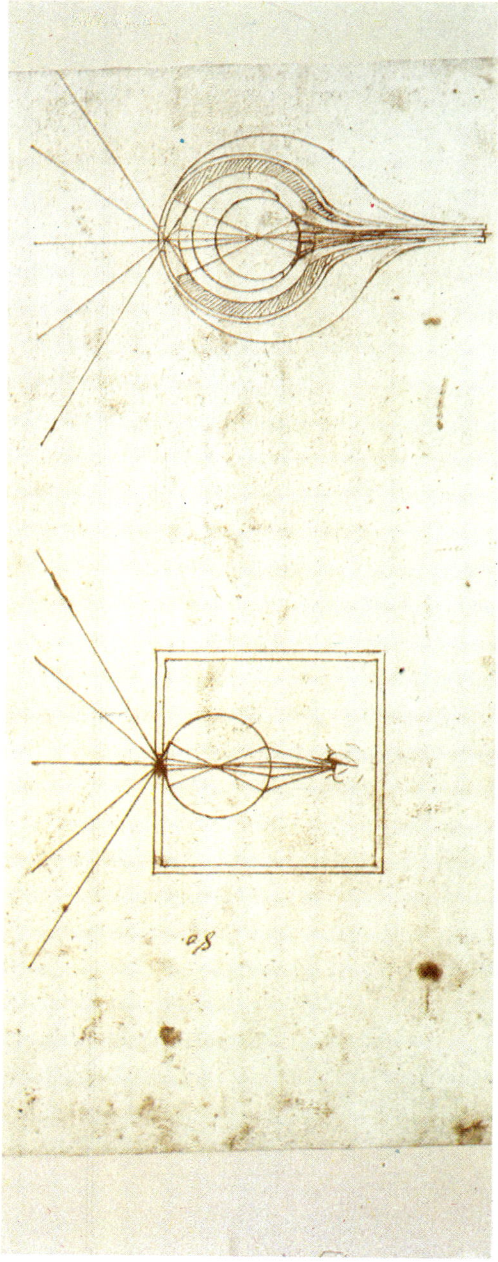

1

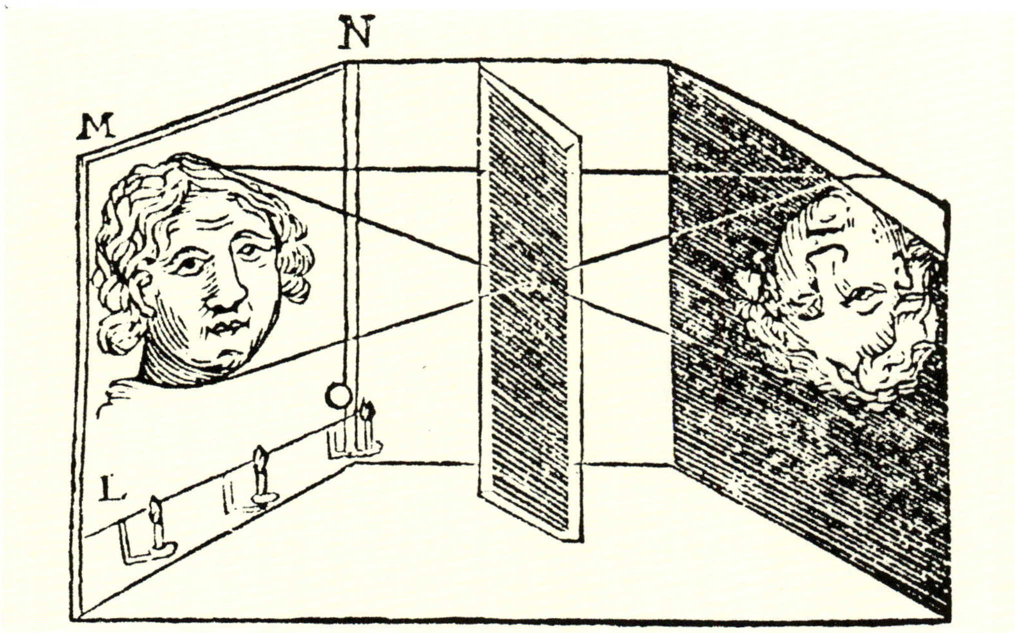

2

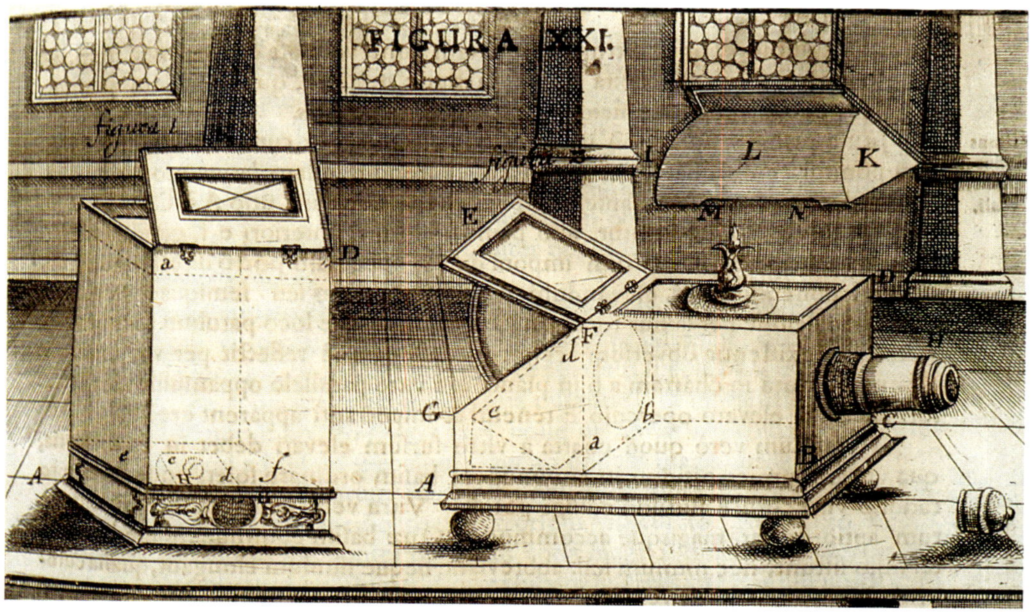

3

Fototechnik

Die Erfindung der Fotografie

Fotografie – was ist das überhaupt? Der Brockhaus von 1898 nennt die Lichtbildkunst kurz und bündig „die Kunst, mit Hilfe der chemischen Wirkungen des Lichts ein bleibendes Bild eines Objekts auf einer chemisch präparierten Fläche herzustellen“. Nicht wesentlich anders definiert das Konkurrenzwerk, der Meyer, aus demselben Jahr Fotografie als „die Kunst, die Veränderung chemischer Präparate unter dem Einfluß des Lichtes zur Herstellung von Bildern zu benutzen“.
1933 heißt es im Großen Brockhaus über Fotografie: „Zusammenfassende Bezeichnung für die Technik, mit Hilfe der chemischen Wirkungen strahlender Energie, insbesondere des sichtbaren Lichts, ein unvergängliches Bild der Umwelt auf lichtempfindlichen Stoffen zu erzeugen.“ Mit der Unvergänglichkeit hatte es die Brockhaus-Enzyklopädie von 1972 nicht mehr. Fotografie ist nun „die Erzeugung dauerhafter Abbildungen durch Strahlungen, insbesondere durch sichtbares Licht (Lichtbild), auf einem Material, dessen chemische oder physikalische Eigenschaften sich unter der Strahleneinwirkung verändern“.
Und schließlich Meyers Enzyklopädisches Lexikon von 1976 mit einem Schlangensatz, der nun wirklich umfassend definiert: „Im ursprünglichen, engeren Sinne die Gesamtheit der Verfahren zum dauerhaften Festhalten und Sichtbarmachen der von den optischen Systemen photographischer Apparate entworfenen reellen Bilder auf geeignet präparierten, durch die bilderzeugende Lichtstrahlung physikalisch-chemisch beeinflußten und nach Vornahme bestimmter (chemischer) Maßnahmen bleibend veränderten Bildträgern (photographische Materialien mit einer lichtempfindlichen Schicht); das Abbilden von Objekten auf derartiges Material mit Hilfe eines Photoapparats (und die Durchführung der einzelnen Verfahrensschritte) wird als Photographieren (oder auch als photographische Aufnahme), die nach Durchführung aller Verfahrensschritte er-

1 – **Das optische Prinzip der Fotokamera wurde schon bei der Camera obscura angewandt, die bereits in der Antike bekannt war. Auch Leonardo da Vinci (1452–1519) experimentierte damit. Er zeichnete und beschrieb das Gerät im Vergleich zum Auge in seinen Tagebüchern, dem „Codex Atlanticus", so daß man ihn lange für den Erfinder der Camera obscura hielt.**

2 – **Auch der italienische Physiker Giovanni Battista Della Porta (1535–1615) beschrieb die Camera obscura: „... man wird feststellen, daß die auf der Straße Gehenden mit dem Kopf nach unten zu sehen sind, als befänden sie sich bei den Antipoden, und was rechts ist, wird links erscheinen ..."**

3 – **Der deutsche Prämonstratensermönch Johann Zahn konstruierte 1685 eine transportable Camera obscura, in der ein Ablenkspiegel das Bild auf eine Mattscheibe warf, ein Vorläufer der Spiegelreflexkameras. Zahn verwendete in seinem „Oculus artificialis" (künstliches Auge) auch ein Objektiv aus zwei bis drei Linsen, mit dem er die Schärfe je nach Entfernung des Motivs einstellen konnte.**

4 – **Bis ins 19. Jahrhundert wurde die Camera obscura als Zeichenhilfe benutzt. Hier ein Tischmodell von etwa 1820.**

4

haltenen dauerhaften Abbildungen der photographierten Objekte auf photographischem Material werden als Lichtbilder, photographische Bilder (oder Aufnahmen), Photographien oder kurz als Photos bezeichnet."

Kasten mit Loch: Die Camera obscura

Bei der Fotografie wirken optische und chemische Prozesse zusammen. Die optischen Grundgeräte waren zuerst da, und zwar in Gestalt der Camera obscura, auch Dunkelkammer oder Lochkammer oder optische Kammer genannt. Dabei handelt es sich um einen lichtdichten Kasten von beliebiger Größe mit einem winzigen Loch in der Mitte der Vorderwand. Die durch das Loch eindringenden Lichtstrahlen zeichnen auf die dem Loch gegenüberliegende Kammerwand ein naturgetreues, umgekehrtes Bild der Außenwelt. Man kann es sehen, wenn man die Rückwand des Kastens durch eine Mattscheibe ersetzt.

Das Prinzip der Camera obscura kannte schon der griechische Mathematiker und Mechaniker Archimedes (um 285–212 v. Chr.). Arabische und jüdische Gelehrte verwendeten den Kamera-Vorläufer beispielsweise, um Mond- und Sonnenfinsternisse zu beobachten.

1550 verbesserte Girolamo Cardano die Helligkeit und Schärfe durch den Einbau einer einfachen Linse, und Daniele Barbaro war 1568 der erste, der das Gerät mit einer Blende versah. Im 17. Jahrhundert kamen tragbare Camerae obscurae auf, die man ebenso wie die mit Ablenkspiegeln versehenen Modelle, die Johann Zahn 1685 als Vorläufer der Spiegelreflexkameras von heute entwarf, dazu verwenden konnte, ein Bild der Außenwelt auf ein Blatt Papier zu werfen und nachzuzeichnen.

Namhafte Künstler machten von dieser Methode Gebrauch, um sich bei Architektur- und Landschaftsbildern die Arbeit zu erleichtern, so beispielsweise Antonio Canaletto, der mit Hilfe der Camera obscura seine ansichtskartengenau präzisen Ansichten von Venedig oder Rom schuf, oder Vermeer van Delft, dem die Lochkammer bei perspektivischen Darstellungen half. Die Modelle für reisende Künstler waren schon ziemlich anspruchsvoll. Sie waren Bestandteil eines Holzgerüstes, das man auf einen Tisch stellen konnte. Ein schwarzer Stoffbehang deckte das Gerüst zu, damit man auch bei hellem Sonnenschein arbeiten konnte. Für Hände und Hals waren Manschetten vorgesehen.

1

Lichtzauber mit Silbersalzen

Es gibt zahlreiche Substanzen, die sich unter dem Einfluß von Licht verfärben oder schwärzen. Sie bildeten die chemische Grundlage der Erfindung der Fotografie. In erster Linie handelte es sich dabei um Salze bestimmter Halogene, beispielsweise um Silberchlorid, -bromid und -jodid. Sie alle werden bei Lichteinwirkung dunkel, weil sie sich in kleinste Teilchen von metallischem Silber und in Halogene aufspalten. Denn kleine Silberteile sehen unter bestimmten Voraussetzungen nicht silbern, sondern schwarz aus.
Diese Erscheinung war schon vor der Erfindung der Fotografie bekannt. Beispielsweise mischte der deutsche Physiker Johann Heinrich Schulze (1687–1744) im Jahre 1725 Kreide mit einer Silberlösung und mit Salpetersäure und fand heraus, daß sich das Gemisch bei Lichteinwirkung farblich veränderte. Wenn er seine Mixtur in eine Flasche füllte und ein Stück Karton herumlegte, aus dem er Buchstaben ausgeschnitten hatte, bildeten sich die Schriftzeichen auf der Kreide ab.
Der Chemiker Karl Wilhelm Scheele (1742 bis 1786) aus Stralsund (bei seiner Geburt gehörte es zu Schweden) experimentierte ebenfalls mit der Schwärzung von Silbersalzen und fand heraus, daß metallisches Silber diese Schwärzung verursachte. Diese Tatsache wies er nach, indem er geschwärztes Silberchloridpulver in Salmiakgeist auflöste. Das Silber bildete einen unlöslichen Niederschlag. Er wußte mit seiner Entdeckung nichts anzufangen – wie er überhaupt zu den größten Pechvögeln unter den Chemikern gehörte. Scheele war an der Entdeckung zahlreicher Elemente beteiligt, so an derjenigen von Chlor, Mangan, Barium, Molybdän, Wolfram, Stickstoff und Sauerstoff. Aber in keinem einzigen Fall gilt er offiziell als Entdecker. Entweder bemühte er sich nicht rechtzeitig um die Anerkennung, oder er führte die Entdeckung nicht zu Ende, wie etwa beim Chlor, das er als erster synthetisierte, aber nicht für ein Element hielt.
Der erste Erfinder, der mit Hilfe von Silbersalzen systematisch Bilder herzustellen versuchte, war der Engländer Thomas Wedgwood (1771–1805), Sohn eines berühmten Porzellanherstellers und Großvater von Charles Darwin. Um 1800 tränkte er Papier und weißes Leder mit Silbernitrat und erzeugte damit seitenverkehrte Abdrucke von Blättern oder Glasbildern. Es gelang ihm aber nicht, die erzielte Schwärzung zu fixieren. Ebenso mißlangen Versuche, die Camera obscura zum Belichten der sensibilisierten Papierbogen

1 – Der britische Physiker Thomas Wedgwood (1771–1805) erzeugte erstmals Abbilder von Blättern und Glasbildern auf chemisch (mit Silbernitrat) präparierten Flächen, konnte sie aber noch nicht fixieren. Dieses Beispiel einer solchen ohne Kamera hergestellten „photogenischen Zeichnung“ stammt aus einem Fotoalbum, das William Henry Fox Talbot 1844 für Alexander von Humboldt zusammenstellte.

2 – Dem Amerikaner John William Draper gelang 1842 die erste fotografische Darstellung des Sonnenspektrums von „Lavendel“ (= Ultraviolett) bis „Extrem Rot“ (= Infrarot). Ein Jahr vorher hatte er postuliert, daß die Reaktionsstärke von Silbersalzen proportional der einwirkenden Lichtintensität sein müsse.

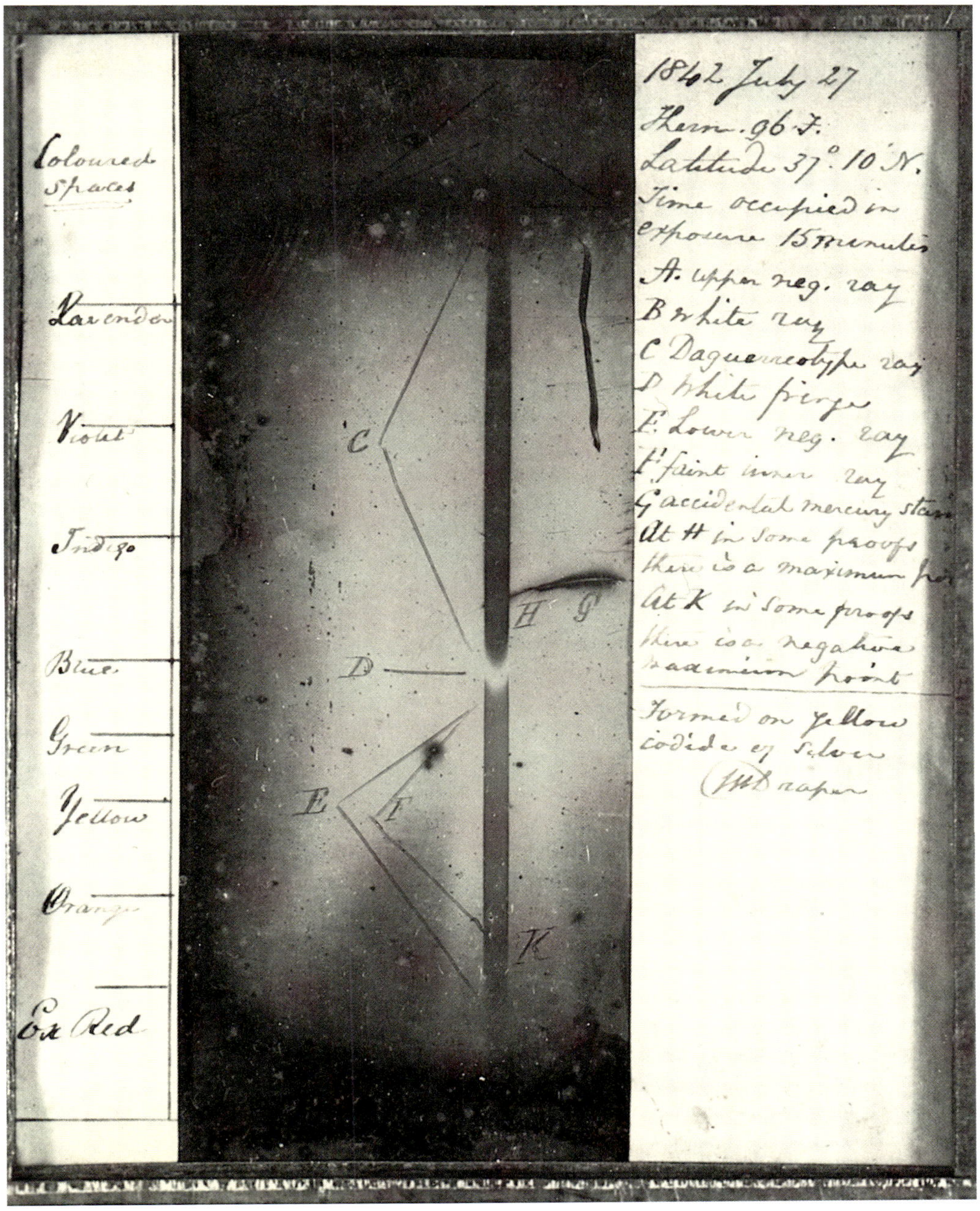

2

zu verwenden. Aber immerhin war er der erste, der überhaupt auf die Gedankenverbindung Camera obscura – lichtempfindliches Material kam. Einen Bericht über seine Versuche veröffentlichte sein Freund Humphry Davy (1778–1829), einer der berühmtesten englischen Chemiker, der u. a. als erster galvanischen Strom zur chemischen Zerlegung verwendete. Auch Davy unternahm übrigens fotografische Experimente mit der Camera obscura, ebenfalls erfolglos.
1801 machte der aus Samitz in Schlesien stammende Chemiker Johann Wilhelm Ritter (1776–1810) die aufsehenerregende Entdeckung, daß nicht nur sichtbares Licht imstande war, Silberchlorid zu schwärzen, sondern auch unsichtbares, nämlich die im Spektrum jenseits von Violett liegende Strahlung, später ultraviolette Strahlung genannt. Daß die jenseits des roten Spektralbereichs liegende infrarote Strahlung lichtempfindliche Salze färbend beeinflußte, hatte schon Karl Wilhelm Scheele bei seinen Experimenten herausgefunden. Damit stand nun fest, daß es überaus wirksame Strahlen gab, die dem Licht ähnelten, sich wie Licht auswirkten und doch kein Licht waren.
Schließlich ist als einer der Vorläufer der Fotochemie auch noch der amerikanische Chemiker John William Draper (1811 bis 1882) zu erwähnen, der erkannte, daß bei den vom Licht zustande gebrachten chemischen Reaktionen Lichtenergie absorbiert wird. 1842 stellte er erstmals das Sonnenspektrum von Ultraviolett bis Infrarot fotografisch dar. Später machte Draper die ersten Fotografien von Objekten unter dem Mikroskop und beschrieb seine Methode 1856 in einem vielbeachteten Buch über Physiologie.

Ein Mann und ein Foto: Nicéphore Niepce

Die Szene der Fotografie-Erfindung verlagerte sich zu Beginn des 19. Jahrhunderts zunächst nach Frankreich. Dort lebte in Chalon-sur-Saône, südlich von Dijon, Joseph Nicéphore Niepce (1765–1833), Sohn eines wohlhabenden Advokaten. Er hatte einige Jahre in der französischen Armee gedient, verwaltete von 1795 bis 1801 den Distrikt Nizza und kehrte dann nach Chalon zurück, wo er sich mit allen möglichen Erfindungen beschäftigte. Zusammen mit seinem Bruder Claude konstruierte er beispielsweise eine der ersten Verbrennungsmaschinen, die er mit einem brennbaren Pulver aus Bärlappsamen betreiben wollte und Pyréolophore nannte. Die Überlieferung berichtet, es sei den Niepces gelungen, mit diesem Motor ein

Boot anzutreiben, das mit „doppelter Strömungsgeschwindigkeit" auf der Saône fahren konnte. Aber trotz dieses Leistungsbeweises wollte niemand etwas von der Maschine wissen – auch dann nicht, als der Bärlappsamen schließlich durch ein Gemisch aus Ruß und bestimmten Harzen ersetzt wurde.

Um 1815 begann sich Nicéphore Niepce mit der Lithografie zu beschäftigen. Ihm schwebte die Erfindung eines Lackes vor, mit dem er den Lithografenstein so präparieren wollte, daß man eine ölgetränkte Zeichnung unter Lichteinwirkung unmittelbar, also im Kontaktverfahren, auf den Stein kopieren konnte. Aber mit der Lithografie scheint er sich nicht lange aufgehalten zu haben. Ab 1816 experimentierte er erstmals mit der Camera obscura und versuchte, Papierbilder herzustellen. Am 5. Mai 1816 schrieb er an seinen Bruder: „Ich habe den Apparat in meinem Arbeitszimmer aufgebaut, und zwar vor dem Fenster, das auf das Taubenhaus hinausschaut. Ich bin dabei nach dem Verfahren vorgegangen, das du, lieber Freund, kennst. Auf dem weißen Papier habe ich alle jene Partien des Taubenhauses erkennen können, die man vom Fenster aus sieht ... Der Hintergrund des Bildes ist schwarz, und die Gegenstände sind weiß, das heißt heller als der Hintergrund."

Die Abbildungen wurden besser, nachdem Niepce eine kreisrunde Maske vor die Linse gesetzt hatte – den Vorläufer der Irisblende, mit der man die Schärfe regulieren konnte. Was Niepce erzeugte, waren Negativbilder, und es gelang ihm nicht, sie haltbar zu machen. Vermutlich experimentierte er mit Silberchlorid, so wie Wedgwood Silbernitrat benutzt hatte. Im Gegensatz zu seinem Vorläufer gelang es ihm immerhin, ein Kamerabild aufzuzeichnen – als erstem Menschen.

Nun suchte Niepce nach einer Substanz, mit der er Positivaufnahmen machen konnte, die also bei Lichteinwirkung nicht dunkel, sondern hell wurde. Daß er seine Silberchloridabzüge nur hätte umkopieren müssen, um Positive zu erhalten, fiel ihm nicht ein – darauf kam viel später erst Fox Talbot. Es begann die Sisyphusarbeit der Substanzsuche. Niepce experimentierte mit Mangandioxid – vergebens. Er machte Versuche mit Guajakharz – erfolglos. Er probierte es mit Phosphor und zog sich gefährliche Brandwunden zu, deshalb gab er die Beschäftigung mit dem „gefährlichen Brennstoff" wieder auf. Dann kam er auf eine lichtempfindliche Asphaltmasse, wie sie von Kupferstechern verwendet wurde. Mit diesem „Pech von Judäa" beschichtete er Lithografensteine, später Hartzinn- und Kupferplatten. Wenn man eine lichtdurchlässig gemachte Zeichnung auf eine beschichtete Platte legte und belichtete, wurden die vom Licht getroffenen Stellen unlöslich. Niepce behandelte die belichtete Platte mit Lavendelöl und wusch so die (den Strichen und Linien entsprechenden) unbelichtet gebliebenen Stellen heraus. Nun konnte man die Platte nach dem Kupferstichverfahren ätzen und Abdrucke davon machen. Damit hatte Niepce die Foto- oder Heliogravüre erfunden, aber auch die Grundlage zu allen Tiefdruckverfahren gelegt.

Der nächste Schritt war die Belichtung einer asphaltbeschichteten Zinnplatte mit der Camera obscura. Auch das klappte. Er schrieb an seinen Bruder, mit der weiteren Vervollkommnung seines Verfahrens sei es ihm „endlich gelungen, ein Bild nach der Natur zu schaffen, das so gut ist, wie ich es mir nur wünschen kann. Ich wage kaum, mir dieses schmeichelhafte Eingeständnis zu machen". Der Brief stammt vom 16. September 1826, und das aufgenommene Metallbild gibt es heute noch – es blieb als einziges Niepce-Original erhalten. Auf dem Bild ist ein Teil des Niepce-Landsitzes von Le Gras bei Chalon zu sehen. Nachdem es jahrzehntelang verschollen war, fanden es die Fotoforscher Helmut und Alison Gernsheim 1952 nach detektivischer Suche wieder. Heute gehört es zur Gernsheim-Sammlung der Universität von Texas in Austin, USA.

Die Belichtung des berühmten Bildes hatte acht Stunden gedauert. Man konnte es nicht besonders gut erkennen, weil die verwendete Schicht ziemlich dünn ausgefallen war. Nur wenn man es schräg zum Licht hielt, wurde es sichtbar. Aber daß es überhaupt existierte, „grenzte an ein Wunder", wie Nicéphore Niepce seinem Bruder schrieb, der ihn drängte, das Verfahren zu veröffentlichen.

Bruder Claude lebte mittlerweile in England, und es ging ihm gesundheitlich schlecht. Deshalb und weil Nicéphore hoffte, seine Erfindung dort besser bekanntmachen zu können, fuhr er im Sommer 1827 nach London. Aber seine Hoffnungen erfüllten sich nicht. Weil sich Niepce einstweilen weigerte, das „volle Geheimnis" seiner Erfindung zu offenbaren, lehnte die renommierte Royal Society die Veröffentlichung ab. Nach fünf Monaten voller vergeblicher Verhandlungen reiste Niepce nach Frankreich zurück. Kurz danach starb sein Bruder.

Mit neuen Linsen ausgestattet, setzte Niepce seine Versuche fort. Er verwendete nun versilberte Kupferplatten und experimentierte mit Glasplatten als Träger für die Asphaltschicht. Zugleich beschloß er, ein Buch über seine Erfindungen zu schreiben (das nie fertig wurde). Bei alledem war er sich jedoch darüber klar, daß er dicht vor dem wirtschaftlichen Ruin stand. Die vom Vater ererbten Anwesen waren größtenteils zu Geld gemacht worden. Neue Mittel fehlten.

So folgte Nicéphore Niepce 1829 dem schon jahrelang andauernden Drängen seines Landsmannes Daguerre, die Arbeit gemeinsam fortzusetzen – zum beiderseitigen Vorteil, unter dem Namen beider Erfinder, die zu gleichen Teilen am Erfolg beteiligt sein sollten.

Das erste Abbild der Natur, das durch Lichteinwirkung auf eine chemische Schicht dauerhaft festgehalten wurde, stellte Joseph Nicéphore Niepce nach langen vergeblichen Versuchen im Frühherbst 1826 mit achtstündiger Belichtungsdauer her. Diese älteste Fotografie, eine asphaltbeschichtete Zinnplatte, ist erhalten und wird heute in der Gernsheim Collection der Universität von Texas aufbewahrt.

Louis Daguerre und die Daguerreotypie

Das Jahr 1839 war das Schicksalsjahr der Fotografie. In diesem Jahr geschahen viele Dinge, die die neue Technik mit Rie-

senschritten weiterbrachten, und zwar in einer erstaunlichen Parallelentwicklung, die sich zum Teil in Frankreich, zum Teil in England abspielte. Betrachten wir zunächst die Vorgänge im Frankreich Niepces und Daguerres.

Louis Jacques Mandé Daguerre (1787 bis 1851), aus kleinen Verhältnissen stammend, wuchs in Orléans auf, besuchte die Volksschule und wurde zunächst zu einem Architekten in die Lehre geschickt, dann zu dem prominenten Pariser Bühnenbildner Eugène Marie Degotti, dem Ausstattungschef der Pariser Oper, bei dem sich Daguerre als Künstler vervollständigen sollte. Zwar wurde kein berühmter Maler aus ihm – eher noch tat er sich als Tänzer und Opernstatist, Akrobat und Seilkünstler hervor –, aber er spezialisierte sich auf die bühnenwirksame Illusionsmalerei, wurde Fachmann für trickreiche Beleuchtungseffekte und gründete 1822 in der Rue Sanson in Paris zusammen mit einem anderen Maler ein Diorama, eine Art Theater ohne Schauspieler mit drei riesigen Bühnen, deren bildliche Darstellungen, verstärkt durch Lichteffekte, die Zuschauer in ein Schweizer Gebirgstal versetzten oder in das Innere der Kathedrale zu Canterbury, vor Napoleons Grab auf St. Helena oder nach Neapel mit dem gerade ausbrechenden Vesuv im Hintergrund.

Für die unerhört plastisch wirkenden Diorama-Bilder verwendete Daguerre, wie vor ihm andere Maler, als technisches Hilfsmittel die Camera obscura. Schon während der Dioramazeit beschäftigte er sich aber auch schon mit Methoden der Fotografie. „Meine großen Werke, meine Dioramen, sind vergänglich", soll er ausgerufen haben. „Um Unsterblichkeit zu gewinnen, brauche ich anderen, dauerhafteren Ruhm!" So machte sich Daguerre daran, mit Hilfe der Camera obscura und „durch die spontane Wirkung des Lichts" Dauerhaftes zu schaffen: den „Spiegel mit Gedächtnis", wie Oliver Wendell Holmes die Daguerreotypie später nannte.

Wie weit Daguerre mit seiner Erfindung gekommen war, als er versuchte, mit Niepce Verbindung aufzunehmen, ist nicht eindeutig geklärt. In seinem ersten Brief an Niepce schrieb Daguerre, er arbeite schon seit längerem in ähnlicher Richtung wie Niepce, aber mit geringem Erfolg. 1827 bekam Niepce von Daguerre ein „nach meinem Verfahren hergestelltes Bild", das Niepce an eine Sepiazeichnung erinnerte. Auf dem Weg nach England zu seinem Bruder stattete Niepce im selben Jahr Daguerre in Paris einen Besuch ab, bekam das Verfahren vorgeführt, erfuhr

1
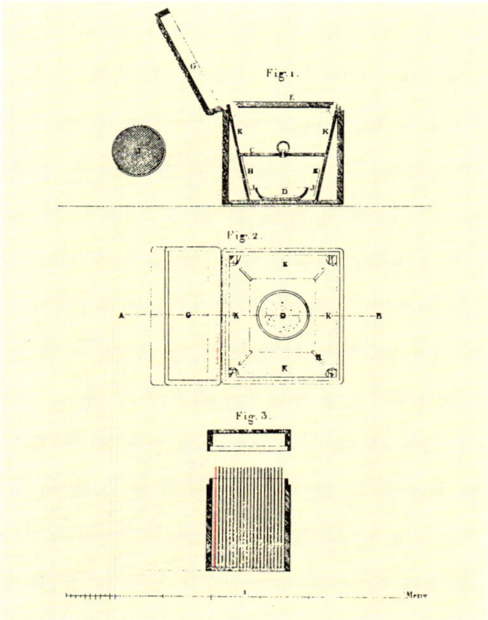

2
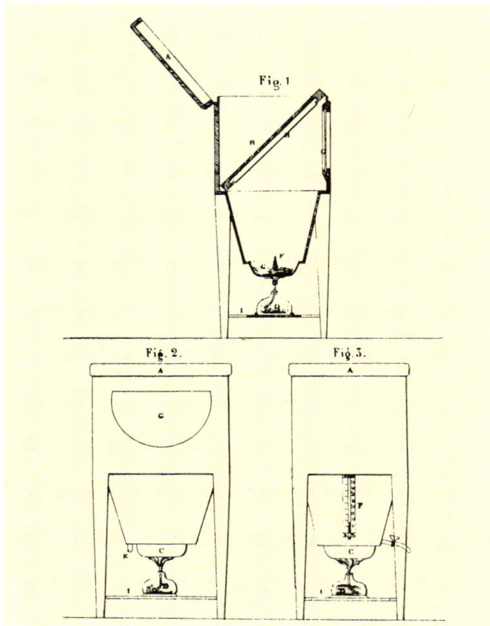

3
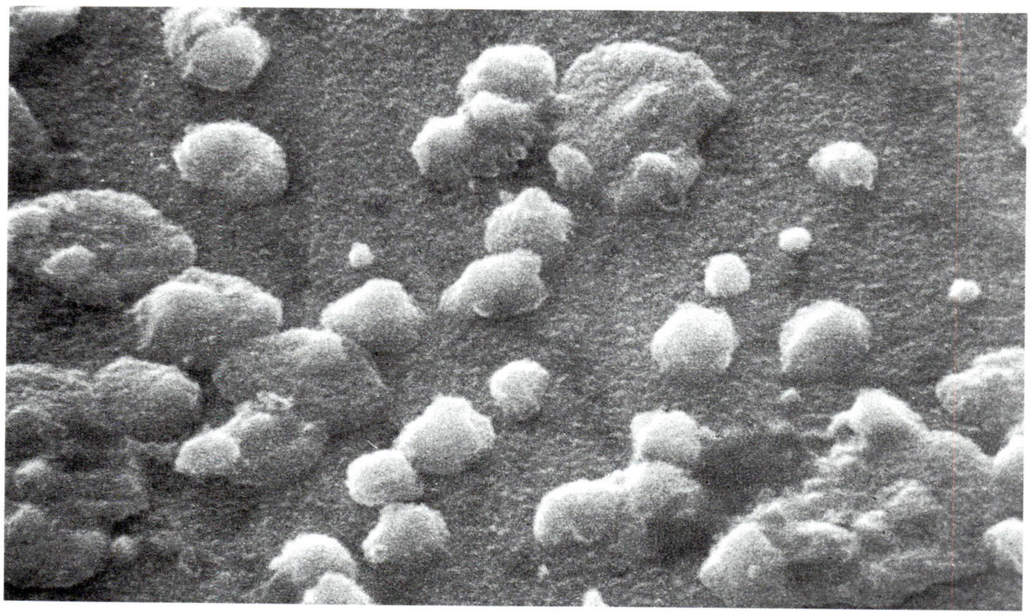

1 – Das auf Niepces Erfahrungen aufbauende Verfahren Daguerres zur Herstellung und Verwendung lichtempfindlicher Platten machte der Erfinder selbst 1839 in einer Broschüre bekannt. Die daraus entnommene Lithografie zeigt oben und in der Mitte den Kasten, in dem die silberplattierte und polierte Kupferplatte Joddämpfen ausgesetzt wird. Das dabei entstehende Silberjodid ist lichtempfindlich.

2 – Nachdem die Platte in der Kamera je nach Motiv und Lichtverhältnissen zwischen drei Minuten und einer halben Stunde belichtet worden ist, wird sie in einem zweiten Kasten, um 45° geneigt, durch warme Quecksilberdämpfe entwickelt. Das latente Bild wird sichtbar, muß aber noch in einer Salz- oder Hyposulfitlösung fixiert, anschließend gewässert und getrocknet werden.

3 – Das Mikrofoto zeigt die Struktur des Quecksilberamalgams, aus der sich das Bild der Daguerreotypie zusammensetzt. Die Schicht ist außerordentlich empfindlich gegen Beschädigungen.

4 – Die älteste erhaltene Daguerreotypie, mit der der Erfinder 1837 einen Winkel seines Studios ablichtete, befindet sich im Besitz der Société Française de Photographie in Paris.

aber nichts über die Zusammensetzung der dabei verwendeten Substanzen. Der erfahrene Niepce meinte, es könne sich um pulverisiertes und geglühtes Baryt (Schwerspat) gehandelt haben, was sich viel später bestätigte. Diese Substanz sei indessen völlig ungeeignet, ein Bild festzuhalten, befand Niepce. Nach seiner Auffassung hatten Daguerres Forschungen „wenig mehr als Kuriositätswert“.
Trotz dieser und anderer Bedenken erklärte sich Niepce schließlich zur Zusammenarbeit bereit. Der Vertrag wurde geschlossen. Die Partner schieden in bestem Einvernehmen – und sahen sich nie wieder. Bis zu Niepces Tod im Jahre 1833 spielte sich die Zusammenarbeit ausschließlich brieflich ab.
Weil Daguerre panische Angst davor hatte, es könnte vorzeitig etwas über die Arbeit der beiden Partner durchsickern, vereinbarte er mit Niepce eine Art Geheimcode, bei dem alle in Frage kommenden Substanzen durch Ziffern ersetzt wurden. So stand die 1 für Lavendelöl, die 7 für Mastix, die 8 für Gummilack – und so fort. Entsprechend merkwürdig lesen sich die Briefe; beispielsweise: „Ich habe mehrere Versuche mit 20 angestellt, diese Substanz ist sehr empfindlich für 46.“
Niepce erlebte die Fertigstellung des Verfahrens nicht mehr. Daguerre setzte die Zusammenarbeit mit Isidore Niepce, dem offenbar nicht besonders einfallsreichen Sohn Nicéphore Niepces, fort. Das älteste erhaltene Beispiel einer Daguerreotypie – diesen Namen hatte Isidore schließlich widerstrebend akzeptiert – stammt aus dem Jahre 1837. Aber erst 1839 hielt Daguerre seine Methode, die aus den Erfahrungen von Niepce und eigenen Ideen entstanden war, für praxisreif.

Wie eine Daguerreotypie entsteht

Durch Vermittlung des prominenten französischen Astronomen, Physikers und Politikers Dominique François Jean Arago (1786–1853) wurde die Académie des Sciences, die französische Akademie der Wissenschaften, über Daguerres Erfindung informiert. Sie war nun schon einigermaßen ausgereift. Vor allem kam Daguerre mit Belichtungszeiten aus, die nach Minuten statt nach Stunden zu veranschlagen waren. Er konnte das erzielte Bild auch fixieren. Was er hervorbrachte, war jedoch ein Positiv. Man konnte keine Kopien davon machen.
Arago setzte durch, daß Daguerre seine Erfindung dem französischen Staat übertrug. Er bekam dafür eine lebenslange Rente von jährlich 6000 Francs, Niepce junior eine solche von 4000 Francs. Dafür

4

sollten dem Staat die Herstellungsgeheimnisse in vollem Umfang offengelegt werden. Frankreich wollte die Erfindung zur internationalen Verwendung freigeben, was auch geschah. Nur in England sicherte sich Daguerre noch in letzter Minute die Patentrechte.

Nun endlich erfuhr die staunende Öffentlichkeit, was genau hinter Daguerres Verfahren steckte. Am 1. September 1839 veröffentlichte die Zeitschrift „L'Artiste" diese Beschreibung:

„Daguerre ergriff eine leicht versilberte Kupferplatte. Er goß etwas Säure auf das Silber, wischte es trocken, dann rieb er es ab, und zwar mit etwas Bimsstaub, der mit Säure angefeuchtet worden war. Als das geschehen war – eine sehr einfache Angelegenheit –, brachte er eine dünne Kante desselben Metalls rings um die Platte an, mit Hilfe einiger bereitgelegter Schrauben. Nun wurde die Platte auf den Jodierungskasten gelegt. Das Jod befindet sich unten im Kasten und läßt seine Dämpfe durch Gaze hindurch zur spiegelnden Oberfläche der Platte hochsteigen ... Von Zeit zu Zeit nahm Daguerre die Platte vom Kasten herunter; da er sie noch nicht hinreichend mit Jod versehen fand, legte er sie zurück, bis schließlich das Jod gleichmäßig über die ganze Platte verbreitet war, die dann die Farbe von Gold annahm. Dieser Vorgang dauerte kaum eine Viertelstunde. Darauf legte er die so gefärbte Platte in eine Art hölzernen Futterals.

Man wählt das Motiv, das man wiedergeben will, und dann legt man die jodierte Platte in die Kamera, ohne die schützende Hülle zu öffnen. Ist diese einmal in der Kamera, so wird sie durch eine kleine Feder geöffnet, und bald beginnt der wundersame Vorgang. Das Licht, das von überallher kommt, macht auf der Platte all seine Kraft und sein Leben geltend. Die äußere Welt wird im Wunderspiegel reflektiert. In diesem Augenblick war die Sonne leicht verschleiert. ‚Sechs Minuten werden wir brauchen', sagte Daguerre und zog seine Uhr heraus. Und richtig, nach sechs Minuten schloß er das Behältnis, in dem die Platte befestigt war, und mit der Platte hatte er all die schöne Szenerie eingefangen; noch war sie unsichtbar fürs Auge. Nun blieb ihm nur noch, dieser verborgenen Welt zuzurufen: ‚Erscheine vor unseren Augen!' Ein zweiter Kasten wurde herbeigebracht. Er enthielt Quecksilber. Mit Hilfe einer Lampe wird dieses Quecksilber erhitzt, bis es fünfzig Grad Celsius erreicht hat. Durch ein Glasfensterchen, das im Kasten genau für diesen Zweck vorgesehen ist, kann man dann be-

1

1 – **An den Daguerreotypien bewundern wir noch heute ihre Schärfe und die harmonisch verlaufenden Tonwerte. Neben Landschafts-, Architektur- und Porträtfotos reizte es die frühen Lichtbildner, auch gestellte Szenen im Bild festzuhalten, so wie Humbert de Molart 1847 einen in Ketten schmachtenden jungen Gefangenen ablichtete.**
2 – **Die grassierende Sucht der Daguerreotypomanie bot natürlich den Karikaturisten ein reiches Betätigungsfeld. „Ich schau ganz genau hin, aber ich kann überhaupt nichts sehen", kommt es ratlos von dem Ehemann unter dem Tuch hervor. Darauf der liebevolle Vetter: „Guck nur weiter, es wird gleich kommen."**

obachten, wie ganz allmählich die überaus wirksamen Dämpfe jeden Teil des Motivs im richtigen Ton langsam hervorkommen lassen. Die Szenerie erscheint, als sei sie vom unsichtbaren Stift einer Feenkönigin gezeichnet worden.
Wenn dieser Vorgang beendet ist, wird die Platte herausgenommen und in ein Fixierbad gegeben; danach wird sie in warmem Wasser gebadet. Der Vorgang ist beendet, die Zeichnung ist vollkommen und unveränderlich vor unseren Augen. Und all das in einer Stunde – mehr oder weniger."
Schon einige Tage vorher, am 19. August 1839, hatte Arago das Verfahren in einer gemeinsamen Sitzung der Akademien der Wissenschaften und der Schönen Künste offiziell bekanntgegeben (wenn auch ohne technische Einzelheiten). Dieser 19. August gilt also als Start der Daguerreotypie, des ersten in der Praxis verwendbaren fotografischen Verfahrens, und es gibt Fotohistoriker, die diesen Tag demjenigen an Bedeutung gleichsetzen, an dem die ersten Menschen den Mond betraten – dem 20. Juli 1969.

Von Daguerre zur Daguerreotypomanie

Innerhalb kurzer Zeit wurde die Daguerreotypie zu einer populären Kunst. Jedermann wollte so ein Bild von sich oder seinen Angehörigen haben. Vor allem das französische Bürgertum entdeckte die Daguerreotypie als bevorzugte Porträtkunst. Aber über Frankreich hinaus wurde bald die ganze zivilisierte Welt von der Daguerreotypomanie ergriffen, wie sich ein zeitgenössischer Satiriker ausdrückte. Karikaturen zeigten Menschen, die um den Kamera-Altar tanzten, verspotteten die „Bildermaschine" und boten den nun brotlos werdenden Kupferstechern Galgen an, um sich daran aufzuhängen.
Der Wirbel um die Daguerreotypie war unvorstellbar. Zehn Jahre später arbeiteten in den USA schon über 1000 Fotografen nach Daguerres Methode, davon 75 allein in New York. In München gab es bis 1860 44 Lichtbildner, in Hamburg 170 und in Berlin mehr als 200. Mancher Kritiker regte sich darüber auf. So rief der „Leipziger Anzeiger" den Zorn Gottes auf die Daguerre-Fotografen herab: „Flüchtige Spiegelbilder festhalten zu wollen, dies ist nicht bloß ein Ding der Unmöglichkeit, wie es sich nach gründlicher deutscher Untersuchung herausgestellt hat, sondern schon der Wunsch, dies zu wollen, ist eine Gotteslästerung!"
Offenbar hatten die Leipziger keine gute Nachrichtenverbindung mit München. Dort hatte der Professor Steinheil, dem die Fotografie der späteren Jahre so viel zu verdanken hat, schon vor dem Eintreffen der ersten Probebilder aus Paris mit Daguerres Verfahren experimentiert und ausgezeichnete Ergebnisse erzielt. Im Gegensatz zu Daguerre waren Steinheils Aufnahmen allerdings Negative, festgehalten auf Chlorsilberpapier. Um Daguerreotypien handelte es sich also bei den ersten in Deutschland aufgenommenen Fotos nicht.
Louis Daguerre tat sich unterdessen mit dem Kamerafabrikanten Alphonse Giroux in Paris zusammen. Giroux sollte die von Daguerre entwickelten Kameras fabrizieren und verkaufen. Das geschah mit bestem Erfolg. Allein 1847, so ist überliefert, kauften die Franzosen mehr als 2000 Giroux-Kameras nach dem Daguerre-System, dazu etwa eine halbe Million versilberter Kupferplatten.
Daguerre selbst zog sich auf seinen Landsitz in Bry-sur-Marne zurück. Nennenswerte Verbesserungen seiner Silberbild-Technik brachte er nicht mehr zustande. Man hatte den Eindruck, er ruhe sich auf seinen Lorbeeren aus. Von seiner Staatsrente konnte er recht gut leben. Dazu kamen die Einnahmen aus Herstellungslizenzen auf Grund des in England erteilten Patentes. Für die Kirche von Bry-sur-Marne malte er 1842 sein letztes großes Bild, ein Diorama für die Wand hinter dem Altar. Es machte aus dem winzigen Kirchlein mit allen Tricks des Dioramenmalers eine große Kathedrale.
Daguerre starb 1851 „an dem Bersten einer Pulsadergeschwulst". Seine Kunst lebte weiter – allerdings nicht lange. Bald kamen neue Verfahren auf. Um 1860 war die Daguerreotypie schon wieder vom Markt verschwunden. Im Rahmen der Fotohistorie betrachtet, kam ihr letztlich nur der Rang eines bescheidenen Vorspiels zu – trotz zeitweiliger Daguerreotypomanie.

Der Weg zur modernen Fotografie

Noch zu Daguerres Zeiten war es gelungen, die Lichtempfindlichkeit der Silberplatten wesentlich zu erhöhen und damit die Belichtungszeiten abzukürzen. Das war vor allem dem englischen Wissenschaftler John Goddard zu verdanken, der neben Jod auch schon Brom für die Sensibilisierung der Platten verwendete, außerdem aber auch der Entwicklung lichtstärkerer Objektive. Trotzdem fehlte Daguerres Silberbildern ein entscheidendes Merkmal der modernen Fotografie: Es

LES FRANÇAIS CROQUÉS PAR EUX-MÊMES.

Nº 4.

Chez Aubert gal Vero-Dodat. Imp d'Aubert & Cie

(LE MARI) . . . J'AI BEAU REGARDER, JE NE VOIS RIEN. . . . (LE COUSIN) REGARDE TOUJOURS ÇA VA VENIR!..

Die Mit- und Nacherfinder

Schon zu Talbots Zeiten hatten zahlreiche Erfinder von sich behauptet, ebenfalls fotografische Verfahren entwickelt zu haben. Die meisten konnten ihre Prioritätsansprüche nicht beweisen. Zu erwähnen wäre höchstens Hippolyte Bayard (1801 bis 1887), ein Pariser Finanzbeamter, der ab 1838 in seiner Dunkelkammer Papierabzüge herstellte. Er zeigte sie im Februar des bewußten Jahres 1839 seinen Freunden und interessierte auch Arago dafür. Der aber hatte sich längst für Daguerre entschieden und fand Bayards Vorstoß lästig. Deshalb ließ er sich auch nicht auf der Ausstellung sehen, die Bayard am 24. Juni 1839 in Paris eröffnete und auf der er seine Fotografien vorführte. Der Staat wollte nichts für Bayard tun – und aus eigener Kraft schaffte er es nicht. So lichtete sich Bayard selbst als Ertrunkener ab und schrieb sarkastisch auf die Rückseite des Bildes: „Das hat ihm viel Ehre, aber keinen halben Centime eingebracht. Die Regierung, die Herrn Daguerre viel zuviel gegeben hat, erklärte, nichts für Herrn Bayard tun zu können. Da hat der Unglückliche sich ertränkt."

Bayard arbeitete weiter auf diesem Gebiet und verwendete schließlich ein Negativ-Positiv-Verfahren, das demjenigen Talbots ähnelte. Aber seine hervorragenden Stilleben und kraftvollen Bilder aus den Straßen von Paris fanden erst lange nach seinem Tod Anerkennung.

In Belgien arbeitete Albert Breyer 1839 an einem Verfahren, bedruckte Buchseiten zu kopieren. Er verwendete dazu Talbots Papier. Sein Beitrag zur Geschichte der Fotografie (oder besser der Fotokopiertechnik) bestand darin, daß er im Reflexverfahren durch das lichtempfindliche Papier hindurch belichtete. Das Resultat war ein Negativ. Breyers Kontaktmethode wurde viel später erst bei fotomechanischen Kopierverfahren aktuell. Nach dieser Technik arbeiten die Fotokopiergeräte zum großen Teil noch heute.

In Schottland experimentierte Mungo Ponton, ebenfalls in jenem schicksalsträchtigen Jahr 1839, mit Papier, das er mit Kaliumbichromat beschichtet hatte. Bei der Belichtung wurden belichtete Partien braun und wasserunlöslich. Für die Fotografie war diese Technik der langen Belichtungszeiten wegen unbrauchbar. Aber sie wurde später zur Grundlage verschiedener reprografischer Druckverfahren, unter anderem zur Herstellung von gedruckten Fotos, die beinahe wie echte aussahen. Vor allem nahm sich der Tiefdruck dieser Technik an.

1 – Im Schicksalsjahr der Fotografie, 1839, trat neben Daguerre und Talbot auch Hippolyte Bayard mit einem fotografischen Papier-Positiv-Verfahren an die Öffentlichkeit. Doch mangels staatlicher Unterstützung konnte er sich nicht durchsetzen und blieb im Gegensatz zu Daguerre fast unbekannt. So lichtete er sich verzweifelt selbst als Ertrunkener ab (etwa 1855).
2 – Etwa gleichzeitig mit dem Aufkommen der ersten brauchbaren Glas-Negativ-Verfahren ersetzte der Franzose Louis-Désiré Blanchard-Evrard (1802–1872) die bisher verwendeten Salzpapiere für die Positive 1850 durch albuminbeschichtete Papiere. Zu ihrer Herstellung wurden zunächst die Dotter vom Eiweiß frischgelegter Hühnereier getrennt.
3 – Das Eiweiß wurde zu Schaum geschlagen und dann in großen Behältern zwei bis drei Tage gelagert, bis es sich wieder verflüssigt hatte, gereinigt und mit Kochsalz versetzt werden konnte.
4 – Auf dieser Albumin-Salz-Lösung schwimmend, wurde das Rohpapier bogenweise beschichtet und dann getrocknet. Der Fotograf mußte dieses Albuminpapier kurz vor der Verwendung in der Dunkelkammer in einer Silbernitratlösung lichtempfindlich machen.

Nächste Doppelseite: Der Reiz der alten Porträtfotos wird für uns noch durch ihre Aufmachung in vergoldeten Rähmchen, zum Teil auch in samtgefütterten Ledereuis, unterstrichen.

2

3

4

Die Fotografie auf Glasplatten

Talbots Papiernegative hatten erhebliche Qualitätsmängel aufzuweisen. Der Gedanke lag nahe, Glas anstelle von Papier zu verwenden. Dazu brauchte man aber ein Verfahren, das die Silbersalze auf dem Glas festhielt. Weil das nicht so einfach zu sein schien, kam Herschel, der sich schon 1839 mit dem Problem befaßte, nicht weiter und ließ die Sache fallen.
Die ersten verwendbaren Glasnegative entwickelte Claude Abel Niepce de Saint-Victor (1805–1870), der Neffe von Nicéphore Niepce, ein ehemaliger Offizier bei den Dragonern und 1854 zweiter Kommandant des Louvre in Paris. Er beschichtete Glasplatten mit einer Mischung aus Eiweiß und Kaliumjodid. Die getrockneten Platten tauchte er in eine Lösung von Silbernitrat, worauf sich lichtempfindliches Silberjodid bildete. Das latente Bild entwickelte er mit Gallussäure. Fixiert wurde mit Kaliumbromid. Niepce de Saint-Victor verbrauchte riesige Mengen Hühnereier für seine Platten. Sein Albuminverfahren lieferte die ersten fotografischen Glas-Trockenplatten. Er berichtete darüber: „Ich habe mich davon überzeugt, daß das Bild ebensogut zum Vorschein kommt, wenn die Schicht trocken als wenn sie feucht ist." Und er erkannte ganz richtig, daß man trockene Platten viel besser transportieren konnte als nasse. Aber die Entwicklung ging andere Wege. Und Niepces Eiweißplatten, 1848 herausgebracht, setzten sich schließlich doch nicht durch, weil die Belichtungszeiten viel zu lang waren für Porträtfotos: 20 Minuten und mehr. Der Bedarf an Landschaftsfotos war zu gering, um das Verfahren zu retten.
Die nächste Stufe war das Naßkollodiumverfahren, das der englische Talbotypist und Bildhauer Frederick Scott Archer (1813–1857) 1851 veröffentlichte. Archer mischte sirupähnliches Kollodium (eine Lösung von Dinitrocellulose in Alkohol und Äther) mit Kaliumjodid und überzog Glasplatten damit. Die Mischung trocknete in Form eines dünnen Häutchens auf. Kurz vor der Belichtung mußte diese Schicht in eine Silbernitratlösung getaucht und dadurch lichtempfindlich gemacht werden. Die Daguerreotypisten waren begeistert: „Überall warfen sie die Geräte eines komplizierten und mühsamen Verfahrens hin ... zugunsten des direkten und einfachen Verfahrens, das mit dem Kollodium gekommen ist", stellte einer fest.
Dabei war das Naßplattenverfahren alles andere als bequem. Wer im Freien damit fotografieren wollte, mußte eine Ausrüstung mitschleppen, die 50 bis 60 Kilo-

1

1–3 – **Das Naßkollodiumverfahren von Frederick Scott Archer zur Herstellung von Glasnegativen vereinigte die Vorzüge der Daguerreotypie – Schärfe und Tonwertreichtum – mit denen der Talbotypie – beliebige Kopierbarkeit auf Papier. Doch der Fotograf mußte für jede Aufnahme die Platte innerhalb von höchstens fünfzehn Minuten selbst beschichten und nach der Belichtung entwickeln, fixieren und wässern. Das Kollodium wurde in Spezialflaschen aufbewahrt (2). Der Reisefotograf hatte außer seiner großformatigen Kamera und dem Stativ eine komplette Dunkelkammerausrüstung einschließlich lichtdichtem Zelt im Gewicht von 50 bis 60 Kilogramm mit sich zu führen.**

4 – Eine Fotografie aus der Zeit um 1860 zeigt, wie der Landschaftsfotograf damals arbeitete. Rechts die Dunkelkammer, in diesem Fall wie eine Sänfte tragbar.

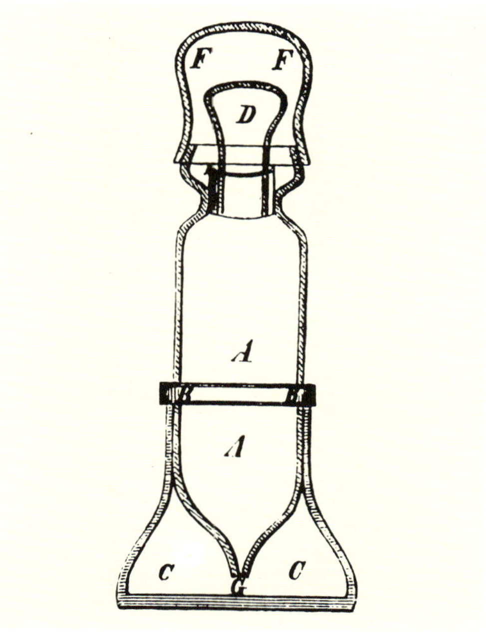

2

3

gramm wog: Dunkelkammerzelt und Platten, Chemikalien und Schalen, Plattenhalter und Trockenständer, dazu die schwere Kamera mit Stativ. Die Fotografen konnten überdies keine fertigen Platten kaufen. Das Aufgießen der Emulsion vor der Aufnahme war ebenso ihre Arbeit wie das Entwickeln der nassen Glasplatten unmittelbar danach. Weil die Belichtungszeiten sich im übrigen nicht wesentlich von denen bei Daguerreotypien und Talbotypien unterschieden, war dem Naßkollodiumverfahren kein langes Leben beschieden.
Der Londoner Mediziner Richard Leach Maddox (1816–1902) stellte 1871 seine mit Gelatine beschichteten Trockenplatten vor. Sie kamen mit Belichtungszeiten von 1/25 Sekunde aus – das war eine Sensation. Das Verfahren, von Charles Bennett 1878 weiterentwickelt, machte Furore und stellte alles in den Schatten, was bisher an

4

fotochemischen Techniken entwickelt worden war. Vor allem aber bereitete es der fotografischen Handkamera den Weg, die wenige Jahre später herauskam.
Die frühen fotografischen Verfahren waren nur für blaues Licht empfindlich. Rote oder grüne Objekte wurden demzufolge viel zu dunkel abgebildet. 1873 wies der Berliner Professor Hermann Wilhelm Vogel (1834–1898), einer der ersten Berufs-Fotochemiker, anhand von Versuchen nach, daß die Farbempfindlichkeit der Platten verbessert werden konnte, indem man den Emulsionen bestimmte Farbstoffe zusetzte. 1882 kamen die ersten iso- oder orthochromatischen Platten auf den Markt. Professor Adolf Miethe (1862 bis 1927), einer der fruchtbarsten Erfinder auf fotochemischem und fotooptischem Gebiet, entwickelte Emulsionen, die zusätzlich auch noch für orangefarbiges Licht empfindlich waren. Die ersten für alle Farben empfindlichen (panchromatischen) Platten kamen aber erst 1906 heraus. Sie wurden von Wratten & Wainwright in London hergestellt und ließen nun schon Belichtungszeiten von 1/100 Sekunde zu. Diese Entwicklungen aus der Zeit um die Jahrhundertwende schufen übrigens gleichzeitig auch die Voraussetzungen für die Farbfotografie, auf die wir später noch zurückkommen werden.

Das Fotografieren mit Gelatine-Trockenplatten

Immer noch war die Fotokunst fast ausschließlich etwas für Fachleute. Das viel zu aufwendige Verfahren, die schweren Kameras, die Notwendigkeit, alle Arbeiten selbst durchzuführen, verlangten vom Fotoamateur neben einer gewissen Wohlhabenheit auch Wagemut und Einsatzbereitschaft.
Die folgende Beschreibung unter der Überschrift „Wie fotografiert man denn nun eigentlich?" erschien 1898 in dem von Dr. Heinrich Samter herausgegebenen Werk „Das Reich der Erfindungen". Wir geben den Text gekürzt wieder:
„Nehmen wir an, der Fotograf habe seinen Apparat zusammengesetzt und aufgestellt und auch lichtempfindliche Trocken-Gelatine-Platten, die er fertig eingekauft hat, in Kassetten, wohlverwahrt gegen neugierige Lichtstrahlen, zur Hand. Er nimmt nun die Kappe, die gewöhnlich das Objektiv bedeckt, ab und verstellt dann den hinteren Teil der Camera, sowie auch das Stativ in Höhe und Entfernung so lange, bis er auf der Glasplatte (Mattscheibe) das Bild des zu photographierenden Ge-

1

1 – Die Atelierkameras der Porträtfotografen waren vielfach mit dem fahrbaren Stativ zu einer Einheit verbunden. Das Objektiv dieser Kamera des Malers und Daguerreotypisten, Kaiserlichen Hof- und Kriegsfotografen Ferdinand Tellgmann ist auswechselbar. Der Verschluß wird über einen Schlauch durch Druck auf einen Gummiball geöffnet und schließt sich erst, wenn man den Ball losläßt – daher noch heute an den Verschlüssen die Bezeichnung B für Zeitaufnahme.

2 – Da die Negativemulsionen noch recht grobkörnig waren, kamen Vergrößerungen kaum in Frage. Für große Papierabzüge benötigte man also genauso große Negativplatten.

3 – Eine Dunkelkammer um die Jahrhundertwende glich in manchem noch einer Alchimistenküche, da die verschiedenen Bäder zum Entwickeln, Fixieren, Abschwächen, Verstärken, Tonen und was es sonst noch gab, vom Fotografen aus den Grundchemikalien selbst zusammengemixt und angesetzt werden mußten. Man sieht Geräte dort, die man in keinem modernen Fotolabor mehr findet: einen abschließbaren Holzkoffer und Trockenständer für Negativplatten, Kopierrahmen, in denen das Fotopapier Schicht auf Schicht mit dem Negativ meist am Tageslicht kopiert wurde, eine Papierpresse und selbst eine petroleumbetriebene Dunkelkammerleuchte.

2

genstandes in gewünschter Größe deutlich und scharf sieht ...

Ist die Einstellung erfolgt, wobei der Photograph, um das Bild auf der Glasplatte besser sehen zu können, seinen Kopf und den hinteren Teil der Camera mit einem schwarzen Tuche bedeckt, so setzt er die Kappe wieder aufs Objektiv, klappt die matte Glasscheibe hoch, schiebt an ihrer Stelle die Kassette ans Ende der Camera, zieht die eine Seite derselben, die die lichtempfindliche Schicht der Platte bedeckt, auf und nimmt dann, je nach äußeren Verhältnissen, die Klappe eine längere oder kürzere Zeit vom Objektiv fort. Es wird in dieser Zeit auf der photographischen Platte ein negatives, vorläufig noch unsichtbares Bild hervorgerufen.

Der Photograph schiebt nun die Kassette, während sie noch in der Camera ist, wieder zu, nimmt sie heraus und geht mit ihr

3

in die Dunkelkammer. Mit einer oder mehreren Entwicklersubstanzen übergießt er nun die in eine Schale gelegte Platte und läßt die Flüssigkeit so lange über die Platte hin- und herfließen, bis er bei dem matten Scheine seiner Lampe das Bild völlig entwickelt sieht. Darauf wird die Platte mit Wasser tüchtig abgespült und fixiert. Hat sie nur kurze Zeit in der Fixierlösung gelegen, so ist die Fixage fertig, die noch nicht vorher vom Licht reduzierten Silbersalze sind fortgenommen, so daß die Platte nunmehr dem Licht ausgesetzt werden kann, ohne weitere Veränderungen zu erleiden ... Die fixierte Platte wird jetzt tüchtig gewaschen, um alle Unreinlichkeiten fortzuschaffen, das Negativ ist fertig.

Es handelt sich nun darum, von diesem Negativ positive Abzüge zu fertigen. Das Negativ wird ... in einem Holzrahmen, dem Kopierrahmen, über ein in lichtempfindliche Silberlösung getauchtes Papier gelegt. Der Rahmen wird so lange dem Licht ausgesetzt, bis dieses auf dem Papier das dem Negativ entsprechende Positiv hervorgerufen hat ... Um einen schöneren Ton zu erzielen und die Bilder dauerhafter zu machen, kommt nun das Positiv, das in der Dunkelkammer aus dem Kopierrahmen genommen ist, in ein Goldbad ... Dann wird das Bild in unterschwefligsaurem Natron fixiert, mehrere Stunden gewaschen, getrocknet, auf einen Karton geklebt und mit einer Satiniermaschine geglättet."

Bei dieser modernen Technik war es leichter, Porträts zu fotografieren. 1898 vermerkten die Redakteure von Meyers Konversations-Lexikon zu diesem Thema: „Das populärste Feld der Photographie ist das Porträtfach. Die Erzielung eines gefälligen Porträts hängt nicht nur von der sorgfältigen Beobachtung der technischen Regeln der Photographie ab, sondern auch von der Erfüllung künstlerischer Bedingungen in Stellung des Aufzunehmenden, richtiger Lichtverteilung, Arrangement der Umgebung (Porträtfotografen hatten damals oft Hunderte von gemalten Hintergründen auf Lager), zugleich aber auch von der glücklichen Disposition des Originals, der Stimmung desselben und der Fähigkeit, ruhig zu sitzen. Der Erkenntnis der künstlerischen Grundsätze, worauf die Photographie beruht, verdankt man die wichtigsten Fortschritte im Felde der Porträtphotographie. Zur Sicherung der Unbeweglichkeit während der Aufnahme war früher bei Anwendung des weniger empfindlichen Kollodiumverfahrens der Kopfhalter ganz unbedingt notwendig, damit wenigstens der wichtigste Teil des

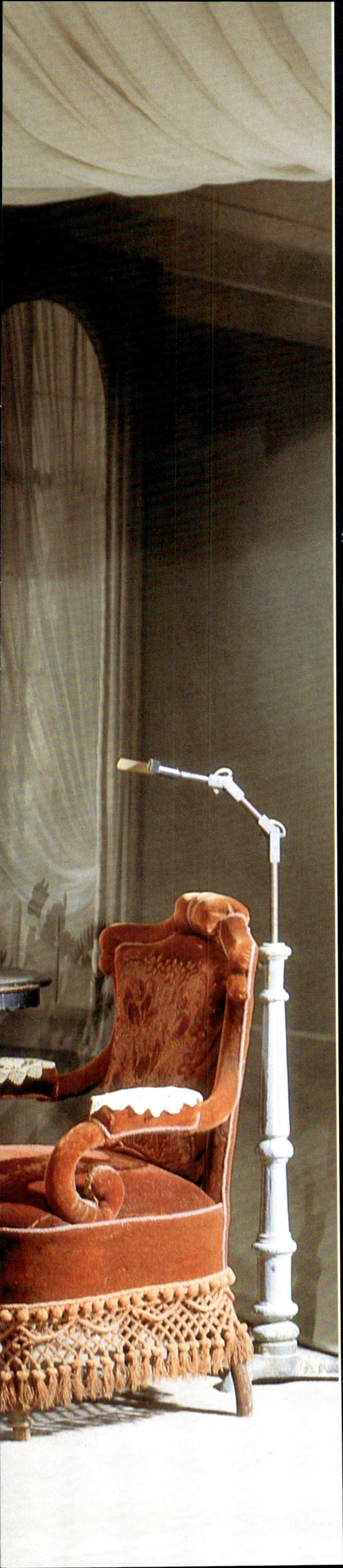

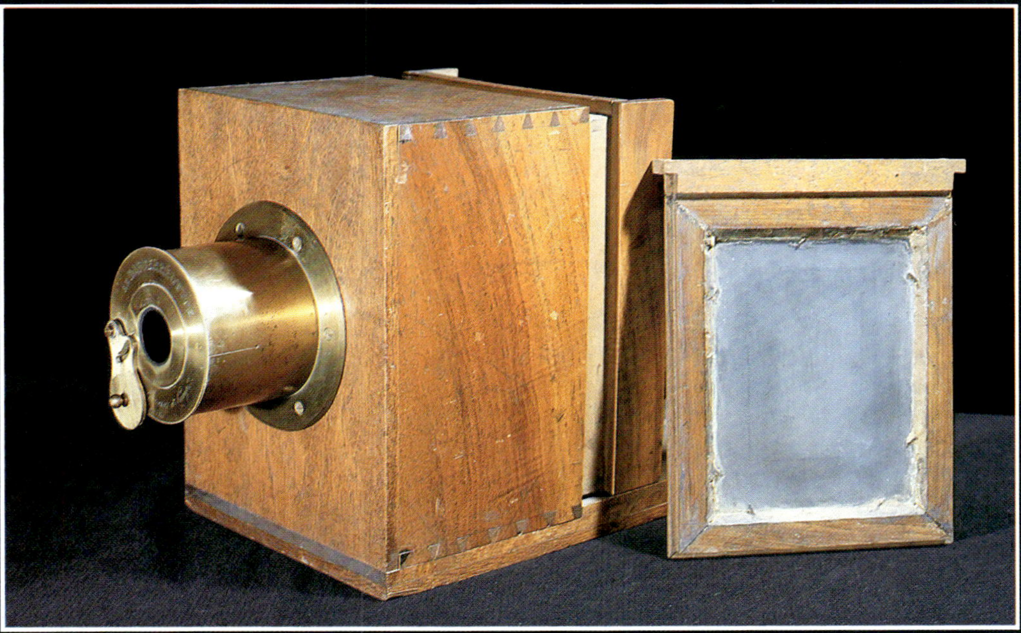

2

3

▷
4
◁
1

1 – Im Atelier des Porträtfotografen war „zur Sicherung der Unbeweglichkeit während der Aufnahme früher bei Anwendung des weniger (licht-)empfindlichen Kollodiumverfahrens der Kopfhalter ganz unbedingt notwendig“ (Meyers Konversations-Lexikon 1898), außerdem natürlich verschiedene gemalte Hintergründe und sonstige Requisiten zur Belebung des Porträts.

2 – Eine Schiebekastenkamera für Daguerreotypien mit Original-Daguerre-Objektiv von Alphonse Giroux.

3 – Diese Magazinkamera wurde um 1890 gebaut.

4 – Gleichfalls noch aus dem 19. Jahrhundert stammt diese Kastenkamera mit Fallverschluß.

Porträts, das Gesicht, scharf werde. Neuerdings, bei Anwendung hochempfindlicher Gelatineplatten, welche kurze Expositionen erlauben, ist die Erreichung künstlerischer Effekte in der Photographie wesentlich erleichtert."

Eastman erfindet eine neue Industrie

George Eastman (1854–1932) war ein technischer Erfinder von hohen Graden. Aber seine eigentliche Bedeutung lag auf einem anderen Gebiet: Er schuf die technischen und fabrikatorischen Voraussetzungen für die Amateurfotografie – und er perfektionierte sein Verfahren so, daß der Amateur vom Entwickeln, Kopieren und Vergrößern entlastet wurde. Das nahm ihm künftig die Industrie ab, eine neue, von Eastman erfundene Industrie, die es sich bald leisten konnte, mit dem Slogan zu arbeiten: „Sie drücken auf den Knopf, das übrige besorgen wir." Durch Eastman wurde das Fotografieren Allgemeingut.

In Waterville im Staat New York kam George Eastman zur Welt. Der Vater starb früh, so daß der junge George die Schule verlassen und Aushilfstätigkeiten annehmen mußte, um zum Unterhalt der Familie beizutragen. Der 14jährige arbeitete als Laufbursche und reinigte Büros. Ein Jahr später nahm er bei einer Versicherungsgesellschaft einen Posten als Bürojunge an, der ihm fünf Dollar in der Woche einbrachte. Als 20jähriger schließlich wurde er Bankangestellter. Nach ein paar Jahren konnte er es sich leisten, eine Fotoausrüstung zu kaufen. Er wollte in Santo Domingo Urlaub machen und dabei fotografieren. Seine ersten Versuche absolvierte er bei einem Fotoausflug in die Umgebung.

Aber das Naßplattenverfahren, das damals noch regierte, imponierte ihm nicht besonders, es war viel zu umständlich. In einer Fotozeitschrift las er Einzelheiten über die in England von Dr. Maddox erfundenen Trockenplatten. Bald beschloß er, selbst solche Platten zu gießen. Nach getaner Arbeit in der Bank verwandelte er nachts die Küche seiner Mutter in ein Laboratorium für Fotochemie. Wenn er müde wurde, schlief er ein paar Stunden neben dem Küchenherd.

Als beim Freiwerden eines interessanteren Postens in der Bank ein anderer Bewerber vorgezogen wurde, der mit dem Bankdirektor verwandt war, gab er seine Stellung auf und warf sich ganz auf die Fotografie. 1880 mietete er in Rochester, wo seine Familie nun wohnte, den dritten Stock eines Hauses und begann mit der Herstellung von Trockenplatten. Bald erfand er eine Maschine für die Emulsionsbeschichtung von Glas. Mit den ersten Platten erlebte er einen Hereinfall – während der Lagerzeit beim Händler verdarben viele von ihnen. Er ging für ein paar Wochen in eine Trockenplattenfabrik und sah sich genau um. Dann wußte er, was er falsch gemacht hatte.

Mit den schweren Glasplatten war Eastman auf die Dauer unzufrieden. Er suchte nach anderen Schichtträgern und kam zunächst auf den Papierfilm. 1885 stellte die Zeitschrift „Scientific American" das Verfahren in einem zweiseitigen Bericht vor. Darin wurde zwar die Papiertechnik als äußerst feinkörnig beschrieben und der Erfindung eine große Zukunft prophezeit. Aber Eastman war doch noch nicht zufrieden damit. Die Papierstruktur störte auch bei der Verwendung von Papiersorten mit feiner und glatter Oberfläche. Also beschichtete er das Papier mit einer Gelatineschicht, die nach der Entwicklung abgezogen werden konnte. Aber von dieser Technik, dem Stripping Film, wollten die Fachleute nichts wissen. Denn sie mußten den Stripping Film nach dem Abziehen auf eine Glasplatte oder auf Karton übertragen. Dann konnten sie auch gleich bei der Trockenplatte bleiben.

Nun entwickelte Eastman zwei Ideen, die alle Schwierigkeiten überspielen sollten. Erstens konstruierte er eine preiswerte neue Kamera, und zweitens organisierte er einen speziellen Film-Entwicklungs- und Kopierdienst beim Kamera- und Filmhersteller.

Die neue Kamera nannte er Kodak Nr. 1, sie kam 1888 auf den Markt. Der Name ist Eastmans freie Erfindung – er suchte schlicht nach einem in allen Sprachen verständlichen Begriff von hinreichender Einprägsamkeit. „Kurz und bündig, schroff und hart bis an die Grenze der Grobheit, eingekeilt zwischen zwei steinharten Konsonanten an beiden Enden, schlägt ‚Kodak' einem wie ein Schlitzverschluß ins Gesicht – mehr kann man nicht verlangen" – so die Intentionen Eastmans bei der Festlegung des Markenzeichens, das lange als Synonym für Kamera Geltung hatte.

Es handelte sich bei der Kodak Nr. 1 um eine kleine Boxkamera mit schlichtem Objektiv, das runde Bilder erzeugte. Das Gerät enthielt beim Kauf einen Papierfilm mit Stripping-Auflage für 100 Fotos. Den belichteten Film samt Kamera hatten die Käufer an Eastman einzuschicken. Sie bekamen die Abzüge fertig aufgezogen wieder, dazu die frisch geladene Kamera. Weil die Kamera nebst Film beim Erstkauf nur 25 Dollar kostete und jede neue Ladung (einschließlich der aufgezogenen Kopien des alten Films) 10 Dollar, fand diese erste Amateurkamera schnell weiteste Verbreitung.

1 – Am 13. April 1880 wurde George Eastman das US-Patent für eine Vorrichtung erteilt, mit der auf rationelle Art größere Stückzahlen von Trockenplatten mit der lichtempfindlichen Emulsion beschichtet werden konnten. Eastman selbst betrachtete dieses Datum als eigentlichen Anfang seines Unternehmens, der Eastman Kodak Company.

2 – Eastmans zweite Erfindung, den Papierrollfilm und die Rollfilmkassette, stellte die Zeitschrift „Scientific American" am 17. Oktober 1885 vor. In Figur 10 sieht man, wie der Film nach dem Entwickeln durch aufgebügeltes Fett transparent gemacht wird.

Der transparente Rollfilm kommt auf

Der Stripping Film auf Papier war zwar eine brauchbare, aber längst noch keine ideale Lösung. 1860 hatte sich der amerikanische Erfinder John Wesley Hyatt (1837–1920), ein gelernter Drucker, der sich eine Werkstatt zur Herstellung von Dominosteinen und Schachfiguren eingerichtet hatte, an einem Wettbewerb beteiligt, den eine amerikanische Firma ausgeschrieben hatte. Diese Firma suchte ein Material, aus dem man Billardkugeln herstellen konnte – das bisher verwendete Elfenbein war zu teuer und wurde immer rarer. Hyatt lockte der ausgesetzte Preis von 10000 Dollar. Er kannte das Kollodium, das zum Beschichten von Fotoplatten verwendet worden war. Wenn man die Grundmasse etwas abwandelte, etwa durch das Hinzufügen von Kampfer, ergab sich ein verformbares Material, das fest und biegsam zugleich austrocknete. Hyatt nannte es Celluloid und ließ es sich 1869 patentieren. Bald wurden daraus nicht nur Billardkugeln hergestellt, sondern auch viele Gebrauchsgegenstände und Kinderspielzeug.

Mit diesem Celluloid experimentierte in Eastmans Auftrag der Chemiker Henry N. Reichenbach. 1888 konnte er einen durchsichtigen Film daraus herstellen. Aber im Zusammenhang mit der Patentanmeldung stellte sich heraus, daß der Reverend Hannibal Goodwin (1822–1900) ebenfalls auf ein Rollfilmpatent wartete, das er schon 1887, also ein Jahr früher, angemel-

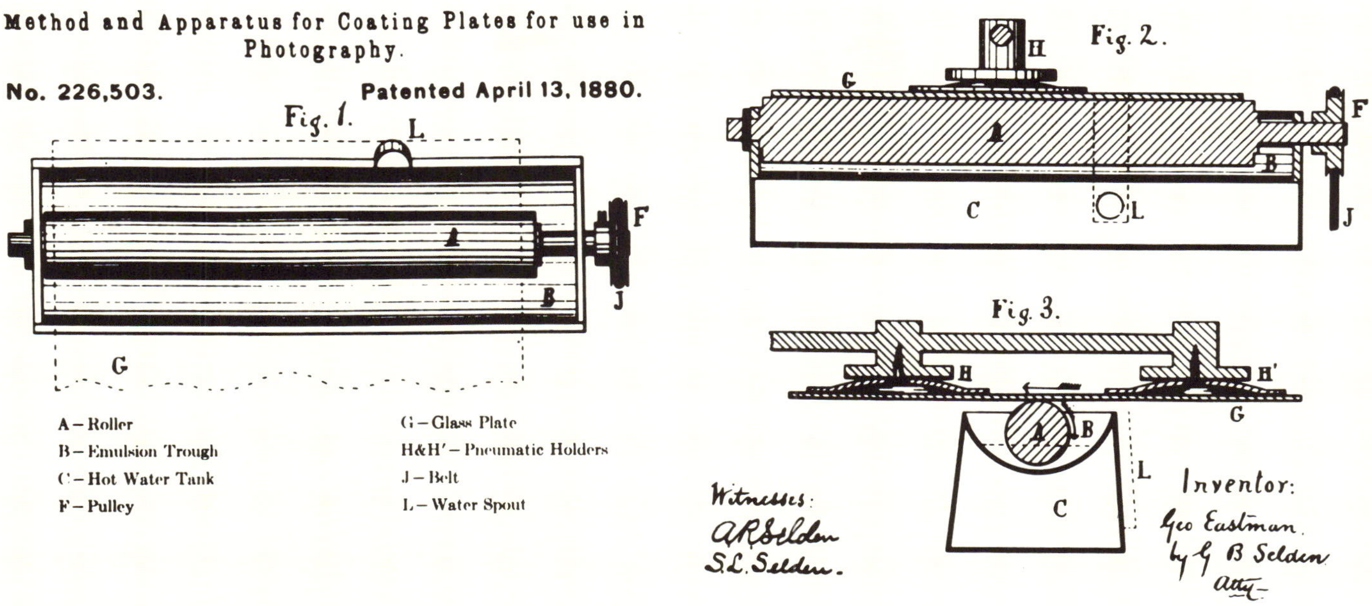

1

Fig. 1.—Roll Holder Thrown Back. Fig. 2.—Cutting off the Film. Fig. 3.—The Case Partly Raised. Fig. 4.—Putting in the Spool. Fig. 5.—Inserting the Free End. Fig. 6.—The Case—Slide partly drawn. Fig. 7.—Operating the Holder. Fig. 8.—Single Film Carrier. Fig. 9.—Developing. Fig. 10.—Making Films Transparent. Fig. 11.—The Package. Fig. 12.—Cross Section of Slide Aperture.

NEW PHOTOGRAPHIC APPARATUS FOR MAKING NEGATIVES ON PAPER.

2

1

det hatte. J. Eder in seiner „Geschichte der Photographie“ aus dem Jahre 1932: „Volle elf Jahre blieben die Patentstreitigkeiten Eastmans gegen Goodwin unentschieden beim amerikanischen Patentamt, da während dieser Zeit seitens der Eastman Kodak Company jede nur erdenkliche Methode angewandt wurde, die Erteilung des Patents an Goodwin zu verhindern. Schließlich wurde es aber Goodwin am 13. September 1898 (US-Patent 610861) als zu Recht bestehend zuerkannt.“
Eastman mußte eine Entschädigung in Millionenhöhe zahlen. Inzwischen war Goodwin längst gestorben. Seine Witwe und seine Kinder erhielten das Geld. Erst 1914 entschied das Gericht abschließend über den Rollfilmstreit, den der amerikanische Fotohistoriker Robert Taft 1936 „den wichtigsten Rechtsstreit in der ganzen Geschichte der Fotografie“ nannte.

Trotz dieser endlosen Auseinandersetzungen brachte Eastman 1889 den ersten Transparent-Film in Rollen auf den Markt. Er verhalf der Eastman Company zum Durchbruch, vor allem, nachdem S.N. Turner zwei Jahre später den bei Tageslicht einzulegenden Rollfilm erfunden hatte, ein Patent, das Eastman dem Erfinder für 40000 Dollar abkaufte.
Mit dem neuen Filmmaterial beschäftigte sich auch Thomas Alva Edison, den um diese Zeit ein Aufzeichnungsverfahren für bewegte Bilder besonders interessierte. Edisons Mitarbeiter William Kennedy Laurie Dickson schnitt den 60 Meter langen und 70 Millimeter breiten Film in zwei Streifen und klebte die Enden zusammen, so daß ein 35 Millimeter breiter Film entstand. Des besseren Transports in der Filmkamera wegen ließ Dickson den Film auch noch beiderseits perforieren.

In der Kinematografie wurde das 35-Millimeter-Format später zum Normalformat, das noch heute gilt. Der von Dickson umgestaltete Eastmanfilm kam ebenso aber auch in der Kleinbildfotografie zu Ehren, die sich durchsetzte, nachdem Oskar Barnack 1923 die Leica entwickelt hatte.

Das größte Foto-Imperium der Welt

In Deutschland wurde die erste Trockenplattenfabrik 1879 in Berlin errichtet. 1893 begann die Actien-Gesellschaft für Anilin-Fabrikation mit der Produktion von Trokkenplatten. 1896 kamen Planfilme dazu, 1900 Rollfilme für Tageslichtwechslung. Der etwas umständliche Name wurde erst populär, nachdem die Firma ihn als A.G.F.A und später als Agfa abkürzte.

2

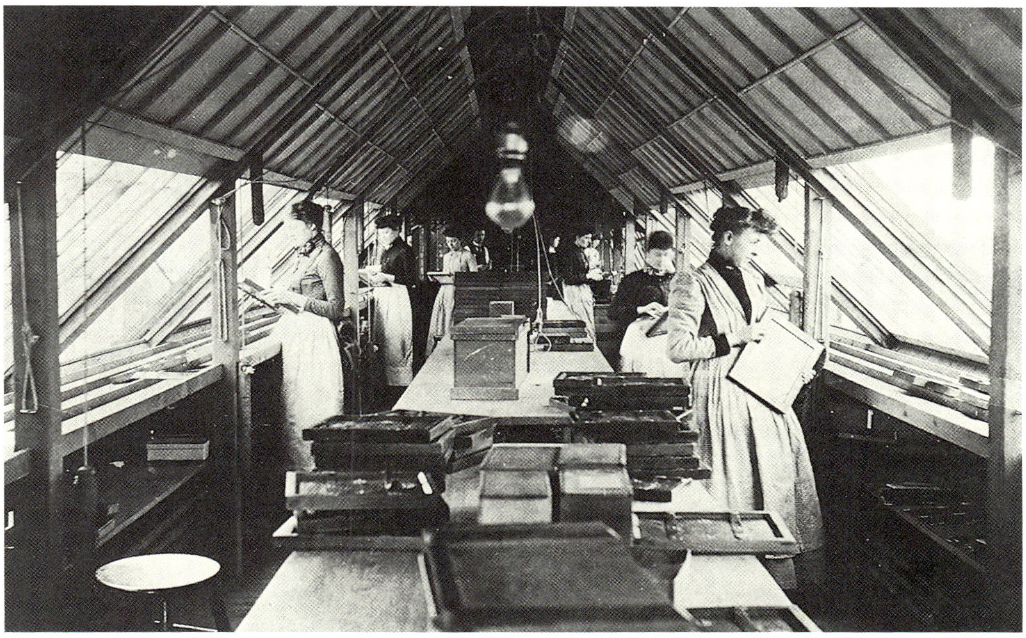

4

The Kodak Camera

"You press the button, - - - - we do the rest."

The only camera that anybody can use without instructions. Send for the Primer free.

A Transparent Film For Roll Holders.

The announcement is hereby made that the undersigned have perfected a process for making transparent flexible films for use in roll holders and Kodak Cameras.

The new film is as thin, light and flexible as paper and as transparent as glass. It requires *no stripping*, and it is wound on spools for roll holders.

It will be known as *Eastman's Transparent Film*. Circulars and samples will be sent to any address on receipt of 4 cents in stamps.

Price $25.00—Loaded for 100 Pictures.

The Eastman Dry Plate and Film Co.

ROCHESTER, N. Y.

3

5

In den USA brachte Eastman 1903 den Non-Curl-Film heraus, der sich beim Trocknen nicht mehr einrollte, weil auch die Rückseite dünn mit Gelatine beschichtet war. 1928 kam der panchromatische Rollfilm von Ilford auf den Markt, 1930 der voll orthochromatische Film von Hauff Ultra – bis dahin hatten nur die Platten panchromatische Eigenschaften gehabt. Ebenfalls 1930 wurde erstmals der Isochrom-Film von Agfa verkauft: orthochromatisch und doppelt so empfindlich wie herkömmliche Filme. Seit 1931 gibt es den Kodak-Verichrome-Film mit zweifacher Beschichtung zur Erweiterung des Belichtungsspielraums. Aus dem Jahr 1933 stammt der feinkörnige Kodak-Panatomic-Film.

In den Jahren nach dem Zweiten Weltkrieg setzte sich die Entwicklung immer höher empfindlicher und feinkörnigerer Schwarzweißfilme fort. Inzwischen war der feuergefährliche Celluloidfilm durch den Celluloseacetat-Sicherheitsfilm ersetzt worden – in Deutschland in den vierziger Jahren. Die Platte verschwand völlig, ebenso der Filmpack, der die Vorteile von Platte und Planfilm, nämlich großes Format bis 10 × 15 Zentimeter, mit denen von Roll- und Kleinbildfilm verbinden sollte: Man legte den Vorrat für zwölf Aufnahmen bei Tageslicht in die Kamera ein.

Als George Eastman 1932 starb – der seit Jahren schwer Zuckerkranke wurde erschossen in seinem Bett aufgefunden –, war Eastman Kodak auf dem Weg zur ersten Umsatzmilliarde und hatte sich zum größten Foto-Imperium entwickelt. Eastman selbst hatte sich immer im Hintergrund gehalten, er war selbst in Rochester ein Mann, den auf der Straße kaum je-

Eastman vereinfachte das Fotografieren radikal und nahm dem Fotoliebhaber auch die Sorgen um die Entwicklung.
1 – Der Käufer erhielt für 25 Dollar eine fertig mit Film geladene Boxkamera.
2 – Auf diesen Film konnte der Fotoamateur 100 kreisrunde Bilder mit 64 Millimeter Durchmesser belichten.
3 – „Sie drücken den Knopf, wir machen den Rest." Nach diesem Grundsatz schickte der Kunde die ganze Kamera mitsamt dem belichteten Film an Eastman nach Rochester ein.
4 – Im Großlabor wurde der Film entwikkelt und die hundert Negative auf Papier kopiert.
5 – Die mit neuem Film geladene Kamera und die Papierabzüge gingen wohlverpackt an den Kunden zurück, der dafür 10 Dollar zu zahlen hatte. Hiermit begann die Popularisierung der Fotografie.

Mimosa A.G. DRESDEN
Röntgen-Papier
Hauff-Platten
Orthochromatisch Extra-Rapid
12 Stück 13:18 cm
J. Hauff & Co., G.m.b.H., Feuerbach, Württbg.
Bromid-Bayer
100 Postkarten
ISOCHROM PLATTEN
Isopan SuperSpecial Film
Kodak Panatomic-X Film
ULTRAPAN
Voigtländer
FEINKORN BESSAPAN
Voigtländer FILM
VOIGTLÄNDER-GEVAERT G.m.b.H. BERLIN
J. Siebert OPTIK PHOTO MARBURG-LAHN
Agfa CHROMO ISOLAR PLATTEN
ULTRA-ORTHO
I.G. FARBENINDUSTRIE AKTIENGESELLSCHAFT
12 PLATTEN CHROMO-ISOLAR 9X12
ULTRA ORTHO
Agfa Andresa Platten
DIAPOSITIV-PLATTE
Perutz
Photo-Böhler Marburg-Lahn
Schnellste Ausführung sämtlicher Photoarbeiten
Lesen Sie die reichillustrierten Perutz-Mitteilungen!
Sie lernen viel daraus!
10×15 cm.
FOTO BAYER
BAYER FILM-PACK
12 Aufnahmen
Bei Tageslicht zu laden
Farbenfabriken vorm. FRIEDR. BAYER & Co
Photographische Abteilung
Leverkusen b. Köln a. Rh.
„Agfa" Chromo-Iso
Hauff PANCOLA SUPER
30° Scheiner

mand erkannte, und es sind von ihm nur wenige Porträtfotos überliefert. Von persönlicher Publicity hielt er nie etwas – dafür um so mehr von der Werbung für seine Fabrikate, denen es gelang, die Fotografie zu einer Massenbewegung zu machen.
Zu dieser Entwicklung trugen nicht zuletzt die Pocket-Kameras (etwa die Instamatic von Kodak) mit ihrem Kassettensystem bei, ebenso aber auch die Sofortbildfotografie, deren Kameras innerhalb von wenigen Sekunden das fertige Bild ausstoßen. Auf beide Entwicklungen kommen wir weiter unten noch zurück.

Die Entwicklungslinie der Kamera

Aus den mehrere Kilogramm schweren, unförmigen Kamerakästen der fotografischen Frühzeit wurden im Verlauf der rund 150jährigen Geschichte der Fotografie immer kleinere, leichtere und komfortablere Kameras, die dem alten Kodak-Slogan („Sie drücken nur auf den Knopf, das übrige besorgen wir“) nachträglich zu einem Wirklichkeitsgrad verhalfen, von dem sich George Eastman noch nichts hatte träumen lassen. Ist die Kamera-Evolution mit der vollautomatischen und mikroprozessorgesteuerten Superkamera an ihren Grenzen angelangt? Sicherlich nicht. Aber der nächste Entwicklungsschritt wird uns möglicherweise die Abkehr vom fotochemischen Prinzip bringen. Denn die fotoelektrischen Verfahren, wie sie heute für den Bereich der Fotokopie selbstverständlich sind, eignen sich grundsätzlich auch für das Festhalten von Bildern mit der Kamera. Die Frage ist nur, wie die Kameras für das Fotografieren ohne Film eines Tages konstruiert sein werden.

Ein kleiner Ausschnitt aus dem vielfarbigen Mosaik von Platten-, Film- und Papierfabrikaten, unter denen der Fotograf zu wählen hatte. Viele Jahrzehnte lang stritten Platte und Film um die Gunst von Fachleuten und Amateuren, bis die Platte nach dem Zweiten Weltkrieg ganz vom Markt verschwand. Der Fachfotograf bedient sich heute für besondere Aufgaben des großformatigen Planfilms, der Amateur bevorzugt weitgehend den 35-mm-Kleinbildfilm und die verschiedenen Kassettenfilme. Eine Zwischenstellung zwischen dem Planfilm, der wie die Platte nur im Dunkeln in Einzel- oder Doppelkassetten eingelegt werden kann, und dem bei Tageslicht zu ladenden Roll- und Kleinbildfilm bildete in den zwanziger und dreißiger Jahren der Filmpack, den man gleichfalls bei Tageslicht einlegen konnte.

1

2

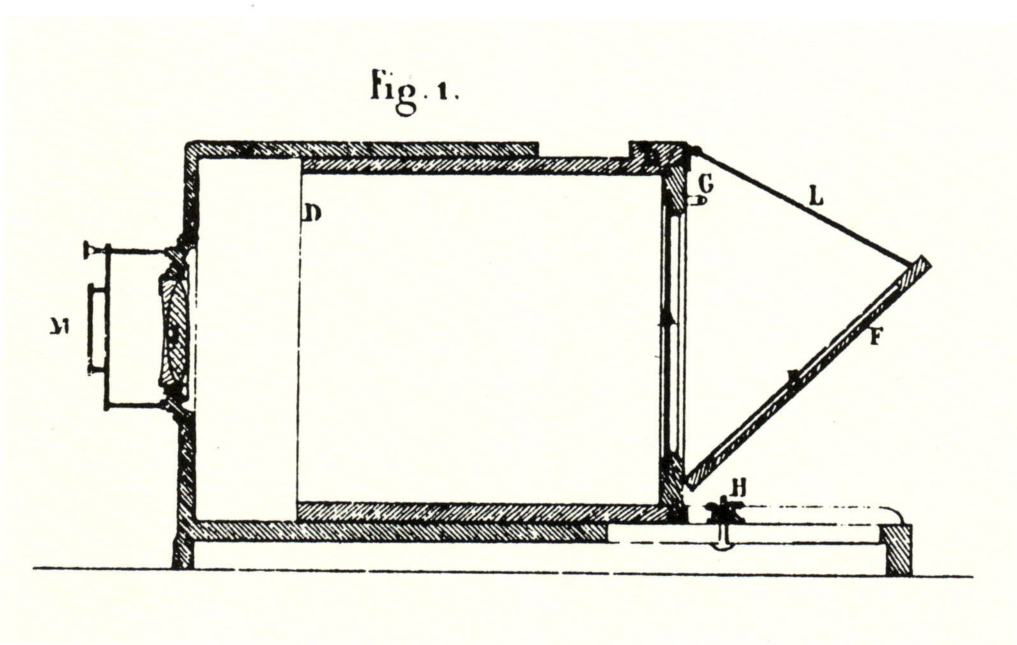

3

1 – Der Schöpfer der ersten, wenn auch noch unvollkommenen Fotografie, Joseph Nicéphore Niepce, rüstete die Camera obscura mit einem einfachen Objektiv und sogar mit einer Irisblende aus. Die Konstruktion als Schiebekastenkamera (links) erlaubte auch das Scharfstellen des Bildes. Die beiden ineinanderzuschiebenden Kästen hatten jeder eine Tiefe von 18,5 Zentimetern. Der vordere Kasten war 30,5 Zentimeter hoch und 31,5 Zentimeter breit.

2 – „Mouse traps" (Mausefallen) nannte Mrs. Talbot die primitiv zusammengezimmerten Holzkästen, mit deren Hilfe ihr erfindungsreicher Gatte allerdings keine Mäuse, sondern die Natur einfing und auf Papier bannte. Die Kameras sind etwa 7,5 Zentimeter hoch.

3 – Bei Daguerres Schiebekastenkamera wurde das kopfstehende Mattscheibenbild durch einen Spiegel umgekehrt. Doch anders als bei den heutigen Spiegelreflexkameras befand sich der Spiegel hinter der Mattscheibe. Die zur Aufnahme gegen die Mattscheibe ausgetauschten versilberten Kupferplatten waren meist 16,5 × 22 Zentimeter groß.

4 – Die im Auftrag von Daguerre von seinem Verwandten Alphonse Giroux hergestellten Apparate tragen den „Garantieschein" mit Unterschrift des Herstellers als Messingplakette auf einer der Seitenwände. Diese Kamera aus dem Jahr 1839 befindet sich im Deutschen Museum, das auch eine der größten Sammlungen von Daguerreotypien in Deutschland besitzt.

Die Fotokästen der ersten Fotografen

Es war schon die Rede davon, daß sich die Kamera aus jener Camera obscura entwickelt hat, die bereits Archimedes kannte und die Thomas Wedgwood als erster, wenn auch erfolglos, um 1800 zum Festhalten eines Lichtbildes verwendete.

Die frühen Erfinder, so vor allem Nicéphore Niepce, William Henry Fox Talbot und Louis Jacques Mandé Daguerre, merkten bald, daß der „Kasten mit Loch" keine besonders hohen Ansprüche erfüllte. Das Loch mußte so klein wie möglich sein, sonst wurden die Bilder unscharf. Kleine Löcher ließen aber nur wenig Licht durch – oft zuwenig, um auf dem nicht sehr empfindlichen Material überhaupt eine Reaktion hervorzurufen.

Niepce verbesserte die Camera obscura durch eine einfache Linse. Er führte au-

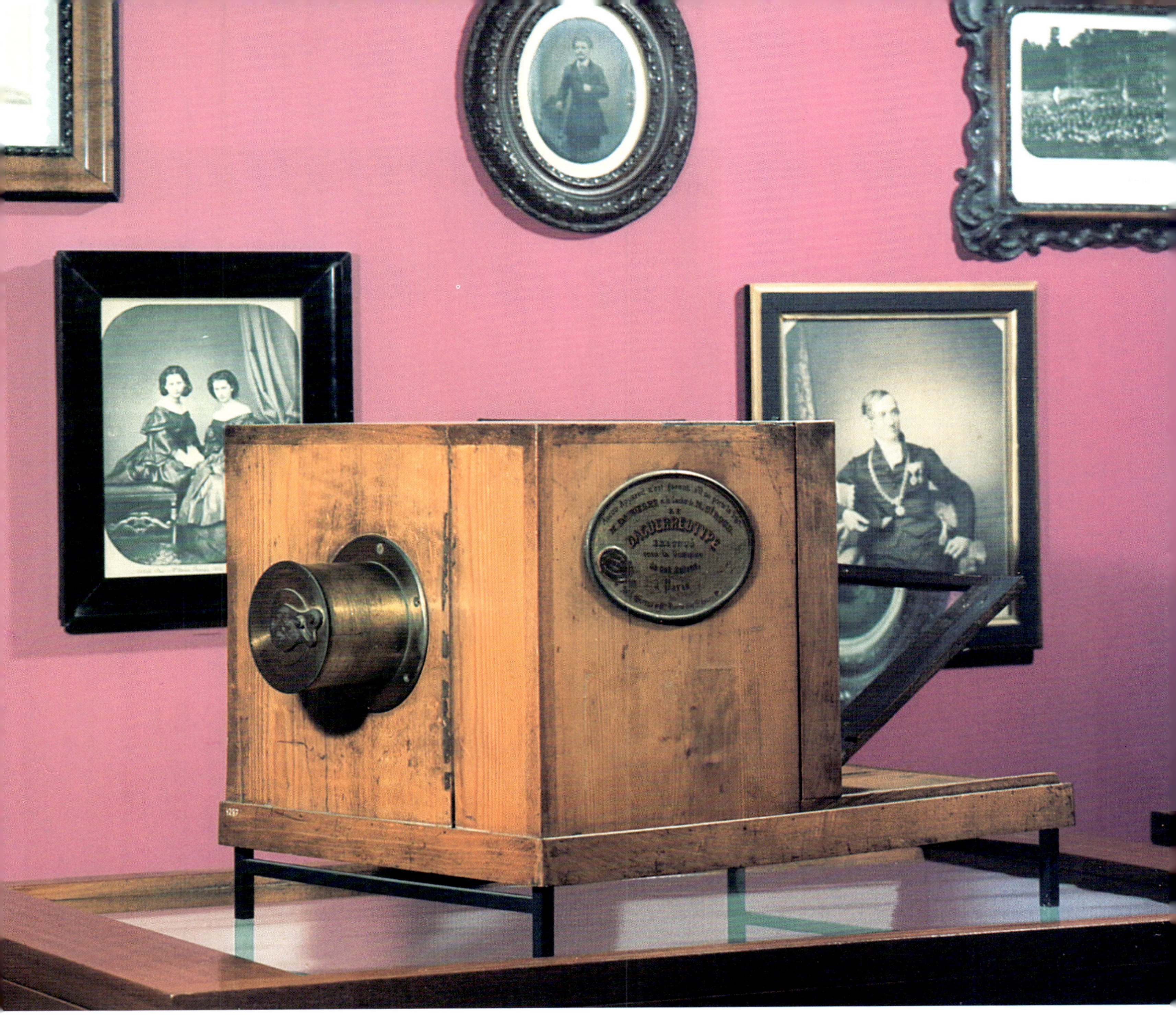

ßerdem die Irisblende ein und baute hölzerne Kameras aus zwei ineinander verschiebbaren Kästen. Man hat lange angenommen, daß ihm auch die Erfindung der ersten Kamera mit harmonikaartigen Balgen zuzuschreiben sei. Aber französische Forscher wiesen inzwischen nach, daß die im Niepce-Museum von Chalon-sur-Saône vorgeführte Balgenapparatur nicht zu einer Kamera gehört haben kann, sondern ein Teil der von den Brüdern Niepce konstruierten Verbrennungsmaschine namens Pyréolophore gewesen sein muß.
Talbot ersetzte die schlichte Niepce-Linse schon durch Optiken, die er den Okularen von Mikroskopen und Fernrohren entnahm. Seine ersten Kamerakästen waren ziemlich roh zusammengezimmert. Seine Frau nannte sie „Mausefallen", und so ähnlich müssen sie auch ausgesehen haben. Später ließ er seine Kameras von Fachleuten bauen, noch später kaufte er sie von englischen und französischen Herstellern optischer Geräte. Daguerre ließ die ersten Kameras für den Verkauf bauen. Es waren, wie von Niepce erfunden, Schiebekastenkameras mit Mattscheibe und Plattenhalter. Die Optik bestand aus einem Achromat mit einer Lichtstärke von etwa 1 : 14.
1839 konstruierte Carl August von Steinheil (1801–1870), Professor der Mathematik und Physik an der Universität München, eine tubusförmige Kamera aus verschiebbaren Pappröhren. Nachrichten über die Erfolge Daguerres und Talbots hatten ihn dazu angeregt. Über das fotochemische Verfahren waren freilich noch keine Einzelheiten bekannt. Steinheils Kollege Franz von Kobell (1803–1882), Professor der Mineralogie, experimentierte so lange, bis er Steinheil ein lichtempfindliches Chlorsilberpapier liefern konnte. Damit fotografierten die beiden Gelehrten Münchner Baulichkeiten – einige der Aufnahmen blieben erhalten, die ersten Fotos in Deutschland. Es handelte sich um Negative, die nicht umkopiert werden konnten. Steinheil nahm sie mit seiner Kamera nochmals auf, wenn er ein Positiv haben wollte. Die runden Fotos hatten einen Durchmesser von vier Zentimetern.
Im gleichen Jahr baute Steinheil auch schon eine Metallkamera für ein Bildformat von 8 × 11 Millimetern. Sie war ebenfalls tubusförmig, hatte also Ähnlichkeit mit einem Fernrohr, und wurde zur Aufnahme von Daguerreotypien verwendet. Von diesem Kameratyp wurden mindestens 10 Exemplare hergestellt – die erste serienmäßig in Deutschland produzierte Kleinstbildkamera.

1 – Auf die ersten Nachrichten über die sensationellen Erfindungen Daguerres und Talbots hin konstruierte der Münchner Naturwissenschaftler Carl August von Steinheil eine Kamera aus einem Papprohr. Sein Kollege Franz von Kobell steuerte ein lichtempfindliches, fixierbares Chlorsilberpapier bei, so daß die beiden Professoren sich an Versuchsaufnahmen machen konnten. Eine dieser ersten – wahrscheinlich drei – deutschen Kameras der gleichen Konstruktion, aber verschiedener Größe, befindet sich heute im Deutschen Museum. Ihr Papptubus ist 35,5 Zentimeter lang mit einem Durchmesser von 12 Zentimetern. Das Objektiv hat eine Brennweite von 385 mm und eine Lichtstärke von 1:3,56.
2 – Am 13. April 1839 berichteten Steinheil und Kobell vor der mathematisch-physikalischen Klasse der Bayerischen Akademie der Wissenschaften über einen von Talbot eingesandten Aufsatz und über ihre eigenen Versuche. Ihre dabei vorgelegten Aufnahmen zeigen die Glyptothek (Abbildung), die Türme der Frauenkirche und andere Münchner Gebäude.
3–4 – Nachdem Steinheil schon 1839 mindestens zehn Exemplare einer Metalltubuskamera für Daguerreotypien gebaut hatte, begann 1841 der aus Wien stammende Optiker Peter Wilhelm Friedrich Voigtländer mit der Produktion einer von ihm konstruierten Metallkamera für runde Daguerreotypien von 92 Millimeter Durchmesser. Das von Josef Petzval errechnete vierlinsige Objektiv, ein Doppelachromat, hatte bei einer Brennweite von 15 Zentimetern eine Lichtstärke von 1:3,7. Bis 1842 konnten 600 vollständige Kamera- und Laborausrüstungen zum Preis von je 120 Gulden verkauft werden.

1

Ab 1839 baute der Optiker Peter Wilhelm Friedrich Voigtländer (1812–1878), Enkel des Gründers der optischen Fabrik Voigtländer & Sohn in Wien, ebenfalls eine Metallkamera, für die Josef Petzval (1807 bis 1891) ein vierlinsiges Objektiv errechnete. Es war etwa sechzehnmal so lichtstark wie Daguerres Kameraoptiken.
Trotz unbestreitbarer Vorzüge – sie waren bedeutend kleiner und handlicher, dazu lichtstärker – gerieten die Steinheil- und die Voigtländer-Kamera ins Hintertreffen. Das bevorzugte Arbeitsgerät der ersten Fotografen war und blieb die Schiebekastenkamera, bei der man die Einstellung durch Verschieben von zwei ineinander gesteckten Kamerateilen vornehmen konnte. Im allgemeinen waren Kameras dieser Art aus Mahagoni hergestellt. Sie waren unempfindlich, aber schwer. Daran änderte auch die Einführung von zusammenfaltbaren Modellen nicht viel. Überdies war die Auszugsweite der Schiebekästen begrenzt.
Die erste mit Balgen ausgerüstete Daguerreotypie-Kamera stellte Baron Armand Pierre de Séguier 1839 in Paris vor, im selben Jahr also, in dem die Erfindungen Daguerres und Talbots bekanntgegeben wurden. Aber erst 12 Jahre später gab es Stativ-Balgenkameras für den allgemeinen Gebrauch. 1851 wurde J. J. Lewis in New York das Patent darauf erteilt. Sein Modell war für unterschiedliche Formate geeignet. In den folgenden Jahren wurden mit großer Regelmäßigkeit immer neue Balgenkameras vorgestellt, teils aus Holz, teils aus Metall, oft auch aus metallbeschlagenem Holz. Die meisten Konstrukteure bevorzugten Baumuster, bei denen die Platte mit dem Objektiv an der Grundplatte befestigt war, wogegen das Rückteil in Richtung auf das Objektiv verschoben werden konnte. Die Balgen verbanden beide Teile miteinander. Die Kameras ließen sich zusammenklappen und waren im Gegensatz zu den Schiebekastenkameras ein großer Fortschritt. Sie blieben auch nach Einführung der Glasplatten aktuell.

Plattenkameras für viele Zwecke

Mit der Einführung der Gelatine-Trockenplatten in den achtziger Jahren des 19. Jahrhunderts begann die Epoche der kürzeren Belichtungszeiten. Folglich wurden leichtere Plattenkameras verlangt, mit denen man auch aus der Hand fotografieren konnte. Das Zeitalter der Handkameras brach an.
Die erste kastenförmige Kamera, auch

2

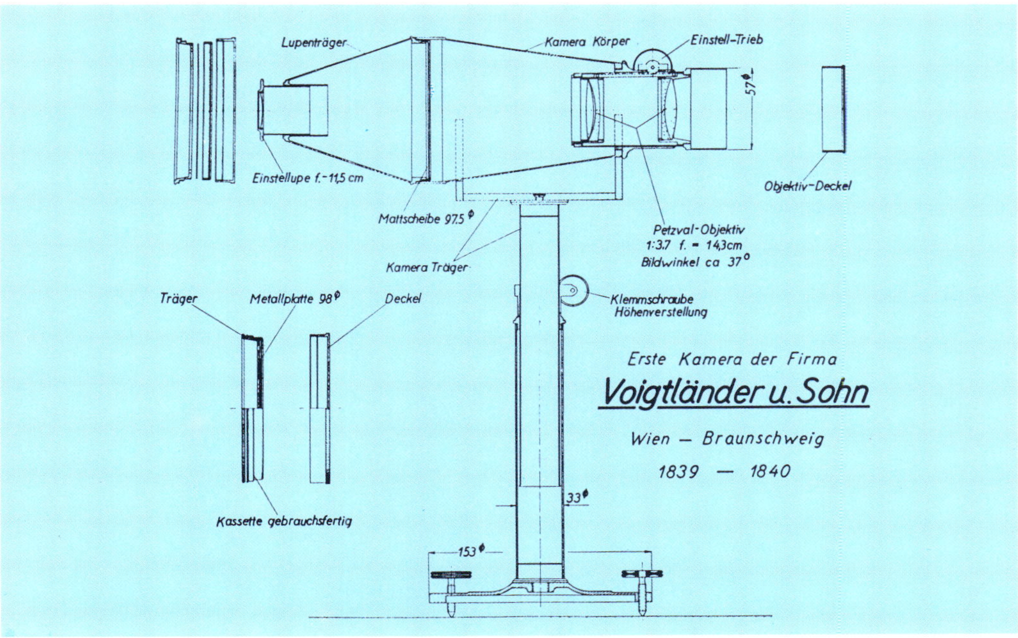

Lupenträger
Kamera Körper
Einstell-Trieb
57 Φ
Einstellupe f.-11,5 cm
Objektiv-Deckel
Mattscheibe 97.5 Φ
Petzval-Objektiv
1:3.7 f. = 14,3cm
Bildwinkel ca 37°
Kamera Träger
Träger
Metallplatte 98 Φ
Deckel
Klemmschraube
Höhenverstellung
Erste Kamera der Firma
Voigtländer u. Sohn
Wien – Braunschweig
1839 — 1840
33 Φ
Kassette gebrauchsfertig
153 Φ

4

1

2

3

4

1 – Gegen Ende des 19. Jahrhunderts wurden immer handlichere Kamerakonstruktionen verlangt. Diese Magazinkamera Monopol für das Plattenformat 9 × 12 cm von Hüttig & Sohn, Dresden, ist auf einem Hochrad montiert, das der „rasende Reporter" jedoch nur als Stativ verwenden konnte. Eine Aufnahme während der Fahrt hätte er verrissen.
2 – 1891 erhielt Dr. Krügener ein Patent auf eine Plattenwechselvorrichtung, mit der er um 1900 seine Magazinkamera Delta ausstattete.
3–4 – Um dem Bedürfnis nach preiswerten Medaillonfotos nachzukommen, wurden Multiplikatorkameras gebaut. Dieses Modell von W. Butcher & Sons, London, um 1890 belichtete mit seinen 15 Objektiven 19 × 22 mm große Fotos auf eine 9 × 12-Platte. Die Fotos des Manns mit Mütze stammen aus einer ähnlichen Kamera.

Detektivkamera genannt, wurde 1881 von Thomas Bolas konstruiert und in England zum Patent angemeldet. Wie eine zweiäugige Spiegelreflexkamera besaß sie eine Sucherlinse, deren Einstellung mit derjenigen des Aufnahmeobjektivs gekoppelt war. Ein Reflexsucher dieser Art gehörte bald zur Standardausrüstung der Handkamera. Manche Detektivkameras waren als Aktenkoffer oder Reisenecessaire getarnt, damit man mit ihnen unauffällig fotografieren konnte – soweit das bei Apparaten mit etwa handtellergroßen Platten überhaupt möglich war.
Andere Handkameras, die ab 1890 aktuell wurden, arbeiteten mit Balgen, Klapp- und Spreizmechanismen. Zwei der berühmtesten Kameras dieser Art, die vor allem von Presse- und Berufsfotografen verwendet und bis heute in unzähligen Modellen gebaut wurden, waren die Linhof und die Speed Graphic. Das erste Modell der in Deutschland entwickelten Linhof kam 1903 auf den Markt. Am erfolgreichsten war die 1934 erstmals vorgestellte Linhof Technika. An ihrer Stelle steht heute die Linhof Master Technika als vielseitigste Großbildkamera auf dem Weltmarkt. Die Speed Graphic wurde 1912 in den USA konstruiert von der Folmer and Schwing Division von Eastman Kodak. Beide Kameras wurden auch nach dem Zweiten Weltkrieg noch mit Plattenausrüstung gebaut, zu einer Zeit also, zu der sich alle anderen Hersteller von Platten-Handkameras längst auf Rollfilm- und Kleinbildkameras umgestellt hatten.
Alle Plattenkameras hatten den Nachteil, daß jeweils nur eine Platte eingeschoben und belichtet werden konnte. Der aufwendige Plattenwechsel war lästig. So wurde schon in der Frühzeit der Fotogeschichte an zwei Verfahren gearbeitet, die Plattenwechselei zumindest zum Teil zu umgehen. Einerseits gab es dabei die Möglichkeit, Kameras mit Mehrplattenmagazinen zu bauen. Andererseits wurden Verfahren erprobt, auf einer Platte mehrere Aufnahmen unterzubringen.
Eine Magazinkamera ließ sich Thomas E. Merrit schon 1854 patentieren. Er wollte über den Kamerakasten einen zweiten, als Plattenmagazin gedachten Kasten setzen. Mit Hilfe eines Schiebers sollten die Platten in Aufnahmestellung in den Kamerakasten gelangen. Diese Methode scheint aber nicht funktioniert zu haben. John Benjamin Dancers Stereokamera von 1856 war mit einem gesonderten Magazin ausgerüstet, aus dem man die Platten mit Hilfe einer Stange in Aufnahmeposition ziehen konnte.
Andere Mehrplattenkameras arbeiteten

1

2

1 – Die 1934 von der Münchner Firma Linhof herausgebrachte Plattenkamera Technika verband die Vorzüge der zusammenklappbaren Handkamera mit denen der Fachkamera: Möglichkeiten der perspektivischen Entzerrung durch Höhen- oder Seitenverschiebung der Objektivstandarte sowie der Schärfentiefendehnung durch Schwenkung der Standarte und des Rückteils nach dem Prinzip von Theodor Scheimpflug (1865–1911). Die heutigen Modelle Super Technika und Master Technika sind natürlich für Planfilm ausgerüstet und bieten auch Rollfilmkassetten für verschiedene Formate.
2 – Eine Vorrichtung, mit der man Rollfilm an allen gängigen Plattenkameras verwenden konnte, den „roll-holder", brachte George Eastman zusammen mit William H. Walker bereits 1884/85 heraus.
3 – Die erste spezielle Rollfilmkamera der Welt, und mit ihrer Kastenform Urahn aller Boxkameras, war 1888 die Kodak Nr. 1. Der Mattscheibensucher dieses Exemplars ist nachträglich eingebaut.
4 – Für seinen mit schwarzem Papier hinterlegten und dadurch vor Lichteinfall geschützten Rollfilm konstruierte Samuel N. Turner 1892 eine Boxkamera, die Bull's Eye. Eastman erwarb 1894 die Lizenz für dieses Rollfilmsystem und ein Jahr später auch für die Kamera.
5 – Vor allem jugendliche Käufer gewann Eastman ab 1900 mit der Brownie für einen Dollar.
6 – Agfa startete 1932 eine große Werbeaktion für ihre neue Boxkamera, die Agfa-„Preisbox".
7 – An die Stelle des Rollfilms setzte Eastman Kodak 1963 die Kodapak-Kassette für die Instamatic-Kameras mit dem Format 28 × 28 Millimeter.

mit Klapp- und Stapelmechanismen oder mit Wechselsackeinrichtungen. Besonders erfolgreich war das 1887 für E. V. Swinden und J. Earp in England patentierte Fallklappenprinzip, bei dem jeweils die vorderste Platte aus einem vor der Kamerarückwand stehenden Stapel belichtet wurde und dann wie eine Falltür auf den Kameraboden klappte.
Das Ziel, auf einer Platte mehrere Aufnahmen unterzubringen, verwirklichten die Multiplikatorkameras. Es gab Modelle mit verschiebbaren Objektiven, wie den Policonographen von 1861, der auf einer Platte 15 Aufnahmen machte, und andere, bei denen das Objektiv an seinem Platz blieb, dafür aber die Platte mit Hilfe einer zur betreffenden Kamera gehörenden Zusatzeinrichtung verschoben werden konnte. Aber auch mit mehreren Objektiven an einer Kamera war das Problem zu lösen. So stellte der Amerikaner Albert S. Southworth 1855 eine Großformat-Multiplikatorkamera vor, auf deren 30,5 × 38,1 Zentimeter großen Platte er mit Hilfe von vier Objektiven 616 Miniaufnahmen im Format von 1,3 × 1,3 Zentimeter unterbringen konnte. In der Stunde wollte er es auf insgesamt 50000 Aufnahmen bringen. Es ist nicht bekannt, ob ihn jemand beim Wort genommen hat.
Multiplikatorkameras mit mehreren Objektiven, die acht oder mehr Fotos des gleichen Objekts auf einmal auf eine Platte bannten, waren in den achtziger Jahren und noch bis tief ins 20. Jahrhundert hinein beliebt. Die Kleinformatbilder, auch Visitenkartenbilder genannt, eigneten sich gut zum Verschenken und kosteten weniger als großformatige Porträts. Ihre letzte Erscheinungsform war das Briefmarkenbild. Dabei wurden die Ränder der Einzelbilder bei der Aufnahme mit Masken abgedeckt, die Briefmarkenrand und -perforation simulierten.

Die Rollfilmkamera tritt auf

Der Gedanke, lichtempfindliche Papierstreifen aufzurollen und eine Kamera damit zu beschicken, geht auf das Jahr 1854 zurück. Aber erst 1875 gab es einen Papierrollenhalter für Kameras, der auch in nennenswertem Umfang verkauft wurde. Der in England lebende Russe Leon Warnerke war sein Erfinder. Er arbeitete mit Papier, das mit lichtempfindlichem Stripping Film belegt war. Jede Rolle reichte für 100 Aufnahmen. Warnerke ersann auch ein elektrisches Signalsystem, das über eine Perforation am Papierrand gesteuert wurde. Wenn genügend Film für

3

4

5

6

7

die nächste Aufnahme weitergedreht war, klingelte es. Dieses Verfahren wurde allerdings bald wieder fallengelassen. Es war zu aufwendig.
Den ersten Rollenhalter, der sich bei den Fotografen durchsetzte, konstruierte George Eastman 1884 gemeinsam mit William Walker, einem Kamerahersteller in Rochester, der für Eastman arbeitete. Trotz gewisser Ähnlichkeiten mit schon vorhandenen Vorrichtungen dieser Art gab es keine patentrechtlichen Schwierigkeiten, weil sich der Eastman-Walker-Rollenhalter „in wesentlichen Gesichtspunkten" von den herkömmlichen Haltern unterschied.
Eastmans erster Rollenhalter war so konstruiert, daß man ihn mit allen gängigen Plattenkameras kombinieren konnte. 1888 folgte dann die (oben schon erwähnte) erste Kodak-Kamera mit integriertem Rollensystem, 100 Aufnahmen je Rolle und der Zusage, die Bilder im Werk zu entwikkeln und aufzuziehen. Ein Jahr später kamen die ersten Celluloidfilme heraus, für die bald eigene Kameratypen konstruiert wurden. Außerdem konnte man den neuen Film aber auch für die vorhandenen Rollenhalter und Kameras verwenden.
Alle frühen Rollfilmkameras mußten noch in der Dunkelkammer be- und entladen werden. Eastman orientierte sich an einem 1889 in England für B. J. Edwards patentierten System, das mit lichtdichten, auch bei Tageslicht einlegbaren Behältern für den Film arbeitete, und brachte umgehend ein ähnliches Verfahren heraus, bei dem der Rollfilm von einem Karton in einen anderen lief. Die Filmschlitze waren mit Samtstreifen abgedichtet. Aber die ideale Lösung war das noch nicht. Der Rollfilm wurde erst handsamer, nachdem Samuel N. Turner 1891 auf den Gedanken gekommen war, den Celluloidfilm zusammen mit schwarzem Papier als Zwischenlage aufzuspulen. Durch ein farbiges Fenster an der Kamera konnte man die auf den Lichtschutzstreifen gedruckten Bildnummern ablesen. Damit war auch dieses Problem gelöst. Bald konstruierte Turner eine Kamera für den neuen Film, die er Bull's Eye nannte. Aber sie war kein großer Erfolg, obwohl jedermann der Vorzug, daß der Film nun bei Tageslicht eingelegt werden konnte, hätte einleuchten müssen.

Von der Box zur Klappkamera

Erst der bei Tageslicht einlegbare Film schuf die Voraussetzungen für neue Entwicklungen im Kamerabau. Hatten sich die ersten Rollfilmkameras noch weitgehend an den meist ziemlich unhandlichen Plattenkameras orientiert, so kamen nun bedeutend praktischere und leichtere Modelle auf den Markt. Dabei schlugen die Konstrukteure zwei ganz verschiedene Wege ein. Sie bauten einerseits kompakte Kasten- oder Boxkameras (englisch box = Büchse), die für die weitere Popularisierung der Amateurfotografie sorgten, andererseits technisch und optisch anspruchsvollere Klappkameras.
Noch bevor Turner ein Patent auf seine Tageslichtpackung bekommen hatte (es ließ mehr als drei Jahre auf sich warten), kam Kodak mit der Bullet-Kamera heraus. Als erste Pocket-Kamera stellte der nur zehn Zentimeter lange Apparat alle bis dahin erzielten Kodak-Erfolge weit in den Schatten. Die Bullet arbeitete mit Filmpackungen, die nur eingelegt zu werden brauchten, und mit einem Bildformat von 3,8 × 5,1 Zentimetern. Man konnte sich zwischen Zeit- und Momentaufnahmen entscheiden. Schon nach kurzer Zeit lieferte Eastman Kodak täglich 600 der neuen Pockets zum Preis von fünf Dollar. Als Turner sein Patent endlich bekommen hatte, kaufte Eastman erst eine Herstellungslizenz, dann die gesamten Rechte einschließlich Turners Firma, der Boston Camera Manufacturing Company.
Nicht weniger erfolgreich war Eastmans schlichte, aus Jutepappe und Holz konstruierte Box namens Brownie, die nun nur noch einen Dollar kostete und im Jahre 1900 auf den Markt kam. Sie peilte vor allem die Jugendlichen als Zielgruppe für den Verkauf an – mit sensationellen Absatzzahlen. So blieb die Brownie jahrzehntelang im Programm, immer wieder den neuesten Erfordernissen angepaßt.
Boxkameras kamen bald auch in anderen Ländern heraus, so die Scout von Houghtons (1901) oder die Traveller von Sinclair (1909) in England, die Film-K-Boxkameras von Ernemann (1919), die Box-Tengor von Goerz, später Zeiss Ikon (1929), und die verschiedenen Agfa-Boxkameras (ab 1923 in neuer Aufmachung) in Deutschland, die Lux-, Scout- und Lumibox von Lumière (1934) in Frankreich, die italienischen Ferrania-Modelle.
Die Box-Entwicklung setzte sich auch nach dem Zweiten Weltkrieg fort – mit wesentlich verbesserten Modellen. Vor allem brauchte die Box nun nicht mehr, wie früher, vor den Bauch gehalten zu werden, wenn man von oben in den Sucher blicken wollte, sondern man konnte wie mit einer größeren Kamera in Augenhöhe fotografieren. Aber bei den meisten Box-Kameras wurde nach wie vor der normale Rollfilm mit Schutzpapier verwendet. Ihn richtig einzulegen und nach Belichtung wieder herauszunehmen, ohne daß es zum Lichteinfall kam, gelang nicht jedem Amateur reibungslos. Oft mußten die Fotohändler helfend eingreifen. So entwickelte Eastman Kodak in richtiger Einschätzung des Marktes ein neues Filmladesystem, das Kodapak-Kassettenverfahren, und dazu gleich eine ganze Serie von Instamatic-Kameras, die 1963 vorgestellt wurden. Innerhalb von 15 Jahren wurde die Instamatic zur erfolgreichsten Kamera der Fotogeschichte; sie wurde in diesem Zeitraum in einer Stückzahl von fast 70 Millionen verkauft. Und bald kamen, nach ähnlichen Prinzipien konstruiert, weitere Pocket-Systeme anderer Hersteller heraus. Sie setzten den vorläufigen Schlußpunkt unter die Entwicklung der braven Box.
Die zweite Entwicklungslinie, die der Klapp- oder Faltkameras für Rollfilm,

1 – Um auch einfache Kameras für den Amateur noch handlicher zu machen, stattete Eastman 1897 die Folding Pocket Kodak Nr. 1 mit einem von vier Metallspreizen gestützten faltbaren Lederbalgen aus. Dieses Modell A der Folding Pocket Kodak Nr. 2 hatte schon die für Klappkameras typische Grundplatte, die in geschlossenem Zustand das Objektiv schützt. Der Rollfilm brachte 12 Aufnahmen 89 × 89 Millimeter.
2 – Eine der vielen Taschenkameras aus der Zeit vor dem Ersten Weltkrieg war die Atom der Ica-Kamerawerke, Dresden. Auf einen Knopfdruck klappt der Kameraboden mit dem Objektiv und dem Sucher nach vorn. Trotz ihrer schnellen Aufnahmebereitschaft hatte der Fotograf ein Handicap: Statt den Rollfilm weiterzudrehen, mußte er die Platte wechseln; Format 4,5 × 6 Zentimeter.
3 – Die meisten Klappkameras der zwanziger und dreißiger Jahre wie diese Agfa Standard um 1930 benutzten Rollfilm für 12 Aufnahmen 6 × 9 Zentimeter. Im allgemeinen hatten sie einen sogenannten Brillantsucher mit Einblick von oben, den man für Querformataufnahmen drehte, sowie einen Rahmen- oder Sportsucher zum Ausklappen.
4 – Die Voigtländer Prominent von 1932 machte ihrem Namen alle Ehre. Sie hatte nicht nur einen optischen Durchsichtssucher, sondern auch einen gekuppelten Entfernungsmesser und einen optischen Belichtungsmesser. Beim Einlegen des Films konnte der Fotograf wählen: 8 Aufnahmen 6 × 9 oder 16 Aufnahmen 4,5 × 6 Zentimeter. Objektiv Heliar 1:4,5/105 mm, Compur-Verschluß bis 1/250 Sekunde.

1

2

3

4

setzte sich im Gegensatz zur Box nicht bis in die Gegenwart fort. Es handelte sich dabei um Kameras mit ausklappbaren oder herausziehbaren Balgen. In geschlossenem Zustand präsentierten sie sich als flache, gut transportierbare Etuis etwa von der Größe einer Hand.
Das erste Modell konstruierte Frank Brownell für Eastman, es wurde 1897 in London erstmals öffentlich vorgeführt, setzte sich unter der Bezeichnung Folding Pocket Kodak durch und kostete in der Anfangszeit acht Dollar. In den Jahrzehnten danach befaßten sich fast alle Kamerahersteller mit dem Typ der Klappkamera. Weit verbreitet war in Deutschland die Standard von Agfa (1926), die sowohl mit einem Reflex- als auch mit einem Rahmensucher ausgestattet war. 1928 brachte Zeiss Ikon, die 1926 durch den Zusammenschluß von Zeiss, Ica, Goerz, Contessa-Nettel und Ernemann gegründete neue Fotofirma, die Ikonette heraus, der sich andere Modelle anschlossen, so vor allem 1933 die Super Ikonta mit gekuppeltem Entfernungsmesser. Ein Jahr früher schon hatte Voigtländer die Prominent mit Schnittbildentfernungsmesser herausgebracht.
Nach dem Zweiten Weltkrieg ließ das Interesse an den relativ komplizierten, teuer herzustellenden Klapp- und Faltkameras nach. Die Kleinbildformate schoben sich in den Vordergrund, für sie wurden andere Kameratypen gebraucht. Die letzten Hersteller verzichteten in den sechziger Jahren auf den Bau von Rollfilm-Klappkameras. Zu dieser Entwicklung trugen einerseits die verbesserten, feinkörnigeren Filmemulsionen bei, andererseits die neuen automatischen Großkopieranlagen zur Herstellung billiger Vergrößerungen.

Kameras mit zwei Augen

Auf den Gedanken, Kameras mit zwei Objektiven zu bauen, die sich gleichzeitig und mit demselben Mechanismus verstellen ließen, kamen die Kamerabauer schon in den sechziger Jahren des 19. Jahrhunderts, als die Multiplikatorkameras aktuell waren, mit denen man mehrere Aufnahmen zugleich auf einer Platte unterbringen konnte. Der Vorzug eines zweiten Objektivs war einleuchtend: Mit seiner Hilfe konnte man die Kamera besonders genau einstellen. Es gab aber auch die Möglichkeit, mit speziellen Zwei-Objektiv-Kameras stereoskopische Aufnahmen zu machen. Dabei wurde das Objekt zweimal nebeneinander auf den Film gebannt. Die beiden Fotos hatten aber nicht genau den gleichen Blickwinkel. Deshalb ergab sich ein stereoskopischer (plastischer) Effekt,

wenn man die Doppelbilder mit einem zweiäugigen Betrachtungsgerät auf sich wirken ließ.
Auf die Dauer behielt jedoch das zweite Objektiv die ursprüngliche Aufgabe, das genaue Einstellen (Fokussieren) der Kamera zu erleichtern. Zunächst setzten die Konstrukteure zwei komplette Balgensysteme übereinander – das obere für die Kameraeinstellung, das untere für die Aufnahme. Aber schon 1880 gab es die erste Spiegelreflexkamera, bei der ein hinter dem oberen Objektiv angebrachter Spiegel das Bild auf eine Mattscheibe an der Kameraoberseite warf. Dieses Prinzip hielt sich jahrzehntelang. Es wurde von R. & J. Beck in London für den Direktor des Kew-Observatoriums, G. M. Whipple, entwickelt. Whipple wollte damit Wolkenaufnahmen machen.
Bis etwa 1910 kamen zahllose zweiäugige Spiegelreflexkameras heraus, von denen aber keine einen überdurchschnittlichen Erfolg verbuchen konnte. Da es inzwischen schon die ersten einäugigen Spiegelreflexapparate gab, die handlicher und vielseitiger waren, prophezeiten viele Fachleute der zweiäugigen Version schon einen frühen Tod.
Aber dann stellten Franke & Heidecke 1929 ihre Rolleiflex vor, kompakt und ganz aus Metall gebaut, für ein Bildformat von 6 × 6 Zentimetern gedacht, mit einem herausklappbaren Lichtschacht, der die Mattscheibe gut erkennbar machte, und einer eingebauten Lupe zur Betrachtung der Mattscheibe. Mit einem Zahnstangenmechanismus konnte man Sucher- und Aufnahmeobjektiv gleichzeitig verstellen.
Vor allem Berufs- und Pressefotografen leuchteten die Vorzüge der Rolleiflex, die

1

2

4

1–2 – Diese Stereokamera Scenographe, 1874 für Dr. Candèze patentiert, machte durch das verschiebbare Objektiv ein Stereobildpaar auf eine Trockenplatte. Dazu gab es einen speziellen Betrachter.
3 – Die Stereo-Ausführung der Handkamera von Ottomar Anschütz und C. P. Goerz in Berlin 1890 belichtete das Bildpaar gleichzeitig durch zwei Objektive.
4 – Diese um 1925 gebaute zweiäugige Spiegelreflex hatte das Aufnahmeobjektiv oben, das für die Mattscheibe unten.
5 – Wie bei fast allen „Zweiäugigen“ ist bei dieser Spiegelreflexkamera der Londoner Firma Stereoscopic Company um 1895 das Aufnahmeobjektiv unten.
6 – Mit der ersten Rolleiflex begründeten Franke & Heidecke, Braunschweig, 1929 eine rund vierzigjährige Erfolgsserie.
7 – Das Pendant aus dem Hause Zeiss Ikon, die Ikoflex, kam 1934 heraus.

3

5

Rolleiflex
Franke & Heidecke Braunschweig

6

IKOFLEX
ZEISS IKON

7

1

2

4

5

im Lauf der Jahre in vielen Versionen gebaut wurde, ein. Andere Hersteller zogen nach, so u.a. Zeiss Ikon mit der Ikoflex (1934) und der Contaflex (1935), Voigtländer mit der Brillant (1932), Kodak mit der Reflex (1946). Auf den meisten Anwendungsgebieten mußte jedoch inzwischen die zweiäugige der einäugigen Spiegelreflexkamera weichen, von der sie um 1960 überrundet wurde.

Die Kleinbildkameras rücken vor

In Thomas Alva Edisons Erfinderfabrik wurde der 70 Millimeter breite Eastman-Rollfilm, wie schon berichtet, der Länge nach halbiert, mit Randperforationen versehen und für Laufbildaufnahmen verwendet. Erstmals 1908 machte ein französisches Erfinderteam, bestehend aus A. Léo, P. Audobard und C. Baradat, den Vorschlag, den Kinofilm, in einem Magazin untergebracht, für Stehbildaufnahmen zu verwenden. In der Folgezeit kamen Erfinder immer wieder auf diesen Gedanken zurück – so beispielsweise Paul Dietz, dessen Tourist Multiple mit einem 750-Aufnahmen-Magazin 1913 in New York herauskam („damit können Sie eine ganze Europareise aufzeichnen", hieß es in der Werbung), oder J. Singer, dessen Patent auf eine Kleinbildkamera namens Amourette die Österreichische Telephon AG ab etwa 1925 auswertete.

Den Durchbruch verdankte der 35-Millimeter-Film jedoch erst der Leica, einer der berühmtesten Kameras der Welt. Ihr Schöpfer war Oskar Barnack (1879–1936), ein aus Lynow in Brandenburg stammender Feinmechaniker, der seit 1911 bei den optischen Werken von Ernst Leitz in Wetzlar als Entwicklungskonstrukteur arbeitete. Den begeisterten Bergsteiger ärgerte es, daß er auf seinen Touren stets eine schwere und schwerfällige Kameraausrüstung mitschleppen mußte. Ihm schwebte ein bedeutend leichterer und kleinerer Apparat vor. Ab 1913 arbeitete er an ersten Entwürfen. Er wich dabei völlig von den bis dahin erprobten Formen und Konstruktionsdetails ab. Seine Kamera sah ganz anders aus als alle anderen Kameras. Und sie funktionierte in vielen Einzelheiten auch anders. Zu den Barnackschen Ideen gehörte beispielsweise die Koppelung von Filmtransport und Kameraverschluß, die Doppelbelichtungen ausschloß. Barnack baute das Objektiv in einen versenkbaren Tubus ein, um Platz zu sparen. Seine Kamera, die Ur-Leica, bestand ganz aus Metall und hatte einen Schlitzverschluß. Zuerst experimentierte Barnack

3

6

1 – Die ab 1915 von Levy-Roth in Berlin gebaute Minnigraph war die erste deutsche Kamera für den perforierten 35-mm-Film und machte Aufnahmen im Format 18 × 24 Millimeter. Wenn man die Rückwand gegen ein passendes Lampenhaus austauschte, konnte man die Bilder durch das Kameraobjektiv projizieren.
2 – Auch für die von Wolfgang Simons erfundene Sico, ab 1924 von Simons & Co. in Bern hergestellt, gab es einen Projektionsansatz.
3 – Die Amourette von J. Singer, hergestellt ab 1926 von der Österreichischen Telefon AG in Wien und der Firma Robert Glombeck in Berlin. Durch Herausziehen der Öse an der Rückwand schiebt im Innern eine Platte mit zwei Sperrklinken den Film weiter.
4 – Die 1934 von Otto Berning & Co. herausgebrachte Robot war als erste Fotokamera der Welt mit einem eingebauten Federwerkmotor für den Filmtransport ausgestattet. Sie machte 50 Fotos im Format 24 × 24 Millimeter.
5 – Eine der populärsten Kleinbildkameras war die Retina der deutschen Kodak AG von 1934. Nachfolgemodelle wurden bis in die sechziger Jahre produziert.
6 – Die preiswerte Agfa Karat benutzte ab 1937 eine Spezialpatrone für 12 Aufnahmen 24 × 36 Millimeter, die das Rückspulen vermied.

Nächste Doppelseite: Die Leica gilt seit zwei Generationen für viele Fotografen als das Ideal einer Kleinbildkamera. Unter den zahlreichen Modellen und Varianten, die hier nur in Auswahl gezeigt werden können, gab es ab 1942 auch eine kältefeste Ausführung für den Einsatz der Kriegsberichterstatter.

mit normalem Kinobildformat (18 × 24 Millimeter), dann ging er auf 24 × 36 Millimeter über, um bei starken Vergrößerungen bessere Ergebnisse zu erzielen.
Die Firma Leitz, bis dahin kein Kameraproduzent, entschloß sich nur unter größten Bedenken, eine Versuchsserie aufzulegen. 1925 wurde die Leica auf der Leipziger Frühjahrsmesse erstmals vorgeführt. Im Sommer dieses Jahres kam sie in den Verkauf. Noch 1925 konnten 1000 Apparate abgesetzt werden. Seit dieser Zeit wurden ständig Verbesserungen vorgenommen und neue Modelle herausgebracht. Das Grundprinzip blieb erhalten, es wurde mit Wechselobjektiven und Zubehör aller Art zu einem viel nachgeahmten System ausgebaut. Ihre Leica-Verwandtschaft konnte weder die Contax von Zeiss Ikon (1932) noch die Retina von Kodak (1934) verleugnen. Die Retina wartete erstmals mit Wegwerfpatronen auf. Bis dahin waren bei Leica und Contax Kassetten verwendet worden, die in der Dunkelkammer neu geladen werden mußten. Das heute übliche Patronensystem, das Patronen mit tropfenförmigem Querschnitt und Samt-Abdichtung verwendet, geht auf ein Patent aus dem Jahre 1936 zurück, das sich die I.G. Farbenindustrie erteilen ließ. Die Agfa verwendete es zuerst für ihre erfolgreiche Kleinbildkamera Agfa Karat. Eine Kleinbildkamera war auch die erste motorisierte Kamera, die Robot aus dem Jahre 1934. Ein Federwerk besorgte den Filmtransport und das Spannen des Verschlusses.
Den nächsten großen Entwicklungsschritt tat die Kleinbildkamera mit der Übernahme des Spiegelreflexsystems. Mit Verfahren, einen Spiegel in den Strahlengang des Objektivs einzuschalten, der die Fokussierung ermöglichte und der im Augenblick der Aufnahme weggeklappt wurde, beschäftigten sich Thomas Sutton (1819 bis 1875), ein englischer Fotograf, schon 1861, der Amerikaner Calvin Rae Smith mit seiner Monocular Duplex im Jahre 1884. Bis 1908 wurden zahlreiche Modelle patentiert, bei denen der Spiegel durch Druck auf den Auslösehebel hochklappte und automatisch zurückfiel, wenn der Hebel losgelassen wurde. In diesem Jahr erhielt A. L. Adams ein Patent auf einen Spiegel, der sich beim Spannen des Verschlusses zurückstellte – so wußte der Fotograf stets, ob seine Kamera betriebsbereit war.
Alle diese Verfahren galten für normale, größerformatige Rollfilmkameras. Erst 1933 (Identoskopvorsatz für die Leica) wurde das Spiegelreflexsystem auch für die Kleinbildfotografie eingeführt. Die erste einäugige Kleinbild-Spiegelreflex-

Ur-Leica 1913

Leica Vorserie 1923/24

Leica I Schraubgewinde 1930

Leica III 1933

Leica 250 (Reporter III) 1933

Leica III a 1/1000 sec 1935

Leica III f 1950

Leica 72 18 x 24 mm 1955

Leica M 3 1954

Leica III g 1957

Leica MP 2 1957

Leica M 4 1967

Leica M4-2 1977

Leica M 5 1971

Leica CL 1973

Leica I 1925

Compur-Leica Typ 1 1926

Leica II 1932

Leica Standard 1932

Leica III c kältefest 1942

Leica II c 1948

Leica I c 1949

Leicaflex Typ 2 1965/67

Leicaflex Typ 1 1965

Leicaflex SL 1968

Leicaflex SL 2 1974

Leica R 3 1976

Leica R 3 MOT 1978

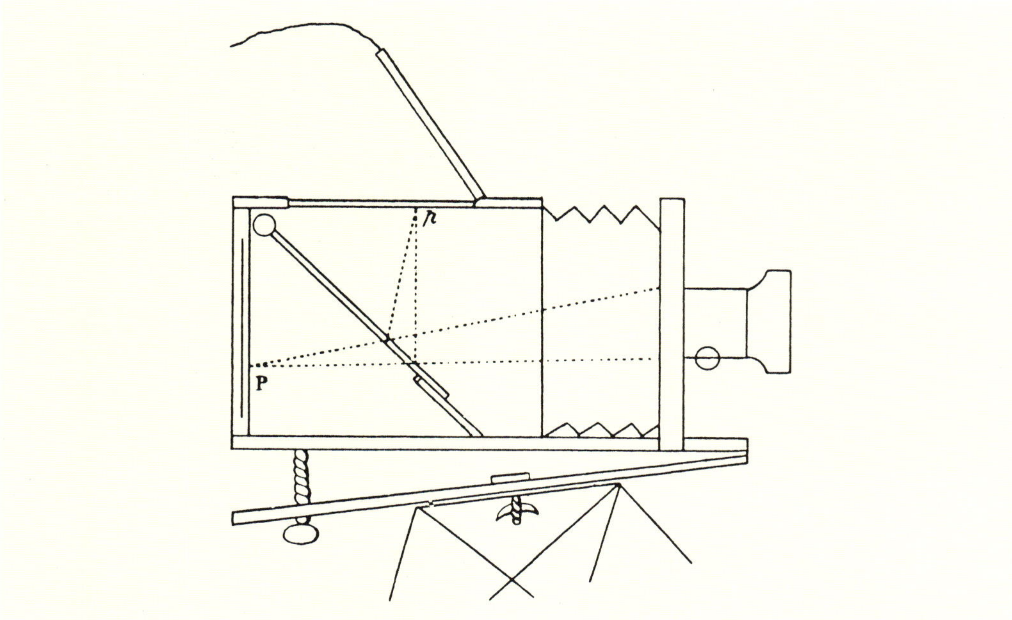

1

2

3

kamera im heutigen Sinn war die Kine Exakta, die die Ihagee in Dresden seit 1936 produzierte. 1949 rüstete Zeiss Ikon die erste einäugige Spiegelreflexkamera mit einem Dachkantprisma aus. Die auch Pentaprisma genannte Vorrichtung sorgt dafür, daß das Bild im Sucher seitenrichtig erscheint. Das Verfahren wurde bei der neuen Contax S erstmals angewandt.
Erst das Umkehrprisma leitete den Siegeszug der einäugigen Spiegelreflexkamera ein. Dieser Kameratyp wurde bald zum Standardmodell der 35-Millimeter-Fotografie. Ab 1965 produzierte auch Leitz eine Spiegelreflex-Leica, die Leicaflex. Zuvor schon hatten japanische Konstrukteure den Rückschwingspiegel erfunden, mit dem zuerst die Asahi Pentax (1957) und die Nikon F (1959) ausgerüstet waren.

4

Kamera-Computer, die reden können

In den folgenden Jahren wurden die Spiegelreflexkameras immer komfortabler. Eingebaute Minischaltkreise sorgen z. B. bei den Zeitautomaten für die automatische Einstellung der Belichtungszeit passend zu der von Hand eingestellten Blende. Bei den Blendenautomaten gibt der Fotograf die gewünschte Belichtungszeit vor – die passende Blende sucht sich die Automatik dann selbst heraus. Mehrfachautomaten schließlich bieten wahlweise beide Möglichkeiten, lassen sich aber auch auf vollautomatisches Fotografieren einstellen. In diesem Fall regelt die Kamera die ideale Kombination von Belichtungszeit und Blende entsprechend den jeweiligen Lichtverhältnissen. Der Fotograf braucht nur noch die Entfernung einzustellen und auf den Knopf zu drücken.

1 – Das System der einäugigen Spiegelreflexkameras geht auf einen Entwurf von Thomas Sutton 1861 zurück.
2 – Die Soho Reflex, hergestellt ab 1905 von A. Kershaw, wurde zur populärsten englischen „Einäugigen" ihrer Zeit.
3 – Als erste Kleinbildspiegelreflex kam 1936 die Kine Exakta bei Ihagee in Dresden heraus.
4 – In der Asahi Pentax gab es ab 1957 erstmals einen Rückschwingspiegel.
5–6 – In der Miniaturisierung waren die Geheimkameras Schrittmacher, so 1885 die Westenkamera von R. D. Gray, ab 1886 von Rudolph Stirn in Berlin produziert (5), und die Ticka, die Houghtons Ltd. in London ab 1907 herstellte (6).
7 – Die von Walter Zapp erfundene Minox für 50 Aufnahmen 8 × 11 Millimeter in Spezialkassette ist seit 1936 die berühmteste Kleinstbildkamera.

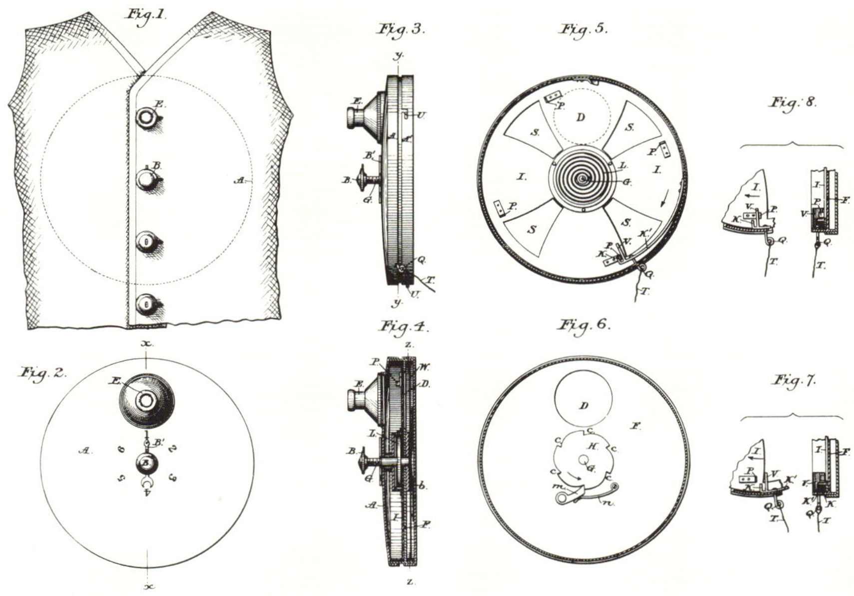

5

Jüngste Entwicklung sind Kameras, die die Automatisierung auf die Spitze treiben. Die japanische Canon T 70 verfügt z. B. über eine Computersteuerung mit Tastenbedienung. Filmeinfädelung und -transport übernimmt ein eingebauter Motor. Acht Belichtungsprogramme steuern den Schlitzverschluß oder die Blenden der Standard-, Weitwinkel- und Teleobjektive. Die Belichtungszeit kann wahlweise mittenbetont integral oder selektiv gemessen werden.
Wer an seine Kleinbildkamera keine so hohen Ansprüche stellt, sondern einfach nur bequem fotografieren will, hat eine reiche Auswahl unter zahllosen Modellen – bis hin zu einer Kamera wie der Minolta SF-Sv, die nicht nur alle Einstellungen einschließlich der Entfernung automatisch erledigt, sondern auch noch reden kann: Ein Sprach-Synthesizer befiehlt etwa „Film einlegen" oder „Blitz einschalten".

6

Die Kameraformate schrumpfen

Ausgesprochene Kleinstbildkameras sind nicht neu. Mit Formaten von etwa 25 × 25 Millimetern experimentierte Talbot schon 1835, und eine der ersten Metallkameras aus dem Jahre 1839, die Carl August von Steinheil in München herstellte, war auf ein Format von 8 × 11 Millimetern eingerichtet. Die damit angefertigten Daguerreotypien wurden in Medaillons und andere Schmuckstücke eingesetzt.
Viele Mini-Kameras mit Winzigformaten waren als Geheimkameras gedacht, mit denen man unbeobachtet Bilder schießen konnte. Den Erfindern mangelte es dabei nicht an Einfällen. Es gab Kameras dieser

7

1 

2 

3 

schlußschieber mit Hilfe von Gummibändern oder Federzug seitlich weggezogen wurde. Fallenverschlüsse ließen sich auch mit Hilfe von Luft- oder sogar Wasserdruck in Bewegung setzen.
Ab 1862 kamen Klappverschlüsse auf, bei denen türähnliche Klappen durch Federn gespannt und durch einen Auslösemechanismus zum schnellen Zuklappen gebracht werden konnten. Als Rotationsverschlüsse bezeichnet man Kameraverschlüsse, bei denen vor dem Objektiv eine drehbare Scheibe angebracht ist. Auch sie läßt sich durch eine Feder spannen. Beim Auslösen fällt für die Dauer der Belichtungszeit das Licht durch ein in der Nähe des Scheibenrandes angebrachtes Loch. Erste Versuche in dieser Richtung wurden 1856 unternommen. Den ersten brauchbaren Rotationsverschluß konstruierte J. Lancaster, er wurde 1885 in England patentiert.

Ein wesentliches Gestaltungsmittel in der Fotografie ist die Wahl eines dem Motiv angepaßten Bildwinkels. Der Franzose Charles Chevalier stellte schon 1840 eine Objektivkonstruktion vor, bei der man aus dem „Landschaftsobjektiv", einem Achromat, durch Vorsetzen einer weiteren optischen Komponente ein „Porträtobjektiv" längerer Brennweite machen konnte. Solche „Satzobjektive" waren bis in unser Jahrhundert gebräuchlich, doch ihre optische Qualität war letztlich unbefriedigend, so daß sich das Prinzip der Wechselobjektive durchsetzte.

1 – Brennweite 7,5 mm, Bildwinkel ca. 200° (Fisheye).

2 – Brennweite 50 mm, Bildwinkel 47° (Normalobjektiv).

3 – Brennweite 800 mm, Bildwinkel ca. 3° (Fernobjektiv).

Auch auf dem Gebiet der Kameraverschlüsse gab es zahllose Konstruktionen:

4 – Fächerverschluß von Grundner, 1879.

5 – Fallbrettverschluß mit pneumatischer Auslösung von Sachs, 1880.

6 – Momentverschluß von Wittmann, Firma Soennecken & Co., München, etwa 1889.

7 – Zweilamellenverschluß von Linhof, 1894.

8 – Iris-Momentverschluß von Zeiss, 1894.

9 – Schlitzverschluß von Goerz-Anschütz, 1890/91.

10 – Schema eines Zentralverschlusses mit mechanischem Antrieb.

11 – Moderne Prontor- und Compur-Zentralverschlüsse.

12 – Schema eines Zentralverschlusses mit vollmagnetischem Antrieb.

4

5

6

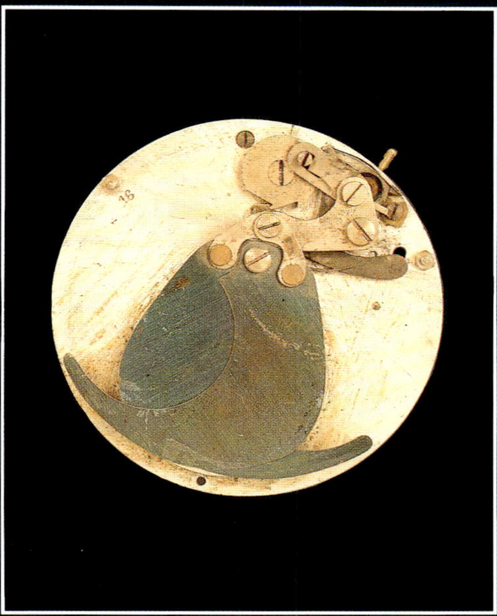

7

8

9

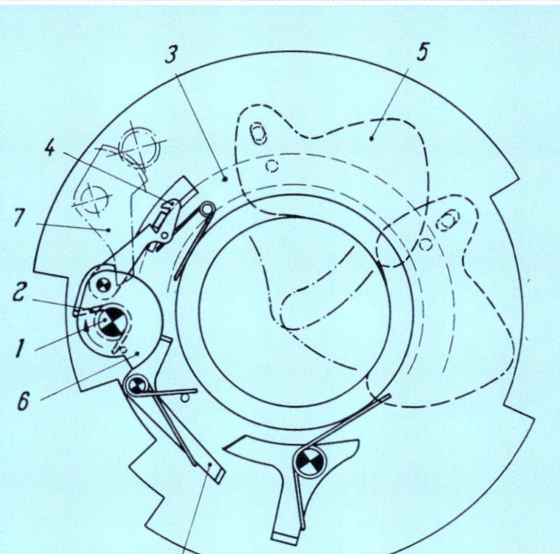

Mechanischer Antrieb der Verschlußsektoren durch Schubkurbel: 1 Antriebswelle, 2 Antriebsfeder, 3 Sektorenantriebsring, 4 Schubkurbel, 5 Verschlußsektor, 6 Spannscheibe, 7 Bremshebel eines mechanischen Hemmwerks, 8 Auslösehebel.

10

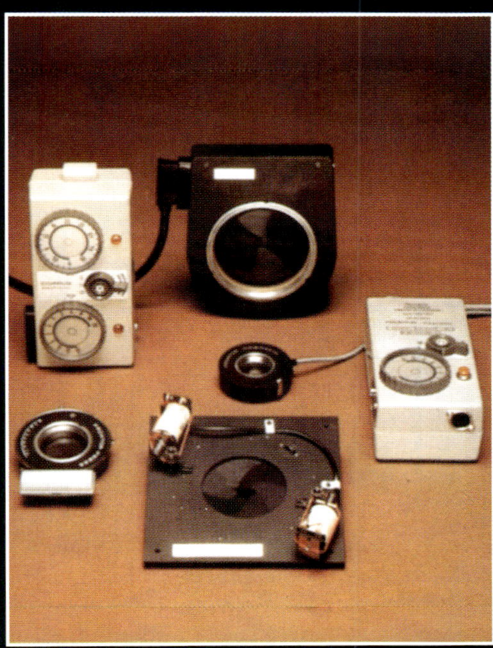

11

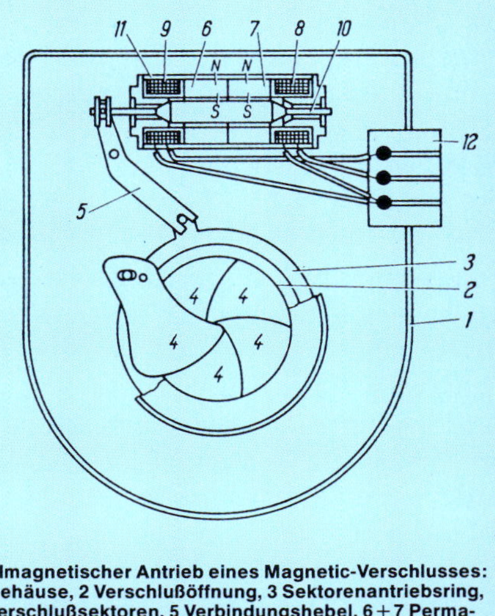

Vollmagnetischer Antrieb eines Magnetic-Verschlusses: 1 Gehäuse, 2 Verschlußöffnung, 3 Sektorenantriebsring, 4 Verschlußsektoren, 5 Verbindungshebel, 6 + 7 Permanentmagnete, 8 Öffnerspule, 9 Schließspule, 10 Magnetanker, 11 Gehäuse des Magnetaggregats, 12 Anschlußleiste für Steuergerät.

12

Zentralverschlüsse kamen schon in den sechziger Jahren des 19. Jahrhunderts auf. Die erste moderne Konstruktion schufen T. R. Dallmeyer und F. Beauchamp im Jahre 1887. Bei diesen Verschlüssen schieben sich mehrere Lamellen so zur Mitte der Belichtungsöffnung zusammen, daß diese lichtdicht verschlossen ist, und öffnen sich durch Auseinanderweichen nach außen für die Dauer der Belichtungszeit. Ein Problem war dabei die exakte Einhaltung der eingestellten Belichtungszeit. Der Ilex-Verschluß von 1910, eine Konstruktion von Rudolph Klein und Theodor Brueck, arbeitete erstmals mit einem System von kleinen Zahnrädern und einem schwingenden Anker, um die notwendigen unterschiedlichen Verschlußverzögerungen zu erreichen. Auf den Ilex-Patenten baute Friedrich Deckel 1912 bei der Entwicklung seines berühmten Compur-Verschlusses auf.
Aus den vor dem Objektiv ablaufenden Rolloverschlüssen entwickelten sich die vor dem Aufnahmematerial angeordneten Schlitzverschlüsse in Form von mehr oder weniger schnell, je nach Belichtungszeit, ablaufenden Textil- oder Metallrollos mit eingearbeitetem schmalem Schlitz. Zu ihrer Perfektionierung trug vor allem der aus Lissa in Posen stammende Fotograf Ottomar Anschütz (1846–1907) bei, der mit seinem Textilrollo erstmals Belichtungszeiten von 1/1000 Sekunde schaffte. Anschütz erprobte seine Erfindung zuerst bei den Kaisermanövern des Jahres 1883 und machte sich dann daran, die Tiere im Zoo von Breslau auf die Platte zu bannen. Später befaßte er sich im Auftrag des Kriegsministeriums mit Reihenaufnahmen von galoppierenden Pferden, deren Bewegungen er mit Hilfe von 24 in einer Reihe nebeneinander gestellten Schlitzverschlußkameras in Phasen zerlegte. Aus den Reihenaufnahmen entstand sein Schnellseher, eine Art Vorläufer des Kinematografen und das erste Gerät dieser Gattung, mit dem öffentliche Vorführungen veranstaltet wurden.
Der Schlitzverschluß setzte sich durch, nachdem sowohl die Leica als auch die Contax mit ihm ausgerüstet wurden. In den meisten Spiegelreflexkameras der letzten Jahrzehnte werden Versionen des Schlitzverschlusses verwendet.
Sowohl Schlitz- als auch Zentralverschlüsse in anspruchsvolleren Kameras werden mittlerweile elektronisch gesteuert. Es gibt nur noch wenige bewegliche Teile. Eines der frühesten Patente auf diesem Gebiet wurde 1959 der tschechoslowakischen Firma Meopta erteilt. Ihr Verschluß arbeitete mit einem Transistor-Schaltkreis, der das Öffnen und Schließen elektromagnetisch bewirkte. Zahnräder und Schwinganker waren erstmals fortgefallen. 1962 kam der elektronisch gesteuerte Compur-Verschluß auf, 1963 der Copal-Electric-Verschluß.

Belichtungsmesser steuern Kameras

Die ersten in der Praxis verwendbaren fotoelektrischen Belichtungsmesser gab es erst in den dreißiger Jahren unseres Jahrhunderts, obwohl das Prinzip schon früher bekannt war. Etwa von 1880 ab, beim Aufkommen der Trockenplatten, bestand überhaupt erst ein Bedürfnis, die notwendige Belichtungszeit mehr oder weniger genau zu ermitteln.
In der Anfangszeit wurden einfache Belichtungstabellen, auch in der Form von Stab- oder Kreisrechnern, verwendet. Sie setzten Wetterbedingungen und Lichtverhältnisse, Plattenempfindlichkeit, Blendenöffnung und Belichtungszeit zueinander ins Verhältnis. Die Extinktionsbelichtungsmesser arbeiteten mit Filtern unterschiedlicher Dichte und damit Lichtdurchlässigkeit. Den dabei ermittelten Wert verwandelte eine Tabelle in Empfehlungen für Blendenöffnung und Belichtungsdauer. Eines der ersten praktisch verwendbaren Geräte dieser Art ließ sich J. Decoudun im Jahre 1887 patentieren. Es wurde auf die Mattscheibe gelegt und nach Einstellung abgelesen.
Genauere Werte erbrachten die Vergleichsphotometer, bei denen der Helligkeitsgrad des Aufnahmeobjekts mit demjenigen einer standardisierten Lichtquelle verglichen wurde. Geräte dieser Art waren im Laboratoriumsbetrieb schon bekannt, als der Engländer Harold Dennis Taylor sich 1885 ein Patent auf ein tragbares Photometer für Fotozwecke geben ließ. Es war mit einer Kerze als Vergleichslichtquelle ausgerüstet. Später wurden Photometer mit elektrischer Ausrüstung gebaut, zuerst von H. Aho im Jahre 1925.
Außerdem konnte man die nötigen Meßwerte ermitteln, indem man die Zeit feststellte, die ein Streifen Fotopapier zur Schwärzung brauchte. Die Schwärzung mußte derjenigen einer standardisierten Vorlage entsprechen. Vorschläge für einen solchen Gradationsmesser hatte schon Fox Talbot gemacht.
Daß das Element Selen seine elektrische Leitfähigkeit entsprechend der Menge des einfallenden Lichts ändert, war in den siebziger Jahren des 19. Jahrhunderts schon bekannt. Etwa zehn Jahre später gab es die ersten auf diesem Prinzip beruhenden fotoelektrischen Belichtungsmes-

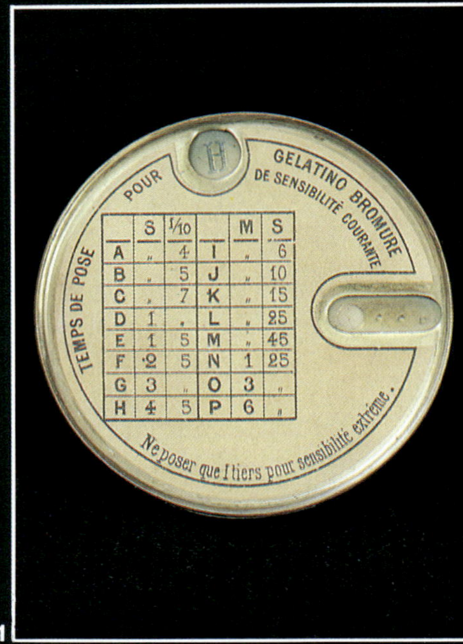

1

4

1 – Mit dem Photometre von J. Decoudun 1887 „maß“ man die Belichtungszeit durch Drehen einer Filterscheibe.
2 – Ein fotochemischer Belichtungsmesser von Alfred Watkins um 1900.
3 – Der Selenbelichtungsmesser setzte sich ab 1932 mit dem Ombrux von Paul Gossen endgültig durch.
4 – In der Super Kodak Six-20 von 1938 steuerte erstmals eine Selenzelle die Blendenöffnung.
5 – Die Zeiss Ikon Contax III von 1936 hatte einen nicht gekuppelten Belichtungsmesser.
6 – Die Agfa Optima von 1959 garantierte richtige Belichtung durch Programmautomatik.
7 – Der professionelle Handbelichtungsmesser Mastersix von Gossen bietet ein System von Zusatzgeräten.

2

3

5

6

7

Selen-Fotoelement

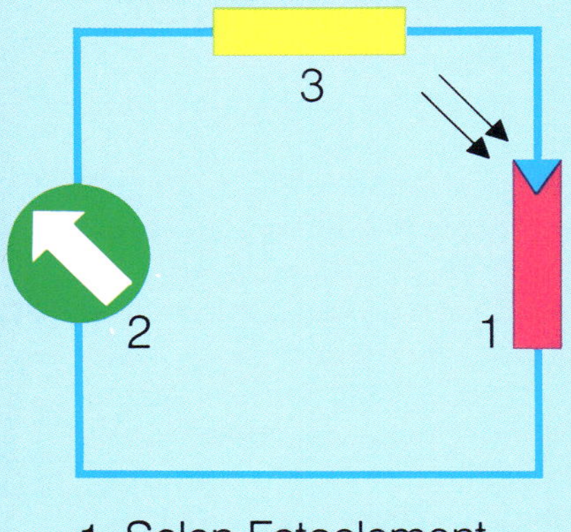

1 Selen-Fotoelement
2 Meßwerk
3 Abgleich-Widerstand

CdS-Fotowiderstand

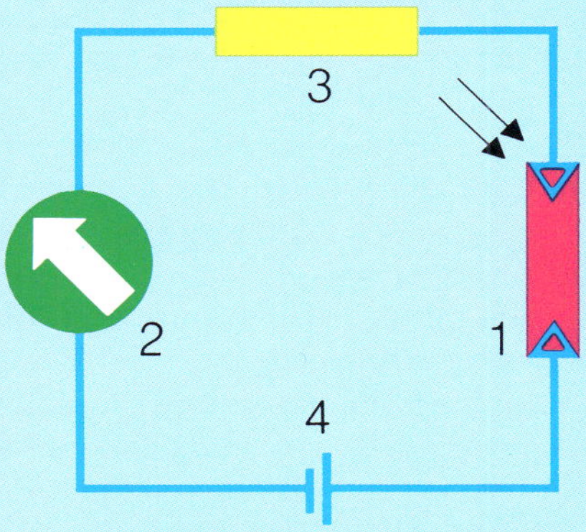

1 CdS-Fotowiderstand
2 Meßwerk
3 Abgleich-Widerstand
4 Batterie

Silizium-Fotodiode (sbc)

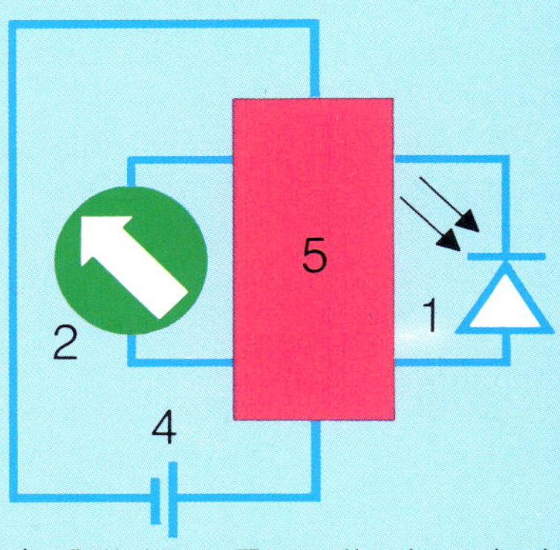

1 Silizium-Fotodiode (sbc)
2 Meßwerk
4 Batterie
5 elektronische Schaltung

ser, und sogar eine mit Fotozelle ausgerüstete Kamera mit automatischer Belichtungssteuerung wurde (1894 durch die Amerikaner McGann und Buchanan) schon vorgeschlagen.
Es dauerte dann aber noch über dreißig Jahre, bis die ersten praktisch verwendbaren Selenzellen-Belichtungsmesser auf den Markt kamen. Einer der ersten war der Rhamstine-Electrophot von 1931. Bei ihm wurde die Arbeit der Fotozelle noch durch eine elektrische Batterie unterstützt. 1932 brachte Weston in den USA den ersten serienmäßig hergestellten Belichtungsmesser heraus, der ausschließlich von der Ausgangsspannung der Selenzelle betrieben wurde. Dieses Gerät kam als Universal Meter 617 auf den Markt, es wurde wegen seines hohen Preises und seiner Unhandlichkeit jedoch kein kommerzieller Erfolg.
Ebenfalls 1932 stellte der Meß- und Regeltechniker Paul Gossen (1872–1942) in Erlangen seinen überaus erfolgreichen Belichtungsmesser Photolux (später auch Ombrux und Cimbrux genannt) vor. Damals kostete eine Selenzelle noch runde 30 Reichsmark. Gossen garantierte der Lieferfirma die Abnahme von 100000 Stück und erzielte so einen Stückpreis von drei Reichsmark je Fotozelle. Auf diese Weise konnte Gossen das Gerät für knapp 30 Reichsmark verkaufen – eine Spekulation, die zum Glück aufging und den Belichtungsmesser populär machte.
1938 stellte Kodak seine Klappkamera Super Kodak Six-20 vor, eine Konstruktion von Joseph Mihalyi. Sie war erstmals mit automatischer Belichtungssteuerung über eine Selenfotozelle ausgerüstet. Die Fotozelle bewegte einen Meßzeiger, den ein mit der Blendensteuerung verbundener Fühler abtastete. Bei Erreichen der richtigen Blendenöffnung wurde automatisch der Verschluß ausgelöst.
Seit den dreißiger Jahren erschienen Dutzende von Belichtungsmessern auf dem Markt, ausgerüstet mit allen möglichen Raffinessen. Schon vor dem Zweiten Weltkrieg gingen einzelne Firmen daran, Belichtungsmesser auch in Kameras einzubauen, so Zeiss Ikon bei der Contax III und der Contaflex. Erst in den fünfziger Jahren setzte sich diese Technik in größerem Umfang durch, und es dauerte nicht lange, bis die ersten Modelle hergestellt wurden, bei denen der Belichtungsmesser mit der Vorrichtung zur Einstellung der Verschlußzeit gekoppelt war. Die schon bei der Super Kodak Six-20 erprobte vollautomatische Belichtungssteuerung wurde etwa ab 1958 praktiziert.
Heute messen eingebaute Fotozellen (neben Fotowiderstandszellen aus Cadmiumsulfid vor allem Silizium-Fotodioden, die sogenannten *silicon blue cells*) das einfallende Licht direkt durch das Kameraobjektiv, sie öffnen und schließen den Verschluß entsprechend den gemessenen Werten mit großer Präzision.
Belichtungsmesser für den Handbetrieb haben nach wie vor ihre Bedeutung als Gestaltungsmittel in der kreativen Fotografie. Bei einem Gerät wie dem Mastersix von Gossen, einem auf Mikroprozessorbasis arbeitenden vollelektronischen Belichtungsmesser für Umgebungslicht und Blitzlicht, sorgen Vorsatzgeräte dafür, daß das Grundgerät auch sehr spezielle Aufgaben erfüllen kann: Tele-, Mikro- und Repro-Aufnahmen, Punkt-, Blitzlicht- und Farbtemperaturmessungen, Messen auf der Filmebene oder der Mattscheibe.

Vom Pustelicht zum Transistorblitz

Mit einer Art Blitzlicht experimentierte Fox Talbot schon im Jahre 1851. Er befestigte ein Zeitungsblatt auf einer drehbaren Scheibe, ließ sie schnell rotieren und fotografierte sie im Licht eines Funkens, den er einer Batterie von Leydener Flaschen entlockte. Die Zeitung wurde deutlich abgebildet. „Es liegt in unserer Macht, Bilder von allen beweglichen Objekten zu erhalten, ganz gleich, wie schnell sie sich bewegen“, prophezeite Talbot, „vorausgesetzt, wir haben die Mittel, sie mit einem kurzen elektrischen Blitz ausreichend zu beleuchten.“
Es sollte gut achtzig Jahre dauern, bis Talbots elektrischer Blitz Wirklichkeit wurde. Zunächst einmal kamen Verbrennungs-Blitzverfahren auf. 1864 zündete Alfred Brothers in Manchester erstmals ein Stück Magnesiumdraht an, das mit gleißendem Licht verbrannte, um die Szene auszuleuchten. Das 1808 von Humphry Davy entdeckte Leichtmetall war damals allerdings für die allgemeine Anwendung noch viel zu teuer.
Einen Blitz ergab das Abbrennen von Magnesiumdraht oder -band übrigens nicht, sondern ein je nach Materiallänge kürzer oder auch länger strahlendes Licht. Das änderte sich mit der Einführung von Magnesiumpulver-Brennern. Seit 1887 war Magnesium auch für sparsame Fotografen erschwinglich geworden. Zugleich hatte die Einführung von Trockenplatten die Kurzzeitfotografie interessant gemacht.
Das Magnesiumpulver wurde im allgemeinen mit Hilfe eines Gummiballs in eine Spiritusflamme geblasen. Dabei erzeugte es sofort einen grellen Lichtblitz. Das Blase- oder Pustelicht setzte sich schnell durch. So heißt es in Brockhaus' Konversations-Lexikon von 1898: „Gewöhnlich werden mehrere Pustelampen in Thätigkeit gesetzt, zwei bis zwölf, die alle mit Hilfe einer Kautschukbirne gleichzeitig mit Magnesiumpulver durchblasen werden und die so gestellt sind, daß die Licht- und Schattenseiten der Personen oder Gruppen zweckmäßig verteiltes, in seiner Stärke abgewogenes Magnesiumlicht empfangen. Die Sache ist neuerdings so erheblich vereinfacht worden, daß jeder Amateur sie ausüben kann.“
Wenn man das Magnesiumpulver mit einem Oxidationsmittel wie Kaliumchlorat mischte, entstand eine explosive Mischung, die sich leichter als reines Magnesium entzünden ließ, zum Beispiel durch einen elektrischen Funken oder mit Hilfe eines Feuersteins. Diese zuerst von Adolf Miethe (1862–1927) im Jahre 1888 be-

1 – Mit teilweise abenteuerlichen Verfahren schossen Fotografen vor hundert Jahren „lebendige“ Porträts. In dieser „Ofenrohrlaterne“ wurde ein Schwefel-Salpeter-Gemisch explosionsartig abgebrannt.
2 – Beim Pustelicht von 1893 drückte der Fotograf die Luft aus einem Gummiball durch Schläuche in posthornartig gewundene Glasbehälter, aus denen dadurch Magnesiumpulver in die davor angebrachten Kerzenflammen geblasen wurde. Kurz davor wurde der Kameraverschluß geöffnet und danach wieder geschlossen.
3 – Blitzlichtpistolen wie diese von Hamaphot um 1925 und ähnliche Geräte, in denen Pulver oder Tabletten mittels Feuerstein oder elektrisch gezündet werden konnten, wurden noch nach dem Zweiten Weltkrieg angeboten.
4 – In den 1929 von Hauff-Leonar herausgebrachten Vacublitzlampen brennt durch elektrischen Impuls eine Aluminiumfolie „blitz“schnell ab.
5 – Schema eines Elektronen- oder Röhrenblitzgerätes.
6 – Schema eines Computerblitzgerätes mit Thyristor.
7 – Drei Generationen Elektronenblitzgeräte: Rechts Mecablitz 500 (1956/57), Leitzahl 35 bei 21 DIN (reduzierte Lichtleistung 22), 4-Volt-Akku, Blitzzahl 60 (120), Blitzfolge ca. 9 (5) Sekunden. – Mitte Mecablitz 185 (1968), Leitzahl 28, bei Computerbetrieb Automatikblende 4, NC-Akku, Blitzzahl ca. 65, Blitzfolge 8 Sekunden. – Links Mecablitz 45 CT 5 (1980), Leitzahl 45, 6 Mignon-Batterien oder NC-Akku, Microcomputer-Datensystem, 6 Arbeitsblenden, abschaltbarer Aufhellreflektor, Blitzzahl 50–2000 (NC), Blitzfolge 7–0,3 Sekunden (NC).

1

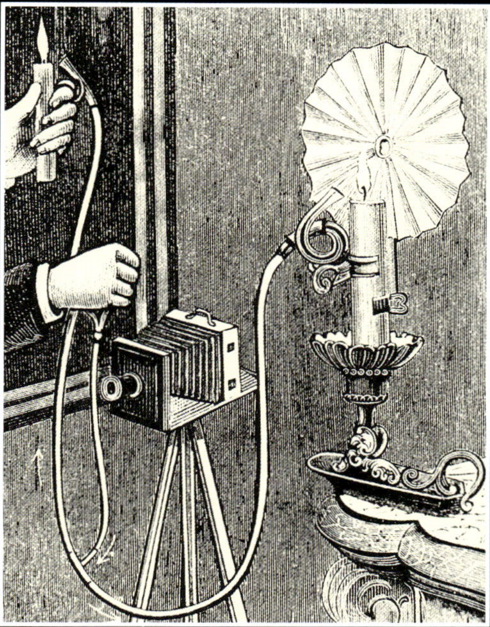

2

3

4

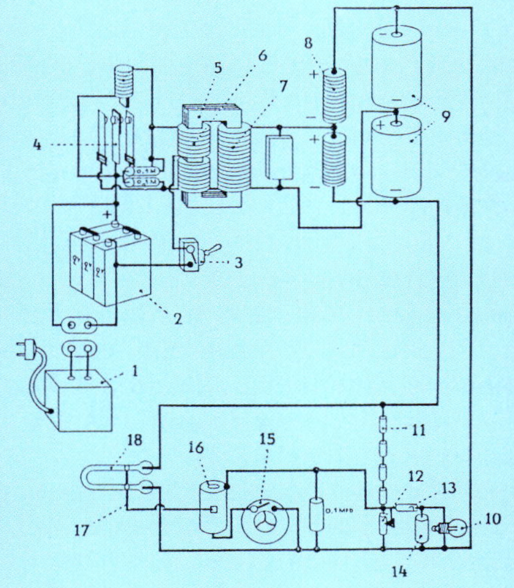

5

Schema eines Elektronenblitzgerätes mit mechanischem Zerhacker: 1 Ladegerät, 2 Akkumulator, 3 Schalter, 4 Zerhacker, 5 Transformator, 6 Primärwicklung, 7 Sekundärwicklung, 8 Gleichrichter, 9 Kondensator, 10 Neonlämpchen als Anzeige für Aufladung des Kondensators, 11–14 Schutzwiderstände, 15 Synchronkontakt am Kameraverschluß, 16 Zündtransformator, 17 Zündelektrode, 18 gasgefüllte Blitzröhre.

7

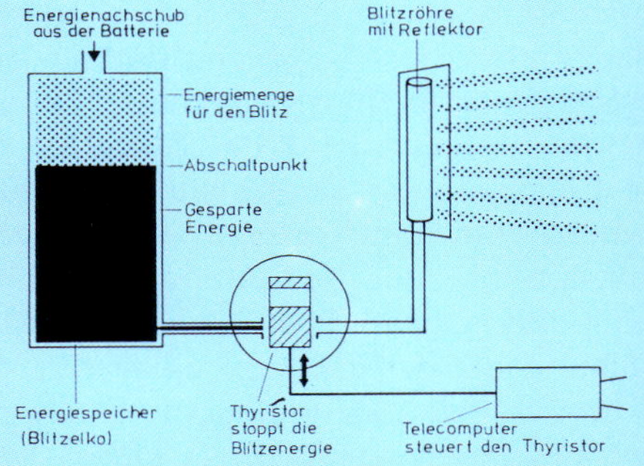

Schema eines computergesteuerten Elektronenblitzgerätes mit Thyristor.

6

1

1 – Beim subtraktiven Farbverfahren werden von weißem Licht durch Farbfilter die Komplementärfarben „abgezogen“ oder ausge„siebt“; wenn sich drei Filter überdecken, kommt kein Licht mehr durch. Beim additiven Farbverfahren wird rötlichblaues, grünes und rotes Licht „addiert“, so daß Mischfarben entstehen; beim Zusammenfallen aller drei Farbstrahlen in gleicher Stärke entsteht Weiß.
2–5 – James Clerk Maxwell fotografierte 1861 ein Ordensband nacheinander durch drei Farbfilter auf drei Schwarzweiß-Negativplatten. Mit drei Projektoren durch die jeweils gleichen Filter genau aufeinanderprojiziert, entstand das erste „Farbfoto“ nach dem additiven Verfahren.
6 – Bis zur Einführung praktikabler Farbfotoverfahren behalf man sich mit dem Kolorieren von Schwarzweißfotos.

schriebene Technik blieb jahrzehntelang aktuell. Dann gab es die ersten Blitzlampen, bei denen Leichtmetallfolie oder -gespinst in einen Lampenkolben eingeschlossen war und elektrisch gezündet werden konnte. Den ersten Vorschlag machte Erwin Quedenfeldt in Düsseldorf im Jahre 1900. 1925 erhielt Paul Vierkötter ein Patent auf eine Kolbenblitzlampe mit Elektrozündung. 1929 kam unter dem Namen Vacublitz die von Hauser für die Hauff-Leonar AG entwickelte erste Blitzlampe mit Aluminiumfolie auf den Markt. 1930 folgte die erste Photofluxlampe mit Gasgemischfüllung.

Populär wurde die Blitzlichtfotografie allerdings erst nach dem Zweiten Weltkrieg, nachdem praktisch alle Kameras mit Blitzkontakten für die Synchronsteuerung des Blitzes ausgerüstet worden waren und die Blitzlampen selbst immer kleiner gebaut werden konnten – bis hin zu Mehrfachblitzeinheiten wie dem Blitzwürfel, den die Firma Sylvania entwickelte.

Das erste Elektronenblitzsystem kam in den USA im Jahre 1940 heraus. Es war noch so schwerfällig, daß es nur für den Ateliergebrauch in Frage kam. Bei diesem und allen folgenden Verfahren wird ein Kondensator mit hohen Spannungen aufgeladen. Bei der Auslösung entlädt sich die Spannung in einer gasgefüllten Quarzglasröhre und erzeugt so den Blitz.

Die Elektronenblitzgeräte wurden immer kleiner – vom Handkoffer- über das Zigarrenkisten- bis zum Zigarettenschachtelformat – und zugleich leistungsfähiger. 1959 brachte Metz das erste einteilige Blitzgerät heraus, seit 1967 gibt es die automatische Lichtmengensteuerung. Dabei wird der Blitzkondensator durch Hochstrom-Schaltröhren kurzgeschlossen, sobald das Belichtungssoll erreicht ist. „Computer“-Blitze mit variabler Programmblende kamen 1970 heraus. 1972 wurde die energiesparende Thyristor-Blitzabschaltung eingeführt, die extrem kurze Blitzfolgezeiten und mehr Blitze pro Akkuladung bzw. Batteriesatz ermöglicht. Seit 1979 gibt es ein universelles Adapter-System für die speziellen Blitzfunktionen der verschiedenen Kamerasysteme (SCA 500 und 100 durch Metz und Braun). Die Mikrocomputertechnik zur Steuerung und Datenverarbeitung sowie -anzeige wurde 1980 eingeführt (Metz Mecablitz 45 CT 5).

Als die Fotos farbig wurden

Schon die Urväter der Fotografie hatten es keineswegs auf Schwarzweiß-Bilder abgesehen. Sie wollten die Umwelt auf farbigen Bildern festhalten. So schrieb Nicéphore Niepce 1816 an seinen Bruder Claude: „Meine bisherigen Versuche lassen mich glauben, daß mein Verfahren in der Hauptsache gelingen wird. Aber ich muß dahin kommen, die Farbe zu fixieren . . . ohne das wäre die Sache wertlos.“ Und Louis Daguerre, schon ein erfolgreicher Mann, bekannte: „Es blieb mir nichts mehr zu wünschen übrig, als diese zarten Kinder des Lichtes in der ganzen Farbenpracht der Natur den erstaunten Augen vorzuführen.“ Aber zu Niepces und Daguerres Zeiten war es noch zu früh, solche Wünsche zu verwirklichen, obwohl François Arago schon bei der ersten offiziellen Vorstellung der Daguerreotypie im Jahre 1839 erklärt hatte: „Es wäre vermessen zu behaupten, die natürlichen Farben würden niemals auf fotografischem Wege wiedergegeben werden können.“

Die Grundlagen des farbigen Bildes

Daß unser weißes Sonnenlicht in Wirklichkeit ein Mischlicht ist, zusammengesetzt aus allen Farben des Spektrums, hatte Isaac Newton (1643–1727) herausgefunden und bewiesen. Aber wie wurde das Auge mit der Fülle der durch das Sonnenlicht hervorgerufenen Farbeindrücke fertig? Der englische Physiker Thomas Young (1773–1829), ein sehr vielseitiger Wissenschaftler, der als erster den endgültigen Beweis für die Wellennatur des Lichtes lieferte, die Erscheinungen bei der Überlagerung von Lichtstrahlen (Interferenz) untersuchte, sich an Hieroglyphen-Entzifferungsversuche heranwagte und als erster das Wort Energie in seiner modernen Bedeutung gebrauchte, war auch bahnbrechend auf dem Gebiet des Farbempfindens. Thomas Young stellte die These auf, daß das menschliche Auge nicht etwa für jede Farbnuance über einen eigenen physiologischen Mechanismus verfüge, sondern daß drei Farben, beispielsweise Rot, Grün und Blau, völlig ausreichten, um auch alle Farbkombinationen zu erkennen bzw. wiederzugeben. Der Physiker und Physiologe Hermann Ludwig Ferdinand von Helmholtz (1821 bis 1894), unter anderem Erfinder des Augenspiegels und des Scherenfernrohrs, entwickelte die Youngsche Dreifarbentheorie weiter. Seitdem heißt sie Young-Helmholtzsche Dreifarbentheorie, und jedes Kind lernt in der Schule, daß unsere Augen in der Netzhaut Rezeptoren für rote, grüne und blaue Farbeindrücke besitzen – fehlt eine Sorte oder ist sie zu schwach vertreten, spricht man von Farbenfehlsichtigkeit oder Farbenblindheit.

Auf der Young-Helmholtzschen Theorie

2

3

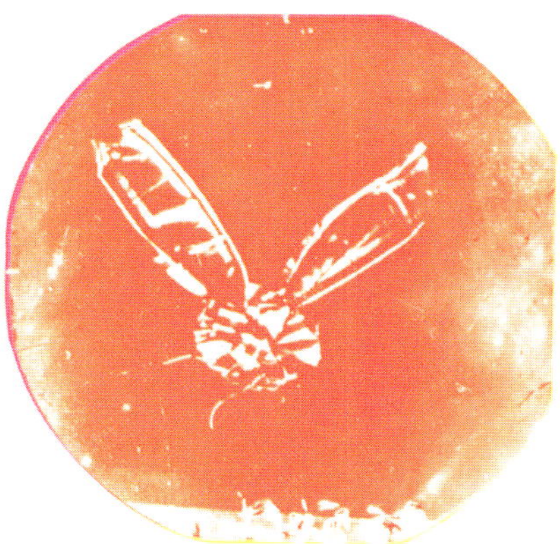

4

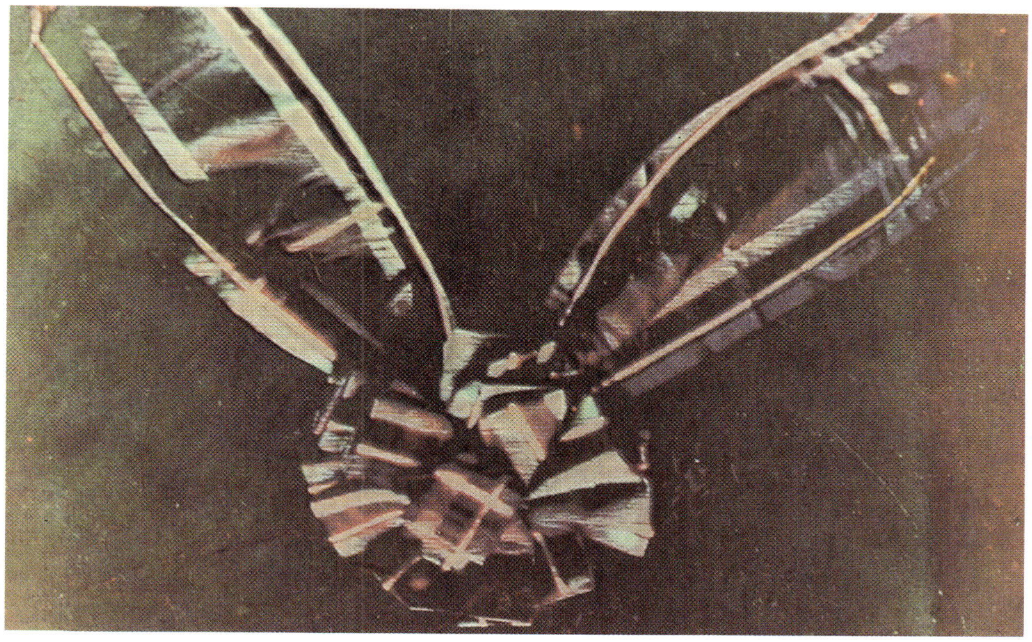

5

6

beruhen der Farbendruck, das Farbfernsehen und eben die Farbfotografie. Um farbige Fotos zu erzielen, sollte man von einem Objekt drei Aufnahmen machen und der Reihe nach einen Rot-, Grün- und Blaufilter vorschalten, schlug der englische Physiker James Clerk Maxwell (1831 bis 1879), aufbauend auf Young und Helmholtz, 1855 vor. Das Ergebnis wären drei Schwarzweiß-Diapositive gewesen, die nach Maxwells Vorstellung mit blauem, grünem und rotem Licht übereinanderprojiziert werden sollten.
Dieses Prinzip, das additive oder Spreizverfahren, wurde zu einer der Grundlagen der Farbfotografie. Eine andere Basis bildete das subtraktive oder Siebverfahren. Dabei werden von den drei Farbauszügen nach der Maxwell-Methode farbige Diapositive hergestellt, so daß der blaue Auszug ein gelbes, der grüne ein purpurnes und der rote ein blaugrünes Farbbild liefert. Legt man alle drei Diapositive aufeinander und durchstrahlt sie mit weißem Licht, entsteht eine farbige Projektion, bei der die Farben nicht addiert, sondern subtrahiert den Gesamteindruck ergeben.
In der Anfangszeit der Farbfotografie wurde ausschließlich nach dem additiven Verfahren gearbeitet. Die zweite Generation des Farbmaterials funktioniert nach dem subtraktiven Verfahren. Wir werden unten noch darauf zurückkommen.

Ducos du Hauron und die ersten Anfänge

Die ersten farbigen Fotos gab es in den vierziger Jahren des 19. Jahrhunderts. Man sollte sie eher bunte Fotos nennen, denn sie waren schlicht handkoloriert – ein Verfahren, das sich jahrzehntelang größter Beliebtheit erfreute. Jeder wollte „angemalte" Daguerreotypien besitzen. Ein diesbezügliches Verfahren wurde 1842 für Richard Beard in England patentiert. Beard schnitt für jede Farbe eine Schablone, durch die er mit Klebepulver gemischte Farbe auf das Bild aufstäubte. Anschließend hauchte er das Bild vorsichtig an, damit die Farbe durch den auf diese Weise angefeuchteten Klebstoff Halt bekam. Beard muß gut bei Lunge gewesen sein.
Der Mann, der mit der Dreifarbentheorie schon frühzeitig etwas anzufangen wußte, war der geniale französische Fototechniker Arthur Louis Ducos du Hauron (1837 bis 1920), der eigentliche Vater der Farbfotografie – sein Name ist heute nur noch Spezialisten bekannt. Ducos du Hauron

1

veröffentlichte als 25jähriger eine berühmt gewordene Abhandlung mit dem Titel „Physikalische Lösung des Problems der Reproduktion der Farben durch die Photographie“, die er der Académie des Sciences zuleitete. 1869 erschien seine Arbeit als Buch. Es ist eines der erstaunlichsten Dokumente der Fotogeschichte, weil darin die meisten bis 1935 realisierten Verfahren der Farbfotografie bereits in der Grundkonzeption beschrieben werden, und zwar einschließlich der farbigen Papierbilder, an die andere Fachleute damals noch längst nicht dachten.

Was er beschrieb, hatte er selbstredend ausprobiert. Eines seiner frühen Farbfotos wird in Rochester im George-Eastman-House aufbewahrt. Es stammt aus dem Jahre 1877. Daß sich Ducos du Hauron letztlich nicht durchsetzen konnte, lag daran, daß er seiner Zeit weit voraus war.

Eine der Voraussetzungen für farbrichtige Abbildungen war der panchromatische, d. h. alle Farben gleichmäßig in tonwertrichtige Grau- und Schwarztöne übersetzende Schwarzweiß-Film. Den gab es aber, wie weiter oben dargelegt, erst zu Beginn des 20. Jahrhunderts.

Übrigens war Ducos du Hauron nicht der einzige, der in den sechziger Jahren des 19. Jahrhunderts am farbigen Foto arbeitete. Kurz nach Ducos du Hauron veröffentlichte Charles Cros in der Zeitschrift „Les Mondes“ einen Aufsatz mit der Überschrift „Die Lösung des Problems der Farbphotographie“. Auch Cros beschrieb mehrere Techniken. Die beiden Erfinder ließen sich nicht auf Prioritätsstreitigkeiten ein. Sie lernten einander kennen und schätzen, wurden Freunde und arbeiteten fortan auf manchen Gebieten gemeinsam weiter.

Ein eigenes Verfahren, das nicht auf chemischen, sondern auf physikalischen Grundlagen beruhte, brachte 1891 der französische Physiker und spätere Nobelpreisträger Gabriel Jonas Lippmann (1845–1921) heraus. Aufbauend auf den Forschungen Newtons und Youngs entwickelte er die Interferenztechnik, das später nach ihm benannte Lippmann-Verfahren der Farbfotografie. Er beschichtete seine Platten mit sehr feinkörnigen Emulsionen und einer Quecksilberrückschicht. Durch Reflexion an der Quecksilberschicht entstanden bei der Belichtung stehende Wellen, die sich zum Teil überlagerten. An den Knotenpunkten der Überlagerung bildeten sich Silberkeime als Grundlage des Bildes. Nach der Entwicklung erschienen diese Stellen bei der Betrachtung in reflektiertem weißem Licht wieder in der ursprünglichen Farbe. Das

1 – Arthur Louis Ducos du Hauron zeigte 1868 seine ersten farbigen Bilder nach dem Pigmentverfahren und ließ es sich patentieren. Ein Patent für seine Camera Heliochromatique folgte 1874. Diese Heliochromie eines Hahns und eines Wellensittichs aus dem Jahr 1879 befindet sich im Musée National des Techniques, Paris.
2 – Eines der ganz wenigen erhaltenen Anwendungsbeispiele des Interferenzverfahrens von Gabriel Jonas Lippmann ist dieses Papageienfoto von Dr. Neuhauss aus dem Jahr 1899, heute im Deutschen Museum. Das Lippmann-Verfahren wurde nur bis zum Ersten Weltkrieg experimentell angewandt.
3 – Das additive Dreifarben-Filterverfahren von Maxwell griff Ende des 19. Jahrhunderts der Amerikaner Frederick Eugene Ives (1856–1937) auf. Seine Ideen benutzte ab 1899 vor allem Adolf Miethe zur Konstruktion von Wechselschlittenkameras wie der abgebildeten (ab 1903), die drei Jahrzehnte lang in der Berliner Kunsttischlerei W. Bermpohl gebaut wurden. Der Wechselschlitten wurde manuell oder pneumatisch auf- und abwärts bewegt, so daß nacheinander die blau, grün und rot gefilterten Teilaufnahmen gemacht werden konnten. Später brachten Miethe und Bermpohl auch Kameras mit teildurchlässigen Spiegeln heraus, die die Aufnahme mit nur einer Belichtung zuließen.
4 – Mikrofoto der Kornrasterschicht einer Autochrome-Platte der Brüder Lumière mit etwa 100facher Vergrößerung. Je Quadratmillimeter enthält sie rund 7000 zinnoberrot, gelbgrün oder ultramarinblau eingefärbte Kartoffelstärkekörnchen.

2

3

4

Lippmann-Verfahren lieferte ausgezeichnete Farbfotos. Für die Anwendung in der Praxis war es viel zu umständlich, schon wegen der erforderlichen langen Belichtungszeiten. Aber wahrscheinlich interessierte das den Professor Lippmann auch nicht besonders. Ihm genügte es wohl, durch sein Verfahren die Interferenzerscheinungen bei stehenden Wellen nachgewiesen zu haben.
Nicht praktisch verwertbar war auch das von dem Fotochemiker Adolf Miethe (1862–1927) im Jahre 1902 erstmals vorgeführte Farbfotografieverfahren. Miethe, Professor an der Technischen Hochschule in Berlin, verbesserte das Magnesium-Blitzlicht, erfand ein anastigmatisches Objektiv und ein Teleobjektiv und stellte synthetische Korunde und Spinelle her. Ins Gerede kam er unter Fachleuten, als er 1925 behauptete, er habe ein Verfahren entdeckt, mit dessen Hilfe sich Quecksilber auf elektrischem Weg in Gold verwandeln lasse. Sein Farbverfahren stützte sich auf drei deckungsgleiche, aber unter Verwendung jeweils andersfarbiger Filter hergestellter Diapositive, die er übereinandergelegt projizierte – im Grunde also keine umwerfende Neuheit.

Die Lumières und ihre Kartoffelstärkeplatte

Als Erfinder der ersten Farbfotoplatte, bei der das Bild in *einem* Belichtungsgang erzeugt werden konnte, gelten gemeinhin die Brüder Auguste Marie Nicolas (1862 bis 1954) und Louis Jean Lumière (1864 bis 1948), Söhne eines Fabrikanten fotografischer Platten in Lyon, Erfinder zahlreicher fototechnischer Verfahren, vor allem des ersten brauchbaren Kinematografen. Sie brachten 1907 die schon 1903 entwickelte farbige Autochrome-Platte heraus.
Ohne das Verdienst der Brüder Lumière schmälern zu wollen, die Welt endlich mit einem brauchbaren Farbfotoverfahren beglückt zu haben, muß jedoch festgestellt werden, daß auch sie bei ihren Arbeiten „auf den Schultern ihrer Vorläufer" standen, wie Newton es einmal ausdrückte. In diesem Fall hießen die Vorläufer Georges Balagny und Etienne Carjat.
Balagny, 1837 in Les Batignolles bei Paris geboren, studierte Jura, besuchte aber nebenbei auch physikalische Vorlesungen, die sich mit der jungen Kunst der Fotografie befaßten. Gemeinsam mit seinem Freund, dem Journalisten und Karikaturisten Etienne Carjat, der später als Porträtfotograf prominenter Zeitgenossen be-

für 50 und mehr Diapositive ausgerüstet. Den Bildwechsel steuern der Knopfdruck via Fernsteuerkabel, die elektrische Intervallschaltung oder das Tonbandsignal (selbstverständlich auch in Verbindung mit magnetgespeichertem Text und Musik). Bessere Modelle haben automatische elektronische Scharfeinstellung (Autofocus).

Die Sofortbild-Fotografie

Die Legende berichtet, wie es dazu kam, daß Edwin Herbert Land das Sofortbild-System erfand. Land hatte 1943 mit seiner Familie Urlaub gemacht und dabei sein dreijähriges Töchterchen fotografiert. Das Kind fragte ungeduldig, wann es denn die Bilder nun endlich sehen könne. Das löste in Land einen Denkvorgang aus, der ihn

1

2
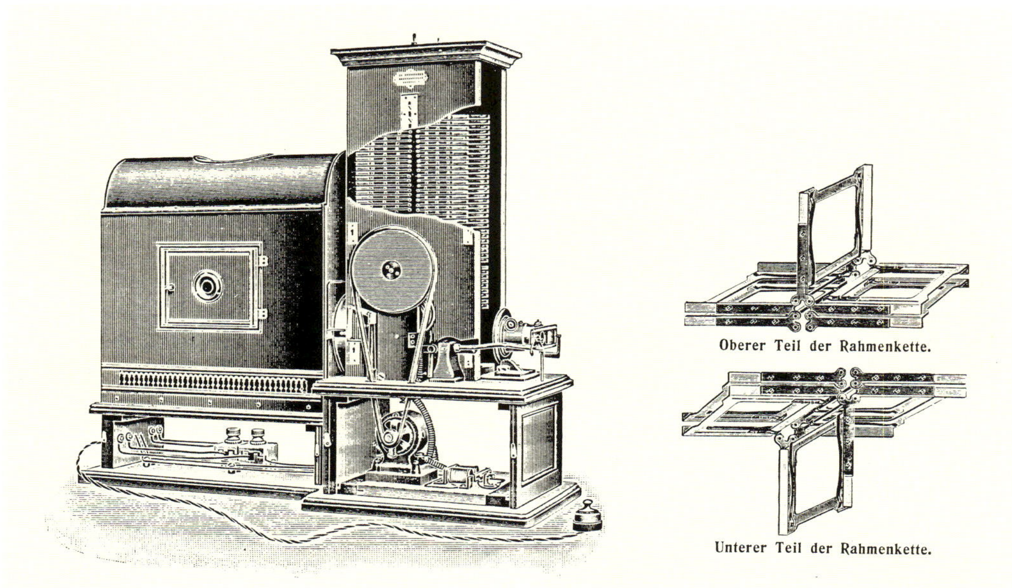

3

1 – Zwar nicht mit Dampf wurde diese Laterna magica von Sturm betrieben, wie man fast meinen könnte, sondern mit einer Petroleumlampe. Und unsere Ur- und Urgroßeltern waren beeindruckt oder belustigt durch das, was ein solcher Bildwerfer ihnen an gezeichneten Sensationen und Kuriositäten vor Augen führte.
2 – Schon lange vor der Popularisierung der Diaprojektion nach Einführung der Farbumkehrfilme gab es, vorwiegend für professionelle Zwecke, Projektoren für Schwarzweißdias. Die Firma Ed. Liesegang zeigte im August 1906 den Autotrop an, „eine selbsttätige Wechselvorrichtung für Lichtbilder-Apparate“. Er wurde komplett mit Projektor geliefert (Preis für 60 oder 80 Dias je nach Stromart und -spannung 920 bis 1090 Goldmark), konnte aber auch an vorhandene Projektoren angepaßt werden. Die Glasdias im Format 8½ × 10 oder 8¼ × 8¼ Zentimeter wurden in einer Rahmenkette durch fernbedienten Elektromotor transportiert. Der Autotrop wurde bis 1930 gebaut.
3 – Mitte der fünfziger Jahre kamen für Kleinbildprojektoren Wechselvorrichtungen mit Magazin auf, zunächst als Halbautomaten ohne Fernbedienung wie der Fanti von Liesegang mit dem Schnellwechsler Audia (1956).

Nächste Doppelseite: Zu den Vorläufern der Sofortbildkameras gehört die Dubroni-Kamera von G. J. Bourdin für das nasse Kollodiumverfahren aus dem Jahr 1864. Die in einem Holzkasten mitgeführten Chemikalien zur Sensibilisierung und zur Entwicklung der Platte wurden von oben eingeführt und abgesaugt.

zu Überlegungen brachte, wie man das Negativ gleich in der Kamera entwickeln und auch noch einen Abzug davon machen könne.
Viel später meinte Land, eigentlich habe er auf diesem Spaziergang schon alle mit der Sofortbildfotografie zusammenhängenden Probleme gelöst – bis auf ein paar, für deren Bewältigung er dann von 1943 bis 1972 gebraucht habe. Aber immerhin kam er mit der ersten Sofortbildkamera nebst dazugehörigem Filmsystem schon 1948 heraus. Und schon damals, vier Jahre nach Arbeitsbeginn, zeigte die Land-Methode alle Kennzeichen, die auch die viel eleganteren Kameras und Filme von heute noch aufweisen.

Wie man Platten in der Kamera entwickelt

Die schnelle Sofortbildfotografie nach Lands inzwischen weltweit verbreitetem und nachempfundenem Verfahren ist eine Errungenschaft unseres Jahrhunderts. Über Techniken, wie man die Platte gleich in der Kamera entwickeln könne, dachten aber schon die ersten Fotografen nach.
Die ersten Überlegungen stellte Fox Talbot an. 1839 vermerkte er in einem seiner Notizbücher, wie man es einrichten könne, Daguerreotypien sofort sichtbar zu machen. Er wollte es mit einem in die Kamera integrierten Quecksilberverdampfer versuchen. Das Quecksilber sollte durch einen erhitzten Eisenstab zum Verdampfen gebracht werden. Daraus scheint nichts geworden zu sein, aber zwei Jahre später bastelte Antoine Claudet an einem ähnlichen Verfahren, bei dem das Quecksilber mit einem Spiritusbrenner erhitzt werden sollte. Diese und andere Techniken aus der Mitte des 19. Jahrhunderts setzten sich nicht durch. Dagegen steht fest, daß die 1853 von Frederick Scott Archer, dem Erfinder des Naßkollodiumverfahrens, konstruierte Kamera mit eingebauter Dunkelkammer auch wirklich gebaut wurde. In der Kamera waren drei Schalen mit den entsprechenden Lösungen für das Sensibilisieren, Entwickeln und Fixieren der Platten untergebracht. Schwarze Samtmanschetten ermöglichten es dem Fotografen, mit beiden Händen in die Kamera hineinzugreifen und die verschiedenen Badevorgänge der Platte im Handbetrieb vorzunehmen. Archers Konstruktion, die den Sinn gehabt hatte, den Fotografen vom Mitschleppen schwerer Zubehörteile zu entlasten, wie sie das Naßkollodiumverfahren verlangte, wurde in den folgenden Jahren mehrfach nachempfunden.
Etwas besser durchdacht und deshalb erfolgreicher war die Dubroni-Kamera von G. J. Bourdin aus dem Jahre 1864. Der Behälter für die Flüssigkeiten – es gab nur einen, und er war an der Kamerarückwand angebracht – hatte plangeschliffene Ränder, so daß sich ein flüssigkeitsdichter Verschluß bildete, wenn die Platte aufgelegt wurde. Mit einer Pipette wurden die Flüssigkeiten der Reihe nach eingefüllt und wieder abgesaugt. Die einzelnen Vorgänge ließen sich durch ein gefärbtes Fenster in der Kamerawand beobachten.
Nach der Einführung der Trockenplatten mit Gelatinebeschichtung durch Maddox im Jahre 1871 wurden die nur für Naßplatten geeigneten Dunkelkammer-Kameras uninteressant. Auf einigen speziellen Arbeitsgebieten blieb es aber nach wie vor bei Naßplatten, vor allem nach dem Ferrotypie-Verfahren, das mit kollodiumbeschichteten emaillierten Zinnplatten arbeitete. Es wurde von Straßen- und Strandfotografen bevorzugt, denen viel daran lag, ihre Meisterwerke möglichst bald nach der Aufnahme vorzeigen (und verkaufen) zu können. Deshalb blieben schnelle Entwicklungsverfahren für sie aktuell, auch nach Einführung der Ferrotypie-Trockenplatten zu Beginn der neunziger Jahre des 19. Jahrhunderts, für die Mario Mendoza 1893 eine Selbstentwicklerkamera baute. Die belichteten Platten fielen bei dieser und unzähligen späteren Kameras dieses Genres meist in eine angebaute Kammer, in der sich der Entwicklungsprozeß abspielte. Nach wenigen Minuten konnte dem Kunden das fertige Bild präsentiert werden.
Andere Kameras arbeiteten mit Papier-Positivfilm. Die Photo-See-Kamera von 1936 kehrte wieder zur Frühzeit der Schnellkameras zurück. Bei ihr gehörte zur Kamera, einer einfachen Box, ein Entwicklungskasten, in den das belichtete Material, das aus Umkehrpapier bestand, eingeschoben wurde. Dann mußten der Reihe nach die verschiedenen Badeflüssigkeiten eingefüllt werden, insgesamt vier mit entsprechenden Zwischenwässerungen. Aber immerhin kostete ein Schnappschuß nebst Fertigstellung bei diesem Verfahren nur knapp zwei Dollar.

Edwin Herbert Land aus Bridgeport, Connecticut

Wenn irgendeiner unter den Erfindern seit Thomas Alva Edison den Titel eines berufsmäßigen Erfinders verdient, dann zweifellos Edwin Herbert Land aus Bridgeport im amerikanischen Bundesstaat Connecticut. In dieser 150000-Einwohner-Stadt wurde er im Jahre 1909 geboren. In der Nähe von Norwich wuchs der Kaufmannssohn auf und besuchte bis 1926 die Norwich Academy mit brillantem Abschlußzeugnis. Sein Physiklehrer erinnert sich, daß Land im letzten Jahr schon „auf einer Ebene arbeitete, auf der ich ihm nicht mehr helfen konnte".
Studien an der Harvard-Universität in Cambridge schlossen sich an. Aber er brachte sie nie zu Ende, verließ die Hochschule ohne Abschluß. Denn noch in Harvard machte er seine erste bahnbrechende Erfindung auf dem Gebiet der Lichtpolarisation, als achtzehnjähriger Student.
Mit Hilfe bestimmter Kristalle kann man Licht so filtern, daß nur die Wellen einer bestimmten Schwingungsebene durchgelassen werden. Das war seit langem bekannt, ebenso die wichtigste Anwendung des polarisierten Lichtes: Erzeugung von blendfreier Lichtstrahlung. Kristalle als Lichtfilter kann man aber nicht beliebig groß herstellen. Land erfand 1928 ein Verfahren, geeignete kleine Kristalle in Kunststoffmaterial einzubetten. Das brachte den gleichen Effekt wie ein sehr großer Kristall.
In New York setzte er seine Untersuchungen fort, unter anderem in einem Physiklabor der Columbia-Universität, wobei ihm seine Frau in der ersten Zeit assistierte. Nach neun Jahren hielt er sein Polarisationsverfahren für ausgereift. 1937 gründete er die Polaroid Corporation und stellte Polarisationsfilter her, vor allem für blendfreie Sonnenbrillen und Sicherheitsgläser. Während des Zweiten Weltkrieges kamen Linsen, Filter und Schutzbrillen dazu, das Geschäft nahm einen ungeahnten Aufschwung.
Damit war es bei Kriegsende allerdings vorbei. 1947 arbeitete die Polaroid Corporation mit hohem Verlust. Es war höchste Zeit, etwas Neues, Ungewöhnliches auf den Markt zu bringen. Mittlerweile arbeitete Land schon seit einigen Jahren an seiner Idee der Sofortbild-Fotografie. Am 21. Februar 1947, gerade zur rechten Zeit, konnte er das neue Verfahren erstmals auf einer Tagung der Optical Society of America ankündigen. Ein Jahr später kamen die ersten Polaroid-Land-Kameras auf den Markt, und zwar in Boston, Massachusetts, wo die ersten Exemplare des Modells 95 verkauft werden konnten.

Die Tricks des Polaroid-Land-Verfahrens

Das Modell 95 war noch ziemlich unförmig und wog 1,8 Kilogramm. Aber es erfüllte seinen Zweck. Die Klappkamera

DUBRONI
1
Alcool
250, Rue de Rivoli
Hyposulfite
de
Soude
250, Rue de Rivoli
DUBRONI
2
Argent
250, Rue de Rivoli
4
Fer
250, Rue de Rivoli
6
Vernis

PRODUITS CHIMIQUES
3
Collodion
250, Rue de Rivoli PARIS
PAYSAGES—REPRODUCTIONS
NOUVEAUX
APPAREILS PHOTOGRAPHIQUES
DUBRONI
A L'USAGE DE TOUS
POUR OPÉRER SANS LABORATOIRE
EN PLEIN AIR, DANS UN SALON OU EN VOYAGE
RUE AUBER, 9, A PARIS

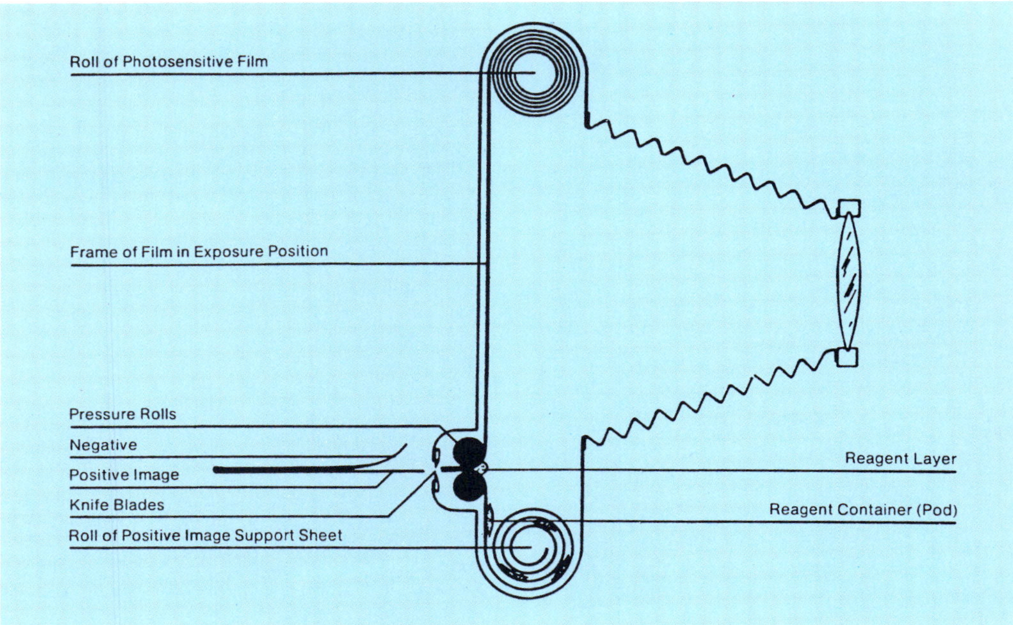

1

2

3

4

1–2 – Mit der Polaroid-Land-Kamera Modell 95 wurde 1948 der Traum vieler Fotografen erfüllt: Man hatte kurze Zeit nach der Aufnahme das Ergebnis als 83 × 108 Millimeter großes Papierbild in Händen. Die Kamera enthielt je eine Rolle Negativ- und Positivpapier; auf dem Positivpapier für jeden Bildabschnitt eine Plastikkapsel mit Entwicklerreagenzien, die beim Herausziehen des doppelten Papierbandes zwischen zwei Walzen aufplatzte und mit ihrem Inhalt innerhalb einer Minute ein brauntoniges Bild entwickelte.
3 – Ähnlich wie das Modell 95 sah das 1954 herausgebrachte Modell 80 Highlander aus, war jedoch für das Bildformat 57 × 88 Millimeter bestimmt. Inzwischen waren die Fotos auch wirklich schwarzweiß. Abgebildet ist das Modell 80 A mit aufgesetztem Vacublitzgerät und Diffusorscheibe.
4 – Nachdem Polaroid schon 1960 mit dem Modell 900 Electric Eye eine Automatikkamera vorgestellt hatte, wurden ab 1963 in den Modellen 100 und 101 (Abbildung) erstmals transistorisierte Verschlüsse verwendet. Gleichzeitig wurde mit diesen Modellen der Filmpack anstelle des Rollenfilms bei den Polaroid-Kameras eingeführt.
5 – Völlig neue Wege im Kamerabau gingen Edwin H. Land und seine Mitarbeiter bei dem Modell SX-70 von 1973, einer flach zusammenklappbaren Spiegelreflexkamera. An der daraus weiterentwickelten SX-70 Sonar AutoFocus wird dem Fotografen auch noch die Entfernungseinstellung abgenommen.
6 – Das in der Rauchkammer aufgenommene Foto zeigt den komplizierten Strahlengang in der SX-70.

5

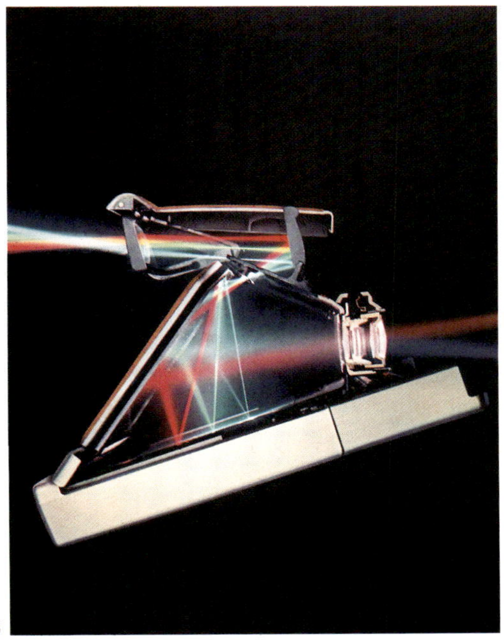

6

enthielt zwei Spulen mit Film, die ein Papierstreifen miteinander verband: eine größere Rolle mit Positiv- und eine kleinere mit Negativpapier. Durch einen Schlitz im Kameraboden mußte der Papierstreifen so weit herausgezogen werden, daß sich das erste Negativ in Aufnahmestellung befand. Nach der Belichtung zog man das Negativ – zusammen mit einem entsprechenden Stück Positivpapier – aus der Kamera heraus. Beide Papiere liefen durch ein Rollenpaar. Dabei platzte eine Kapsel mit zähflüssiger Entwickler- und Fixiermasse und verteilte die Paste zwischen den beiden Streifen. Nach dem etwa eine Minute dauernden Entwicklungs-, Fixier- und Kopiervorgang konnten Negativ und Positiv voneinander getrennt werden – fertig war das (schwarzweiße) Bild, das dezente Sepia-Brauntöne zeigte, 83 × 108 Millimeter groß war und einen Büttenrand aufwies.

Worin besteht das Geheimnis des Polaroid-Land-Verfahrens? Wenn die Entwicklersubstanz der Paste das Negativ berührt, reduziert sie zunächst die belichteten Silberbromid-Körnchen des Negativs zu Silber. Zugleich löst das ebenfalls in der Paste enthaltene Fixiersalz (das herkömmliche Natriumthiosulfat) die unbelichtet gebliebenen Körnchen zu einem Silber-Thiosulfat-Komplex. In der normalen Fotografie wird dieser Komplex ausgespült und bleibt im Fixierbad, mit dem er letztlich weggeschüttet wird. Beim Polaroid-Land-Verfahren dient die Komplexverbindung dagegen zum Aufbau des Positivs: Durch die sehr dünne Entwicklerschicht diffundiert sie zum Positivpapier, auf dem die Silberionen nach Sprengung des Thiosulfat-Komplexes wieder als Silber ausgeschieden werden. Überall da, wo die lichtempfindliche Schicht des Negativs unbelichtet bleibt, wird also Silber ausfixiert und auf der gegenüberliegenden Seite des Positivs als schwarzes Silber angelagert.

Ein ähnliches Verfahren war während des Krieges zum Kopieren von Dokumenten erfunden worden. Edwin H. Land und seine Mitarbeiter verbesserten es so weit, daß es sich für „richtige" Fotos nach dem Land-Verfahren eignete.

Ab 1950 kam neues, schwarz statt sepiafarben auskopierendes Filmmaterial heraus. Es neigte allerdings zum Verblassen, weswegen Polaroid-Land eine Art Lack mitlieferte, der nach Fertigstellung des Positivs aufgestrichen werden mußte und das Bild besser konservieren sollte. Höherempfindliches Filmmaterial wurde ab 1959 hergestellt. Außerdem kamen zahlreiche neue Kameramodelle auf den Markt, darunter 1952 das Modell 110 Pathfinder für Berufsfotografen, 1954 das neue Standardmodell 95 A Speedliner und das kleinerformatige Modell 80 Highlander. 1956 konnte die millionste Polaroid-Land-Kamera verkauft werden. Die erste vollautomatische Kamera, Modell 900 Electric Eye, erlaubte die Herabsetzung der Entwicklungszeit auf 10 bis 15 Sekunden, sie wurde 1960 herausgebracht. Die nächste Stufe war die Automatic 100 von 1963, die erste Kamera mit transistorisiertem Verschluß. Sie arbeitete nun auch nicht mehr mit Filmrollen, sondern mit Filmpacks.

Im selben Jahr wurde der Polacolorfilm vorgestellt, der nach weniger als einer Minute ein Farbbild lieferte. Und 1966 schloß sich der Kreis mit einer ersten preiswerten Kamera, der Polaroid Swinger, ebenfalls für Filmpacks bestimmt.

Ein neues System: Die SX-70-Kamera

Der Polacolor-Farbfilm hatte erhebliche Entwicklungskosten verschlungen – umgerechnet rund 160 Millionen Mark. Aber er erwies sich schnell als marktstrategisch unbedingt notwendig, denn gegen Ende der fünfziger Jahre geriet der Absatz der nur Schwarzweiß-Bilder liefernden Sofortbild-Sets ins Stocken. Der Polacolorfilm kam also gerade zur rechten Zeit, und er setzte sich ziemlich schnell durch.

Mit den erzielten Ergebnissen war Edwin H. Land jedoch noch lange nicht zufrieden. 1973 stellte er als einstweilige Krönung seiner und seiner Mitarbeiter Arbeit die „absolutely one-step-photography" vor, verkörpert in der SX-70-Kamera mit neuem Farbfilmmaterial. Fachleute hatten den Eindruck, als hätten die Land-Leute noch einmal ganz von vorne angefangen, denn das SX-70-System unterschied sich von der ersten Polaroid-Land-Kamera wie der Dreischichtenfarbfilm von der Daguerreotypie.

Die SX-70 erwies sich als erste Spiegelreflexkamera aus den Land-Konstruktionsbüros, sie war überdies vollautomatisch und motorisiert. Zusammengeklappt bildet sie eine flache Schachtel, 17,8 × 10,2 × 2,5 Zentimeter groß, aufgeklappt hat sie eine dreieckige Form. Bei der SX-70 braucht nur noch die Entfernung eingestellt, das Bild mit dem Sucher aufgefaßt und der Auslöseknopf betätigt zu werden. Er setzt das elektrisch-elektronische System mit sechs integrierten Schaltkreisen und 325 Transistoren in Tätigkeit. Die Automatik schließt zunächst den Verschluß (für den Blick durch den Sucher ist er offen). Dann klappt ein Motor den Sucherspiegel nach oben an die Kamerarück-

1 – Die ab 1976 herauskommenden Kodak-Instant-Kameras benutzen im Gegensatz zu Polaroid Umkehrmaterial, das durch die Bildrückseite belichtet wird. Die nicht zusammenklappbaren Modelle wie die EK 160 lenken die Strahlen lediglich deshalb über zwei Spiegel auf den Filmpack, um die Kamera kompakter bauen zu können. Die Belichtung wird automatisch geregelt.
2 – Jede der zehn Bildeinheiten des Filmpacks wird nach der Belichtung durch einen Elektromotor aus der Kamera geschoben. Bei nicht zu starker Beleuchtung kann man beobachten, wie innerhalb etwa einer Minute ein farbiges Bild entsteht.

1

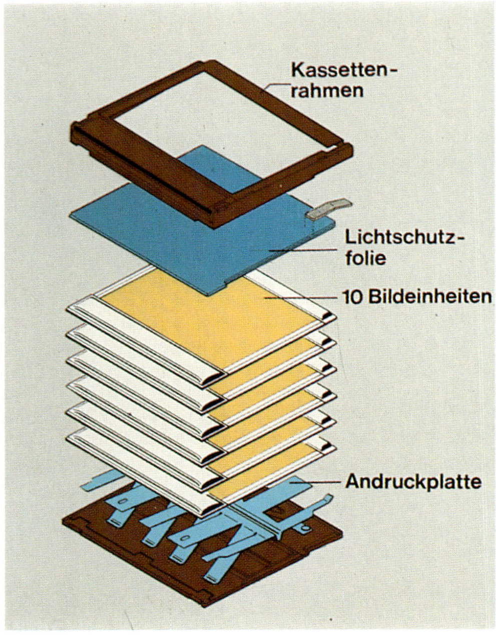

2

seite. Die Rückseite des Sucherspiegels bildet der Aufnahmespiegel, der das Bild umkehrt und seitenrichtig auf die oberste Filmpacklage wirft. Die Batterie für den Betrieb aller elektrischen und elektronischen Vorgänge ist in jeden Filmpack integriert.
Die von einer Fotozelle gemessene Helligkeit verarbeitet ein Minicomputer, er wählt die passende Belichtungszeit und Blendenöffnung, sperrt den Verschluß, wenn das Licht nicht ausreicht, oder schaltet auf Blitzbelichtung um, falls auf dem Blitzsockel eine Blitzschiene aufgesteckt ist (in diesem Fall sucht sich die Automatik auch noch die nächste unverbrauchte Blitzlampe). Nun wird der Verschluß geöffnet.
Der Motor schiebt das belichtete Bild durch ein Walzenpaar nach draußen. Dabei verteilt sich die Entwicklersubstanz auf dem Bild. Der Entwicklungsprozeß findet außerhalb der Kamera statt. Die Automatik stellt die Spiegel in die Ausgangsstellung zurück, die Kamera ist wieder aufnahmebereit. Für alle diese Vorgänge braucht die Kamera 1,5 Sekunden.
Außer dem Knopfdruck zur Betätigung dieses komplexen Systems verblieb dem Fotografen bei der SX-70 nur noch die Entfernungseinstellung. Aber auch diese „Arbeit“ nahm Land seinen Kunden schließlich noch ab und lieferte die Kamera mit einem automatischen, elektroakustisch funktionierenden Entfernungsmesser, der seine Meßwerte unmittelbar auf die Objektiveinstellung übertrug.
Das dazugehörige Filmmaterial lehnt sich an die bisherigen Verfahren an. Es besteht aus einem mehrschichtigen Negativ und einer transparenten Bildaufzeichnungsschicht, die zu einer Einheit kombiniert sind. Bei der Entwicklung geben die Negativschichten im umgekehrten Verhältnis zu ihrer Dichte Farbstoffe frei, die durch die Entwicklerschicht zur Bildaufzeichnungsschicht diffundieren.

Das Sofortbildsystem von Kodak

Auch wenn darüber nichts an die Öffentlichkeit drang, ist anzunehmen, daß die Manager von Eastman Kodak in Rochester heute nicht mehr so ganz von der Richtigkeit jener Entscheidung überzeugt sind, die die zur Zeit der ersten Nachkriegsjahre amtierende Geschäftsleitung traf. Damals meldete sich nämlich in Rochester ein ziemlich unbekannter Physiker namens Edwin H. Land mit dem Vorschlag, das von ihm erfundene Sofortbildsystem kommerziell auszuwerten. Das neue Verfahren kam ihnen zu umständlich und unsicher vor, außerdem waren die ersten Ergebnisse qualitativ weit von dem entfernt, was man sich in Rochester unter guten Fotos vorstellte.
Als sich das Polaroid-Land-Verfahren gemausert und bewährt hatte, blieb den Eastman-Kodak-Konstrukteuren nichts anderes übrig, als über ein eigenes Sofortbildsystem nachzudenken. 1976 kam das Programm auf den Markt. Es bestand aus neuen Instant-Kameras und einem Instant-Print-Film, konfektioniert in Filmpacks mit zehn Einheiten. Im Gegensatz zu Land verwendete Kodak kein Negativ-Positiv-, sondern ein Umkehrverfahren, bei dem durch die Schicht hindurch belichtet wird. Nach dem Entwicklungsvorgang bildet also die belichtete Seite die Rückseite des Bildes. Es war deshalb überflüssig, den Strahlengang in der Kamera durch Spiegelkonstruktionen umzukehren. Überdies erlaubte es dieses Verfahren, Papier mit strukturierter Oberfläche zu verwenden.
Die dazugehörigen Kameras lagen in unterschiedlichen Preisklassen – von der preiswerten, nicht zusammenklappbaren Kodak EK2 bis zur EK8, die sich flach zusammenklappen läßt. Das Kodak-Sofortbildsystem wurde schnell ein großer Erfolg. Edwin H. Land fand, die Konkurrenz belebe das Geschäft: „Jahrelang haben wir den Ball gegen eine Wand gespielt. Nun freuen wir uns, jemanden auf der anderen Seite des Netzes zu haben.“
Letztlich ging Sofortbildgigant Land (70 Prozent Marktanteil) jedoch stark angeschlagen aus dem heftigen Konkurrenzkampf hervor. Firmengründer Edwin H. Land mußte 1980 seinen Stuhl räumen. Ein Jahr später kam seine Firma mit vollautomatischen Sofortbildgeräten der Serie 600 heraus. Aber Kodak, der „gelbe Riese aus Rochester“, konterte wenige Monate später mit den ersten Kameras der neuen Kodamatic-900-Serie, die Polaroid zeitweise schwer zu schaffen machten. Land-Nachfolger William J. McCune ließ sich jedoch nicht entmutigen. Als vorläufig letzte Neuentwicklung kündigte Polaroid 1983 einen Dia-Sofortbildfilm an, den jeder Hobbyfotograf mühelos zu Hause entwickeln und auch gleich noch rahmen kann. Und wieder einmal war die Rede von einer „völlig neuen Dimension der Fotografie“.
Inzwischen ist es etwas ruhiger auf dem Gebiet des Sofortbildes geworden. Das mag daran liegen, daß das Aufnahmematerial relativ teuer ist, auch wenn keine weiteren Entwicklungskosten entstehen.

Zukunftsmusik: Fotos ganz ohne Chemie

Im Sommer 1981 versetzte die japanische Elektronikfirma Sony Corporation der internationalen Fotobranche einen heftigen Schock. Sie stellte der Welt die erste elektronische Kamera vor, die von Sony-Chefingenieur Nobutoshi Kihara entwickelte „Mavica". In absehbarer Zeit, so hieß es, werde jedermann nur noch elektronisch fotografieren wollen – ganz ohne Film, nur mit einem Speicherelement in Gestalt einer fünfzig Bilder fassenden Magnetbandkassette. Die gespeicherten Bilder ließen sich auf den Fernsehschirm übertragen, per Datenleitung transportieren oder in Minutenschnelle ausdrucken.

Bei näherer Betrachtung zeigte sich, daß es die Mavica einstweilen qualitativ noch lange nicht mit einer herkömmlichen Kamera aufnehmen konnte. Aber der japanische Vorstoß führte doch dazu, daß in den Entwicklungslabors der großen Fotofirmen fortan mit großem Nachdruck an den Problemen der digitalen Fotografie gearbeitet wurde. Zu Beginn der neunziger Jahre wird die elektronische Fotografie technisch ausgereift sein – zu diesem Ergebnis kam das Bundesforschungsministerium in einer im Sommer 1983 veröffentlichten Studie.

Bis dahin ist freilich noch ein weiter Weg zurückzulegen. Aber es lohnt sich, ihn zu beschreiten. In Europa gibt es 100 Millionen, in der Bundesrepublik Deutschland 28 Millionen Hobbyfotografen. Jedes Jahr werden in Deutschland 3,3 Millionen neue Kameras an die Frau und den Mann gebracht – ein riesiger Markt. Und jedes Jahr wandern in Deutschland rund 2,5 Milliarden Fotos durch die Entwicklungsmaschinen der Großlabors. An der Film-Chemie verdient die Fotoindustrie am meisten – sie macht damit rund zwei Drittel ihres Umsatzes aus. Was wird geschehen, wenn keine Chemie mehr gebraucht wird? Wem wird das elektronische Foto-Marktvolumen zufallen, das die Studie des Bundesforschungsministeriums allein für die Anfangszeit auf etwa 100 Milliarden Mark pro Jahr schätzt?

Wenden wir uns den technischen Problemen zu. Für die elektronische Fotografie wird zunächst einmal das ganz normale optische System einer Kamera gebraucht. Den Film vertritt ein Festkörpersensor. Er wandelt das einfallende Licht in elektrische Signale um, die optisch oder magnetisch gespeichert werden können. Der Sensor ist aus vielen winzigkleinen Bildelementen (Pixel) aufgebaut. Von der Pixel-Zahl hängt die Bildqualität ab. Die Techniker streben die Konstruktion eines Halbleitersensors mit einer Million Bildelementen an. Das entspräche dem Auflösungsvermögen eines Kleinbildfilmes mittlerer Qualität.

Die vom Sensor aufgenommenen Signale werden von einem Mikroprozessor verarbeitet und dann digital gespeichert. Die heute verfügbaren Speicherchips reichen für die Anforderungen der elektronischen Fotografie noch nicht aus. In absehbarer Zeit hofft man, Speicher mit einem Fassungsvermögen von einem Megabit (= eine Million Bildelemente) entwikkeln zu können. Damit wäre aber noch nicht viel gewonnen. Angestrebt wird ein Speicher, der mindestens 20 Bilder mit einer Auflösung von je vier Millionen Bildelementen festhalten kann.

Der in die Kamera eingesetzte Speicher ist nur für die Kurzzeitspeicherung der Bildelemente gedacht. Aus dem Kameraspeicher lassen sich die magnetischen Impulse über ein Lesegerät auf den Fernseh-Bildschirm übertragen. Ein anderes Zusatzgerät soll das Ausdrucken der Bilder erlauben. Für die langfristige Aufbewahrung der elektronischen Bilder bietet sich ein Verfahren an, wie es beispielsweise beim Compact Disc verwirklicht wurde. Ein Laserstrahl brennt die Bildimpulse in eine Platte. Mit einem anderen Lasergerät können sie dann wieder abgetastet werden. Auf diese Weise hofft man, auf einer 30-cm-Platte bis zu 100 Bilder dauerhaft speichern zu können.

Dank der elektronischen Speichermöglichkeiten wird es in absehbarer Zeit Bild-Datenbänke geben. Gespeicherte Bilder können sekundenschnell über Breitbandkabel übertragen werden. Möglich wäre auch die elektronische Abwandlung der Bildimpulse. Diese und andere technische Voraussetzungen werden zunächst für Anwendungen in Presse, Industrie und Medizin interessant sein. In diesen Fällen wird auch der zunächst noch hohe Preis für die elektronische Kamera und ihr Zubehör keine so große Rolle spielen wie in der Amateurfotografie. Die ersten Ausrüstungen werden, wie am Beispiel Mavica abzulesen ist, sicherlich noch erheblich mehr kosten als eine komplette Spiegelreflexkamera-Ausstattung mit allen Schikanen.

Anwendungsgebiete der Fotografie

Mit fotografischen Vorrichtungen kann man nicht nur einfach „Bilder" machen. Die Anwendungsgebiete der Fotografie sind auch außerhalb der herkömmlichen Bereiche Berufs- und Amateurfotografie und Filmtechnik unerhört vielfältig und vielseitig. Fotografische Techniken haben in Wissenschaft und Forschung eine große Bedeutung, beispielsweise in der Astronomie oder Medizin. Sie sind in der Technik unentbehrlich. Bei den meisten Drucktechniken spielen fotografische Prozesse eine Rolle, ebenso bei den Fotokopier-Verfahren. Mit Hilfe fotografischer Reproduktionsverfahren werden aber auch Mikroprozessoren oder Schaltkreise für Computer und Taschenrechner hergestellt. Auf zahllosen Gebieten, in denen es darauf ankommt, veränderliche Vorgänge festzuhalten, hat sich die Fotografie als das beste Medium erwiesen. Nur einige der interessantesten Anwendungsgebiete seien nachstehend erläutert.

Fotomikrografie und Mikrofilm

Als die Preußen am 19. September 1870 die Stadt Paris nach der Schlacht bei Sedan einschlossen, gab es keine regulären Möglichkeiten mehr, aus der belagerten Stadt mit dem unbesetzten Frankreich Verbindung aufzunehmen. Es wurde zunächst versucht, mit Hilfe von Freiballons Nachrichten hinauszutransportieren. Das war zu gefährlich – die Preußen schossen viele von ihnen ab. Dann versuchten es die Franzosen mit Brieftauben, was in beiden Richtungen, aus der Stadt heraus und in sie hinein, recht gut funktionierte. Der einzige Nachteil war, daß die Kapazität der Tauben sich bald als unzulänglich erwies, weil die Vögel Schriftstücke normaler Größe mitnehmen mußten.

Die Direktion der Telegrafenlinien kannte einen Mann, der sich schon seit fünf Jahren mit der Herstellung stark verkleinerter fotografischer Abbildungen befaßte: René Prudent Patrice Dagron (1819–1900). Er wurde beauftragt, eine Mikrofilm-Taubenpost einzurichten, was auch sofort geschah. Die Nachrichten wurden zunächst gedruckt, damit man ein klares Schriftbild erhielt, dann im Verhältnis 1 : 100 verkleinert und auf Kollodiumfilm abgebildet. Eine 80 × 100 Millimeter große Vorlage schrumpfte dabei auf die Größe etwa eines Quadratmillimeters zusammen. Die Kollodiumschicht wurde von der Unterlage gelöst, zusammengerollt und den Tauben in einer kleinen Kassette mitgegeben. Für den Nachrichten-Rücklauf richtete Dagron, der Paris mit dem Luftballon verließ, Verkleinerungsstationen in Bordeaux und Tours ein.

Jede Taube konnte pro Flug Mikrofilme mit 60000 bis 80000 Depeschen zu je 20 Wörtern mitnehmen. Auf diese Weise wurden bis zur Übergabe von Paris am 28. Januar 1871 Hunderttausende amtlicher und privater Nachrichten befördert.

1

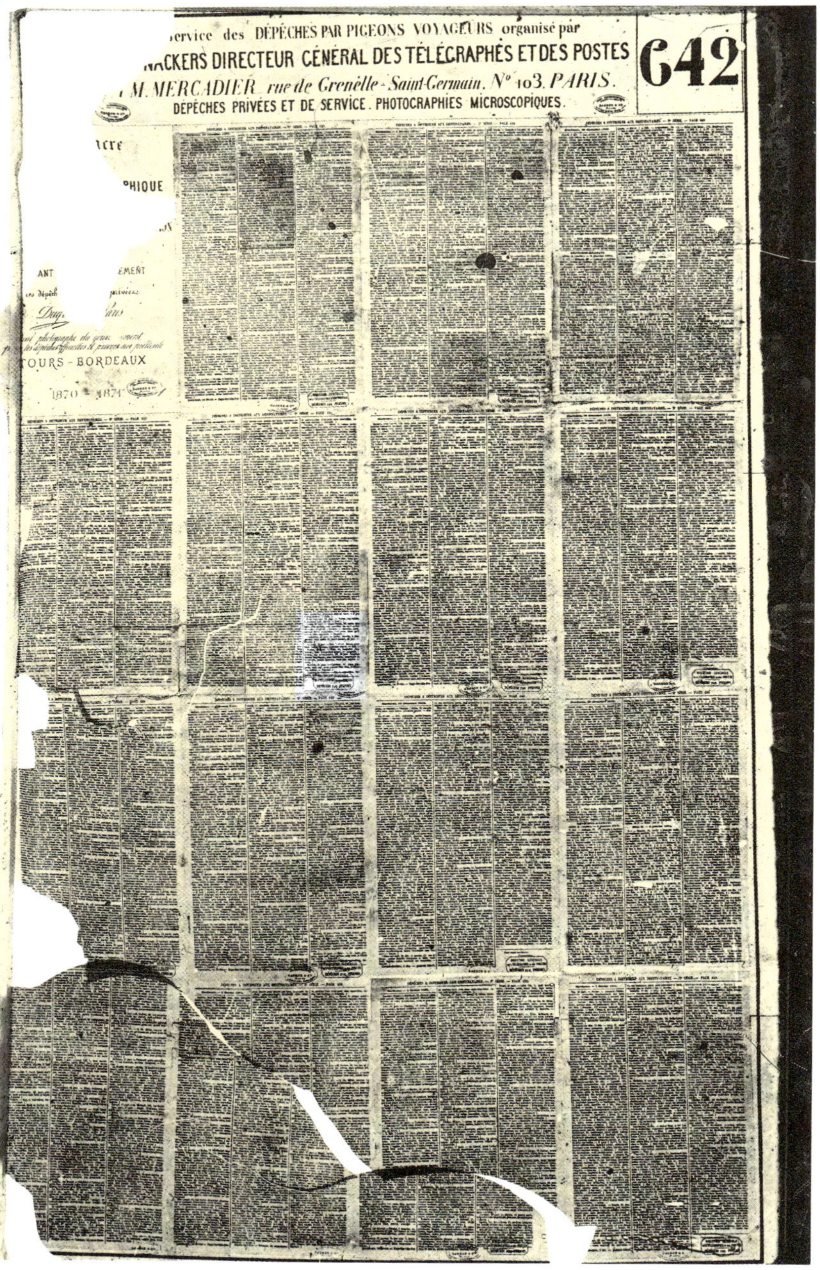
Service des DÉPÊCHES PAR PIGEONS VOYAGEURS organisé par
…RACKERS DIRECTEUR GÉNÉRAL DES TÉLÉGRAPHES ET DES POSTES
M. MERCADIER, rue de Grenelle-Saint-Germain, N° 103. PARIS.
DÉPÊCHES PRIVÉES ET DE SERVICE. PHOTOGRAPHIES MICROSCOPIQUES.
642
TOURS-BORDEAUX
1870 1871

2

Dann geriet die mikrografische Technik für Jahrzehnte in Vergessenheit. Erst in den zwanziger Jahren unseres Jahrhunderts kam in den USA der von George McCarthy konstruierte Checkograph auf, mit dem die Banken eingehende Schecks fotografierten. Eastman Kodak entwickelte daraus das Recordak-Verfahren (1928), mit dessen Hilfe viele Betriebe fortan ihre wichtigsten Unterlagen verfilmten und mit geeigneten Lesegeräten jederzeit verfügbar hatten. Große Archive und Bibliotheken schlossen sich an, nachdem ihnen ein schlagendes Beispiel die Vorteile des Verfahrens bewiesen hatte: Die Zeitung New York Herald Tribune stellte ihr Archiv mit den 100 ersten Jahrgängen des Blattes, das einen Raum von über 5000 Kubikmetern beansprucht hatte, auf Mikrofilm um und kam fortan mit einem normalen Bücherschrank aus.

Auch für Spionagezwecke war das Mikrofilmverfahren hervorragend geeignet. Berühmt ist die Story vom Mikropunkt: Stark verkleinerte Dokumente wurden auf die Größe eines Schreibmaschinenpunktes gebracht. Die Filmpunkte konnte man als i- oder Satzpunkte in ein normal großes Dokument montieren. Sie fielen nur bei mikroskopischer Betrachtung auf.

Immer feinkörnigeres Filmmaterial steigerte die Leistungsfähigkeit der Fotomikrografie. Schon 1964 war es mit Hilfe der Kodak High Resolution Platte möglich, auf einem Quadratzentimeter 160 Millionen Informationseinheiten unterzubringen. Für ein 24bändiges Lexikon brauchte man dabei nur eine Fläche von rund 100 Quadratzentimern, kleiner als eine Postkarte. Das hätte sich René Prudent Patrice Dagron vor über hundert Jahren nicht träumen lassen.

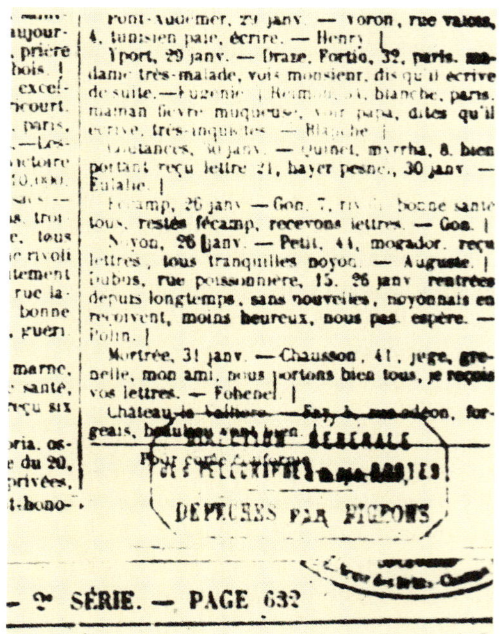
Pont-Audemer, 29 janv. — Voron, rue valois, 4, tunisien paie, écrire. — Henry |
Yport, 29 janv. — Draze, Fortio, 32, paris. madame très-malade, vois monsieur, dis qu'il écrive de suite. — Eugénie | [illegible], blanche, paris. maman fièvre muqueuse, voir papa, dites qu'il écrive, très-inquiètes. — Blanche |
Coutances, 30 janv. — Quinet, myrrha, 8. bien portant reçu lettre 21, bayer pesne., 30 janv. — Eulalie. |
Fécamp, 26 janv. — Gon, 7, [illegible] bonne santé tous, restés fécamp, recevons lettres. — Gon. |
Noyon, 26 janv. — Petit, 41, mogador. reçu lettres, tous tranquilles noyon. — Auguste. | Dubois, rue poissonnière, 15, 26 janv. rentrées depuis longtemps, sans nouvelles, noyonnais en reçoivent, moins heureux, nous pas. espère. — Polin. |
Mortrée, 31 janv. — Chausson, 41, jege, grenelle, mon ami, nous portons bien tous, je reçois vos lettres. — Fohenel. |
Château-[illegible], forgeais, [illegible]
DÉPÊCHES PAR PIGEONS
— 2e SÉRIE. — PAGE 632

3

Nadar und die Ballonfotografie

Gaspard Felix Tournachon (1820–1910), den die Zeitgenossen nur unter seinem Künstlernamen Nadar kannten, war ursprünglich ein begabter Karikaturist und Satiriker, dessen oft sehr bissige, aber meistens ins Schwarze treffende Karikaturen vor allem im berühmten „Charivari“ und im „Journal pour rire“ erschienen. Aber er interessierte sich auch für viele andere Dinge.

Mit der Fotografie befaßte er sich ursprünglich nur, um präzise Vorlagen für seine Zeichnungen herzustellen. Dann aber fing er Feuer und wurde zu einem der erfolgreichsten Porträtfotografen aus der Frühzeit der Fotografie. Vor allem lichtete er Zeitgenossen ab, die mit dem herrschenden Gesellschaftssystem in Widerspruch standen: die für außereheliche Liebesbeziehungen eintretende Schriftstellerin George Sand und den zeitkritischen Zeichner Honoré Daumier, den ausgeflippten Dichter Charles Baudelaire und den russischen Revolutionär Michail Aleksandrowitsch Bakunin und viele andere. Er trieb sich aber auch in den Katakomben und Abwasserkanälen von Paris herum, aus denen er faszinierende Aufnahmen mitbrachte – die ersten bei elektrischer Beleuchtung hergestellten. Und er wurde Ballonfotograf.

Die ersten Luftbildaufnahmen aus dem Ballon machte Nadar im Jahre 1858. Welche Probleme dabei auftauchen konnten, beschrieb der Ballonspezialist Hauptmann H. Moedebeck aus Straßburg einige Jahre nach Nadar in Luegers Lexikon der gesamten Technik: „Ob ein Ballon steigt oder fällt oder sich dreht, kommt für die Praxis nicht in Betracht und kann die Schärfe des Bildes wenig beeinflussen, weil diese Bewegungen sich alle in viel zu langen Zeiträumen abspielen. Jedes lichtstarke Objektiv ist für Aufnahmen vom Ballon aus geeignet. An Momentverschlüssen wähle man solche, die nicht leicht durch hineinfliegende Sandkörner unbrauchbar werden, denn es kommt häufig vor, daß beim Ausschütten von Ballast der Apparat in eine Sandwolke eingehüllt wird. Gute Bilder erhält man nur bei klarer Luft und heller Beleuchtung mit kurzer Exposition. Es empfiehlt sich, den Apparat mit einem Sucher zu versehen und ihn auf einem leicht nach allen Punkten hin drehbaren Stativ am Korbrande zu befestigen.“

Während Nadar noch weitgehend zweckfrei aus der Luft fotografiert hatte, erfand der amerikanische Luftschiffer Lowe während des amerikanischen Bürgerkrieges das Verfahren, vom Ballon aus vor einer kriegerischen Aktion Landschaftsaufnahmen zu machen, deren Negative mit numerierten Planquadraten gekennzeichnet wurden. An Hand dieser Geländebilder wurden dann die Truppen dirigiert.

Der Ballonfotografie folgte die Fotografie vom Flugzeug aus, schließlich die Weltraumfotografie, die die ersten Gesamtaufnahmen der Erdkugel lieferte. Die ersten Aufnahmen von Ausschnitten der Erdoberfläche aus der Stratosphäre entstanden übrigens 1932. Damals stieg der Schweizer Stratosphären- und spätere Tiefseeforscher Professor Auguste Piccard (1884–1962) mit seinem Spezialballon, an dem eine druckfeste Höhenkabine hing, bis in eine Höhe von 16940 Metern auf und lieferte Luftaufnahmen, die so sensationell waren, daß die Berliner Illustrirte sie exklusiv ankaufte und veröffentlichte.

Verfahren der Mikrofotografie

Als Mikrofotografie bezeichnet man alle Verfahren, das von einem Mikroskop erzeugte Bild fotografisch festzuhalten – im Gegensatz zur Fotomikrografie, die zum Mikrofilm führte. Der Engländer Humphry Davy machte in den ersten Jahren des 19. Jahrhunderts Versuche in dieser Richtung, konnte das Bild aber noch nicht fixieren. Das gelang erst der Daguerreotypie, mit deren Hilfe der französische Physiker Jean Bernard Léon Foucault (1819–1868) erstmals Mikrofotos erzeugte. 1840 stellte er der französischen Akademie der Wissenschaften sein Verfahren vor. Der erste mikrofotografische Apparat, der heutigen Geräten ähnelte, stammt von dem Frankfurter Apotheker Mayer, der 1844 einen kameraähnlichen Kasten über sein Mikroskop stülpte – bis dahin hatte man die Aufnahmen in einem verdunkelten Raum machen müssen.

Erst der aus Clausthal stammende Begründer der wissenschaftlichen Bakteriologie und Mikrobiologie, der Arzt und Forscher Robert Koch (1843–1910), versuchte, die Mikrofotografie systematisch in den Dienst der wissenschaftlichen Arbeit zu stellen. Inzwischen waren in Jena Carl Zeiss und Ernst Abbe dabei, perfektere Mikroskope zu bauen, derer sich auch Robert Koch bediente.

Mikrofotografische Geräte bestehen immer aus dem Mikroskop als bilderzeugendem und der Kamera als bildauffangendem Teil; dazu kommt eine Beleuchtungseinrichtung. Zunächst verwendete man, etwa zu Zeiten Robert Kochs, eine Balgenkamera, die den unförmigen Kamerakasten der Frühzeit ablöste. Sie war oft so groß, daß sie dem Mikroskop nicht mehr

1 – Die Fotomikrografie oder Mikrokopie wurde erstmals 1870 praktisch angewandt und gleich hunderttausendfach. Bei der Belagerung von Paris durch die Preußen wurde eine Brieftaubenpost eingerichtet, deren auf ein Hundertstel verkleinerte Depeschen durch Projektion wieder lesbar gemacht wurden.
2–3 – Das in diesem Kollodiumfilmhäutchen (Originalgröße ca. 6 × 10 cm) hell markierte Rechteck ist rechts vergrößert wiedergegeben.
4 – Der Karikaturist und Porträtfotograf Gaspar Felix Tournachon alias Nadar setzte sich durch seine Experimente mit Luftbildfotos 1862 selbst der spitzen Feder des Karikaturisten Honoré Daumier aus.
5 – Die nach einer Idee des Arztes Dr. Julius Neubronner 1908 konstruierte Brieftaubenkamera machte automatisch zwei bis acht Luftbilder.

4

5

1 – Léon Foucault, der 1840 das erste Mikrofoto vorgelegt hatte, benutzte zunächst Sonnenlicht zur Beleuchtung, setzte aber später zusammen mit dem Histologen Alfred Donné (1801–1878) eine Kohlebogenlampe als Lichtquelle ein.
2 – Foucault und Donné veröffentlichten 1844 in Paris einen „Atlas d'anatomie microscopique" mit Zeichnungen nach Mikro-Daguerreotypien.
3 – Zur Zeit Robert Kochs baute man das Mikroskop mit der Beleuchtungseinrichtung gern getrennt von der Balgenkamera auf zwei getrennten Stativen auf, um beim Plattenwechseln Erschütterungen vom Mikroskop fernzuhalten. Der riesige Balgenauszug zwang oft zu horizontaler Anordnung wie bei der Anlage von Zeiss um 1888.
4 – Mikrofotos wie dieses von einer Kieselalge konnte man erst nach der Erfindung des autotypischen Klischeeverfahrens durch Georg Meisenbach 1881 als fotografisch reproduziertes Halbtonbild drucken.
5 – Dieser Holzstich zeigt das Ultraviolettmikroskop mit Fotokamera von August Köhler, das Zeiss 1904 herausbrachte.
6 – Zeiss baute ab 1955 ein Fotomikroskop mit automatischer Belichtungseinrichtung (rot über der trommelförmigen Kamera).
7 – Die stereoskopische Aufnahme des Mondes belichtete Warren de la Rue am 29. März 1858 durch ein 33-cm-Newton-Spiegelteleskop mit 3 Meter Brennweite auf nasse Kollodiumplatten.
8 – Die von Schiaparelli 1877 auf dem Mars beobachteten „Kanäle" führten zu zahlreichen Spekulationen über intelligente Marsbewohner. Erst die Astrofotografie entlarvte sie als optische Täuschung.

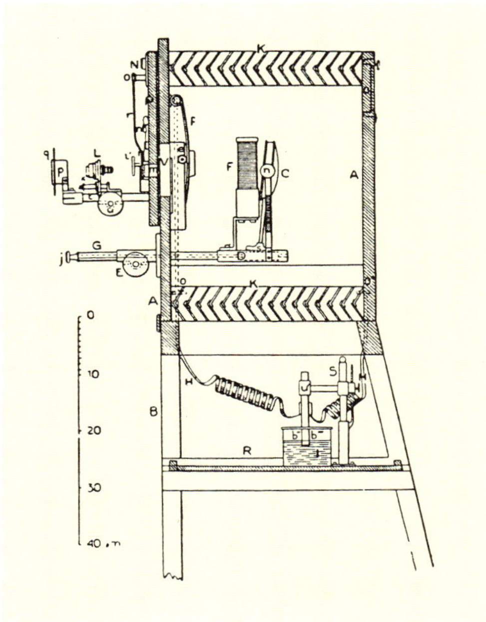
1

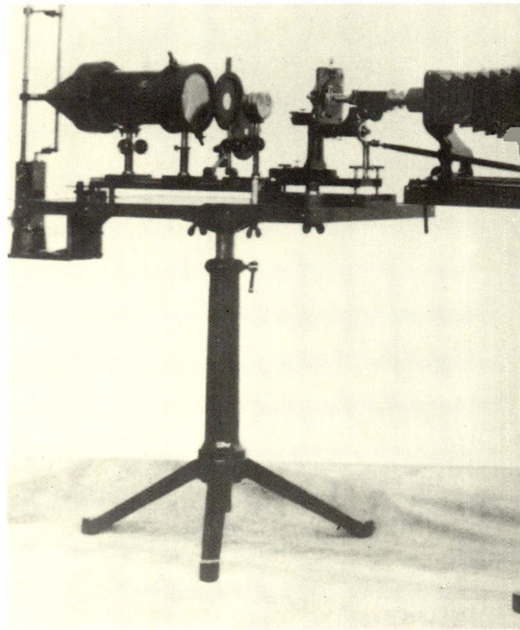
3

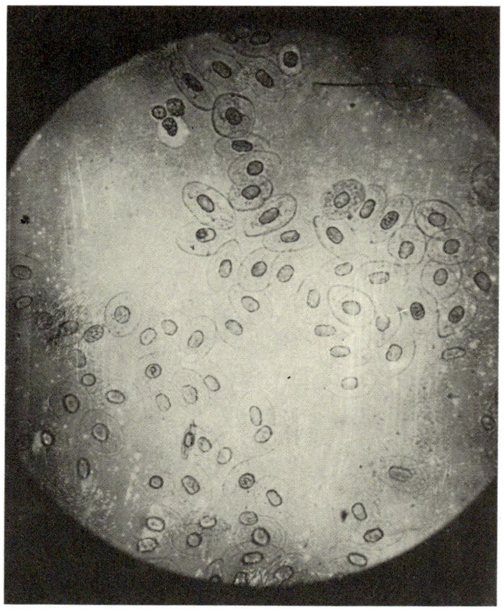
2

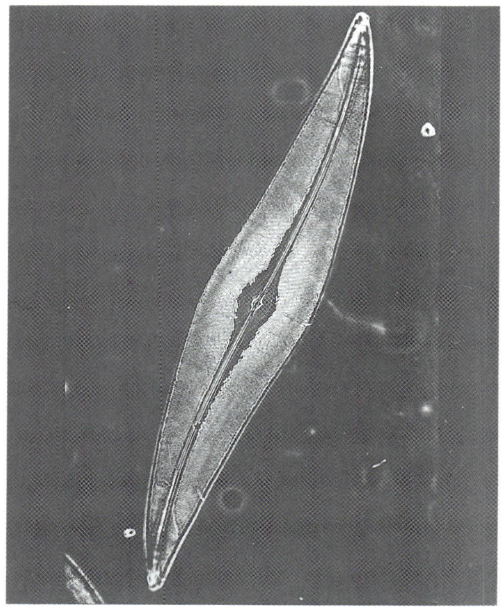
4

aufgesetzt werden konnte, sondern horizontal dazu angeordnet werden mußte. Manchmal bekam auch das Mikroskop eine horizontale Lage.

Als das Kleinbildzeitalter begann, kamen kleine Kameras auf, die stets dem Mikroskop aufgesetzt wurden. Etwa um die gleiche Zeit, um das Jahr 1930, gab es aber auch schon die ersten Kameramikroskope, Kombinationen von Mikroskop und Kamera, die auch von angelernten Kräften bedient werden konnten. Schon 1904 arbeitete das erste Ultraviolettmikroskop mit Fotoeinrichtung, das August Köhler (1866–1948) entwickelte. Es erhöhte das Auflösungsvermögen wesentlich und wurde bald vor allem für die Untersuchung von Nukleinsäuren verwendet.

Seit einigen Jahren gibt es überdies die Möglichkeit, Mikroskope mit Fernsehkameras zu koppeln. Erste Aufnahmen von Bewegungsabläufen unter dem Mikroskop wurden schon bald nach der Erfindung der Kinematografie erprobt.

Die Astro- oder Himmelsfotografie

Wie die Mikrofotografie gehört auch die Astrofotografie zu den am frühesten erprobten wissenschaftlichen Fotoverfahren. Schon Daguerre hatte Versuche angestellt, den Mond aufzunehmen, war aber gescheitert, weil seine Platten nicht lichtempfindlich genug waren. Während der langen Belichtungszeit hatte sich der Mond längst weiterbewegt. Bald danach gelangen Léon Foucault und dem französischen Physiker Armand Hippolyte Louis Fizeau (1819–1896), der als einer der ersten mit Silberbromidschichten gearbeitet hatte, die ersten Fotos der Sonne mit Sonnenflecken. Es folgten stereoskopische Aufnahmen des Mondes und der Planeten. Weil die irdischen Verfahren der Stereoskopie versagten (die Aufnahmebasis war zu klein), machte man zunächst nur eine Aufnahme des Objektes und wartete mit der zweiten einige Stunden, Tage oder Wochen, bis der Mond oder Planet wieder die passende Stellung erreicht hatte. So wurde der stereoskopische Effekt gerettet.

Als Erfinder dieser trickreichen Technik gilt der englische, auf der Insel Guernsey geborene Naturforscher Warren de la Rue (1815–1889). Er baute 1857 in Cranford, Middlesex, ein Observatorium, das ihm „glänzende Erfolge bei der Anwendung der Photographie auf astronomische Erscheinungen" ermöglichte. Unter anderem legte er 1860 sensationelle Aufnahmen der totalen Sonnenfinsternis vom

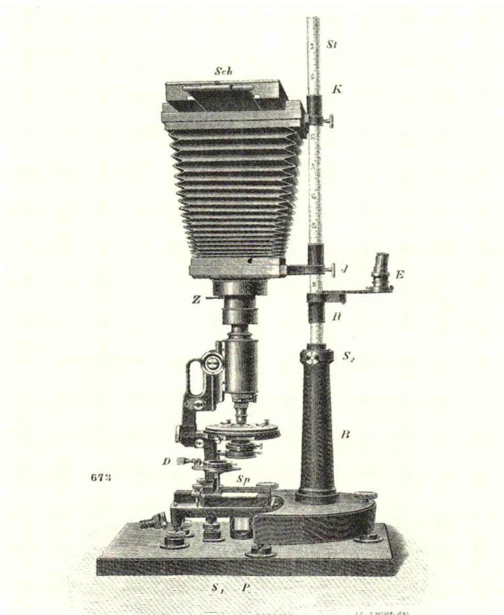
Sch
St
K
J
E
Z
B
S2
R
D
Sp
673
S1 P

5

6

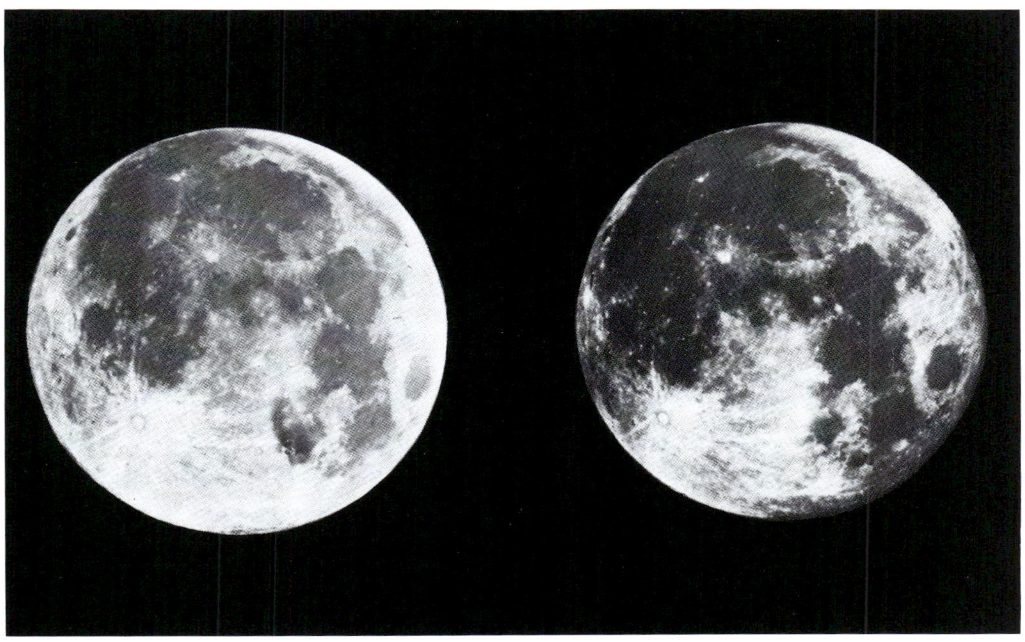

7

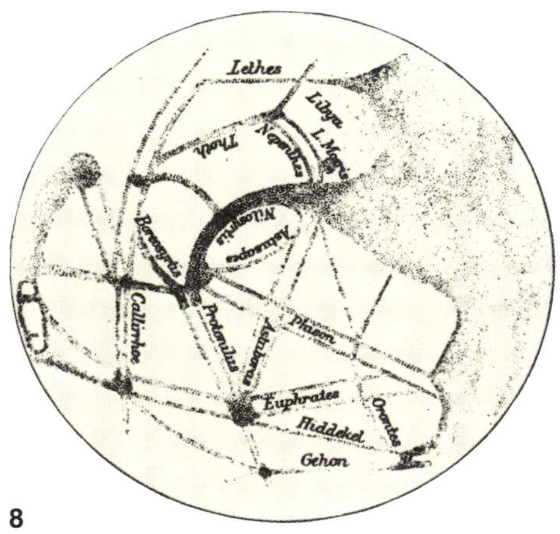
Lethes
Libya
Thoth
Nepenthes
Nilosyrtis
Callirrhoe
Protonilus
Phison
Euphrates
Hiddekel
Orontes
Gehon

8

18. Juli vor. Sein Mondalbum mit zwölf Aufnahmen des Erdtrabanten zeigte den Mond, wie ihn zuvor noch keiner gesehen hatte.
Einen zeitgenössischen Dichter inspirierten die entmythologisierten Mondbilder zu einem Aufschrei: „Dieser blasse Schläfer, der da oben zur nächtlichen Weile seine Herden weidet, ist entlarvt und erkannt als eine fühllose Leiche. Seine Visitenkarte zeigt uns Formen, die kein Leben mehr bergen können, Züge, die einer bewegten Vergangenheit angehören – ich fasse mich kurz: Herr Warren de la Rue hat ihm seinen Nimbus vollständig genommen."
Zeitgenossen nannten de la Rue den eigentlichen Schöpfer der astronomischen Fotografie. Zumindest war er der erste, der die Himmelsfotografie auf eine für die damaligen technischen Möglichkeiten ungeahnte Weise perfektionierte.
Nicht nur Bekanntes bannten die Astrofotografen auf die Platte. Vor allem entdeckten sie Unbekanntes, weil sich auf den Himmelsbildern auch lichtschwache Sterne und kosmische Nebel dem Auge offenbarten, die sie mit Fernrohren nicht zu erkennen vermochten. Man mußte nur genügend lange belichten.
Bahnbrechendes auf diesem Gebiet leistete als einer der ersten der Heidelberger Astronom Maximilian Wolf (1863–1932), Schöpfer der Sternwarte auf dem Königstuhl bei Heidelberg. Mit Hilfe der Astrofotografie entdeckte er Hunderte von Planetoiden, Kometen, galaktische und extragalaktische Nebel (darunter den Nordamerika-Nebel im Sternbild Schwan) und Sterne mit großer Eigenbewegung. 1893 notierte er über drei Aufnahmen aus dem Sternbild Schwan: „Nach einstündiger Belichtung 52000 Sterne, nach dreistündiger Belichtung 108000 Sterne, nach dreizehnstündiger Belichtung 197000 Sterne."
Himmelsfotografien entlarvten auch die 1877 von dem Italiener Giovanni Virginio Schiaparelli (1835–1910) im Fernrohr erkannten berühmten „Marskanäle" als optische Täuschung. Und Himmelsfotografien waren fortan die Basis mehrerer fotografischer „Durchmusterungen" des Himmels mit genaueren Sternkatalogen. Ebenso konnte man mit ihrer Hilfe Himmelserscheinungen vermessen.
Weil die Unruhe der irdischen Luft (Szintillation) auch bei Observatorien auf hohen Bergen und fernab jeder Zivilisation für eine gewisse Unschärfe auf Himmelsfotos sorgte, gibt es seit einiger Zeit außerirdische Observatorien auf bemannten Raumflugstationen (z. B. Skylab) oder eigenen Satelliten. Auch die Raumsonden mit ihren aus nächster Nähe gemachten Aufnahmen z. B. von Mars und Venus haben in der Astrofotografie neue Maßstäbe gesetzt. Aufnahmen dieser Art werden in elektrische Impulse zerlegt, an irdische Bodenstationen gefunkt und mit Hilfe von Rechnern zu erstaunlich präzisen, meist farbigen Fotos zusammengesetzt.

1
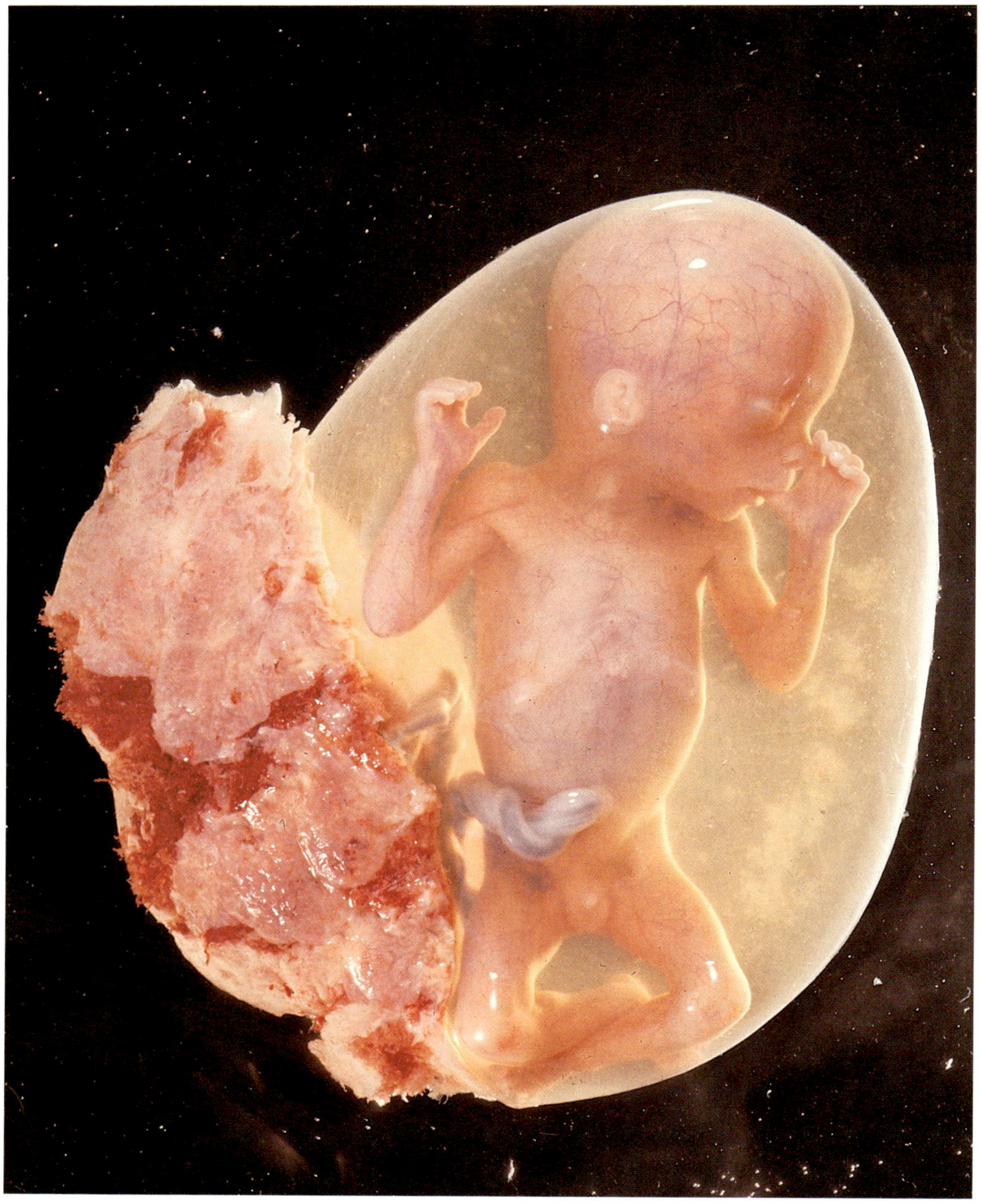

Blick in den menschlichen Körper

In der medizinischen Fototechnik spielt neben der fotografischen Festhaltung von Befunden im Makro- und Mikrobereich vor allem die Fotografie des menschlichen „Innenlebens" mit Hilfe von Endoskopiegeräten eine Rolle. Ein Endoskop herkömmlicher Bauart ist eine Hohlröhre mit einer elektrischen Beleuchtungseinrichtung und einem Linsensatz am Vorderende und einer vergrößernden Optik am Betrachtungsende. Moderne Endoskope arbeiten mit Glasfaseroptik. Mit Geräten dieser Art kann man z. B. Magen oder Kehlkopf, Brustraum oder Bauchhöhle, Mastdarm oder Harnblase betrachten, wobei das Endoskop durch die natürlichen Körperöffnungen eingeführt wird, soweit das möglich ist, sonst durch kleine Einschnittstellen.
Was sich mit Hilfe von speziellen Endoskopen beim Blick in den Körper fotografisch erreichen läßt, hat der schwedische Fotograf Lennart Nilsson besonders eindrucksvoll demonstriert. Weltbekannt wurde er schon durch seine Fotoserien ungeborener Kinder, die er 1965 in dem Buch „Ein Kind entsteht" zusammenfaßte. Aber das dabei Erreichte genügte ihm noch nicht. Er begann nach neuen Verfahren zu suchen, für die zunächst neue Vorrichtungen konstruiert werden mußten.

Der 1923 geborene Meister der medizinischen Fotografie begann schon als Kind mit einer einfachen Kamera Blumen und Insekten aufzunehmen. Als Zwanzigjähriger war er einer der besten Pressefotografen Schwedens. Das außergewöhnliche Objekt, die „unmögliche" Aufnahme lockten ihn. Zu seinen Aufnahmen von Embryos kam er durch Zufall. 1951 sollte er einen schwedischen Professor der Histologie fotografieren. In dessen Arbeitszimmer fand er ein Glas mit einem in Alkohol konservierten vier Wochen alten Embryo. Der Anblick faszinierte ihn. Er nahm sich vor, das menschliche Leben zwischen Empfängnis und Geburt zu fotografieren.
Nilsson kombinierte ein Endoskop mit einer Kamera. Ein befreundeter Ingenieur entwickelte eine stärkere Lichtquelle, weil die eingebaute sich als zu schwach erwies. Erst 1955 konnte Nilsson mit den Aufnahmen beginnen. Befreundete Ärzte berieten ihn und halfen ihm. Beim ersten Versuch, einen lebenden Embryo aufzunehmen – im Sucher erblickte Nilsson einen vier Monate alten Fetus, der am Daumen lutschte –, versagte der Elektronenblitz. Sieben Jahre sollte es dauern, bis genau dieses Motiv endlich auf dem Film war. Es gehört heute zu Nilssons berühmtesten Aufnahmen.
Eine schwedische Firma baute für ihn ein winziges Objektiv, das mit einem Glasfaser-Lichtleitkabel gekuppelt wurde. Damit fotografierte er das Innere von Arterien. Noch stärker miniaturisierte Vorrichtungen erlaubten es ihm, die ersten Großaufnahmen vom Innenohr zu machen. Für Mikroobjekte verwendete er später das Rasterelektronenmikroskop. Weltweit wurde seine nach dieser Technik erzielte Aufnahme einer menschlichen Samenzelle, die gerade in ein weibliches Ei eindringt, veröffentlicht. Das Foto, von einem Journalisten „Kuß des Lebens" getauft, gehörte sogar zu jenen für das irdische Leben repräsentativen Dokumenten, die die NASA den 1977 ins Weltall geschossenen Raumsonden Voyager I und II mitgab.

Fotografieren mit unsichtbaren Strahlen

Fotografische Schichten können auch von unsichtbaren Strahlen beeinflußt werden. Ein berühmtes Beispiel dafür sind die Röntgenaufnahmen, von den kurzwelligen Röntgenstrahlen erzeugte Schattenbilder auf Spezialfilm. Sie spielen in der Medizin, aber auch im Bereich der Werkstoffprüfung eine große Rolle.
In den letzten Jahren hat die Infrarotfotografie und die mit ihr verwandte Thermografie an Bedeutung und Vielfalt der Anwendungsmöglichkeiten gewonnen. Infrarotstrahlen sind elektromagnetische Schwingungen, die sich dem roten Spektralbereich des sichtbaren Lichtes anschließen. Sie sind im Spektrum des Sonnenlichts enthalten, lassen sich aber (z. B. mit Bestrahlungsgeräten) auch künstlich herstellen. Das menschliche Auge kann sie nicht sehen. Sie durchdringen Nebel und Wolken besser als sichtbares Licht, deshalb kann man mit ihrer Hilfe weit entfernte Objekte fotografieren, selbst wenn sie für das Auge im Dunst verborgen bleiben. Allerdings sehen mit Schwarzweiß-Infrarotfilm fotografierte Landschaften so aus, als wären sie vom Mondlicht bestrahlt.
Farbiger Infrarotfilm wurde in den USA von Kodak 1942 entwickelt und diente zunächst vor allem militärischen Zwecken. Mit seiner Hilfe spürten amerikanische Luftaufklärer beispielsweise im Korea- und Vietnamkrieg feindliche Raketen- und Panzerstellungen auf, auch wenn sie mit Netzen und Zweigen noch so gut getarnt waren. Der Grund für die Entschleierung: Infrarotfilm kann genau zwischen lebendem und totem Grün unterscheiden.
Diese Eigenschaft macht ihn besonders geeignet für Untersuchungen in Sachen Umweltschutz und Schädlingsbekämpfung. Kranke Reiskulturen auf den Philippinen, virusverseuchte Zitronenplantagen in Argentinien oder von Fadenwürmern befallene Zuckerrübenfelder lassen sich mit Hilfe von Infrarot-Luftaufnahmen schnell feststellen, ebenso aber auch absterbende Bäume in der Großstadt.
Der Infrarotfarbfilm, auch Multispektral- oder Falschfarbenfilm genannt, wird aber auch, wie weiter oben schon ausgeführt, in großem Umfang für Aufnahmen aus dem Weltraum verwendet und erlaubt so die Beobachtung größerer Ausschnitte aus der Erdoberfläche.
Die Wärmestrahlung, langwelliger als der Infrarotbereich, ist für die Beeinflussung normaler fotografischer Schichten schon nicht mehr geeignet. Sie läßt sich erst sichtbar machen, wenn sie von einem Thermoscanner in sichtbares, fotografierbares Licht umgewandelt worden ist. Mit dem Thermoscanner, der hochempfindlich auf thermische Strahlen reagiert, war beispielsweise das legendäre U2-Flugzeug der Amerikaner ausgerüstet, das auf Spionageflügen die Wärmestrahlungen aller überflogenen Gebiete aufzeichnete – zum

1 – Dem Schweden Lennart Nilsson gelangen 1962 Aufnahmen eines menschlichen Fetus im Mutterleib (abgebildet ein fünfeinhalb Monate alter Embryo).
2 – Infrarotfotografie wird unter anderem zur Aufdeckung von Vegetationsschäden benutzt. Dieses Luftbild wurde innerhalb eines Forschungsprojekts der Universität Freiburg im September 1979 bei Alzey aus 300 Meter Höhe mit einem Multispektralscanner aufgenommen. Das oberhalb des schrägen Schattens rot wiedergegebene Zuckerrübenfeld läßt in den helleren Partien Schäden durch Fadenwürmer und Trockenheit erkennen.
3 – Zum Aufzeichnen von Wärmestrahlen werden Thermoscanner benutzt. Das Farbthermogramm eines Hauses verrät die Fenster sowie den Bereich um den Heizkörper und seine Zuleitungen als stärkste Wärmeabstrahler.

2

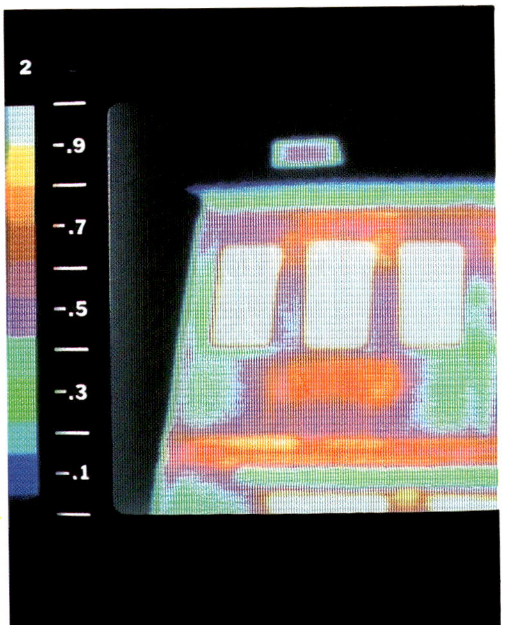

3

Beispiel, um unterirdische Kraftwerke in Sibirien oder Truppenbewegungen am Ussuri aufzuspüren. Im Vietnamkrieg wurde diese Technik mit speziellen Wärmesensoren so verfeinert, daß es gelang, im Dschungel versteckte und vom tieffliegenden Flugzeug aus nicht sichtbare Soldatentrupps zu orten.
Inzwischen gibt es zahlreiche friedliche Anwendungsbereiche auch für den Thermoscanner. Mit seiner Hilfe entdeckte der amerikanische Professor William Fischer 1962 neue Süßwasserquellen im Meer vor der Insel Hawaii. Thermoscanner wurden aber auch eingesetzt, um große Flüsse wie den Rhein zu überwachen und festzustellen, welche Kühlwasser-Einleitungen für seine übermäßige Aufheizung verantwortlich sind. 1972 machten Klaus Völger und Alexander von Hessler die ersten sensationellen Aufnahmen für Untersuchungen über das Frischluftklima. Ihre Thermogramme wiesen nach, daß eine weitere Bebauung des Raumes zwischen Frankfurt am Main und dem Taunus unweigerlich dazu geführt hätte, die Frischluftzufuhr aus den Taunusbergen zum Versiegen zu bringen. Eine geplante Trabantenstadt wurde daraufhin nicht gebaut.
„Wärmefotos“ von Häusern sind im Zeichen der Energieeinsparung aktuell geworden. Sie zeigen genau an, welche Teile des Hauses viel und welche wenig Wärme abstrahlen, liefern also Indizien dafür, an welchen Stellen mit Dämm-Maßnahmen eingegriffen werden sollte. Mittlerweile werden in der Bundesrepublik schon ganze Städte wärmefotografisch erfaßt.
Auf fotografische Schichten können letztlich aber auch ionisierende Teilchenstrahlen wie Elektronen, Protonen oder Ionen einwirken. Das erprobten schon 1927 die amerikanischen Physiker Clinton J. Davisson und Lester H. Germer. Es gelang ihnen, das Beugungs- und Interferenzbild zu fotografieren, das entsteht, wenn ein Elektronenstrahl auf einen Kristall fällt. Auf diese Weise bestätigten sie die 1923/24 von Louis de Broglie aufgestellte Theorie von der Wellennatur der Materie. Mit Hilfe sogenannter Kernspurplatten mit fotografischen Spezialemulsionen wurden aber auch auf dem Gebiet der Mesonenphysik und bei der Erforschung der kosmischen Strahlung (unter anderem des „Sonnenwindes“) entscheidende Entdeckungen gemacht.

Filmtechnik

Bilder, die sich bewegen

Wenn das menschliche Auge nicht so träge reagieren würde, gäbe es keine Kinematografie. Der englische Arzt und Erfinder eines periodischen Stromunterbrechers Peter Mark Roget (1779–1869) untersuchte als einer der ersten, was schon Jahrhunderte vor ihm bekannt war: daß man dem Auge eine fortlaufende Bewegung vortäuschen kann, die in Wirklichkeit aus lauter Einzelbildern besteht. „Durch die Phantasie werden die dazwischenliegenden fehlenden Zustände unbewußt ergänzt, so daß der Eindruck einer ununterbrochenen lückenlosen Bewegung entsteht“, schrieb der Brockhaus 1932 unter dem Stichwort „Lichtspielwesen“. „Bei den meisten gebräuchlichen Wiedergabeapparaten (Projektoren) wird der Film (deshalb) absatzweise geschaltet und während des Schaltens die Wand, auf die die Projektionsbilder geworfen werden, abgedunkelt.“ Der Meyer von 1973 definiert knapper: „Durch die Trägheit des Auges werden rasch aufeinander folgende optische Eindrücke, deren jeder weniger als 1/20 Sekunde andauert, nicht mehr getrennt voneinander aufgenommen ... Es entsteht der Eindruck eines geschlossenen Bewegungsablaufes.“

Vom Phenakistiskop zum Praxinoskop

Die Vorläufer der Kinematografie hatten eines gemeinsam: Sie konstruierten Vorrichtungen, mit deren Hilfe gezeichnete Bilder (also keine fotografisch festgehaltenen) so dargeboten werden konnten, daß eine Art Bewegungsvorgang vorgetäuscht wurde. Auf Roget fußend, machte sich der belgische Professor Joseph Antoine Ferdinand Plateau (1801–1883), der an der Universität Gent Anatomie und Physik lehrte, Gedanken über die „Nachbildwirkung“ und legte die Gesetze des „stroboskopischen Effektes“ 1836 in einem seiner Werke fest.
Schon 1832 hatte er zur Erprobung seiner Ideen eine Vorrichtung gebaut, die er Phenakistiskop oder Phantaskop nannte. Sie bestand aus einer kreisrunden, am Rand mit Bildern besetzten Scheibe, die gegenüber einem Spiegel in schnelle Drehung versetzt wurde. Durch Schlitze im Scheibenrand konnte man die vorbeiflitzenden Spiegelbilder betrachten. Plateau versuchte es mit 16 Bildern in der Sekunde, eine Wiedergabefrequenz, die später auch der Stummfilm verwendete.
Fast gleichzeitig mit Plateau erfand der Wiener Mathematikprofessor Simon Ritter von Stampfer (1792–1864), ein Vermessungsspezialist, einen verblüffend ähnlichen Apparat, Stroboskop oder Kreisdrehseher genannt. Im Gegensatz zu Plateau arbeitete er jedoch mit zwei Scheiben, die einander genau gegenüber auf einer Achse angebracht waren. Eine Scheibe enthielt die Bilder, die andere war mit Schlitzen versehen.
Sowohl das Phenakistiskop als auch das Stroboskop hatten den Nachteil, daß die Bilder winkelförmig verzerrt wurden, weil sie am Scheibenrand einen größeren Weg zurückzulegen hatten als in Achsennähe. Diesen Nachteil beseitigte der Engländer William George Horner (1786–1837) mit seinem Zoetrop, auch Lebensdreher oder Wundertrommel genannt. Bei diesem Apparat blickte man durch Schlitze auf die gegenüberliegende, mit Bildern besetzte Innenseite der Trommel, die sich auf einer vertikalen Achse drehte. Die Papierstreifen mit den Bildphasen konnten ausgewechselt werden. So gab es mehrere Programme, und außerdem konnten auch mehrere Personen zugleich das Spektakulum bewundern.
Emile Reynaud (1844–1918) schließlich kam 1877 mit seinem Praxinoskop heraus, einem verbesserten Zoetrop mit einer Spiegelanordnung, die die Dunkelzeiten zwischen den Bildphasen ausschaltete. Auch das Praxinoskop arbeitete noch mit gemalten bzw. gezeichneten Bildern. Aber schon 1849, wenige Jahre nach Einführung der Daguerreotypie, schlug Plateau, der 1843 erblindet war und seine Arbeit durch Mitarbeiter weiterführen ließ, die Verwendung von Fotografien an Stelle der Phasenzeichnung vor. Dazu kam es aber erst fast dreißig Jahre später.

Uchatius und die erste Bildprojektion

Über eine Möglichkeit, Phasenbilder gleichzeitig einem größeren Zuschauerkreis zugänglich zu machen, dachte um die Mitte des 19. Jahrhunderts ein österreichischer Offizier nach, der nach einem Ver-

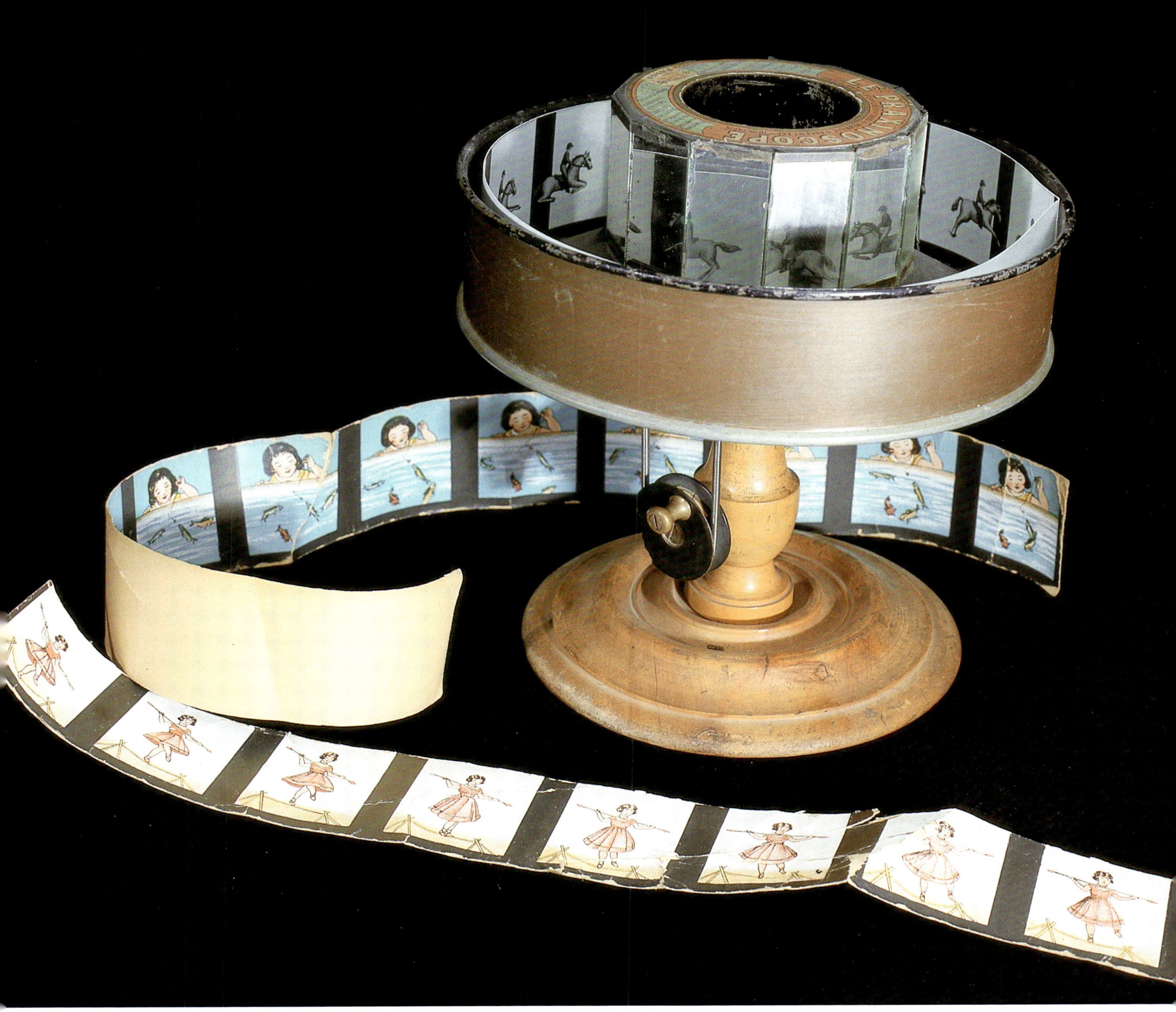

fahren suchte, wie man die militärischen Instruktionsstunden anschaulicher gestalten könne: Franz Freiherr von Uchatius (1811–1881), ein vielseitiger Erfinder und Tüftler vor dem Herrn. Sein militärischer Lebenslauf: 1829 Eintritt als Kadett-Unterkanonier in das 2. österreichische Artillerieregiment, 1841 Feuerwerker in der Geschützgießerei, 1843 Leutnant, 1848 und 1849 Teilnahme an den Kriegen gegen Italien und Ungarn, 1860 Major und Vorsteher der Geschützgießerei, 1867 Oberst, 1871 Kommandant der Artilleriezeugfabrik im Arsenal zu Wien, 1874 Generalmajor, 1879 schließlich Feldmarschall-Leutnant, ein etwa dem deutschen Generalleutnant entsprechender Rang.

Die Spezialität des österreichischen Generals war die Herstellung verbesserter Waffen. So erfand er 1856 eine neuartige Stahlerzeugungsmethode, den sogenannten Uchatiusstahl. Von ihm stammen aber auch eine Hartbronze für Geschützrohre, die Uchatiusbronze, ferner ein neues Schießpulver, ein Gerät zur Messung des Gasdrucks in Geschützrohren und neue Ringhohlgeschosse. Für seine Verdienste um den Neuaufbau und die verbesserte Ausstattung der österreichischen Feldartillerie wurde er in den Freiherrnstand erhoben, außerdem wählte ihn die Akademie der Wissenschaften zu ihrem Mitglied, eine für einen Offizier sehr seltene Ehrung.

Dank seiner militärischen Erfindungen war Uchatius zu seiner Zeit weit über Österreich hinaus bekannt. Aber nur wenige wußten (und wissen heute), daß er zu den Vätern der Kinematografie gehört. 1852 stellte er das Ergebnis seiner Überlegungen vor, die auf einer Kombination aus den Prinzipien der Laterna magica und des Phenakistiskops beruhten. Ucha-

Die ersten Geräte zur Vorführung lebender Bilder sind sicher von den Zeitgenossen als Sensationen aufgefaßt worden, auch wenn sie uns als Spielzeuge vorkommen und mindestens zum Teil damals auch so benutzt wurden. Der Franzose Emile Reynaud verbesserte 1877 mit seinem Praxinoskop William George Horners Zoetrop oder Wundertrommel. Die auf einer zweiten, inneren Trommel angebrachten Planspiegel reflektierten intermittierend die in der äußeren Trommel fortlaufend kreisenden Bilder, die von einer darüber stehenden Lampe angestrahlt wurden. Später kombinierte Reynaud sein Gerät mit einer Laterna magica, so daß ein größerer Personenkreis die laufenden Bilder in der Projektion betrachten konnte.

tius baute mehrere Laternae magicae im Halbkreis vor einer Projektionswand auf, bestückte sie mit gezeichneten Phasenbildern und beleuchtete sie mit einer Fackel, die schnell hinter den Zauberlaternen vorbeigetragen wurde. Die Bilder tauchten nacheinander auf der Projektionsfläche auf und täuschten Bewegung vor. 1853 kam Uchatius mit einem verbesserten Modell heraus. Ein Bildwerfer projizierte zwölf Phasenbilder, die kranzförmig auf einer Scheibe angeordnet waren, schnell hintereinander auf die Wand.

Einen praktischen Anwendungszweck sah Uchatius dann aber doch nicht. Er verkaufte seine Erfindung leichten Herzens an den Wiener Zauberkünstler Ludwig Döbler (1801–1864), einen der berühmtesten seiner Zunft. Döbler hatte die Herzen der Wiener schon bisher mit seinen raffinierten Tricks verzaubert, so daß alle Welt nur noch Döbler-Torten essen, an Döbler-Sträußchen riechen und sich mit Döbler-Fächern befächeln wollte. Döblers Hauptschlager war das Hervorzaubern Hunderter von Blumensträußen aus einem „leeren" Zylinder. Wenn er die Bühne betrat, entzündete er die überall aufgestellten Kerzen mit einem einzigen Pistolenschuß. Fortan konnte der erfolgreiche Prestidigitateur (Taschenspieler) also auch noch mit optischen Tricks aufwarten. Er machte damit ein solches Vermögen, daß er sich als Alterssitz ein Schloß leisten konnte.

Uchatius dagegen, ein trotz steiler Offizierskarriere und wissenschaftlicher Erfolge unglücklicher Mann, endete 1881 in Wien durch Selbstmord. Vorher hatte er noch erfahren, daß Reynaud ein verbessertes Praxinoskop mit Projektion der gemalten Phasenbilder auf die Bühnenwand eines Varietétheaters herausgebracht hatte. „So habe ich letzten Endes doch dazu beigetragen, ein ‚friedliches Mittel' in Erscheinung treten zu lassen, das den Menschen die von ihnen so notwendig erachtete Unterhaltung bietet", schrieb er an eine Freundin.

1

2

Von der Fotoserie zum Film

Als Plateau sein Phenakistiskop und Horner sein Zoetrop bauten, war die Fotografie noch nicht erfunden – zumindest wußte keiner davon, daß sich auf diesem Gebiet etwas tat. Nach der ersten Vorstellung der Daguerreotypie und des Talbot-Verfahrens im Jahre 1839 änderte sich die Situation. Nun war es theoretisch möglich, die gezeichneten Phasenbilder der Wundertrommeln und Lebensräder durch fotografierte zu ersetzen. Der erste, der sich damit auseinandersetzte, war Eadweard Muybridge (1830–1904) in Kalifornien. Die Entwicklungslinie reicht von ihm über Anschütz und Marey bis zu Edison, in dessen Laboratorium der allererste „richtige" Film entstand.

Muybridge und die ersten Reihenfotos

Die Legende berichtet, der in den USA als „Offizieller Fotograf der US-Regierung für die Pazifikküste" arbeitende und in San Francisco lebende Engländer Eadweard Muybridge habe es einer Wette zu verdanken, daß er sich mit Reihenaufnahmen galoppierender Pferde befaßte, die ihn später weltweit berühmt machten.

Das Wissenschaftler und Maler erregende Problem, ob ein Pferd beim Galopp jemals alle vier Beine gleichzeitig von der Erde hebt, war damals noch ungelöst. Leland Stanford, der Gouverneur von Kalifornien, wettete mit einem seiner Freunde, daß dies der Fall sei. Er beauftragte Muybridge damit, den Beweis zu liefern. So knobelte der Regierungsfotograf eine Versuchsanordnung aus, die das möglich machte – der Gouverneur trat für die Kosten ein.

Muybridge stellte 24 Kameras für Naßkollodiumplatten (später verwendete er Trockenplatten) in der Reitbahn nebeneinander auf. Die Verschlüsse sollten der Reihe nach durch Fäden ausgelöst werden, die das galoppierende Pferd auf seinem Weg zerriß. Das Verfahren funktionierte. Der Gouverneur gewann seine Wette: Das Pferd hatte wirklich hin und wieder alle vier Beine in der Luft. Und Muybridge setzte seine Versuche fort. Sein erstes chronofotografisches Verfah-

1–2 – Eadweard Muybridge baute Mitte der siebziger Jahre des vorigen Jahrhunderts in Kalifornien eine riesige Anlage, in der ein Pferd sich selbst „filmte“. Die Verschlüsse von 24 in einer Reihe aufgebauten Fotokameras wurden nacheinander ausgelöst, wenn ein Pferd vorbeigaloppierte und dabei die zu den Verschlüssen gespannten Fäden berührte. Für die ersten Versuche liehen die Anwohner des Rennplatzes ihre Leintücher aus, damit das Pferd als Silhouette auf hellem Boden und Hintergrund erschien. Muybridge konnte mit den 24 Fotos nachweisen, daß das Pferd im Galopp zeitweise nicht den Boden berührt. Diese Reihenaufnahmen – auch von verschiedenen anderen Sportarten – faßte er zunächst nur als nacheinander zu betrachtende Bewegungsstudien auf, konstruierte aber 1879 einen Projektor mit einer Scheibe zur Vorführung von maximal 200 Diapositiven. Eine gegenläufig rotierende Schlitzplatte unterbrach den Lichtstrahl zwischen den laufend projizierten Bildern.

3 – Der Schnellseher von Ottomar Anschütz, ab 1892 von Siemens & Halske gebaut, trug auf einer Scheibe 23 Diapositive von Reihenfotos. Nach Einwurf einer Zehnpfennigmünze wurde die Scheibe von einem Elektromotor angetrieben, und eine Geißlersche Röhre durchleuchtete blitzartig jedes Dia beim Durchgang hinter dem links sichtbaren Einblickschlitz. In der Aufnahmetechnik für die Reihenfotos profitierte Anschütz weitgehend von Muybridge.

3

ren aus dem Jahre 1877 wurde weiter ausgebaut.
Dabei interessierte ihn weniger die Möglichkeit, Tiere und Menschen so zu fotografieren, daß sich die Abbildungen später für die öffentliche Vorführung eigneten. Ihm kam es auf die Bewegungsanalyse als wissenschaftliche Methode an. So faßte er seine Reihenaufnahmen zunächst nur in Büchern zusammen oder stellte Diapositive her, die er bei seinen Vorträgen zeigte. 1879 konstruierte er eine Art Projektions-Phenakistiskop, das er Zoopraxiskop nannte. Es konnte bis zu 200 Diapositive auf einer Scheibe aufnehmen. Inzwischen arbeitete er mit bis zu 40 Kameras, Linsen von Dallmeyer und elektromagnetisch gesteuerten Verschlüssen.
Für die Chicagoer Weltausstellung von 1893 wurde eigens ein Vorführgebäude für ihn errichtet, in dem er seine Projektionen vor großem Publikum zeigen konnte. Diese Zoopraxographical Hall wurde zum Vorläufer der Filmtheater.

Der Schnellseher von Ottomar Anschütz

Nicht weniger ertragreich waren die Reihenaufnahmen des deutschen Schlitzverschluß-Erfinders Ottomar Anschütz (1846 bis 1907). Er richtete sich nach dem Muybridge-Verfahren, von dem er gehört hatte, erzielte aber 1884 wesentlich bessere Aufnahmen als der Engländer.
Als Betrachtungsgerät für seine Reihenbilder konstruierte er einen Schnellseher. Die Aufnahmen waren dabei auf einen Papierstreifen kopiert, der in eine drehbare, am Rand mit schmalen Schlitzen versehene Trommel eingelegt und von jeweils einer Person betrachtet werden konnte. Die Trommeldrehung machte die Bilder „lebendig“. Von diesem Zoetrop-Verfahren kam er aber bald wieder ab. Nun kopierte er die Phasenfotos auf Glasplättchen, die am Rand einer senkrecht stehenden, um ihren Mittelpunkt drehbaren Scheibe angebracht wurden. Wenn die Bilder von der Rückseite aus mit elektrischen Lichtblitzen beleuchtet wurden, konnte man sie in der Durchsicht betrachten.
Für den elektrischen Schnellseher, auch Elektrotachyskop genannt, interessierten sich Siemens & Halske. Ab 1892 brachten sie den Schnellseher in einer Serie von 78 Exemplaren heraus. Das Betrachtungsgerät hatte schon 1891 auf der elektrotechnischen Ausstellung in Frankfurt am Main Aufsehen erregt und brachte dem Erfinder neuen Ruhm, so daß sich die deutsche

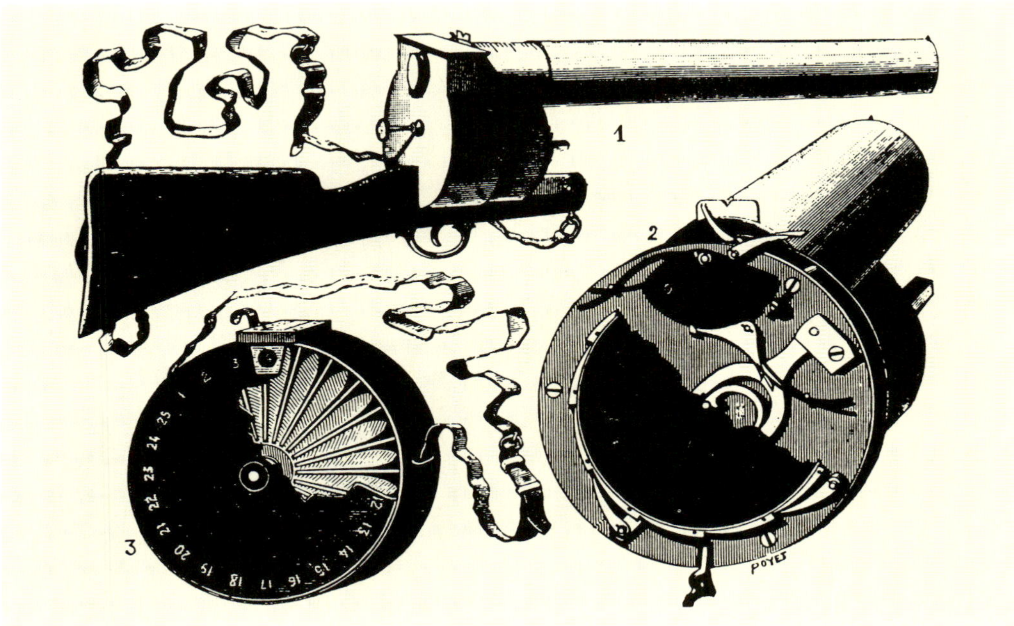

1

1 – **Als erster, der Reihenbilder mit nur einer Kamera aufnahm, gilt Etienne Jules Maray. Hier sein Fotogewehr von 1882.**
2 – **Thomas Alva Edison stellte 1889 den ersten wirklichen Film her, auf einem 35 Millimeter breiten perforierten Celluloidstreifen. Schon bald trieb er seine Kamera elektrisch an. Rechts der Fliehkraftregler.**
3 – **Schemazeichnung von 1892 zu Edisons Kinetograph-/Kinetoskop-Verfahren.**
4 – **In dem „Kinetographischen Theater" in West Orange wurden die ersten Filme gedreht.**
5 – **Projektorkopf eines Edison-Geräts von 1896/97, mit Kurbelantrieb, Filmfenster, Flügelmechanismus und Objektiv.**
6–7 – **Edison bevorzugte es, seine Filmchen in Münzautomaten zu den synchronisierten Klängen eines Walzenphonographen zu zeigen.**

Kaiserin von ihm in der Fotografie unterrichten ließ und er 1898 das kaiserliche Paar auf einer Palästinareise begleiten durfte. Schon 1894 gab es eine Methode, die Bilder des Elektrotachyskops auch zu projizieren. Der erste Versuch fand mit einer sechs mal acht Meter großen Bildwand in einem Berliner Postgebäude statt und verlief sehr erfreulich.

Der Professor und die Fotoflinte

Etienne Jules Marey (1830–1904) war von Hause aus Physiologe und richtete schon als 34jähriger in Paris ein physiologisches Laboratorium ein. Die Forschungen des späteren Professors am Collège de France und Mitglieds der Académie des Sciences galten vor allem der Einführung von Methoden der quantitativen Messung in der Physiologie. So erfand er ein Verfahren zur Aufzeichnung von Puls, Herztätigkeit und Blutdruck, die sogenannte Mareytrommel, untersuchte Wärme, Herzarbeit und Bewegung von Tieren und beschäftigte sich mit der Technik der Elektrophysiologie.
Bei der Erforschung tierischer Bewegungsabläufe kam er mit der Mehrfachfotografie in Berührung. Im Lauf der Jahre entwickelte er zahlreiche Verfahren, Bewegungen zu fotografieren, wobei er im Gegensatz zu seinen Vorläufern stets mit *einer* Kamera arbeitete, also nicht mehrere Apparate in Reihe nebeneinander aufstellte.
Am bekanntesten wurde seine fotografische Flinte, eine gewehrähnliche Kamera mit einer Wechselkassette und sprungweise bewegter fotografischer Platte. Den Lauf bildete ein Teleobjektiv. Über Kimme und Korn konnte er die Objekte im Bildfeld behalten. Mit der Fotoflinte nahm er unter anderem fliegende Vögel mit 25 Einzelaufnahmen auf einer Platte auf.
Im selben Jahr, 1882, konstruierte Marey eine chronofotografische Kammer, bestehend aus einer Kamera, bei der sich vor der feststehenden Platte eine umlaufende Schlitzscheibe bewegte. 1888 brachte er eine Rollfilmkamera heraus, deren Papierfilm schnell und ruckweise transportiert werden konnte; er stellte sie 1889 auf Celluloidfilm um. Zur genaueren Kontrolle erfand er gleichzeitig ein Verfahren, die Uhrzeit in das Kamerabild einzublenden und mitzufotografieren.
Die mit dieser Kamera produzierten Filmstreifen führte Marey mit seinem chronografischen Projektor vor. Während der Dunkelphasen war das Bildfeld abgedeckt. Ein stehendes Bild konnte er jedoch noch nicht damit erzeugen – es fehlte an der Perforation für den sicheren Transport.
Marey schaffte es schließlich, Tierbewegungen in hundert Phasenfotos je Sekunde zu zerlegen. Seine Aufnahmegeräte hatten überdies im Gegensatz zu Muybridge und Anschütz den Vorteil, daß sie sich leicht überallhin mitnehmen ließen.

Edisons kinematografische Aktivitäten

Es wäre verwunderlich, hätte sich Thomas Alva Edison nicht auch um Verfahren bemüht, Bewegungsabläufe so aufzuzeichnen, daß sie naturgetreu wiedergegeben werden konnten. 1887 hatte der amerikanische Supererfinder seine neue „Erfinderfabrik" in West Orange eingeweiht. Er befaßte sich dort vor allem mit der Verbesserung des lange Zeit vernachlässigten Phonographen und brachte einen neuen Walzentyp heraus.
Im selben Jahr kümmerte er sich erstmals auch um ein Instrument, das „für das Auge sein sollte, was der Phonograph für das Ohr war". Die einschlägigen Versuche von Muybridge, Anschütz und Marey waren ihm ebenso bekannt wie die früheren Erfindungen aus der Zeit des Zoetrops.
Vom Phonographen angeregt, versuchte er es aber erst einmal mit einem anderen Weg. Er ließ einen lichtempfindlichen Zylinder bauen, der ruckartig weitergedreht werden konnte. Bei jedem Ruck erfolgte eine Aufnahme. Edison schaffte bis zu 48 Bilder in der Sekunde. Es zeigte sich aber bald, daß die schneckenartig auf dem Zylinder untergebrachten Minibilder nicht scharf genug waren. Die Versuche wurden aufgegeben.
Mittlerweile produzierte George Eastman in Rochester den ersten Celluloidfilm. Er schien Edison besser geeignet zu sein als das bisher übliche Material. Edison-Mitarbeiter William Kennedy Laurie Dickson, der Leiter der Fotoabteilung von West Orange, wurde damit beauftragt, sich um die Sache zu kümmern. Von ihm stammt die Idee, den 70 Millimeter breiten Eastman-Film zu halbieren und mit Randperforation zu versehen, damit ihn die Kamera präziser transportieren konnte – weiter oben wurde darüber berichtet.
Diese Kamera, von Edison Kinetograph genannt, 1889 fertiggestellt und 1891 zum Patent eingereicht, wurde mit einer Filmrolle bestückt, die durch eine Reihe von Walzen an der Linsenkombination vorbeigezogen und automatisch wieder hochgewunden wurde. Eine von einer Kurbel ge-

2

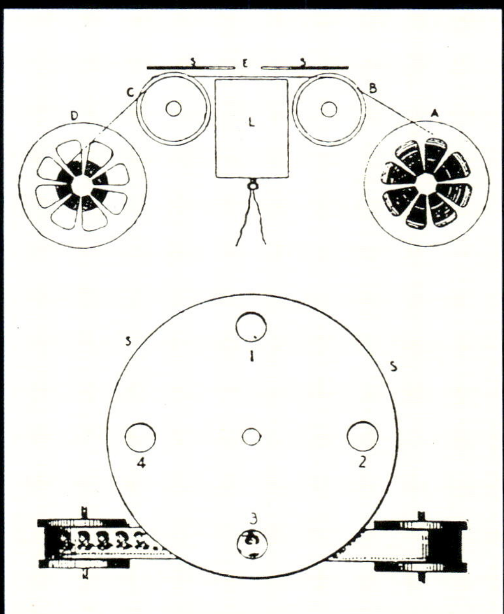

3

4

5

6

7

hat, ist unbekannt. Friese-Greene, der eigentlich Willie Green hieß, seinem Namen aber den seiner deutschen Frau voranstellte und des besseren Klangs wegen auch noch ein e an Green anhängte, orientierte sich an den Arbeiten von John Arthur Roebuck Rudge, der ein Biophantaskop herausgebracht hatte. Zunächst arbeitete Greene mit Papierfilm, stieg dann aber 1889 auf Celluloidfilm um. Seine aus diesem Jahr stammende Kamera nahm zehn Bilder in der Sekunde auf. Jeder Film enthielt bis zu 300 Bilder. Schon vorher hatte er versucht, von ihm projizierte Filme mit Musik aus Edisons Phonographen zu untermalen.

Vielleicht hätte Greene ein marktreifes Verfahren zustande gebracht, wenn er am Ball geblieben wäre. So verlor er bald die Lust an seinen Apparaten und begab sich auf andere Gebiete. Nach einem Gefängnisaufenthalt, den er dem Zusammenbruch einer Bank verdankte, an der er beteiligt war, erprobte er stereoskopische Filmverfahren, dachte sich fotografische Bühneneffekte aus, bastelte an besseren Filmentwicklungs- und -kopiermethoden, legte dem Kriegsministerium nahe, Ballonaufnahmen von Manövern zu machen, und brachte die Zigarettenindustrie auf den Gedanken, den Packungen von ihm produzierte Bildchen beizulegen.

Er versuchte alles und erreichte nichts. Von seinen allein in England zwischen 1889 und 1921 angemeldeten 78 Patenten wurde keines in nennenswertem Umfang verwirklicht. Er starb als 76jähriger während einer Rede vor Filmfachleuten, und sein Biograph R. Allister vermerkte, man habe in den Taschen des Toten nicht mehr als einen Shilling und zehn Pence gefunden – ausreichend für eine Kinokarte.

Worin das eigentliche Verdienst des Amerikaners Jean Aimé Le Roy (1854–?) um die Filmtechnik bestanden hat, ist nicht eindeutig geklärt. Er befaßte sich zunächst mit einem verbesserten Phenakistiskop mit Phasenbildern, kaufte sich Edisonfilme und gründete eine Filmgesellschaft mit dem ehemaligen Edison-Angestellten Eugène Lauste als Mitarbeiter. Zu Beginn des Jahres 1894 führte er in New York erstmals Laufbilder vor. Aus dem Jahre 1895 ist ein Programmzettel erhalten geblieben, der für den 22. Februar (vier Wochen vor der ersten geschlossenen Veranstaltung der Lumières) Vorführungen mit einem „Kinematographen" ankündigte. Auf diese Bezeichnung kamen die Lumières erst später zurück. Offenbar war Le Roy in erster Linie Organisator. Ob er auch selbst einen Projektor herausbrachte, ist unbekannt.

Die als „deutsche Filmpioniere" oft überbewerteten Brüder Max (1863–1939) und Emil Skladanowsky (1859–1945) waren von Hause aus Schausteller. Sie hatten schon gemeinsam mit ihrem Vater „Nebelbilder" vorgeführt, befaßten sich frühzeitig mit Reihenaufnahmen auf Eastman-Celluloidfilm und brachten 1895 ihr Bioskop heraus, einen Doppelprojektor für 50 Millimeter breiten Film, den sie mit schuhösenverstärkten Perforationen versahen. Ein Schneckenradgetriebe, auf das sie 1895 ein Patent erhielten, besorgte den ruckweisen Transport. Außerdem hatte das Bioskop eine Abdeckblende mit umlaufender Scheibe. In den Projektor wurden zwei Filmschleifen eingelegt, von denen jeweils eine vorgeführt wurde.

Die ersten öffentlichen Vorführungen fanden vom 1. November 1895 an im Berliner „Wintergarten" statt – am Schluß des Pro-

1

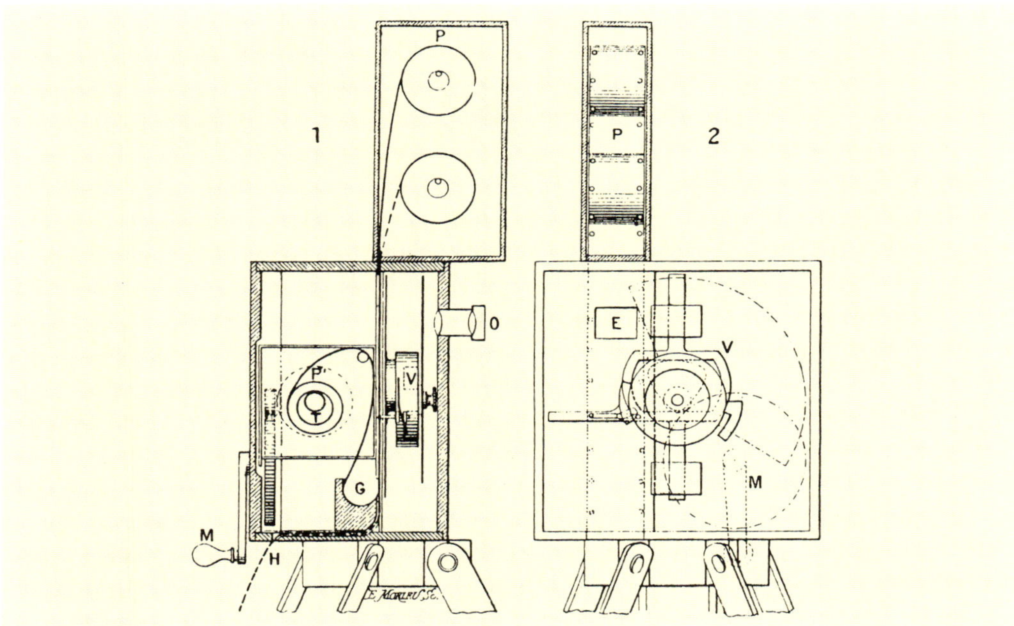

2

1–2 – Die Brüder Auguste und Louis Lumière dachten von vornherein an eine industrielle Produktion ihrer Kinematografen. So trägt das Gerät mit der Seriennummer 326 unter den Namen der beiden Erfinder und dem Patentvermerk auch den Hinweis auf den Hersteller. Diese erste Konstruktion war Aufnahmekamera, Kopiergerät und Projektor in einem. Auf dem Foto und den Zeichnungen ist im oberen Filmspulenkasten eine zweite Welle zu sehen, die einen unbelichteten Film für die Kopie aufnehmen konnte. Auch die Lumières benutzten 35 Millimeter breiten perforierten Film – sie kannten ja bereits Edisons Kinetograph. Doch im Gegensatz zu diesem lief der Film senkrecht von oben nach unten durch ihren Kinematografen.

gramms zappelten die Laufbilder der Skladanowskys über die Leinwand, sozusagen als Rausschmeißer. Damit lagen die Brüder zeitlich vor den ersten öffentlichen Vorführungen der Lumières. Die Betonung liegt auf „öffentlich" – geschlossene Vorstellungen hatte es bei den Lumières schon vor den Skladanowskys gegeben. Deshalb ist es nicht ganz korrekt, die Berliner Brüder als Erfinder des Films zu feiern. Überdies waren es eigentlich gar keine Filme, was sie zeigten, sondern verbesserte Reihenbilder: je Filmstreifen nur 20 Stück, die sich stets wiederholten, weil die Streifen zu einem Ring zusammengeklebt waren. Da technisch vom Bioskop keine Entwicklungslinie zu den späteren Aufnahme- und Projektionsgeräten führt, blieb die „interessanteste und amüsanteste Erfindung der Neuzeit", wie die Zeitungen das Bioskop nannten, ohne Nachwirkung.

Die Brüder Lumière und ihr Kinematograf

Die Lumières, Louis Jean (1864–1948) und Auguste Marie Louis Nicolas (1862 bis 1954), waren keine Bastler, sondern Fachleute. In der Lyoner Filmfabrik ihres Vaters hatten sie mit Filmherstellung und -bearbeitung reichhaltige Erfahrungen gesammelt. Hier gelang ihnen auch, wie oben schon berichtet, die Verwirklichung des ersten brauchbaren Farbfoto-Verfahrens.

Als sie 1894 an die ersten Überlegungen gingen, ein praktikables Verfahren für Filmaufnahme und -wiedergabe zu entwickeln, taten sie das von vornherein mit der Zielrichtung einer industriellen Produktion. Das unterscheidet sie von allen Vorläufern auf diesem Arbeitsgebiet.

Welcher Anteil am Erfolg dem einen, welcher dem andern Bruder zuzuschreiben ist, läßt sich schwer auseinanderhalten, weil bei Patenten und Ankündigungen stets beide Brüder genannt zu werden pflegten. Heutige Filmhistoriker neigen dazu, Louis Jean den Löwenanteil an den technischen Entwicklungen zuzusprechen, Auguste dagegen das Hauptverdienst an der geschickten kaufmännischen Auswertung der Verfahren.

Auguste selbst erzählte später, die eigentliche Idee zur Kinematografie habe seinen Bruder Louis Jean sozusagen wie ein Blitz überfallen – in einer mit Fieberträumen und Migräne verbrachten Nacht. Freilich basierte der zündende Gedanke auf systematischen Forschungen, bei denen sich die Lumières unter anderem mit den Arbeiten ihrer Vorgänger Anschütz, Reynaud und Edison auseinandersetzten.

Was die Lumières am 13. Februar 1895

1

zum Patent anmeldeten, war ein Apparat, mit dem man Filme sowohl aufnehmen als auch vorführen konnte. Der zuerst verwendete Name, Kinétoscope de projection, deutet noch auf Edison hin, er wurde bald in Cinématographe geändert (trotz heftiger Proteste und zahlreicher Prozesse). Von Edison übernahmen die Lumières das Format, den 35 Millimeter breiten Eastman-Film, ferner die Perforation und den Greifer, der das Filmband ruckweise transportierte.

Die erste geschlossene Vorführung fand am 22. März 1895 in der Rue de Rennes in Paris statt. Den staunenden Mitgliedern der Société d'Encouragement pour l'Industrie nationale (der französischen Industrieförderungs-Gesellschaft) führten die Lumières den ersten von ihnen in Lyon gedrehten Film vor. Er trug den Titel „La Sortie des Ouvriers de l'Usine Lumière" (Arbeiter beim Verlassen der Lumière-Werke). Weitere Veranstaltungen folgten, zunächst noch immer vor Fotofachleuten und der Presse.

Ende 1895 schien die Zeit reif zu sein für öffentliche Vorführungen. Sie begannen am 28. Dezember im Indischen Salon des Grand Café am Boulevard des Capucines in Paris. Der Eintrittspreis betrug einen Franc. Der Premierentag erbrachte nur 35 Francs Einnahme, aber es dauerte nur drei Wochen, bis der Kinematograf zum Tagesgespräch von Paris wurde. Alle halbe Stunde fand eine Vorführung statt, jede dauerte fünfzehn Minuten. Das Programm bestand aus fünfzehn Kurzfilmen. Einer davon ging als erste Slapstick-Komödie in die Filmgeschichte ein. In „L'Arroseur arrosé" (Der begossene Begießer) wässert ein Gärtner die Blumen mit dem Wasserschlauch. Ein Junge tritt auf den Schlauch, das Wasser bleibt aus. Also betrachtet der Gärtner die Schlauchmündung. Weil der Junge den Schlauch freigibt, spritzt dem Gärtner nun das Wasser ins Gesicht. Der Junge wird verprügelt.

Auch der Film „Démolition d'un Mur" (Abbruch einer Mauer) gehörte zum Programm. Er zeigte das Einreißen einer Mauer bei Umbauten der Lumière-Fabrik. Irgend jemand kam auf den Gedanken, den Film rückwärts laufen zu lassen, so daß die Mauer Stein auf Stein wiedererstand. Damit war eine der beliebtesten Tricktechniken, der Rücklauf, erfunden.

Die meisten der frühen Lumière-Filme waren keine Spiel-, sondern Dokumentarfilme, im allgemeinen mit Allerweltsmotiven. Damit waren die Zuschauer zunächst durchaus einverstanden. Ein deutsches Fachblatt schrieb begeistert: „In diesem

engen Raum, in dieser kurzen Spanne Zeit sieht man eine ganze Welt an sich vorüberziehen; nicht etwa in starren Bildern ohne Leben und Bewegung, vielmehr eine Welt, die leibt und lebt, webt und schafft, ganz wie die Wirklichkeit."
Schon 1896 gab es in vielen französischen Städten Kinematografen-Theater, bald aber auch in England und Amerika, Spanien und Serbien, Rußland und Rumänien. Am 20. April fand die erste Vorstellung in Köln statt. Gekrönte Häupter interessierten sich für den Film, sie äußerten sich wohlwollend und waren die beste Reklame für die Lumières.
Die sensationellen Anfangserfolge ermutigten die Lumières zu neuen Taten. Sie schickten Filmreporter aus, die längere aktuelle Reportagen zu drehen hatten. Dabei wurde auch schon der Filmschnitt als Gestaltungsmittel eingesetzt. Es folgten historische Filme, im Freien vor Kulissen aus Holz und Pappe gedreht: über Robespierre und Karl XII., Marat und den Herzog von Guise und andere. Insgesamt dürften bei den Lumières und in deren Auftrag rund 1400 Filme gedreht worden sein. An ihrem Verkauf (und am Absatz der Apparate) war gutes Geld zu verdienen. Die Brüder Lumière wollten weitere Risiken nicht eingehen und gaben die Filmproduktion um die Jahrhundertwende auf. Das Patent auf den Kinematografen verkaufte Louis Lumière 1897 an Charles Pathé.
Die Lumière-Erfindung machte der Filmindustrie den Weg frei. Die beiden Brüder erlebten noch mit, was aus ihrer Idee wurde: Louis starb 1948 als 84jähriger, Auguste 1954 im Alter von 91 Jahren. Sie hatten noch eine ganze Reihe Erfindungen erprobt oder verwirklicht. Ihre Spannweite reichte von Versuchen mit dem plastischen Film über das Photorama mit einer Projektion, die den ganzen Horizont umfaßte, bis zu einem Lautsprecher für den Phonographen, der die Tonqualität wesentlich verbesserte, zu Heizapparaten für Flugzeuge, die im Ersten Weltkrieg eine Rolle spielten, und zu Prothesen für Kriegsversehrte.
1939 drehte Jean Painlevé einen Film über Louis Lumière, in dem der Erfinder auch selbst zu Wort kam: „Wenn ich im Verlauf eines langen Lebens die Möglichkeit hatte, an Problemen verschiedener Art zu arbeiten, und wenn es mir gelungen ist, einige glückliche Lösungen zu finden, die in der Öffentlichkeit einen bedeutenden Widerhall erweckten, dann leitete mich immer der Wunsch, das Bedürfnis und die unendliche Freude, mein ganzes Leben lang arbeiten zu dürfen."

Die Anfänge der Filmindustrie

Die Brüder Lumière hatten die technischen Voraussetzungen für die (von ihnen zweifellos nicht vorhergesehene) Entwicklung des Films zu einem Massenunterhaltungs- und Informationmittel geschaffen. Nun ging der Film bald eigene Wege. Darzustellen, unter welchen Voraussetzungen es zur internationalen Filmindustrie mit Schwerpunkten in Frankreich, England, Deutschland, Italien und den USA kam, ist nicht Sache dieses Buches. Ebenso müssen filmgestalterische und -künstlerische Probleme ausgeklammert bleiben. Aber auf filmtechnischem Gebiet sind noch einige Vorläufer und Pioniere zu nennen, deren Namen zum großen Teil vergessen sind.

Professor Reynaud und die bewegten Zeichnungen

Eigentlich gehört der Professor der Naturwissenschaften Emile Reynaud (1844 bis 1918) gar nicht in die Reihe der Filmpioniere. Von einem fotografierten Film wollte er nämlich überhaupt nichts wissen. Sein hohes Ziel war es, der Kunst zu dienen – und das konnte man nach seiner Meinung nicht mit Fotos, sondern nur mit Zeichnungen.
Schon 1877 hatte Reynaud sein Praxinoskop geschaffen, eine verbesserte Wundertrommel. 1882 gelang es ihm, dieses Verfahren in Verbindung mit einer Laterna magica zur Projektion von kolorierten Glasbildern einzusetzen. Ab 1888 verwendete er dann perforierte Bildbänder aus Gelatinefolien mit farbigen oder schwarzweißen Zeichnungen im Format 4×5 Zentimeter. Die Zeichnungen stammten von ihm selbst. Sie waren gut gemeint, aber beileibe keine künstlerischen Leistungen. 1889 erhielt er ein Patent auf dieses Verfahren, das er Théâtre Optique (optisches Theater) nannte. Die erste öffentliche Vorführung fand am 28. Oktober 1892 im Musée Grévin am Boulevard Montmartre zu Paris statt. Jeder Film dauerte bis zu 15 Minuten und hatte maximal 700 Bilder.
Das Geschäft lief erstaunlich gut. Die Leute gingen auch dann noch ins Musée Grévin, als in den ersten Kinotheatern längst „richtige" Filme liefen. Bis 1900 fanden im Musée Grévin 12800 Vorstellungen statt, die von einer halben Million Menschen besucht wurden. Ihnen gefielen die kleinen Geschichten, die Reynaud ihnen erzählte. Sie waren zum großen Teil farbig (was der fotografierte Film erst vie-

1 – Da immer mehr Theater für die Vorführung von Filmen eingerichtet wurden, zunächst in Frankreich, bald aber auch in anderen Ländern, sahen sich die Brüder Lumière gezwungen, einen reinen Projektionsapparat zu konstruieren. Dieses Gerät stammt aus dem Jahr 1897. Die Vorrichtung über dem Objektiv diente der Aufnahme verschieden großer Filmspulen.

2 – Schon die Lumières kamen auf die Idee, Reporter mit Filmkameras zur aktuellen Berichterstattung auszuschikken. Als sich diese Herren in steifem Hut oder Zylinder 1913 vor dem Berliner Stadtschloß einfanden, um die Ankunft des Kaisers zu erwarten und zu filmen, wußte auch ein preußischer Gendarm schon das Interesse der Öffentlichkeit auf Information gegen den Respekt vor Seiner Majestät abzuwägen.

2

le Jahrzehnte später schaffte) und wurden sogar von Geräuschen begleitet, die Reynaud elektrisch auslöste.
Der Erfinder des Zeichentrickfilms war Reynaud nicht. Dieses Wort bezeichnet einen Film, bei dem die einzelnen, gezeichneten Bewegungsphasen fotografiert werden. Aber Reynaud war mit seinen „bewegten Zeichnungen" doch einer Entwicklung auf der Spur, die sich erst viel später manifestierte. Bei etwas mehr geistiger Beweglichkeit hätte er einen erfolgreicheren Weg einschlagen können.
So blieb er zeitlebens ein unzufriedener und unglücklicher Mann. In einem Anfall von Schwermut versenkte er 1910 den größten Teil seiner Apparate und Filme in der Seine. Kurz darauf mußte er in eine psychiatrische Anstalt in Ivry gebracht werden, wo er 1918 starb.

Illusion um jeden Preis: Georges Méliès

Ein Hansdampf in allen Gassen muß er gewesen sein, der Mechaniker, Schauspieler, Karikaturist und Bühnenarchitekt Georges Méliès (1861–1938), Allround-Produzent von rund 4000 Filmen, bei denen er fast alles allein machte – nach seiner eigenen Aufzählung werkelte er als Zeichner, Bühnenbildner, Tricktechniker, Drehbuchautor, Regisseur und Hauptdarsteller. Trickreiche Illusionen lernte er beim besten Zauberkünstler seiner Epoche, Eugène Robert-Houdin, einem Mann, der erstmals alle Tricks bei voller Beleuchtung zeigte (darunter den berühmten Flaschentrick, bei dem einer „leeren" Flasche unzählige Gläser voll der unterschiedlichsten Getränke entlockt wurden), der im Abendanzug auftrat und vor Kaisern, Königen und Päpsten zaubern durfte.
Das Théâtre Robert-Houdin übernahm Méliès 1888 in eigene Regie. Schon sein Vorgänger hatte viel von technischen Tricks gehalten. Méliès wollte nun die neuen Verfahren der Brüder Lumière in das Programm einbauen. Er reiste nach Lyon und versuchte, Vater Lumière zum Verkauf der Patente seiner Söhne zu überreden. Aber daraus wurde nichts. Méliès fuhr wieder nach Paris zurück, entschlossen, selbst etwas zu unternehmen. In seinen Memoiren schrieb er: „Méliès ... sucht, kombiniert, konstruiert selber seine erste Kamera und projiziert einen Monat später seine ersten Filme, eröffnet im Théâtre Robert-Houdin das erste öffentliche Kino der Welt."
Fortan entfesselte der vielseitige Méliès einen Tatendrang ohne Beispiel. Vor allem fand er schnell heraus, welche tricktechnischen Möglichkeiten das Filmverfahren bot. In seiner Firma „Geo. Méliès Star Film" zauberte er den Zuschauern Dinge vor, die ihnen die Haare zu Berg trieben. Bei Méliès gab es die erste Doppelrolle: Méliès unterhielt sich mit Méliès. Er produzierte 1899 den ersten Kriminalfilm („L'Histoire d'un Crime") und 1902 den ersten Science-Fiction-Film („Le Voyage dans la Lune" nach Jules Vernes Roman „Die Reise zum Mond"), und er wagte sich auch schon an den ersten Ausstattungs-Prachtschinken heran, den 1907 entstandenen Film „La Prophétesse de Thèbes".
Méliès baute für „La Conquête du Pôle" einen Eisriesen aus Holz und Leinwand, der Arme und Finger bewegen und mit den Augendeckeln klappern konnte – zwanzig Arbeiter hielten das Monstrum in Schwung. Er ließ den Mond eine Träne weinen, weil das Raumschiff ausgerechnet in seinem Auge gelandet war, und zeigte einen Mann, dem immer neue Köpfe nachwuchsen. Er baute ein Riesenpferd, das fünf Arbeiter vom Dachstuhl aus in Gang halten mußten, und führte einen Mann vor, der den Kopf seines Mitspielers mit dem Blasebalg aufblies, bis er so groß wie ein Schrank war.
Bei alledem blieb Méliès stets ein gelernter Illusionist. Von einer beweglichen Kamera hielt er ebensowenig wie von einer raffinierten Einstellungs- und Schnittechnik. Was er abbildete, spielte sich sozusagen auf der Bühne ab, und folgerichtig hielt Méliès auch an einer Einteilung in einzelne Schaunummern fest, die er Tableaux nannte. An Phantasie hat ihn kaum ein anderer Produzent übertroffen. Seine Filme sind noch heute interessant anzusehen: als Kuriositäten, nicht als gestalterische Meisterwerke. Seiner Firma ging die Luft aus, als kurz vor dem Ersten Weltkrieg die ersten Filmdramen und -epen herauskamen. 1913 meldete er Konkurs an und verschwand für lange Zeit von der Bildfläche.
In den dreißiger Jahren fand ein Pariser Theaterdirektor den gealterten Méliès wieder – als Bonbonverkäufer auf dem Bahnhof Montparnasse. Méliès erlebte eine späte Rechtfertigung. Seine Filme wurden wieder hervorgekramt, Zeitungen und Fachblätter berichteten über ihn, Charlie Chaplin nannte ihn öffentlich einen „Alchimisten des Lichts". D. W. Griffith erklärte: „Ihm schulde ich alles", und Jean Cocteau verbrachte viele Stunden mit der Betrachtung alter Méliès-Filme. Endlich gelang es, dem Altmeister eine kleine Rente zu sichern. Von ihr hatte er nicht mehr viel. 1938 starb er.

Robert William Paul: Auf Edisons Spuren

In England war Edisons Kinetoskop patentrechtlich nicht geschützt. Das herausgefunden zu haben, ist das Verdienst (wenn auch ein fragwürdiges) des britischen Optikers Robert William Paul (1869–1943). Zwei interessierte griechische Unternehmen bewogen ihn, Edisons Apparate nachzubauen. So geschah es auch. Allerdings ging Paul einen Schritt weiter und baute gleich ein Projektionsgerät, den Theatrographen, mit dem er 1896 im Finsbury Technical College die ersten Vorführungen veranstaltete. Die Filme dazu bestellte er unbekümmert bei Edison in West Orange.
Als Edison ihm auf die Schliche kam und weitere Filmlieferungen verbot, warf sich Paul mit Vehemenz auf eigene Filmproduktionen. 1899 hatte er schon ein eigenes Studio in New Southgate. Er filmte die rauhe See bei Dover und den Endspurt des Derbys von Epsom. Seine Streifen beeindruckten so, daß er einen mehrjährigen Vertrag mit dem Schautheater Alhambra abschließen konnte. In jeder Vorstellung zeigte er mehrere Kurzfilme, die insgesamt 15 Minuten dauerten.
Fortan drehte er alljährlich etwa 50 Filme, darunter Trick- und Geisterfilme, Abenteuerfilme und Comics. Zwar konnte er es mit Méliès an Einfallsreichtum nicht aufnehmen, aber auch bei Paul geschahen unwahrscheinliche Dinge – so fuhren Autos bis in die Wolken hinauf und umrundeten die Sonne, stürzten Spielzeugeisenbahnen in Schluchten, geisterte ein Skelett durch die Szene.
Offensichtlich war Robert William Paul der erste, der auch Propagandafilme drehte. Ab 1900 entstanden in seinem Studio zwanzig Filme mit dem Titel „Das Leben in der Armee". Sie zeigten die Ausbildung britischer Soldaten. Das Kriegsministerium bestätigte ihm ausdrücklich den hohen Wert seiner Streifen für kommende Rekrutierungen.

Der erste Kino-Zar: Charles Pathé

Ein Name wurde auf dem jungen Filmmarkt, der bald von heftigen Konkurrenzkämpfen geschüttelt wurde, schnell zum Begriff: Charles Pathé (1863–1957). Er wuchs in Chevry-Cossigny und in Vincennes als Sohn eines Fleischers auf und erlernte lustlos das väterliche Handwerk. Zwei Jahre lang trieb er sich in Argentinien herum, fand aber nicht das große Glück und kehrte, vom Gelbfieber vertrieben, ohne einen Sous in der Tasche

nach Frankreich zurück. Als 31jähriger sah er in Vincennes die ersten Edison-Vorführungen und rechnete sich schnell aus, daß ein Schausteller, der mit diesen Apparaten durch die Lande reiste, in ein paar Stunden mehr verdiente als er in einer ganzen Woche.
Nicht ohne Mühe trieb er 2000 Francs auf und eröffnete in Monthéty ein Edison-Theater. Er selbst erzählte später, daß er dabei alles auf eine Karte gesetzt hatte. Wenn die Sache schief gelaufen wäre, hätte er nicht einmal mehr genug Geld gehabt, um nach Vincennes zurück zu fahren. Aber sie lief hervorragend. Ein Jahr später schon konnte er es sich leisten, gemeinsam mit dem Erfinder Marie Henry Joseph Joly eigene Apparate zu konstruieren. 1896 gründete er gemeinsam mit seinen drei Brüdern Emile, Théophile und Jacques die Firma Pathé Frères als Apparatefabrik, 1897 folgte die Produktionsfirma Pathé Cinema, und im Jahr darauf kam der erste Film heraus, benannt „L'Arrivée d'un train de Vincennes", als soundsovielte Verfilmung einer Zugankunft nicht besonders neu, aber immerhin ein Anfang.
„Ich habe das Kino nicht erfunden, aber ich habe es industrialisiert!" bekannte Charles Pathé später. Die Pathé Cinema, 1897 mit 24000 Francs Kapital gegründet, mußte alle paar Jahre ihr Kapital erhöhen, so schnell wuchsen die Umsätze und so stark stieg das Investitionsvolumen. 1913 schon betrug das Kapital der Gesellschaft 30 Millionen Francs. Mittlerweile gab es kaum einen Filmfreund auf der Welt, der das Pathé-Markenzeichen, den gallischen Hahn, nicht gekannt hätte – und die Pathé-Filme mit Max Linder, dem ersten großen Komiker der Filmgeschichte, ge-

1

2

1 – Mit diesem Plakat lockte Emile Reynaud ab 1892 Besucher in sein Théâtre Optique – in acht Jahren immerhin rund eine halbe Million Menschen. Es dürfte das älteste Kinoplakat der Welt sein, auch wenn die Streifen, für die es warb, nicht fotochemisch zustande gekommen waren. Reynauds „Leuchtende Pantomimen" kann man als Vorläufer des Zeichentrickfilms betrachten. Er projizierte übrigens von hinten auf eine transparente Leinwand.
2 – Was Robert William Paul zur Filmaufnahmetechnik beisteuerte, war nicht so kompliziert wie die Kamera – da verließ er sich auf die in Britannien nicht patentierten Ideen Edisons –, sondern ein Spezialstativ, das er mit der Kamera bestückte. Damit konnte man bewegte Objekte besser verfolgen.

staltet von einem der ersten professionellen Filmregisseure, dem ehemaligen Music-Hall-Sänger Ferdinand Zecca.

Oskar Meßter und die deutsche Filmindustrie

Verglichen mit dem Frankreich und England der Film-Frühzeit verlief die Entwicklung in Deutschland eher zähflüssig. Was die Skladanowskys ab 1895 mit ihrem Bioskop schon sehr früh eingeleitet hatten, mündete bald in einer Sackgasse. Einer der wenigen deutschen Filmemacher der Urgeschichte des Films war der Berliner Oskar Meßter (1866–1943), Sohn eines Mechanikers, der zunächst im Betrieb des Vaters lernte, sich mit 19 Jahren selbständig machte und als 26jähriger die väterliche Firma übernahm.
Konstruktionen auf optischem Gebiet waren ihm nicht neu. So beobachtete er die Entwicklung besonders aufmerksam: den Schnellseher von Anschütz, das Kinetoskop von Edison, den Kinematografen von Lumière. Seltsamerweise aber nahm er das Bioskop der Skladanowskys, das in Berlin zu einer Zeit Tagesgespräch war, als Meßter schon das dreißigste Lebensjahr überschritten hatte, überhaupt nicht zur Kenntnis. Das ist seinen nicht an übertriebener Bescheidenheit leidenden Lebenserinnerungen zu entnehmen, und auch noch Jahrzehnte später stritt er jede Verbindung mit den Bioskop-Erfindern ziemlich brüsk ab.
1896, nachdem er die ersten Edison-Vorführungen gesehen hatte, besorgte sich Meßter Edison-Filmstreifen und konstruierte innerhalb weniger Wochen harter Tag- und Nachtarbeit einen eigenen Projektor, der sich durch eine Neukonstruktion des bekannten Malteserkreuzes (nicht durch die Erfindung dieser Vorrichtung, wie manche Quellen behaupten) auszeichnete und sich als überaus brauchbar erwies. Den ersten Apparat dieser Art lieferte er für 1900 Mark an einen russischen Schausteller.
Wie Pathé erkannte auch Meßter frühzeitig, daß sich aus der Kinematografie eine Industrie entwickeln könnte. Auf dieses Ziel arbeitete er hin, und zwar mit atemberaubender Geschwindigkeit. Als nächstes baute er eine Aufnahmekamera. Vorrichtungen für das Entwickeln und Kopieren der Filme folgten. „Damit waren Ende des Jahres 1896 in Deutschland alle Voraussetzungen geschaffen zum Aufbau einer ausschließlich mit deutschen Geräten arbeitenden Kino- und Filmindustrie", stellte er in seinen Erinnerungen fest.
Innerhalb von 17 Jahren, bis 1913, konstruierte Meßter einen Projektor nach dem andern. Schließlich standen 17 Typen auf seinem Programm. Von keinem Modell verkaufte er allerdings mehr als 500 Stück; im Gegensatz zu Pathé, der nur drei Typen herausbrachte, davon aber in kurzer Zeit 70000 Exemplare absetzte – so Meßters eigene Angaben.
Pathé beobachtete den Konkurrenten aufmerksam und drohte mit einem Prozeß wegen Patentverletzung. Es kam zu einer Einigung: Für die deutschen Pathé-Filialen durfte Meßter künftig deutsche Apparate liefern. Der erste Filmkatalog Meßters erschien 1897, bestückt mit 84 Nummern, 115 Seiten stark. In seinem Begleittext führte Meßter aus, welche Bedeutung er dem Kinematografen beimaß:
„Durch ihn lassen sich künftighin historische Begebenheiten festhalten und in der Natürlichkeit nicht nur jetzt, sondern auch

1

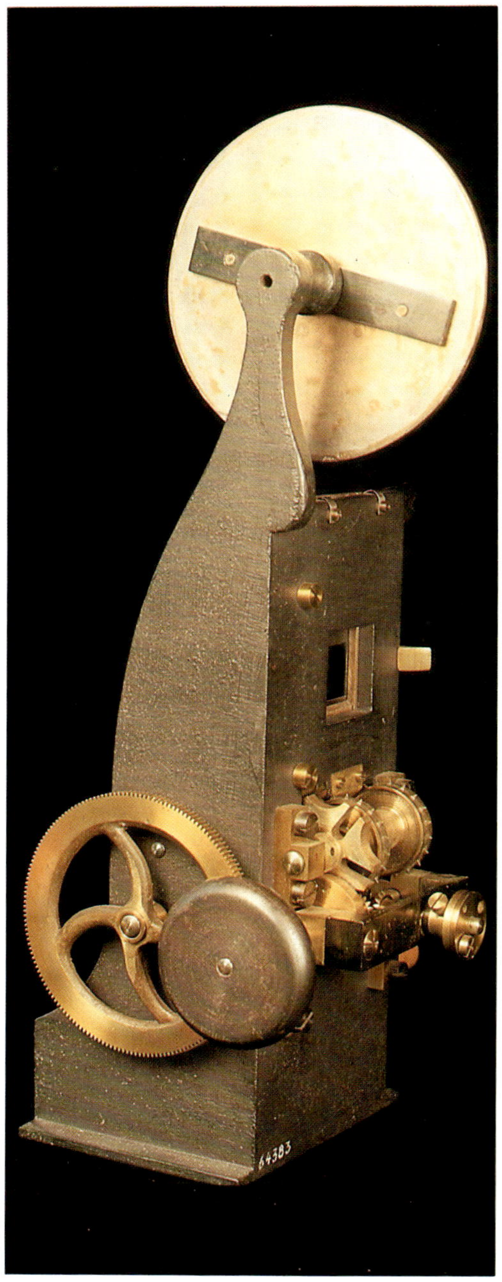

2

1–2 – Für die Konstruktion seiner Filmprojektoren benutzte Oskar Meßter das Malteserkreuz-Getriebe, um den perforierten Film ruckartig schnell von Bild zu Bild weitertransportieren zu können. Die früheren negativen Erfahrungen Edisons und Pauls sowie des Franzosen Continsouza mit dem Malteserkreuz vermied Meßter, indem er die Antriebsscheibe mit nur einem Transportstift versah. Abgebildet das Laufwerk eines Projektors von Meßter um 1900.
3–5 – Das Lehrmodell des Malteserkreuzes zeigt die drei entscheidenden Phasen, in denen die fortlaufend rotierende Bewegung der linken Scheibe in eine ruckartige der Zahnkränze für den perforierten Film umgewandelt wird.
6 – Eine Filmkamera von Meßter mit Wechselschlitten für zwei Objektive, gleichfalls um 1900.
7–8 – Meßter koppelte 1903 ein Grammophon an einen Projektor und konnte mit diesem Biophon musikuntermalte Filme vorführen. Die abgebildete Ton- und Projektionseinheit seines „Panzerkinos" stammt von 1912.

3

4

5

6

7

8

den künftigen Geschlechtern wieder zur Anschauung bringen; Künstler und Künstlerinnen können als Tänzer, Fechter, Akrobaten, Jongleure, Turner überall in ihren Leistungen in Natürlichkeit dadurch vorgeführt werden. Elementare Ereignisse und Naturwunder, wie Niagara-Fälle, Rheinfall, Gießbach usw. werden uns naturgetreu veranschaulicht und ebenso das Leben und Treiben der entferntesten Naturvölker und der wilden Völkerstämme. Spezialisten für photographische Schnellaufnahmen sind deshalb schon nach allen Erdteilen ausgesandt."

Auf technischem Gebiet brachte Meßter weitere Neuerungen heraus, so 1897 eine Zeitlupenkamera für maximal 100 Bilder je Sekunde oder 1903 einen Filmprojektor, den er mit einem Grammophon zur Wiedergabe von Musik und Gesang koppelte, das sogenannte Biophon. Ab 1915 konstruierte er auch Reihenbildkameras für Luftaufnahmen. Vor allem aber war er der Produzent der ersten deutschen Wochenschau, Meßter-Woche genannt.

Seine Filmgesellschaft, die als ersten deutschen Star Henny Porten weltberühmt machte, ging mit anderen Gesellschaften 1917 in der Universum Film AG (Ufa) auf. Mittlerweile meldeten die USA ihre Ansprüche an. Ab 1912 befand sich Hollywood im Aufbau. Die amerikanischen Produzenten Fox, Laemmle, Goldwyn, Lasky und Zukor bauten ihre Imperien auf. Ab 1915 entstanden die Filme von David Wark Griffith, die heute noch zu den berühmtesten der Filmgeschichte zählen. Und es dauerte nicht lange, bis die Erfindung des Tonfilms dem so schön angelaufenen Stummfilmgeschäft den Garaus machte.

Der Tonfilm wird erfunden

Die ersten Versuche, bewegte Bilder zum Sprechen oder Tönen zu bringen, gehen auf das 19. Jahrhundert zurück. Aber sie gerieten bald in Vergessenheit. Die Technik hatte die nötigen Hilfsmittel noch nicht anzubieten. Erst zu Beginn der zwanziger Jahre unseres Jahrhunderts kamen die ersten brauchbaren, aber noch mit vielen Kinderkrankheiten behafteten Verfahren auf. Zunächst dominierte der Nadelton: Mehr oder weniger synchron zum Film wurden Schallplatten abgespielt. Das unterdessen schon vorliegende Lichttonverfahren hatte es besonders schwer, sich durchzusetzen. Erst in den letzten Jahrzehnten trat zum Lichtton der Magnetton. Diese beiden Verfahren beherrschen heute den Markt. Der Nadelton geriet in Vergessenheit.

Vorläufer der Tonfilmtechnik

Den ersten Plan, die mit Hilfe einer Wundertrommel oder eines Lebensrades vorgeführten Phasenbilder akustisch zu untermalen, veröffentliche W. Donisthorpe im Jahre 1877. Er wollte als Tonerzeuger einen Phonographen verwenden, wie ihn Edison entwickelt hatte. Edison selbst griff diesen Gedanken auf. Aber das Kinetophon, die Verbindung von Kinetoskop und Phonograph, wurde kein besonderer Erfolg, und so verschwand diese Kombination aus dem Jahre 1893 wieder in der Versenkung. Andere Edison-Verfahren waren das Kamerophon und das Kinemaphon. Beide strebten eine Synchronisation von Bildvorführung und Tonausstrahlung an und entstanden zu Beginn des 20. Jahrhunderts.

Offenbar interessierte Edison dabei aber nur eine neue Verwendungsmöglichkeit für den Phonographen, der mittlerweile auf dem Gebiet der Tonaufzeichnungstechnik längst nicht mehr der letzte Schrei war. Denn während der Pariser Weltausstellung von 1900 hatten drei Etablissements schon Film/Schallplatte-Kombinationen vorgeführt. So konnte das zahlende Publikum im Phonorama Szenen aus Paris, untermalt mit Musik, Gesang und Sprache von der Schallplatte, bewundern. Im Phono-Cinema-Theater waren gleichzeitig die berühmtesten Schauspieler der Epoche auf der Leinwand zu sehen und von der Platte zu hören, darunter die vergötterte Sarah Bernhardt. Und im Théâtre de la Grande Rue zeigte Marie Henry Joseph Joly die Filmkomödie „Lolotte", in der es muntere Dialoge gab und bei der Joly selbst eine Hauptrolle übernommen hatte.

Drei Jahre später stellte Oskar Meßter in Berlin sein Biophon vor. Und 1906 meldete Eugène Lauste, geborener Franzose, gewesener Edisonmitarbeiter und inzwischen in Brixton in England tätig, sein Sprechfilmverfahren zum Patent an, das ebenfalls auf der Schallplatte beruhte.

Weder Edisons Phonograph noch Berliners Grammophon waren in der Urform besonders gut geeignet für die Vertonung von Filmen, die ja inzwischen immer länger wurden (1906 war in Australien der erste Stummfilm mit einstündiger Dauer vorgeführt worden). Die Platten-Laufzeiten der 78er Platte waren einfach zu kurz, es mußte zu häufig gewechselt werden, Synchronität war dabei kaum zu erreichen.

Eine vernünftige Verbindung zwischen Film und Platte ergab sich erst mit der Einführung der Langspielplatte, die bei einer Drehzahl von 33 U/min auf eine Spieldauer von elf Minuten kam. Da eine Filmrolle normalerweise genausolang lief, eignete sich eine solche Langspielplatte vorzüglich zur Synchronisation von Bild und Ton. Näheres darüber ist im Kapitel über die Entwicklung der Langspielplatte nachzulesen.

Ton von der Platte: Der Nadelton

Die ersten Versuche mit dem Nadeltonfilm unter Verwendung von Langspielplatten fanden 1926 in den Laboratorien der Bell Telephone Co. in New York statt. Die meisten amerikanischen Filmgesellschaften wollten nichts davon wissen und taten das Verfahren als Spielerei ab. Nur die Brüder Sam und Harry Warner, Eigentümer der Warner Brothers Picture Corporation, kurz Warner Bros. genannt, stürzten sich auf die neue Technik – ihr Unternehmen war in eine Flaute geraten, es brauchte dringend kräftigen Auftrieb. Warner Bros. produzierten nach der nun Vitaphon genannten Technik zuerst den Film „The Jazz Singer", dann den noch erfolgreicheren Film „The Singing Fool", beide mit dem Negerimitator-Sänger Al Jolson alias Joseph Rosenblatt.

Vor allem diesem Sänger „mit dem Schmelz zwischen Lachen und Weinen" verdankten Warner Bros. den steilen Aufstieg ihres Unternehmens. Sein Lied vom Sonny Boy ging um die Welt – es gehört heute noch zu den Evergreens. Und in Windeseile stellten sich die Lichtspieltheater auf den Nadelton um. Alle elf Minuten mußte eine Hilfskraft eine neue Platte auflegen, und zwar jeweils synchron mit dem Start einer neuen Filmrolle. Für die Vorführung mit einem normalen Plattenspieler waren diese Spezial-Langspielplatten übrigens nicht geeignet. Sie wurden von innen nach außen geschnitten.

In Deutschland lief „The Jazz Singer" stumm, weil die Telefunken-Gesellschaft wegen Patentverletzung protestierte. Sie blockierte zunächst auch „The Singing Fool", zog dann aber ihren Einspruch am 3. Juni 1929 zurück. Die Berliner Morgenpost berichtete am nächsten Tag begeistert: „Spät, aber doch nicht zu spät, sind auch wir beim historischen Wendepunkt des Filmes angelangt. Um es gleich vorwegzunehmen: es war ein voller, ein durchschlagender Erfolg; denn dieser amerikanische Tonfilm zeigt sich in einer technischen Vollendung, die mit den gut gemeinten, doch recht primitiven Versuchen, die wir bisher kannten, kaum in einem Atemzug zu nennen sind ... Die Wiedergabe-Apparatur funktioniert fehlerlos. Höchstens im Pianissimo hört man das lei-

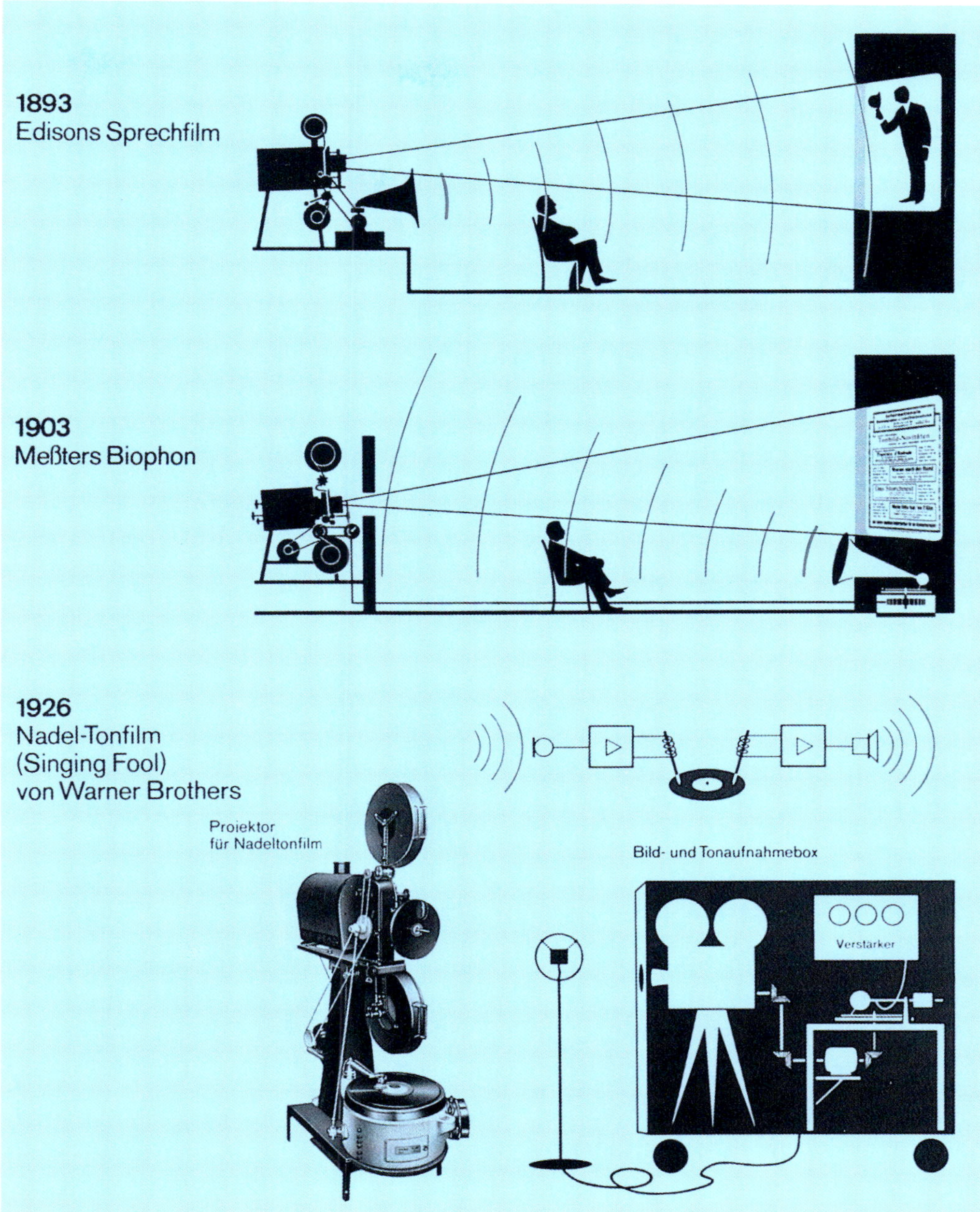

1 2 3

1 – Die Idee, einen Phonographen mit einer Wundertrommel zu kombinieren – auch wenn diese nur kurze gezeichnete Bildsequenzen flimmern ließ –, hatte schon 1877 der britische Techniker Wordsworth Donisthorpe geäußert. Als Edison mit seinem Kinetoskop die ersten Filme projizieren konnte, hatte er bald auch eine mechanische Kopplung zwischen Projektor und Walzenphonograph hergestellt. Doch dieses Kinetophon war noch nicht komfortabel genug, um Bestand zu haben.
2 – Oskar Meßter verband 1903 bei seinem Biophon den Projektor durch eine elektrische Leitung mit dem Plattengrammophon. Die Schallquelle befand sich nun schon neben oder unter der Projektionswand. Und weil es noch keinen elektrischen Verstärker gab, drehten sich bis zu fünf Plattenteller synchron – mehr oder weniger gleichzeitig gestartet und nach viereinhalb Minuten Laufzeit gewechselt.
3 – Erst die Erfindungen der Langspielplatte mit 33 U/min Drehzahl und des elektrischen Verstärkers für Aufnahme und Wiedergabe machten 1926 das Nadeltonverfahren möglich. Die Laufzeit der Platten war mit der einer normalen Filmrolle identisch. Die Filme „The Jazz Singer" und „The Singing Fool" von Warner Bros. führten das Verfahren zum Erfolg.

se surrende Geräusch der Maschine … Die menschliche Stimme triumphiert hier über die stumme Leinwand. Sie strömt kraftvoll oder zart, je nachdem, in den Raum. Die Menschen stehen einem plötzlich näher."
Der Nadelton nach dem Vitaphon-Verfahren verbreitete sich rasch. Kein Kinobesitzer wollte die Chance verpassen, mit Filmen wie „The Singing Fool" sein Geschäft zu machen. Zugleich war aber schon der Lichtton aufgekommen. Die beiden Verfahren konkurrierten heftig miteinander. Unter den 830 deutschen Tonfilmtheatern gab es 1930 42 Prozent, die nur auf Nadelton eingerichtet waren. 32 Prozent verfügten über reine Lichttonmaschinen. Alle anderen waren für beide Verfahren ausgerüstet, und zwar mit Kombinationsmaschinen. Es sollte aber nicht lange dauern, bis der unkompliziertere Lichtton allein regierte. Die Langspielplatte hatte sich unterdessen die Plattenspieler der Musikfreunde erobert.

Hans Vogt und das Werk der drei

Der Elektrotechniker Hans Vogt wurde 1890 in Wurlitz im Landkreis Hof als Sohn eines Schmiedes geboren. Eigentlich hätte er auch Schmied werden sollen. Aber es zog ihn mehr zur Elektrotechnik. So eignete er sich zunächst bei der AEG das nötige Wissen an. 1912 tat er als Funker bei der kaiserlichen Marine Dienst. Beim Besuch eines winzigen Stummfilmkinos in Kiel kam ihm zum erstenmal der Gedanke, daß es sich lohnen müßte, den Film zum Sprechen und Tönen zu bringen. Der Krieg machte einen Strich durch alle diesbezüglichen Pläne. Aber gleich danach, 1919, ging Vogt tatkräftig daran, die Sache anzupacken. Es gelang ihm, zwei Mitarbeiter zu gewinnen, die wie er bereit waren, alles auf eine Karte zu setzen: den aus Bielefeld stammenden Ingenieur Joseph Massolle (1889–1957) und den in München geborenen Physiker Jo Benedict Engl (1893–1942), der neben seiner wissenschaftlichen Arbeit an der Technischen Hochschule in Berlin ein Unternehmen für Tonfilm-Entwicklungsarbeit und -Praxis betrieb.
In der Babelsberger Straße 49 in Berlin richteten sie sich ein Laboratorium für Kinematografen ein. Hier gingen sie der Problematik des Filmtons auf den Grund. Sie setzten von vornherein auf Lichtton, weil er bei dem damaligen Stand der Technik als einziger unmittelbar auf dem Filmstreifen selbst angebracht werden konnte. Damit war der Aufbau des Verfahrens

1
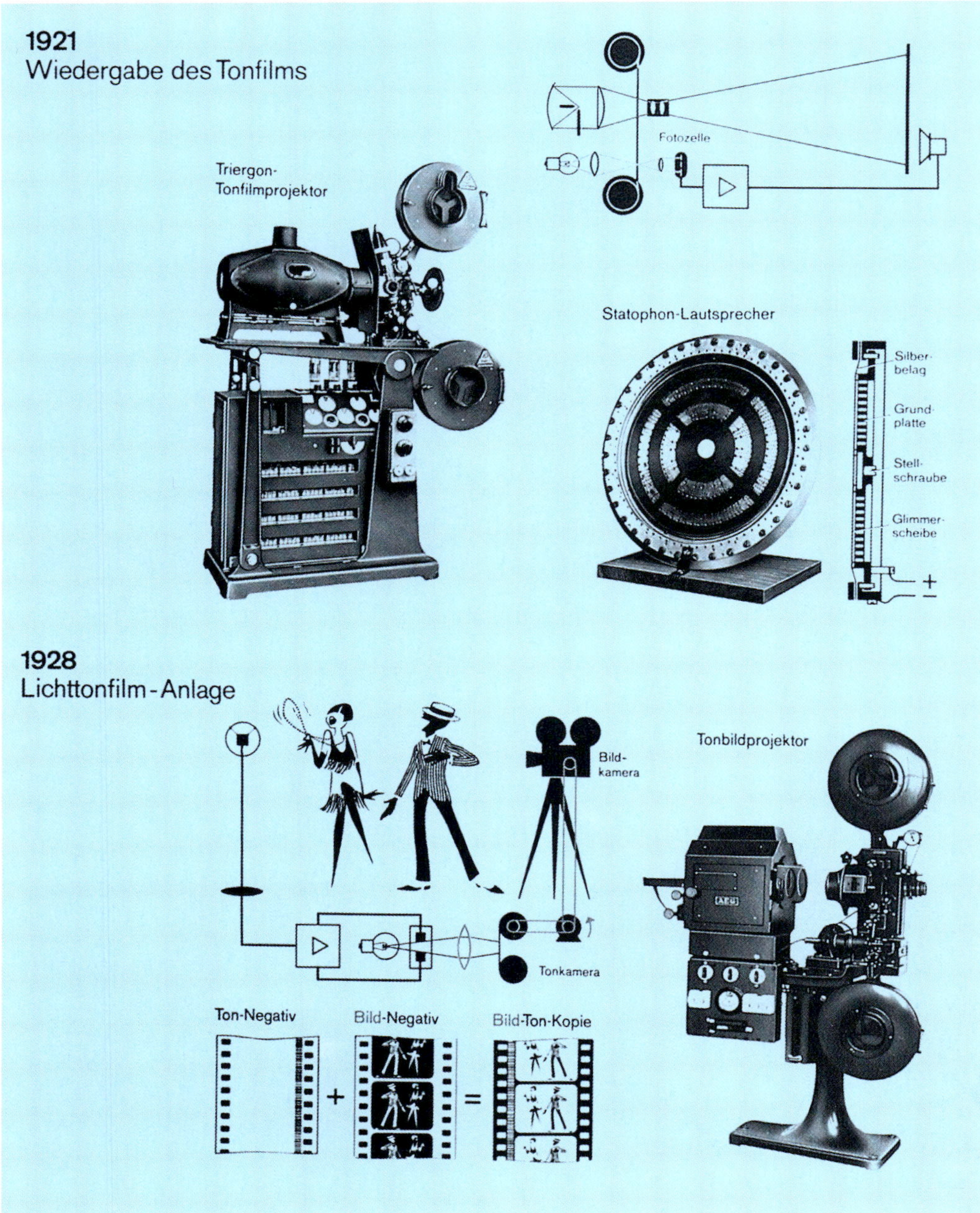

2

auch schon klar. Der vom Mikrofon aufgefangene Ton mußte elektrisch verstärkt werden und eine veränderliche Lichtquelle beeinflussen, die auf dem Filmstreifen eine veränderliche Schwärzung hervorrufen sollte. Beim Abspielen des Films brauchte man ein lichtempfindliches Element für das Abtasten der veränderlichen Schwärzung. Die dabei gewonnenen elektrischen Impulse waren wiederum zu verstärken und einem Lautsprecher zuzuleiten.

Das klang alles ganz gut und war durchdacht. Allerdings steckte die Elektrotechnik damals noch arg in den Kinderschuhen. Es gab weder Mikrofone, die empfindlich genug waren, noch brauchbare Verstärkerröhren oder hinreichend leistungsfähige Lautsprecher, von den anderen Bauteilen, der veränderlichen Lichtquelle und dem Abtastelement, ganz zu schweigen. Die gab es in den notwendigen Dimensionen überhaupt nicht. Das Dreierteam erkannte sehr schnell, daß es hier nicht um eine Einzelerfindung, sondern um den Aufbau eines ganzen Systems ging.

Trotz aller Schwierigkeiten brauchte das Team nur drei Jahre, um das System in den Grundzügen fertigzustellen. 1921 fand die erste interne Vorführung statt. Die drei Männer nannten ihr mit zahlreichen Patenten abgesichertes Verfahren Tri-Ergon, Werk der drei.

Der fotografierte Ton

Zunächst einmal wurde ein hochempfindliches Mikrofon gebraucht. Hans Vogt verwarf die damals üblichen Kohlemikrofone und konstruierte sein Kathodophon,

1 – Tri-Ergon, das „Werk der drei“ Hans Vogt, Joseph Massolle und Jo Benedict Engl, bestand darin, die Schallschwingungen in Lichtstrahlen verschiedener Stärke umzuwandeln und einen Filmstreifen durch das Licht zu schwärzen; beim Abspielen wird ein Lichtstrahl durch diese Tonspur unterschiedlich abgeschwächt und dann elektrisch wieder in Schallschwingungen rückverwandelt.
2 – Eine der ersten Tonfilmaufnahmen im Berliner Schubertsaal um 1923.
3 – Die Erfinder des Lichttonfilm-Verfahrens (v.l.n.r.) Dr. Engl, Massolle und Vogt im Saal der Berliner Musikhochschule, unter ihnen die Mikrofonanlage.
4 – Dr. Jo Benedict Engl demonstriert den Tri-Ergon-Projektor.
5 – Detailaufnahme eines Lichttonprojektors mit Filmtransport, Objektiv und Sektorenblende.

bei dem die von einer Glühkatode erzeugten Ionen durch den Schalldruck moduliert werden. Dann wurde an Verstärkerröhren gearbeitet, wozu eigens mehrere Glasbläser engagiert wurden. Das Ergebnis waren schließlich Verstärkeranlagen, die mit zwei Röhren mit 500facher Verstärkung bestückt waren. Im Zusammenhang damit entwickelte Massolle die Widerstandsverstärkung für den Tonfilm. Vogt schlug sich monatelang mit dem Problem der nötigen Hochohmwiderstände herum. Ganz nebenbei wurde auch noch die Schirmgitterröhre erfunden – leider drei Wochen zu spät, Langmuir und Schottky hatten das gleiche Verfahren soeben patentrechtlich absichern lassen.
Für die Umsetzung der Strom- in Lichtschwankungen waren normale Glühlampen nicht zu gebrauchen, weil sie zu träge reagierten. Engl schlug vor, trägheitslose Glimmlampen zu verwenden, und entwikkelte gemeinsam mit Vogt eine edelgasgefüllte Hochfrequenzlampe. Ihr Licht beleuchtete einen Spalt, dessen Bild ein mit Zeiß Ikon in Jena konstruiertes Mikro-Projektionssystem auf dem vorbeilaufenden Film verkleinert abbildete.
Weil nach Auffassung der Erfinder auf dem 35 Millimeter breiten Filmstreifen kein Platz für die Lichttonspur blieb, gingen sie von einem 42 Millimeter breiten Streifen aus, der normal perforiert war. Die Tonspur, sieben Millimeter breit, war dabei außerhalb der einen Lochreihe untergebracht. (Erst viel später kam man mit einer Zwei-Millimeter-Tonspur aus, die auch auf dem Normalfilm Platz fand.)
Ein neues Problem tauchte auf: Die Bildprojektion erforderte das ruckweise Transportieren des Films, die Tonabtastung dagegen ein gleichmäßiges Vorrük-

3

4

5

ken. Vogt schlug vor, den Film an der Abtaststelle mit einer Schwungmasse zu koppeln, die für gleichmäßigen Ablauf sorgte. Das Schwungmassenpatent erwies sich später als eines der wichtigsten Tri-Ergon-Patente.

Für die filmische Tonaufzeichnung war anderes Negativmaterial erforderlich als für die Bildkamera. Beide Träger mußten jedoch auf einer gemeinsamen Positivkopie untergebracht werden. Mit dieser Schwierigkeit, zu der noch das Problem möglicher Verzerrungen der Tonspur durch den Kopiervorgang kam, befaßten sich weitere Überlegungen des Teams. Sowohl das Verfahren der getrennten Entwicklung als auch der Verzerrungsausgleich waren Gegenstand wichtiger Patente. Dabei entschieden sich die Erfinder von vornherein gegen die von anderen Konstrukteuren bevorzugte, aber unpraktische Möglichkeit, Bild und Ton von zwei Filmen wiederzugeben, also von einem Bild-Film und einem Tonspur-Film.

Für das Abtasten der Tonspur wurde eine trägheitslos arbeitende Fotozelle gebraucht. Die normale Selenzelle war dafür nicht zu gebrauchen. Vogt und Engl experimentierten lange mit einer hochempfindlichen Fotozellenschicht.

Die Verstärkung des Tons wurde auf ähnliche Weise gelöst wie auf der Mikrofonseite. Schwieriger war die Lautsprecherwiedergabe. Die leistungsfähigen Lautsprecher der Rundfunk- und Schallplattenwiedergabezeit existierten noch nicht. Mit dem Bau von Großlautsprechern für Saal-Lautstärken hatte sich noch niemand ernsthaft befaßt. Vogt und Massolle schufen auf der Basis des elektrostatischen Feldes riesige, Statophon genannte Lautsprecher. Dünne Glimmermembranen von Durchmessern bis zu einem halben Meter wurden versilbert. Sie schwangen vor festen Elektroden. Um alle Frequenzbereiche abzudecken, wurden Statophone für hohe, mittlere und tiefe Töne konstruiert.

1921 begann das System die ersten Töne von sich zu geben, aufgenommen und wiedergegeben nach dem Tri-Ergon-Verfahren. Das erste Lichtton-Wort, das die Maschine lieferte, war eines Teams von Technikern würdig: Milliampere.

Keiner will den Lichtton haben

Ab 1921 wurden in provisorischen Ateliers die ersten Lichtton-Versuchsfilme gedreht, darunter „Das Heideröslein", bei dem noch mit getrenntem Bild- und Lichttonfilm gearbeitet wurde. Die Ergebnisse waren erfreulich, sie fanden „die kopfschüttelnde Bewunderung der unbefangenen Laien und das skeptische Lächeln der Leute vom stummen Film" (Feldhaus).

1923 richteten die Tri-Ergon-Leute im Schubertsaal in der Berliner Bülowstraße das erste Tonfilmatelier mit Aufnahme- und Wiedergaberaum und Entwicklungswerkstatt ein. Täglich wurden etwa 50 Meter Tonfilm produziert. Schon am 24. September konnten die ersten Demonstrationsfilme vorgeführt werden. Besonders begeistert zeigten sich die Zuschauer über den Hauptfilm „Das Leben auf dem Dorfe" mit Schweinegrunzen, quietschenden Erntewagen, dem die Stunde verkündenden Nachtwächter – und mit einem auf dem Misthaufen krähenden Hahn. Die Kikeriki-Aufnahme hatte besondere Schwierigkeiten bereitet. Der herangeschaffte Hahn wollte einfach nicht im richtigen Augenblick krähen. Deshalb sperrte man ihn tagelang in einen dunklen Raum, holte ihn für die Aufnahme hervor, setzte ihn auf den Misthaufen und strahlte ihn mit Jupiterlampen an. Da hielt er seine Stunde für gekommen und begann lauthals zu krähen.

Nun wäre es Zeit gewesen für die praktische Auswertung des Lichttonverfahrens, gemeinsam mit einem potenten Partner. Aber das erwies sich als schwierig. Man steckte mitten in der Inflationszeit. Die Geldgeber von Tri-Ergon fürchteten um ihr Kapital. So konnten die Erfinder nicht verhindern, daß die Rechte an dem gesamten Verfahren für eine Million Schweizer Franken an den Schweizer Rechtsanwalt Curti verkauft wurden. Sie selbst bekamen nur ein Viertel davon, was gerade ausreichte, um die Schulden zu bezahlen. Anschließend arbeiteten sie weiter an ihrer Technik, die ihnen nun nicht mehr gehörte. Und weil die Filmindustrie den Einsatz des Lichttons rundweg ablehnte, beschlossen sie, selbst in größerem Umfang Filme zu produzieren.

Dabei hatten sie keine besonders glückliche Hand. Überdies gingen die Patentrechte an Schweizer Textilindustrielle über, was die Lage nicht gerade übersichtlicher machte. Als dann auch noch die Ufa eine deutsche Lizenz aus der Schweiz kaufte und einen Film herstellte, der so schlecht war, daß er schleunigst wieder in der Versenkung verschwand (es handelte sich um „Das Mädchen mit den Schwefelhölzern" nach Hans Christian Andersen), hatte der Lichtton auf dem deutschen Markt bis auf weiteres keine Chancen mehr.

Inzwischen kaufte der amerikanische Filmmagnat William Fox, 1879 in Ungarn geboren, von der mittlerweile in der Schweiz gegründeten Tri-Ergon AG die Rechte für den amerikanischen Markt für den vergleichsweise läppischen Preis von 200000 Schweizer Franken und begann einerseits Lichttonfilme zu produzieren, andererseits gegen die großen amerikanischen Elektrizitäts- und Filmgesellschaften wegen Patentverletzungen zu prozessieren – es ging dabei um einen Streitwert von einer halben Milliarde Dollar.

In Deutschland beauftragte die AEG, die die amerikanische Entwicklung aufmerksam beobachtet hatte, Hans Vogt, sie bei der Entwicklung eines eigenen Tonfilmverfahrens zu beraten. Das geschah auch. Des großen Risikos wegen tat sich die AEG mit Siemens zusammen und gründete die Klangfilm-Gesellschaft. Die deutschen Tri-Ergon-Rechte gingen unterdessen an den Bankkaufmann Heinrich Brückmann über, der die Tobis gründete und munter zu produzieren begann. Die beiderseitigen Patentschwierigkeiten führten zum Zusammenschluß der beiden Firmen – eine konnte ohne die andere nichts bewirken. Der Vertrag von 1929 sah vor, daß Tobis sich um die Filmproduktion, Klangfilm um den Apparatebau kümmern sollte.

Kurz vor dem Vertragsabschluß war Brückmann gestorben. Die Zeitungen feierten ihn als „Vater des Tonfilms". Die Erfindergemeinschaft verdiente am längst eingeleiteten Aufschwung des Lichttonfilms nur den knappen Lebensunterhalt. Sie löste sich bald auf. Massolle ging als technischer Direktor zur Tobis (er starb 1957 in Berlin), Engl arbeitete in seinem Laboratorium für die Fox, die ab 1930 allerdings nicht mehr William Fox gehörte (er ist 1942 in New York gestorben), und Vogt gründete ein eigenes Laboratorium in Berlin, zog sich später nach Bayern zurück und produzierte in Erlau bei Passau Hochfrequenzbauteile.

Zahlreiche seiner Erfindungen befruchteten die Film- und Rundfunktechnik, vor allem seine nur erbsengroße Hochfrequenzspule. Als ihn die Filmschauspielerin Margit Saad 1975 anläßlich seines 85. Geburtstages nach der Zahl seiner Patente fragte, schüttelte der greise, aber immer noch sehr muntere Dr. h.c. Hans Vogt den Kopf. Er wußte es nicht genau, aber Hunderte waren es mit Sicherheit.

Der 89jährige starb am 4. Dezember 1979 in einem Passauer Krankenhaus. In seinen letzten Lebensjahren hatte er sich vor allem mit ernährungsphysiologischen Problemen befaßt. Das Ergebnis waren zahlreiche Geräte für Klein- und Großküchen und Verfahren für die industrielle Herstellung von Nahrungsmitteln.

Unter den übrigen Lichttonentwicklungen ist besonders das Phonofilmverfahren des

Synchronisier- und Mischanlage

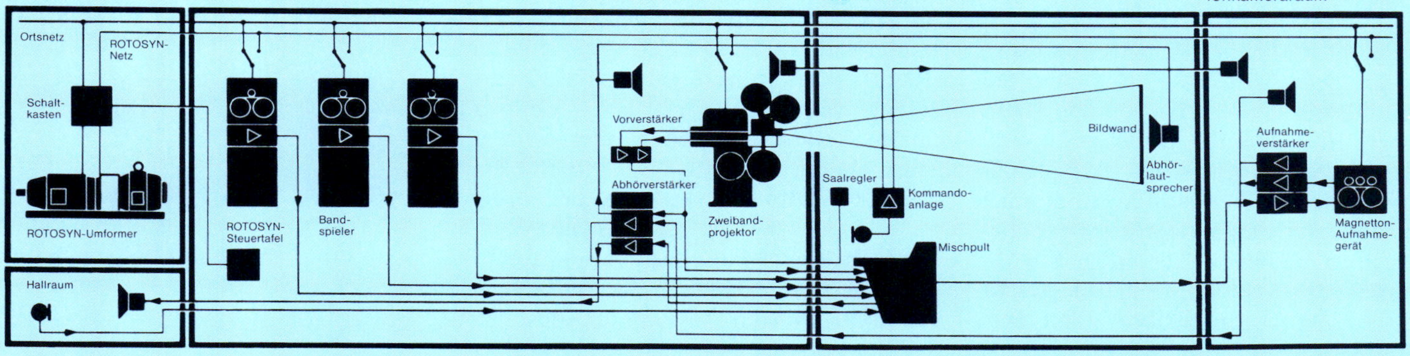

Werdegang eines Tonfilms

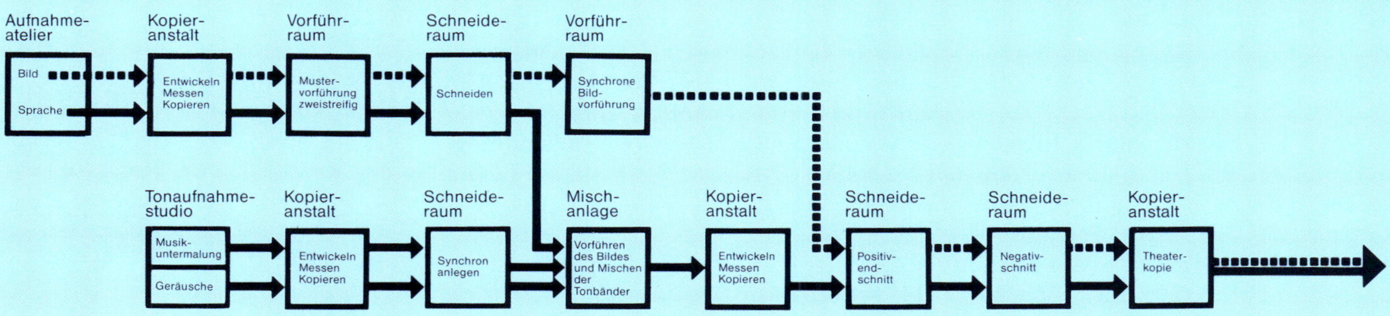

Amerikaners Lee De Forest (1873–1961) zu erwähnen, das ebenfalls auf einer Glimmlampe beruhte und am 15. April 1923 in New York erstmals vor zahlendem Publikum vorgeführt wurde. De Forest gehört zu den erfolgreichsten amerikanischen Erfindern. Das wichtigste seiner über 300 Patente betraf die Triode, bei der sich der Elektronenstrom vom Heizfaden zur Gegenelektrode durch die Gitterspannung steuern läßt. Die Triode wurde erst durch den Transistor abgelöst. De Forests Lichttonpatente gingen übrigens auf William Fox und dessen Tri-Ergon-Holding über, nachdem der Erfinder vergeblich versucht hatte, dem Sprechfilm als Unterhaltungsmedium zum Durchbruch zu verhelfen.

Der Filmindustrie brachte der Tonfilm einen ungeheuren Aufschwung, wenn auch so mancher Stummfilmstar mit dem neuen Medium nicht zurechtkam und abtreten mußte. Die Besucherzahlen in den amerikanischen Kinos verdoppelten sich von 1927 bis 1930. Kleine Filmgesellschaften konnten nicht mithalten und wurden von größeren geschluckt. Das Zeitalter der großen Filmzaren begann. Der amerikanische Film eroberte die ganze Welt.

1922 hatte Hans Vogt prophezeit: „Sogenannte Filmideen tun's nicht mehr, es muß auch literarisches Können dabei sein. Und der Regisseur im Bildtonfilm wird weniger Herrgott sein dürfen, wird mehr Erlauscher dichterischer Wollenseinheitlichkeit sein müssen, Mundhalter, Eingeher auf seine Spieler. Diese wiederum werden nimmer mit hübschen Gesichtern geschminkte, mit Trichter und Schrei aufgepeitschte Suggestivgeschöpfe sein können. Sondern Menschendarsteller aus großer eigener Tiefe heraus. Und das Zelluloid und die Maschinerie wird daran so viel und so wenig profanisieren, wie die Druckerpresse am geschriebenen Wort."

Der lange Weg zum Farbfilm

Der Wunsch, farbige Laufbilder vorzuführen, ist so alt wie die Kinematografie. Da es fotochemische Methoden zur Erzeugung farbiger Filme einstweilen noch nicht gab, behalf man sich viele Jahre lang mit Ersatzverfahren. Es folgten die ersten fotografischen Techniken, deren Umständlichkeit uns heute abenteuerlich anmuten mag. Sie basierten häufig auf einem Zweifarbenverfahren. Erst die Erfindung des Dreischicht-Farbfilms nach dem Subtraktionsverfahren (Näheres darüber im Fototechnik-Kapitel) mit einem Negativfilm als Grundlage, von dem beliebig viele

Positivfilme kopiert werden konnten, verhalf dem Farbfilm endgültig zum Durchbruch.

Handkolorierte und gefärbte Filme

Die ersten farbigen Filmstreifen sind schon aus dem Jahre 1896 bekannt. Sie wurden mit bis zu sechs Farben von Hand koloriert, Bildchen für Bildchen – eine Arbeit, die von angelernten Arbeiterinnen in speziellen Werkstätten ausgeführt wurde. Jede der jungen Damen war dabei stets nur für eine Farbe zuständig. Ein berühmtes Beispiel für Filme dieser Art ist „Voyage across the Impossible“ von Georges Méliès aus dem Jahre 1904.
Als die Filme länger wurden und von jedem Original eine größere Anzahl Kopien gezogen werden mußte, kam das Handkolorieren aus der Mode. Für spezielle Effekte wurde es aber zum Beispiel noch bei Sergej Eisensteins epochemachenden Film „Panzerkreuzer Potemkin“ verwendet. In diesem Fall mußten die malenden Damen die rote Fahne der Revolution kolorieren – sonst nichts. Eisensteins dramatischer Film stammt aus dem Jahre 1925.
Um die Malarbeit zu erleichtern, führten Pathé Frères 1905 das Schablonenverfahren ein. Jeder Film durchlief eine Schabloniermaschine, die der Reihe nach sechs Farben auftrug, was mit Hilfe von Farbschablonen und Farbrollen oder -bürsten geschah. Kürzere Filmstreifen wurden komplett schabloniert, bei längeren beschränkten sich die Pathés auf das Kolorieren einzelner, prägnanter Szenen. Dieses Verfahren wurde noch in den dreißiger Jahren angewendet, als es längst schon praktikablere Techniken gab. Zu den schablonenkolorierten Filmen gehörte etwa noch der 1926 fertiggestellte Film „Die letzten Tage von Pompeji“, und 1930 kam ein bunter Werbefilm für das Duftwasser 4711 heraus.
Sowohl die Bemal- als auch die Schablonentechnik waren viel zu teuer. Zu Beginn des 20. Jahrhunderts gingen die Filmhersteller deshalb daran, ihre Filme mit durchscheinenden Farben oder auch mit Hilfe chemischer Mittel zu färben. Beim ersten Verfahren wirkte sich die Färbung auf alle weiß oder hell gebliebenen Stellen des Filmes aus, die schwarz kopierten Flächen blieben erhalten. Bei der zweiten Methode wirkten bestimmte Substanzen auf die gesamte Filmschicht ein und verwandelten beispielsweise einen Schwarzweiß-Film in einen Blauweiß- oder Rotweiß-Film. Bei manchen Filmen wurden auch beide Verfahren szenenweise angewendet.
Bald galt es als besonders chic, die einzelnen Szenen je nach ihrem Schauplatz und ihrer Bedeutung im Schichtträger chemisch zu färben (zu viragieren oder zu tonern). So erschienen dann Nachtszenen blau, Feuerszenen rot, Waldszenen grün und Sommerlandschaften gelb. Das war zwar eine ziemlich pauschale Behandlung, aber schlechte Farbe war immerhin besser als gar keine.

Das Kinemacolor-Verfahren

Als erstes in der Praxis brauchbares Farbfilmverfahren ging die Kinemacolor-Technik, 1906 von George Albert Smith für die Charles Urban Trading Company in Brighton, England, erfunden, in die Film-

1

2

3

The Kinemacolor Projector, showing Colour Filter

1 – Die ersten farbigen Kinofilme waren noch handkoloriert. Das Filmbild stammt aus einem Ritterepos der französischen Filmgesellschaft Gaumont um die Jahrhundertwende.

2 – Das Schablonenverfahren zum Filmkolorieren, 1905 von den Brüdern Pathé eingeführt, konnte sich etwa zwei Jahrzehnte halten. Mit den „Letzten Tagen von Pompeji" ging 1926 auch diese Epoche zu Ende.

3 – Kinemacolor, das erste brauchbare Farbfilmverfahren, benutzte ein rotes und ein grünes Filter vor der Aufnahmekamera wie vor dem Projektor. Es brauchte von den abwechselnd rot und grün gefilterten schwarzweißen Filmbildchen die doppelte Anzahl gegenüber normalem Film und lief deshalb mit 32 Bildern in der Sekunde. Die Seitenansicht des Projektors zeigt in der Mitte rechts die Filterscheibe.

geschichte ein. Es handelte sich dabei um ein Zweifarbenverfahren, das nur mit Grün und Rot (und entsprechenden Mischungen) arbeitete. Smiths Kamera nahm 32 Bilder in der Sekunde auf, das Doppelte der beim normalen Film üblichen Bilderzahl. Es wurde abwechselnd ein durch ein rotes und ein durch ein grünes Filter fotografiertes Bild aufgenommen. Das Ergebnis war ein Schwarzweiß-Negativ. Bei der Projektion wurden die Bilder in schneller Folge abwechselnd rot und grün gefiltert vorgeführt. Das Auge „mischte" dank der Trägheit seiner Netzhaut diese wechselnden Farbeindrücke zu einem farbigen Gesamtbild.

Den ersten Kurzfilm nach diesem Verfahren nahm Smith im Garten seines Hauses in Southwick bei Brighton auf; Hauptdarsteller waren seine Kinder. Die erste öffentliche Vorstellung veranstaltete Charles Urban am 26. Februar 1909 im Palace-Theatre in der Shaftesbury Avenue. Im selben Jahr gründete Urban eine eigene Firma für die Produktion und den Vertrieb von Kinemacolorfilmen.

Bald gab es nicht nur die üblichen Kurzfilmszenen in Farbe, sondern auch Aktualitäten, etwa einen Farbfilm von der Beisetzung des britischen Königs Eduard VII. am 20. Mai 1910 und einen anderen über die Krönung seines Nachfolgers Georg V. zum Kaiser von Indien im Jahre 1911, der ein Jahr danach unter dem Titel „The Delhi Durban" in die Kinos kam und später in die Filmgeschichte einging.

Zwar gab es in England schon vor Beginn des Zweiten Weltkrieges rund 300 Lichtspieltheater, die sich auf das Kinemacolorverfahren eingerichtet hatten, und auch in vielen anderen Ländern fand der neue Farbfilm Interesse. Aber es konnten sich

nur die großen Kinos eine so teure Vorführanlage leisten. Dem Verfahren blieb die weltweite Popularität deshalb versagt. Überdies reichte die Kapazität der Urban-Produktion auch gar nicht aus, um den Bedarf eines Theaters an Farbfilmen zu decken. Und schließlich beklagten sich die Zuschauer über das im Vergleich mit dem Schwarzweißfilm kleinere Bild, das auf den Lichtverlust durch die Verwendung der Farbfilter zurückzuführen war.
Andere mit zwei Farben operierende Methoden, etwa das Colcim-Verfahren von 1916, Raycol von 1928 oder das Busch-System von 1930, brachten die beiden Bilder verkleinert und hochkant auf dem Raum unter, den sonst ein normales Schwarzweißbild einnahm. Aber die winzigen Bilder ergaben eben auch nur vergleichsweise winzige Projektionsformate, und überdies war die Projektionstechnik sehr anfällig.
Das erste brauchbare Dreifarbenverfahren entwickelte Léon Gaumont im Jahre 1912. Er nahm seine Filme mit einer Kamera mit drei Objektiven auf. Vor jedem Objektiv war ein Filter in einer der drei Grundfarben angebracht. Dementsprechend funktionierte die Projektion. Zwar kam es zu einer erfolgreichen Präsentation vor der französischen Photographischen Gesellschaft. Aber das technisch problematische Verfahren setzte sich kommerziell nicht durch, obwohl Gaumont 1913 in New York auch schon „vertonte" Filme nach seiner Chronochrom-Technik zeigte. Ein Phonograph lieferte Sprache, Musik und Geräusche. Hin und wieder gab es Vorführungen mit neuen Filmen. Aber um 1920 verschwand das Verfahren.

Aufschwung des Farbfilms: Technicolor

Nach Gaumonts Chronochrom kamen zahlreiche verwandte und auch einige eigenständige Verfahren heraus, die zum Teil auch in der Praxis eingesetzt wurden, denen aber allesamt kein langes Leben beschieden war. Es handelte sich ausnahmslos um additive Verfahren, die auf Farbfilter bei der Aufnahme und ebenso bei der Wiedergabe angewiesen waren.
Der erste Kinofilm nach dem Subtraktionsverfahren, Ergebnis der Arbeit von J. G. Capstaff aus dem Kodak-Forschungslaboratorium, kam 1915 bei Eastman Kodak heraus. Er funktionierte noch nach der Zweifarbentechnik. Zwei Filme hielten das Filmgeschehen fest, einer mit dem roten, der andere mit dem grünen Farbauszug. Sie wurden auf die beiden Seiten eines doppelt beschichteten Films umkopiert. Ein besonderer Projektionsapparat war damit endlich überflüssig. Verwandte Techniken verwendeten zwischen den beiden Weltkriegen u. a. Multi-, Magna-, Tru- und Cinecolor (dieses letzte Verfahren hielt sich bis 1954), ebenso Ufa- und Chemicolor sowie das in den zwanziger Jahren in England von Aaron Hamburger entwickelte Polychromid-Verfahren.
Den Durchbruch schaffte der Farbfilm jedoch erst nach der Perfektionierung des Technicolor-Verfahrens. Sein Vater war der aus Chelsea in Massachusetts stammende amerikanische Physiker Herbert Thomas Kalmus (1881–1963), der 1915 gemeinsam mit D. F. Comstock und W. B. Westcott die Technicolor Motion Picture Corporation gründete, aus der 1922 die Technicolor Incorporated hervorging.
Kalmus und seine Mitarbeiter entwickelten zunächst ein additives Zweifarbenverfahren. Ab 1919 beschäftigten sie sich mit subtraktiven Techniken, zunächst auch zweifarbig. Die dabei erzielten beiden Filme wurden nach dem Entwicklungsprozeß Rückseite an Rückseite miteinander verschweißt. Nach dieser Methode wurde beispielsweise 1924 der erste Ben-Hur-Farbfilm produziert.
Auf die Dauer bewährte sich dieses Doppelfilmverfahren jedoch nicht. So entwickelte Technicolor eine neue Zweifarbentechnik, bei der von den beiden Farbauszügen, die schwarzweiß entwickelt wurden, zunächst eingefärbte Druckmatrizen angefertigt wurden, die dann auf einen Positivfilm übereinander kopiert werden konnten. Aus dieser Technik des Jahres 1928 entstand ein subtraktives Dreifarbenverfahren. Die Spezialkamera mit Strahlenteilung nahm dabei drei getrennte Filme mit dem Rot-, Grün- und Blauauszug auf. Von diesen Schwarzweißfilmen wurden dann klischeeartige Matrizen angefertigt, die nacheinander in Purpur, Blaugrün und Gelb auf einen Klarfilm abgedruckt wurden. Bekannte Beispiele für Filme nach dieser Technik waren die Disney-Streifen „Blumen und Bäume" und „Drei kleine Schweinchen", die zu Beginn der dreißiger Jahre herauskamen. Auch „Vom Winde verweht" gehörte zu den Filmen, die nach dieser bis 1955 angewendeten Technicolor-Technik aufgenommen wurden. Das Kopierverfahren wurde in Hollywood noch bis 1975 benutzt.
Inzwischen gab es längst von Agfa und Eastman Kodak herausgebrachte Dreischicht-Farbfilme nach dem Subtraktionsverfahren. Zunächst handelte es sich dabei um Kodak-Umkehrfilme, von denen keine Kopien gezogen werden konnten. Technicolor entwickelte ein Verfahren, von dem Umkehrfilm, der mit normaler Kamera gedreht werden konnte, drei Farbauszüge anzufertigen und diese zum Drucken von Positiven nach dem oben beschriebenen Verfahren zu verwenden.
Die Negativ-Positiv-Verfahren machten dann den Weg frei für direkte Positivkopien. (Erster Spielfilm auf Agfacolor „Frauen sind doch bessere Diplomaten" 1941, Eastman-Color-Verfahren 1950.) Im Prinzip sind die Kino-Farbfilme genauso aufgebaut wie Filme für die Kleinbildfotografie. Sie ermöglichten in der Folgezeit den Übergang zu einer ganzen Reihe von Breitwand-Projektionsverfahren.

Raumfilm und Breitwandfilm

Ton und Farbe hatten den Film attraktiver gemacht. Trotzdem war nach dem Zweiten Weltkrieg die große Zeit des Films vorüber. Das Fernsehen gewann den Zweikampf der Medien mit mehreren Längen Vorsprung. Zwischen 1947 und 1953 ging die Zahl der wöchentlichen Kinobesucher in den USA von 90 Millionen auf 46 Millionen zurück. Jeden Tag mußten drei Kinos schließen. 5000 von ihnen hatten schon von 1951 bis 1953 Konkurs angemeldet. In Deutschland vollzog sich die gleiche Entwicklung mit gebührender Zeitverzögerung. Von 1957 bis 1966 halbierte sich die Zahl der Filmtheater, und die Bruttoeinnahmen der Kinobesitzer sanken von über einer Milliarde Mark jährlich auf etwa 600 Millionen Mark. Es war höchste Zeit, daß das gute alte Kino wieder attraktiver gemacht wurde. Vor allem in den USA wurde verbissen an neuen Techniken gearbeitet.

Der dreidimensionale Film: 3D

Mit einem Film, der beim Zuschauer einen plastischen, dreidimensionalen Eindruck hervorrief, hatten schon zahlreiche Erfinder experimentiert. Perfect Pictures brachten 1922 ihren Streifen „Die Kraft der Liebe" heraus. Die Kinobesucher mußten Brillen mit einem roten und einem grünen Glas aufsetzen, um den plastischen Effekt zu erleben. Das Verfahren geriet wieder in Vergessenheit. Vor allem fehlte ihm der Ton.
Das erste stereofonische Tonverfahren kam 1932 auf. Die französischen Filmproduzenten Abel Gance und André Debrie ließen es sich patentieren. Weil Gance sich die Sache zu leicht gemacht hatte – er kramte sein achtstündiges Napoleon-Epos aus dem Jahre 1927 hervor und hinterlegte es mit Dialogen und Musik in Stereo –, hatten die Zuschauer einen zwiespältigen

Der bedeutendste Name in der Geschichte des farbigen Kinofilms ist Technicolor. Allerdings verbargen sich unter dieser Bezeichnung mehrere unterschiedliche Aufnahme-, Kopier- und Wiedergabeverfahren.

1 – Bis 1932 waren die Technicolor-Filme nur zweifarbig: rotorange und blaugrün. Der Filmausschnitt aus „On with the Show" (1929) dokumentiert den ersten abendfüllenden Tonfilm in Farbe. Das bewährte Rezept „girls and music" half über die farblichen Unzulänglichkeiten hinweg.

2 – Mit der Einführung der Dreifarbenkamera kam für Technicolor die dritte Farbe hinzu. In dieser Filmkamera wurden drei Schwarzweißfilme gleichzeitig über ein hinter dem Objektiv befindliches Strahlenteilerprisma belichtet. Damit erhielt man die für das Kopierverfahren nötigen Auszüge von den roten, grünen und blauen Farbanteilen der Szene.

3–5 – Die danach angefertigten drei Matrizen druckten das Bild nacheinander purpurfarben, blaugrün und gelb auf einen Klarfilm. Die Testaufnahmen zeigen die einzelnen Phasen des Farbdrucks.
Als erster setzte 1932 Walt Disney das neue Verfahren für seine Zeichentrickfilme ein. Erst 1935 entstand mit „Becky Sharp" (deutsch „Jahrmarkt der Eitelkeiten") der erste große dreifarbige Technicolor-Spielfilm. Und bei den „Ladykillers" wurde 1955 die Dreifarbenkamera zum letzten Mal eingesetzt. Das Kopierverfahren – lange Zeit für seine Qualität und bei großen Auflagen für seine Preiswürdigkeit berühmt – wurde in Hollywood 1975 aufgegeben, später auch in Europa.

1

2

3

4

5

1

kunde konstruierte er selbst. Unter anderem filmte er damit zeitgedehnt, wie eine Katze von einer Mauer sprang, und zwar mit 66 Bildern je Sekunde. Eine mitgefilmte Uhr dokumentierte den Zeitablauf.

Die Hochgeschwindigkeitsfotografie

Sie wird auch Hochfrequenz-Kinematografie genannt und hat zahlreiche stark spezialisierte Möglichkeiten, in die Welt der schnellen Bewegungsabläufe einzudringen. Bei höheren Bildfrequenzen als 600 Bilder je Sekunde ist es nicht mehr möglich, mit intermittierendem Film zu arbeiten. Er muß kontinuierlich transportiert werden. Das vom Objektiv erzeugte Bild wird dabei dem Film so nachgeführt, daß es auf dem Film scheinbar stillsteht. Das geschieht mit Hilfe von rotierenden Prismen. Drehprismenkameras dieser Art (z. B. die japanischen NAC-Kameras) können bis zu 10000 Bilder je Sekunde aufzeichnen.

Das Spiegelungsverfahren für den Zeitdehner schlug übrigens als erster der Priester und Gymnasialprofessor August Musger aus Eisenerz in der Steiermark vor. Er hatte sich ursprünglich 1904 mit Spiegelverfahren für ein Fernsehsystem befaßt, die er auch zum Patent anmeldete. Dann aber ließ er den Plan fallen und verwendete seine Spiegelkombinationen für die Zeitlupe. 1907 führte er Fachleuten der Universität Graz seine Technik vor, gab dann aber die Rechte an der Erfindung vertrauensselig in falsche Hände und verlor den Einfluß darauf. Dem Professor Hans Lehmann gelang die praktische Auswertung – er erkannte erst später die geistige Urheberschaft August Musgers an.

Etwa hundertmal schneller als die Drehprismenkameras zeichnen Trommelkameras wie die Strobodrum der Hamburger Impulsphysik GmbH auf. Der 32-mm- oder 16-mm-Film ist dabei auf eine Trommel gespannt, die mit konstanter Umlaufgeschwindigkeit (bis zu 100 Meter in der Sekunde) rotiert. Mit der Trommelkamera kann man bei selbstleuchtenden Objekten nach dem Streak-Verfahren arbeiten. Dabei werden die Phasen einer Lichterscheinung in zeitlicher Auflösung leicht verschoben übereinander fotografiert. Bei nicht leuchtenden Objekten wird das Framing-Verfahren angewendet. Es hält Einzelbilder fest. Ein spezielles Blitzgerät, das Strobokin, liefert dabei für jedes Einzelbild einen genau synchronisierten Blitz.

Die deutschen Physiker Carl Cranz und Hubert Schardin waren die Wegbereiter der Funkenblitzgeräte, bei denen der aufzunehmende Vorgang durch mehrere nacheinander gezündete Funken beleuchtet und auf dem ruhenden Film nebeneinander abgebildet werden kann. Bewegte Teile gibt es bei dieser Technik nicht mehr. Die Frequenz kann dabei beliebig hoch getrieben werden – bis zu 100 Millionen Bilder je Sekunde. Nach Schardins Vorschlägen wurde beispielsweise die Chronolite High Speed Kamera der Impulsphysik GmbH konstruiert. Bei jedem Aufnahmevorgang werden in einer Edelgas-Druckkammer bis zu acht Funken ausgelöst. Ein sphärischer Spiegel lenkt das Licht der Funkenblitze auf das Aufnahmeobjekt, das vom Lichtstrahl durchleuchtet wird. Prismen transportieren die acht Einzelbilder durch das Objektiv auf die Fotoplatte. Dabei werden Schlieren- oder Schattenaufnahmen erzeugt. Die Funkenzeitlupe Chronolite dient vor allem zur Untersuchung extrem schnell verlaufender Vorgänge in der Ballistik, Aerodynamik und Spannungsoptik.

An die Stelle der Funken oder kleinen Blitzlampen können auch Röntgen- oder Elektronenstrahlimpulse treten, ebenso Laserimpulse oder superstrahlendes Licht, das entsteht, wenn bestimmte Halbleiterstoffe, zum Beispiel Cadmiumsulfid, mit schnellen Elektronen beschossen werden; diese zur Zeit absolut schnellste Ultrakurzzeitlichtquelle gibt Lichtblitze von nur zwei Milliardstel Sekunden Dauer ab.

Das Do-it-yourself-Filmstudio

Wie die Kleinbild- und Sofortbildkameras wurden auch die Schmalfilmkameras für den Filmamateur immer komfortabler.

2

3

4

1 – Der Sprung einer Katze war eine der ersten Zeitlupenaufnahmen von Oskar Meßter. Mit seiner Kamera schaffte er bis zu 100 Bilder in der Sekunde.

2 – Mit einem Lichtblitz-Stroboskop und seinem regelbaren Kondensator lassen sich Bewegungsphasen wie bei diesem Bocksprung auf einem stehenden Fotofilm festhalten. Dieses Prinzip wurde erstmals von Carl Cranz (1858–1945) und Hubert Schardin (1902–1965) angewandt.

3 – Sollen die Bewegungsphasen in Einzelbildern aufgezeichnet werden, wird das durch das Objektiv entworfene Bild bei Hochgeschwindigkeitskameras wie der von AEG dem Film durch eine rotierende Linsenscheibe nachgeführt.

4 – Die Trommelkamera Strobodrum der Firma Impulsphysik läßt Bildfrequenzen bis 100000 pro Sekunde zu, allerdings dann nur noch mit 1 Millimeter Bildhöhe.

Die automatische Blendensteuerung gehört längst ebenso dazu wie das Zoom-Objektiv und die Filmkassette, die nur noch eingelegt zu werden braucht. Und wer sich einen Projektor kauft, denkt ernsthaft darüber nach, ob er sein Do-it-yourself-Filmstudio nicht um die Einrichtung für eines der Vertonungsverfahren erweitern soll.

Ferdinand Zecca und der Amateurfilm

Filmamateure gibt es, seitdem gefilmt wird. In der Anfangszeit war die Privatfilmerei allerdings ein teurer Spaß, weil nur das normale Aufnahmematerial (35-Millimeter-Film) zur Verfügung stand, das entsprechend große Kameras, Schnittvorrichtungen und Projektoren voraussetzte.
Den Gedanken, ein eigenes Amateurformat, den 9,5 Millimeter breiten Schmalfilm, zu schaffen, verwirklichte 1921 Ferdinand Zecca, Produktionschef bei Pathé Frères in Paris. Er gilt als Vater des Schmalfilms. Die dazugehörigen Kameras mußten noch per Kurbel angetrieben werden und waren deshalb auf ein Stativ angewiesen. 1923 brachte Kodak dann den 16-Millimeter-Film für Amateure auf den Markt.
Aus dem gleichen Jahr stammt auch die internationale Vereinbarung, Amateurfilme nur auf schwer entflammbaren Schichtträgern herzustellen – eine der wichtigsten Voraussetzungen, denn das Kino arbeitete damals noch mit feuergefährlichem Cellulosefilm.
1926 entwickelten Niezoldi & Krämer die erste europäische 16-Millimeter-Kamera mit Federaufzug. Damit war die Amateurkamera beweglich geworden.

1

2

1 – Der 16-Millimeter-Projektor Kodascope, den Eastman Kodak 1923 für den Amateurfilm herausbrachte. Das Lampenhaus mit dem Kondensor ist zur Seite geklappt, so daß das Filmfenster sichtbar ist.
2 – Die erste 16-Millimeter-Kamera mit Federwerkaufzug von Niezoldi & Krämer machte ab 1926 das Filmen für den Amateur bequemer und sicherer. Eine gute Kurbelkamera hatte einen Geschwindigkeitsanzeiger zur Kontrolle der richtigen Filmgeschwindigkeit gehabt.
3 – Als Pathé Frères 1921 ein eigenes, 9,5 Millimeter breites Schmalfilmformat kreierten, mußte der Amateur den Film noch von Hand durch seine Pathé-Baby kurbeln. Die Perforation des Pathé-Films lag nicht außen wie beim 35-Millimeter-Normalfilm, beim 16-Millimeter- und beim Doppelacht-Schmalfilm, sondern in der Mitte zwischen den Bildern.

PB-Ex.
Pathé-Baby
Camera
Made in France

Inzwischen gab es zu Beginn der dreißiger Jahre schon feinkörniges Umkehrmaterial. Das Filmformat konnte also ruhig auf 8 Millimeter verkleinert werden. Ein Kodak-Konstrukteur kam auf die Idee, den vorhandenen 16-Millimeter-Film jeweils nur zur Hälfte zu belichten und ihn dafür zweimal durch die Kamera laufen zu lassen, indem man die Spule nach dem ersten Durchlauf wendete. Nach dem Entwickeln wurde dieser sogenannte Doppelachtfilm in zwei Acht-Millimeter-Streifen getrennt. Kleinere, elegantere Kameras und Projektoren waren die Folge. Sie arbeiteten schon mit Umkehrfarbfilm, als es für die Kinofilmtechnik noch kein brauchbares Farbverfahren gab. Agfa und Kodak stellten als erste das nötige Rohmaterial zur Verfügung. 1935 folgte die erste Kamera mit eingebautem Belichtungsmesser, 1937 begann der Siegeszug der Vario-Objektive, auch Zoomobjektive oder Gummilinsen genannt. Bell & Howell kamen 1956 mit der ersten Kamera heraus, die über eine vollautomatische Blendensteuerung verfügte.

Die Super-Acht-Revolution

Die für den 16-Millimeter-Film bestimmte Perforation war, wie sich nach längeren Erfahrungen mit dem Doppelachtverfahren zeigte, für den Schmalfilm eigentlich eine Nummer zu groß. Bei sparsamerer Perforierung mußte es möglich sein, die einzelnen Filmbilder entscheidend zu vergrößern. Diese Vorstellung verwirklichte der Super-Acht-Film, der Mitte der sechziger Jahre herauskam und das Schmalfilmverfahren schon deshalb revolutionierte, weil der neue Film eben auch neue Kameras und Projektoren verlangte. Wer sich auf die Doppelachttechnik eingerichtet hatte, stand nun vor der Entscheidung, sich völlig neu auszurüsten.
Die Industrie hatte entscheidende Vorteile des neuen Verfahrens ins Treffen zu führen. Zunächst einmal fiel das umständliche Einlegen und Einfädeln und das nach Belichtung der einen Filmhälfte erforderliche Umlegen des Filmes fort. Die Super-Acht-Filme waren von vornherein in Kassetten mit 15 Meter Film konfektioniert. Die Kassetten brauchte man nur einzulegen, bei automatischen Kameras steuerten sie sogar die Einstellung der Filmempfindlichkeit. Einlegefehler konnte es nicht mehr geben.
Durch eine offenere Perforation konnte die Bildfläche um 42 Prozent vergrößert werden. Das bedeutete bessere Projektionsergebnisse: Die winzigen Bilder brauchten nicht mehr so stark vergrößert zu werden, wenn man das gleiche Abbildungsformat wie bisher erzielen wollte. Oder: Bei gleicher Vergrößerung wie bisher wurde das Bild größer.
Dazu kam, daß die nach Entwicklung und Filmschnitt aufzubringende Magnettonspur nun neben den Bildern auf der unperforierten Seite des Filmes Platz hatte. Beim Doppelachtverfahren mußte sie neben der Perforation aufgebracht werden, was die Tonqualität nicht gerade verbesserte, denn die Perforationslöcher verursachten stets eine gewisse Oberflächenspannung des Filmrandes, die zu Schwankungen führte.
Super-Acht-Präzisionskameras wurden schon bald mit allen professionellen Raffinessen ausgerüstet. Das Vario-Objektiv ermöglichte alle interessanten Einstellungen zwischen Weitwinkel und Teleobjektiv. Seine Erfindung ist übrigens keine neue Errungenschaft. Fernrohre mit veränderlicher Vergrößerung baute schon Dollond, der Erfinder des Achromaten, um die Mitte des 18. Jahrhunderts, und im Jahre 1815 meldete Jean Rondini in London ein diesbezügliches Patent an. Von Fotografie und Film war damals noch gar keine Rede.
Zum Kamerakomfort gehören aber, abgesehen von der Blendenautomatik, je nach Wunsch auch verstellbare Sektorenblenden und Einzelbildschaltung, auch mit Fernsteuerung, ferner mehrere Aufnahmegeschwindigkeiten sowie der Filmrücktransport für Überblendungen und Doppelbelichtungen. Und daß das Vario-Objektiv sich, schnell oder langsam, per Knopfdruck und Elektromotor bewegen läßt, ist schon beinahe so selbstverständlich wie der motorische Filmtransport mit Hilfe von Hochleistungsbatterien.
Wer das alles noch viel einfacher haben möchte, hat seit 1978 die Möglichkeit, auf Polaroid-Lands Polavisionsverfahren zurückzugreifen. Es arbeitet nach dem Sofortbildverfahren, so daß die Filmentwicklung außer Haus entfällt, und ist für die Projektion in einem Kompaktgerät eingerichtet, das entfernt an einen Fernsehapparat erinnert.
Zu Beginn der achtziger Jahre erwuchs dem Amateurfilm die magnetische Bildaufzeichnung als ernste Konkurrenz. Bild und Ton ließen sich nun gleichzeitig auf Videokassetten aufnehmen und auf einem eingebauten Monitor kontrollieren. Für die Wiedergabe genügte jeder beliebige Fernsehapparat. Im Band „Radio · Fernsehen · Computer“ dieser Buchserie wird die magnetische Bildaufzeichnung ausführlich behandelt.

1 – Die von der österreichischen Firma Eumig 1937 herausgebrachte Schmalfilmkamera C 4 – zunächst für 9,5 Millimeter, dann auch für 8 Millimeter – hatte als erste Amateurfilmkamera einen Antrieb durch Elektromotor. Die flache Taschenlampenbatterie konnte etwa zehn Filme durchziehen. Wenn ihre Spannung abfiel, sorgte ein Regulator für gleichbleibende Aufnahmegeschwindigkeit von 16 Bildern in der Sekunde. Das Fixfocusobjektiv 1:2,5/12,5 mm nahm dem Amateur die Sorge um die richtige Entfernungseinstellung. Die gegenüber einem Einstellobjektiv billigere Fassung trug aber auch zum niedrigen Verkaufspreis der Kamera bei: in Deutschland 97,50 Reichsmark.
2 – Mit dem Modell EE 200 von Bell & Howell für 16-Millimeter-Film im Jahr 1956, dem ein Jahr später die EE 240 für Doppelachtfilm folgte, war für den Amateur das Zeitalter des vollautomatischen Filmens angebrochen. EE stand für Electric Eye, und dieses elektrische Auge regulierte während des Filmens fortlaufend die Blendenöffnung, auch in den Zeitlupengängen 24, 32 und 64 Bilder pro Sekunde.
3 – Ab 15. April 1935, als Eastman Kodak den Kodachrome-Film für 16 Millimeter herausbrachte, konnte der Amateur farbig filmen – ab Frühjahr 1936 auch auf Doppelachtfilm. Und als Mitte der sechziger Jahre der Superachtfilm kam, gab es ihn nur noch in Farbe.

Nächste Doppelseite: Unter den vielen Ländern, die ihre Postwertzeichen mit Motiven aus der Geschichte und Technik der Ton- und Bildaufzeichnung und der optischen Geräte schmückten, sticht die Postverwaltung von Bhutan hervor: Ihre „schallenden Briefmarken“ erzählen in englischer Sprache Wissenswertes über diesen Himalajastaat, z. B. daß es dort über hundert Schulen und sechzig Postämter gibt.

Bei längerem Nichtgebrauch
der Kamera
Batterie herausnehmen!
Nur säuerfreie Batterien
verwenden!
Deutsches Museum
München, Inv.-Nr.
GEPRÜFT

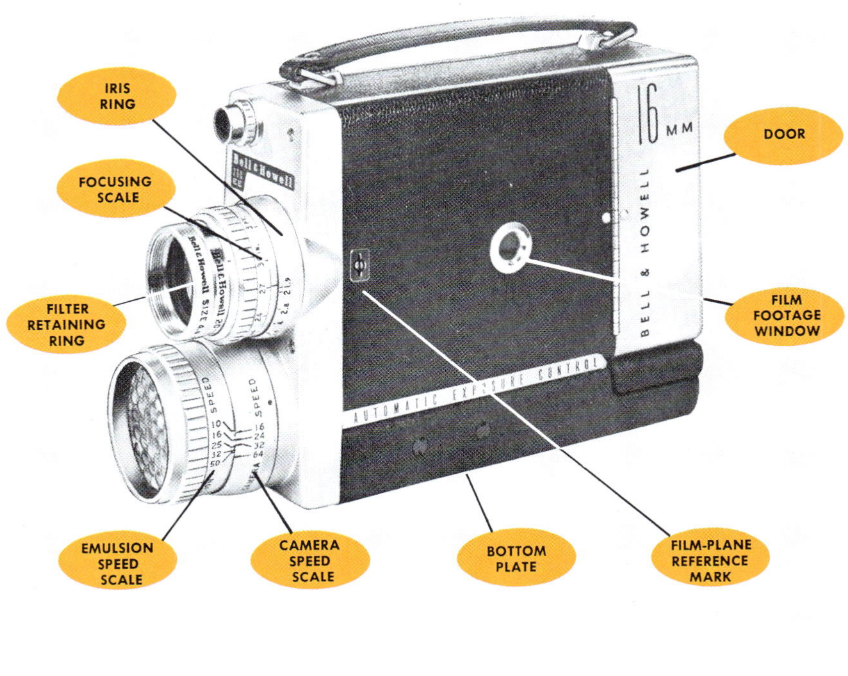
IRIS RING
FOCUSING SCALE
FILTER RETAINING RING
EMULSION SPEED SCALE
CAMERA SPEED SCALE
BOTTOM PLATE
FILM-PLANE REFERENCE MARK
FILM FOOTAGE WINDOW
DOOR
16 MM
BELL & HOWELL
AUTOMATIC EXPOSURE CONTROL

2

LENGTH 100 FEET
(30.48 meters)
WIDTH 16 MM.
365 A
CONTENTS
PHOTOGRAPHIC
MATERIAL
MOTION
PICTURE
FILM
CINÉ-KODAK
KODACHROME
SAFETY COLOR FILM
TYPE
A
ARTIFICIAL ILLUMINATION
Made in U.S.A. by
EASTMAN KODAK COMPANY
ROCHESTER, N.Y.
TRADE MARKS REG. U.S. PATENT OFFICE

3

BHUTAN
Bhutan History (English)
1.25 NU
USA 13c
CENTENNIAL OF SOUND RECORDING
DEUTSCHE DEMOKRATISCHE REPUBLIK
LEIPZIGER MESSE 4.-9.9.1955
10
REPUBLICA ARGENTINA
2000 PESOS
EL ORGANILLERO
Aldo Severi
CASA DE MONEDA — 1982
ΕΛΛΑΣ-HELLAS
1975
ΔΡ 10
DEUTSCHE DEMOKRATISCHE REPUBLIK
25
LEIPZIGER FRÜHJAHRSMESSE 1959
HELVETIA
2e Triennale internationale de la photographie Fribourg 1978
80
Photography USA 15c
République Française EUROPA
La Photographie
1.80
MAGYARORSZÁG
LÉGIPOSTA
8 Ft
1847 EDISON 1931
Le Cinéma
EUROPA
République Française
2.60
FUJEIRA
Buster Keaton
95 DH
XX. Internationale Filmfestspiele Berlin
30
DEUTSCHE BUNDESPOST
BERLIN
1970
KURZFILM
25 JAHRE WESTDEUTSCHE KURZFILMTAGE
DEUTSCHE BUNDESPOST
50
13c USA
50th ANNIVERSARY YEAR OF TALKING PICTURES
UMM AL QIWAIN
POSTAGE
AIR MAIL
«THE JAZZ SINGER» 1928
«THE PRIVATE LIFE OF HENRY VIII» 1933
«MUTINY ON THE BOUNTY» 1935
«GONE WITH THE WIND» 1939
«CASABLANCA» 1943
«ALL ABOUT EVE» 1950
«A STREETCAR NAMED DESIRE» 1951
«THE AFRICAN QUEEN» 1951
«SHANE» 1953
«THE BRIDGE ON THE RIVER KWAI» 1957
«BEN-HUR» 1959
«SPARTACUS» 1960

NEDERLAND 55c
EUROPA
DEUTSCHE BUNDESPOST BERLIN
FÜR DIE JUGEND 1981
Theodolit um 1810
40 +20
Aquatoreal um 1820
50 +25
Mikroskop 1790
60 +30
Sextant um 1830
90 +45
DEUTSCHE BUNDESPOST
Borda-Kreis um 1800
Spiegelfernrohr um 1770
Binokularmikroskop um 1860
Oktant 1775
RICERCA CONTRO IL CANCRO
400
ITALIA
I.P.Z.S.-ROMA-1983
100 JAHRE MATERIALPRÜFUNG IN BERLIN • 1871-1971
DEUTSCHE BUNDESPOST BERLIN
30
France
1981
Biologie
Postes
1,20
MAGYAR POSTA
60 f
ALBERT SCHWEITZER 1875-1965
DEUTSCHE BUNDESPOST
Abbe · Zeiss
wissenschaftlicher Mikroskopbau
100 Jahre
30
AIRY'S TRANSIT TELESCOPE
GREENWICH
1884 - MERIDIAN - 1984
POSTE ITALIANE
CENT. 10
CENT. 25
CENT. 50
LIRE 1,25
ČESKOSLOVENSKO
GALILEO GALILEI 1564-1642
1 Kčs
UNESCO
Mikroskop von Hurnley, London 1740
Optisches Museum der Carl-Zeiss-Stiftung Jena
DDR 20
Mikroskop von Magny, Paris um 1751
DDR 25
Mikroskop von Amici, Modena 1845
DDR 35
Mikroskop von Zeiss, Jena 1873
DDR 70
1980
GEOFIZIKAI ÉV
NAPTEVÉKENYSÉG
1 Ft
1957
MAGYAR POSTA
1959
NYUGODT NAP ÉVE 1964-1965
RÁDIÓCSILLAGÁSZAT
80 f
MAGYAR POSTA
DDR
35
INTERKOSMOSPROGRAMM
1978
RÉPUBLIQUE FRANÇAISE
POSTES
0,50
RADIOTÉLESCOPE DE NANÇAY (CHER)
1965
25-ЛЕТИЕ КОСМИЧЕСКОГО ТЕЛЕВИДЕНИЯ
ПОЧТА СССР
1984 К 5
«ВЕНЕРА-9»
1984 К 20
1984 К 45

Bildquellen

Die Ziffern verweisen auf die Seitenzahlen. Bei mehreren Abbildungen auf einer Seite verweisen die Ziffern in Klammern auf die Bildnummern.

AEG-TELEFUNKEN, Braunschweig 311 (5,6)
Agfa-Gevaert Foto-Historama, Leverkusen 343, 347 (2), 351 (3), 379 (3), 398 (1,2), 402/403
Badische Landesbibliothek, Karlsruhe 53 (2)
BASF Aktiengesellschaft, Ludwigshafen 310 (3), 314/315 (1–3)
Bayerische Staatsbibliothek, München 22/23, 54 (1), 129, 142/143
Bayerisches Nationalmuseum, München 227 (1)
Bell & Howell GmbH, Friedberg 449 (2)
Bibliotheque Nationale, Paris 138/139, 144, 213
Max Bieber 102/103 (1–7)
Bildarchiv Büdeler/NASA 147 (2)
Bildarchiv Preußischer Kulturbesitz, Berlin 229
Bonnier Fakta Bokförlag AB, Stockholm 412 (1)
Breker, Uwe H., Köln 309 (2), 368 (2), 378 (4), 384 (2), 404 (2–4), 446 (2)
Bundesarchiv, Koblenz 203 (3)
Burda GmbH, Offenburg 94 (1–11)
Cliché Musées Nationaux, Paris 210/211 (1)
Crosfield Electronics GmbH, Eschborn 89 (3–5)
Deutsche Forschungs- und Versuchsanstalt für Luft- und Raumfahrt, Institut für Nachrichtentechnik, Oberpfaffenhofen 147 (1)
Deutsches Museum, München 146/147, 308 (1), 357 (4), 369 (4), 371 (2), 385 (5), 419 (7), 432 (2), 444 (1)
Develop Dr. Eisbein GmbH & Co., Gerlingen 404 (1)
dpa 237 (2)
Edison National Historic Site, West Orange, New Jersey 274 (1), 419 (2,4)
A. W. Faber-Castell, Stein bei Nürnberg 161 (2), 162 (1–3)
Forschungs- und Ausbildungsstätte für Kurzschrift und Maschinenschreiben in Bayreuth e.V. 169 (1–3), 171 (5), 174/175 (1–7), 177 (1–3), 191, 193 (2), 194/195 (3)
Frankfurter Fachverlag, Michael Kohl KG, Frankfurt 282 (1,2), 289 (1), 310 (2), 321 (3), 322 (1,2)
Germanisches Nationalmuseum, Nürnberg 46 (1), 127, 154, 159
Gossen GmbH, Erlangen 391 (3,7–10)
Gutenberg-Museum, Mainz 26, 36/37
Erhard Hehl, Tiefenbronn 445 (2)
Heidelberger Druckmaschinen AG, Heidelberg 59 (3,4)
Heimatmuseum Eschwege 358 (1,2)
Dr.-Ing. Rudolf Hell, Kiel 88, 89 (2)
Historia-Photo 54 (4), 75 (2,3), 167 (1,2), 170 (1,2), 173, 178, 185, 193 (1), 194 (1,2), 210 (2), 227 (3), 230 (1), 257 (1), 266, 267 (2)
Historia-Photo, Hamburg 421 (2), 433 (3)
IBM Deutschland GmbH, Stuttgart 180 (1)
Impulsphysik GmbH, Hamburg 445 (4)
Internationales Zeitungsmuseum der Stadt Aachen 65 (2), 92, 93
Bildarchiv Jürgens 10
Justin and Barbara Kerr, Copyright: Verlag Philipp von Zabern, Mainz 238 (1)
Klimsch & Co., Frankfurt a.M. 69 (1–3)
Klinkhardt & Biermann, München 300 (1,3)
Kodak AG, Stuttgart 363 (1), 364/365 (1–5), 374 (2), 380 (5), 386 (1,2), 390 (4), 399 (3–6), 406 (2), 449 (3)
Kodak Museum, Harrow 344 (3), 408 (2,3) Gert Koshofer, Bergisch Gladbach 397 (4), 436/437 (1,3), 439 (1–5), 440 (1–3), 443 (2)
Koenig & Bauer AG, Würzburg 61 (1–3), 63 (1–2), 85 (5)
Kurzbach GmbH, Technische Dokumentation und Grafik 141 (2–4), 165, 187 (1–5), 253, 267 (3–7)
laenderpress 21
Franz Lazi 12/13 (1)
Ernst Leitz Wetzlar GmbH, Wetzlar 382/383 (alle)
Ed. Liesegang, Düsseldorf 400 (2,3)
Linhof Präzisions-Kamera-Werke GmbH, München 374 (1)
M.A.N.-Roland Druckmaschinen AG, Augsburg 75 (4), 76/77, 80 (2), 82 (1,2), 83
Mergenthaler Linotype GmbH, Eschborn 116, 117 (4), 123 (4,5), 124 (1)
Metz Apparatewerke, Fürth 393 (1,2,5–7)
Monotype GmbH, Frankfurt a.M. 121 (2–4)
Peter Mueck 204
Musée Nicéphore Niepce, Ville de Chalon-sur-Saône 368 (1)
Österreichische Nationalbibliothek, Wien, Papyrussammlung 18
Niedersächsische Landesbibliothek, Hannover 50 (1–3)
Lennart Nilsson, in "Ein Kind entsteht", Mosaik Verlag, München 412 (1)
Optisches Museum der Zeiss-Werke, Oberkochen 371 (4), 379 (7), 387 (3–6), 391 (5), 410 (3,4), 411 (5,6), 192
Parker Pen GmbH, Baden-Baden 153 (3)
Pelizaeus-Museum (2407), Hildesheim 150
Pentax Handelsgesellschaft mbH, Hamburg 384 (4)
Philips GmbH, Hamburg 291 (2), 317 (5)
Physikalisch-Technische Bundesanstalt, Braunschweig 223 (3,4)
Polaroid GmbH, Offenbach 405 (5,6)
PolyGram Record Service, Hannover 281, 298(3), 302(1), 320(1)
Hans Post 29 (1)
Prontor-Werk Alfred Gauthier GmbH, Wildbad 389 (10–12)
Rank Xerox GmbH, Düsseldorf 189 (1–3)
Eduard Rhein, Cannes 289 (2,3)
Rijksmuseum van Oudheden, Leiden 209
Sammlung Thyssen-Bornemisza, Castagnola 232/233
Susanne Schapowalow 268
Heinz Schrempp 156 (1)
Science Museum, London 341 (2), 350 (1,2), 421 (1), 427 (2)
Hermann E. Sieger, Lorch 190/191 (alle)
Siemens Museum, München 300 (5), 431 (1–3), 432 (1), 435, 443 (3)
Sigloch Edition Bildarchiv/ Peter Carmichael 152, 214 (3), 216, 227 (4)
Sigloch Edition Bildarchiv/ Hans Joachim Döbbelin 70/71 / Roland Gööck 25 (2,3), 29 (2), 41 (1–4), 57 (2,3), 72, 74, 113, 184 (1,2), 234, 237 (1), 239 (3), 241, 246 (2,3), 257 (3), 275 (2), 282 (3), 298 (2), 299 (4), 318 (1), 331 (2), 338 (2), 356 (3), 363 (2) / Sigloch Edition Bildarchiv/ Erhard Hehl 12, 13 (3,4), 27 (2,3), 30, 31 (1,2), 33, 34 (1–3), 38/39, (2,3), 46 (2), 51, 57 (1), 58, 59 (2), 64, 66, 67 (2,3), 73 (1,2), 79 (1,2), 84 (1–3), 85 (4), 87, 90 (5), 91, 97 (1,2), 98 (1,2), 99 (3,4), 106, 108 (1,3,4), 109, 114, 115, 117 (2,3), 118/119, 120, 122 (1–3), 124 (2), 125 (1–3), 128 (1–2), 130, 131 (5), 132/133, 140, 153 (2), 155, 156 (2), 157, 158 (1,2), 161 (3), 179, 180 (2), 181, 187 (6), 196, 197 (2,3), 198 (1–4), 199 (5–7), 201, 208, 212 (1,2), 214 (1,2), 215 (4,5), 217 (2,3), 218, 220, 221, 225 (1), 227 (2), 228, 230 (2), 230/231 (3), 231 (4), 235 (2,3), 238/239 (2), 240 (1,2), 242 (1–4,6), 243 (7), 245, 246 (1), 247 (4,5), 248 (1,3), 250 (1,2), 251, 258/259 (1–3), 262/263 (1–5), 265, 269 (2), 269 (4) 270, 276/277, 279 (2–4), 32133, 294/295 (2–8), 296/297, 300 (2), 301 (6), 306/307 (1–3), 310 (1), 311 (4), 312/313 (1–5), 316 (1), 317 (2–4), 321 (2), 325, 327 (2,3), 329 (2), 332/333 (1–7), (2), 336, 339 (4), 340 (1), 348/349, 351 (3), 354/355, 356 (1), 358 (1,2), 359 (3), 360/361 (1–4), 366/367, 370 (1), 371 (3), 372/373 (1–4), 375 (3–6), 377 (1–4), 378 (1,2,4), 379 (5–6), 380 (1,2,4), 381 (3,6), 384 (3), 385 (6,7), 389 (4–9), 390 (1), 391 (2,6), 393 (3,4), 397 (3), 400 (1), 409 (5), 415, 417 (3), 419 (5), 422/423 (1), 424 (1), 428/429 (1–8), 433 (4,5), 445 (3), 446 (1), 447 (3), 449 (1) Sigloch Edition Bildarchiv/ Peter Mueck 131 (2–4,6), 134/135 (1–9) Sigloch Edition Bildarchiv/ Günther Schmidt 182 (1–4), 375 (7), 406 (1) Sigloch Edition Bildarchiv/ Wolfgang Schumann 283 (4), 284/285 (alle), 286/287 Sigloch Edition Bildarchiv/ Angelika Weigand 273 (3)
Verlagsarchiv 14/15, 20, 35, 47, 65 (3), 80 (1), 81, 90 (1–4), 94 (1), 95, 105 (1–6), 107, 137 (1,2), 145 (1,2), 197 (4), 205, 273 (4,5), 278 (1), 294 (1), 298 (1), 299 (5), 300 (4), 305 (1,2), 319 (2–4), 322 (3), 326 (1), 330 (1), 334 (1), 344 (1,2), 346 (1), 353 (2–4), 356 (2), 368 (3), 384 (1), 394 (1), 395 (2–6), 396 (1), 397 (2), 408 (1), 409 (4), 410 (1,2), 411 (7,8), 416 (1,2), 418 (1), 419 (3,6), 421 (3), 422 (2), 425 (2), 427 (1), 441 (4)
Société Française de Photographie, Paris 345 (4), 352 (1)
Sony Deutschland GmbH, Köln 301 (7)
Sperry GmbH, Sulzbach/Taunus 171 (1–2)
Staatliche Landesbildstelle Saarbrücken 254/255
Staatsbibliothek Preußischer Kulturbesitz, Berlin 16
Stadtbibliothek Nürnberg, Abteilung Sammlungen/Armin Schmidt 49
Städtische Sammlungen Augsburg 243 (5)
Staedtler Mars GmbH & Co, Nürnberg 161 (1), 162/163 (4)
Stiftsbibliothek des Benediktinerklosters St. Gallen 53 (1)
Stiftung Deutsche Kinemathek, Berlin 436 (2)
Universitätsdruckerei H. Stürtz AG, Würzburg 55 (2,3), 110/111 (1–11)
TELDEC/Horst Nebe 303 (2–5)
Telefunken, Fernseh und Rundfunk GmbH, Hannover 323 (4)
Ullstein Bilderdienst, Berlin 443 (1)
Universität Bremen, Deutsche Presseforschung 50 (2,3)
Universität Freiburg, Institut für Forsteinrichtung und Forstliche Betriebswirtschaft, Abt. Luftbildmessung und -interpretation 413 (2)
Universitätsbibliothek Heidelberg 219
Vereinigte Motorverlage Stuttgart, High-Fidelity-Jahrbuch 1980, 290 (1)
vwi Werbung GmbH, Herrsching 388 (1–3)
Wallraff-Richartz-Museum, Köln 256
Richard Weich 222 (1), 222/223 (2), 328 (1)
Studio Wilder 225 (2)
Pater Meinrad Wölfle 19
Württembergische Landesbibliothek, Stuttgart 273 (1,2), 338 (1,3)
Württembergische Staatsgalerie, Stuttgart, Graphische Sammlungen 48
Zeiss, Oberkochen s. Optisches Museum der Zeiss-Werke

Namen- und Sachregister

Halbfett gedruckte Seitenzahlen verweisen auf Bildunterschriften. Die Umlaute ä und ae, ö und oe, ü und ue sind alphabetisch wie a, o und u behandelt (Cäsar hinter Casanova).
Entsprechend dem Text wurde der Schreibung mit f statt ph im allgemeinen der Vorzug gegeben (Fotograf statt Photograph), ausgenommen Namen und Warenzeichen (Klischograph).
Bei Buch-, Zeitungs- und Zeitschriftentiteln ist im Alphabet der erste Artikel im Nominativ weggelassen (Times statt The Times).
Bei Regenten ist statt der Lebensdaten die Regierungszeit angegeben.

A

B